편지 공화국

세상의 모든 지식을 연결한,
가장 은밀하고도 위대한 연대

편지 공화국
Worlds Made by Words

앤서니 그래프턴 지음
강주헌 옮김

21세기북스

편지공화국과 지식혁명

_김정운(문화심리학자)

언젠가부터 '4차 산업혁명'이라는 용어가 뜬금없이 나타났다. 도대체 무엇을 1차·2차·3차 산업혁명이라 하는지도 모르겠고, 4차 산업혁명의 구체적 내용도 잘 모르겠다. 그런데도 사람들은 '4차 산업혁명'이라는 용어를 입에 달고 산다. 빅데이터, 인공지능, 메타버스 같은 낯선 용어들로 혼란스러운 오늘날, 우리는 분명 인류가 지금까지 겪어보지 못한 엄청난 변혁의 과정에 있다. 그러나 이같이 낯선 변혁의 과정을 낡은 '산업혁명'의 연속선상에서 파악하는 것은 엄청난 오류다.

'다보스 포럼'이라는 최고급 사교 클럽을 만들어 재미를 본 독일의 클라우스 슈밥Klaus Schwab이 뭔가 지적인 느낌을 주려고 어설프게 급조한 '4차 산업혁명'이라는 개념이 유독 한국 사회에서 이토록 특별하게 인용되는 이유는 지극히 정치적이다. '창조경제'를 부르짖으며 '말 타는 처녀'나 지원하다가 망한 박근혜 정부와 차별화할 수 있는 새로운 구호가 필요했던 문재인 정부의 출범과 관련이 있기 때문이다. 이에 관한 논의는 차치하고 요즘에는 '산업혁명'이라는 개념조차 의문시된다.

'혁명'이란 단기간에 이루어지는 격렬한 변화를 일컫는 말이다. 증기기관이 발명된 이후 영국 사회의 변화를 100여 년이 지난 후에 '산업혁명'이라고 명명한 아놀드 토인비Arnold Toynbee, 1852~1883('도전과 응전'이라는 개념으로 유명한 또 다른 아놀드 토인비는 그의 조카다)의 해석이 너무 과했다는 생각도 든다. 당시 영국 사회의 변화는 어느 날 갑자기 하늘에서 뚝 떨어진 증기기관 같은 기계들 때문이 아니라, 르네상스 이후 서서히 진행되어온 기술 혁신 과정의 일부에 불과하다는 비판이 있는 것도 사실이다. '산업혁명'이 왜 하필 영국에서 일어났는지에 대한 수많은 이론도 오늘날 관점에서 보자면 억지로 끼워 맞춘 설명이 대부분이다.

미국 노스웨스턴대학교의 경제학과 교수인 조엘 모키르Joel Mokyr는 《성장의 문화》에서 산업혁명에 대한 전혀 다른 설명을 내놓는다. 산업혁명의 근본적인 원인을 '산업계몽주의'라는 '지식혁명'에서 찾아야 한다는 것이다. 합리적 세계관으로 무장한 지식인 사회가 당시 큰 발전을 이루던 자연과학적 지식을 실생활에 '유용한 지식useful knowledge'으로 바꾸었기에 산업혁명이 가능했다는 것이 그의 주장이다. 즉 '산업혁명'이란 이른바 '과학과 기술의 편집'으로 나타난 '산업

계몽주의'의 결과라는 것이다.

18세기 후반에 시작된 유럽의 계몽주의는 '실증주의'에 기초한 전
방위적 인식혁명이다. 이 같은 인식혁명은 하루아침에 이루어진 게
아니다. 영국의 프랜시스 베이컨Francis Bacon, 1561~1626과 아이작 뉴턴
Isaac Newton, 1643~1727의 '과학혁명Scientific Revoultion'에서부터 준비됐
던 일이다. '아는 것이 힘이다scientia est potentia'라는 말로 요약되는 베
이컨의 핵심 주장은 지식이란 "생산 활동에 유용하게 쓰여야 하고, 과
학은 산업 현장에 적용되어야 하며, 사람들은 자신의 물질적 조건을
개선할 신성한 의무가 있다는 사상"이라고 모키르는 요약한다. 흥미
롭게도 산업계몽주의라는 지식혁명의 구체적 실천자들은 '편지 공화
국republic of letters'이라는 아주 희한한 집단에 소속되어 있었다.

17~18세기, 유럽에서 국민과 영토에 기반한 '국가'가 형성되던
시기에 영토와는 상관없는 '편지 공화국'이라는 낯선 지식 공동체가
생겨났다. 유럽 지식인들에게 이 '편지 공화국'은 실재하는 국가였다.
물론 국경은 없다. 국경을 초월한 지식인 공동체였던 '편지 공화국'
은 오로지 '편지'로만 존재했다. 편지를 통해 새로운 지식을 공유하
며, 합리적이고 보편적으로 납득할 수 있는 근거에 관해 토론했다. 근
대 이후 지구상의 수많은 문화권에서 유럽 문화가 패권을 잡을 수 있
었던 것은 바로 이 같은 지식 공동체가 있었기 때문이다.

이 지식 공동체는 과거 문헌들을 새롭게 해석하며 끊임없이 '고대
인과의 투쟁'을 시도했다. 고대인들의 지식이란 자신들의 지식에 비
하면 어린아이 수준에 불과하다는, 고대인들에 대한 지적 우월감은

전혀 다른 지식의 출현을 가능케 했다. '산업계몽주의'라는 지식혁명, 그리고 이어서 나타난 서양 과학기술의 놀라운 발달의 근저에는 '편지'를 통해 지식을 교환하며 '고대인과의 투쟁'을 이어간 편지 공화국이라는 지식 공동체가 있었다. 반면 동양에서 '산업혁명'이라는 지식혁명이 일어나지 않은 이유는 공자, 맹자 같은 고대인들의 지식을 반복적으로 재생산했기 때문이다. 즉 '고대인과의 투쟁'이 일어나지 않았기 때문이다. '지식혁명'이라는 관점에서 보면 동서양의 '대분기Great Divergence'는 이렇게 '편지 공화국'의 출현으로 설명된다.

내가 '편지 공화국'의 존재를 처음 알게 된 것은 위르겐 하버마스Jürgen Habermas의 《공론장의 구조변동》을 통해서였다. 독일어로는 '편지 공화국'이 아니라 '지식인 공화국Gelehrtenrepublik'으로 번역되었다. 편지 공화국에서는 단순히 지식만을 교환한 것이 아니었다. 편지를 쓸 때의 기본예절부터 지식인이 갖춰야 할 기본 덕목들, 즉 학자의 태도에 관한 기본 지침을 공식적, 비공식적으로 규정했다. 예를 들어 자신과는 다른 의견에 열린 태도를 견지하는 '톨레랑스tolerance' 같은 것들이다. 바로 이 같은 의견 교환 방식의 열린 구조야말로 오늘날 시민사회에서 '공적 영역public sphere, Öffentlichkeit'의 기원이 된다고 하버마스는 설명한다.

한동안 잊고 있었던 '편지 공화국'이라는 개념을 자세히 찾아보게 된 것은 앞서 언급한 모키르의 책을 읽고 나서다. 그러나 '편지 공화국'은 여전히 낯선 단어였다. 영어나 독일어 위키피디아에 '편지 공화국'에 대한 자세한 설명이 나타난 것도 그리 오래되지 않았다. 흥미롭게도 '편지 공화국'은 아카데미나 살롱 같은 지식 공유 시스템의 생성과 연관지어 설명됐다. 몇 년 전부터 미국 스탠퍼드대학교에서는 '편지공화국 지형도Mapping the Republic of Letters'라는 프로젝트를 진행하고 있다. 17~18세기 유럽 지식인들이 어떻게 지식을 공유해왔는지를 '편지 교신'의 흔적을 추적하여 파악하려는 프로젝트를 통해 당시의 지식 전파 경로가 한눈에 알 수 있다. 그러나 '지식'과 사회 변혁의 연관성에 관한 논의로 나아가기에는 아직 갈 길이 멀어 보인다.

한글로 '편지 공화국'은 더욱 낯선 단어다. 내가 몇 년 전부터 소개한 아주 단편적 글을 제외하고는 '편지 공화국'에 대한 책이나 논문을 찾아보기 힘들다. 일본어로도 찾아봤으나 '편지 공화국'이라는 단어는 존재하지 않았다. 일본인들은 '편지 공화국'을 '문단文壇'으로 번역했을 뿐이며, '지식 공동체' 혹은 '지식혁명'과 관련된 일본 문헌은 찾아보기 어려웠다. 그래서 앤서니 그래프턴의 《편지 공화국》이 이렇게 번역되어 출간되는 것이 더욱 반갑다.

지금까지 국내에 소개된 그래프턴의 책은 꽤 있는데, 개인적으로 《시간 지도의 탄생》이나 《각주의 역사》 같은 책들을 매우 흥미롭게 읽었다. 특히 《각주의 역사》는 지식 편집의 권력과 관련하여 많은 영감을 주었다(대학이 지식 편집의 권력을 갖게 된 것은 '논문'을 생산하면서부터라는 것이 나의 생각이다. 논문은 다른 텍스트에서는 요구되지 않는 '각주'나 '미주', 그리고 '참고문헌'을 필수로 넣어야 한다. 이는 논리적·직선적 서술만이 가능한 종이라는 제한된 공간에 '의식의 흐름'을 잡아 넣을 수 있는 특별한 공간을 마련해주었다. 창조적 '메타언어'는 바로 텍스트와 각주, 미주의 관계에서 생성된다. 연역법과 귀납법에 의거한 논리적 서술은 동어반복일 뿐 결코 창조적일 수 없다. 오늘날 검색과 하이퍼텍스트로 사방에서 생겨나는 메타언어는 대학의 지식 권력 독점을 아주 심각하게 위협하고 있다).

그래프턴의 《편지 공화국》은 서구 사상사에 대한 사전 이해가 없다면 무척 어려운 책이다. 끝까지 읽으려면 엄청난 인내가 필요하다. 자신이 아는 개념이나 학자의 이름을 찾아서 먼저 읽어보기를 권한다. 각 장은 서로 독립적이어서 흥미롭게 읽히는 부분부터 찾아 읽어도 좋다. '4차 산업혁명' 같은 엉터리 개념이 사라질 때쯤 시작될 '지식혁명'에 관한 흥미로운 논의에 참여하려면 《편지 공화국》은 꼭 읽어야 할 책이다(참고로 '가상화폐'에 관한 논란도 '지식혁명'의 관점에서 바라봐야 제대로 이해할 수 있다. '신뢰'에 관한 보편지식의 혁명적 변동을 예고하는 사건이라는 이야기다).

'데이터'를 이야기하지만, 지식은 이야기하지 않는 시대다. '산업혁명'이라는 개념의 사기에 지금까지 당해온 것처럼 '데이터'의 사기에 속절없이 당하고 있는 요즘이다. 지식은 지식 공동체의 자유로운 소통으로 생성된다. 그런 의미에서 그래프턴의 《편지 공화국》은 지식 창조 문화가 각 시대에 어떻게 펼쳐졌는가에 관해 아주 구체적인 자료를 얻을 수 있는, 제목만으로도 너무나 반가운 책이다.

바티칸 도서관에 소장된 그리스어 사전의 표지에 풀로 붙여진 한 장의 문서에는 한 학회의 설립이 기록되어 있다. 베네치아의 출판인이던 알도 마누치오Aldo Manuzio, 1449-1515가 설립한 '아카데미아 알디나Accademia Aldina(영어로 '뉴 아카데미')'라는 학회였다. 1502년경에 인쇄된 그 문서에는 알디나 출판사를 대신해 고대 그리스 문헌의 출간을 준비하던 7명의 석학이 맺은 맹약이 쓰여 있다. 그들은 함께 있을 때 그리스어로만 대화하고, 실수를 할 때마다 벌금을 내고, 그 돈이 충분히 쌓이면 '심포지엄'을 열기로 합의했다. 이때 심포지엄은 알도의 직원들에게 평소에 주어지던 음식보다 더 나은 음식을 함께하는 '향연'을 뜻했다. 나중에는 다른 그리스 문화 애호가들도 그 모임의 회원으로 받아들였다.[1]

당시의 다른 학회들, 예컨대 존재 자체가 의심스럽지만 마르실

리오 피치노Marsilio Ficino, 1433-1499의 '아카데미아 네오플라토니카
Accademia neoplatonica'처럼, 아카데미아 알디나도 역사적으로 거의 모
든 것이 불확실한 회색지대에 존재한다.[2] 따라서 그들이 얼마나 자주
만났고, 그리스어로 대화하는 실험이 얼마나 성공적이었으며, 더 나
아가 그 학회 자체가 이상적인 계획을 넘어 실제로 존재했었는지는
정확히 알 수 없다. 하지만 그 학회의 맹약은 근대 유럽의 초기에 지
적인 바람이 어느 방향으로 불었는지 우리에게 보여주기에 충분하다.
계몽운동이 시작되기 훨씬 이전에, 이마누엘 칸트가 글을 읽는 대중
을 상대로 한 학자의 글을 이성을 공적으로 사용한 탁월한 예로 언급
하기 훨씬 이전에, 유럽의 지식인들은 당시의 커뮤니케이션 수단, 특
히 손 편지와 인쇄물을 이용해서 새로운 공적 세계를 탄생시켰다.

초기 '편지 공화국Republic of Letters'의 시민들은 역사학과 언어학을
법학과 의학처럼 규격화된 학문으로 탈바꿈시키기 위한 입문서들을
출간했다. 그들은 도서관과 저택만이 아니라 인쇄소에서 공식적으로
나 비공식적으로 모임을 가지며, 적절한 라틴어 어법부터 임박한 세
계의 개혁까지 모든 것을 논의했다. 게다가 아카데미아 알디나 같은
지역 조직부터 학문의 세계를 전체적으로 포괄하는 국제적 조직인
'레스 푸블리카 리테라룸res publica litteraum(편지 공화국)'까지 모든 수
준에서 학회라는 조직체를 추구했다. 그들이 추진한 프로젝트 중 일
부는 학자적 삶의 평균 조건에 이상적인 대안을 제시했고, 어떤 프로
젝트는 연구와 출판을 가능하게 하는 기반시설을 놓았으며, 두 역할
을 동시에 추구한 프로젝트도 있었다. 한편 공식적인 후원부터 우정
의 적절한 역할까지, 사회적이고 제도적인 학습 조직의 모든 면이 첨

예한 토론을 불러일으켰다. 초기 근대 학자들의 사회적인 삶과 사회적 상상력은 여러 면에서 똑같이 풍요로웠고, 서로 영향을 주고받으며 성장했다.[3]

사회적이고 협력적인 세계인 근대 실험실의 관점에서 과거를 되돌아보며, 과학사학자들은 16세기와 17세기에 새로운 과학단체들이 설립된 덕분에 자연계에 대한 새로운 유형의 연구가 탄생하고 발전했다고 오래전부터 주장해왔다. 반면에 인문사학자들은 단독으로 연구하던 언어학자와 역사학자의 관점에서 과거를 되돌아보며, 빌헬름 폰 훔볼트Wilhelm von Humboldt, 1767-1835가 '외로움과 자유'라 칭하는 것에 비교될 만한 것을 추적했다. 철학사가 그렇듯이, 지금까지 인문학사history of scholarship도 공유된 이상과 관례 및 제도로 유지된 공동 프로젝트에 대한 연구라기보다 위대한 개인의 이야기였다.

⋰!⋱

이런 접근법의 전형적인 예가 위그노교도로 그리스 고전학자 이자크 카소봉Isaac Casaubon, 1559-1614의 삶을 실감나게 다룬 영국 작가 마크 패티슨Mark Pattison, 1813-1884의 전기다. 패티슨이 카소봉이 남긴 서신과 주석만이 아니라 그가 읽고 기록한 것을 바탕으로 상상력을 발휘해 창의적으로 쓴 이 전기는 독자들이 카소봉을 이해하는 데 깊은 영향을 주었다. 패티슨은 카소봉이 혼자 묵묵히 금욕적으로 끈질기게 연구하며 학자로서 성장하는 모습을 묘사했다. 카소봉은 자신의 수준에 걸맞은 스승을 만나지 못한 데다 출판인이었던 장인, 앙리 에스티엔Henri Estienne에게도 제대로 대우를 받지 못한 까닭에 책에 파묻혀 살며 책에서 얻는 지식으로 만족했다. 그에게 행복은 외부 세계에 초연한 채 집중하는 데 있었다. 달리 말하면, 외로움과 자유에 있었다. "카소봉은 서재에 들어가면 오로지 하느님과 함께하며 기도하고 책에 몰두한 덕분에 많은 결실을 맺을 수 있었다."

엄격히 말하면, 카소봉이 자신의 지적 성장과정을 자세하고 생생하게 기록한 일기는 승리의 노래가 아니라 "불평과 신음, 즉 불행의 기록"이었다. 하지만 카소봉이 힘겨워한 것은 서재에 파묻혀 자연의 유혹에 전혀 관심을 기울이지 않은 채 펜을 쥐고 책을 읽으며 혼자 보낸 시간이 아니었다. 오히려 어쩔 수 없이 다른 사람들과 어울려야만 하는 시간이었다. "그의 일기에는 서재의 권태에 대한 불평이 없다. 서재에 불쑥 찾아오는 예의 없는 친구들에 대한 불평으로 가득하다. 그를 힘들게 한 것은 진리의 탐구가 아니라, 그런 연구가 중단되는 것이었다."[4] 패티슨은 카소봉이 학구적인 동료들과는 개인적인 취향을 공유했다고 인정했지만,[5] 카소봉이 남긴 기록에 따르면 그는 그런 모임을 거의 갖지 않은 듯하다고 결론지었다. 심지어 그가 학문의 전당에 있었을 때도 마찬가지였다. 예컨대 1613년 5월에 옥스퍼드에서 분주한 보름을 보내는 동안에도 "학문에 대해 대화하자고 그에게 과감히 도전하는 학자는 극소수에 불과했다."[6] 카소봉이 옥스퍼드대학교에서 배운 것은 보들리 도서관Bodleian Library에 소장된 서적과 필사본에서 얻은 것과, 당시 옥스퍼드에서 공부하던 제이컵 바넷Jacob Barnet이란 젊은 유대인과 함께 유대 문헌을 읽으며 그에게 얻는 것이 거의 전부였다. 카소봉이 디오게네스 라에르티오스의 《그리스 철학자 열전Lives of the Philosophers》과 스트라본의 《지리학Geography》에 대한 주석, 직접 번역한 폴리비오스의 라틴어 저작, 체사레 바로니오 Cesare Baronio, 1538-1607의 교회사에 대한 비판에 조금이나마 옮겨놓은 그의 넓고 깊은 학식은 포도밭을 홀로 산책하며 얻은 것이었다.

카소봉은 옥스퍼드대학교에 대해서도 의심을 품었다. 대학 건물이 지나치게 화려하고, 동료 학자들의 식사량이 지나치게 무절제하며, 대학생들의 삶이 지나치게 호화롭다고 생각했다. 따라서 카소봉은 명예 학위의 제안을 한결같이 거절했고, 아들 메리크를 규율이 훨씬 엄격하고 까다로운 레이던대학교로 유학을 보내려고도 생각했다. 하지만 카소봉은 옥스퍼드에서 보았던 것과, 직접 만난 다수의 학자들을 높이 평가했다. 특히 1602년에 개장한 보들리 도서관을 동경했다. 그곳에 소장된 보물들은 그가 유럽 대륙에서 보았던 것에 비길 바가 아니었다. 카소봉은 당시 프랑스 왕립도서관 관장이며 훌륭한 수집가이던 자크 오귀스트 드 투Jacques Auguste de Thou, 1553-1617에게 보낸 편지에서 "이곳에 소장된 필사본이 양적인 면에서 왕립도서관에 버금간다는 걸 상상할 수 있겠습니까?"라고 말했다. 그러나 카소봉은 보들리 도서관에 소장된 최신 학문의 서적들에도 깊은 인상을 받았다. "인쇄된 서적도 놀라울 정도로 많습니다. 게다가 토머스 보들리 Thomas Bodley, 1545-1613가 충분한 서적을 구입할 수 있도록 유산을 남긴 까닭에 매년 그 양이 늘어날 겁니다." 하지만 카소봉이 무엇보다 좋아했던 것은 그 도서관의 서적이 대출되지 않는다는 점이었다. 설립자가 결정한 도서관 운영규칙에 따르면, 도서관은 그가 기증한 도서를 보존하고 관리해야 했을 뿐만 아니라 새롭고 즐거운 학문 공동체의 결성을 위해서도 힘써야 했다. "나는 옥스퍼드에 머무는 동안 하루 종일 도서관에서 지냈다. 책을 도서관 밖으로 인출할 수 없었기 때문이다. 그러나 도서관은 하루에 일고여덟 시간 동안 학자들에게 개방되어 있었다. 그런데 그곳에 음식을 잔뜩 펼쳐놓고 즐기는 학자도 많이 눈에 띄었다. 내 눈에는 결코 보기 좋은 모습이 아니었다."[7]

카소봉이 보들리 도서관에서 발견한 자료들을 좋아한 것은 당연했다. 그가 영국으로 건너간 목적은 초대 교회의 역사를 재점검하는 원대한 프로젝트를 착수함과 동시에 체사레 바로니오의 교회사《교회 연보Annales Ecclesiastici》를 반박할 자료를 구하기 위한 것이었다. 폴 넬스Paul Nelles의 주장에 따르면, 보들리 도서관은 기독교의 과거에 맹위를 떨치던 지적 전쟁에서 프로테스탄트 편에 학문적으로 강력한 무기 창고를 제공할 목적에서 설립된 것이었다.[8] 보들리 도서관의 첫 사서로 칼뱅주의자이던 토머스 제임스Thomas James, 1573-1629는 가톨릭계 학자들이 자신들의 신학적 입장을 뒷받침하는 방향으로 교부敎父들의 문헌을 변조했다고 믿었다. 제임스는 중세의 필사본부터 가톨릭 학자들의 당대 저작까지 관련된 자료들을 체계적으로 수집했다. 제임스는 도서관을 대신해 수백 편의 중세 필사본을 수집했을 뿐만 아니라 더 많은 자료를 목록화하기도 했다. 카소봉이 보들리 도서관을 방문하기 수년 전까지도 제임스는 도서관을 찾는 독자들에게 도움을 주며 하루에 6시간을 보냈고, 젊은 학자들과 함께 교부들의 필사본을 꼼꼼히 대조하며 다시 4시간을 보냈다. 제임스는 그 작업을 통해 가톨릭 편집자들의 왜곡을 밝혀낼 수 있기를 바랐지만, 그 바람은 별다른 성과를 거두지 못했다. 여하튼 카소봉은 보들리 도서관에서 가장 오래된 열람실인 험프리 공작실堂에 들어섰을 때 순전히 그를 위해 세워진 마법의 프로테스탄트 궁전을 탐험하는 기분이었다. 그곳은 그가 읽어야 할 탁월한 저작들이 소장된 곳이었고, 그와 공통된 관심사를 지녔지만 철학적인 깊이와 정교함에서 그보다 월등한 학자들의 안식처이기도 했다.

유대인 제이컵 바넷의 존재도 다행스런 우연을 넘어선 행운이었다. 예수와 그 제자들의 시대에 팔레스타인의 삶과 관습 및 고대 이스라엘의 전통을 폭넓게 모르면 초대 교회 세계를 누구도 제대로 이해할 수 없을 것이라는 게 카소봉의 생각이었다. 조제프 스칼리제르Joseph Scaliger, 1540-1609가 카소봉의 이런 생각에 동조했고, 이 생각은 결국 프로테스탄트 학자들의 비판적 연구와 바로니오 같은 가톨릭 학자들의 비非역사적인 방법론을 구분 짓는 주된 차이가 되었다. 가톨릭 학자들은 예수와 그의 제자들이 새로운 종교를 설립한 유대인들이 아니라 자신들과 같은 가톨릭교도라 생각했다.[9] 영국 학자들, 특히《흠정 영역 성서》를 제작하는 데 힘을 보탠 다수의 영국 학자들도 히브리어의 중요성을 역설했다는 점에서 카소봉과 생각이 같았다. 카소봉은 옥스퍼드대학교 히브리어 교수이던 리처드 킬바이Richard Kilbye, 1560-1620 같은 학자들과 서신을 교환하며 토론하는 걸 즐겼고, 당시 세상을 떠난 케임브리지대학교의 히브리어학자 에드워드 라이블리Edward Lively, 1545-1605의 통시적 연구에 특별한 관심을 보였다. 따라서 카소봉이 보들리 도서관의 운영방식을 파리의 옛 친구, 스칼리제르에게 알려주려고 시간을 할애한 것은 조금도 놀랍지 않다. 카소봉은 거대한 건축물을 지향edifice complex하는 영국 관료들에 대해서는 불만을 토로했지만, 영국 학자들의 역량은 인정했다. 특히 그에게 가장 중요했던 연구가 꽃피울 수 있는 시설을 영국인들이 이미 갖추어놓은 것을 보고, 카소봉은 영국에는 어떤 법칙과 관습이 있었기에 그런 성취가 가능했는지 알아내려 애썼다.

여기에서 말하려는 요점은 간단하다. 영국 평론가 앤서니 넛톨 Anthony David Nuttall, 1937-2007이 지적했듯이, 카소봉은 패티슨의 생각보다 훨씬 적극적인 성격이었고 훨씬 행복한 삶을 살았다는 것이다.[10] 또 패티슨의 생각보다 훨씬 덜 고독한 삶을 살았다. 학자들과의 우정은 그가 학문적 골격을 형성하는 데 적잖은 도움을 주었다. 심지어 순전히 편지로만 우정을 맺은 학자도 적지 않았고, 대표적인 예가 조제프 스칼리제르였다. 카소봉에게나 당시 사람들에게 우정은 무척 다양하고 폭넓은 관계를 뜻했다. 그와 스칼리제르의 관계처럼 대등한 지적 능력을 지닌 학자들 사이의 동료애도 우정이었고, 드 투와 랜설럿 앤드루스Lancelot Andrewes, 1555-1626 같은 박식한 고관들과 그를 이어주던 다소 형식적이지만 보상이 더해지는 유대관계도 우정이었다 (특히 앤드루스는 카소봉에게 유령 이야기를 해주는 걸 좋아했다). 카소봉은 친구이던 법학자 콘라트 리터스하우젠Konrad Rittershausen, 1560-1613 보다는 세상 물정에 밝지 않았지만, 세상에 나가려는 젊은이가 고관들과 상대할 때 써먹을 만한 적절한 어법과 관습을 배울 수 있는 문헌, 예컨대 요아힘 카메라리우스Joachim Camerarius, 1500-1574의 편지를 학습하면 이익이라는 걸 리터스하우젠 못지않게 알고 있었다.[11] 여하튼 카소봉도 영국에서 제임스 1세와 저녁식사를 함께할 때 그 원칙을 지켰다. 다시 말하면 왕이 식탁에 앉아 식사할 때 왕의 뒤에 서 있었고, 제임스 1세와 학문적 문제를 논의할 때도 마찬가지였다.[12] 카소봉은 그런 사교법을 배우는 데 쏟는 시간과 노력을 모욕이나 일탈이라 생각하지 않았다. 카소봉은 우애가 학습 기관과 마찬가지로 모든 면에서 그의 삶과 학문에 영향을 미친다는 걸 알고 있었다.

카소봉은 학문의 사회적 규범에 대해 시시때때로 되돌아보며 반성하기도 했다. 그는 학자라면 진실을 말해야 할 의무가 있다고 굳게 믿었다. 진실을 말하면 친구들과 다투게 되더라도 거짓을 말해서는 안 된다고 믿었다. 따라서 많은 적도 진실을 고수하려는 그의 고집을 인정했다. 1600년 한 프로테스탄트 교본에 언급된 성체聖體에 대한 인용을 심리할 목적에서 퐁텐블로에 소집된 위원 중 한 명으로 카소봉이 임명되었을 때 대부분의 가톨릭교도가 반대하지 않은 이유도 여기에 있었다. 물론 그의 궁극적인 개종을 바라는 사람도 조금은 있었을 것이다.[13] 또 카소봉은 변조된 문헌과 위조된 권위서를 색출해 없애려는 싸움에서 조제프 스칼리제르를 가장 강력한 지원군이라 생각하며 존경했지만, 가이우스 카이사르의 동방원정에 대한 설명에서는 요하네스 케플러Johannes Kepler, 1571-1630의 이론이 더 타당하다고 결론 짓기도 했다. 그런 결론은 예수의 탄생이란 핵심적인 문제와도 관련이 있었다.[14] 제이컵 바넷이 개종을 거부함으로써 옥스퍼드에서 소동을 일으켰을 때 카소봉은 안타깝게 생각하면서도 학자에 대한 당국의 가혹한 대응에 동의하지 않았다. 이 이야기는 1장에서 다시 다루겠지만, 이때 카소봉은 제임스 1세에게 전달되기를 바라며 쓴 편지에서 "그의 배신이 몹시 못마땅하지만 그의 뛰어난 학문적 능력 때문에 그에 대해 동정심을 느끼지 않을 수 없습니다"라고 썼다.[15] 달리 말하면, 카소봉은 의식적으로 인간 관계망에 자신을 두려고 애썼고, 때로는 모순된 조건에 맞추어 행동하려고도 애썼다. 랜설럿 앤드루스 같은 영국 성공회 학자들과 스칼리제르 같은 위그노 인문주의자들에게 특별히 온정을 품었지만, 카소봉은 교파를 초월해 학문을 추구하는 데 열중했다. 따라서 그는 케플러 같은 루터교도만이 아니라 바넷 같은 유대인과도 친분을 맺었고, 그런 느슨한 연대는 그의 사고방식과 학문 방향에 많은 영향을 미쳤다.

카소봉과 알도 마누치오는 많은 점에서 달랐지만, 인문주의자도 과학자처럼 혼자 힘으로 모든 것을 깨우칠 수 없다는 생각에서는 같았다. 우리는 학생으로서 먼저 배우고, 그 후에는 학계의 일원으로 도서관과 기록보관소를 번질나게 들락대고 동료들과 토론하며 학문을 연마해 나아간다. 비유해서 말하면, 지적 세계 및 사회적이고 제도적인 기관의 한구석에 도사리고 앉아 더 넓은 세계를 물끄러미 지켜본다. 우리는 과거의 한 면, 즉 문학과 예술의 전통에서 한 부분만을 보지만, 자료의 출처에 대해 그런대로 정확히 아는 데다 도서관과 기록보관소의 관리자들과 스승에게 배운 방식대로 그 자료들을 생생하고 거시적인 안목으로 분석하며 연구할 수 있다. 연구 주제의 선택과 자료의 사용 및 연구 결과를 출간할 수 있느냐는 개인의 학문적 능력만이 아니라, 다른 사람들과의 관계에 전적으로 달려 있다. 이런 한계가 지난 수세기 동안 인문학의 한계였지만 결함까지는 아니었다. 이 책에 수록된 연구들도 여기에서 언급된 과거의 연구들과 마찬가지로 개인적인 학습과 거주 지역 및 협력에 길들여진 개인이 빚어낸 결과물로, 이런 조건을 렌즈로 삼아 다른 학자들의 저작을 사색하고 이해한 것이다 .

1장부터 9장까지는 내가 1970년대 초부터 꾸준히 연구해온 분야인 학문 공동체, 즉 초기 근대의 편지 공화국을 다루었다. 특히 1장에서는 편지 공화국의 전반적인 모습을 보여주며, 학문과 국경의 경계를 초월한 학자들의 공동체가 유토피아적 프로젝트인 동시에 완전하지는 않더라도 학문적인 삶과 토론에서 지켜야 할 중대한 행동 규칙으로 존재했다는 주장을 살펴볼 것이다. 시민들, 즉 학자들은 지식의 교환과 토론에 대한 공화국의 규범들을 파악하고 수정하려고 애썼다. 집단 토론으로 형성된 강력한 불문율은 개개인이 과거와 현재에 대해 연구하고 글을 쓰는 데도 도움을 주었다. 편지 공화국 시민들은 제각각 좋아하던 공동 연구에 참여했는데, 2장부터 9장에서는 그에 대한 일련의 사례 연구를 하나씩 소개할 것이다. 예컨대 새로운 공용어로 라틴어를 연구했고, 지적이고 문화적이며 종교적인 경계를 넘어 새로운 학문들을 개척했으며, 지식의 열정적인 추구를 방해하는 분쟁의 해결에 앞장섰고, 진실과 평화를 추구하기 위한 새로운 제도적 기관을 상상하며 신중히 설계한 사례들을 소개할 것이다.

카소봉은 물론이고 레온 바티스타 알베르티Leon Battista Alberti, 1404-1472부터 프랜시스 베이컨Francis Bacon, 1561-1626과 그 이후까지 이런 연구방법론의 주역들은 지적 공동체와 구성원들이 서로 영향을 주고받는다는 걸 알고 있었다. 그들은 그 복잡한 변증법적 과정의 역동성을 언어 자체부터 복합적인 출처의 분석까지 모든 차원에서 파악하려고 상당히 노력했다. 그 사상가들이 글을 쓰며 차지했던 구석진 공간으로 되돌아감으로써, 또 다양한 관점과 자료 및 인간관계가 그들의 생각에 어떤 영향을 미쳤는지에 대해 직접 남긴 글을 분석함으로써 우리는 무작정 칭송하지도 않고 쓸데없이 비판적이지도 않은 방식으로 그들의 지적 세계를 그려낼 수 있다. 연구와 토론의 상황만이 아니라 학문적 관계와 단체에 대해 그 주역들이 명확히 남긴 글에서, 그들이 활동한 지적 세계에서 그 쟁점들이 얼마나 큰 위치를 차지했는지 짐작할 수 있다.

편지 공화국은 18세기 말에 자연스레 막을 내렸지만, 학문의 생명까지 끝나지는 않았다. 10~12장에 소개되는 3건의 사례 연구에서는 근대에 하위 학문의 하나로 뚜렷이 등장한 '사상의 역사'에 초점을 맞추었고, 두 제도적 기관(하나는 옥스퍼드대학교, 다른 하나는 바르부르크 연구소)이 개인적으로 뛰어난 학자들에게 어떤 영향을 주었는지 살펴볼 것이다. 끝으로 13~15장에서는 두 명의 저명한 미국 지식인이 소개되고, 책과 미디어가 21세기에 어떤 방향으로 바뀌어갈 것인지를 광범위한 관점에서 살펴볼 것이다. 또 매스미디어와 전자화된 데이터베이스와 검색엔진이 지배하는 시대에도 여전히 지리적 조건 덕분에 우리가 알 수 있는 것이 있고, 지식의 확장을 방해받는 경우가 있다는 것도 여기에서 확인할 수 있을 것이다.

이 책에 실린 대부분의 내용은 과거에 이미 발표된 것이지만, 겹치는 부분을 삭제하고 전체적인 흐름에 맞도록 수정했다. 그러나 어투의 차이까지 획일적으로 고치지는 않았다. 글이 처음 발표된 이후로 오랜 시간이 지난 탓에 어투의 차이가 느껴지는 경우도 있겠지만, 대부분의 차이는 선생과 작가로서 겪은 개인적인 경험에서 비롯된 것이다. 과거 세대의 작가들과 씨름하며 보낸 지난 30년은 나에게 그들의 깊은 학식과 대담함, 까다롭고 복잡한 연구 결과를 명료하고 명쾌한 라틴어로 써낸 능력에 감탄하며 그들을 존경할 수밖에 없던 시간이었다. 한편 현대화된 대학에서, 또 대학 밖에서는 한층 커진 미디어와 출판계와 교류하며 보낸 30년은 때때로 나에게 충격을 주고 심지어 절망감까지 안겨준 시간이었다. 암울한 암흑의 시기였고, 그 어둠이 지금도 걷히지 않았다. 그러나 어둠의 시대에도 학문 세계에는 인간적인 온정이 숨 쉬고 진리를 추구하려는 열정이 있어, 깊은 학구열과 지적인 글쓰기가 권장된다. 다행히 이런 분위기는 여전히 계속되고 있다.

차례

Worlds Made by Words

I

❖

사라진 지식 유토피아, 편지 공화국

⋮ 이 책의 1장부터 9장까지는 요즘 국가를 규정할 때 흔히 사용되는 뚜렷한 표식이 거의 없던 낯선 상상의 땅에 대한 한 역사학자의 보고서라 할 수 있다. 그 땅은 '편지 공화국Respublica literatum, Republic of Letters'이란 독특한 이름으로 불렸다. 그곳의 시민들은 공화국에 진심으로 충성했고, 거의 모두가 두 가지 언어를 사용했다. 하나는 1500년부터 1650년까지 모든 학문에서 공통된 언어로 사용되었지만 그 후에도 여전히 주된 역할을 하던 라틴어였고, 다른 하나는 프랑스어로 대부분의 간행물과 거의 모든 살롱salon(상류층의 객실에서 열리던 작가와 예술가의 사교 모임 – 옮긴이)에서 점진적으로 라틴어를 대체하고 있었다. 그러나 편지 공화국에는 국경이 없었고, 정부도 없었으며, 수도도 없었다. 그곳은 사회적 계급이 정교하고 명확히 구분된 세계,

예컨대 남자와 여자가 자신의 지위와 직업을 뚜렷이 드러내는 의상을 입던 세계였지만, 그곳의 시민들은 모두가 평등하며, 자신이 특별히 향유하는 명성은 순전히 자신의 노력으로 쟁취한 것이라 주장했다. 한 관찰자가 1699년에 남긴 말을 빌리면, "편지 공화국은 무척 오래전에 시작되었다. … 온 세상을 아우르는 편지 공화국은 연령과 성별을 초월해 온갖 국적과 사회 계급에 속한 사람들로 구성된다. … 오래된 언어는 물론이고 최근의 언어까지 온갖 언어가 사용된다. 미술적 장식이 편지에 더해지며, 장인匠人도 이 공화국에서는 고유한 지위를 갖는다. … 대중의 찬사로 명예와 영광을 얻는다."[1] 편지 공화국은 유럽 최초의 평등사회를 자처했지만 지식인들이 치열하게 경쟁하던 추잡한 현실에서 그 드높은 이상이 항상 실현된 것은 아니었다.

편지 공화국의 시민은 자신이 속한 문명 전체의 주인이라고 자신 있게 주장할 수 있었던 최후의 유럽인이었다. 지금 우리는 전문가들의 세계에 살고 있다. 공학과 수학부터 철학과 비평까지 어떤 분야에서든 성공은 특별한 의미를 갖는다. 즉 어떤 문제를 정확히 규정한 후에 그 문제를 논리적이고 확정적으로 풀어낸 것이 성공이다. 그런 문제가 실제로 해결되었는지는 다른 전문가들이 우리에게 말해줄 수 있고, 그래야만 한다. 따라서 최근에 수학과 물리학처럼 고도로 전문화된 학문 영역에서 보았듯이, 누가 푸앵카레 추측Poincaré conjecture을 증명했고, 끈 이론string theory이 현실 세계에 대해 무언가를 밝혀줄 것인가에 대한 의견이 전문가마다 다르면 우리는 당황하며 불안에 사로잡힌다.

대부분의 경우 전문가와 전문직 종사자는 근래에 등장한 사람들이다. 그들은 근대화의 산물이며, 근대는 고등교육을 받은 모든 남녀가 특정한 기능을 하는 세계, 또 그 기능을 수행하는 자격이 그들에게 정식으로 부여된 세계다.[2] 전문가는 근대 이전의 유럽에도 존재했지만, 수학자나 평론가를 자처하던 사람들도 각자의 재능을 광범위한 분야에서 뽐냈다. 제도권 교육은 교양인generalist을 양성하는 데 중점을 두었고, 모든 학자는 학교에서 고전주의자가 되었다. 과거의 고등학문, 예컨대 의학과 법학과 신학을 전공한 전문가specialist들은 인문학 학습법을 각자의 분야에 도입함과 동시에 의학·법학·신학적 관점을 끌어와 인문학과 관련짓는 방향으로 인문학을 바꾸어갔다.[3] 근대화된 의미에서의 전문가도 크게 다르지 않았다. 어렸을 때부터 수학적 재능을 보인 학자들도 학교에서 그리스어와 라틴어 및 역사를 공부했고, 대학에서 논리학과 철학을 연구한 뒤에야 숫자에 집중했다.

오늘날 우리는 고트프리트 빌헬름 라이프니츠Gottfried Wilhelm Leibniz, 1646-1716와 아이작 뉴턴Isaac Newton, 1642-1727을 미적분학과 현대물리학을 확립한 위대한 과학자로 기억하고, 특히 라이프니츠는 철학자로도 기억한다. 라이프니츠와 뉴턴은 방금 언급한 두 분야에서 누구도 부인할 수 없는 위대한 업적을 남겼지만, 주변 학문에도 관심을 두고 연구를 게을리하지 않았다. 라이프니츠는 건설적이고 비판적인 역사학자였고, 인간 언어의 기원과 발전과정을 치밀하게 연구하기도 했다. 뉴턴은 연금술 실험에 몰두하고, 고대 세계의 역사를 재구성하며, 솔로몬 신전을 재설계하고, 선지자 다니엘과 〈요한계시록〉의 예언들을 해석하는 데도 많은 시간을 보냈다. 이런 다양한 분야에 대한 뉴턴의 관심과 노력을 빼곡하게 기록한 증거만도 수천 쪽

16세기의 편지 공화국, 안젤로 데쳄브리오Angelo Decembrio의 《정치학De Politiæ litterariæ》(아우크스부르크, 1540). 프린스턴대학교 도서관 제공.

에 달하며, 그 기록에서 뉴턴이 어떤 분야든 진지하게 접근했다는 것을 확인할 수 있다. 라이프니츠와 뉴턴은 자국어만이 아니라 라틴어도 능숙하게 구사했고, 폭넓은 사람을 대상으로 중요한 쟁점을 언급할 때는 주로 라틴어를 사용했다. 특히 라이프니츠의 경우에는 프랑스어도 사용했다.

편지 공화국을 상상해보는 하나의 방법은 일종의 '현학적 세계', 말하자면 경이로운 것들로 가득하고, 대다수가 인간이 만들어낸 것이며, 현학적인 학자들이 살아가는 세상을 생각해보는 것이다. 편지 공화국 시민들은 후원자들이 좋아하는 고대 문헌으로 채워지고 선반에 가지런히 정돈된 인문학 선조들의 흉상이 묵묵히 내려다보는 도서관을 번질나게 드나들었고, 진귀한 유물이 보관된 전시실의 벽과 선반에 예술적으로 진열된 코뿔소 뿔과 스키 및 에트루리아 시대의 무기를 겸허한 자세로 바라보았다. 또 편지 공화국 시민들은 원형의 멋진 해부학 강의실도 자주 찾았다. 적어도 겨울에는 시신이 고약한 악취를 풍기지 않았을 테니까.[4] 그들이 어떤 곳을 주로 찾았든 간에 어떤 곳에서나 그들의 편향되지 않은 폭넓은 취향을 엿볼 수 있었다.

모든 곳이 인간과 자연, 과학과 역사를 구체적이고 시각적으로 가르치려는 의도로 구성된 백과사전이자, 새로운 종류의 지식이 구체화되는 실험실이었다. 예컨대 레이던대학교의 유명한 해부학 강의실은 인간과 동물의 뼈대를 비교해서 가르칠 목적에서 가지런히 정돈된 뼈대들로 가득했다. 인간과 말의 뼈대는 방문객들에게 동물학적 지식을 담은 글귀만이 아니라 삶의 유한성에 대한 도덕적 교훈까지 떠올리게 하는 글귀가 라틴어로 쓰인 깃발을 쥐고 있었다. 특히 아담

미술품과 진기한 것이 보관된 전시실, 17세기, 덴마크 의사 올레 보름Ole Worm이 수집한 진귀한 수집품을 수록한 보름 박물관Museum Wormianum(레이던, 1655). 프린스턴대학교 도서관 제공.

과 하와를 상징하는 뼈대는 신학적 교훈을 마음에 새겨주었다. 레이던대학교에서 해부학 강의실 못지않게 유명하던 도서관에는 서적과 필사본, 도시의 조감도, 지구본과 지도책 등이 소장되어 있었고, 도서관이 문을 여는 몇 시간 동안 방문하면 학구적 대화를 나눌 수 있었다.[5]

편지 공화국 시민들은 다양한 면모를 띠었다. 대부분이 온순한 초식동물처럼 점잖았지만, 그런 학자들의 주변에는 아타나시우스 키르허Athanasius Kircher, 1602-1680처럼 박식한 괴물들도 어슬렁거렸다. 키르허는 인디애나 존스조차 시샘했을 정도로 모험적인 삶을 살았던 지식인이었다. 예컨대 화산을 연구하겠다는 일념으로 베수비오산의 분화구에 올랐고, 잔 로렌초 베르니니Gian Lorenzo Bernini, 1598-1680가 로마 나보나 광장의 피우미 분수('네 강의 분수'로도 부름 – 옮긴이)를 설계하는 걸 돕기도 했다. 또 키르허는 나보나 광장의 그 분수 옆에서 공연하던 마술사들의 마술 기법을 알아내려 애썼고, 도미니크회 수사들을 상대로 축구하는 걸 좋아했으며, 이집트와 중국이 노아의 홍수 이전부터 존재했을 것이라고 주장하고 태양 중심의 지동설을 제기하며 교단의 분노와 두려움을 자극했다. 키르허가 이 모든 주제에 대한 자신의 잡다한 생각들을 라틴어로 기록한 자료의 규모는 실로 엄청나서 현대의 어떤 학자도 그것을 전부 읽어낼 수 없을 것이고, 그만큼 쓴다는 것은 거의 불가능하다. 소문에 따르면 키르허의 저서를 구입한 독자는 거의 없었지만, 그는 후원자들로부터 넉넉히 지원을 받았고, 독자들로부터는 폭넓은 관심만이 아니라 상당한 조롱도 받았다고 전해진다.[6]

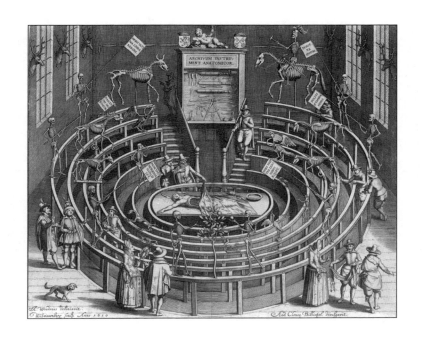

레이던대학교 해부학 강의실, 요하네스 뮤르시우스Johannes Meursius의 《아테네 바타베Athenae Batavae》(레이던, 1625). 프린스턴대학교 도서관 제공.

편지 공화국 시민들 모두가 똑같은 정도로 성실하고 너그러운 건 아니었다. 고대 이집트의 불가사의한 역사에 대한 근거 없는 주장은 물론이고 키르허의 은밀한 연구방식은 개방성과 투명성 및 증거 제시를 원칙으로 삼았던 공화국의 시민들과 충돌을 일으켰다는 영국 역사학자 노엘 맬컴Noel Malcolm의 주장은 설득력 있게 들린다. 그러나 후원을 받으며 지식과 명성을 적극적으로 추구하던 키르허의 자세는 이 세계에서 결코 특별한 것이 아니었다. 많은 영민하고 공격적인 지식인들이 거인들의 발아래에서 서로 싸우며 명성을 쌓아갔다. 예컨대 뛰어난 문헌학자 쥐스튀스 립시우스Justus Lipsius, 1547-1606는 칼을 목에 댄 채 타키투스의 텍스트를 암송하며, 한 번의 실수라도 범하면 칼을 목에 박겠다고 공언할 정도였다.

립시우스는 도덕적인 글로 고대 스토아주의를 되살려낸 선각자로 폭넓게 존경받았으며, 그의 글은 절대주의와 종교전쟁의 시대에 학자들이 지켜야 할 도덕률로 여겨졌다. 최근에 많은 학자가 강조했듯이, 립시우스는 타키투스와 폴리비오스가 남긴 교훈을 치밀하게 연구하는 데 그치지 않고 16세기에도 군사 개혁이란 실질적인 목적에 적용될 수 있도록 깔끔하게 정돈하는 뛰어난 능력을 과시해 보였다. 한편 일부 주장에 따르면, 립시우스와 그의 스토아 철학은 초기 편지 공화국의 전반적인 상황에 대한 도덕적 반격으로 해석될 여지도 있다. 그러나 립시우스는 다른 학자들의 교묘한 바꿔 쓰기를 지적하고 꼬집는 문헌학자라는 평가를 받기에 부족함이 없었고, 그가 타키투스를 연구하던 작업본은 지금 레이던대학교에 보관되어 있다. 그가 어떻게 작업했는지 보여주는 증거를 모두 없애려던 노력이 안타깝게

레이던대학교 도서관, 요하네스 묄시우스Johannes Meursius의 《아테네 바타
베Athenae Batavae》(레이던, 1625). 프린스턴대학교 도서관 제공.

도 성공하지 못한 셈이다.[7]

키르허와 립시우스는 별스럽기는 했지만, 지식인은 어떻게 연구하고 행동해야 한다는 확실한 본보기를 보여준 듯하다. 그들은 엄격히 연구하는 방법을 고안했고, 연구 결과가 거북하더라도 두려움이나 편견 없이 받아들여 발표했으며, 선입견에 사로잡히지 않으면서도 본래의 확신을 잃지 않으려고 애썼다. 게다가 그들은 시대를 초월하고 이념과 정치의 경계를 넘어 지적인 우정을 나누었다. 또한 그들은 미술가들과 협력해 자신들의 책에 완전히 새로운 형태의 시각적 효과를 더했다. 특히 키르허는 상상에서 보았던 이집트의 광장으로 당시 로마의 광장들을 묘사하기도 했다. 키르허와 립시우스는 전근대 사회에 살며 그 시대를 연구하는 지식인이었다. 따라서 우리는 그들의 삶을 통해 지금은 잊힌 전근대의 지식인 세계에 대해 많은 것을 알아낼 수 있을 듯하다. 더 나아가 우리 시대의 타락한 공적 사회에 현대 지식인들이 어떻게 도움을 줄 수 있고, 어떤 도움을 주어야 하는지에 대한 교훈도 끌어낼 수 있을 것이라 생각한다.

⁂

우리가 첫째로 기억해야 할 것은, 편지 공화국이 가장 번영한 시대가 구유럽Old Europe의 황금시대가 아니었다는 것이다. '편지 공화국'이란 뜻의 Respublica literarum이란 구절은 '문예적 모험'이나 '편지의 목적'을 듣기 좋게 표현하는 방법으로 15세기에 처음 등장했다. 하지만 편지 공화국 자체는 1500년경에야 학자들의 머릿속에서 구체화되기 시작했고, 데시데리위스 에라스뮈스Desiderius Erasmus, 1466-

1536가 교회와 대학을 개혁하려는 전위적이고 자의식이 강한 학자들의 리더가 되었다.[8] 이 과정이 있고 오랜 시간이 지나지 않아 마르틴 루터Martin Luther, 1483-1546의 종교개혁으로 1,000년 이상 통일된 상태를 지속하던 가톨릭교회가 쪼개졌다.

편지 공화국은 1550년 이후로는 근근이 목숨을 이어갔다. 당시 프랑스와 저지대국가Low Countries(유럽 북해 연안의 벨기에, 네덜란드, 룩셈부르크-옮긴이)에서 호전적인 가톨릭교도와 칼뱅주의자가 세포 단위로 조직되어 절대주의적 이데올로기에 영감을 받은 최초의 혁명적인 당파를 전국적으로 구성하고, 잔혹한 내전을 벌였기 때문이다. 당시의 잔혹성을 보여주는 대표적인 사건으로는 성 바르톨로메오 축일의 학살과, 프랑스 국왕 앙리 3세와 4세의 암살 및 네덜란드 초대 총독 빌럼 1세 판 오라녜Willem van Oranje, 1533-1584의 암살이 있었다. 영국 역사학자 리사 자딘Lisa Jardine, 1944-2015이 지적했듯이, 권총의 등장으로 암살 시도가 더 쉬워졌다. 그 때문에 권총은 지금처럼 당시에도 골칫거리로 여겨졌다.[9] 하지만 편지 공화국은 꾸준히 명맥을 이어갔고, 심지어 유럽의 거의 모든 열강이 30년 전쟁에 휘말렸던 17세기 전반기에는 크게 번성하기도 했다. 30년 전쟁의 여파로 당시 신성로마제국으로 알려졌던 독일은 가난하고 후진적인 제후국들로 분열되었다.

물론 같은 시기에 마녀재판도 있었다. 그 때문에 수천 명의 여성이 악마와 성교했고, 비바람을 끌어와 농작물을 해쳤으며, 남성의 성기를 훔쳐 새둥지에 감추었다는 이유로 목숨을 잃었다. 많은 가톨릭 세계에서 검열제도를 실시했고, 유대인을 조직적으로 억압하는 현상도 있었다. 당연한 말이겠지만, 지배자들이 전반적으로 절대주의적인 신념에 사로잡혀 그 신념에 따라 행동했기 때문에 당시는 무척 냉혹한 세계였다. 역사학자 브래드 그레고리Brad Gregory가 충격적인 책에서 밝혔듯이, 종교개혁이 시작된 이후에 수백 명의 남녀가 종교적 믿음을 위해 기꺼이 목숨을 던졌다. 교파에 구애받지 않고 가톨릭교도와 신교도, 루터교도와 칼뱅교도에게 죽음의 형벌을 가하며 그 현장을 지켜보던 관리들은 양심의 가책을 조금도 느끼지 않았던 듯하며, 순교자의 종교로 개종한 사람은 전혀 없었다.[10]

하지만 그 암흑의 바다 곳곳에서는 작은 무리가 일엽편주에 몸을 싣고 항해하고 있었다. 달리 말하면, 학자들이 작은 공동체를 이루고 자체의 규칙과 가치관을 지닌 완전한 유형의 사회를 유지하려고 최선의 노력을 다했다. 이 편지 공화국에서 다수의 시민은 대학과 연구소, 왕궁에서 공식적인 지위를 차지하고 제국과 국가의 비전을 표현하는 데 각자의 재능을 발휘했다.[11] 물론 공식적인 지위를 그럭저럭 지키면서도 평화와 관용이란 편지 공화국의 막연하지만 중대한 이상을 구현하려 애쓰는 학자도 있었다.[12] 하지만 양심의 가르침을 위배하지 않고는 국가나 제도적 종교기관을 섬길 수 없다는 개인적인 신념 때문에 그런 지위에서 배척된 지식인도 적지 않았다.

편지 공화국에서 기득권층과 타협한 시민이나 기득권층에게 내쫓긴 시민은 모두 먼 거리를 이동하는 삶을 살았다. 신교도든 가톨릭교도든 똑같이 전국을 돌아다녔고, 때로는 국경을 넘어 다른 세계에 들어갔다. 편지 공화국을 다룬 과거의 유명한 문헌들, 예컨대 애니 반스Annie Barnes, 1903-2003, 에리히 하제Erich Haase, 폴 디봉Paul Dibon의 저서와 논문은 위그노 망명을 집중적으로 다루었다. 영국 역사학자 휴 트레버 로퍼Hugh Trevor-Roper, 1914-2003가 발군의 논문에서 일반화하고 요약했듯이, 그들이 언급한 위그노 망명은 신교도 지식인들의 망명을 넘어, 관용에 대한 에라스뮈스식 이상의 망명이었다.[13] 그 이후 가톨릭 세계의 학자들은 항상 그랬듯이 어떤 은밀한 목적을 숨긴 채 예수회를 동일한 상상의 지도에 놓고, 예수회와 위그노가 서로 비난하지만 자연과학부터 역사학까지 똑같은 분야를 연구하며 예의와 협력이란 동일한 이상을 추구했다는 걸 보여주었다. 신세계 페루의 자연과 문화에 대한 호세 데 아코스타José de Acosta, 1539-1600의 글을 로마와 중국의 예수회 동료 수사들에게 전달해준 편지 네트워크와, 스탠퍼드의 과학사학자 폴라 핀들런Paula Findlen이 지적했듯이 키르허의 이집트학을 로마부터 뉴스페인의 수녀원까지 알려준 지식 전달 고리는, 팔레스타인의 사마리아인들과 로마의 시리아 정교회 총대주교 이그나티우스 나마탈라Ignatius Na'matallah가 프랑스의 위그노파 지도자 조제프 스칼리제르와 생산적으로 접촉한 조직망만큼이나 세계적인 규모였다.[14] 그야말로 편지 공화국은 사람과 책과 사물이 변화무쌍하게 움직이는 만화경과 같았다.

물론 전근대의 세계에서 이동은 항상 어려웠고 때로는 위험하기도 했지만 많은 새로운 것을 알려주었다. 유스틴 슈타글Justin Stagl, 호안 파우 루비에스Joan-Pau Rubiés, 파올라 몰리노Paola Molino의 저서에서 보았듯이, 여행은 16세기와 17세기에 하나의 기술이 되었다.[15] 편지 공화국 시민들은 어떤 도시를 방문할 때마다 그 도시의 지리적 환경과 구조적 형태, 자연자원과 공예, 문예적이고 종교적인 삶에 대한 정보를 수집했다. 그들은 이렇게 수집한 정보를 바탕으로 도시의 공간을 텍스트인 것처럼 읽어낼 수 있었다. 유물을 보고 그 유물이 처음 제작된 도시를 3차원으로 그려내는 고고학자처럼, 그들은 텍스트를 읽어냈다. 그들은 여행하며 다양한 특징을 알게 되었지만, 그와 동시에 편지 공화국의 구석구석까지 헤집고 다니며 구석진 곳에서 동료 시민을 찾아냈다. 어떤 도시에서나 그들은 같은 공화국의 시민을 만났다는 의식을 행하며, 존중심과 동료애를 나누고 상대의 '교우록Album Amicorum'에 서명과 짧은 경구 및 상징을 남겼다.[16] 이렇게 축적한 경험은 사회문화적인 자산이 되어 그들의 삶에 큰 도움을 주었다.

거리와 이동에는 다른 기능도 있었다. 학문과 유물의 영원한 불빛이던 파리와 로마는 말할 것도 없고 공간적 거리가 도시들에 권위를 더했다. 덕분에 16세기 초에는 루뱅, 한 세기 후에는 레이던과 프라하, 그 이후에는 암스테르담과 런던이 지적인 삶의 새로운 중심지로 찬란히 빛났다. 그렇게 찬연히 빛나는 은하계에서 핵심적인 인물을 만나 그에게 따뜻한 인정과 추천을 받은 사람은 자신의 고향에서도 신뢰를 얻고 경쟁력을 확보할 수 있었다. 따라서 마리오 비아지올리Mario Biagioli가 최근에 지적했듯이, 갈릴레오 갈릴레이는《항성의 메신저Sidereus Nuncius》에서 발표한 주장을 요하네스 케플러가 인정했다는 것을 크게 반겼다. 이탈리아 북부와 중부에서 많은 비평가와 경쟁자에게 사면초가에 내몰렸지만, 갈릴레이는 멀리 떨어진 프라하에서 제국 수학자로 일하던 케플러가 보낸 자세한 편지에서 든든한 지지를 받았다.[17]

저 멀리에서 가장 반짝이는 별들은 주로 도시였다. 적잖은 편지 공화국 시민들이 궁전에서 시간을 보내며 봉직해야 했다. 그러나 그들은 상당한 정도의 자율성을 누리는 도시, 특히 지배자가 질서와 순종을 얻기 위해 반체제적인 종교인과 지식인을 억압하려면 고문과 사형을 동원해야 한다는 보편적인 믿음에 동조하지 않는 도시를 좋아했다. 또 편지 공화국 시민들은 글을 쓰는 자신의 이름을 세상에 알리는 유일한 도구인 인쇄기와 도서관 같은 도시의 제도적 기관을 옆에 두어야 했다. 그들이 주로 거주한 도시, 즉 그들이 상상한 국가의 수도로는 너그러운 세계적 국경 도시이던 슈트라스부르크, 네덜란드의 무역 중심지이던 레이던과 암스테르담이 있었다. 특히 그 두 도시에서 가톨릭교도와 칼뱅교도, 재세례파와 유대인은 서로 상대를 용인하며 친밀하게 지냈고, 교조적인 설교자들이 이념의 정화를 시도할 때마다 '제네바 종교재판Genevan Inquisition'이라 칭하며 그런 설교를 배격하는 데 힘을 합쳤다. 물론 에라스뮈스를 비롯해 평화적인 영혼들이 영적인 고향으로 생각한 바젤도 이런 도시에 속했다. 실제로 많은 기독교 난민이 모국의 억압을 피해 자신들에게 호의적인 도시를 찾아다녔다. 그러나 그런 도시에서도 유대인은 히브리어나 아람어 혹은 이디시어로 문서를 인쇄해야 하는 경우를 제외하면 철저히 배척되었다. 런던과 베를린도 편지 공화국 시민에서 많은 몫을 차지하던 프랑스 신교도를 대거 포용한 덕분에 편지 공화국의 상상도에서 한자리를 차지했다.

여하튼 도시에는 고유한 지식을 더해주는 공간이 많았다. 예컨대 역사학자 데버라 하크니스Deborah Harkness가 《보석처럼 빛나는 곳 The Jewel House》에서 정교하게 재구성해낸 엘리자베스 1세 시대 런던의 라임 스트리트처럼 재능과 연구가 독려되는 온실에서는 기능인과 약제상, 화학자와 박물학자 등의 상점과 정원이 거대한 합동 실험실을 이루고 있었다. 비유해서 말하면, 프랜시스 베이컨의 이상향 '새로운 아틀란티스New Atlantis' 처럼 다양한 분야의 지적 노동자들이 서로 협력해 자연의 비밀을 밝히려 애쓰는 곳이었다. 하지만 그 지역에는 영국인만큼이나 많은 외국인이 있었고, 여행과 편지를 통한 접촉 덕분에 그곳의 상황이 저지대국가들을 넘어 유럽 전역에 전달되었기 때문에 외국에서도 그곳의 활달하고 생산적인 문화를 높이 평가하는 사람들이 많았다.[18] 하크니스가 런던을 무대로 그려낸 대로 기능인과 학자 간의 협력은 역동적이고 참여적이었던 까닭에 때로는 다툼이 있었지만, 그런 협력은 르네상스 이탈리아에서 문화적 삶의 표준이었고, 편지 공화국에서는 시종일관한 보편적 특징이기도 했다.

도시는 학구적인 여성이 살았던 곳이기도 했다. 역사학자 세라 로스Sarah Ross와 에이프릴 셸퍼드April Shelford가 가르쳐주었듯이, 그런 여성들은 라틴어를 사용하는 가족으로부터 큰 지원을 받아 살롱(대표적인 예로는 로시 가문의 모녀가 프랑스 푸아티에를 기반으로 시작한 살롱)을 열었으며, 17세기 말과 18세기에는 한때 남성의 전유물이던 고전학의 세계로 발을 들여놓았다.[19] 하지만 매혹적인 정원을 갖춘 시골의 별장도 서적과 고대 유물로 호화롭게 꾸며져 학식과 지성을 쌓는 공간이 되었다. 역사학자들의 주장에 따르면, 이런 귀족적 공간은 독일과 오스트리아의 편지 공화국에서 주된 역할을 했다.[20]

편지 공화국 시민들은 일터에서든 망명지에서든 자신이 속한 공간 밖의 세계와 끊임없이 교감하며 변화에 능동적으로 대처했다. 게

다가 루이 14세가 벌인 전쟁으로 북유럽의 많은 지역이 황무지로 변했고, 조직적인 억압과 탄압으로 프랑스의 신교도 공동체가 거의 파괴되었지만, 그럼에도 그들은 퇴영적인 라틴어를 버리고 프랑스어를 새로운 문명어로 점진적으로 채택했고, 민중에 대한 억압과 학대를 반대하는 운동을 폭넓게 전개했다.[21]

편지 공화국 시민들은 여권을 갖고 다니지는 않았지만, 어떤 특징이 있어 서로를 알아볼 수 있다. 물론 재물이 그 특징은 아니었다. 지금도 그렇듯이 당시에도 학자들은 돈에 연연하지 않았다. 편지 공화국 시민들은 인간애와 관용을 추구하며 배우는 데 열중했고, 그런 자질을 지닌 사람에게 보상을 아끼지 않았다. 젊은이는 남녀를 불문하고 자격을 갖추면 편지 공화국의 시민이 될 수 있었다. 예컨대 라틴어, 더 나아가 그리스어와 히브리어와 아랍어를 익히고, 지금의 관점에서는 무관하게 보이겠지만 수학과 천문학, 역사와 지리학, 물리학과 음악에도 통달한 젊은이가 선배 학자의 추천 편지를 들고 런던의 존 로크John Locke, 1632-1704부터 나폴리의 잠바티스타 비코Giambattista Vico, 1668-1744까지 저명한 학자를 방문해 라틴어나 프랑스어로 적절한 인사말을 건네면 그에 합당한 답례를 받을 수 있었다. 달리 말하면, 따뜻하고 정중한 환대를 받았다. 그들은 코코아(얼마 후에는 커피) 한 잔을 앞에 두고 근래에 발행된 고전 문헌이나 최근에 관찰된 토성 고리에 대해 한두 시간의 의례적인 대화를 나누었다.[22]

⁂

지도에도 없었고 국경도 없었으며 행정 관료도 없었는데 도대체 편지 공화국이 존재했다는 것을 지금 우리가 어떻게 알 수 있을까? 어떻게 하면 편지 공화국을 더 정확히 규정할 수 있을까? 편지 공화국의 실태를 파악하고 평가하려면, 편지 공화국 시민들이 그곳에 대해 언급한 자료를 일차적인 근거로 삼을 수밖에 없다. 모든 인적 관계가 비공식적으로 이루어진 것은 아니었다. 전통적인 역사기록학에서 빠짐없이 거론되는 과학학회들은 17세기에 조금씩 형태를 갖추었고, 회원들과 관리자들은 자연을 올바로 연구하기 위한 새로운 기준과 방법론을 확립하려고 최선의 노력을 다했다. 대표적인 과학학회로는 이탈리아 피렌체에서 창설된 자연과학학회 아카데미아 델 치멘토Accademia del Cimento, 교황령으로 설립된 아카데미아 데이 린체이Accademia dei Lincei, 프랑스 파리에 세워진 과학아카데미Académie des Sciences, 독일 할레에 설립된 아카데미아 나투레 쿠리오소룸Academia Naturae Curiosorum이 있었다.[23] 최근의 연구에서 밝혀졌듯이, 이런 과학학회가 종種이라면 그보다 더 큰 속屬이 있었다. 편지 공화국 시민들은 많은 지역에서 자체적으로 공동체를 결성했고, 그 공동체에 속한 학자들은 종교적이고 세속적인 진실을 추적하는 데 열중했다.

16세기에 나폴리에서 설립되어 자연의 비밀을 파헤치는 데 열중했던 학회들이나 17세기에 튀빙겐 등에서 이상향을 추구한 조직들이 그랬듯이, 지적인 삶을 치열하게 추구하기 위한 규약과 회칙을 작성한 단체도 적지 않았다.[24] 한편 뒤피 형제의 카비네Cabinet of the brothers Dupuy와 뷔로 드 테오프라스트 르노도Bureau de Théophraste Renaudot처럼 회원 활동이 자유롭고 즉흥적인 조직도 적지 않았다.[25] 물론 문서 기록만 남아 있어, 해당 조직이나 모임이 사회적 세계에서 실제로 존재했는지에 대한 의문에 확실히 대답하기 어려운 경우도 많다.[26] 하지만 이런 조직들이 중요한 역할을 한 것은 분명하다. 또한 지적인 삶을 위해서는 사회적 기반이 필요하다는 것도 이런 조직들이 증명해주었다. 특히 종교전쟁이 치열하게 진행되던 시대의 유럽에서 지적인 조직이 생존하려면 사회적 기반이 더더욱 필요했다. 이런 조직은 편지 공화국의 탄생에도 도움을 주었고, 그 덕분에 편지 공화국은 진정한 통신망을 갖출 수 있었다.

전근대의 세계에서 편지만큼 관리와 전문가를 개별적으로 자연스럽게 연결할 만한 수단은 없었던 까닭에 무엇보다 지금까지 전해지는 수천 통의 편지를 통해 우리는 편지 공화국의 윤곽과 도시들을 가장 생생히 엿볼 수 있다. 그 편지들에는 기압 실험과 추락하는 물체의 운동에 대한 보고, 이집트 미라와 신세계 식물군의 표본, 코뿔소 뿔과 로마인의 발을 그린 그림, 새롭게 발견된 고대 문헌의 필사본에 대한 설명이 있었다. 또 역사적이고 정치적인 정보도 담겨 있어, 여기저기에서 편지를 받은 학자는 자신이 살아가는 작은 도시 너머의 큰 세계에서 어떤 일이 일어나고 있는지 알 수 있었고, 더 나아가 정치적이고 역사적이며, 철학적이고 과학적인 소식을 통합하고 결합함으로써 지금 우리가 읽는 글을 남길 수도 있었다.

예컨대 휘호 더 흐로트 Hugo de Groot, 1583-1645 는 자연법에 대해, 갈릴레이는 자연철학, 즉 물리학에 대해, 존 로크는 재산권에 대해 연구한 글을 남겼다. 합당한 이유로 돈을 요구할 때가 아니면 편지가 거의 사용되지 않는 요즘의 세계에서 이런 편지, 예컨대 라틴어로 된 형식적인 인사말, 소변 분석과 신장결석에 대한 자세한 설명, 점성학에 기초한 예측, 기형아 탄생 등이 언급된 편지는 신기하게 보일 수 있다. 하지만 그 시대에 편지는 공화국의 곳곳을 연결하며 지식의 교환을 자극하는 미약하지만 중요한 통로 역할을 해냈다. 편지 교환의 끈은 모세혈관처럼 길게 이어졌고, 그 가닥을 따라 로마 교황청부터 북부의 칼뱅파 근거지까지, 또는 그 반대 방향으로 소식이 전해졌다. 양쪽 모두에 서로 교감하기를 바라는 사람들이 있었다는 뜻이다.[27]

편지를 끊임없이 쓰고 보내는 행위는 단순히 정보를 수집하고 교환하는 차원을 넘어섰다. 편지 공화국의 많은 시민이 편지를 주고받는 행위를 도덕적 의무로 보았다. 편지는 정치적이고 종교적인 경계로 나뉜 사람들에 대한 연민과 사랑을 전달하는 유일한 수단인 동시에, 저 멀리에서 반짝이는 위대한 학자와 관계를 맺을 수 있는 유일한 방법이기도 했다. 예를 들어 설명해보자. 에라스뮈스는 편지를 즐겨 쓰는 위대한 스승이었다. 그의 저작은 17세기 중반까지 북유럽의 교육기관과 대학교에서 주된 교과서로 사용되었고, 그의 편지는 클래런던 출판사에서 총 12권으로 출간되었다. 에라스뮈스는 편지를 그 자체로 독립된 문학적 장르로 생각하며, 설득력 있고 웅변적인 편지를 쓰기 위한 규칙을 제시했다. 에라스뮈스는 더 나아가, 수사학 교과서라 할 수 있는 《생각을 표현하는 다채로운 문체On Copiousness in Words and Ideas》에서 '내 목숨이 붙어 있는 한 당신을 기억할 것입니다'와 '당신의 편지에 감사합니다'라는 말을 우아하고 적합한 라틴어로 표현하는 수백 가지 방법을 소개했다. 그는 이 책을 쓰는 데 엄청난 노력을 기울인 듯하다. 따라서 영문학 교수 캐시 이든Kathy Eden이 밝혔듯이, 에라스뮈스는 지적 재산의 공유성(실제로 그는 "친구들의 재산은 모두 공동 소유"라는 고대 그리스 사상가 피타고라스의 말을 즐겨 인용했다)을 주장했고, 누군가 사용하는 언어와 그의 마음과 영혼 사이에 밀접한 관계가 있다고 굳게 믿었다.[28]

에라스뮈스는 학자라면 끊임없이 글 쓰는 법을 학습하며, 지지자와 비평가, 적과 친구 모두에게 우애와 관심을 보여야 한다고 생각했다. 그렇게 할 때 학자는 주변 사람들과 복잡하지만 특별한 관계를 맺고 진정한 친구, 즉 상대에게 진실하고 헌신하며 상대를 염려하는 친구가 된다는 게 에라스뮈스의 생각이었다. 유럽의 모든 대형 도서관에서 수십 권의 책을 채우고 있는 많은 양의 편지는 에라스뮈스와 그 후예들에게 영감을 받아, 즉각적이고 직접적인 접촉이나 대화보다 글을 쓰고 또 쓰는 끈질긴 노력으로 유지되고 지탱되는 새로운 유형의 공동체를 만들려는 엄청난 노력의 유산이다.[29]

역사학자 앤 골드거Anne Goldgar와 브라이언 오길비Brian Ogilvie가 밝혀냈듯이, 편지를 교환할 때는 엄격한 규칙을 따랐다. 정확히 말하면, 엄격한 규칙을 지켜야 했다. 예컨대 다른 학자에게 편지를 쓰고 답장을 받으면 적절한 시일 내에 답신해야 했다. 그러면 다시 상대가 답장에서 제시한 조언을 받아들이겠다고 알림으로써 상대에게 믿음을 주고, 상대를 친구로 칭하겠다는 다짐이 있어야 했다.[30] 하지만 라틴어와 프랑스어로 편지를 쓴다는 약속된 격식, 자신과 다른 새로운 인물을 종이 위에 빚어내려던 필사적인 노력, 편지를 주고받는 거대한 회로를 연결하던 편지 예법의 파괴에도 불구하고 많은 편지가 지금도 무척 가슴을 뭉클하게 한다.[31]

아래의 예에서 보듯이 편지 공화국의 몇몇 특징은 요즘에도 그대로 찾아볼 수 있다. 지금의 우리처럼 그 시대의 시민들도 정치와 언어와 종교의 경계를 넘어 인적 공동체와 정보 공동체를 형성하기 위해 의식적으로 노력했다. 방대한 양의 정보를 수집하고 관리하려고 혼신의 노력을 다했다는 점에서도 우리와 다르지 않았다. 또 초기 근대의 역사를 연구한 앤 블레어, 리처드 예오, 대니얼 로젠버그, 노엘 맬컴이 보여주었듯이, 여행자가 유럽에 대해 흩뿌려놓고, 과학적 관측자가 수집하고, 역사학자가 발굴한 두서없는 정보를 받아들여 정리해서 독자에게 적합하게 전달하려는 다양한 노력이 초기 근대에도 있었다. 요컨대 정보의 홍수가 있었고, 그 홍수가 인쇄기로 인해 더욱 커졌다. 당시 사람들이 학문적 성격을 띤 사적인 편지를 주고받는 데 그치지 않고, 그 안에 담긴 정보를 저장해두고 언제라도 사용할 수 있는 방법들, 예를 들어 서지학, 문서 보관함, '지식의 역사historia litteraria'에 대한 편찬, 학술지에 대해 고민하고 만들어가기도 했다.[32] 1660년대 이후로는 라틴어와 여러 현대어로 새로운 정보를 담은 출판물이 봇물처럼 쏟아졌고, 신간 서적에 대한 평가도 뒤따랐다. 따라서 역사상 처음으로 지식인들은 유럽의 어디에 있더라도 유럽 구석구석에서 학자들이 무엇을 연구하고 지배자들이 어떻게 행동하는지에 대해 신뢰할 만한 정보를 주기적으로 구할 수 있게 되었다.[33]

15세기에는 무역도 세계적인 규모로 확대되었다. 정보도 그런 세계화 흐름에 합류했다. 베를린과 포츠담으로 피신한 위그노들이 당시 프랑스의 첨단과학과 학문을 유럽 세계에 널리 알렸고, 로마에서 존경과 시샘을 동시에 받던 아타나시우스 키르허는 세계 전역에서 활동하던 동료 예수회 수사들의 연구 보고서를 활용해 강물과 용암의 흐름 및 고대의 인구 이동을 도식화했다. 잠바티스타 비코는 가톨릭교도로서 나폴리 남부를 거의 떠나지 않았지만, 스피노자와 로크의 새로운 이론을 이해하기 위한 주된 자료로 네덜란드에서 라틴어로 출간된 일기를 활용할 정도로 정보에 밝았다. 최근에 사실과 사상이 널리 전달되는 속도를 높이는 데 일조한 블로그처럼, 새롭게 탄생한 학술지와 출판사는 정치적, 사회적 기존 권위체에 충격을 가하는 중대한 영향을 미쳤다. 따라서 처음에 편지 공화국은 일종의 지식 시장, 즉 적어도 이론적으로는 작가의 사회적 계급이 아니라 작품의 질에 따라 가치가 결정되는 시장을 의미했다.

⚜

편지 공화국은 자연과 역사에 대한 호기심으로 느슨하게 연결된 지적이고 사회적인 조직망 이상의 존재였다. 따라서 편지 공화국에 하나의 이데올로기나 공식적인 믿음 체계가 있었다고 전제한다면 잘못된 것이다. 영국 역사학자 조너선 이즈리얼Jonathan Israel이 최근에 실감나게 재구성한 급진 계몽주의Radical Enlightenment도 유일한 이데올로기는 아니었다.[34] 여하튼 여러 수도회의 가톨릭교도, 모든 교파의 신교도, 소수의 스파라드 유대인과 극소수의 아슈케나즈 유대인이 편지 공화국 시민이었고, 시간이 지난 후에는 유니테리언파를 비롯해 모든 기성 교파에 등을 돌린 여러 교파가 편지 공화국의 일원이 되었다. 또 네덜란드 함대가 메드웨이강을 거슬러 올라가 영국 함대에 큰 타격을 주었을 때 애국심에 불타던 네덜란드 학자들은 국민적 자부심에 전율을 느꼈을 것이고, 영국의 애국적인 학자들은 오싹한 두려움에 떨었을 것이다.

　가톨릭교도든 칼뱅파든 루터파든 교파를 불문하고 많은 학자가 대체로 애국적인 이유에서 연구에 몰두했다는 게 중요하다. 심지어 연구의 주된 이유가 자신의 종교나 지배계급에 승리를 안겨주기 위한 것, 즉 애국이었다. 중국을 비롯해 유럽 밖으로 파견된 예수회 수사들은 외국의 믿음과 풍습에 깊은 관심을 보였지만, 그들의 주된 목표는 모든 세계를 가톨릭교로 개종하게 만드는 것이었다. 예수회 선교사 마테오 리치Matteo Ricci, 1522-1610조차 중국의 전통적인 믿음에서 기독교와 양립할 수 있는 것과 그렇지 않은 것을 명확히 구분할 수 있다고 생각했다.[35] 이 책에서 언급되는 대규모 연구 프로젝트팀이나 교회의 역사를 연구하기 위해 결집한 학자팀은 종교적 믿음의 다툼에서 사용할 만한 무기를 제공하겠다고 떠벌렸기 때문에 후원자를 어렵지 않게 구했다. 다른 사람의 믿음과 관습에서 의식적으로 장점을 찾으려 애쓰던 사람들도 개인적인 신학적 확신에 매몰되기 일쑤였다. 이자크 카소봉은 그리스어와 언어학에 정통한 지식을 근거로 《헤르메티카Hermetica》(헤르메스 트리스메기스투스의 저술이라고 일반적으로 가정하는 헤르메스주의 문헌)가 고대 후기의 것이라고 주장했다. 그러나 카소봉의 이런 주장은 체사레 바로니오 추기경이나 기독교적 진리를 예측한 것으로 추정되는 헤르메스 같은 이교도가 확고한 신념을 갖고 글을 쓰지는 않았을 것이란 절대적인 확신에서 출발한 것이었다.[36]

　하지만 편지 공화국에서 상당한 정도의 시민이 공유하던 몇몇 견해는 당시의 신조주의confessionalism와 충돌했다. 첫째로, 종교적 믿음이나 정치적 견해가 다른 사람과의 의사소통 자체를 끊는 것은 도덕적으로나 지적으로 잘못된 것이라 생각하는 시민이 적지 않았다. 지식과 사회적 교감이 무엇보다 중요하기 때문에 소통의 제약은 정보와 사상의 자유로운 흐름을 방해할 수 있다고 생각했다. 바티칸의 많은 사서들이 로마령 로마의 심장부에서 가톨릭계 학자만이 아니라 신교도 학자까지 받아들인 이유가 여기에 있다.

상당수의 학자가 신조주의에 굽히지 않았다. 유럽에서 고문이 자백과 고해를 끌어내기 위한 합법적 수단으로 인정되며 야만적인 박해가 자행되던 시대에, 편지 공화국의 적잖은 학자가 고문은 피해자에게 저지르지도 않은 범죄만이 아니라 인간이 범할 수도 없는 범죄까지 고백하게 만들 수 있다고 분명한 목소리로 강력히 주장했다. 오늘날에는 당연하게 들리지만 당시에는 파격적인 주장이었다. 또한 마녀사냥과 종교적 박해를 이론적으로 뒷받침한 독선적 신념이 지나치게 편협하고 위험하다고 처음으로 주장한 사람들도 편지 공화국 시민들이었다. 예컨대 초기 편지 공화국 시민, 요하네스 로이힐린 Johannes Reuchlin, 1455-1522은 독일 전역에서 영향력을 발휘하던 사람들, 특히 유대인들의 서적을 불태워버리려던 가톨릭계 실력자들에게 반발하며 유대인들도 자신들의 서적을 보유하고 간직할 권리가 있다고 옹호하는 글을 발표했다.[37]

프랑스 신학자 세바스티앙 카스텔리오Sebastian Castellio, 1515-1563는 훨씬 더 급진적인 주장을 펼치며, 아우구스티누스 성자 이후로 권위를 유지하던 교황청에 정면으로 대들었다. 카스텔리오는 장 칼뱅을 크게 동경했지만, 칼뱅이 1553년 이단자 미카엘 세르베투스Michael Servetus, 1511-1553를 체포하고 처형하는 데 참여하자 충격을 받고 곧바로 행동을 취했다. 물론 폭력적인 행동이 아니라 편지 공화국 시민들이 주로 취하던 행동이었다. 카스텔리오는 보니파키우스 아머바흐 Bonifacius Amerbach, 1495-1562 와 토마스 플라터 Thomas Platter, 1499-1582 같은 바젤 지역 명사만이 아니라 홀란트와 프랑스로부터 이주한 사람들, 즉 한결같이 억압과 폭력을 혐오하던 사람들과 협력해 국가에는 기성 교단의 믿음을 받아들이지 않는 사람들을 박해할 권리가 없다는 걸 입증하는 구절들을 초기 기독교와 당시의 문헌에서 찾아내 편찬했다. 바젤의 인쇄업자로 다양한 이데올로기와 종교관을 지닌 학자들의 저서를 출간했던 요아네스 오포리누스 Joannes Oporinus, 1507-1568 가 그 책을 출간했다. 겉모습과 편집은 평범했지만 중요성은 그야말로 파괴적인 책이었다. 카스텔리오가 수집한 모자이크 조각들은 그의 주장에 뚜렷한 색을 더해주었다.

카스텔리오는 마르틴 벨리우스라는 가명으로 박해야말로 문자 그대로 비非그리스도적인 짓이라 주장하며, 이단을 처형하는 사람들은 예수를 '몰록Moloch, 즉 인간을 제물로 원하는 신'으로 생각하는 듯하다고 나무랐다. 한편 바실리우스 몽포르라는 가명으로는 한층 정교하게 다듬어진 정치적 주장을 펼치며, 세속의 지배자에게는 종교적 믿음을 이유로 인간을 처벌할 권한이 없다고 말했다. "개인적인 신앙 때문에 박해를 받는 사람이 맞을 수도 있고 틀릴 수도 있다. 그가 옳다면 어떤 박해도 받지 않아야 하고, 그가 틀렸더라도 용서받아야 마땅하다. 그리스도는 자신을 십자가에 못 박은 사람들을 용서해달라고 하느님께 기도했다. 그들 자신이 무슨 짓을 하는 것인지 모르기 때문이란 이유였다. 이 원칙이 예수 때문에 기꺼이 십자가에 못 박히는 사람들에게도 적용되어야 하지 않을까?"[38] 카스텔리오의 논증이 철저히 논리적이지는 않았다. 그의 주장을 요약하면, 인간은 행동으로 판단되어야 한다는 것이다. 이런 견해는 은총과 구원에 대한 신교도의 해석과 신학적으로 양립할 수 없는 순진한 견해였다. 카스텔리오의 그런 신념은 마르틴 루터의 한층 더 급진적인 글, 박해를 반대한 독일의 인문주의자 제바스티안 프랑크Sebastian Franck, 1499-1543의 논쟁적인 글 등을 폭넓게 읽고, 바젤에서 살며 직접 보고 겪은 경험을 바탕으로 형성된 것이었다. 실제로 그는 바젤에서 다른 종교를 믿는 사람들이 서로 차이를 극복하고 타협하는 것을 보았다. 물론 여전히 유대인 인쇄업자는 토요일, 기독교인 인쇄업자는 일요일에 일하는 걸 거부했지만, 수년 후에 히브리 어문학자 요하네스 북스토르프Johannes Buxtorf, 1564-1629가 히브리어로 중요한 서적들을 출간할 수 있었던 것도 이런 타협적인 분위기 덕분이었다.

카스텔리오가 편찬한 책은 처음에는 별다른 주목을 받지 못했다. 하지만 그의 사상은 몽테뉴 같은 작가들의 마음에 스며들었고, 네덜란드의 빌럼 판 오라녜와 잉글랜드의 엘리자베스 1세를 비롯한 극소수의 통치자도 그 사상을 받아들였다.[39] 편지 공화국의 다른 시민들도 정치적 도구가 없었던 까닭에 인문학적 도구를 활용하며 카스텔리오의 프로젝트를 계속 추진했다. 물론 종교적 편견과 박해에 저항하는 싸움은 이 시기에 끝나지 않았고, 그 이후에도 끝나지 않았다. 후기 편지 공화국의 시민, 피에르 벨Pierre Bayle, 1647-1706은 홀란트에 살며 자극적인 소책자로 정부와 교회의 절대주의를 신랄하게 비판하며, 권력기관을 괴롭혔던 평론가였다. 그는 무신론자들도 평화롭게 함께 살 수 있다고 주장하며 많은 독자에게 충격을 주었다. 18세기의 위대한 철학자들, 예컨대 칼라스 사건에서 어둠의 세력과 맞서려고 제네바 근처의 피신처를 떠났던 볼테르 같은 철학자들은 카스텔리오 사건 등을 거론하며 훨씬 더 급진적인 관점에서 그 사건들을 다루었다. 계몽주의적 특징을 띤 이런 사고방식은 개인적인 믿음 때문에 망명할 수밖에 없었고, 믿음의 문제에 강요가 개입해서는 안 된다는 걸 경험적으로 깨달은 학자들의 깊은 성찰에서 비롯된 것이었다.

미카엘 세르베투스의 사건처럼 논란이 많던 유명한 사건에서는 물론이고, 카스텔리오처럼 용감하고 고집스럽지 못한 대다수 학자들의 일상과 저작에서도 사상의 자유로운 교환과 같은 도전적인 원칙에 대한 믿음이 엿보였고, 항상 실천되지는 않았지만 원칙적으로는 관용을 주장했다. 또 다른 신앙을 가진 사람들과 개방적으로 접촉하는 흔적이 엿보였고, 신학적 난제를 제기하는 결과까지도 발표되었다. 여기에서 나는 편지 공화국의 지리적 특성을 넘어 그 공화국의 성격을 종합적으로 규명하는 학문, 지지학地誌學, chorography으로 넘어왔다.

⁎

편지 공화국을 연구하는 대부분의 학자가 그랬듯이, 과거에는 나도 그 방대한 영역에서 특정한 곳만을 자세히 조사했다. 그렇게 제한된 곳을 면밀히 조사하는 과정에서 나는 편지 공화국이 특정한 문제를 연구하는 데도 일반적인 규범을 적용한다는 것을 알게 되었다. 1970년대부터 나는 당시 학자들이 천문학부터 문헌학까지 전반적인 학문과 문헌에 어떻게 통달할 수 있었는지 알고 싶었다. 예컨대 행성의 운동을 읽어내는 것만큼이나 고대 역사를 능숙하게 해석하는 게 어떤 기분인지도 알고 싶었다. 따라서 요즘에는 거의 잊힌 하나의 학문을 복원하기 시작했다. 고대와 중세의 역사에서 이런저런 사건들이 일어난 시점을 연구하는 학문인 원초적 연대학technical chronology 이었다. 초기 근대에도 이 학문의 존재는 거의 잊힌 상황이었다. 이 학문을 알고 좋아했던 요하네스 케플러가 말했듯이, 당시에도 제목에 '연대학'이란 단어가 포함된 서적을 찾아보기 힘들었다.[40]

연대학은 그 시대에 뜨겁게 부각되던 분야였다.[41] 초기 근대 유럽에서 가장 혁신적인 고등교육기관이었던 레이던대학교는 프랑스 학자 조제프 스칼리제르를 고용하여 법학 교수보다 높은 연봉을 주면서도 강의를 면제하고 연구에만 전념하도록 했다. 스칼리제르가 연대학 전문가로 세계적인 명성을 얻고 있었기 때문이다. 새롭게 부각되던 다른 학문들처럼 연대학도 무척 까다로웠다. 지금도 그렇지만 과거에도 연대학을 제대로 해내려면 비범한 능력이 필요했다. 요컨대 과거의 문헌과 고대의 비문을 해독할 수 있어야 했다. 심지어 일식과 월식 및 고대 문헌에 언급된 천문학적 사건들이 일어난 시기를 근거로 역사적 사건의 시기를 재검증할 수도 있어야 했다. 연대학이 제기한 문제들은 지금도 여전히 무척 난해하며 해결되지 않은 상태다. 예컨대 어떻게 하면 구약과 신약 시대의 왕조와 시기를 일치시키고, 세속의 역사적 문헌의 기록과도 일치시킬 수 있을까? 따라서 연대학 연구가는 아슬아슬한 줄타기를 해야 했다. 이론적으로 연대학자는 어떤 증거도 조작하거나 변조할 수 없었지만, 성경에서 믿고 근거로 삼아야 할 자료를 선택하자마자 그 자료에 모순되는 자료를 무시한다는 비판에서 벗어나지 못했다.

초기 근대의 많은 학자가 연대학에 필요한 탁월한 능력을 능수능란하게 과시했다. 연대학을 전문적으로 연구한 학자로는 스칼리제르와 예수회 신학자 드니 페토Denis Pétau, 1583-1652가 가장 유명하지만, 코페르니쿠스와 케플러 같은 위대한 천문학자, 작곡가 겸 음악이론가이던 세투스 칼비시우스Sethus Calvisius, 1556-1615, 성공회 주교이며 박학한 학자이던 제임스 어셔James Ussher, 1581-1656, 전근대 시대에서 가장 독창적인 역사 사상가이던 잠바티스타 비코도 연대학에 깊은 관심을 보였다. 그들은 고통스러울 정도로 어려운 과제를 꼼꼼하고 치밀하게 해냈다. 1700년쯤 그들은 시간적 연대표의 기본적인 골격을 완성했고, 요즘 학자들은 그 골격에 고대와 중세 역사의 피와 살을 덧붙이고 있을 뿐이다. 하지만 그들은 다른 문화권의 연대에 대해서도 연구하기 시작하며 그때까지 당연하게 여겨지던 가정들에 의문을 제기했다. 중국 왕조의 연대표가 대표적인 예다. 이렇게 그들은 역사적 사건들을 시간순으로 고집스레 연구했지만 그 결과에서 멋진 이론을 끌어내지는 못했다.[42]

스칼리제르와 케플러, 칼비시우스와 페토는 상상을 초월할 정도로 박식하고 분석적인 능력을 보여주었고, 내가 미로처럼 복잡한 그들의 저작과 필사본에 본격적으로 뛰어들기 전에 예상했던 것처럼 폭넓은 분야에서 정확하고 예언적인 결과를 남겼다. 하지만 이런 무지막지한 거인들에게도 많은 인간적인 결함이 있었다. 그들은 상대의 사상을 엉뚱하게 전달했고, 당연히 믿고 신뢰해야 할 이론조차 정당하게 평가하지 않았으며, 서로 상대의 저작을 지독히 헐뜯었다. 그런 열정을 자신의 연구에 쏟았더라면 훨씬 좋았을 텐데!

학계에서는 연대학이 과장되고 근거 없는 가정들로 가득하다는 비난이 많았지만, 시계와 같이 정확한 삶을 살았던 연대학자들은 결코 그런 비난을 인정하지 않았다. 게다가 시계 같은 사람이란 상투적인 비유에 부끄럽지 않게 살았던 연대학자가 적지 않았다. 예컨대 예수회 신자로 화폐학에도 관심이 많았던 문헌학자, 장 아르두앵Jean Hardouin, 1646-1729은 연대학과 문헌학을 오랫동안 연구한 후, 대大플리니우스의 《박물지Naturalis Historia》를 비롯해 소수의 문헌을 제외하고는 그리스어와 라틴어로 쓰인 거의 모든 문헌이 13세기에 호엔슈타우펜가家의 프리드리히 2세가 주도한 '무신론파'에 의해 변조되었다는 결론을 내렸다. 아르두앵은 고대 주화와 문헌에 대한 철저한 연구를 근거로 이런 결론을 내렸다. 특히 아르두앵은 끝없이 회의적인 관점에서 그 문헌들을 분석했다. 베이컨의 이론을 지지하던 학자들이 셰익스피어의 원전을 분석할 때 품었던 회의적 철저함과 다를 바가 없었다. 신교도와 가톨릭교도가 똑같이 아르두앵의 급진적 분석에 충격을 받았다. 그런 분석이 격렬한 논쟁을 불러일으켰고, 연대학을 연구하던 모든 학자를 불안에 빠뜨렸기 때문이다. 따라서 많은 연대학자가 아르두앵의 개인적이고 급진적인 공상에 대한 책임을 예수회 전체에 묻는 식으로 대응했다.[43] 일반적으로 말하면, 편지 공화국의 많은 시민이 그랬듯이 연대학자들도 모욕에 민감했던 것이 분명했다. 존경심을 충분히 보여주지 않는 편지를 받거나, 그들을 좋지 않게 인식하는 표현이 끼어들어 그런 사실을 지적한 출판물을 보면, 그들은 어김없이 상대를 공격하고 찢어발겼다. 예컨대 칼비시우스는 케플러가 독일어를 사용해 자신을 설득하려고 했다는 이유로 케플러의 의도를 크게 오해하기도 했다.

연대학자들이 학자와 인간으로서 내가 기대한 정도의 일관된 표본을 보여주지는 못했지만, 그들이 이념적, 신학적인 깊은 간격을 메우기 위해 열심히 효과적으로 연구했던 것은 분명하다. 스칼리제르는 많은 동료 종교 지도자들과 마찬가지로 교황을 적敵그리스도라 생각한 철저한 칼뱅주의자였다. 스칼리제르는 제자들에게 "모든 역사서는 좋은 것"이기 때문에 바로니오 추기경의 가톨릭 교회사를 겸손한 자세로 보아야 한다고 가르쳤다. 또 모든 정보가 중요한 것이기 때문에, 당신에게 동조하며 같은 교회에 다니는 돌팔이보다 다른 생각을 지닌 위대한 학자에게 훨씬 더 많은 것을 배울 수 있다고도 가르쳤다.[44]

연대학은 치열한 논쟁터이면서도 대외적으로 관용을 보여주는 이상적인 무대를 제공할 수도 있었다. 연대학자는 완전히 다른 기원과 성격 간의 합의점을 끊임없이 찾아야 했다. 그것은 무척 조심스러운 과정이었고, 불가능한 경우가 적지 않았다. 예컨대 기독교의 과거를 연구하려면 유대력을 이해해야 했다. 해와 달이 어떻게 이어지고, 종교적 축일과 의식이 어떤 성격을 띠는지도 알아야 했다. 스칼리제르와 그의 절친한 친구 이자크 카소봉은 유대 학문을 완전히 숙달하지 않고는 복음서에 언급된 사건들의 순서를 재구성할 수 없고, 개별적인 일화들의 의미를 이해할 수 없다는 걸 16세기 말쯤에 깨달았다. '최후의 만찬'은 유대교의 유월절을 각색한 것이었다. 스칼리제르는 처음 제시한 연대표에서 그렇게 비유하며 신학자들에게 큰 충격을 안겨주었다. 기독교 역사에서 그야말로 원초적인 사건인 최후의 만찬을 제대로 이해하려면 유월절의 만찬 순서를 정리한 전례서典禮書인 '하가다Haggadah'를 읽어야 했다.[45]

그러나 하가다가 모든 문제를 깔끔하게 정리해주지는 않았다. 예컨대 유대인이 법정에 출두하면 안 되는 날에 예수가 선고를 받고 처형된 이유가 무엇일까? 먼 훗날의 기독교인들이 하가다를 어떻게 알 수 있었을까? 언어의 달인이었던 스칼리제르와 카소봉은 먼저 성경 연구에 몰두했다. 그들은 라틴어와 프랑스어로《구약성서》를 거의 암기하고 있었기 때문에 어떤 단어가 히브리어《구약성서》에서는 어떤 단어로 쓰였는지 확인해가며 히브리어를 공부했다. 하지만 성경은 어디에서도 그들에게 필요한 정보를 제공하지 않았다. 예수가 설교한 세계를 정확히 알아내기 위해 그들은 유대교와 관련된 모든 것을 구석구석 빠짐없이 탐구해야 했다. 연대기와 랍비의 주석, 심지어 탈무드까지 읽어야 했다. 그들은 이런 미로에서 방향을 잃지 않으려고 유대인들에게 도움을 구했다.

스칼리제르는 개종한 유대인 학자, 필리푸스 페르디난두스Philippus Ferdinandus와 6개월 동안 함께 작업했고 그의 도움을 받아 복음서에 언급된 예수의 계율이 유대교의 도덕적 가르침과 모순되지 않고 실질적으로는 똑같다는 걸 깨달았다. 카소봉은 이탈리아계 유대인 바넷을 런던의 드루리 레인에 있던 자택에 초대해 한 달 동안 함께 지냈다. 두 학자가 매 끼니에 무엇을 먹었는지도 궁금하지만, 여하튼 식사를 할 때마다 그들은 유대 문헌에 대해 의견을 나누었다. 바넷은 카소봉에게 유대인의 장례의식에 대해 알려주었다. 칼뱅주의자이던 카소봉은 바로니오 추기경의 주장과 달리 예수는 훗날 가톨릭 장례의식의 기초가 되었던 새로운 방식이 아니라, 순전히 유대교 방식으로 매장되었다는 걸 알게 되었다.[46]

스칼리제르와 카소봉이 일상의 삶에서 특별히 유대 문화를 좋아했던 것은 아니다. 그들은 학문 윤리를 충실히 지킨 까닭에 유럽의 다른 지역에 살던 유대인들과 밀접한 관계를 맺었고, 그 관계는 양쪽 모두에게 큰 영향을 미쳤다. 페르디난두스가 세상을 떠나자, 학문적 오만이 맹위를 떨치던 시대에 가장 오만한 학자이던 스칼리제르조차 이제부터는 어떤 기독교인도 탈무드를 비롯한 유대 문헌을 이해할 수 없을 것이라고 한탄했다. 페르디난두스의 죽음을 개인적이고 지적인 상실로 생각하며 인간적으로 슬퍼했던 것이다. 바넷은 옥스퍼드대학교 당국의 요구로 성마리아 교회에서 개종을 공개적으로 발표해야 했지만 거역하고 도주했다. 그러나 결국 체포되어 참혹하기 이를 데 없는 보카도대학교 감옥에 유폐되고 말았다. 나이가 든 데다 끝없는 학구열에 온유해진 카소봉이 개입하며, 바넷에 대한 대우가 기독교 윤리를 위배한 것이라 비난했다.

카소봉은 여기에 그치지 않고, 바넷을 대신해서 제임스 1세에게 청원했고, 제임스 1세도 학문을 사랑했기 때문인지 그 청원을 받아들였다. 왕의 사절이 옥스퍼드까지 석방 허가증을 가져와 바넷을 감옥에서 끌어냈고, 지체 없이 프랑스행 배에 태웠다. 재주꾼이던 바넷은 곧 프랑스 궁전에서도 유대 문제에 대한 전문가로 두각을 나타냈다. 프랑스 궁전에서 바넷과 줄리오 체사레 바니니Giulio Cesare Vanini, 1585-1619는 영국 후원자들의 인색함에 대한 험담을 주고받으며 즐겁게 지냈다. 스칼리제르와 카소봉은 신앙과 문화가 같지 않은 사람들에게도 개방적인 자세를 보였지만, 그런 자세가 그들에게 실질적인 도움이 되지는 않았다. 오히려 그들을 끝없이 곤경에 빠뜨릴 가능성이 충분했다. 하지만 그들의 그런 행동은 편지 공화국에 내재하던 원칙을 입증하는 것이었고, 그 원칙이 역사에 남긴 영향의 흔적이기도 하다.

⁂

카소봉과 스칼리제르는 연구하고 글을 쓰는 과정에서 어떤 사상을 어떻게 전달해야 당시 사람들에게 충격을 줄 수 있는지 알게 되었다. 카라이파 유대인을 실제로 접촉하지 않고 기독교인 히브리학자의 연구에 근거해 카라이파의 믿음을 받아들인 17세기 암스테르담의 유대인만큼 유대인에게 큰 충격을 준 경우는 없었다. 카소봉도 바넷과 손잡고 성경을 집중적으로 연구하는 동안 때로는 히브리어로 기도했다. 스칼리제르는 오랫동안 역사를 연구했지만, 그의 뛰어난 두뇌로도 감당하기 힘들 정도의 연대학적 연구 과제를 맞닥뜨렸다. 이집트 왕조의 역사가 대홍수 이전을 넘어 창조 이전에 시작되었다는 헬리오폴리스의 대사제 마네토의 기록이 발견된 때문이었다. 또 카소봉과 스칼리제르는 많은 점에서 기독교가 예수 시대의 유대교와 결별한 것이 아니라 유대교 내에서 새롭게 발전한 것이라 생각했다. 역사 연구는 섭리자가 기독교의 잉태를 위해 애쓴다는 걸 보여주는 구조를 깔끔하게 다듬어야 했다. 그러나 스칼리제르와 카소봉의 위험한 사상과 파괴적인 행동은 지지를 기대했던 기성 조직을 뒤흔들었다. 게다가 그들은 새롭게 깨닫고 알게 된 것을 공개적으로 발표하며 유럽 전역의 정통 사상가들을 분노와 불안의 늪에 내던졌다.

끝으로 연대학에도 자체의 연대표가 있다. 그 연대표는 편지 공화국의 시간적 흐름을 이해하는 데 도움을 준다. 1650년대 말, 네덜란드 학자 이사크 보시우스Isaac Vossius, 1618-1689는 학문계에 큰 충격을 안겼다. 보시우스는 인문주의자이던 아버지 헤라르두스에게 네덜란드 인문주의의 엄격한 학문적 전통을 배운 까닭에, 예수회 선교사 마르티노 마르티니Martino Martini, 1614-1661의 중국사가 암스테르담에서 재출간되도록 지원했다. 마르티니의 중국사는 중국의 시작을 크게 앞당겼지만 그리스어로 쓰인 《구약성서》, 즉 《칠십인역七十人譯》만이 중국을 대홍수에 끼워 넣을 수 있었다. 그 후에도 보시우스는 라틴어와 네덜란드어로 차례로 발표한 소책자에서, 상대적으로 긴 역사가 기록된 그리스어 성경이 히브리어 성경보다 신뢰성이 높다고 주장했다. 그렇다고 보시우스가 새로운 이론을 제시한 것은 아니었다. 스칼리제르 이후로 연대학자들은 초기 역사를 파악하기 힘들고, 성경이 다양한 판본으로 존재하는 현실을 고려할 때 확실한 결과를 끌어낼 수 없다는 걸 인정했다. 이는 연대학자들이 주고받은 편지와 대화에서, 또 라틴어로 쓰인 방대한 논문에서 확인할 수 있다. 그러나 내 친구이자 동료 학자이던 제럴드 게이슨Gerald Geison, 1943-2001이 사용한 용어를 빌리면, 보시우스는 사적 학문private science을 다수의 공론장으로 끌어냈다. 그 결과로 소책자 형태의 주장과 반박이 잇달았지만, 그런 공론화는 학문의 바다를 잠재우는 데 어떤 역할도 하지 못했다.[48] 수년 후, 보시우스는 조제프 스칼리제르가 주변 사람들과 가볍게 나누던 대화(구체적으로 말하면, 스칼리제르가 벽난로 옆에서 라틴어와 프랑스어를 섞어가며 학생들과 대화할 때 인류의 역사가 시작한 시점과 히브리어 성경의 불완전성에 대해 대담하게 드러낸 개인적인 생각)를 출판함으로써 사적 영역을 문자 그대로 공론화했다.[49]

17세기 중엽부터 편지 공화국 시민들에게 중요했던 많은 분야에서 균열과 분열이 시작되었다. 자연과학과 인문과학이 형태와 언어에서 극적인 변화를 겪었다. 라틴어로 쓰이던 논문이 지역어로 된 소책자로 교체되었고, 어두컴컴한 서재에서 이루어지던 학문적 논쟁이 공공장소에서의 열띤 토론으로 바뀌었다. 또 학습이 일반화되며 과거의 권위자들에 의문을 제기할 가능성이 확대되었다. 계몽주의와 관련된 전통적인 역사는 주로 프랑스를 중심에 두었고, 헤겔의 용어를 인용해 18세기를 "세계정신이 학습에서 철학으로 전환된 시기"로 보았다. 또한 18세기에 학자는 학습 세계에서 주변부의 인물이 되었다.[50] 많은 학문이 그랬듯이 연대학에서도 전통적인 구조를 명증하게 확증하려고 고안된 주석이란 오랜 전통과 역사에 접근하는 새로운 연구방법이 결국에는 전통적인 구조를 파괴하는 결과로 치달았다.[51]

초기 근대 편지 공화국의 시민들은 동일한 믿음을 지닌 사람들이 아니라 생각이 다른 사람들로 이루어진 가상의 공동체를 결성했다. 그들은 새롭게 대규모로 형성된 자유시장에 자신의 지식을 제공하는 사람들의 행실을 판단하는 데 사용할 수 있는 예법을 세웠다. 또 근본적인 문제에서 그들과 다른 의견을 가진 사상가들과, 그들이 진실이라 생각하는 것에 의문을 제기하는 현상들을 포용하는 새로운 관용을 키워갔다. 이런 노력이 진실과 예의와 성실을 존중하려는 불완전하고 미숙하지만 공통된 마음에 더해졌다. 그 마음은 철학적이고 신학적인 논증에 기초하지 않아 대체로 지켜지지 않았지만, 미신이라 생각되는 것에 대담하게 맞서도록 했다.

편지 공화국에서 널리 알려진 시민으로 제네바에서 태어나 지적인 자유를 찾아 암스테르담으로 이주한 스위스 신학자 장 르 클레르Jean Le Clerc, 1657-1736의 표현을 빌리면 "어떤 것이 그 자체로 나쁜 것이면 과거에 선례가 있더라도 그것을 용납해서는 안 된다. 우리는 어떤 경우에는 과거를 조금씩 개선해 나아가야 한다. 마침내 편지 공화국은 권위와 맹신이 아니라 이성과 광명의 땅이 되었다. 이제 숫자는 아무런 의미가 없다. 음모를 꾸미는 도당이 더 이상 존재하지 않는다."[52] 르 클레르의 경우에는 표현이나 종교의 자유가 아니라 역사서에서 각주의 사용을 옹호한 것이었다. 그러나 그와 그 시대의 지식인들도 종교와 정치의 탄압을 명확하게 거침없이 고발했다.

당연한 말이겠지만, 실천은 규칙보다 더 복잡하다. 때로는 더 음험하고 억압적이기도 하다. 편지 공화국에서도 보시우스처럼 기존의 규칙을 위반하는 시민이 있을 때 그 규칙이 수정될 수 있었다. 하지만 학대와 배척이란 고통을 대가로 치러야 했다. 관례를 지나치게 급진적으로 풍자한 사람들, 예컨대 대홍수 이야기를 선정적으로 해석하거나, 아담과 하와가 사과를 먹던 행위를 성행위에 비유한 사람들도 똑같은 운명을 맞았다. 크리스틴 하우겐과 마틴 멀소가 보여주었듯이, 이 패기발랄한 젊은이들은 일자리를 빼앗겼고 고향에서도 쫓겨나 가난의 늪에 빠졌으며, 편지 공화국의 예법과 원칙을 어기지 않았더라면 그들을 변호하는 데 앞장섰을 동료 학자들에게도 잊히고 말았다.[53] 지금도 그렇지만 당시의 학계에서도 연장자는 후배 학자에게

조제프 스칼리제르와 그의 제자들. 《스칼리제라나Scaligerana》(암스테르담,
1695), 프린스턴대학교 도서관 제공

그다지 관용적이지 않았다.

하지만 편지 공화국은 의견의 자유로운 교환이 때때로 새로운 방식으로 선포되고 시행되는 무대를 제공해주었다. 편지 공화국이 18세기 계몽주의 시대와 크게 다르지 않은 것으로 취급되는 경우가 많지만, 이런 접근은 르네상스 시대에 피렌체와 로마의 인문주의자들이 결성한 동호회로부터 시작되어 17세기와 18세기의 교육기관과 공공도서관, 프리메이슨과 살롱까지 이어지는 학문과 토론 및 사교의 전통을 축소하는 것이다. 편지 공화국과 관련된 복잡하지만 흥미로운 역사는 아직도 쓰여야 할 것이 많다.

2

❖

학문과 국경을 초월한 인문주의자들

⋮ 1446년 어느 날, 베네딕트회 수도자 지롤라모 알리오티Girolamo
Aliotti, 1412-1480는 아레초를 향해 가던 길에 새로운 '종교 집단'이 형성
되고 있는 걸 보게 되었다. 남자들은 참회자처럼 옷을 입었고, 여자들
은 지친 모습으로 느릿하게 걸었으며, 어린아이들은 십자가 모양의 깃
발을 뒤따랐다. 그들과 함께 언덕 사이의 계곡을 따라 하염없이 걸어
가며, 알리오티는 성모 마리아가 얼마 전에 어떤 작은 마을의 주민들
에게 '직접' 나타났다는 걸 알게 되었다. 그 때문에 그 마을에서 무신
론자들이 하느님을 믿게 되었고, 오랜 반목과 소송으로 등진 사람들이
화해하는 기적이 일어났다. 그 사건을 치밀하게 조사한 알리오티는 다
음과 같은 사실을 알게 되었다. 폭우가 쏟아지는 동안 네 명의 십대 소
녀가 동네 성당으로 피신했다. 그 소녀들은 성모에게 홍수가 나지 않

도록 폭우를 멈추어주고, 점점 악화되며 마을에 피해를 입히고 있던 사회적 갈등을 종식시켜달라고 기도했다. 그런 기도의 응답으로 성당 벽에 그려진 성모의 모습이 "우리 구세주의 어머니로 변했다. 상징적 변화가 아니라 실제로 숨을 쉬고 살아 있는 육신으로 나타났다."

성모상은 원형으로 변형되자 기적의 힘을 드러내 보였다. 성모의 현현顯現을 보게 되자, 종교를 조롱하던 사람들도 "하느님의 어마어마한 힘을 느끼기 시작했다." 그들은 두려움에 떨었고, 사도 바울처럼 지독한 무력감에 빠졌다. 극적인 환상이 그들에게 나타났다. 어떤 사람은 성모가 자신의 심장에 화살을 쏘는 걸 보았고, 어떤 사람은 여태껏 겪어보지 못한 지독한 통증에 시달렸다. 성모의 형상을 보고 경외심을 품고 즉각적으로 회심하는 사람이 적지 않았다. 알리오티는 깊은 인상을 받았지만 수도자로서 고백한 책무를 기억해냈다. 성모를 상징하는 우상이 거룩한 성모로 변형된 것 그 자체가 기적일 수 있었다. 따라서 알리오티는 직접 보고 들었던 현상을 평가하는 데 도움을 받으려고 신학자들에게 그 초자연적 현상에 대한 신학적 해석을 부탁했다. 예컨대 로마의 한 친구에게 그 현상을 자세히 설명하며 보낸 편지에서 요하네스 데 투레크레마타Johannes de Turrecremata, 1388-1468 추기경과 조반니 마티오티Giovanni Mattiotti에게 권위 있는 의견을 받아달라고 부탁했다. 알리오티의 표현을 인용하면 투레크레마타 추기경은 "우리 시대의 최고 신학자"였고, 마티오티는 로마의 트라스테베레 구역에 있는 산타마리아 성당에 소속된 사제로 산타프란체스카 로마나 성당의 고해 신부였으며 "혼령을 정확히 식별하는 특별한 능력을 지닌 사람"이었다.[1]

알리오티의 사회적이고 지적인 세계는 무척 넓었다. 성모의 형상을 다양하게 해석하는 사상가들이 모두 모여 있을 정도로 상당히 폭넓은 세계였다. 알리오티는 1430년대와 1440년대의 새로운 인문주의적 문헌에 깊은 관심을 보였다. 그는 과거의 문헌을 베껴 쓰며 비평하는 글을 발표했다. 게다가 이탈리아 인문주의자 포조 브라치올리니Poggio Bracciolini, 1380-1459의 전작全作을 필두로 근대 라틴어로 된 문헌들로 완전히 채운 공공도서관을 설립하는 작업에 착수하기도 했다.[2] 편지 공화국의 많은 인문주의자 시민들이 그랬듯이, 알리오티도 인문학을 다룬 문헌을 열심히 수집하고 읽었다. 익명의 저자가 이탈리아어로 쓴 《조각론De arte fusoria》이 대표적인 예다. 알리오티는 피렌체의 화가들과 조각가들이 그 문헌의 정확한 판본, 가능하면 라틴어로 작성된 판본을 그에게 제공해줄 수 있기를 바랐고, 자신도 그 문헌의 저자에 대해 설득력 있는 추측을 내놓았다. 알리오티는 '밥티스타 데 알베르티스 씨'가 그 책을 썼을 것이라 생각했다.[3] 알리오티의 추측을 보면, 그가 알베르티의 유사한 저작인 《회화론De Pictura》의 존재를 이미 알고 있었던 것으로 생각된다. 알리오티가 기적의 성모를 보았을 즈음에는 그 책이 이탈리아어와 라틴어로 발표된 뒤였다.[4] 뒤에서 다시 보겠지만, 알리오티가 알베르티를 알고 존경했을 것이란 추측은 조금도 놀랍지 않다.

알리오티가 기적의 성모를 초자연적 현상이 아니라 자연적인 현상으로 다루기로 마음먹었다면, 투레크레마타 추기경보다 알베르티에게 조언을 구했을 것이고, 어떤 경우에 그림이 우리에게 강력한 영향을 미치며 환상처럼 보이는지 물었을 것이다. 여하튼 《회화론》에서 알베르티는 탁월한 그림을 라틴어로는 historia(히스토리아) 혹은 istoria(이스토리아), 이탈리아어로는 storia(스토리아) 혹은 istoria(이스토리아)라고 표현하며, 그런 그림이 '사람들의 마음을 움직일 수 있는 수단'을 자세히 조사하고 분석했다.[5] 알베르티였다면 성당 벽에 그려진 성모가 사람들에게 자극한 정서적 영향을 분석했을 것이란 추정은 얼마든지 가능하다. 하지만 알베르티가 '히스토리아'를 '화가의 완벽한 작품'으로 규정할 때 염두에 두었던 것을 정확히 규명하기 위한 체계적인 노력도 있어야 할 것이다.[6]

⚜

알베르티의 저작과 용어에 대한 학문적 관심은 체계적인 미술사의 기원까지 거슬러 올라간다. 슈트라스부르크대학교에서 미술사를 가르친 후베르트 야니체크Hubert Janitschek, 1846-1893는 르네상스 미술의 사회문화적 역사를 연구한 저명한 학자로, 지금으로부터 약 한 세기 전에 알베르티의 《회화론》을 독일어로 번역했다. 야니체크는 번역서에 주석을 더하며, 알베르티가 근거로 삼은 고대 그리스·로마와 그 이후의 문헌만이 아니라 그가 논평의 대상으로 삼은 과거와 당시의 미술작품들을 적시했다. 따라서 주석이 더해진 야니체크의 번역은 대단한 가치를 갖는다. 그러나 '히스토리아historia'에 대한 알베르티의 논증에서 야니체크는 1870년대 회화 전문가의 관심과 추정을 바탕으로 그와 관련된 구절을 읽고 해석했다. '히스토리아'라는 용어에서 야니체크는 '역사화'를 떠올렸고, 그런 연상은 당연한 것이었다. 따라서 야니체크는 그런 의미에서 '히스토리아'를 Geschichtsbild(어떤 영웅이 맹세하고 진격하는 모습을 자세히 묘사하고, 역사학자의 고증을 받아 의상과 무대까지 자세히 표현해낸 그림을 떠오르게 하는 단어)로 번역했다.[7]

하지만 그로부터 80년 후에 《회화론》을 영어로 번역한 존 스펜서 John Spencer는 그 단어를 그대로 옮기는 데 만족하며, 알베르티의 글을 직역하여 '이스토리아istoria는 화가의 가장 위대한 작품'이라고 번역했다.[8] 그러나 서문에서 스펜서는 '이스토리아'라는 개념에는 자세한 해설이 필요하다며, "이스토리아는 논문 전체에서 가장 중요한 주제로 후반부 절반을 차지한다"라고 말했다. 게다가 스펜서는 그 단어가 사용된 구절들을 짜 맞추어 그 단어가 가리키는 것을 자세히 설명했다. 그의 주장에 따르면, 그림의 크기와 재료는 히스토리아의 의미와 별다른 관계가 없다. 오히려 히스토리아는 공식적이고 실질적인 기준을 충족한 미술작품을 가리킨다. 따라서 "히스토리아는 행위자의 감정을 보여주고 투영하는 인간의 몸짓을 기초로 삼아야 한다."[9] 달리 말하면, 히스토리아는 미술작품을 보는 사람의 감정에 강력한 영향을 미치도록 고대의 역사와 신화로부터 끌어낸 주제를 미술적으로 표현하는 기법이었다.

스펜서는 요즘 세대에게 알베르티의 《회화론》을 생산적으로 분석하는 방법을 앞장서서 보여준 학자 중 하나였다. 스펜서 자신은 이제 고전이 된 논문의 제목인 '그림의 수사학Ut Rhetorica Pictura'으로 알베르티의 저작을 요약했다. 스펜서는 알베르티가 시인과 웅변가, 즉 인문주의자의 기법을 기초로 화가의 기법을 만들어가려 했다고 주장했다. 알베르티가 호라티우스, 키케로, 퀸틸리아누스의 학구적 논문과 저작을 정확한 기준까지는 아니어도 주된 자료로 간주하며, 회화를 학구적 예술로 받아들였다는 뜻이다. 인문주의자들이 비토리노 다 펠트레 Vittorino da Feltre, 1378-1446와 과리노 다 베로나Guarino da Verona, 1374-1460의 학교에서 주제에 초점을 맞추어 웅변하고 시를 쓰는 법을 배웠다면, 주제를 그림으로 표현한 것이 회화였다. 화가는 그림을 보는 사람에게 환희와 감동을 주고 교훈을 전달함으로써 인문주의자의 웅변이나 시에 못지않은 숭고한 감성적 효과를 자아낼 수 있기를 바랐다.[10]

그리스·로마 시대의 사상가들과 인문주의자들의 생각에 히스토리아는 수사학에 속했다. 위대한 인물에 대해 적절히 구성된 이야기의 형태로 도덕과 분별이란 원칙을 알려줄 목적에서 짜 맞추어진 서술로서 히스토리아는 '마지스트라 비테magistra vitae(삶의 교사)'였다. 선과 악, 효율적이고 비효율적인 행동의 사례를 보여주는 히스토리아는 일반적인 원칙의 나열보다 훨씬 신속하고 깊이 있게 독자에게 감동을 주었다.[11]

스펜서와 그 이후에 크리스틴 파츠Kristine Patz를 비롯한 여러 학자가 입증했듯이, 알베르티는 히스토리아를 화가의 핵심적 책무로 규정함으로써, 회화 자체는 기능과 가치에서 수사학과 비교되며 인문학적 교육에서 중추를 이루는 교양이라는 자신의 주장을 뒷받침했다. 알베르티는 그 이후의 저작《건축론De re aedificato》에서 '히스토리아'라는 개념을 인문학에 적용하면 문학과 회화의 유사성을 끌어낼 수 있을 것이라 말했다. "나는 좋은 그림을 보면, 좋은 '히스토리아'를 읽을 때만큼이나 큰 즐거움을 얻는다. 나쁜 그림을 그리는 것은 벽을 모욕하는 짓이다. 그러나 그림 그리기와 이야기 짓기, 두 가지 모두

화가의 책무다. 작가는 단어로 그림을 그리고, 화가는 붓으로 이야기를 꾸민다. 화가와 작가에게는 그 밖에도 여러 공통점이 있다. 뛰어난 능력과 경탄할 만한 근면이다."[12] 회화와 히스토리아에서 알베르티는 독자와 관객에게 가르침을 주며 개선할 점을 알려주는 역할을 무엇보다 높게 평가했다.[13]

하지만 알베르티의 용어가 갖는 역사적 의의와 그 정확한 해석에 대해서는 학자들 간의 의견이 달랐다. 대부분의 학자는 '히스토리아'를 특정한 종류의 그림을 뜻하는 형식적인 용어로 생각했지만, 미술사학자 잭 그린스타인Jack Greenstein은 알베르티는 히스토리아를 특정한 종류의 주제, 즉 고상한 의미를 담은 교훈을 회화라는 전통적이고 심지어는 '중세적'인 방법으로 가공하는 행위로 보았다고 주장했다. 히스토리아는 고전적이면서 근대적인 속성을 동시에 띠기 때문이다.[14] 그러나 알베르티의 저작에서 그림으로 표현된 히스토리아와 인문주의자가 글로 표현한 히스토리아의 관련성은 확고한 듯하다.[15]

알베르티가 《회화론》에서 '히스토리아'를 중심 개념으로 선택하며 염두에 두었던 것을 정확히 알아내려면 어떻게 해야 할까? 알베르티가 직접 말했듯이, 《회화론》은 그가 과거와 당시의 문헌들이 필적할 수 없는 글을 써보겠다는 결심으로 시작한 것이었다. 따라서 고려해야 할 구절이나 글의 범위를 확대하는 것도 알베르티의 의도를 정확히 파악하는 하나의 방법일 수 있다. 알베르티가 미술과 관련해 쓴 글에 관심을 두고 연구한 학자들은 알베르티가 회화나 건축을 명확히 다루지 않은 저작을 조사하지 않고도 《회화론》과 《건축론》을 올바로 설명할 수 있다고 가정하는 경향을 띠었다.

알베르티 연구에 초석을 놓은 학자들의 의도하지 않은 영향을 받아 훗날의 학자들은 "야니체크가 알베르티의 '짧은 미술 이론서'라고 묘사한 저작을 번역할 때, 그리고 그 후에 오스트리아 미술사가 율리우스 폰 슐로서Julius von Schlosser, 1866-1938가 '미술 문헌'에 대한 고전적인 참고도서를 편찬할 때, 그들은 르네상스 미술의 역사를 연구하는 학자들이 반드시 참조해야 할 규범적 저작들을 규정해놓았다"라는 관점을 받아들였다. 알베르티의 경우에는 회화와 조각과 건축에 대한 저작이 필독서에 포함된다.[16]

야니체크와 슐로서가 학자들에게 명확히 미술을 다룬 저작들에만 집중할 수 있도록 필독서를 규정했을 가능성은 거의 없다. 실제로 야니체크의 제자 아비 바르부르크Aby Warburg, 1866-1929와 마찬가지로 그 둘에게도 그런 의도가 전혀 없었던 것이 분명하다. 그렇지만 이런 추정은 그 이후로 알베르티를 다룬 글에서 짙게 나타난다. 많은 학자가 상상력을 동원해서 조심스럽게 《회화론》과 《조각론》을 면밀히 조사했다는 뜻이다. 그들이 자료로 삼은 고전적인 원전이나 '회화의 인문학적 관찰자'(영국 역사학자 마이클 백샌덜Michael Baxandall, 1933-2008의 독창적이고 고전적인 저서 《조토와 웅변가들Giotto and the Orators》의 부제)들의 저작과 면밀히 비교되며 학자들의 연구는 꾸준히 향상되었다. 이탈리아 건축가이자 역사학자이던 만프레도 타푸리Manfredo Tafuri, 1935-1994가 교황 니콜라오 5세 시대의 로마에서 알베르티의 역할을 이해하려면 그의 《모무스Momus》와 《건축론》을 알아야 한다고 증명한 도시 계획이란 영역에서만 그 무언의 규칙이 위배되었다.[17]

하지만 문헌학의 전통적인 원칙에 따르면, "호메로스를 해석하려면 호메로스를 사용해야 한다." 달리 말하면, 유사한 구절을 찾고 어떤 글을 자세히 설명하려면 저자의 전작全作을 첫 기항지로 삼아야 한다는 뜻이다.[18] 여러 학자가 한 목소리로 주장했듯이, 알베르티 자신도 다수의 저작에서 동일한 주제와 의문을 끊임없이 다루며 상황의 변화에 따라 의견을 수정했지만 그의 뇌리를 떠나지 않던 문제들을 집요하게 추적했다. 알리오티를 비롯해 그를 추종한 학자들이 발표한 저작들도 그의 어법을 밝히는 데 도움이 될 수 있다.

물론 알베르티가 참조한 고대 문헌들, 또 그가 완곡하게 비유적으로 언급한 까닭에 독자가 그의 암시를 알아채고 해독해야 했던 문헌들도 도움이 될 수 있다.[19] 다양한 문헌에서 인용한 구절들도 알베르티가 《회화론》에서 '히스토리아'를 언급할 때 무엇을 의도했는지 밝히는 데 필요한 빛을 던져줄 수 있다. 히스토리아라는 단어의 다양한 의미와 기능을 한 문장으로 완벽하게 정의할 수는 없다. 게다가 알베르티가 《회화론》을 쓰며 참고한 문헌이 분명하지도 않고, 그 책은 유용한 각주를 덧붙인 일련의 판본들로 전해지지만 완전히 분석한 판본은 찾기 힘들다. 미래의 어떤 학자가 《회화론》에 완벽한 해설을 덧붙이는 경우에만 알베르티가 어떤 원전에서 용어들을 끌어왔고, 어떤 용어를 그가 직접 고안해냈으며, 《회화론》이 그의 다른 저작들이나 당시 학자들의 저작과 어떻게 비교되는지를 확실히 알 수 있을 것이다. 하지만 기존의 자료를 분석해도 적잖은 효과를 기대할 수 있다.

미술을 논의하는 데 필요한 용어를 만들고, 시각적인 영역에 대한 담론을 독점하려는 의도에서 두 언어로 회화론을 전개한 알베르티의 뜨거운 야망과 창의성은 아무리 강조해도 지나치지 않다. 그러나 알베르티는 토스카나에서 공개적으로 의뢰된 미술작품들에 대해 논쟁하며 개인적인 의견을 글로 명확히 발표한 많은 학자 중 한 명에 불과했다. 알베르티가 《회화론》을 쓰기 전에도 기본적인 용어들이 존재했고, 뒤에서 다시 언급하겠지만 그도 그 용어들을 이용했다. 학자들이 독창성과 깊이를 거론하며 지목하는 알베르티만의 전문용어도 당시 미술가들의 작업실에서 사용되던 것이었다.[20]

하지만 알베르티의 다른 저작들과 그가 쓴 것으로 추정되는 자료들, 또 고대 학자들과 그 시대 학자들이 사용하며 '히스토리아'에 부여한 의미의 범위에 알베르티 자신이 그 단어를 사용하며 부여했을 모든 의미가 포함된다고 가정한다면 잘못된 것이다. 알베르티는 혁신적인 작가라는 자의식이 강했다. 따라서 고대 문헌의 구절을 자주 도용해 인용하며, 원저자가 의도하지 않았던 의미를 의도적으로 그 구절에 부여했다. 게다가 알베르티는 작은 언어적 실수도 야심찬 학자에게는 큰 문제가 되는, 언어적으로 민감한 환경에서 글을 썼다. 15세기 초의 모든 인문주의자가 고전어로 여겨지던 라틴어로 글을 쓰려고 했다. 게다가 인문학의 바다에는 언제라도 그들을 삼켜버리려고 기회를 엿보는 상어가 우글거린다는 것도 모든 인문주의자가 알고 있었다. 평론가들, 예컨대 로렌초 발라Lorenzo Valla, 1407-1457처럼 인문주의자가 문법과 의미 사용에서 실수를 저질렀다는 걸 입증함으로써 그에게 창피를 주고 그의 평판을 떨어뜨리려는 사람들도 다를 바가 없었다. 발라는 알베르티의 친구이자 후원자이던 포조 브라치올리에게 지독한 모욕을 주기로 작심하고, 위대한 스승 과리노 다 베로나가 요리사와 마부를 데리고 포조의 라틴어 산문을 뜯어보며 비판하는 가상의 대화를 구성했다. 그 이후로 '쿨리나리아 보카불라culinaria vocabula(부엌에서 쓰이는 라틴어)'는 무척 어설프게 쓰인 고전 산문을 뜻하는 관례적 표현이 되었다.[21]

알베르티 자신도 언어의 잘못된 사용을 신랄하게 꼬집는 평론가였다. 예컨대 비트루비우스 폴리오의 산문이 문체적 오류로 가득하고, 특히 그리스어 단어를 지나치게 남용한다는 이유로 그를 높이 평가하지 않았다.

> 여하튼 그는 세련된 유산을 남기지 못했다. 그의 말을 들었다면 라틴 사람들은 그가 그리스인으로 보이기를 바랐다고 생각했을 것이고, 그리스 사람들은 그가 라틴어로 재잘거린다고 생각했을 것이다. 하지만 그가 남긴 글을 보면, 그가 라틴어도 그리스어도 제대로 구사하지 못했다는 게 분명한 듯하다. 따라서 우리가 이해할 수 없는 글을 쓰기보다는 차라리 아무런 글도 쓰지 않았더라면 더 좋았을 법하다.[22]

알베르티는 지적으로 밀접한 관계가 있는 두 세계에서 일했다. 두 세계의 주민들은 지진계만큼이나 예민하고 정교하게 단어를 선택하며, 그 작은 선택에서 비롯된 상징적 의미를 기록했다. 《회화론》의 저자로서 알베르티는 조상의 고향 피렌체를 처음 방문했을 때 목격한 것, 즉 피렌체의 개화한 문화를 본격적으로 다루기 시작했다. 그러나 피렌체는 지독히 비판적이던 학자, 니콜로 니콜리Niccolò Niccoli,

1364-1437의 고향이기도 했다. 니콜리는 단테, 페트라르카, 보카치오 같은 위대한 문인들을 경멸하고, 당시 학자들의 저작을 화장실에 내던져야 마땅하다고 비판했다.[23] 알베르티는 니콜리와 충돌했다. 니콜리와 첨예하게 대립하며 알베르티는 라틴어로 쓴 풍자글《식탁 담화 Intercenales》에서 위대한 서적 수집가였던 그를 몇 번이고 빈정대고 비꼬았다.[24] 알베르티는 호된 대가를 치른 후에야 토스카나 지식인들이 지나치게 비판적인 경향을 띠기 때문에 언어 사용에서 작은 실수라도 하면 회복하기 힘들 정도로 평판이 추락할 수 있다는 걸 깨달았다.

알베르티는 교황의 비서로서 교황청에서 지냈고, 그곳에서 그와 동료들은 교황의 권위와 권한을 보장하는 교황 수장제papal monarchy를 뒷받침하는 고전적인 방법을 찾아내려고 애썼다. 예컨대 1453년 교황 니콜라오 5세는 4세기 이후로 자신을 공식적으로 '폰티펙스 막시무스Pontifex Maximus(최고 신관)'로 칭한 최초의 교황이었다. 이 칭호를 되살리며 니콜라오 5세는 교회와 로마와 교황령을 지배하는 새로운 권한을 주장했다. 이런 사실은 예민한 관찰자도 주목하지 않았던 것이었다. 더욱이 니콜라오 5세는 무척 세심하게 선택한 곳들, 예컨대 로마 주민들에게 맑은 담수를 공급하며 고대 로마의 핵심 기능을 되살리는 트레비 분수의 건립을 찬양한 비문 등에서 명확히 그렇게 주장했다. 알베르티도 이 프로젝트에 관련되었을 가능성이 크다. 어쩌면 문제의 비문을 설계한 주역이었을 수 있다.[25] 교황청이 1430년대의 대부분을 피렌체에서 보냈기 때문에 알베르티는 인문학적으로 위험이 팽배한 두 도시에서 동시에 생존하기 위한 틈새를 찾아내야 했다.

어휘를 정확히 선택하려면 세심해야 한다. 특히 규범의 위반이 유발하는 반응을 유심히 살펴야 한다. 알베르티도 비판에 민감하게 반응했고, 그 증거는 그가 《회화론》과 거의 같은 시기에 작성한 《식탁 담화》에서는 물론이고, 《회화론》부터 《식탁 담화》를 거쳐 대화집인 《가족에 대하여Della Farmiglia》까지 크고 작은 저작의 편집과 수정을 부탁하려고 친구들에게 보낸 많은 편지에서 뚜렷이 드러난다.[26] 이런 부탁은 상식적인 행위였고, 진실로 도움을 구하는 부탁이었다. 포조를 비롯한 많은 인문주의자가 그랬듯이, 알베르티는 레오나르도 다 티Leonardo Dati, 1360-1425를 비롯한 여러 친구들로부터 받은 제안과 요청을 《가족에 대하여》 같은 야심찬 저작들에 반영해 수정하고 변경했다.[27] 달리 말하면, 동료 학자들과 마찬가지로 알베르티는 세심하게 공들여 선택한 단어를 사용했고, 전문가인 작가와 평론가에게 도움을 구했다. 또한 어떤 라틴어 용어를 고전 문헌에서 인정하지 않은 뜻으로 사용한 경우에는 의도적으로 사용한 것이며, 그가 그 단어를 선택한 이유를 독자들이 눈치채고 이해해주기를 바랐다. 그럼 알베르티는 어떤 이유에서 '히스토리아'와 '이스토리아'를 사용했을까?

고전 라틴어에서 '히스토리아'는 사건res gestae과 그 사건에 대한 서술적 설명narrationes을 동시에 가리킨다. 달리 말하면 일반적인 이야기와 격식을 갖춘 역사적 서술을 의미한다.[28] 알베르티는 이런 기본적인 의미에서 그 단어를 시시때때로 사용했다. 예컨대 20세에 그는 명성을 갈구하는 인간의 욕망을 다룬 희극을 라틴어로 썼다. 그 희극은 적어도 초기에는 독자들의 눈에 로마시대의 희극을 일관되게 성공적으로 모방한 것으로 여겨졌고, 알베르티는 이런 평가에 만족하며 그 희극의 원저자가 레피두스라는 로마 시인라고 알렸다. 하지만 수년 후에 알베르티는 그 거짓말을 철회하며 그 희극의 저자가 자신이라고 밝혔고, 그 희극을 과리노 베로네세Guarino Veronese, 1374-1460의 제자이며 인문학 후원자이던 레오넬로 데스테Leonello d'Este, 1407-1450에게 헌정하려 했다. 알베르티는 그 작품을 소개하며 쓴 짤막한 논평에서, "모든 히스토리아는 로마는 항상 명성의 수도였다는 사실을 보증하기 때문에" 영광을 사랑하는 사람을 뜻하는 주인공의 이름 필로독세우스Philodoxeus는 로마 영웅에 완벽하게 어울린다고 주장했다.[29] 여기에서 '히스토리아'는 사건의 서술적 설명(대표적인 예를 들면, 티투스 리비우스가 쓴 초기 로마의 역사에 대한 이야기)을 뜻하는 게 분명하다.[30] 이 단어는 알베르티 자신이 1437년경에 3인칭으로 자신의 삶을 풀어간 것으로 여겨지는 《익명의 삶Vita anonyma》에서 상당히 관습적으로 쓰인다. "그는 무엇인가에 대한 히스토리아를 무척 좋아한 까닭에 형편없는 작가도 존경할 만하다고 생각했다."[31]

하지만 많은 인문주의자가 '히스토리아'를 더 정확히 사용했다. 구체적으로 말하면, 고대의 은퇴한 정치가와 장군이 남긴 과거의 정치와 전쟁에 대한 교훈적이고 고상한 이야기를 가리키는 데 그 단어를 사용했다. 이런 고상한 의미로 해석된 히스토리아는 성공한 행동이나 성공하지 못한 행동의 본보기를 이야기 형식으로 풀어낸 투키디데스나 폴리비오스의 저작을 가리켰다. 따라서 독자들은 성공한 행동과 실패한 행동을 분석함으로써 실제의 삶에 필요한 신중함을 갖추고, 유사한 상황을 맞닥뜨릴 때 성공한 행동을 모방하거나 실패한 행동을 되풀이하지 않아야 했다.

플라비오 비온도Flavio Biondo, 1392-1463는 중세 이탈리아의 역사를 다른 선구적인 저작《로마 제국의 쇠락, 그 수십 년의 역사Historiarum ab inclinatione Romanorum imperii decades》의 첫 4권을 소小 라포 다 카스틸리온키오Lapo da Castiglionchio, 1405-1438에게 보내며 비판적 평가를 부탁했다. 1437년 4월 8일, 알베르티의 친구 라포는 비온도에게 답장을 보냈다.[32] 라포는 비온도의 저작이 감동적이고 진실하다고 생각하며 어떤 수정도 필요하지 않다고 말했지만 편집의 너그러움에서 비롯된 부적절한 행동이었다. 훗날 교황 비오 2세와 많은 독자가 비온도의 글을 세련되지 못하다고 혹평했기 때문이다.[33] 하지만 라포는 히스토리아의 가치를 친구에게, 더 나아가 많은 독자에게 설명할 기회가 있었다. 이때 라포는 "히스토리아는 다양하고 다채로우며 폭넓고, 많은 지식과 학문에 기반"을 둔다고 명확히 밝혔다.[34] 게다가 라포는 히스토리아의 주된 기능 중 하나가 정치적, 군사적으로 까다로운 의사결정을 내려야 하는 사람들에게 본보기를 보여주는 것이라고도 덧붙였다.

히스토리아로부터는 삶의 모든 영역에 대한 교훈을 끌어낼 수 있다. 히스토리아는 우리가 상상할 수 있는 가장 풍요로운 근원이기 때문이다. 가정을 꾸려가는 최선의 방법, 국가를 통치하는 방법, 전쟁을 치르는 이유, 전쟁을 어떻게 수행하고 어디쯤에서 끝내야 하는가, 우정을 유지하는 방법, 조약을 맺고 동맹을 맺는 방법, 민중의 소요를 잠재우고 혁명을 진압하는 방법도 히스토리아에서 배울 수 있다. 히스토리아에서 위대하고 지혜로운 사람을 선택해서 그의 모든 말과 행동 및 계획과 충고를 본받는 것도 좋

은 방법이다.[35]

알베르티는 '선례를 통해 가르치는 철학'이란 포괄적이면서도 엄격한 의미에서 '히스토리아'라는 단어를 사용하며, 라틴어로 쓴 《편지의 장점과 단점에 대하여De commodis litterarum atque incommodis》에서 그 자신이 실제의 히스토리아를 쓰기에는 너무 젊다는 걸 인정했다. 원숙하고 진실한 학습을 끝낸 사람만이 "국왕들의 성격과 중대한 정치적 사건과 전쟁을 편견 없이 분석한 히스토리아를 쓸 수 있다"라고도 덧붙였다.[36]

그러나 교훈적인 이야기를 짓는 것은 결코 쉬운 일이 아니었다. 라포처럼 알베르티도 히스토리아의 서술에는 기술적인 문제가 뒤따를 수 있다는 걸 알았다. 라포가 지적했듯이, 비온도는 당시의 히스토리아를 쓴 덕분에 키케로의 '역사학자가 지켜야 할 법칙'을 따르며, 거짓을 피하고 온전한 진실을 말할 수 있었다. "당신은 많은 사건을 직접 겪었습니다. 당신이 직접 목격하지 못한 사건의 경우에는 그 사건을 조사하고, 그곳에 있었던 사람들에게 정보를 얻음으로써 많은 것을 알아냈습니다. 또 당신은 가장 신뢰할 만한 목격자의 증언을 진실로 받아들였고, 항간의 속설과 소문에서 비롯된 증언을 거짓과 허구로 배척했습니다."[37] 역사학자가 과거에 있었던 사건을 서술해야 할 때, 또 역사를 서술하기 전에 과거의 기록 중 어느 것을 신뢰할 것인지를 결정해야 할 때 중대한 문제가 빈번하게 제기되었다. 라포는 비온도의 글쓰기만이 아니라 그가 근거로 삼은 고전적 자료까지 극찬하며, 역사는 교훈적이면서도 진실해야 한다고 주장했지만, 역사학자가 두 가지 목표를 동시에 추구하는 것이 항상 쉽지는 않고 가능하지도 않다는 걸 암묵적으로 인정했다.[38]

알베르티는 교황청에서 일하기 시작한 초기에 있었던 일화에서 이 점을 깨달은 듯하다. 교황 에우제니오 4세의 상서원장 비아조 몰리노 Biagio Molino, 1380-1447가 알베르티에게 초기 기독교 순교자로 율리아누스 황제 시대에 죽임을 당한 포티투스의 전기를 쓰라고 지시했다. 알베르티는 인문주의 역사학자들이 흔히 사용하던 방법론을 채택하고, 몰리노가 제공한 이야기에 수사적 형태를 적절히 덧붙이기로 마음먹었다.[39] 십중팔구 라틴어나 이탈리아어로 쓰였을 짤막한 자료들에 따르면, 불굴의 기독교 전사이던 포티투스는 로마인들에게 구타를 당하며 지독한 학대에 시달렸다. 로마인들은 그의 눈동자와 혀를 뽑아냈다. 혀가 뽑힌 상태에서도 포티투스는 진실한 하느님에게 고해했고, 그런 행동에 검투장의 짐승들도 마음이 흔들렸던지 포티투스를 공격하지 않았다. 알베르티는 이런 이야기를 당시의 풍조에 적합하게, 달리 말하면 고전적인 방식으로 다시 쓰는 과제를 떠맡은 것이었다.

⁂

알리오티와 달리, 알베르티는 기적을 그다지 좋아하지 않았다. 알베르티는 친구 레오나르도 다티의 학문적 판단을 신뢰하며 편지를 자주 주고받았다. 다티에게 보낸 한 편지에서 알베르티는 포티투스의 순교가 갖는 역사적 위상에 문제가 적지 않다고 생각한다는 속내를 감추지 않았다.

걱정이 적지 않습니다. 선생님도 그렇겠지만, 저도 학자들이 포티투스의 순교에 대한 이야기istoriam가 유치하고 꾸며진 설화 fabulam라고 의심하지 않을까 두렵습니다. 학자들이 역사에서in istoria 일반적으로 찾는 것이 무엇인지 잘 알고 있기 때문입니다. 학자들은 문제의 사건, 장소와 시간, 관련자들의 특징에 대한 완전한 설명을 기대합니다. 옛사람들이 사도들의 행위와 교황들과 많은 순교자들의 삶에 대해 명확하고 완전한 설명을 남겨놓았다는 걸 알지만, 포티투스에 대한 이 이야기istoriam는 무분별하게 전해진 탓에 위대한 학자들보다 무지한 사람들이 만들어냈다는 걸 저는 쉽게 추론할 수 있었습니다.[40]

역사학자 앨리슨 프래지어Alison Frazier의 표현을 빌리면, 알베르티는 자신에게 예부터 전해지는 가공되지 않은 자료들이 "포티투스에 대한 세 가지 공존할 수 없는 사실들"이었기 때문에 그 자료들을 무작정 사용해서는 포티투스의 연대기와 영웅적인 결말을 정확히 풀어낼 수 없다고 생각했다.[41] 나쁜 역사학자들과 더 나쁜 필경사들이 원형을 알아볼 수 없을 정도로 뒤죽박죽 뒤섞어버린 탓이었다. 따라서 알베르티는 교황청 서고를 뒤져 포티투스의 삶을 조명할 만한 초기 기독교 작가들의 모든 저작을 모았고, 그 일차적인 자료를 근거로 포티투스라는 인물의 합당한 연대표를 작성했다. 그러나 알베르티는 율리아누스 황제가 기독교인들의 반사회적인 습관과 나태함을 신랄하게 비난했다는 증거도 빼놓지 않았다.

이때 알베르티는 히스토리아를 저자에게 이미 알려진 사건을 잘 표현한 이야기를 넘어서는 것으로 보았다. 요컨대 알베르티의 생각에 히스토리아는 사색적이고 학문적인 분야였다. 따라서 히스토리아를 행하는 사람은 연구와 조사에 능숙하고, 자신과 다른 사람들에게 정직하며, 하나의 사건에 대해 다수의 자료를 수집하고 비교할 수 있어야 했다. 알베르티는 이렇게 비판적 절차를 적용했지만, 포티투스에 대한 개인적인 의혹은 가라앉지 않았다. 하지만 그런 의혹을 겉으로 표명함으로써 알베르티는 히스토리아에 필요한 것이 무엇인지에 대한 개인적인 생각을 명확히 밝혔고, 키케로의 《웅변가De oratore》에서 적절한 구절을 인용하며 논증을 마무리했다. "그러나 학자들이 필경사들과 일부 역사학자의 부주의에 대해 어떻게 생각하느냐에 대해서는 다른 곳에서 말하기로 하자."[42] 여기에서 알베르티의 상황은 미묘했다. 그는 역사적 정확성에 진정한 관심을 기울였지만, 결국에는 포티투스의 전기를 '히스토리아'가 아니라 '라우스laus'라 칭했다. 이는 역사적 기록이 아니라 점진적으로 개선되는 텍스트라는 뜻이었다. 하지만 그의 전기는 이런 관점에서 성공작은 아니었다.[43]

알베르티의 말년에는 스테파노 포르카리Stefano Porcari, 15세기 초-1453가 니콜라오 5세에게 대항하는 사건이 있었다. 이때 알베르티는 이 미묘한 사건을 기록하며, 교황이 로마인들에게 과거의 시민적 권한을 빼앗아갔다고 매섭게 비난한 포르카리의 연설을 가감 없이 정확히 옮겨놓은 듯하다.[44] 하지만 포티투스의 전기를 쓸 때는 진실해야 하고 교훈을 주어야 한다는 역사학자의 두 가지 의무가 모순된다는 걸 보여주었을 뿐이다. 알베르티의 뛰어난 저작을 기다리며 감탄하는 독자가 적지 않았다. 포티투스의 전기를 다룬 저작도 성공적이었던지, 알리오티는 뛰어난 신학자였을 뿐만 아니라 그의 무덤에서 백합이 기적처럼 피어올랐다는 성자 암브로조 트라베르사리Ambrogio Traversari, 1386-1439의 전기를 쓸 이상적인 작가로 알베르티를 꼽았다. 트라베르사리가 세상을 떠나자, 알리오티는 지체 없이 공식적인 전기작가로 알레르티를 임명해야 한다고 주장하기 시작했다. 그 주장이 채택되었더라면 알베르티는 트라베르사리의 후원자들이 제공한 일련의 자료들과 다시 씨름했을 것이다.[45] 하지만 알베르티는 그 제안을 완곡히 거절했다. 그 이유를 굳이 상상하면, 원칙을 지키면서 효과적으로 전기를 쓰는 게 무척 어렵다고 생각했기 때문일 것이다. 달리 말하면, 히스토리아를 고전적인 의미로 해석하더라도 어려움이 도사리고 있었기 때문이다.

게다가 알베르티는 '히스토리아'라는 단어를 때때로 고전적 의미 중 하나로 사용했지만 비고전적인 목적, 적어도 관습에 얽매이지 않으려는 목적에서 사용했다. 이탈리아어판 《회화론》을 필리포 브루넬레스키Filippo Brunelleschi, 1377~1446에게 헌정할 때 알베르티는 "과거의 유능한 인물이 인문학적으로나 과학적으로 뛰어난 능력을 지녔다는 것을 우리는 그들이 남긴 저작과 역사서를 통해 알고 있다. 하지만 인문학적이고 과학적인 많은 지식이 이제 사라졌고, 거의 완전히 잊혔다"라고 말하며 아쉬워했다.[46] 이탈리어판에서 '스토리아'는 과거에 대한 권위적인 이야기(더 정확히 말하면 리비우스의 《로마사》)를 뜻할 뿐이다. 하지만 다른 구절들에서 알베르티는 평범하고 진부한 용어들을 적절히 다루며 자신의 고유한 견해를 보여주었다. 대大 플리니우스는 백과사전 《박물지》 제35권에서 회화를 미학적 분석의 대상인 동시에 역사의 주제로 삼았고, 역사의 전개는 지역이나 화가를 중심으로 재구성될 수 있다고 보았다. 소小 플리니우스(대 플리니우스의 조카-옮긴이)가 널리 알려진 편지에서 밝혔듯이 정교한 연구에 근거한 《박물지》는 과거에 대해 진실을 말하고, 그렇게 함으로써 인간의 노력이 미술을 어떻게 다듬었는지에 대한 교훈을 제공하려는 학구적인 노력을 고스란히 보여주었다. 게다가 플리니우스는 작은 히스토리아들을 기초로 자신의 중대한 히스토리아를 지었고, 그가 꾸민 이야기에 담긴 도덕심을 구체적으로 증명하려고 과거의 뛰어난 미술가들, 예컨대 제욱시스와 아펠레스 등에 대한 일련의 이야기들을 동원했다.

그 과정에서 플리니우스는 확실한 전례를 따랐다. 과거의 연대기 작가와 역사학자는 자신들의 저작에 지적·예술적 활동의 히스토리아에 대한 정보를 담았고, 그 정보는 주로 발명가들에 대한 언급이었다. 달리 말하면, 발명과 관련된 개인이나 공동체가 누구였고, 무기나 그 밖의 장치를 누가 처음 사용했는지에 대한 언급이었다. 라포는 히스토리아의 유용성과 즐거움에 대해 썼다. 히스토리아가 도덕적 교훈만이 아니라 "누가 위대한 도시를 건립했고, 누가 어떤 기법을 창안했으며, 누가 처음 인간을 가르치기 시작했고, 어떤 것이 거칠고 야만적인 것이며, 누가 도시에 사람들을 모았고, 누가 인간에 법을 주었고, 누가 신의 숭배라는 개념을 처음 도입했으며, 누가 인간에게 처음으로 항해와 농업 및 문자를 가르쳤고, 누가 군사를 가장 먼저 동원하기 시작했는지도" 가르친다고 생각했기 때문이다.[47]

알베르티가 간혹 플리니우스의 이야기 중 하나를 자신의 이야기에 끼워 맞췄지만 그 목적은 상당히 달랐던 까닭에 플리니우스가 미술에 대해 말하는 방식을 모방할 의도는 아니라는 걸 분명히 보여주었다.[48] 예컨대 이탈리아어판 문헌에서 알베르티는 "플리니우스처럼 말하고 싶지 않다. 그저 회화의 기술을 독창적이고 체계적으로 다루고 싶을 뿐"이라고 주장했다.[49] 한편 라틴어판에서는 "플리니우스와 달리, 회화와 역사를 재검토하고 싶지 않다"라고 말했다.[50] 또 두 판본에서 알베르티는 회화에 대한 표준적 문헌이던 플리니우스의 백과사전 제35권을 비판했다. 달리 말하면, 알베르티는 여기에서 '스토리아'와 '히스토리아'를 고전적 의미에서 사용했지만 원하면 언제라도 고전적 선례로부터 자유롭게 벗어나겠다는 목적에서 그랬을 뿐이다. 따라서 알베르티가《회화론》과《조각론》을 쓸 때 고전적 수사학의 표본을 머릿속에 두었다고 추정할 이유가 없다. 게다가 알베르티가 이해한 수사학의 전통에는 그리스·로마의 문헌만이 아니라 비잔틴의 문헌까지 포함되었다. 알베르티의 시대에 이탈리아어와 라틴어가 그랬듯이 비잔틴의 문헌에서도 '히스토리아'는 단순히 '그림' 혹은 '묘사'를 뜻할 뿐이었다. 달리 말하면, 알베르티는 순전한 고전적 규범이라 생각한 것을 따를 때에도 고대 문헌에서 입증되지 않는 의미로 '히스토리아'를 사용할 수 있었다는 뜻이다.[51]

때때로 알베르티는 의도적으로 고전적 규범에서 크게 벗어났다. 키케로는《브루투스》에서 웅변가는 신화가 아니라 진실한 사건에 '히스토리아'라는 단어를 사용해야 마땅하다고 말했다. '히스토리아'가 많은 유형의 이야기에 쓰일 수 있지만, 거짓된 이야기에는 '파불라fabula'가 쓰여야 한다는 뜻이었다.[52] 알베르티는 당시 발굴된 키케로의 이 저작의 존재를 알고 있었던 게 분명하다. 《회화론》의 결론에서 이 저작을 인용한 데다 포티투스의 삶에 대한 허구성을 지적할 때도 이 저작을 직접 언급했기 때문이다.[53] 그러나 알베르티는 키케로의 구분을 의도적으로 무시하며, 아펠레스의 중상모략과 관련된 이야기를 이상적인 '히스토리아' 혹은 '이스토리아'라 지칭했고, 나르키소스가 꽃으로 변한 이야기는 라틴어로 '파불라', 이탈리아어로 '스토리아'라고 훨씬 직설적으로 표현했다.[54] 달리 말하면, '히스토리아'는 인문주의자들이 라틴어로 전달하려는 인물의 고결한 행위인 경우가 많지만 역설적으로 그 행위는 신화일 수도 있었다. 따라서 알베르티의 독자는 '히스토리아'라는 단어를 볼 때마다 어떤 뜻으로 쓰였는지 헤아리기 위해 몇 번이고 생각해야 했다.

∴⁙∴

그럼 대부분의 경우에 알베르티에게 '히스토리아'는 어떤 의미였을까? 첫째로 그에게 히스토리아는 회화를 뜻한 듯하다. 하지만 대부분의 경우에는 공공장소에 대형으로 그려진 벽화를 의미하기도 했다. 물론 가끔 알베르티는 크기와 장소가 회화를 히스토리아로 규정하는 데 아무런 역할을 하지 않는 것처럼 글을 쓰기도 했다. 예컨대 《회화론》의 앞부분에서 알베르티는 패널화부터 특정한 사건을 한눈에 보여주려는 전경화全景畵까지 어느 것에나 맞아떨어지는 일반적인 용어를 사용해 화면을 묘사하고 설명했다. "먼저, 나는 그림을 그리려는 것의 표면에 내가 원하는 크기로 직사각형을 긋는다. 나에게 그 직사각형은 히스토리아가 보이는 열린 창문으로 여겨진다. 이것을 기준으로 나는 그림에서 인간의 모습을 얼마나 크게 그릴 것인지 결정한다."[55] 그러나 제3권에서 알베르티는 히스토리아를 구성하는 과정을 자세히 서술하며 화가에게 화판에 붓질을 시작하기 전에 무엇을 어떻게 그릴 것인지 미리 머릿속에 계획하라고 조언했다. 그렇지 않으면 "힘을 들이고도 어떤 성과를 얻지 못할 것이고, 결과물에 담긴 의미도 정확히 파악하기 힘들 것"이라고 덧붙였다.[56]

이쯤에서 알베르티는 화가에게 세밀한 밑그림으로 작품 전체의 구도를 계획하고, 그 계획을 밑그림에서 장식하려는 표면에 옮겨야 한다며 그 과제를 실행하는 데 필요한 방법을 정확하게 제시한다. "그 방법을 더 확실히 알고 싶다면, 여러 개의 평행선을 이용해 대상을 상하좌우로 분할한 후에 각각의 것을 밑그림 종이로부터 공공장소에서 그림이 그려질 위치로 옮기면 상당히 도움이 된다."[57] 여기에서 알베르티가 사용한 용어는 함축적인 편이다. '푸블리쿰 오푸스publicum opus'와 '푸블리코 라보로publico lavoro', 즉 공공작업은 공공건물에 전시되는 대규모 작업인 경우가 많았다. 요컨대 알베르티가 언급한 절차가 필요한 작업이었다. 여기에서 알베르티가 "화가는 작은 화판에 그리는 흔한 습관에 길들여져서는 안 된다. 나는 여러분이 대형 작품을 그리는 데 익숙해지기를 바라기 때문이다. 대형 작품은 크기에서 여러분이 묘사하려는 대상과 거의 엇비슷하기도 하다"라고 강조한 이유가 설명된다. 인용글은 알베르티가 실물 크기 혹은 실물과 거의 같은 크기의 그림을 화가의 대표작으로 생각했다는 명백한 증거다.[58]

공공작업의 성격, 혹은 공공작업의 형태는 쉽게 규정된다. 화가 파올로 우첼로Paolo Uccello, 1397-1475는 알베르티가 추천한 기법을 그대로 사용해 현재 우피치 미술관에 보관된 용병대장 존 호크우드 경Sir John Hawkwood, 1323-1394을 위한 기념물의 밑그림을 그렸다. 그 밑그림은 피렌체 성당의 벽에 옮겨져 프레스코 벽화의 기초가 되었다. 게다가 우첼로가 밑그림을 그린 시기는 1436년 여름, 정확히 말하면, 알베르티가 《회화론》을 마무리 지은 때였다.[59] 다른 곳에서 알베르티는 화가들에게 '히스토리아' 혹은 '스토리아'에 저명한 인물의 얼굴을 끼워 넣으면 모든 관람객의 눈길을 끌 것이라고 조언했다.[60] 또 알베르티는 《회화론》을 읽은 미술가들에게 자신의 조언을 높이 평가한다면 자신의 초상화를 '각자의 히스토리아'에 끼워 넣으라고 호언했다.[61] 마사초Masaccio, 1401-1428를 비롯해 피렌체의 프레스코 화가들은 자신의 프레스코화에 알베르티 같은 학자를 비롯해 유명인의 초상을 끼워 넣었다.[62]

끝으로 알베르티는 당시 히스토리아의 좋은 예로 항상 조토의 〈작은 배Navicella〉(갈릴리 바다에서 풍랑을 맞은 예수와 제자들의 모습을 표현한 모자이크로 한때 바티칸을 장식했지만 지금은 실존하지 않는다)를 인용했다.[63] 알베르티는 글로 쓰인 히스토리아에 관심이 많았고 그런 히스토리아를 잘 알았지만, 공공장소에 전시할 목적에서 대형으로 그려지고 많은 인물이 관여한 복잡한 행위를 표현한 그림을 지칭하는 데 의도적으로 그 단어를 사용했다고 추론할 만한 충분한 이유가 있는 듯하다. 건축에 대해 쓴 후기 저작에서 알베르티는 프레스코화보다 떼어낼 수 있는 패널화를 더 좋아한다고 주장하며, '히스토리아'라는 용어가 두 경우 모두에 적용될 수 있다고 생각했다.[64] 하지만 대부분의 경우 알베르티는 '히스토리아'를 프레스코화로 그렸고, 〈작은 배〉라는 예가 보여주었듯이 신화와 역사만이 아니라 성경도 그 소재로 쓰였다.

알베르티가 이상적인 '히스토리아'에 부여한 특징들은 널리 알려진 덕분에 자세히 다룰 필요가 없을 듯하다. 이상적인 히스토리아에는 연령과 성별, 의상과 태도가 다른 9~10명이 등장해야 한다. 대부분의 인물은 하나의 이야기에서 각각 다른 역할을 하지만, 한 명의 선택된 인물은 관람객에게 눈길을 두고 손짓하며 그림으로 표현된 행동을 면밀히 살펴보라고 촉구하는 듯하다. 모든 인물은 각자의 성별과 지위 및 연령에 걸맞은 태도와 몸짓, 옷차림으로 표현된다. 혼란스럽지 않은 풍성함, 무질서하지 않은 다양함, 예의범절 등은 마사초의 프레스코화처럼 공공장소에 대형으로 그려지는 그림에 필요한 특징이었다. 알베르티는 브루넬레스키에게 《회화론》의 헌정을 알리는 편지에서 특히 마사초를 극찬했다.[65]

하지만 알베르티가 말했듯이, 모든 '히스토리아'가 그림으로 그려지지는 않았다. 알베르티는 과거의 히스토리아를 비판한 글에서 히스토리아에는 '옛 조각가와 화가'의 작품도 포함된다고 분명히 말했다. 그러나 《회화론》에서는 "회화와 조형과 조각에서 적절히 제작된 옛 미술가의 '히스토리아'를 찾아내기 어렵다"라고 투덜거렸다.[66] 이때 잭 그린스타인의 주장처럼 알베르티가 옛 미술가들이나 중세 이탈리아 화가들의 작품을 염두에 두었는지는 분명하지 않다. 알베르티가 《가족에 대하여》에서 가문의 조상들을 '옛사람'이라 표현한다는 점에서 후자였을 가능성이 큰 듯하다. 그러나 알베르티의 의미에서 '히스토리아'는 회화와 조각을 가리킬 수 있었다는 게 분명하다.

회화로 표현된 히스토리아처럼, 다수가 단일한 행동을 하는 모습을 표현한 조각작품, 즉 조각된 히스토리아는 부조浮彫여야 한다. 알베르티는 여기에 해당하는 것으로 조토의 〈작은 배〉와 "로마에 있는 죽은 멜레아그로스를 묘사한 히스토리아(혹은 스토리아)"(석관의 부조)를 꼽았다.[67] 《건축론》에서 알베르티는 콘스탄티누스 개선문과 트라야누스 원주에 새겨진 부조를 지칭하는 데도 히스토리아라는 단어를 번질나게 사용했다.[68] 알베르티는 자신의 이론이 회화에만 제한적으로 적용되지 않는다는 걸 저작의 제목으로 보여주었다.[69]

게다가 알베르티가 비판적 언어를 완전히 꾸며낸 것은 아니었다. 그가 글을 쓰기 훨씬 전에 피렌체에서 미술 어휘는 상당히 발전하고 널리 확산된 상태였다. 피렌체 세례당 첫 번째 출입문의 제작을 누구에게 맡길 것인지 결정하기 위해 모인 34명의 판정단은 많은 경쟁자가 있었지만 부르넬레스키와 로렌초 기베르티Lorenzo Ghiberti, 1378-1455의 상대적 장점을 자세히 논의했을 것이 분명하다. 알베르티가 독자들이 그의 용어를 기꺼이 받아들이고 사용하기를 바랐지만, 그의 목적에 맞추어 이미 존재하는 단어들을 조절하는 방식을 취했을 것이다. 달리 말하면 알베르티가 《회화론》을 쓰기 시작했을 때 존재하던 미술 언어는 앞뒤가 맞지 않아 일관된 형태를 띠도록 갈고 닦아야 했다.

14세기 말과 15세기의 이탈리아에서 미술작품을 칭하는 데 흔히 사용된 용어, '히스토리아'와 '스토리아'도 이 범주에 속했다. 두 단어 모두 이야기가 담긴 그림을 지칭할 수 있었고 실제로 지칭했지만, 돌을새김된 부조, 특히 한 번에 상당히 많은 사람이 표현된 부조를 가리키기도 했다.[70] 단테는 〈연옥〉 제10편의 유명한 구절에서 자연석에

새겨진 군상群像을 '스토리아'라는 단어로 표현했다.[71] 피렌체의 많은
작가와 미술가도 이 단어를 이런 특정한 의미로 주로 사용했다. 예컨
대 인문주의자 레오나르도 브루니Leonardo Bruni, 1370-1444는 1424년 피
렌체 세례당의 두 번째 출입문에 대한 계획을 제안할 때 새로운 문을
장식할 20개의 '스토리아'는 깊은 의미를 담고 눈부시게 새겨질 것이
라고 역설했다. 게다가 그 목적을 성취하기 위해 브루니는 자신이 구
상한 다양한 '스토리아'에 대해 기베르티에게 조언할 수 있는 조언자
를 고용할 것이라 덧붙이기도 했다(기베르티는 《코멘타리Commentarii》
에서 '스토리아'를 똑같은 의미로 사용했다).[72] 한편 피렌체 대성당에 설
치할 오르간들을 짓고 또 짓던 마테오 디 파올로라는 오르간 제작
자는 1434년 프라토 성당의 운영단에 보낸 편지에서 도나텔로가 성
모 예배당의 야외 설교단 전체를 부조로 조각하는 데 오랜 시간이 걸
리더라도 불평하지 말라고 충고했다. 마테오의 설명에 따르면, 도
나텔로가 피렌체 성당에서 '쿠엘라 스토리아 디 마르모quella storia di
marmo(그 대리석 스토리아)'를 막 끝냈을 때, 모든 전문가가 도나텔로
가 눈부시게 아름다운 작품을 창조해냈다고 한목소리로 감탄했다.[73]
또 피렌체 성당의 운영단은 성가대석을 부조로 장식한 루카 델라 로
비아에게 지불할 돈을 논의한 공식적인 자료에서도 각 부분은 일관
되게 '스토리에 마르모리스storiae marmoris'로 지칭되었다.[74]

⁘

　고대의 부조는 '히스토리아'와 '스토리아'로도 일컬어지며 15세기
초의 미술가들을 매료했다. 피사넬로Pisanello, 1395-1455의 작업장에서

고대의 작품들을 가장 먼저 체계적으로 스케치한 것으로 여겨지며, 지금까지 전해지는 많은 인물상이 로마의 부조에서 끌어낸 것이다. 인물상은 피사넬로의 제자들에 의해 필요에 따라 선택되었고 실제보다 장식적으로 그려진 것이 사실이다. 달리 말하면, 피사넬로의 제자들은 알베르티가 가장 큰 관심을 두었던 깊이와 구도에 개의치 않았다.[75] 그러나 고대의 부조는 기베르티와 도나텔로의 마음도 크게 사로잡았다. 알베르티가 공개적으로 칭찬을 아끼지 않았던 그들은 고대 미술가들이 사용하던 구도와 구조 및 원근의 원칙을 되살리고 개선했다.[76] 특히 바쿠스 신과 관련된 석관들은 알베르티 시대에 가장 독창적이던 미술가들에게도 미학적 계시 같은 인상을 주었다. 1430년대 피렌체의 '기대 지평horizon of expectations'에서 '돋을새김 조각'은 《회화론》과 《건축론》을 읽은 독자의 마음에 가장 크게 와 닿았을 것이다.

그러면 알베르티가 이상적인 형태의 회화를 규정할 때 당시 사회에서 비고전적인 의미로 흔히 사용되던 단어를 중심 개념으로 사용한 이유가 무엇이었을까? 조각가만이 아니라 화가도 도달하려고 노력해야 하는 이상적인 특징을 고대와 당시의 부조가 제대로 구현하고 있다고 전제한 이유는 또 무엇일까? 《회화론》에서 알베르티는 서술적이면서도 규범적인 미학 언어를 만들어내겠다고 다짐했다. 그는 탁월한 미술작품이 지녀야 하는 일련의 미학적 이상을 구체적으로 전달하고 싶었다. 알베르티가 부르넬레스키에게 보낸 편지를 근거로 판단하면, 그가 가장 동경한 미술가는 조각가였다. 그가 《조각론》에서 언급한 다섯 인물 중 세 명(기베르티, 도나텔로, 로카 델라 로비아)는 1430년대에 부조 작업에 열중하고 있었고, 그 부조들은 당시의 어떤 그림보다 알베르티의 미학을 잘 구현한 것이었다. 예컨대 원근법을 치밀하게 사용하고, 해부학적으로 맞아떨어지는 몸을 균형 잡힌 탄탄한 자세로 표현한, 무척이나 다양한 표정과 몸짓을 보여주는 부조였다. 기베르티의 경우 또 간혹 도나텔로의 경우에 부조는 이런 형식적인 장치들을 사용해 하나의 논리정연한 이야기를 표현했다.

조각가들은 장식적이고 화려한 재료가 아니라 능수능란한 손재주를 십분 활용해 이런 효과를 냈다. 더구나 알베르티는 적어도 1430년대에는 그런 재료를 달갑게 생각하지 않았다.[77] 독일의 미술사가 아비 바르부르크는 박사학위 논문에서 머리카락과 옷 같은 '움직이는 부속물'bewegtes Beiwerk'의 표현력에 대한 알베르티의 언급에, 신화를 소재로 삼은 보티첼리의 그림들과 리미니의 말라테스티아노 신전과 그 밖의 곳에 마테오 데 파스티Matteo de' Pasti, 1420-1467와 아고스티노 디 두초Agostino di Duccio, 1418-1481가 남긴 초기의 부조를 연결하며 유명세를 얻었다. "머리카락과 옷의 덧없는 움직임을 포착하려는 … 관심사는 북이탈리아 미술가들에게 만연한 경향과 일치한다. 그 경향은 알베르티의《회화론》에서 가장 뚜렷하게 드러난다."[78] 하지만 알레르티의 묘사는 로카 델라 로비아가 성가대석을 장식하고, 도나텔로가 프라토 성당에 남긴 부조와 정확히 일치한다.

알베르티가《회화론》을 쓰던 때 두 부조의 일부가 피렌체에서 조각되고 있었다. 많은 학자의 주장이 맞는다면, 1430년대의 부조는 같은 시기에 피렌체에서 그려진 회화보다 훨씬 더 알베르티의 이론에 가까웠다.[79] 알베르티가 '히스토리아'라는 단어를 선택한 이유는 지원할 미술가를 찾아낼 목적에서 그의 책을 읽는 후원자들이나 미술가들에게 그 용어의 쓰임새를 명확히 알려주고 싶었기 때문이 아닐까 싶다.[80] 고전적인 동시에 비고전적인 용어를 사용하고, 민감한 사람이라면 그가 무엇을 하고 있는지 짐작할 만한 단서를 충분히 제시함으로써 알베르티는 고대의 권위와 현재의 광택을 동시에 지닌 것을 만들어냈다. 구체적으로 말하면, 리미니와 피렌체에서 고전적 형태에 새로운 기능을 더한 전면前面으로 둘러싸며 중세 성당들에 변화를 주었던 때 그가 해낸 것이 바로 그것이었다.

하지만 그때 알베르티는 그 이상의 것을 해냈다. 그는 라틴어판 《회화론》을 읽은 지식인들에게 '히스토리아'가 여러 뜻으로 쓰일 뿐만 아니라 불안정하다는 걸 명확히 보여주었다. 인문주의자들은 과거의 전례를 따라 히스토리아를 확실한 출처나 믿을 만한 목격자에 의해 입증된 일련의 진실로 정의했다. 그러나 히스토리아 연구는 정서적이고 도덕적인 목적에 부합해야 한다고도 주장했다. 요컨대 글로 표현된 히스토리아는 독자에게 도덕심과 분별력, 예의바르고 올바른 행동을 가르쳐야 한다는 뜻이었다. 실제로 히스토리아는 그런 교훈을 가장 효과적으로 가르치는 방법이었고, 무미건조하고 추상적인 선언이 아니라 진실을 구체적이고 감동적으로 보여주는 전형이었다. 그러나 두 가지 역사관은 팽팽한 긴장상태로만 존재할 수 있었다. 사악하고 무례한 행동을 맞닥뜨리면 역사학자는 완전한 진실을 말해야 한다는 계율이나, 신뢰할 만한 도덕률을 가장 매력적인 방식으로 제시해야 한다는 계율을 위배해야만 했다. 앞에서 보았듯이 알베르티가 성인聖人들의 전기를 써야 했을 때 절감했던 모순된 문제였다.[81]

알베르티가 《회화론》을 발표하고 한 세대가 지난 후, 로렌초 발라가 이 문제를 다시 거론했다. 아리스토텔레스는 《시학》에서 역사는 완전함과 정확함을 추구하지 않기 때문에 시학이 역사보다 우위에 있다고 주장했다. 발라는 《시학》을 읽고 자극을 받았던지 역사학자도 예술적 능력을 지닌 작가가 되어야 한다고 주장했다. 달리 말하면, 역사학자도 자료를 의도적으로 생략하고 가다듬는 작가, 등장인물을 통해 교훈과 도덕심을 설득력 있게 전달하는 작가가 되어야 한다는 뜻이었다. 결국 발라는 역사학자가 한 명이 아니라 두 명의 뮤즈를 섬겨야 한다고 인정한 셈이었다. 게다가 두 뮤즈의 요구가 서로 모순되는 경우가 적지 않다는 것도 인정했다. 그래도 발라는 뮤즈 클리오처럼 도덕성과 예의범절이란 기존 원칙에 진실을 요구했다.[82] 하지만 알베르티는 《회화론》에서 이미 똑같은 논점을 언급한 바가 있었다. 알베르티는 화가의 '히스토리아'가 글로 된 역사와 똑같이 유익한 영향을 관객에게 미칠 수 있다고 주장했다. 그 내용이 신화의 영역, 고대인에 대한 사실, 신성한 역사 등 어디에 속하느냐는 중요하지 않았다. 요컨대 '히스토리아'의 정서적 유효성을 결정하는 것은 내용의 진실 여부가 아니라 표현 양식과 그 양식을 실현하는 능력이었다.

이 점에서도 알베르티는 고대의 권위자들과 의견이 달랐다. 로마의 역사학자 살루스티우스는 널리 읽히는 그의 유구르타 전쟁사에서 이렇게 말했다.

나는 퀸투스 파비우스 막시무스, 푸블리우스 스키피오 등 로마의 뛰어난 시민들이 조상들의 형상을 볼 때마다 그분들의 덕목을 본받고 싶은 욕망에 온몸이 뜨거워진다고 말하는 걸 자주 들었다.

고결한 사람들의 마음속에서 이런 불길이 강렬하게 타오르게 만
드는 것은 밀랍으로 만들어진 물리적인 형상이나 겉모습이 아니
라 관련된 사건에 대한 기억이다. 따라서 그들이 명성과 영광에
필적하는 덕목을 갖출 때까지 뜨겁게 타오르는 마음을 진정하기
힘들 것이다.[83]

미술가가 사용하는 재료의 상대적 하찮음에 대해서는 알베르티와
살루스티우스의 의견이 일치했지만, 작품의 형식적인 장점에 대해서
는 둘의 의견이 달랐다. 알베르티의 주장에 따르면, 그 장점은 작품과
더불어 관련된 언어가 전해진다는 게 아니라 시각적으로 표현된 히
스토리아가 작동해준다는 것이다.

알베르티의 친구 라포는 이런 신선한 논증에 깊은 인상을 받은 듯
하다.[84] 1437년 봄, 두 사람 모두의 친구이던 비온도에게 보낸 편지에
서 라포는 《회화론》에 대한 자신의 생각을 부분적으로 드러냈다. 라
포는 히스토리아가 참되다는 이유만으로 아름답게 꾸며진 형상보다
독자에게 더 깊은 영향을 미칠 것이라고 강력히 주장했다.

이득이나 이익을 얻기 위해서가 아니라 조국의 자유를 위해서,
또 시민의 안전과 안녕을 위해서 위험을 무릅쓴 위대한 노력과
관련된 말을 듣고 글을 읽으면, 모두가 그 노력을 침이 마르도록
칭찬하고 깊은 인상을 받아 가능하면 그 노력을 본받으려 한다.
우화와 그림에서도 우리는 그런 영향을 받는다. 우화나 그림에
묘사된 사건이 꾸며진 것이더라도 다양한 방향에서 우리에게 영

향을 미친다. 따라서 우리는 우화로 듣고 그림에서 보았던 위대한 행동을 남긴 사람들에게 따뜻한 애정을 느낀다. 우화와 그림의 영향이 강력하기 이를 데 없다면, 허구가 아니라 실제로 존재한 사람, 꾸며진 게 아니라 실제로 있었던 사건, 또 작가의 능력을 과시하기 위해서가 아니라 실제로 이루어졌던 연설을 묘사한 히스토리아는 얼마나 효과적으로 덕목을 우리 마음에 심어줄 수 있을지 상상해보라.[85]

⛭

역사학자 마리안젤라 레골리오시Mariangela Regoliosi가 지적했듯이, 진실의 정서적이고 교육적인 가치에 대한 라포의 역설은 역사에 대한 인문주의자의 글에서 무척 드문 것이었다.[86] 라포는 글로 쓰인 역사서의 영향과 회화로 표현된 신화의 영향이 유사하다는 맥락에서 논증을 전개했다. 그가 알베르티의 글을 읽고 역사에서 정서적 자극을 주는 면만이 부적절하게 과장된다고 걱정했기 때문에 이런 관점을 강력하게 주장했을 가능성이 높다. 한편 앞의 인용에서 보았듯이 라포가 글로 된 역사서를 칭송한 이유는 플리니우스에 대한 알베르티의 짤막한 언급에 대응한 것일 수 있다. 많은 학자가 예부터 지적했듯이, 알베르티의 회화론은 주로 지식인 독자를 겨냥한 것이었다. 따라서 회화에 대해 글로 쓰인 히스토리아를 다룬 글로 대응했던 것이 더욱더 적절한 듯하다.

알베르티가 '히스토리아'를 '콜로수스colossus(거대한 조각상)'에 비교하며 후자보다 전자가 미술가의 고결하고 주된 작업이 되어야 한다고 주장한 이유는 여전히 오리무중이다. 알베르티의 《회화론》을 초기에 읽었던 독자들이 그의 논증을 어떻게 이해했을지도 불확실하기는 마찬가지다. 물론 그런 독자 중 한 명이었던 안젤로 데쳄브리오 Angelo Decembrio, 1415-1467는 《회화론》의 여러 부분을 자신의 《학문의 품위에 대하여De politia literaria》에 직접 반영했다. 게다가 그의 영향을 받은 후원자 레오넬로 데스테가 고대사 이야기를 묘사한 플랑드르 태피스트리가 시대착오적이라 비난한 것으로 판단하건대 데쳄브리오는 알베르티의 일관성을 띤 부조 같은 '히스토리아'를 안드레아 만테냐Andrea Mantegna, 1431-1506의 화풍처럼 고전적이고 사실적인 개념으로 생각했을 가능성이 크다.[87]

하지만 알베르티는 새로운 유형의 대형 작품(화가가 붓으로 그리지만 과거와 현재의 부조에 적용되는 엄격하게 제어된 미학 규칙을 준수해야 작품)을 제작하는 데 계속 협력하도록 미술가와 후원자 양쪽 모두를 설득할 수 있기를 바랐던 것이 분명한 듯하다. 알베르티는 미술가의 히스토리아에서 고상하면서도 감동적인 구약과 신약 이야기와의 관련성을 벗겨내거나, 적절한 감동을 불어넣는 종교화의 전통적인 목표를 변경할 의도가 전혀 없었다. 알베르티는 '히스토리아'를 회화의 수사학으로 보았고, 수사학은 감정을 표현하고 북돋우는 기술로 보았다. 그러나 알베르티는 '히스토리아'가 특정한 인문학적 수사학으로 표현되고, 최신의 피렌체 미술과 공예로 시행되기를 바랐다. 알리오티가 증언했듯이 독실한 소녀들이 보았다는 기적의 형상처럼, 알베르티의 '히스토리아'는 감정을 북돋우었다. 하지만 경외감을 불러일으키는 성화聖畫가 관객을 얼어붙게 만들며 심어주는 억누를 수 없는 슬픔이나 고통과 달리, 히스토리아에서 고취되는 감정은 과거의 미학과 윤리 및 예법으로 절제된다. '히스토리아'라는 용어 자체는 알베르티가 이상적인 히스토리아로 보았던 〈아펠레스의 중상모략〉, 즉 훗날 보티첼리가 창안한 은유적 회화만이 아니라 종교적 색채를 띤 전통적 프레스코화에도 적용되었다. 미술가가 표현하는 모든 움직임, 태도와 몸짓은 인물과 장소의 적합성이란 규칙을 따랐다. 완성된 작품은 높은 미학적 차원에서 관찰되어야 마땅했기 때문에 관객은 화가가 효과를 얻기 위해 사용한 수단을 공들여 확인하고 조사해야 했다.[88] 경외감을 자아내는 성화보다 돌에 돋을새김한 부조처럼, '히스토리아'는 관찰자로부터 거리를 떼어두었다. 히스토리아가 불러일으키는 감정은 차분했을 뿐만 아니라 평온하게 경험되었다. 알베르티가 '히스토리아'라는 용어를 반복해 사용했듯이, 그 용어는 당시 독자에게 그 정도의 의미를 뜻했을 것이다. 여하튼 알리오티가 피렌체의 평론가로 관습에 얽매이지 않는 친구이던 알베르티가 아니라 혼령을 분별하는 로마의 전문가들에게 조언을 구한 것은 그다지 놀랍지 않다.

3

❖

서지학의 창시자, 문제적 인물 트리테미우스

⋮ 일반적인 경우에 학자들이 가장 강렬하게 느끼는 감정은 혐오도
사랑도 아니고, 독일인들이 '샤덴프로이데Schadenfreude'라 칭하는 것
이다. 번역하면 '다른 사람이 고통받는 모습을 보며 느끼는 희열'쯤이
된다. 베네딕트회 수도원장이고 애서가이던 요하네스 트리테미우스
Johannes Trithemius, 1462-1516보다 이런 감정을 효과적으로 떠오르게 하
는 르네상스 학자는 없는 듯하다.[1] 20대에 트리테미우스는 베네딕트
회에서 중요한 인물이 되었고, 도서관을 다양한 서적으로 가득 채워
명성을 얻었다. 그러나 40대에는 수도원에서 쫓겨나며 책까지 멀리
할 수밖에 없었다. 30대쯤에는 유럽에서 가장 혁신적인 역사학자 중
한 명이 되었지만, 50대에는 동료들로부터 자료를 조작한다는 비난
을 받았다. 따라서 많은 학자가 신성로마제국의 막시밀리안 황제가

남긴 필사본을 비롯해 관련된 자료들을 확인하고 싶어 했지만 트리테미우스는 옛 수도원 동료들이 이미 팔아버렸기 때문에 그들의 요구를 들어줄 수 없다고 변명해야 했다. 유명한 수도원장이자 영적 조언자이던 트리테미우스는 악마의 도움을 받는 마법사라는 비난과 싸우며 마지막 15년을 보냈다. 후손들도 그런 비난의 대열에 끼어들며 그 불쌍한 사람을 계속 모멸했다.

거의 평생 동안 트리테미우스는 인쇄 문화의 군주였다. 그러나 자동차가 처음 등장했을 때 먼지를 피우며 중심가를 지나가는 자동차를 보고 "말을 타세요!"라고 소리쳤다는 어린아이처럼 베네딕트회 수도원장이자 애서가이던 트리테미우스는 과학기술을 두려워한 사람으로 역사책에 기록되었다. 하기야 1492년 동료 수도원장의 요청으로 트리테미우스는 〈필경사들을 찬양하며〉라는 논문을 썼고, 여기에서 그 시대에 새롭게 인쇄되던 책들을 무가치하고 쓸모없는 것이라 비난하며 "인쇄된 책은 종이로 만들어지기 때문에 종이처럼 금세 사라질 것이다. 그러나 양피지에 작업하는 필경사는 그 자신과 그가 옮겨 쓴 문헌을 오랫동안 기억하게 해준다"라고 말하기는 했다.[2]

용병대장 페데리코 다 몬테펠트로Federico da Montefeltro, 1422-1482는 서적도 열심히 수집했다. 그와 거래한 중개인 베스파시아노 다 비스티치Vespasiano da Bisticci, 1421-1498의 기억에 따르면, 몬테펠트로는 인쇄본을 단 한 권도 소장하지 않았다. 몬테펠트로처럼 트리테미우스도 새로운 과학기술을 거부한 사람의 전형이란 평판을 얻었지만, 옛 방식을 고집한 탓에 시대에 뒤떨어지는 불운을 벗어날 수 없었다.[3] 수년 전까지도 전자언어를 지지하는 지식인들은 종이책의 퇴출이 임박했음을 부정하는 사람들에게 트리테미우스의 사례를 인용하며 종이책의 예견된 종말을 뒷받침했다. 종이책과 잡지를 옹호하고, 심지어 독자적인 서점을 보존하려고 발버둥 치던 그 완고한 사람들은 1900년에 말과 마차를 고집하던 사람들 혹은 1500년의 트리테미우스만큼이나 시대착오적이었다. 전자언어가 변화무쌍한 형태를 띠며 무척 다양한 분야에서 지배적인 위치에 오른 것은 사실이다. 그러나 종이책과 트리테미우스는 지금도 여전히 우리 곁에 있다.

트리테미우스는 어떤 사람이었을까? 그의 시대부터 우리 시대까지 역사학자들의 의견이 다르다. 그의 삶은 상당히 단순했다. 1462년 모젤 강변의 트리텐하임에서 태어난 트리테미우스는 자신의 열망을 응원해주지 않던 가족의 곁을 떠나 하이델베르크에서 공부했다. 그곳의 대학에서 학위를 받지는 않았지만 인문주의자들의 새로운 학문을 접하게 되었다. 대학을 떠나 고향으로 돌아가던 길에 산길에서 매서운 폭풍을 만나 목숨까지 위협받자, 크로이츠나흐 근처에 있던 스폰하임 베네딕트회 수도원에 몸을 의탁할 수밖에 없었다. 마르틴 루터가 그랬듯이 그도 수도자가 되기로 결심했고, 그 결심을 실천했을 뿐만 아니라 놀랍게도 18개월 후에는 수도원장에 선출되었다. 그때가 20대 초반이었다. 1483년부터 1505년까지는 스폰하임 수도원 원장으로서 베네딕트회를 완전히 개혁하려는 대대적인 시도에 참여했고, 부르스펠데 대수도원의 평신도 모임에서 연설하기도 했다. 스폰하임은 부르스펠데 대수도원에 소속된 수도원이었다.

트리테미우스는 성자들의 삶을 기록하며, 그 과정에서 인문주의적 관점으로 기적을 추려냈지만 '단순한 사람들'을 화나게 하지 않는 수준으로 그 기적들을 하나씩 발표했다. 또 수사와 수녀에게 수도원의 삶에서 끊임없이 붙어 다니는 죄를 피하는 방법에 대해 조언했다. 수도원이 오늘날의 대학처럼 엄청나게 부유해졌고, 수도원에 들어가는 자체가 사회적 특권의 상징이던 시대에 도덕적 죄를 피하는 게 쉽지 않기는 했다. 예컨대 중세 후기에 몽생미셸 수도원의 예산을 보면 식비가 1,700크라운, 포도주 비용이 2,200크라운이었고, 조명과 의복비로도 많은 금액이 책정되었다. 한참 아래쪽에 참회의 화요일에 가난한 사람들을 위해 사용할 200크라운이 있었다.[4] 반면에 트리테미우스는 "게으른 수사는 먹지 않아야 한다. 사도들의 가르침에 반해 행동하고 있다는 걸 깨달아야 한다"라고 주장하며, 과거의 수사들이 수세기 전부터 그랬듯이 수사들에게 필사본을 옮겨 쓰도록 했다.[5] 하지만 그가 엄격하기만 했던 것은 아니다. 수사들이 즐거운 마음으로 바쁘게 움직이려면 무엇을 해야 하고, 수녀들이 바깥세상과 교감하는 통로라 할 수 있는 창문을 수녀원에 두지 않았던 이유가 무엇인지 트리테미우스만큼 정확히 설명할 수 있는 사람은 없었다.[6] 1498년 1,000부가 제작된 그의 《수도원에서의 삶에 대하여De triplici regione claustralium》는 개혁된 베네딕트회에서 수련 수사들을 위한 표준서가 되었다.[7]

트리테미우스는 도서관을 책으로 가득 채워 학자들의 방문을 유인하며, 스폰하임 수도원을 베네딕트회와 바깥세상에 널리 알렸다. 그 자신은 가톨릭 교회사 및 베네딕트회를 비롯한 여러 수도회의 역사를 썼고, 더 나아가 독일의 역사까지 썼다. 그러나 수도원장으로 성공적인 22년을 보낸 후 그는 동료 수사들을 비판하며 스폰하임 수도원을 떠났다. 1505년과 1506년 그는 이곳저곳을 방랑하며 슈파이어와 쾰른에서 잠깐 머물렀고, 신성로마제국의 막시밀리안 황제를 만났으며, 베를린에서는 브란덴부르크 선제후 요아힘 1세의 궁전을 장식했다. 이번에는 경험적으로 많은 것을 배웠던지 트리테미우스는 무엇이 잘못되었는지에 대해 결코 자세히 언급하지 않았다. 그러나 그 가간에 주고받은 편지들을 모아 필사본으로 만들었다. 그 작업은 바티칸 도서관에서 진행되었고, 그 필사본은 키케로와 페트라르카을 본떠《사신집私信集》으로 정해졌다. 그가 그런 일탈을 위기로 생각하며 자신의 평판을 지키려 했다는 명백한 증거였다.[8] 하지만 오랜 시간이 지나지 않아 뷔르츠부르크의 쇼텐 수도원으로부터 제안을 받았고, 다시 베네딕트회 수사의 삶으로 되돌아갔다. 트리테미우스는 여생을 뷔르츠부르크에서 보내며 다시 도서관을 가득 채웠고, 그의 이름을 지금까지 기억하게 만든 저작인 히르사우 수도원의 연대기, 프랑크족의 역사, 암호 해독을 다룬《폴리그라피아Polygraphia》를 썼다. 그는 1516년 뷔르츠부르크의 수도원에서 세상을 떠났다.

⚜

그 시대와 그 이후로도 트리테미우스의 복잡다단한 평판은 상대적으로 단순했던 그의 삶과 극명하게 대조된다. 그 시대의 많은 사람이 그를 동경하고 찬양했다. 신성로마제국 막시밀리안의 황제는 트리테미우스에게 궁전에서 함께 지내자고 권했고, 마녀와 악령의 힘과 같은 중대한 문제에 대해서는 그의 조언에 크게 의지했다.[9] 독실한 가톨릭교도들까지 교회가 깊이 병들고 부패했다고 생각하던 때, 베네딕트회 수도원장들은 그에게 베네딕트회의 관례를 수집해 정리하고, 베네딕트회 역사를 자세히 설명하고, 수사들의 상담을 맡아달라고 부탁했다. 하지만 반대로 그를 몽상가, 조작꾼, 심지어 악마의 도움을 받는 마법사라고 비난하는 사람도 적지 않았다. 어떤 사람은 자신을 대신해 성자들에게 기도해달라고 부탁했고, 그가 마법으로 공중에서 요리를 만들어내 악마의 연회를 벌이는 걸 보았다고 증언하는 사람도 있었다. 지금도 트리테미우스는 중등학교 문헌에서 서지학의 창안자이며, 역사적 문헌을 적잖게 날조한 학자로 소개된다. 학자로서 그가 남긴 저작을 점검하며 해석학적 관점에서 전반적인 맥락을 살펴보면, 그를 완전히 이해하지는 못하더라도 서구 지성사에서 가장 미스터리한 인물 중 하나에 대해 조금이나마 파악할 수 있다. 달리 말하면, 그에게 실질적인 영향을 미쳤던 환경과 공동체로 그를 되돌려놓을 수 있을 것이다.

역사학자 제임스 오도널James O'Donnell이 중요한 논문에 지적했듯이, 트리테미우스는 필사본과 인쇄물을 단순하게 생각하지 않았다.[10] 필사본에는 종이책이 갖지 못한 장점, 즉 내구성이 있었다. "양피지에 쓴 글은 1,000년 동안 지속된다. 인쇄는 종이에 행해진다. 종이책은 얼마나 존속할까?"[11] 게다가 종이책은 철자와 제본에서 오류가 자주 눈에 띄었지만 필사본에서는 글을 옮겨 쓰는 필경사의 장인다운 정교함이 읽혀진다. 종이책은 저렴하고 다량으로 인쇄되지만, 그 장점이 기술적이고 미학적인 결함을 완전히 대체하지는 못한다. 트리테미우스가 주장하듯이, 종이책의 제작은 결코 신성한 소명이라 할 수 없었다. 트리테미우스의 회상에 따르면, 성가대원으로 활동하고 성자들의 삶을 기록하며 평생을 보낸 베네딕트회 수사가 있었다. 그가 세상을 떠나고 오랜 시간이 지난 후 동료 수사들이 그의 시신을 파냈다. "무척 많은 필사본을 쓴 까닭인지, 그의 오른손 손가락 중 세 개가 며칠 전에 묻힌 것처럼 원래의 모습을 그대로 유지하고 있었다."[12] 그 생생한 모습과 신성한 냄새에서도 성자의 시신이란 걸 짐작할 수 있었다. 그런 보존 상태가 수사의 소명, 즉 필경사라는 책무의 신성함을 드러내주었다.

게다가 트리테미우스는 그 시대의 가장 뛰어난 저자들과 함께 인쇄라는 신기술의 파도를 타고 넘었다. 예컨대 그가 필경사의 미덕에 대해 쓴 글은 당시 독일에서는 흔하지 않던 멋진 로마체로, 마인츠의 페터 폰 프리트베르크Peter von Friedberg에 의해 인쇄되었다. 그 서체에서 그의 인문학적 취향이 명확히 드러난다. 트리테미우스는 프리트베르크가 초기에 인쇄한 24권의 간행본 중 적어도 13종을 썼고, 그 출간 목록은 수도원의 개혁자이자 학자로서 그의 저작을 크게 광고하는 역할을 했다. 무척 매력적인 서체를 사용한 인쇄업자 알도 마누치오에게 에라스뮈스가 보낸 편지에서 말했듯이, 당시는 서체가 저자의 명성을 드높이는 데 큰 역할을 할 수 있던 시대였다.[13]

트리테미우스가 인쇄술을 극찬한 것은 한두 번이 아니었다. 예컨대 인쇄가 발명되기 전에는 서적이 너무 비싼 까닭에서 스폰하임 수도원에서 선임 수도원장들이 수도원 도서관을 재건할 수 없었다는 걸 인정했다. 또한 명확히 발언하지는 않았지만 종이책도 지속될 수 있다는 걸 실질적으로 인정하기도 했다. 프리트베르크는 트리테미우스의 저작 중 8종 이상을 송아지 피지皮紙에 특별판으로 인쇄했다. 십중팔구 특별한 후원자에게 증정할 목적이었겠지만, 인쇄된 단어가 1,000년 동안 지속되기를 바랐던 마음도 있을 것이다. 트리테미우스는 인쇄를 비난했지만 그 시대의 여느 작가만큼이나 능숙하게 인쇄를 이용했다. 그는 재밌는 사람이었고, 새로운 것을 혐오하며 느릿하게 받아들이는 사람이었지만 실제로 현재와 미래에 관심이 많았다.

더욱이 트리테미우스의 이력을 보면 필사본의 세계에서 인쇄본의 세계로 매끄럽게 넘어가는 것으로 보인다. 처음에 그는 개인적인 야망이 전혀 없는 전형적인 글쟁이 수도자로 처신하며 무척 겸손하고 신실한 자세로 글쓰기를 시작했다. 그가 1484년 9월 21일, 복음서의 저자 마태오 성자의 날에 풋풋한 젊은이로서 글을 시작한 것은 사실이다. 그러나 그의 첫 번째 활동은 베네딕트회의 전통적인 자료를 편집하는 것이었다. "별다른 능력이 없는 수도원장으로서 나는 이런저런 주제에 대해 교황들이 언급한 자료들을 아무런 장식도 없이 한 권으로 편집하며 혼자 힘으로 뚜벅뚜벅 걸어가고 싶을 뿐이었다." 달리 말하면 트리테미우스는 사화집詞華集, 즉 장래의 설교에 사용할 목적에서 '상상할 수 있는 모든 주제에 대해 교황들이 언급한 말씀에서 발췌한 소박하고 상대적으로 짤막한 글'을 펴냈다. '발췌한 글이 점점 많아지면서 모르타르 없이 세워져 매끄럽지 못한 벽처럼 보이자,' 트리테미우스는 자신의 말을 모르타르로 조금씩 끼워 넣기 시작했다. 그 결과로 사화집이 논문과 웅변집으로 변해갔다. 하지만 그때까지도 트리테미우스는 "교부들이 더할 나위 없이 훌륭하게 말씀하신 것으로 내가 말한 것은 하나도 없다"라고 주장했다.[14]

당시는 전통을 중시하던 시대였던 까닭에 트리테미우스는 어느 정도까지 신학의 기준 노선을 따랐다. 빈의 설교자 니콜라우스 폰 딩켈스뷜Nikolaus von Dinkelsbühl, 1360-1433의 표현을 빌리면, 가톨릭 설교자들은 "내가 나의 지적 능력을 근거로 말하는 것은 하나도 없습니다. … 내가 말하는 모든 것은 전능한 하느님의 선물이며, 독실한 가톨릭 학자들의 가르침입니다. 결국 제가 한 일은 그런 가르침을 모은 것에 불과합니다"라고 말했다.[15] 트리테미우스는 신성한 경전을 읽는 행위를 그 자체로 미학적 훈련이라 보았다. 그는 누구나 경전을 옮겨 쓰면 자신의 혼령을 가질 수 있다고 믿었다. 그의 설명에 따르면, 수도자의 삶은 위험했다. 수도자는 신비주의적 묵상의 길을 향해 가더라도 쉽게 오류에 빠질 수 있었다. 게으름은 타락의 지름길이었다. 그러나 수도자가 경전을 옮겨 쓰며 시간을 보내면 "헛되고 악의적인 생각에 짓눌리지 않고, 헛된 말을 쏟아내지 않을 것이고, 유언비어에 휘둘리지 않을 것이다. … 공인된 경전을 옮겨 쓰는 과정에서 수도자는 불가사의하고 계몽적인 신의 세계에 조금씩 들어간다."[16] 달리 말하면, 트리테미우스는 수도원에서 경전을 옮겨 쓰는 계율이 경전을 보관하는 최적의 방법을 초월하는 것이라 생각했다.

경전을 옮겨 쓰는 행위는 해석학의 강력한 도구이기도 했다. 달리 말하면, 독자가 경전을 충실히 옮겨 쓰면 경전에서 적절한 구절을 끌어내 적절히 해석해 확실히 자신의 것을 삼을 수 있다는 뜻이었다. "우리가 경전을 읽고 쓰며 시간을 보내면, 한 글자 한 글자가 우리 머릿속에 깊이 새겨진다."[17] 요컨대 베네딕트회의 개혁은 성경 및 초기 교회 시대와 중세의 영성을 다룬 고전을 옮겨 쓰는 수도자들의 헌신에 달려 있었다. 트리테미우스는 인쇄를 비난할 때 수도원 세계의 장점을 강조했다. 1493년 부르스펠데 수도원의 평신도 모임에서 한 연설에서는 그는 자신이 복원하고 싶은 서적이나 자료가 적잖게 있는 특별한 수도원 세계, 즉 옛 베네딕트 수도원 세계의 장점을 강조했다. 그 세계에서 "형제들은 빈둥대며 시간을 보내지 않았다. 계율대로 그들은 기도를 끝내면 조직적으로 작업했다. 글을 쓸 수 있는 형제는 책을 써서 도서관을 꾸몄고, 어떤 형제는 다른 형제의 글을 옮겨 써서 많은 사람이 읽게 했다. 기존의 고문서를 멋지게 장정하는 형제도 있었고, 과거의 문서를 교정하거나 그 문서에 주석을 덧붙이는 형제도 있었다. 모두가 그 신성한 노동에 참여해 혼신을 불태웠다."[18] 많은 책을 제작하는 과정에서 많은 수도자가 성자가 되었다

∴

영적 지도자로서 트리테미우스는 언행이 일치했다. 케르첸하임 출신의 프란키스쿠스 호피러Franciscus Hofryer라는 수련 수사는 1497년 8월 17일 보니파시오 성자의 편지들을 옮겨 쓰는 작업을 끝마쳤을 때 "수도원장이자 위대한 성서학자이신 요하네스 트리테미우스의 지시를 받아" 그 일을 해냈다고 말하며, 독자들에게 자신과 수도원장의 구원을 위해 기도해달라고 부탁했다.[19] 사제이자 수도자이던 요한 폰 빙겐은 1494년 8월 프레몽트레회의 창설자 노르베르트 성자의 연대기를 옮겨 쓸 때 호피러만큼 열정적이지는 않았지만 정확하고 꼼꼼하게 옮겨 썼다.[20] 트리테미우스 자신도 많은 좋은 필사본을 옮겨 썼다. 특히 그가 옮겨 쓴 그리스어판 〈요한복음〉은 지금 옥스퍼드대학교의 보들리 도서관에 보관되어 있다. 그는 속담처럼 굳어버린 '베네

딕트회의 노동'을 직접 하는 데나 수도자들에게 그렇게 하도록 명령하는 데 조금의 망설임이 없었다.

하지만 트리테미우스는 성경을 읽고 옮겨 쓰는 필요성을 역설하면서도 다른 종류의 모든 책에 대한 열정도 감추지 않았다. "나는 세상에 알려질 수 있는 것이면 무엇이든 알고 싶었다. 유치하고 질적으로 떨어지더라도 내가 보거나 들었던 모든 책을 소유하고 읽는 것이 나에게 가장 큰 기쁨이었다."[21] 스폰하임 수도원에 처음 도착했을 때 트리테미우스가 수도원에서 보았던 도서관의 상황은 그야말로 재앙이었다. 비유해서 말하면,《장미의 이름》에 등장하는 도서관보다《리보위츠를 위한 찬송》에서 언급되는 도서관에 가까웠다. 1459년 당시 스폰하임 수도원 도서관에는 "성경을 제외하면 책이 10권을 넘지 않았고, 그 책들도 그다지 유용하지 않았다." 게다가 수도원은 가난하기 그지없었고, 인쇄술이 발명된 초기여서 책은 여전히 귀하고 비쌌다. 따라서 트리테미우스의 전임 수도원장은 인쇄본 서적 30권을 겨우 구입할 수 있을 뿐이었고 "그것도 평신도에게 설교할 때 참조하기 위한 일반적인 서적이었다." 예컨대《안전한 수면Dormi secure》은 제목에서 알 수 있듯이 독자에게 편안한 수면법을 알려주는 책이었다.[22] 수도자는 제대로 설교하려면 밤에 푹 자야 했다. 따라서 이 책에 소개된 구절 하나를 소리 내어 읽으면 숙면을 취할 수 있다고 믿었다.

그러나 트리테미우스는 시야를 넓혀 백과사전적 서적을 수집하기 시작했다. 신학과 성경 연구만이 아니라 인문학적 교양에 관련된 서적도 대대적으로 수집했다. 베네딕트회에 속한 곳곳의 수도원을 찾아다니며 서적을 구입하거나 똑같이 옮겨 쓴 필사본을 교환했다. 게

다가 천문학, 음악과 수학, 역사와 의학 등 "선량한 신부들이 소장하고 있지만 이해하지 못하거나, 신의 계율을 위반하는 것이란 두려움을 주는 분야"에 속한 필사본도 간혹 찾아냈다.[23] 예컨대 1496년 '책을 사랑하는 마음'으로 많은 도서관을 순례하는 동안, 한 베네딕트회 수도원 도서관에서 트리테미우스는 먼지에 뒤덮인 채 방치된 필사본 하나를 찾아냈다. 키케로의 노예로 나중에 자유인이 된 티로가 창안한 속기에 관한 필사본이었다.

> 나는 법학박사인 수도원장에게 그 책의 가치를 어떻게 생각하느냐고 물었다. 그분은 "최근에 종이책으로 출간된 안셀무스 성자의 전집을 갖고 싶네"라고 대답했다. 그곳은 큰 도시여서 서점이 있었다. 나는 곧장 서점으로 달려가 안셀무스 성자의 전집을 구입했고, 책값으로 6분의 1 플로린(서유럽에서 통용되던 금화—옮긴이)을 지불했다. 안셀무스 전집을 수도원장과 수도자들에게 건네자 그들은 몹시 좋아했다. 덕분에 나는 그 책을 죽음의 직전에서 구할 수 있었다. 그들이 양피지를 사랑한 까닭에 그 책을 분해하려고 결정한 뒤였기 때문이다.[24]

트리테미우스는 제국과 그 너머의 출판업자와 서적상에게 서적을 주문했다. 예컨대 그리스어로 된 100권의 필사본과 인쇄본은 주로 이탈리아에서 구한 것이었다. 스폰하임 수도원을 떠날 쯤에는 수도원에서 옮겨 쓰는 작업에 투입된 비용을 제외하고도 1,500플로린을 투자해 학문 분야를 가리지 않고, 라틴어만이 아니라 그리스어와 히브리어로 된 책 약 2,000권을 구입했다. 그의 개인적인 추정에 따르면, 스폰하임 도서관은 독일에서 가장 큰 도서관이었다. 그러나 그가 직접 보았듯이 "다른 곳에는 찾아볼 수 없는 희귀서만이 아니라 비밀스럽고 경이로운 서적을 엄청나게 소장한 도서관"도 많았다.[25]

트리테미우스가 스폰하임 도서관의 규모와 질적 수준을 과장한 것은 아니었다. 게다가 르네상스 시대의 다른 위대한 수집가들이 그랬듯이, 트리테미우스도 힘들게 수집한 여러 언어로 쓰인 책들을 희귀성과 연대에 걸맞게 구조적으로 정리해 소장했다. 당시 스폰하임 도서관을 방문한 마테우스 헤르베누스Mattheus Herbenus, 1451-1538는 그곳을 무척 자세히 묘사했다.

우리가 주변을 함께 산책할 기회가 있었다. 마침내 그의 안내를 받아 그가 자랑하는 도서관에 발을 들여놓았다. 히브리어와 그리스어로 된 엄청난 수의 장서가 한눈에 들어왔다. 학문 분야를 가리지 않는 라틴어 작가의 저서들이 헤아릴 수 없이 많았다. 한 사람이 그 많은 장서를 수집하고 정리했다고 생각하면 그 근면함과 성실함에 감탄하지 않을 수 없었다. 나라면 독일에 그처럼 많은 외국 서적이 존재하리라고 생각조차 못했을 것이기 때문이다. 문법과 알파벳에서 완전히 다른 다섯 개의 언어로 된 책들이었고, 오래된 필사본도 많았다. 한결같이 트리테미우스가 끈질기게 노력하고, 많은 땀을 흘리지 않고는 구하지 못했을 것들이었다. 내가 보았던 스폰하임 도서관의 대략적인 모습이었다. 나는 도서관만이 아니라 수도원장의 사택까지 보았다. 널찍한 벽과 높은 천

장은 그리스어와 히브리어어와 라틴어 문자와 감동적인 구절로
장식되어 있었다.[26]

　독일 보름스의 주교, 요아네스 달베르크Joannes Dalberg. 시인 콘라
트 켈티스Conrad Celtis, 1459-1508, 가톨릭계 인문주의자 요하네스 로이
힐린 같은 위대한 학자들이 스폰하임을 방문해 소장된 책들을 살펴
보았고, 트리테미우스는 그런 도서관을 자랑하는 걸 즐겼다. 피렌체
의 인문주의자들은 산마르코 수도원에 소장된 서적들을 자랑했고,
수도원이 재건된 직후에 포조 브라치올리니가 들어가 니콜로 니콜리
와 코시모 데 메디치가 프톨레마이오스의 호화로운 필사본 《지리학》
을 검증하는 걸 보았던 때부터 반세기 후에 철학자 조반니 피코 델라
미란돌라Giovanni Pico della Mirandola, 1463-1494와 학자 겸 시인 안젤로
폴리치아노Angelo Poliziano, 1454-1494가 논쟁을 벌인 때까지, 그곳에서
생생하게 진행된 학문적 대화에 대한 결과를 널리 알렸다. 트리테미
우스도 이런 방식을 받아들여 스폰하임 도서관이 도서관 이상의 명
성을 얻게 하기 위해 애썼다. 헤르베누스의 표현을 빌리면, "우리 독
일에 그리스어를 배우는 신학교가 있다면 스폰하임에 있는 수도원이
다. 책도 없이 먼지만 잔뜩 쌓인 다른 많은 도서관에서 배울 수 있는
것보다 그곳의 벽에서 더 많은 것을 배울 수 있다."[27]
　책을 수집하는 전쟁에서 승리하는 방법에 대해 트리테미우스가 전
해주는 이야기는 등골이 오싹할 정도로 생생하다. 따라서 그 이야기
가 사실인지 궁금할 지경이다. 다행히 스폰하임 도서관에는 지금도
상당수의 필사본이 남아 있어, 필사본을 습득한 트리테미우스의 수

법이 황당무계한 거짓말만은 아니라는 게 물리적 증거들로 확인된다. 현재 볼펜뷔텔의 아우구스트 공작 도서관Herzog August Bibliothek에 소장된 11세기의 양피지 필사본, 리지외의 주교 프레퀼프Fréculf de Lisieux의 세계사를 예로 들어보자.[28] 백지인 첫 페이지에 다른 색으로 적혀 있는 두 개의 주석이 모든 것을 말해주는 듯하다. 하나는 검은색으로 쓰인 "리베르 산크티 헤리베르티 투이치Liber sancti heriberti Tuicii(이 책은 도이츠에 있는 헤리베르트 수도원의 소유이다)"였고, 다른 하나는 그 뒤에 붉은색으로 쓰인 "눈크 무타투스 아드 스판헤임 프로 알리오nunc mutatus ad spanheym pro alio(지금은 다른 필사본과 교환되어 스폰하임의 소유이다)"였다.[29] 역시 두 권의 양피지 필사본으로 구성된 카롤링거 왕조 시대의 베네딕트회 수사 라바누스 마우루스Rabanus Maurus, 780-856의 저작에는 어떤 문장을 지우고 그 위에 "이 필사본은 스폰하임의 베네딕트 수도원의 소유이다"라고 쓰여 있다.[30] 달리 말하면, 트리테미우스는 보물을 찾아 베네딕트회 수도원들을 샅샅이 뒤졌다는 뜻이다.

그는 낡은 필사본이었는지 새롭게 인쇄된 종이책이었는지 몰라도 무엇인가를 주고, 12세기에 양피지에 다시 쓰인 카롤링거 시대 저자의 필사본을 얻었다. 그런 식으로 찾아낸 수백 권의 책으로 스폰하임 도서관을 꾸렸다. 르네상스 시대에 서적을 구하는 방법을 기준으로 보면, 그의 방법은 수도원 도서관에 잠들어 있는 고전 문헌을 찾아내려는 자노비 델라 스트라다Zanobi della Strada, 1312-1361와 포조 브라치올리니 같은 인문주의자들의 노력과, 헨리 8세의 수도원 해체령으로 바깥세상에 떠돌기 시작한 많은 문헌들을 목록화하려던 존 릴런드John

Leland, 1503-1552와 존 베일John Bale, 1495-1563의 노력 사이에 위치했다.

헤르베누스가 말했듯이, 트리테미우스는 스폰하임 도서관을 수도원 학습과 인문주의 연구의 중심지로 만들었다. 트리테미우스가 도서관을 많은 책으로 채우자, 독일 인문주의자들, 예컨대 콘라트 켈티스와 야코프 빔펠링Jakob Wimpfeling, 1450-1528 등은 학습이란 개념을 재정립하려 했다. 이탈리아 인문주의자들처럼 그들도 지식인이라면 문법학과 수사학과 시학을 배워야 하고, 라틴어로 산문과 운문을 쓸 수 있어야 한다고 주장했다. 또 이탈리아 학자들처럼 독일 학자도 그리스 문헌, 더 나아가 히브리어 문헌을 원서로 읽을 수 있어야 한다고도 덧붙였다. 물론 독일 인문주의자들도 이탈리아의 동료들이 그랬듯이 잊힌 문헌을 찾아내고 그 내용을 주변에 알리기 시작했다. 예컨대 타키투스의 《게르마니아》에 독일 조상들의 투지가 생생하게 묘사된 것을 확인하자 독일 인문주의자들은 무척 기뻐하며, 그런 증거를 앞세워 독일도 과거를 자랑할 만하다고 주장하고 나섰다.[31]

중세 시대에 가장 강력한 힘과 가장 풍요로운 문화를 즐겼던 민족의 후손이란 걸 의식하며, 많은 독일인이 인문주의와 스콜라 철학, 웅변과 백과사전주의, 자연철학과 도덕철학을 상호보완적인 것이라 생각했다. 이런 점에서 15세기 말의 이탈리아 인문주의자들과 다를 바가 없었다. 독일 인문주의자들은 고대 이집트와 바빌론의 현자들로 시작해 그리스와 로마의 위대한 작가들을 거쳐, 독일을 철학과 마법의 중심으로 만든 신비주의자들과 스콜라 철학자들까지 연결하는 지식의 계보를 추적했다. 트리테미우스가 세운 도서관은 고대 그리스와 로마의 문헌과 중세 문헌으로 채워지며, 성배 모양의 봉횃불처럼 그들 앞에서 환히 빛났다. 따라서 그들은 그 도서관을 번질나게 드나들었고, 자신들의 보물을 안전하게 보관하고 싶은 마음에 그곳에 맡기기도 했다. 예컨대 켈티스는 흐로스비타 폰 간더스하임Hroswitha von Gandersheim, 935-973이 쓴 희극의 필사본을 트리테미우스에게 잠시 맡겼다. 빔펠링은 로마 시인 스타티우스의 《테바이스》의 필사본을 소장하고 있었다. 빔펠링은 그 필사본을 훔치려는 사람을 지옥불로 죽이겠다고 생각할 정도로 사랑한 까닭에 결국 그 필사본을 트리테미우스에게 증정했다. 빔펠링은 "그 필사본이 개인의 손을 떠나 스폰하임 도서관의 일부가 되기를 바란다"라고 조심스레 말했다. 여하튼 그 책을 지키기 위한 신중한 예방책이었다. 게다가 위대한 수집가 하르트만 셰델Hartmann Schedel, 1440-1514이 격렬히 불평했듯이, 트리테미우스는 빌린 책을 수년이 지난 후에야 돌려주는 습관이 있었다.[32] 새로이 출간된 인쇄본이 증정되며 선물처럼 쌓이자, 트리테미우스의 도서관은 인문주의자의 세계에서 '로쿠스 클라시쿠스locus classicus(자주 언급되는 곳)', 즉 수도원장의 반려견도 고대 그리스어 명령어를 이해하는 곳이 되었다.

"방에는 책이 있어야 한다." 그러나 책의 수집에서 가장 중요한 것은 독자가 수집한 책을 어떻게 다루느냐는 것이다. 어색하게나마 서적과 독서의 역사로 알려진 분야가 최근에 발달하면서 책을 읽는 행위와 기법에는 시대마다 고유한 방식과 장치가 있었다는 게 밝혀졌다. 예컨대 지금처럼 모든 것이 분해되고 밀접하게 연결된 세계에서는 많은 사람이 서둘러 피상적으로 책을 읽는다. 15세기부터 17세기까지 지식을 추구하는 독서가들은 자신에게 가장 중요하고 심원한 문헌들을 특별히 정해진 방식으로 처음부터 끝까지 철저히 파고들었다. 다양한 자료와 문헌을 비교하며 광범위하게 읽었고, 당시 가장 정교한 최첨단 장치를 이용해 관련된 자료들을 찾고 읽었다. 그러나 어떤 책이든 펜을 손에 쥐고 최대한 집중적으로 읽었다. 그 시기에 도서관의 모습에 대한 묘사를 보면, 독서가가 앞에 놓은 책을 훼손하는 모습을 어김없이 보여준다. 요즘의 사서가 그런 광적인 독서를 보면 질겁하겠지만, 라틴어로 쓰여 지금은 말라붙은 뼈다귀처럼 보이는 것에서 골수를 마지막 한 방울까지 뽑아내겠다는 처절한 노력의 일환이었다.[33]

⋰⋮⋱

트리테미우스는 수집한 책들을 특별하면서 엄격한 방법으로 검토했다. 1492년 그는 이와 관련된 연구서의 원고를 썼고, 2년 후에는 《교회와 관련된 작가들Liber de scriptoribus ecclesiasticis》이란 제목으로 출간되었다. 카파도키아의 알렉산더부터 트리테미우스 자신까지 거의 1,000명에 달하는 작가의 삶과 저작을 항목별로 정리한 책이었다.[34] 이 책의 모든 항목이 동일한 형식, 다시 말해 해당 작가의 짧막한 삶, 저작 목록과 각 저작의 첫머리, 목록의 문제점과 불확실한 부분에 대한 설명으로 구성되었다. 테오데리쿠스 올세니우스Theodericus Ulsenius, 1460-1508에 대한 설명을 예로 들어보자. 여기에서 트리테미우스는 울세니우스가 의학을 공부한 사람으로 상당수의 비가悲歌와 풍자시를 남겼고, "많은 작품이 후세까지 전해질 것"이라고 소개했다.[35] 하르트만 셰델에 대한 설명에서는 셰델의 《뉘른베르크 연대기》는 자코모 필리포 포레스티 다 베르가모Giacomo Filippo Foresti da Bergamo, 1434-1520의 세계 연대기를 각색해 독일 문제를 약간 덧붙인 것에 불과하다고 규정하며 "그 외에는 내 눈에 아무것도 보이지 않았다"라고 결론지었다.[36] 아우구스티누스에 대한 목록은 한층 복잡해서 277개 항목이 할애되었고, 많은 학자가 아우구스티누스의 것이라 생각한 몇몇 저작을 트리테미우스는 그의 저작 목록에서 생략한 이유를 자세히 설명하는 것으로 끝맺었다. 예컨대 "대교황 그레고리오 1세의 문체를 떠오르게 하는 저작", "베르나드 성자의 영혼과 어법을 그대로 보여주는 듯한 저작", "아우구스티누스를 권위자로 인용한 저작"은 아우구스티누스 성자의 서지 목록에 포함시킬 수 없었다.[37]

《교회와 관련된 작가들》이 모든 면에서 획기적인 저작은 아니었다. 그보다 1,000년 전 히에로니무스 성자와 마르세유의 제나디우스가 연이어 쓴《유명한 인물들De viris illustribus》은 관련된 인물들의 삶에 대한 흥미로운 일화가 아니라 그 인물들이 쓴 저작 목록을 제공하는 데 중점을 두었다. 뱅상 드 보베Vincent de Beauvais, 1194-1264 같은 중세 작가들도 저명한 인물의 저작 목록을 거의 빠짐없이 정리했고, 트리테미우스는 그 목록을 의심 없이 받아들였다. 자코모 포레스티처럼 세계사를 연대순으로 기록한 작가들도 참고한 문헌들을 목록화했고, 목록에 오른 저작들의 첫머리를 덧붙였다. 트리테미우스는 "독자가 첫머리에서도 더 쉽게 지식을 습득할 수 있게 해주는 새로운 글쓰기 방법"을 따랐기 때문에 "나는 제목에서부터 첫머리를 포괄적인 방법으로 전달했다"라고 과장되게 주장했다.[38]

더 깊이 들어가면,《교회와 관련된 작가들》도 학문적 저작의 기존 형식을 따랐다. 중세의 사서들은 보유한 서적들을 주기적으로 목록화했고, 개별 필사본의 소제목들을 일정한 순서대로 정리하기도 했다. 13세기에 프란체스코회 수도자들이 영국 도처의 도서관에서 구할 수 있는 모든 서적을 목록화하는 연합체를 구성했듯이, 이런 시도가 지역적 범위를 넘어설 때도 구체적인 대상에서 끌어낸 지역적 지식에 의존했다.[39] 트리테미우스도 똑같은 방식을 따랐다. 새로운 책을 구하면 내용의 순서, 즉 목차를 가장 앞에 두었다. 예컨대 그가 구입한 라바누스 마우루스의 필사본에는 다음과 같은 목차가 있다.

> 스폰하임 도서관에 있는 성자 마우루스 코텍스의 목차
> Rabanum in Iohannem Ii. I
> Eundem in Genesim Ii. iiii
> Eundem in Machabeorum Ii. I
> Eiusdem Interpretationum Ii. I
> Eundem in Paralippomenon Ii. I
> Ii. X in toto

트리테미우스가 정리한 개별 필사본과 관련된 문헌들은 이런 목록들을 종합한 것이었다. 따라서 그가 거듭 주장했듯이, 《교회와 관련된 작가들》은 이런 직접적인 경험에서 얻은 지식을 바탕으로 쓴 것이었다. 예컨대 리지외의 프레퀼프에 대해 언급할 때 "그는 뛰어난 저작들을 남긴 것으로 여겨진다"라고 인정했지만, "세상이 창조된 때부터 우리 주 예수 그리스도가 탄생할 때까지의 역사가 담긴 한 권의 멋지

고 아름다운 책을 읽었을 뿐이다"라고 솔직히 말하기도 했다. 현재 볼펜뷔텔에 소장된 특정한 책을 완벽하게 요약한 표현이었다.[40] 또 힐데가르트 폰 빙겐Hildegard von Bingen, 1098-1179의 저작에 대해 언급할 때는 135통의 편지를 읽었다는 걸 명확히 밝혔다. 그 편지들은 현재 대영도서관에 필사본의 형태로 보관되어 있다(MS ADD. 15, 102).[41] 트리테미우스는 1487년 스폰하임의 한 수도자에게 빙겐에서 힐데가르트의 자필 편지들을 옮겨 쓰게 했고, 그 수도자는 믿기지 않는 속도로 그녀의 편지들을 옮겨 썼다.[42]

트리테미우스는 도서관을 위해 수집한 서적들의 목록을 작성하는 것에 그치지 않았다. 그 서적의 진본 여부와 질적 가치를 감식하려고 온갖 노력을 다했다. 그런 노력 끝에 그가 각 필사본에 써 넣은 비판적 평가는 《교회와 관련된 작가들》에 약간 변형된 형태로 스며들었다. 따라서 《교회와 관련된 작가들》에서는 그리스어로 쓰인 철학자 식스토스Sixtus의 저작을 티라니우스 루피누스Tyrannius Rufinus, 340-410가 번역한 것이라 언급하고,[43] 문제의 필사본, 즉 식스토스의 《편람 Enchiridion》의 끝부분에는 서지학적 논증을 요약해두었다. "이 저작은 일반적으로 알려진 것처럼 교황 식스토가 쓴 것이 아니라, 철학자 식스토스가 쓴 것이다. 그에 대해서는 《철학자들의 생애》에서 110장을 읽어보기 바란다. 피타고라스 학파에 속한 식스토스는 옥타비아누스 황제 시대에 활약한 철학자였다. 그는 도덕적 격언을 담은 책을 썼고, 그 책에 《편람》이란 제목을 붙였다. 루피누스는 이 책을 번역했다."[44] 또 힐데가르트 폰 빙겐에 대한 필사본의 앞부분에 써 넣은 "찬사"에서는 "신령한 힐데가르트는 무척 신비롭고 불가사의한 방식으로 모든 글을 써냈다. 따라서 성직자가 아니면 그분의 글을 이해하는 게 거의 불가능하다. 그 이유가 결코 놀라운 것이 아니다. 그분의 남긴 모든 글에서 느껴지듯이, 그분은 감각과 언어 모두에서 계시를 통해 배운 것이므로 한결같이 신비하고 소중해서 돼지 앞에 던져질 것이 아니다"라고 말했다.[45] 그러나 《교회와 관련된 작가들》에서는 논란의 가능성을 줄이고 싶었던지 이런 평가를 축약하고 수정했다. "그녀의 모든 저작에서는 가톨릭 교리의 빛이 발산되며 신앙심이 확인되고, 좋은 행실이 무엇인지 가르쳐준다. 그녀는 의혹을 제기할 만한 것을 말하지도 쓰지도 않았다. 그녀는 라틴어를 몰랐지만, 하느님의 성령이 나타나면 모든 것을 라틴어로 정확히 구술했고, 비서들이 그 말을 받아썼다."[46] 물론 간혹 트리테미우스의 조력자들은 서지학 연구에서 얻은 자료를 필사본에 덧붙이기도 했다. 예컨대 리지외의 프레퀼프가 쓴 필사본에 트리테미우스는 프레퀼프에 대해 간략하게 평가한 글을 직접 덧붙였고, 그 글에는 독자에게 베네딕트회에 대한 그의 저작을 참조하라는 말도 더해졌다.[47] 트리테미우스가 수집한 수천 권의 서적 중 극히 일부만이 존속하지만 그는 처음에 서지학 연구와 재사용이란 원대한 목적에서 그 책들을 수집하고 사용한 것이 분명한 듯하다. 수세기의 시간이 흐르면서 책을 구입하고 분류해 목록화하는 작업의 경계가 희미해졌다. 그가 문헌을 면밀히 살펴보고 발췌하고 평가한 방법은 규모에서만 남달랐을 뿐이다.

하지만 《교회와 관련된 작가들》은 여러 방면에서 이정표가 되었다. 트리테미우스는 인쇄로 다양한 서적이 양산되면 학자들이 봇물처럼 쏟아지는 새로운 서적들에 짓눌리고, 따라서 적절한 책을 찾기 위해 도움을 구할 수밖에 없을 것이라고 생각했다. 역사에서 서지학을 떼어낸 히에로니무스 성자의 전례를 본받아, 트리테미우스는 독자에게 필요한 문헌 목록을 정확히 만들려고 애썼다. 트리테미우스보다 이런 일에 줄기차게 이바지한 학자는 없었다. 짧은 시간에 그는 독일 작가들의 저작 목록을 만들었고, 더 나아가 카르멜회와 베네딕트회 수사들의 저작들을 정리했다. 게다가 흑마술을 다룬 문헌을 조사하기도 했다. 훗날 서지학자들은 트리테미우스를 자신들의 족장으로 인정했다. 트리테미우스가 독일에서 했던 여정을 본보기로 삼아, 존 릴런드는 영국 작가에 대한 정보를 구하려고 영국 제도諸島를 돌아다녔고, 그 결과로 작성된 도서 목록은 훗날 존 베일이 영국 작가들의 저작 목록으로 발간한 종이책의 근간이 되었다. 스위스의 서지학자 콘라트 게스너Conrad Gesner, 1516-1565는 자신이 발간한 《세계 서지 Bibliotheca unversalica》를 트리테미우스의 저작을 확대한 것으로 보았다. 트리테미우스는 기술적인 면에서도 새로운 기준을 세웠다. 예컨대 그는 각 항목을 연대순으로 정리했지만, 독자들이 내용을 쉽게 찾아낼 수 있도록 알파벳 순서로 색인을 덧붙였다.[48]

하지만 트리테미우스에서 훨씬 더 혁신적이었던 것은 선별 원칙이었다. 《교회와 관련된 작가들》의 초고를 읽은 후, 알베르투스 모르데레라는 신부는 트리테미우스에게 보낸 편지에서, "세속 학문을 가르치는 선생", 지금이라면 '세속의 인문주의자'라고 일컬어질 만한 작가가 많이 포함되어 놀랐다는 의견을 제시했다.[49] 모르데레가 지적했듯이, 히에로니무스와 제나디우스는 세속의 작가들이 교회에 직접적으로 이바지하지 않았다는 이유로 그들을 제외했다. 트리테미우스는 그 책을 인쇄본으로 출간할 때 모르데레에게 답장하는 형식으로, 혁신적인 시도를 해본 것이라 인정하며 "당신이 놀랐다고 해서 저는 놀라지 않았습니다. 다른 분들도 놀랄 테니까요"라고 말했다.[50] 그러나 트리테미우스는 자신의 시도를 적극적으로 변호하며 "세속 학문을 확고히 알지 못하면 경전을 충분히 학습하고 소화할 수 없다"라고 설명했다.[51]

신학자라는 이유로 진리를 학습하는 데만 몰두할 수는 없는 법이다. 신학자도 듣는 사람들의 마음을 사로잡을 수 있어야 했다.[52] 신자들의 마음을 끌어당기려면 웅변의 기술, 즉 웅변술을 배워야 했다. 이런 이유에서 트리테미우스는 "우리 시대의 모든 신학자가 수사학을 학습하기를 바란다"라고 말했다.[53] 이렇게 주장할 때 트리테미우스가 그리스·로마 시대와 그 이후의 고전을 대거 구입한 수집가로서의 행위를 변호한 것만은 아니었다. 빔펠링을 비롯한 독일 인문주의자들이 제기한 주장들과, 수십 년 후에 에라스뮈스와 토머스 모어Thomas More, 1478-1535가 훨씬 더 강력히 내세운 주장들도 간략히 요약해 알려주기도 했다. 수도원 생활만이 아니라 교회 전체에 개혁이 필요했다. 신학자들이 인문주의자들의 언어적이고 수사적인 역량, 즉 문헌을 연구해 교훈을 끌어내는 재주와 글을 설득력 있게 써서 지지를 받아내는 능력을 갖춘다면 기독교가 초기의 광채를 회복할 것이라는 게 트리테미우스의 믿음이었다.

트리테미우스의 생각에는 세속 학문과 신학을 구분하는 기준이 타당하지 않았다. "지식은 무지 이외에 다른 적이 없다!"[54] 트리테미우스는 독일 작가들의 저작 목록을 작성함으로써 이런 생각을 포괄적으로 입증해 보였고, 세속 학문을 후원해 인문과학과 자연과학을 전 반적으로 되살려낸 샤를마뉴 대제, 즉 카롤루스 대제에 대한 칭찬을 아끼지 않았다. 영국 작가들의 저작을 분류하고 정리한 프란체스코 회 수도자들도 종교 서적과 고전적 문헌을 엄격히 구분하지 않았다. 그러나 그들이 서지 목록을 만들려는 트리테미우스의 열정적 노력을 기독교 부활을 위한 문화 프로그램의 일환으로 이해했던 것은 아니 다. 일반화해서 말하면, 《교회와 관련된 작가들》에서 그랬듯이 트리 테미우스는 수집한 서적과 거기에서 알아낸 학술적 참고도서를 완전 히 새로운 목적에 활용했다.

하지만 트리테미우스가 수집한 책으로 새로운 형태의 학문을 만들 어가던 그때, 그의 일과 삶은 이상하게도 극적인 전환점을 맞았다. 다 양한 책을 발표함으로써 트리테미우스는 수도원의 역사에 대한 전문 가로 우뚝 섰고, 여러 수도회의 수도자들은 특정 수도회의 설립일과 특전에 대해 논란이 있을 때마다 트리테미우스에게 자문을 구했다. 따라서 서지학을 그만둔 후에는 베네딕트회 수도원들의 연대기를 작 성하기 시작했다. 그가 수도원장으로 재직하던 스폰하임 수도원은 물 론이고, 그보다 더 오래되고 베네딕트회에서 중요한 위치를 차지하던 히르사우 수도원에 대해서도 블라시우스 수도원장의 부탁을 받고 연 대기를 작성했다. 트리테미우스가 뷔르츠부르크에서 마지막 15년을 보내는 동안 이 연대기들은 최종적으로 마무리되었고 색다른 특징을 띠었다. 예컨대 히르사우 연대기는 현재 두 가지 형태로 존재한다. 하 나는 상대적으로 얄팍한 《크로니콘Chronicle》이고, 다른 하나는 2권으 로 구성된 《아날레스Annals》이다. 《아날레스》는 트리테미우스가 직접 쓴 필사본으로 현재 뮌헨의 바이에른 주립도서관에 소장되어 있다(1690년에 1,300쪽의 2절판으로 발간된 인쇄본).[55] 두 책에서 트리테미우스는 믿을 만한 자료만을 사용했다고 강조했다.

그의 원칙에 따르면 역사서는 두 가지 법칙을 준수해야 했다. 달리 말하면, 웅변적이고 진실해야 했다. 트리테미우스는 문학적 문체로 쓰지는 못했지만, "수도원 생활과 기독교 신앙 때문에도 나는 거짓말을 증오하는 진실의 친구가 되어야 했다"라며 진실을 추적하고 찾아내기 위해 최선을 다했다. 또 "히르사우 수도원의 연보와 편지 및 특전" 등 많은 증거 및 다수의 저명한 연대기 작가를 인용하며 글을 썼다.[56] 그가 먼저 발간한 《크로니콘》의 참고자료에서 언급되지 않는 연대기 작가 중 하나는 메긴프리트 폰 풀다Meginfrid von Fulda였다. 트리테미우스는 《아날레스》에서 "그는 24권으로 구성된 《시대에 대하여De temporibus》에서 히르사우 수도원의 설립 초기와 수도원장의 승계에 대해 많은 글을 썼다"라고 언급했다.[57] 옥의 티는 하나밖에 없었지만 그 티가 너무 컸고 시끄러웠다.

트리테미우스를 제외하면 누구도 메긴프리트를 언급하지 않았고, 메긴프리트가 썼다는 필사본도 여태껏 발견된 적이 없다. 또 트리테미우스가 그 자료에서 끌어낸 정보는 걱정스러울 정도로 앞뒤가 맞지 않는다. 히르사우 수도원에 대해 먼저 발간한 판본 《크로니콘》에서 트리테미우스는 "루돌프 수도원장이 925년 3월에 세상을 떠났지만 메긴프리트는 그날을 특별히 언급하지 않았다"라고 말했다.[58] 그러나 《아날레스》에서는 "메긴프리트는 루돌프 수도원장이 926년 베네딕트 성자의 또 다른 생일, 즉 3월 22일(일반적으로는 21일) 수요일에 임종했다고 증언했다"라고 썼다.[59] 이런 모순들은 메긴프리트가 실제로 존재한 연대기 작가가 아니라 트리테미우스가 만들어낸 가공의 인물, 그러나 시간이 지남에 따라 피와 살을 얻은 인물이었다는 걸 암시한다.

트리테미우스 수도원장이 편찬한 프랑크족의 역사서는 더욱 큰 골칫거리였고, 발간된 순간부터 그런 문제가 제기되었다. 막시밀리안 황제를 처음 만난 1505년부터 트리테미우스는 그 이상한 인간에게 끌렸다. 황제는 뛰어난 사냥꾼인 데다 기사도 정신의 표본이었고, 중세의 위대한 황제들을 흉내 내려고 애썼다. 막시밀리안 황제는 호화로운 성도 없었고 수도도 없었지만 혈통을 프로파간다에 이용했다. 그의 합스부르크가 조상과 부르군트족 조상들이 주장했듯이, 그 혈통은 트로이까지 거슬러 올라갔다. 알브레히트 뒤러Albrecht Dürer, 1471-1528는 〈영광의 문The Arch of Honour〉이란 목판화로 황제의 주장을 뒷받침해주었다. 황제의 뿌리를 찾아 고대 이집트까지 거슬러 올라가고, 그리스 작가 호라폴로가 상형문자로 썼다는 비문으로 그의 신중함을 찬양한 개선문을 묘사한 거대한 목판화였다. 마찬가지로 하르트만 셰델 같은 역사학자들도 중세 신화와 르네상스 신화를 융합하며 프랑크족의 뿌리를 찾아 트로이의 전설적인 왕 프리아모스와 그후손까지 추적해 올라갔다. 트리테미우스의 특별한 지적 능력은 막시밀리안 황제에게 가장 중요한 역사에 있었다. 특히 그는 독일 중세의 역사에 정통했다. 트리테미우스는 뷔르츠부르크에 새롭게 마련한 일광욕실의 동쪽 벽을 프랑크 왕국 왕들의 초상으로 장식해두었던 까닭에 막시밀리안에게 필요한 역사적 연결 장치들을 정확히 짜 맞출 수 있었다.

⁂

　트리테미우스는 황제의 수행원이 되고 싶은 유혹에 저항했다. 그가 인문주의자 콘라트 포이팅거Konrad Peutinger, 1465-1547에게 설명한 바에 따르면, 궁중에 들어가면 수도자는 부엌 조리대에 올라간 물고기와 다를 바가 없었다. 그 물고기가 조리되고 사람들의 입에 들어갈 수밖에 없듯이 수도자도 도시의 삶에 길들여지며 타락할 수밖에 없다는 뜻이었다.[60] 하지만 1514년 트리테미우스는 "기원후 500년 클로비스 1세의 시대에 살며 프랑크족을 연구했고, 철학자 도라쿠스와 철학자 바스탈두스 및 옛 역사학자들 이후로 18권으로 구성된 인상적인 저작을 남긴 옹골찬 역사학자", 후니발트라는 작가의 저작을 근간으로 삼아 프랑크족의 역사를 간략하게 요약한 책을 썼다.[61]

　그 책은 모든 면에서 눈부시게 매력적인 책이었다. 트리테미우스는 프리아모스의 아들 마르코미르부터 막시밀리안까지 이어진 103명의 프랑크족 왕과 그 방계에 대한 이야기를 전해주겠다고 약속했다. 그는 기원전 440년부터 시작해서 1,954년의 기간을 다루며, 프랑크족이 로마제국 시대에 독일에 들어오지는 않았지만 예수가 태어나기 훨씬 이전에 고트족에 쫓겨 마침내 그곳에 들어오게 되었다는 걸 보여주기를 바랐다(다른 책에서는 프랑크족이 바이에른에서 도토리를 먹으며 짐승처럼 살아가던 원주민을 쫓아냈다고 주장했다).[62] 트리테미우스는 그 저작을 완벽하게 끝내지는 못했지만, 왕국이 시작된 이후로 프랑크족은 모든 문제에서 안내자로 삼았던 현명한 제사장들에 대한 홍미진진한 이야기를 남겼다.

헬리가스트와 힐데가스트가 이런 제사장에 속했다. 헬리가스트는 광기에 빠져 고개를 획획 움직이며 미래를 예언했고, 주피터 신을 성직자들에게 보여주었으며, 바사누스 왕에게 적들의 모든 비밀을 알려주었다. 또 힐데가스트는 독일인들에게 음악을 짓고, 건축물과 신전을 세우는 방법을 가르쳐주었다.[63] 천문학, 해몽, 점성술의 전문가이기도 했던 성직자들은 전설과 노랫말에 보존된 고대 왕과 동포에 대한 이야기들을 특별히 사랑했다. 예컨대 헬리가스트는 영웅들의 행위를 운문으로 정리해 통치자와 귀족의 자제들에게 가르쳤다. 트리테미우스는 이런 이야기들을 소개하며 옛 프랑크 왕국을 되살려냈고, 프랑크 왕국의 성직자들이 관습적으로 한 모든 행위가 그 시대의 수도원에서 다시 번성하기를 바랐다. 따라서 그는 자신의 깊은 바람을 조금이나마 성취하기도 했다.

결국 동료 수도자들에 의해 스폰하임에서 쫓겨난 트리테미우스는 그 후로 평생 그런 모욕적 공격을 원망하며 살았다. 아서 필립스Arthur Phillips의 소설 《이집트학자The Egyptologist》의 주인공, 랠프 트릴리퍼시가 파라오를 자신의 형상대로 만들고, 잃어버린 선정적인 시를 이리저리 엮어 다시 찾아내고 자신의 무덤까지 다시 치장하듯이, 트리테미우스가 상상한 과거에서는 모든 독일인이 종교기관의 권위자에게 순종했다. 그의 설명에 따르면 "헬리가스트는 명성과 권위를 누렸으며 모두가 항상 그의 지시를 따랐다."[65] 트리테미우스가 편찬한 《콤펜디움Compendium》은 역사적 기록에서 빈자리, 즉 막시밀리안 황제와 궁중 학자들도 어떻게든 채우려던 공백을 메웠지만, 트로이가 합스부르크가의 기원이란 주장을 입증해주는 것은 아니었다. 그러나 《콤펜디움》에 그려진 프랑크 왕국 초기의 흥미진진한 삶은 독자들에게 더 많은 것을 알고 싶다는 욕망을 심어주었다.

트리테미우스는 위험한 상황을 자초한 셈이었고, 그런 상황에 걷잡을 수 없이 빠져들었다. 《콤펜디움》이 인쇄되기 전 막시밀리안 황제가 베푼 연회에서 트리테미우스가 후니발트의 역사서를 자랑스레 떠벌렸고, 황제가 그 원전을 보고 싶어 했기 때문이다. 막시말리안은 그 책을 받아보려고 전령을 보냈다.[66] 트리테미우스는 존재하지도 않는 책을 만들어낼 수 없었던 까닭에 전령을 스폰하임으로 보냈다. 게다가 그가 찾는 책들의 목록도 전령에게 쥐어주었고, 허무맹랑하고 아무런 설득력도 없는 목록으로 여겨졌을 것에 그럴듯한 타당성을 더해주려고 시시콜콜한 설명까지 덧붙였다. 목록의 첫머리는 "프랑크족의 기원과 공적을 다룬 후니발두스의 책, 양피지, 작은 크기. 내 기억이 맞는다면 하얀 돼지가죽으로 장정되었음"이라고 쓰여 있었다. 그러나 전령은 후니발트의 저작을 얻지 못했고, 막시밀리안 황제는 다시 재촉했다. 트리테미우스는 손을 덜덜 떨며 "자비로운 전하, 이런 말씀을 전해드려 무척 죄송합니다. 제 후임으로 스폰하임을 차지한 현재 수도원장이 히르사우의 수도원장에게 많은 책을 매각한 듯합니다"라고 답장하며 "히루사우에 조심스레 문의해보십시오"라고 썼다. 그러나 책 수집가, 특히 수도원의 수집가들을 접촉한 개인적인 경험에 따르면 수도원 수집가들은 선한 사람이나 권력자와 책을 공유하는 걸 꺼린다는 조언도 남겼다.[67] 2년 반이 흐른 후, 1515년 11월, 트리테미우스는 스폰하임에서 후니발트의 책을 찾으려고 시도해

보았지만 실패했다는 편지를 다시 막시밀리안 황제에게 보냈다. 그 책이 이미 매각된 듯하고, 스폰하임 수도자들의 말에 따르면 그곳의 도서관도 무너져 앞으로는 그곳을 방문할 수 없게 되었다고도 덧붙였다.[68] 1516년 트리테미우스는 작센의 현공賢公, 프리드리히 3세에게 후니발트의 연대기만이 아니라, 후니발트와 관련해 언급한 바스탈트의 연대기도 찾을 수 없었다고 고백해야만 했다. 그 이전과 그 이후로 "강아지가 내 숙제를 먹었어요!"라는 터무니없는 변명을 그처럼 떳떳하게 주장한 학자는 없었다.

트리테미우스의 책은 출간되기 전에 옛 친구이던 콘라트 포이팅거에게 그 책을 감정하는 임무가 맡겨졌다. 자료가 거짓이었다는 게 밝혀지자, 포이팅거는 트리테미우스가 얼마나 부정직한지 세상 사람들에게 알리기 위한 목적에서 그 책의 출간을 허락한 것이라 주장하고 나섰다.[69] 제국의 궁중 역사학자, 요하네스 슈타비우스Johannes Stabius, 1450-1522는 트리테미우스가 프랑크족의 역사에 대해 《콘펜디움》과 다른 환경에서 언급한 내용을 비교했다. 예컨대 트리테미우스는 뷔르츠부르크의 일광욕실 벽에 프랑크족이 기원후 380년에 사르마티아를 떠나 독일로 향했다고 냉정히 써두었다. 슈타비우스는 트리테미우스 수도원장의 왜곡과 자가당착에 분노하며 "수도원장이 후니발트와 관련해 말한 모든 것이 거짓이었다"라고 일갈했다. 심지어 트리테미우스가 플로다르트 폰 랭스, 지게베르트 폰 장블루 등 실존한 인물의 저작이라 주장한 것도 모두 거짓이었다.[70] 곧이어 베아투스 레나누스 Beatus Rhenanus, 1485-1547의 《라틴 찬사Panegyrici Latini》에서 고대 후기 (기원후 2세기부터 8세기까지의 시대―옮긴이)에야 프랑크족이 독일에 들어왔다는 게 증명되었다.[71] 트리테미우스는 시의적절하게 죽는 것 이외에 아무런 대응도 할 수 없었다. 다행히 그는 곧 세상을 하직했다.

⋰⋱

트리테미우스의 변신을 어떻게 설명해야 할까? 근면하게 일하던 서지학자가 어떤 이유에서 역사를 왜곡하는 날조범이 되었을까? 원전 비평이 한창이던 19세기에 역사학자들은 트리테미우스를 날조자라고 비난했다. 이론의 전성시대이던 20세기에 들어서자 평론가들은 그를 이야기꾼storyteller이었다고 찬양했다. 트리테미우스가 누구에게 영향을 받아 그렇게 행동했는지는 쉽게 추측할 수 있다. 그는 카르멜 수도회를 동경했고, 그들의 장엄한 전통을 찬양하는 글을 쓰기도 했다. 또한 그들이 역사를 기록하는 방법을 알았고, 그 방법에 동조했다. 중세 종교사를 연구한 앤드루 조티슈키Andrew Jotischky의 주장에 따르면, 카르멜회 역사학자들은 과거를 뒤집고, 설득력을 얻으려는 목적에서 원전 비평보다 유형 분류에 근거해 기원과 그 이후를 설명하고, 알려진 현재에 맞추어 잃어버린 과거를 만들어가는 경향을 띠었다.[72] 그러나 트리테미우스에게 더 큰 영향을 준 또 다른 탁발 수도회가 있었다. 1498년 도미니크 수도회의 조반니 난니 다 비테르보Giovanni Nanni da Viterbo, 1432-1502는 칼데아 사람 베로소스, 이집트 사람 마네토, 페르시아 사람 메타스테네스 및 이름도 없는 신사들이 썼다는 24종의 위작을 요약한 책을 펴냈다. 하나하나의 글이 무척 짧았던 까닭에 난니는 그 글을 '낙화落花' 혹은 더 큰 저작의 개요라 표현했다. 게다가 성직자가 공공기록관의 자료를 바탕으로 썼다는 그 글이 헤로도토스와 디오도로스 같은 그리스 역사학자들이 거짓으로 쓴 세계사를 논박했다는 장문의 해설서를 덧붙이기도 했다.

이런 자료들을 근거로 난니는 고대부터 근대까지, 즉 성경과 이집트 시대부터 그리스와 로마 시대까지 이어지는 계보를 짜 맞추었다. 중세 전통에서는 오래전부터 로마의 서쪽 언덕 자니콜로를 노아의 방주가 최종적으로 멈춘 곳이라 생각했고, 노아를 야누스로 여겼다. 그러나 노아와 야누스가 실제로는 하나라는 걸 어원론적으로 증명하려면 노아의 경망스러운 행동이 필요했다(노아가 포도주를 발명했고, 포도주를 뜻하는 히브리어 yayin은 야누스의 어원이다). 따라서 난니가 후원자이던 보르자가 가문의 기원을 찾아 이집트의 신 이시스와 오시리스까지 거슬러 올라갔고, 그 과정에서 고향 비테르보가 고대 문명의 중심이었다는 걸 증명했다고 놀라울 것은 없다.[73]

베아투스 레나누스 같은 날카로운 평론가들은 난니의 추정을 재밋거리로 받아들였다. 베아투스는 친구이던 에라스뮈스의 "한 사람이 젖을 짜면 다른 사람은 체를 내밀어야 한다"라는 금언을 이용해 뒤틀린 문헌과 논평을 재밌게 비웃었다.[74] 그래도 난니의 책은 막시밀리안의 궁전에서 집중적으로 읽혔다. 트리테미우스가 교환을 제안했다고 책 목록에 써둔 것으로 판단하건대 흔히 간단히 '베로소스'로 지칭되던 난니의 책을 보유했던 것이 분명하다.[75] 따라서 난니는 자신의 날조에 학문적 논증까지 더하는 신중함을 발휘함으로써 적어도 하나의 결정적인 방법에서 트리테미우스에게 좋은 본보기를 알려준 셈이다. 난니는 세속의 작가보다 성직자를, 사적인 증언보다 공적인 자료를 더 신뢰해야 마땅하다고 주장했다. 베로소스, 마네토, 메타스테네스는 공적인 권위를 누리며 글을 쓴 성직자들이었다. 따라서 역사의 신뢰 법칙은 헤로도토스 같은 세속의 작가보다 난니의 손을 들어주었다.[76]

난니가 그랬듯이, 트리테미우스도 날조한 글을 적어도 7가지 색깔로 위장해 감추었고, 학문적 기법을 이용해 가짜를 진짜처럼 보이게 만들었다. 또 후니발트를 인용해 기적적인 이야기를 언급하고는 "이런 사건은 나에게 놀랍게 보이고 부분적으로는 동화처럼 느껴진다"라고 되풀이해서 말했다.[77] 심지어 트리테미우스는 헬리가스트가 악마의 재능을 통해 뛰어난 업적을 남긴 것이 아니라면 후니발트가 그의 업적을 날조한 것이 분명하다는 견해를 밝히기도 했다.[78] 또한 충직한 프란체스코회 수련 수사가 그를 대신해 옮겨 쓴 보니파시오 성자의 필사본 같은 실제로 존재하는 자료들을 인용하며 가공의 자료들이 실제로 존재하는 것처럼 날조했다. 게다가 원전과 평론가의 표현을 인용하거나 관례에서 벗어나 자료 전체를 언급하며 자신의 논증을 그럴듯하게 꾸몄다. 예컨대 트리테미우스는 다고베르트 왕의 칙령을 전부 인용하며, 날짜에 오류가 있고 직인이 없으며 내용이 다른 원전과 모순되기 때문에 날조된 것이 분명하다고 주장했다.[79] 이런 주장은 기록을 충실히 따르는 사람의 어법이 아니라 조작된 자료에 힘을 실어주려는 가짜 지식인의 어법이며, 옛 수도원 학자가 일찌감치 개척해놓은 방식이기도 하다. 트리테미우스는 진실을 사랑하는 마음에 금욕적이고 절제된 방식으로 성경을 읽던 관례에서 벗어나 세속적 문헌이란 '드넓은 바다mare magnum'에 빠져들었다고 변명했지만, 결국 자신의 이상을 의도적으로 배반한 것이었다. 물론 날조는 어느 정도는 '샤덴프로이데'를 위한 것이다. 그렇다면 트리테미우스는 한때 추앙받았지만 자신의 결함과 적의 열성적인 공격에 의해 세상이 뒤집히는 아픔을 겪은 학자들의 모임에서 한 자리를 차지할 자격이 충분하다.

그러나 트리테미우스는 자신의 날조 작업을 무척 다른 관점에서 보았던 듯하다. 역사학자 니콜라우스 슈타우바흐Nikolaus Staubach는 '배우의 역할'이란 관점에서 이 사건을 설명하며 무척 도발적으로 읽어냈다. 슈타우바흐의 지적대로, 트리테미우스는 성직자들이 계시로 얻은 지식이 어떤 것인지에 관심이 많았다. 그 자신도 환영을 보고 성직자로서의 삶을 시작한 터였다. 어느 날 밤이었다. 그가 잠을 자고 있을 때 밝은 옷을 입은 청년이 두 개의 서판을 쥐고 그의 앞에 나타났다. "하나는 글이 쓰여 있는 것이었고, 다른 하나는 어떤 형상이 그려진 것이었다." 청년은 그에게 하나를 선택하라고 말했다. 트리테미우스가 글이 쓰여 있는 것을 선택하자, 청년은 그에게 하느님이 그의 기도를 이미 들었으므로 그가 요구하는 모든 것, 아니 그 이상을 주실 것이라 말했다.[80] 트리테미우스는 초기 성자들에 대한 연대기에서, 성자들의 지식은 학습보다 계시로 얻은 것이라고 자세히 기록했다. 게다가 계시는 가장 신성한 역사의 전달에도 중요한 역할을 했다. 여하튼 선지자 에스라는 "칼데아 사람들이 태워버린 모세 오경을 자신의 기억에 의존해 되살려냈다." 그러나 그런 계시에 대한 거짓 주장에 트리테미우스는 분노를 감추지 않았다. 트리테미우스가 알았던 성직자들을 앞에 두고, 요한 게오르크 파우스트Johann Georg Faust, 1480-1541는 플라톤과 아리스토텔레스의 전작全作이 사라지더라도 그들의 철학으로 그들의 전작을 새롭고 더 나은 형태로 복구할 수 있다고 주장한 것으로 추정된다. 트리테미우스는 이렇게 "자신을 제2의 에스라"라고 생각한 사기꾼을 비난하며 불같이 화를 냈다.[81] 그럼 트리테미우스는 어떤 근거에서 자신은 기억으로 진실한 역사를 되살려낼 수 있다고 생각한 것일까?

　트리테미우스 자신도 기억으로 진실한 역사를 복원할 수 있다는 해석은 타당하다고 생각한 듯하다. 또한 그가 활동한 두 분야, 즉 마법과 학문이 밀접한 관계가 있다는 의견도 분명히 밝혔다. 트리테미우스가 실제로 사용하며 권유한 마법은 초자연적인 것으로부터 계시를 얻었다는 그의 생각을 뒷받침한다. 그는 어떤 사람이든 금욕적이고 엄격한 삶을 영위하며 명상에 전념하면 기적을 행할 수 있다고 재삼재사 역설했다. 물론 그도 인정했지만, 인간은 감각을 통하거나 초자연적 존재의 도움을 받지 않고는 참된 지식을 얻을 수 없기 때문에 기적이 있으려면 선한 영혼의 도움이 있어야 한다. 트리테미우스는 젊었을 때 그런 식으로 기적이 일어나는 걸 목격한 적이 있다며 막시밀리안 황제에게 이렇게 말했다.

　어린 시절, 인문학을 공부하던 때였습니다. 어느 날 밤 우리 넷은 한 침대에 자고 있었습니다. 한 동무가 내 옆에서 슬그머니 일어났습니다. 하지만 그 동무는 꿈을 꿀 때 가끔 그렇게 행동했습니다. 그는 눈을 감은 채 집 밖으로 걸어 나갔습니다. 보름달이 환히 비추었습니다. 그는 고양이보다 더 민첩하게 담을 기어올랐고 지붕을 넘었습니다. 그런 행동을 두세 번씩 반복했습니다. 그가 우리를 밟았지만, 아주 작은 생쥐에 불과한 것처럼 우리는 그의 무게도 느끼지 못했습니다. 또 그가 가는 곳마다 문이 저절로 열렸습니다. 게다가 엄청나게 빠른 속도로 집에서 가장 높은 곳에 올라갔고, 참새처럼 지붕에 걸터앉았습니다.

트리테미우스는 황제에게 "저는 직접 보았던 것만을 기록하고, 모호하게 묘사되는 걸 들은 것은 기록하지 않을 것입니다"라고 장담했다. 영국 학자로 트리테미우스의 상징을 해독하고 천사들과 대화하는 능력에 한없이 감탄했던 마법사 존 디John Dee, 1527-1609는 자신이 소장한 이 책의 이 부분에 '당연한 말'이라고 써두었다.[82] 트리테미우스는 이런 시도가 무척 어렵다고 충고하면서도 독자들에게 이런 수준의 깨우침에 도달하기 위해 노력하라고 용기를 북돋워주었다. 또 디는 이 구절 옆에 "하느님, 저에게도 이런 깨달음을 허락하소서!"라는 간구를 써놓았다.[83]

트리테미우스는 천사에게 계시를 얻어 역사를 썼을 뿐만 아니라, 똑같은 방식으로 글을 쓴 과거의 조상들에게 공을 돌렸다. 그가 본보기로 삼은 작가들, 즉 프랑크 왕국의 성직자 역사학자들은 천사들이 그들의 귀에 노래한 것을 썼다. 트리테미우스는 자신이 프랑크족과 당시 마법사들에 대해 쓴 글이 천사에게 들은 속삭임을 근거로 한것이므로 순전히 인간이 전해준 역사에는 없는 신뢰성이 있다고 굳게 믿지 않았을까? 여하튼 트리테미우스는 후니발트에 의해 '빛으로 밝혀진' 사람만이 프랑크족의 역사를 쓸 수 있다고 말했다. 여기에서 '빛으로 밝혀짐'은 천사에게 계시를 얻었다는 걸 가리킨 그의 고유한

용어였다.[84]

　개인적인 만남도 중요한 역할을 했을 수 있다. 1487년 수도원 학자로의 삶을 시작했을 즈음, 트리테미우스는 스폰하임의 한 수도자에게 힐데가르트 폰 빙겐의 서신을 옮겨 쓰게 했다. 이른바 리젠코덱스Riesencodex라 일컬어지는 필사본이었다. 현재 대영도서관에 소장되어 있는 이 필사본의 앞부분에 트리테미우스는 자신의 지시에 따라 그것이 다시 쓰였다고 기록하며 "그녀가 기록한 모든 것은 계시를 통해 얻은 것이었다"라고 덧붙였다.[85] 한 편지에서 힐데가르트는 음악을 지배하는 규칙이 우주도 지배한다는 믿음을 분명히 드러냈다. 이 믿음은 트리테미우스의 마법적이고 수비학적인 원칙이기도 했다. 트리테미우스도 힐데가르트의 숭배를 조장하는 데 중요한 역할을 했다. 진정한 지식은 직접적 계시를 통해 얻는다고 믿었다는 점에서 트리테미우스는 힐데가르트에게 많은 중대한 영향을 받은 듯하다. 따라서 그에게 환영을 역사적으로 연구해야 할 것에서 역사의 자료 자체로 삼았던 이유를 묻는다면, 힐데가르트에게 배운 것을 자연스레 행한 것이라고 변명했을 것이다.

　물론 이런 변명이 역사와 마법에 대한 트리테미우스의 복잡하게 뒤얽힌 이야기를 낱낱이 설명해주지는 않는다. 그러나 그도 적절하다고 동의했을 만한 곳, 즉 힐데가르트가 정식 교육을 받지 않았기 때문에 성령의 목소리를 듣고 옮겨 쓴 글을 읽고 묵상할 때 그가 영감을 받았다는 게 변명에서 읽혀진다. 트리테미우스가 그 시대의 수도원 생활을 개혁하려고 많은 노력을 기울였지만, 학문적 접근 방식에서는 당시의 탁발 수도자들과 과거의 묵상자들에게 많은 영향을 받은 게 분명하다. 넓은 의미에서 공동체적 삶을 추구한 사람으로서 트리테미우스는 자신에 버금가는 지식욕을 지닌 인문주의자들로부터, 또 그가 소속된 실재하거나 가공의 기독교 공동체로부터 연구 방법론과 가정을 끌어왔다. 여기에서 과거가 당시의 많은 사람에게 위험할 정도로 매력적으로 기술된 이유가 설명된다.

4
❖

자연과 인간의 관계에 일어난 혁명

⠇   톰마소 캄파넬라Tommaso Campanella, 1568-1639는《태양의 나라La città del sole》에서 이상적인 국가를 자연과학과 인문과학이 구체적으로 구현된 곳으로 그려냈다. 언덕 위에 원형으로 형성된 '태양의 나라'에는 동심원을 이루는 7개의 담이 거대한 중앙 신전을 에워싸고 있다. 온갖 지도와 도형과 표본으로 뒤덮인 담들은 영역별로 자연계를 요약한 것이다. 하나하나의 담에서는 완전한 정보를 제공한다. 담에 묘사된 것과 틈새에 끼워진 병에 담긴 표본의 속성만이 아니라, 그것들이 우주 전체와 갖는 관계에 대한 정보까지 빠짐없이 제공된다. 예컨대 세 번째 지역의 외벽에서는 "강과 호수와 바다에서 발견되는 온갖 종류의 물고기, 그들의 특별한 특징, 그들이 살아가고 알을 낳고 번성하는 방법, 그들의 쓰임새, 하늘의 것과 지상의 것, 더 나아가

인문과학과 자연과학과의 관련성"을 확인할 수 있다.[1] 외적인 묘사는 서명 역할을 한다. 16세기에 처음 나타났다는 바다 괴물, 비숍 피시bishop-fish가 대표적인 예다. 그런 외적 묘사는 하늘부터 땅까지, 또 물고기 자체부터 물고기와 닮은 신체기관까지, 자연계에서 하나하나의 물고기가 차지하는 호감과 반감의 정도를 보여준다.

캄파넬라가 돌과 동물을 다룬 이야기도 그렇지만, 물고기 이야기에서도 우주와 인간이 어떤 역할을 했는지 언급된다. 태양의 나라 안팎에서는 오래전부터 인간의 노력으로 자칫하면 감추어졌을 자연의 미덕을 드러내 보였다. 태양인들은 인간과 자연의 협력사를 신중하지만 열정적으로 기록한다. 따라서 여섯 번째 지역의 내벽에는 공예적 능력mechanical arts만이 아니라 "발명가들, 다양한 형태의 기계들과 그것들이 세계 곳곳에 쓰이는 다양한 용도"가 그려졌고, 외벽에는 법을 세운 사람들과 화기를 만든 중국인들을 비롯해 무기를 발명한 사람들을 찬양하는 모습이 새겨졌다.[2]

이렇게 시각적으로 표현된 공예의 역사는 위대한 인물의 업적을 찬양하는 것에서 그치지 않는다. 태양인의 자녀들은 태어나는 순간부터 그런 강력한 형상에 노출되기 때문에 "열 살이 되기 전에 그림을 통해 지식을 쌓게 된다."[3] 유럽인과 달리 태양인은 공예적 재주에 대한 편견을 갖지 않는다. 이에 대해 캄파넬라는 "우리는 기능공을 천하게 생각하며, 손재주가 없어 빈둥대며 살아가는 사람들을 귀하게 여기기 때문에 그들은 우리를 조롱한다"라고 썼다.[4] 그들은 최고위직, 즉 태양의 위치에 올라가려는 후보에게 모든 공예적 능력과 그 역사에 통달하기를 요구한다. 달리 말하면, 미술과 자연의 관계에 대한 물리적인 역사는 캄파넬라가 꿈꾼 유토피아, 빈둥대는 사람도 없고 거지도 귀족도 없는 사회에서 중대한 역할을 한다. 캄파넬라는 스페인 지배자들을 축출한 후에 남이탈리아 도시와 농촌의 가난한 사람들과 함께 그런 유토피아를 건설하려 했다.[5]

후기 르네상스 시대, 유럽의 한쪽 끝에서는 프랜시스 베이컨Francis Bacon, 1561-1626이 비슷한 꿈을 품고 있었다. 베이컨은 자신의 《새로운 아틀란티스New Atlantis》를 하나의 거대한 자연사 박물관으로 묘사하지 않았지만, 많은 평론가가 지적했듯이 그곳의 핵심적인 기관인 살로몬의 집은 자연사 박물관을 빼닮은 모습이다. 공원과 과수원, "특별히 유용한 벌레와 해충이 발생하고 번식하는 곳" 이외에 "두 개의 길고 널찍한 전시관"이 있다. 하나에는 "온갖 종류의 희귀하고 탁월한 발명의 견본과 표본"이 있고, 다른 하나에는 "뛰어난 발명가들의 조각상"이 있다. 베이컨의 소설에서 화자話者에게 살로몬의 집에 대해 설명하는 그곳의 관리자는 두 발명의 전시관이 상상과 현실 모두에서 경제에 무척 중요하다고 역설한다. 그의 동료들은 유럽의 일반적인 기준보다 "더욱더 확실한 관습"에 따라 발명가들의 신원을 확정하고, 새로운 공예적 기능을 창안한 사람에게는 "문서에 기록되는 명예로운 보상"만이 아니라 청동이나 대리석, 벽옥이나 석영 혹은 삼나무로 멋진 조각상을 만들어 보상하는 세심한 배려를 아끼지 않는다.[6]

캄파넬라와 베이컨은 자연에 대한 지식을 미술이나 공예적 능력과 나란히 놓았다. 많은 학자가 지적했듯이, 이런 시도는 선례를 따른 것이었다. 그런 선례는 문서와 현실 세계에서 얼마든지 찾을 수 있었다. 16세기 유럽의 도시와 궁전에는 상당수의 '쿤스트 운트 분더카머

Kunst-und Wunderkammer(미술과 경이로운 것들의 방)'가 있었다. 달리 말하면, 도시에서는 자연의 경이로움과 인간의 근면이 만들어낸 경이로운 창조물이 경쟁을 벌였다. 사무엘 퀴체베르크Samuel Quiccheberg, 1529-1567는 많은 수집물을 조사했다. 특히 바이에른 통치자들이 수집한 물건들을 살펴보고 분류하는 걸 도와준 뒤에는 1565년 "인공적으로 창작된 경이로운 것들을 극장에 전시하는 계획"을 제안했다. 태양의 나라와 살로몬의 집처럼, 퀴체베르크의 극장은 자연과 미술이 만들어낸 창조물, 다시 말해, 희귀한 동물과 물고기를 묘사한 그림들, 인간과 짐승의 뼈, 씨앗과 열매, 금속과 보석, 의복부터 전쟁 무기까지 인간의 상상력이 빚어낼 수 있는 모든 것은 물론이고 지도와 조감도, 유화와 판화의 전시관이었다.[7]

베이컨과 캄파넬라는 잠바티스타 델라 포르타Giambattista della Porta, 1535-1615, 존 디, 코르넬리스 드레벨Cornelis Drebbel, 1572-1633이 설립한 시설을 비롯해 많은 것을 본보기로 삼았다.[8] 그러나 베이컨과 캄파넬라는 16세기의 '쿤스트 운트 분더카머'를 머릿속에 그리며, 후대의 현대식 실험실과 과학 수준으로 상상할 만한 것을 묘사했을 것이다.[9] 자연을 연구하기 위한 이상적인 장소로 그들이 생각한 곳의 모습은 장 보댕Jean Bodin, 1530-1596 같은 전통주의자들이 생각한 곳과 크게 다르지 않았다. 예컨대 장 보댕의 자연철학은 많은 책의 내용을 그럴듯하게 조합한 모자이크였지만, 보댕은 베네치아에서는 일곱 현인이 세계의 종교들을 논의하기 위해 모인다고 상상했다. 일곱 현인은 세계를 1,296개의 '포자낭'으로 이루어진 '포자낭군##'에 비교하며, '포자낭'은 금속과 화석, 식물과 동물의 표본으로 채워진다고 생각했다.

게다가 곤충부터 코뿔소까지 크고 작은 수많은 피조물의 형상도 있어 모든 피조물이 포자낭에 들어가지는 못한다.[10]

어떤 면에서 베이컨과 캄파넬라의 박물관은 오랫동안 지속된 문화적 전통과 단절한 듯하다. 베이컨과 캄파넬라는 자연을 서서히 변하는 것으로 묘사하며, 인간의 간섭을 그 이유로 들었다. 태양인들은 미술과 우생학, 점성학적으로 시간을 맞춘 성관계를 동원해 시민의 질적 향상을 꾀한다. 원로들이 젊은 남녀가 옛 스파르타인처럼 발가벗은 채 격렬히 운동하는 걸 지켜본 후, 신체적 특징과 기질을 고려해 남녀를 짝지워준다. "날씬하고 예쁘장한 여자는 훤칠하고 용감한 남자와 짝지어야 마땅하다. 반면에 뚱뚱한 여자는 홀쭉한 남자와, 홀쭉한 여자는 뚱뚱한 남자와 짝지어야 한다. 그래야 극단적인 자손의 생산을 피할 수 있기 때문이다." 성관계를 갖기 전에 젊은 남자는 저녁 식사를 소화시킨 후에 기도하고, 젊은 여자는 "저명한 남자들을 형상화한 아름다운 조각상"을 뜯어본다. 그 후에야 그들은 점성술로 정해진 시간에 만나 성관계를 갖는다. 그 결과는 자명하다. 우생학적 요법을 신중하게 시행하고 여성에게도 끊임없는 운동을 필수적으로 요구하자 추한 여성이 도시에서 사라졌다. 유럽에서는 여성들이 나태하게 빈둥거리는 까닭에 "핼쑥하고 유약하며 키가 작다. 이런 결함을 감추려면 색조 화장, 하이힐, 미용이 필요하다."[11]

살로몬의 집에 거주하는 사람들은 "원인을 알아내고, 사물의 비밀스러운 움직임을 추적하고, 인간 제국의 경계를 확대하며, 가능한 모든 것에 영향을 미치려고 노력한다." 그들도 중대한 부분에서 자연을 바꿀 수 있다. 예컨대 정상적인 삶의 흐름에 변화를 주면 가능하다.

그들이 깊은 동굴에서 인공적으로 만들어낸 금속이 불치의 병을 치료하고, "필요한 모든 것을 갖추고 그곳에 살아가는 길을 선택한 은둔자들"의 수명을 연장한다. "실제로 그 은둔자들은 장수를 누린다."[12] 또 "신비한 빵"이 선택받은 사람들에게 충분한 영양을 공급하기 때문에 그들은 다른 음식을 섭취하지 않아도 장수한다. 그들은 뱀, 벌레와 해충, 어류까지 만들어낼 수 있다. 이렇게 만들어낸 생물은 "네발짐승이나 조류처럼 완벽한 피조물이 되어 성행위를 통해 번식한다."[13] 인간과 자연의 관계가 균일한 방향으로 변하고 견실하게 개선될 수 있다는 믿음에서, 베이컨과 캄파넬라는 르네 데카르트René Descartes, 1596-1650와 그 이후의 작가들이 물질과 기술의 발전 가능성을 신철학의 가장 강력한 구호로 내세우기를 기대한 듯하다.

⁎⁎⁎

수년 전, 독일의 미술사가 호르스트 브레데캄프Horst Bredekamp는 이런 주장들을 '쿤스트 운트 분더카머'에 연결했다. 브레데캄프가 지적했듯이, 전시실에서나 그림에서 돌, 식물과 동물을 조각상(때로는 자연석을 절반쯤 잘라내 부분적으로만 완성된 조각상)과 나란히 두는 경우가 적지 않았다. 자동 기계, 즉 생물의 움직임과 특징을 모방해 무생물로 만들어낸 피조물도 간혹 전시되거나 그림으로 표현되었다. 다른 학자들도 베이컨과 캄파넬라의 비전이 구체화되었다는 걸 명확히 밝혔다. 로레인 대스턴Lorraine Daston, 캐서린 파크Katharine Park, 마틴 켐프Martin Kemp 등 많은 학자가 입증했듯이, 르네상스 시대에는 많은 전시물이 관객에게 자연이 어디에서 끝나고 미술이 어디에서 시작되는지 생각해보라는 과제를 던졌다. 독일 신학자 토마스 카우프만Thomas Kaufmann이 밝혀냈듯이, '쿤스트 운트 분더카머'를 운영하는 사람들이 좋아했던 주세페 아르침볼도Giuseppe Arcimboldo, 1527-1593를 비롯한 적잖은 미술가가 미술과 공예의 역사적인 발전에 매료되었다.

브레데캄프는 자신의 논증을 아주 도발적으로 끝맺었다. 15세기와 16세기의 자연사학자들은 플리니우스의 전례를 따라 자연사를 통시적인 학문이 아니라 공시적인 학문으로 보았다. 요컨대 시간에 따른 자연계의 변화에 초점을 맞추지 않고, 그들이 안정된 자연계로 보았던 것의 차이를 추적하는 데 주력했다. 학자들은 미술이 여기에 도움을 줄 수 있고, 심지어 자연을 완벽하게 만들어갈 수 있을 것이라 생각했다. 그러나 자연에 내재한 자원만을 이용하고, 그 자원이 부과하는 비좁은 한계 내에서 움직여야 했다.[14] 하지만 미술가들과 수집가들은 자연이 변하는 것이고, 인간의 개입이 자연에 끊임없이 영향을 주는 힘이라는 걸 깨닫기에 이르렀다. 그들은 수집물을 정리하고 형상화함으로써 자연계가 움직이는 방향에 대한 이야기를 시각적으로 보여주었다. 적당한 용어도 없고 표본으로 삼을 만한 텍스트도 없어 그런 이야기를 글로 표현하기는 힘들었을 것이다. 여하튼 '쿤스트 운트 분더카머', 예컨대 식물원과 인공동굴이 우후죽순처럼 생기고 두 세대가 지난 후, 캄파넬라와 베이컨은 수집한 물건과 그림에 대한 장문의 논증에 적합한 어휘들을 찾아냈다. 따라서 그들의 업적에서 가장 급진적으로 보이는 부분이 표현한 자연관은 오래전부터 지적이고 예술적인 탐구로 구체화되던 것이었다.

비교적 최근에는 마르쿠스 포프로Marcus Popplow가 유사한 맥락에서 공학자들이 1600년경 안팎으로 수십 년 동안 '기계들의 극장Theater of Machines'에서 과학기술의 발전을 과장되게 표현하기는 했지만, 철학자들과 인문주의자들도 현실을 파악한 뒤로 과학기술의 발전 가능성을 일관되게 제시했다고 주장했다. 이런 기계들의 설계도는 지나치게 개략적이고 오류가 많아 유효한 공작도工作圖로 쓰임새가 없었고 때로는 전혀 작동하지도 않았지만, 이런 설계도를 모아 인쇄한 책들은 아고스티노 라멜리Agostino Ramelli, 1531-1610, 자크 베송Jacques Besson, 1540-1573, 살로몽 드 코Salomon de Caus, 1576-1626 같은 발명가들의 능력을 알려주기에 충분했다.[15]

이런 분석은 '유토피아의 과학science in utopia'에 대한 우리 이해를 바꿔놓았다. 이런 분석을 기준으로 읽으면 과거의 저작들이 완전히 새로운 모습을 띤다. 예컨대 사무엘 퀴체베르크는 '극장'에는 "희귀한 새와 벌레, 물고기와 조개 및 그와 유사한 것들처럼 실제로 존재한 경이롭고 희귀한 동물"만이 아니라, 그 옆에는 "금속, 회반죽과 점토, 인공재료로 살아 있는 것처럼 빚어낸 동물상"이 있어야 한다고 설명했다.[16] 또 퀘체베르크는 물을 끌어올리는 기계, 목재를 켜는 기계, 선박을 견인하는 기계를 소형으로 제작한 견본을 요구하며 "견본으로 만든 작은 기계나 구조물이 있을 때 더 큰 기계를 올바로 만들고, 더 나은 기계를 차근차근 만들어갈 수 있기 때문"이라고 설명했다.[17] 퀘체베르크는 어디에서도 인간이 자연을 의도된 방향으로 영향을 주며 바꿔갈 수 있다고 명확히 주장하지 않았지만 그런 의도는 분명했던 것 같다.

하지만 캄파넬라와 베이컨은 그물을 크게 던졌다. 그들에게는 '쿤스트 운트 분더카머'도 중요했지만, 그에 못지않게 다른 시각적 자료와 문헌도 그들의 자연관을 의도된 방향으로 결정하는 데 도움을 주었다. 먼저 문서로 쓰인 자연사 세계를 예로 들어보자. 그 세계는 16세기에 본격적으로 발전했다. 헌신적인 인문주의자 마르첼로 비르질리오 아드리아니Marcello Virgilio Adriani, 1464-1521조차 "현장에서 일하는 의사에게 약초에 대한 전문 지식을 구하는 동시에, 외국에서 여러 식물을 고가로 수입해야 했지만 그런 식물들에 대한 목격자 증언을 제공하려는 개인적인 노력"을 열심히 알렸다.[18] 아드리아니는 "자연의 힘은 사방으로 뻗고, 그 장엄함은 말로 표현하기 힘들다. 따라서 자연은 많은 것을 다양한 형태로 만들어낼 수 있어, 우리와 우리 세계에 허용하지 않은 것을 다른 땅에는 허락할 수 있다'라고 말했다."[19] 많은 사람이 함께 경작하고 휴한지를 태울 때 곡물의 생산이 향상되었듯이 의학도 많은 사람이 협력해 문헌적 지식과 관찰을 결합할 때 향상될 것이란 생각에, 피에트로 안드레아 마티올리Piertro Andrea Mattioli, 1501-1577는 그 생각을 대대적으로 실행에 옮겼다. 특히 그가 출간한 디오스코리데스의 《약물지De Materia Medica》는 식물 연구의 고전이 되었다.[20] 캄파넬라는 이렇게 글로 쓰인 자연사를 프레스코와 전시장으로 바꿔놓기를 바랐고, 그가 상상한 도시는 돌담에서 자연사에 대한 가르침을 이미 부분적으로 전달하고 있었다.

다른 문헌들도 유토피아적 상상을 자극하는 데 적잖은 도움을 주었다. 카우프만과 여러 학자가 지적했듯이, 베이컨은 1590년대 자신의 이상적인 연구소를 상상하기 시작했다. 1608년 베이컨은 "위트와 펜을 장악한 곳"에 대한 일련의 평가에서 이튼, 윈체스터, 트리니티, 세인트 존스 같은 기존 교육기관을 탐탁찮게 생각했다. 자연을 연구하는 새로운 방법을 창안해낼 주역은 기존의 학자가 아니라 "그 이후에 태어난 사람"이어야 했다. 이상적으로 말하면, "발명가들을 위한 학교"가 있어야 했다. 그 학교에는 "과거 발명가들의 조각상으로 꾸며진 회랑, 미래의 발명가를 위한 공간과 터전 및 도서관과 작업실"이 있어야 했다. 달리 말하면, 공예적 기능이 과거에 어떻게 발전했는지 보여주는 구체적인 역사만이 아니라 향후의 발전과 변화를 모색하기 위한 공간도 있어야 한다는 뜻이었다.[21]

같은 책에서 베이컨은 이런 주장을 펼치기 직전에, 그 이상적인 학교의 재학자들은 어떤 학문을 추구해야 하는지를 명확히 나열했다. 그들은 과거와 당시의 자료를 바탕으로 신중하게 판단해 "경이로운 것들의 역사, 변화무쌍한 자연사"와 "공예적 재능의 실험과 관찰, 즉 기계의 역사"를 정리해야 했다. 베이컨이 다른 곳에서 사용한 표현을 빌리면, 전자는 "무엇보다 자연에서 일어난 온갖 이상한 사건에 대한 역사"가 되고, 후자에는 재료와 도구와 기계 장치 및 그것들의 쓰임새에 대한 언급, 즉 "실험과 실험 과정만이 아니라 관찰과 공리와 방향"에 대한 언급이 있어야 했다.[22]

경이로운 것의 역사에서 발명의 역사로 넘어가기 전에 베이컨은 그 시대에 발간된 자료 《판카롤루스, 데 렙 메모라빌리부스Pancarolus, de reb. Memorabilibu》를 언급했다. 그 책은 베이컨이 참조한 자료의 범위를 짐작하게 해주는 참고문헌이었다.[23] 베이컨이 관련된 글을 쓰기 수십 년 전, 이탈리아의 법학자 귀도 판시르올리Guido Panciroli, 1523-

1599는 사라진 과거의 발명품과 당대의 새로운 발명품을 정리한 짤막한 논문을 이탈리아어로 발표했다. 1603년 하인리히 잘무트Heinrich Salmuth는 이 논문을 라틴어로 번역하고, 주석까지 철저히 덧붙인 책을 재출간했다. 이 책에서는 고대인이 현대인은 흉내조차 낼 수 없는 경이로운 것을 만들어낼 수 있었다고 밝히며, 이집트의 오벨리스크와 피라미드를 대표적인 예로 제시했다. 잘무트가 말했듯이, 이집트가 남긴 불가사의한 건축물을 기억에서 지워내는 방법은 그리스를 모방하는 것이었다. 하지만 이집트인들은 그리스가 고대의 역사를 모른다고 조롱하며, 예컨대 솔론이 아틀란티스의 역사조차 모른다는 걸 고백하지 않았느냐며 그를 철없는 어린아이라고 칭했을 정도였다. 요컨대 발명의 역사를 화급히 알아야 하고, 고대 문헌을 신중하고 철저하게 읽어야 한다는 뜻이었다. 그러나 발명의 역사를 알기 위해서는 고전 시대 이후의 세계를 정밀하게 연구해야 했다. 그 시대에 그리스 화약과 나침반 같은 실용적인 물건이 발명되었고, 특히 나침반 덕분에 신세계가 발견되었기 때문이다.

※

판시르올리와 잘무트가 증명했듯이, 문명은 인간이 자연을 개발하는 방법을 끝없이 고민했다. 판시르올리의 주장에 따르면, 고대인은 설탕이 있으면 의술을 위해서만 설탕을 이용했지만 근대에는 설탕을 제조하고 정제하는 새로운 방법이 개발되면서 엄청난 양의 설탕이 생산되었다. 인간의 창의력은 설탕이란 과거의 재료로 무수히 많은 것, 달리 말하면 단맛을 내는 새로운 종류의 '쿤스트 운트 분더카머'

를 만들어냈다. "오늘날 그 기술이 최고로 정교한 수준에 이른 까닭에 대황과 잣, 피스타치오, 계피 등을 설탕으로 조려서 항상 신선식품처럼 보존할 수 있다. 무척 예쁘장한 모형과 작은 형상도 설탕으로 빚어낼 수 있고, 모든 종류의 열매가 설탕으로 표현되며 자연에 존재하는 것처럼 자연스레 보인다."[24] 잘무트는 이런 변화를 부정적인 방향으로 전개하며, 설탕의 새로운 효용성이 중독자를 낳았고, 중독자의 피는 과열되어 끝없이 갈증을 유발하고, 설탕과 '단 음식'을 무절제하게 섭취함으로써 치아가 검게 변한다고 덧붙였다.[25] 판시르올리와 잘무트가 연금술 항목에서 자세히 설명한 금속의 변성을 비롯해 인간의 창의력이 제기하는 방향을 자연이 따라갈 수는 있다. 베이컨은 자신이 수집한 것들로 판시르올리와 잘무트의 저작처럼 비망록 형식의 책을 편찬하고, 발명품을 기념하는 조각상들과 발명가를 모방하고 싶은 욕망을 자극하는 빈 받침대들로 꾸며진 박물관을 건립할 계획을 세웠다. 요컨대 베이컨은 인간이 자연에 어떻게 영향을 주는가에 대한 자신의 생각을 제시하는 데 글로 된 문헌과 물질적 자료를 이용할 수 있을 것이란 믿음을 이런 식으로 드러냈다.

글쓰기와 미술은 오랜 전통을 지닌 까닭에 베이컨과 캄파넬라는 연구에 필요한 자료를 충분히 구할 수 있었다. 예컨대 플리니우스는 미술이 오랜 시간에 걸쳐 꾸준히 발전해왔다고 말했다. 르네상스 작가들이 지겹도록 되풀이한 많은 일화에서는 회화와 조각에 대한 이야기들이, 처음에는 고대에 나중에는 미술이 14세기와 15세기에 되살아난 후에 미술가들이 제기하고 해결한 일련의 문제들로 바뀌었다. 미술가들은 이런 관점에서 자신의 작품을 설명하기 위해 다방면으로 학문적 깊이를 갖출 필요가 없었다. 예를 들자면 로렌초 기베르티는 고대의 자웅동체 조각상을 조사하면서 "어떻게 한쪽 다리를 쭉 펴고 있고, 어떻게 큼직한 발가락이 옷자락에 걸려 있는지, 또 옷감에 주름을 표현한 놀라운 솜씨"에 특별히 주목했다.[26] 또한 기베르티는 피렌체 세례당에 천국의 문을 제작할 때 "가능하면 완벽하게 또 내가 상상할 수 있는 모든 관점에서 자연을 본뜨려고 애썼다." 그는 자신의 모든 이야기를 고정된 틀에 끼워 넣었다. "멀리서 눈으로 측정하며 모든 장면이 둥그렇게 보이도록 해석했기 때문이다."[27] 달리 말하면, 인간의 끝없는 창의력이 보여주는 무한한 새로운 가능성, 즉 인간 활동을 15세기 초부터 미술이 완벽하게 표현하기 시작했다.

레온 바티스타 알베르티는 《조각론》에서 이런 논증을 계속 이어갔다. 기베르티의 자서전 《코멘타리》처럼 이 작은 논문도 조각술의 역사로 시작된다. 그러나 알베르티는 이 논문에서나 다른 저작에서나 특이하면서도 계시적인 이야기 하나를 소개했다. 그의 설명에 따르면, 최초로 닮은꼴로 그려진 화상畫像은 우연히 그려진 그림이었다. 나무 둥치와 흙덩어리, 그 밖에 생명이 없는 여러 물체에서 윤곽선이 발견되었고, "조금씩 달랐지만 자연의 실제 얼굴과 무척 유사한 것이 윤곽선 안에 그려져 있었다." 이런 견해가 과거에 전혀 없었던 것은 아니었다. 러시아 출신의 예술사가 호르스트 발데마르 얀손Horst Waldemar Janson, 1913-1982은 유사한 것을 생산해내는 자연의 능력을 언급한 과거와 당시의 구절들을 모아놓은 고전적인 논문을 발표했다.[28] 자연의 힘이 바위에 정확히 똑같은 모형을 찍을 수 있다고 믿는 사람이 옛날에도 많았다. 도니미크회 수도자로 철학자이던 알베르투스

마그누스Albertus Magnus, 1200-1280는 1260년경에 쓴 글에서 "어떤 조건에서는 별들이 보석과 대리석에 식별 가능한 형상을 새길 수 있다"라고 말하며, 쾰른 대성당의 '세 동방박사의 유골함'에서 직접 보았다는 왕의 얼굴도 별들이 유골함에 새긴 것이라 믿었다.[29]

하지만 알베르티의 본래 생각은 상당히 달랐다. 그는 자연에 새겨진 얼굴들이 근사치이고 불완전하다고 말하며, "조각가는 처음부터 그런 것들을 부지런히 관찰하고 연구해야 하고, 진정한 유사함을 완성하는 데 도움이 되지 않는 것은 더하지도 않고 빼지도 않으려고 노력해야 한다"라고 주장했다. 수정과 완성, 새로운 창작, 비판적 논의가 뒤따랐다. 조각가는 자연이 빚어낸 선과 면을 수정하고 다듬어가며 자신의 의도를 관철하고, 그렇게 할 때 기쁨을 맛보았다.[30] 이런 관점에서 볼 때 조각이 하나의 예술로 구체화되는 이유는 인간이 자연과 협력하는 동시에 자연을 수정하기 때문이다. 알베르티는 조각가들에게 실수를 피할 수 있는 '확실한 방법'을 알려줌으로써 자신의 조각법으로 조각이란 예술이 더욱더 향상되기를 바랐다.

알베르티의 주장에 따르면, 조각에는 자연이 어디에서도 도움을 받지 않을 때보다 더 유사하게 조각할 수 있게 해주는 수단이 필요할 뿐이었다. "나무 둥치에 새겨지고 흙덩이로 빚어낸 형상에서 우리가 자연의 산물과 유사한 것을 만들어낼 수 있다는 걸 확신했던 것처럼, 자연에는 우리가 조금만 응용하면 조각에서 탁월한 수준에 이를 수 있는 방법론, 정확하고도 확실한 수단을 제공해주는 것이 주변에 얼마든지 있다."[31] 조각가가 유사성과 닮은꼴의 속성을 연구하고, 온갖 자세를 취한 인체를 측정하고 기록할 수 있게 해주는 수학적 기법을 충분히 익혔다는 것은 "자연이 완벽한 조각을 만들려는 조각가에게 제공하는 필요하고 편리한 수단을 적용하는 방법"을 배운 것일 뿐이다.[32] 미술가로서 인간의 창의적 능력은 '나투라 나투란스 natura naturans(능산적 자연)'보다 더 우아하게 '나투라 나투라타natura naturata(소산적 자연)'를 모방할 수 있다.

하지만 알베르티는 미술가에게 자연계의 간단한 모방보다 훨씬 더 복잡하고 까다로운 과제를 부여했다. 1430년대 중반에 발표한 《회화론》에서 알베르티는 고대 그리스 화가 제욱시스가 회화를 어떻게 생각했는지에 대한 이야기를 해주었다.

> 아름다움이란 개념은 전문가도 포착하기 힘들지만 무지한 사람은 더욱더 파악하기 어렵다. 저명한 만큼 솜씨도 뛰어났던 화가 제욱시스는 크로톤의 루키나 신전에 봉헌할 그림을 그려야 했을 때 요즘의 모든 화가처럼 자신의 재능만을 믿고 성급히 작업을 시작하지는 않았다. 오히려 그가 표현해내고 싶었던 아름다움에 대한 모든 것을 그의 화법에서도 찾아낼 수 없고, 자연에서도 하나의 몸체에서는 끌어낼 수 없다고 생각했기 때문에 제욱시스는 도시의 모든 젊은이 중에서 뛰어나게 아름다운 다섯 명의 여성을 골라냈다. 그 때문에 각 여성에서 가장 눈에 띄는 여성적 아름다움을 끌어내 그림에 반영할 수 있지 않았을까?[33]

이때 알베르티는 제욱시스가 완벽한 표현을 위해 그렇게 노력한 것이라 해석했다. "그는 지혜롭게 행동했다. 눈앞에 모델을 두지 않고 순전히 자신의 재능만으로 아름다움의 본질을 포착하려고 분투하는 화가들은 아름다움을 표현하려고 하지만 자신의 노력만으로 그 아름다움을 표현하는 게 쉽지 않다. 오히려 회화의 나쁜 습관에 빠지고, 그런 습관을 버리고 싶지만 그것도 쉽지는 않다."[34]

하지만 《조각론》에서 알레르티는 완전히 다른 효과를 기대하며 똑같은 구절을 인용했고, 그가 이상적이라 생각한 인간의 측정표를 작성한 이유를 설명했다.

> 따라서 나는 이런저런 몸에서 발견되는 아름다움만이 아니라, 자연이 많은 몸에 확정된 비율로 분배하는 완벽한 아름다움까지 꾸준히 측정하고 기록해왔다. 그렇게 하며 나는 크로톤에 그림을 남긴 화가를 모방했다. 그 화가는 여신을 비슷하게 묘사할 때 눈에 띄게 아름다운 몇몇 아가씨들로부터 단아하고 우아한 아름다움을 끌어내 그의 작품에 녹여냈다.[35]

자연과 닮은꼴을 자세히 연구하면 개인(알베르티의 옆모습을 보여주는 유명한 자화상 부조)만이 아니라, 남녀를 불문하고 사람에서는 찾을 수 없는 이상적인 아름다움을 구체적으로 보여주는 전형典型까지 비슷하게 그려내거나 조각해내는 능력이 생긴다.

에르빈 파노프스키Erwin Panofsky, 1892-1968가 《아이디어》에서 말했듯이, 시간이 지남에 따라 미술가와 작가는 《조각론》에서 제기한 알베르티의 이론을 따르며, 미술가는 자연보다 더 나은 아름다움을 창조해야 한다고 주장했다. 예컨대 이탈리아의 회화이론가이던 로도비코

돌체Lodovico Dolce, 1508-1568는 화가가 "자연을 복제할 뿐만 아니라 능가하기를 바랐다. … 그리하여 자연이 수천 개의 물체로도 드러내지 못하는 완벽한 아름다움을 하나의 몸체로 보여주기를 바랐다." 또 라파엘로는 발다사레 카스틸리오네Baldassare Castiglione, 1478-1529에게 보낸 유명한 편지에서 제욱시스가 의지했던 아름다운 모델들을 자신은 찾을 수 없었다고 한탄했다. 여하튼 카스틸리오네도 라파엘로가 아름다운 여인을 선택하는 데 별다른 도움을 줄 수 없었던지 라파엘로는 "눈에 띄게 아름다운 여인이나 아름다움을 냉정하게 판단한 사람도 거의 없는 까닭에 나는 내 머릿속에 떠오르는 직감을 사용할 것"이라고 결론지었다. 조르조 바사리Giorgio Vasari, 1511-1574는 《르네상스 미술가 평전Le Vite de' più eccellenti pittori, scultori, e architettori》에서, 미술가는 자신의 생각을 순전히 경험으로만 표현할 수 있다고 주장하며 "디세뇨disegno는 모든 면에서 자연에서 가장 아름다운 것의 모방"이라덧붙였다.[36] 그러나 바사리는 고대의 위대한 미술가들은 자연을 넘어섰다며, 미켈란젤로도 자연을 뛰어넘었다고 주장했다.[37] 미술이 발전함에 따라, 미술평론가들에게 미술은 자연을 흉내 내는 유인원이 아니라 자연의 경쟁자가 되었다.[38]

⁑

1557년 초 줄리오 체사레 스칼리제르가 지롤라모 카르다노Girolamo Cardano, 1501-1576를 공격한 유명한 사건에서 바사리의 주장에 담긴 뜻을 대략적으로 엿볼 수 있다. 카르다노의 주장이 맞는다면, 거짓된 것이 경탄을 자아내기 때문에 인간은 거짓된 것을 즐긴다. 달리 말하면,

지적 능력이 떨어지는 사람, 즉 현명하고 성숙한 사람이 아니라 미숙하고 어리석은 사람이 가짜에서 즐거움을 느끼며 경탄한다는 뜻이었다. 스칼리제르는 이런 주장을 인정했지만 단서를 달았고, 현명한 사람들은 호메로스의 창작을 사랑했지만 왕들은 바보를 좋아했다고도 말했다. 그의 주장은 간단했다. "인간의 정신은 선천적으로 무한하기 때문에 새로운 것, 특히 '괴물들의 그림'처럼 진실의 일반적인 경계를 뛰어넘은 작품"을 좋아한다는 것이었다. 현명한 사람은 "허구로 꾸며진 것"이라는 걸 알면서도 그런 그림을 칭찬한다.

> 현명한 사람은 자연적인 것을 닮은 형상보다 아름다운 형상을 더 좋아한다. 이런 점에서 미술이 자연을 능가하기 때문이다. 최초의 인간 이후로 인체의 대칭성은 많은 형태의 타락을 겪었다. 그렇다고 미술가가 높이거나 낮추고, 제거하거나 비틀고, 찌르는 걸 방해하는 것은 없다. 두 가지를 제외하면 내 생각도 다르지 않다. 하나는 최초의 인간이고, 다른 하나는 참 인간과 참 신이다. 두 경우를 제외하면, 자연은 오늘날 공예가들의 손이 완벽하게 빚어낸 인체만큼 인체를 아름답게 빚어낸 적이 없었다.[39]

스칼리제르의 생각에 따르면, 당시 미술가들은 인류의 추락 이후로 시작된 자연의 타락에 영향을 받지 않은 아름다운 형상을 빚내는 방식으로 신성에 접근했다. 16세기 말과 17세기 초에 다수의 미술이론가들은 스칼리제르의 주장에 담긴 실질적인 의미를 끌어냈다. 예컨대 조반니 파올로 로마초Giovanni Paolo Lomazzo, 1538-1592는 "여성의 초상을 그리는 미술가는 자연의 오류를 최대한 제거하며 아름다움을 창조해야 하기 때문에 극단적으로 부지런해야 했다"라고 말했다.[40] 하지만 스칼리제르의 주장에 담긴 가장 주목할 만한 함의는 "순수미술은 인간과 자연의 퇴행적 흐름을 뒤집을 수 있다"라는 것이었다.

브레데캄프가 자신의 책에서 지적했듯이, 근대가 시작되고 한참 후에야 미술과 공예의 구분은 구체화되었다. 지금 화가와 조각가와 건축가로 기억되는 15세기와 16세기의 많은 기능공이 오늘날 순전히 공예로만 보이는 것으로 생계를 꾸렸다. 예컨대 에스테 가문을 위해 화약을 제조한 장 푸케Jean Fouquet, 1420-1481도 화가로 기억된다.[41] 레오나르도 다빈치가 루도비코 스포르차 Ludovico Sforza, 1452-1508에게 조각을 언급하기 전에 가동교, 탱크, 박격포, 지뢰도 만들어줄 수 있다고 약속했지만, 그 약속은 브루넬레스키가 반세기 전에 후원자들에게 제시한 약속과 조금도 다를 바가 없었다.[42]

인문주의 작가들도 공예와 그 결과물에 깊은 관심을 기울였다. 알베르티가 1430년대 말에 쓴 《익명의 삶》에서 숙련공들과 대화하며 그들의 기법에 대해 물었다. 알베르티는 브루넬레스키가 피렌체 대성당에 씌운 둥근 지붕이 "토스카나 주민 모두를 그 그늘에 넣기에 충분할 정도로 크다"라고 말하며, 그가 한때 두려워했듯이 자연이 늙거나 지치지 않았다는 명백한 증거로 받아들였다.[43] 그때 알베르티는 피렌체 조각가와 화가의 미학적 능력만이 아니라 공학의 힘, 당시 재발견되어 피렌체 인문주의자들의 큰 관심을 끌었던 로마 시인 루크레티우스가 틀렸다는 걸 입증한다는 사실을 깨달았다. 루크레티우스는 자신의 시대에 웅장한 창조물이 없는 현상을 자연이 타락하고 있다는 증거로 보았지만 자연은 변함없이 풍요로웠다.[44] 브루넬레스키가 고대인들을 능가한 이유는 그의 건축물이 더 멋졌기 때문이 아니라 그리스인과 로마인도 해내지 못했던 '아르티피초artificio(장치)'를 빚어낼 수 있는 역량과 지식을 갖추었기 때문이다. 이 경우에도 알베르티는 인간 노력과 자연의 관계가 명확한 방향으로 움직이고 있으며, 그 이유는 미술이 자연의 아름다움을 능가하기 때문이 아니라 자연 자체가 여전히 '뛰어난 인물ingégno'들을 대거 쏟아내고, 그들이 자연의 숨겨진 힘을 찾아내 활용하기 때문이라고 설명했다.

알베르티가 브루넬레스키에게 편지를 쓰고 오랜 시간이 지나지 않아, 최고의 인문주의자 로렌초 발라가 관련된 문제들에 맞닥뜨렸다. 고전 라틴어의 대가이던 발라는 당시 인물들의 뛰어난 창의적 재능이 고대에는 없던 장치들, 예컨대 종과 시계와 나침반을 만들어냈다는 걸 인정했다. 그는 그 장치들에 단순히 관심을 기울이는 데 그치지 않았다. 예컨대 시계에 대해 언급하며, 고대인들은 해시계와 모래시계와 물시계를 사용했다는 설명을 덧붙였다. 그렇지만 근대적 장치의 참신함을 강조하는 것도 잊지 않았다. "몇 시인지 숫자로 알 수 있을 뿐만 아니라 소리로도 알 수 있는데, 그것이 진정한 시계horologium라는 뜻이다. … 시간을 보여주는 데 그치지 않고, 꼭대기에 달려있는 종을 이용해 멀리 있는 사람과 집에 있는 사람의 귀에도 시간을 알려준다. 이보다 유용하고 재밌는 것은 없었던 듯하다."[45] 이탈리아의 많은 도시에서 시간을 알려주던 커다란 쇠종시계는 당시 세계에서는 진정으로 새로운 것이었다. 따라서 발라는 "얼마 전에 발명된 것을 어떤 이름으로 불러야 할지를 학자들이 결정해야 할 필요가 있다"라고 말했다.

알베르티처럼 발라도 그런 장치의 존재를 "인간 창의력이 아직 고갈되지 않았다"는 증거로 보았고, 역시 알베르티가 그랬던 것처럼 "적어도 어떤 점에서는 근대인이 고대인의 높은 능력에 거의 근접"했다고도 주장했다.[46] 발라 자신이 발표한 어떤 책에서 직접 이렇게 말한 것은 아니었다. 그러나 그의 친구이던 조반니 토르텔리Giovanni Tortelli, 1400-1466가 이런 주장의 대부분을 자신의 유명한 저작 《철자법에 대하여De orthographia》에서 인용한 덕분에 지금까지 전해진다.[47] 피렌체의 인문주의자 잔노초 마네티Giannozzo Manetti, 1396-1459는 발라처럼 나폴리와 로마에서 시간을 보냈기 때문에 나폴리에서 여러 문제를 두고 발라와 논쟁을 벌였을 가능성이 크다. 이때 발라에게 영향을 받았던지, 마네티는 1452년 그 자신과 발라의 후원자, 아라곤의 알폰소를 위해 작성한 연설문에서 공학자와 건축가의 업적이 인간의 존엄성을 드러내는 강력한 증거라고 주장했다.

마네티는 브루넬레스키와 기베르티 같은 뛰어난 미술가들의 업적을 인용했고, 세계를 향해 문을 연 항해의 역사를 추적했으며, 세계를 인간의 창조물로 바꿔간 건축가들에게 찬사를 보냈다. "우리가 이루어낸 창조물들이다. 인간의 업적이기 때문에 결국 인간의 창조물이다. 모든 건물, 모든 도시, 요컨대 세계의 모든 구조물이 탁월하고 대단하다. 그런 탁월함 때문에 그 구조물은 인간보다 천사의 작품처럼 보인다. 회화도 우리의 것이고 조각도 우리의 것이다. 인문과학도 우리의 것이고 자연과학도 우리의 것이다."[48] 요컨대 15세기 중반쯤 공예의 역사는 미술가만이 아니라 학자들의 관심사로 굳어졌고, 중요성에서도 철학의 역사에 비교될 정도였다.

게다가 공예가의 실질적인 지능이 신성한 정신을 작동하게 하는 표본 역할을 하게 되었다. 인문주의자 마르실리오 피치노Marsilio Ficino, 1433-1499는 금방이라도 말할 듯한 고대 이집트의 조각상을 자동 인형이 아니라, 적절한 주문으로 생명을 얻는 석상石像으로 보았다. 피치노는 '공예작품'과 '자연작품'을 뚜렷이 구분했다. 그의 정의에 따르면, 공예작품은 "물질과 분리된 미술가의 정신"이었고 자연작품은 "물질과 결합된 자연의 정신"이었다. "인공물의 질서가 인간의 기술에 가까운 정도보다, 자연작품의 질서가 자연의 기술에 내재한 질서에 더욱더 가깝다. 물질은 인간보다 자연에 더 가깝고, 물질에 대한 지배력은 인간보다 자연이 더 크다."[49]

그러나 피치노는 숙련된 공예가의 작품을 창조주의 작품에 비유하는 게 가장 적합할 것이라며 이렇게 덧붙였다.

> 최근에 피렌체에서 우리는 독일 공예가가 만든 작은 진열장을 보았다. 그 진열장에는 다양한 동물의 조각상들이 하나의 공에 연결되어, 균형을 유지하고 있었다. 공이 움직이면 조각상들도 움직였다. 하지만 제각각 다른 방식으로 움직였다. 일부는 오른쪽, 일부는 왼쪽으로 움직였다. 위쪽이나 아래쪽으로 움직이는 조각상도 있었다. 앉아 있던 조각상은 일어섰고, 서 있던 조각상은 풀썩 주저앉았다. 또 다른 조각상을 덮치며 상처를 주는 조각상도 있었다.

하나의 공이 이런 모든 움직임을 만들어냈고, 뿔피리와 나팔소리와 새소리까지 한꺼번에 빚어냈다. "따라서 하느님은 … 고개를 끄덕일 뿐이고, 하느님에 의존하는 모든 것이 흔들리고 떨린다."[50] 피치노는 우주를 깊이 이해하는 방법의 하나로 시뇨리아 광장에서 베키오 궁전의 기계시계를 응시해보라고 권했다.[51]

⁂

15세기 말부터 16세기까지 있었던 세 번의 발전이 미술의 역사를 궁극적으로 극화하며, 그 역사에 관심을 끌어모았다. 피에로 디 코시모Piero di Cosimo, 1462-1522 같은 미술가들은 루크레티우스와 비트루비우스가 여러 방법으로 제기한 원시적 삶을 시각적으로 정교하면서도 설득력 있게 표현했다. 예를 들면 프라 조콘도(본명은 조반니 조콘도 Giovanni Giocondo, 1433-1515)와 체사레 체사리아노Cesare Cesariano, 1475-1543 등은 비트루비우스에 대한 시각적 평가를 목판화로 해냈다. 이런 시각적 형상들은 실용적 미술이 어떻게 발달했는지 명확히 보여준다. 비트루비우스는 인간이 숲에서 나뭇가지들을 마찰해 만들어낸 불을 사용하고 통제하는 방법을 터득한 후에 문명이 어떻게 시작되었는지를 설명할 때 과거의 문헌이 사용한 관례를 따랐다. 불의 발견과 사용은 언어와 주거지의 발달을 자극했고, 공존과 협력은 물질적 조건의 지속적인 향상으로 이어졌다.

16세기의 삽화가들은 비트루비우스의 전례를 따라, '최초 인류의 삶'을 정밀하게 묘사했고, 덕분에 표현의 정밀도가 점점 나아졌다. 예컨대 조콘도는 옷을 입은 남녀들이 각자 항아리를 들고 모닥불가에 둘러앉은 모습을 상상했다. 게다가 배경을 어울리지 않게 고딕풍의 도시로 채웠다. 따라서 조콘도는 공예를 시민의 삶에 반드시 필요한 것으로 묘사했지만, 비트루비우스가 공예의 초기 발전에 대해 언급한 내용은 전혀 드러내지 않았다. 체사리노는 비트루비우스의 텍스트를 더 충실히 따르며, 미술을 사회 발전의 흔적으로 삼았다. 체사리노의 목판화에서는 한 무리의 발가벗은 사람들이 숲속의 빈터에서 불을 피해 달아났지만 다른 무리에게는 이미 공동으로 사용하는 화로가 있고, 몇몇은 옷을 입은 채 바구니를 짜고 있다. 따라서 하나의 목판화가 문명의 기원에 대한 개략적인 역사가 되었다.[52]

아프리카 탐험과 신세계 발견으로 여행자와 학자와 삽화가는 비유럽인을 표현해야 한다는 실질적인 문제에 부딪쳤다. 게다가 그들의 문명 수준을 평가하고 묘사해야 한다는 어려움도 있었다. 가끔 열린 자세로 비유럽권의 문화를 맞는 사람도 있었다. 알브레흐트 뒤러는 신세계에서 넘어온 장신구와 의류 및 무기를 1520년 브뤼셀에서 살펴보고는 "경이로운 예술 작품"이라 묘사하고, "이국땅에 사는 사람들의 불가사의한 독창적인 재주에 놀라움을 감추지 않았다."[53] 그러나 대부분의 작가와 미술가는 원시적인 공예물을 편견의 눈으로 보았다. 예컨대 깃털 머리 장식물과 얼굴 장신구는 정부가 없는 사회, 결혼을 유럽식으로 규제하지 않는 사회, 인육을 먹는 사회와 관련지었다. 자크 르 모인Jacques le Moyne, 1533-1588과 존 화이트John White, 1540-1593의 유명한 작품들, 즉 그들의 스케치와 수채화와 목판화에서는 문신을 새기고 원시적인 무기를 든 남녀가 생생하게 묘사되었다. 미술가들은 그 인물들에 때로는 인도인, 때로는 픽트인이나 독일인이란 딱지를 붙였다. 후자의 명칭은 시간과 공간이 민족지학에서 같은 뜻을 지닌 과거의 개념에 기초한 것이었지만, 유럽인도 과거에는 발가벗고 지냈고 몸에 색칠을 했으며 단순하고 원시적인 도구와 무기를 휘둘렀다는 급진적이고 함축적인 의미를 띠었다.[54] 그런 형상은 대중에게도 널리 알려졌고, 테오도르 드 브리Theodor de Bry, 1528-1598가 출간한 《아메리카》에 실린 판화들과 설명글이 큰 역할을 했다. 베이컨과 캄파넬라 이전에 학자들과 미술가들이 수정주의적 '기계의 역사history mechanque'에서 초기 단계의 윤곽을 어렴풋이 보여준 셈이다.

기계의 역사는 그 이후에 더 뚜렷한 모습을 띠었다. 14세기 이후로 조반니 돈디Giovanni Dondi, 1330-1388 같은 공학자들은 새로운 발명을 더욱더 극적으로 강조하기 시작했다. 브루넬레스키는 자신의 지적재산권을 보호하려고 극단적인 조치를 취했다. 예컨대 순무로 모형기계를 조각해 일꾼들이 작업하는 데 참조하도록 했다. 따라서 작업이 끝날 즈음에는 순무가 썩어 없어져 적들이 그의 아이디어를 훔쳐갈 수 없었다. 특히 시에나의 공학자 마리아노 타콜라Mariano Taccola, 1382-1453에게는 그의 새로운 아이디어를 대중에게 공개하지 말라고 조언하며, 그렇게 하면 모욕이나 표절 혹은 그 둘 모두를 자초하는 짓이라 충고했다.[55]

하지만 다른 공학자들은 다른 전략을 택했다. 돈디와 타콜라, 게오르크 키저Georg Kyeser, 로베르토 발투리오Roberto Valturio, 1405-1475 등은 멋진 삽화까지 곁들여 자신의 발명을 자세히 소개하는 두툼한 필사본을 제작했다. 이 필사본을 근거로 그들은 학문 공동체원에게 새로운 장치의 소중한 지적재산권을 주장했다.[56] 에스테 가문처럼 계몽된 후원자들은 그런 소유권 주장이 공학자들에게 무엇을 뜻하는지를 알아 특별한 재능을 지닌 사람들에게 일정한 급여를 제공했을 뿐만 아니라 경쟁자들로부터 그들을 보호하기도 했다. 16세기에는 얀 판 데르 스트라트Jan van der Straet, 1523-1605가 삽화를 그리고, 나중에 요하네스 할러Johannes Galle, 1600-1676의 판화가 더해진 《새로운 발견Nova reperta》을 비롯해 삽화가 체계적으로 그려지고 화려하게 인쇄된 발명서들이 그 시대의 발명 목록과 규범을 극적이면서도 의미 있게 제시해주었다.

16세기 중반경, 일부 작가가 이런 변화에 담긴 의미를 완전히 이해하고 설득력 있게 표현하기 시작했다.[57] 1551년 초 루이 르 루아Loys Le Roy, 1510-1577는 초기 인류는 야만적 상황에, 즉 그리스 역사가 디오도로스 시켈로스 등의 표현을 빌리면 '지독한 원시주의hard primitivism'에 빠져 살았다고 주장했다.[58] 한편 1575년에 발표한 《우주에서 사물의 변천 혹은 변화De la vressitude on variété des choses en l'univers》에서는 인쇄기와 나침반, 화약의 발명에 대한 극찬을 아끼지 않으며 "이 셋에 비견할 것이 고대에는 아무것도 없었다"라고 대담하게 주장했다. 그러나 낙천주의자가 아니었던 까닭에 르 루아는 그 시대의 경이로운 발명을 기록하면서도 매독의 출현과 도덕성의 타락을 감추지 않았고, "지금 감추어진 것이 훗날 드러날 것이고, 후손들은 우리가 그것들을 몰랐던 것에 경악할 것이다"라고 예언했다.[59]

르 루아와 동시대에 살았던 장 보댕은 더 멀리 나아갔다. 1566년에 발표한 《역사를 쉽게 학습하는 방법Methodus ad facilem historiarum cognitionem》에서, 보댕은 위에서 언급한 세 가지 중요한 발명(인쇄,

나침반, 총)을 동원해 황금시대의 신화들을 공식적으로 부인했다. 보댕의 주장에 따르면, 최초의 고대인은 야만인과 크게 다르지 않았고, 절도를 극형으로 다스려야 하는 이유를 이해하지도 못했다. 과학기술과 전쟁에서 고대인이 이루어낸 최고의 업적도 근대의 발견과 발명에 비하면 별것 아니었다. 예컨대 보댕은 "고대의 투석기는 요즘의 대포에 비교하면 장난감에 불과했을 것"이라며 빈정댔다. 고대인들은 자석을 항해에 유용하게 사용할 수 있다는 걸 몰랐고, "인쇄술 하나만으로도 고대의 모든 발명과 쉽게 경쟁할 수 있을 정도였으며", 게다가 '자연의 숨겨진 비밀'에 대한 놀라운 발견들이 앞으로도 계속 이어질 것이라 덧붙였다. 보댕은 그 이유가 "자연에는 결코 고갈되지 않은 무궁무진한 지식의 보물이 담겨 있기 때문"이라 주장했다.[60] 르 루아처럼 보댕은 우주의 변덕이 요구하는 대로 미술의 발전이 때때로 중단되기를 기대했고, 인간은 자연이 가르치는 것만을 배울 수 있다고 추정했다. 그럼에도 보댕과 르 루아는 시간이 지남에 따라 인간이 뛰어난 창의력으로 한층 정교하게 만들어낸 발명이 인간과 자연계의 관계에도 변화를 주었다고 주장했다.

간혹 무척 급진적인 태도가 등장하기도 했다. 예컨대 프란체스코 조르지Francesco Giorgi, 1466-1540와 하인리히 코르넬리우스 아그리파 Heinrich Cornelius Agrippa 1486-1535가 '수학의 마법mathematical magic'이라 명명한 것의 세계에서 응용 수학에 익숙한 사람들은 자동 장치, 태양열을 전하는 거울, 잠수함과 비행기 같은 기계를 만들어낼 수 있다고 주장했다. 아그리파는 《주술적인 철학에 대하여De occulta philosophia》와 《미술과 과학의 허영에 대하여On the vanity of the Arts and Science》에서 건축가들은 무엇인가를 세우려는 채워지지 않는 욕망에 사로잡혀 자연의 얼굴에 공격을 가하며 바꾸었다고 주장했다.

끝없이 무엇인가를 지으려는 채워지지 않는 욕망 때문에 미리 정해진 끝도 없고 계획도 없는 상태에 이르렀다. 이런 이유에서 언덕이 사라졌고 계곡이 채워졌으며 산이 평평하게 변했다. 바위에 구멍이 뚫렸고, 바다의 암반층이 발견되었고 육지의 바닥이 파헤쳐졌다. 강줄기의 방향이 바뀌었고 바다와 바다가 이어졌으며, 호수가 메워지고 습지가 말라붙었다. 하구가 개발되었고 해저가 탐사되었다. 새로운 섬이 생겨났고, 기존의 섬은 본토와 연결되었다. 이 모든 것이 자연을 거스르는 행위지만 때로는 세상에 크나큰 편의성을 안겨주었다.

아그리파는 세계의 얼굴을 바꾸는 수학의 마법적인 힘에 대해 유사한 주장을 펼쳤다. 예컨대 스톤헨지 기념물을 세운 고대인들처럼 거석을 세우는 데도 수학의 힘이 필요했다는 뜻이다.[61] 아그리파가 마법적이고 연금술적이며 신비주의적 저작들을 읽고 발췌하고 다시 쓰며, 그 자료들을 근거로 세상을 새롭게 바꾸어가는 인간의 능력에 대해 낙관적으로 생각했다는 것은 널리 알려진 사실이다.[62] 하지만 이번 경우에 아그리파는 다른 자료를 활용했다. 아그리파는 노련한 군인이자 광산 공학자로 비트루비우스 저작의 이탈리어판을 연구했고, 공예적 기능을 세밀하게 다룬 이탈리아 작가들 중 하나, 예컨대 레온 바티스타 알베르티의 글을 통해 "건축가들이 절벽을 낮추고, 산을 뚫고, 계곡을 메우고, 호수와 바다를 가두고, 습지의 물을 빼내고, 선박을 건조하고 강의 방향을 바꿀 수 있고, 그렇게 함으로써 세상의 어디든지 갈 수 있게 해준다"라는 것을 알게 되었다.[63] 기계를 다루는 전문가들이 수세대에 걸쳐 아그리파의 주장을 되풀이하며 새로운 이야기들, 예컨대 신성로마제국 황제의 뉘른베르크 방문을 환영하려고 요하네스 레기오몬타누스Johannes Regiomontanus, 1436-1476가 제작한 기계 파리와 독수리에 대해 라무스가 꾸민 것으로 알려진 이야기를 덧붙였지만, 그의 핵심적인 주장을 바꾸지는 않았다.[64]

17세기 중반, 수학자 가스파어 쇼트Gaspar Schott, 1608-1666는 자신이 고안한 경이로운 기계들의 설계도만이 아니라 아그리파가 소개한 일화들까지 동원해 특별한 기능을 지닌 마법은 자연보다 훨씬 강력하다는 아그리파의 주장을 재확인하게 해주었다. "그 마법은 다른 것들처럼 자연을 도와주고 완벽하게 다듬는 데 그치지 않고 자연을 완벽하게 넘어선다." 쇼트의 주장에 따르면, 그 마법사들이 만들어낸 눈부신 기계 장치들은 자연의 힘을 향상시켰고 온갖 형태의 움직임을 그대로 재현해냈다. 쇼트는 그 마법사들의 기술이 "자연을 응시하는 학문보다 자연을 통제하는 학문"에 가깝다고 규정했다.[65] 전통이 충돌하며 불꽃이 튀는 다른 문헌에서도 그렇지만, 여기에서도 인간의 기술이 자연계에 대한 통제력을 강화할 수 있을 뿐만 아니라 자연 자체를 급진적으로 바꿀 수 있다는 생각을 읽을 수 있다.

인간의 간섭을 덜 중시하던 사람들도 비슷한 결론에 도달했다. 지롤라모 카르다노와 톰마소 캄파넬라는 별들의 운동이 어떻게든 모든 것에 영향을 미친다고 생각했기 때문에 위에서 언급한 세 개의 놀라운 규범적 발명을 비롯해 당시의 모든 발명이 별들의 운동과 관계가 있다고 믿었다. 캄파넬라의 표현을 빌리면 "루터의 시신에서 유독한 증기를 끌어올렸던 별자리가 그 시대의 예수회 수도자들과 에르난도 코르테스Hernándo Cortés, 1485-1547로부터 발산하는 미덕의 향내를 끌어 올렸다."[66] 그러나 혜성들과 카시오페이아 자리에서 새로운 별이 나타났기 때문에 그들은 하늘을 더는 안정되고 변하지 않는 것으로 보지 않았다. 따라서 그들은 그 시대의 급진적인 새로운 테크놀로지를, 인간이 자연에게 해줄 수 있는 것의 증거인 동시에, 인간 사회와 자연의 질서에 임박한 변화의 증거로 해석했다. 카르다노는 "이런 발견들의 결과로 미술이 도외시되고 경시될 것이고, 확실한 것이 불확실한 것으로 바뀔 것이란 확신은 점점 커져간다. 이런 것들이 언젠가는 현실화될 수 있겠지만 그 사이에 우리는 꽃들로 가득 채워진 초원에 있는 것처럼 즐거움을 누릴 것이다. 하늘로 치솟는 불꽃만큼 흥미진진한 것이 있을까? 신들의 번갯불보다 훨씬 더 파괴적인 인간이 발명한 불벼락보다 놀라운 것이 있을까?"라고 말했다.[67] 한편 캄파넬라는 기독교 세계가 임박한 변화로부터 이득을 얻을 것이라 예측했지만 "먼저 기존 세계가 뿌리째 뽑히고 정화된 후에 새로운 세계가 다시 세워질 것"이라 덧붙였다.[68] 그 사이에 등장한 새로운 테크놀로지들은 세계가 이미 뒤집혔다는 증거들을 보여주었다. 유럽의 많은 지역에서 여성 통치자가 옹립되고, 나약한 남성들이 눈에 띄게 증가함으로써 남녀가 서로 '주인님'이라 칭하는 지경에 이르렀고, 적어도 모로코의 페스에는 남창男娼까지 생겼다.[69] 따라서 미술의 변화가 원인은 아니었지만, 자연의 질서에도 변화가 뒤따랐다.

실재하는 '쿤스트 운트 분더카머'와 마찬가지로, 미술에 대한 억측의 역사conjectural history는 인간 창의력과 자연 세계의 관계를 혁신적으로 힘 있게 풀어냈다. 언어와 시각적 이미지가 끊임없이 서로 간섭하며 텍스트와 형상이 구체화되었다. 완벽주의적 낙관론이 두려움과 비관론과 싸웠고, 학자들은 거기에서 함축된 의미를 끌어냈다. 하지만 모든 작가가 자연의 역사를 대체로 문화의 역사로 보았고, 많은 학자가 자연의 역사를 전향적인 방향으로 움직이는 것으로 다루었다. 태양의 나라와 솔로몬의 집은 많은 입구와 많은 출구가 있는 공간이었다. 그곳으로 이어지는 많은 길은 공예가의 작업장에서 시작되었고, 박물관이나 식물원에서 시작되는 길도 적지 않았다. 그러나 책을 읽고 그림을 연구하면 급속히 변하는 물리적 우주를 파악하는 데 도움이 될 것이라는 작은 희망을 품고, 학자들이 회전 독서대를 필사적으로 돌리는 도서관에서 시작되는 길도 있었다.

5

❖

지식 프로젝트 팀의 탄생과 학문의 진보

⋮ 17기 새로운 형식의 지적인 삶을 위한 토대를 놓는 데 프랜시스 베이컨보다 큰 역할을 한 작가는 없었다. 후기 르네상스 시대의 많은 사상가는 고대인들이 박학다식하지는 않았다고 주장했다. 예컨대 장 보댕은 절도의 죗값으로 벌금과 구금보다 사형을 부과했던 것이 근대 문화의 우월성을 보여주는 명백한 증거라고 말했다.[1] 그러나 똑같은 논점을 누구도 베이컨만큼 간결하면서 함축적으로 일반화해서 말하지 못했다.[2] 많은 선각자가 일반 학교와 대학교를 돌아다니며, 학생들에게 언어와 학문을 쉽게 습득할 수 있는 비법을 제시했다. 그러나 새로운 유형의 학문이 필요하다고 베이컨만큼 대담하고 예지력 있게 주장한 선각자는 없었다. 달리 말하면, 베이컨은 전통적인 유형의 이론이 아니라 활용 가능한 지식, 즉 자연계를 지배하는 힘을 주는

지식을 만들어내기 위해 학제 간의 공동 작업이 필요하다고 주장했다.[3]

베이컨은 미완의 유토피아 소설 《새로운 아틀란티스》를 끝맺으며 살로몬의 집에 대해 묘사할 때 이런 이상을 가장 명확히 언급했다. 베이컨은 살로몬의 집 혹은 칼리지를 묘사하며, 결국 과학 연구기관으로 발전할 곳의 청사진을 그렸다. 베이컨은 동원할 수 있는 모든 자료를 끌어모아, 특정한 목적을 위해 조성된 환경에서 체계적으로 연구할 때 자연철학이 무엇을 이루어낼 수 있는지를 생각하게 해주었다. 자연을 체계적으로 연구하면 "인간 제국의 경계를 넓혀 가능한 모든 것에 영향을 미칠 수 있다"라는 게 베이컨의 주장이었다.[4] 살로몬의 집에는 베이컨의 계획을 구현하는 데 필요한 설비가 갖추어졌다. 예컨대 "생명체의 응고, 경화, 냉장, 보존에 필요한 크고 깊은 동굴"만이 아니라 인공 금속을 제작하는 데 필요한 설비도 있다. 5만 2,600미터 높이로 치솟은 탑들이 대기와 하늘을 관찰하는 데 쓰인다. "거대하고 널찍한 건물"에서 "유성 체계를 모방하고 증명한다. 눈과 우박과 비를 인공적으로 내리게 하고, 천둥과 번개가 치도록 할 수 있다. 또 개구리와 파리 등 다양한 생명체를 공중에서 번식시킬 수도 있다." 물론 "용광로", "시각 연구실", "음향 연구실", "향기 연구실", "엔진실", 심지어 "감각을 현혹하는 설비가 갖추어진 연구실"도 있다.

베이컨은 지적 작업을 위한 새로운 환경을 고안하는 데 그치지 않고, 새로운 유형의 지식인들이 그곳에서 살아가는 모습까지 상상했다. 그들은 각자 특정한 역할을 수행하는 전문가였다. 대부분의 경우, 그들의 작업은 공동으로 시행하는 연구 프로그램의 일부로서만 의미가 있었다.

이제 회원들의 임무와 활동에 대해 말씀드리겠습니다. 신분을 감
추고 외국인의 이름으로 외국에서 활동하는 열두 명의 회원이 있
습니다. 그들은 세계 곳곳에서 진행되고 있는 발견이나 실험에
관한 자료와 책을 우리에게 가져옵니다. 우리는 그들을 '빛의 상
인'이라 부릅니다.

세 명의 회원이 책에 기록된 실험을 수집합니다. 우리는 그들을
'약탈자'라고 부릅니다.

기계를 이용한 모든 기술의 결과를 수집하고, 인문학 연구의 모든
결과, 또 아직 체계화되지 않은 관행의 결과를 수집하는 회원도
세 명이 있습니다. 우리는 그들을 '수수께끼 인간'이라 부릅니다.

유용하다고 판단되는 새로운 실험을 시도하는 회원도 세 명이 있
습니다. 우리는 그들을 '개척자' 혹은 '광부'라고 부릅니다.

앞에 언급한 실험들에 이름을 붙이고 표를 만들어 그 실험들로부
터 새로운 이론과 원리를 끌어내기 위한 발판을 마련하는 데 열
중하는 세 명의 회원이 있습니다. 우리는 그들을 '편찬자'라고 부
릅니다.

동료의 실험과 연구를 깊이 들여다보며 거기에서 삶의 질을 향상
하고 지식을 증진하는 데 유용한 것을 찾아내고, 인과관계를 설
명하고 자연현상을 예측하며, 육체의 기능과 역할을 쉽고 명료하
게 설명하는 수단과 방법을 모색하는 세 명의 회원이 있습니다.
우리는 그들을 '지참금 지급자' 혹은 '후원자'라고 부릅니다.

회원 모두가 모여 예전의 과제와 수집한 것을 검토하는 회의를 한 후, 회의 결과를 근거로 자연의 비밀에 더욱 깊이 파고들며 더 높은 목표를 지향하는 새로운 연구 과제를 결정하는 세 명의 회원이 있습니다. 우리는 그들을 '등불'이라고 부릅니다.

지시받은 실험을 수행하고 그 결과를 보고하는 회원도 세 명이 있습니다. 우리는 그들을 '접종자'라고 부릅니다.

끝으로 세 명의 회원은 과거의 발견을 실험으로 재확인하며 새로운 정보와 원리를 끌어냅니다. 우리는 그들을 '자연의 해석자'라고 부릅니다.

여러분도 짐작하시겠지만 수련생과 견습생도 있습니다. 회원들을 돕고 지원하는 많은 남녀 보조가 필요한 데다 회원이 계속 계승되어야 하니까요. 또 발명과 실험의 결과를 책으로 출간할 것인가에 대해 논의하는 협의회도 있습니다. … [6]

이렇게 세분화된 지적 프로그램은 새로운 형태의 과학 프로젝트나 철학 프로젝트와 다를 바 없었다. 베이컨이 구상한 새로운 기관의 조직표는 학문을 정교하게 분류하고 그 관계를 정리한 도표가 아니라, 그 시대의 많은 철학자들이 고안한 지식의 분류법에 가까웠다.[7] 베이컨의 프로젝트는 한 개인의 뛰어난 재능에 의존하지 않았고, 오히려 많은 팀의 협력이 필요했다. 베이컨은 혼자만의 고뇌가 아니라 지속적인 커뮤니케이션을 요구했다. 그는 구성원들이 플라톤이나 아리스토텔레스처럼 모든 것에 통달한 현자가 아니라, 머리와 손이 무엇인가에 특화된 전문가의 세상을 상상했다. 달리 말하면, 구성원 하나하나가 문헌에서 관련된 자료를 추려내고, 자연 현상을 관찰하며 추론하는 데 집중하는 세상을 머릿속에 그렸다.

지적 공간의 표본으로서 살로몬의 집은 16세기의 일반 학교와 대학교 및 학회와 확연히 달랐다. 그런 곳들은 인문주의적 화법과 학문적 논리에 집중했지만, 베이컨은 두 종류의 교육이 지나치면 자연에 대한 연구를 촉진하기는커녕 방해하는 것이라 생각했다. 이런 점에서 살로몬의 집은 베이컨의 자연철학 방법론을 실천하려던 과학단체부터 루도비코 무라토리Ludovico Muratori, 1672-1750가 중세사와 근대사에서 논란이 많은 부분을 하루속히 정돈해주기를 바랐던 범이탈리아 학회까지, 17세기와 18세기 편지 공화국에 실재하거나 결성 중이던 학회를 떠올리게 한다. 역사학자들은 살로몬의 집을 베이컨의 프로젝트에서 가장 혁신적인 것으로 평가하는 편이다. 역사학자들의 지적대로 베이컨은 자신의 프로젝트에는 대규모 공공지원이 필요하다는 걸 알았다. 따라서 모든 새로운 발견을 국제사회에 알리겠다는 고집을 버렸다. 또한 정부가 발견의 경제적 가치를 보조금 지원의 기준으로 삼을 수밖에 없고, 그 가치를 높이기 위해서는 비밀 유지가 필요하다는 것도 인정했으며, 진정한 진전은 비밀에 부쳐져야 한다고도 말했다. 비밀 유지가 힘들다는 것은 19세기 말과 20세기 거대과학Big Science(막대한 투자가 필요한 과학 프로젝트)의 특징 중 하나라는 것도 입증되었다. 글이 미래의 독자에게 충격을 주려고 쓰인다는 것은 조금도 놀랍지 않다.[8]

하지만 살로몬의 집에는 전통적인 요소들도 있었다. 기관장은 살로몬의 집에 다음과 같은 것들이 있다고 설명한다.

길쭉하고 아름다운 두 곳의 전시관이 있습니다. 한 곳에는 온갖 종류의 진귀하고 훌륭한 발견과 발명의 견본과 원본이 전시되어 있습니다. 다른 곳에는 뛰어난 발견자들과 발명가들의 조각상이 놓여 있습니다. 서인도를 발견한 콜럼버스의 조각상, 배를 발명한 사람, 대포와 화약을 발명한 수도자, 음악의 발명한 사람 … 누에고치에서 명주를 처음 뽑아낸 사람, 포도주를 처음 양조한 사람, 옥수수와 빵을 개발한 사람, 설탕을 발견한 사람까지 우리는 여러분보다 훨씬 확실하게 전통을 보존하고 있습니다.[9]

　여기에서 베이컨이 화자로 내세운 주인공은 16세기 후반에 유럽 궁전들을 빈번하게 드나들던 사람들에게는 익숙했을 법한 장면, '쿤스트 운트 분더카머'를 생각나게 한다. 인간의 간섭으로 변형된 자연물이 전시된 '쿤스트 운트 분더카머'에서는 시간의 흐름에 따라 자연이 개발된다는 게 드러났기 때문이다.[10] 발명가들은 그런 공간에서 어김없이 공경을 받았다. 16세기 말에 완성된 바티칸 도서관의 열람실, '살로네 시스티노Salone Sistino'의 벽에는 이집트 상형문자를 만든 토트 신부터 고트 문자를 만든 울필라스까지 문자를 창제한 사람들의 장엄한 초상들로 가득했다. 섬뜩하게 들리겠지만 베이컨은 자신의 시대보다 훨씬 후에 설립된 케임브리지대학교의 캐번디시연구소를 미리 본 것일 수 있다. 캐번디시는 연구원들이 특수한 연구 목적을 띠고 공적인 영역에서 일하며, 작업보다 연구를 위해 신성한 공간이 배당되는 곳이다. 그러나 베이컨이 1594년에 발표한 《방랑자Gesta Grayorum》에서 언급한 자연과 인간이 빚어낸 경이로운 물건들로 채워진 '멋진 보관장'만이 아니라 이상한 새와 물고기를 그린 데생들이 전시된 알드로반디 박물관을 떠올리게 하는 것은 확실하다.[11]

하지만 베이컨은 특정한 모델, 즉 실제로 존재하는 모델을 머릿속에 두고 살로몬의 집을 묘사했을 수 있다. 베이컨이 《새로운 아틀란티스》를 쓰기 반세기 전에 유럽 전역에서는 학자들이 대규모로 참여하는 공동 작업이 유명했다. 살로몬의 집처럼 그 작업은 전문화된 팀들에서 일하는 학자들로 이루어졌다. 그 팀들은 수평적으로 연결된 기능을 수행했고, 기부금을 받아 운영되었다. 또 살로몬의 집이 그랬듯이 그 작업도 연구원들에게 열정과 불편을 동시에 안겨주었다. 그 모델의 존재는 함축적 의미를 갖는다. 첫째로는 베이컨이 이상적이라 생각한 지적인 공동 작업만이 아니라 그가 학문적으로 큰 영향을 미친 프로젝트에도 본보기가 있었다는 것이다. 둘째로는 17세기 편지 공화국은 인문주의의 구상과 실천이었다는 해석이 가능하다는 것이다.

⁂

1510년 이후로 기독교 교회사는 학문적 논쟁의 단골 소재가 되었다. 마르틴 루터부터 토마스 뮌처Thomas Müntzer, 1489-1525까지 신교도 학자들은 교회의 역사가 고대 후기 이후로 추락하기 시작했고, 적그리스도가 교황의 지위를 차지한 중세 말에는 끝없이 죄악의 나락에 빠졌다고 주장했다. 조제프 스칼리제르 같은 신중한 신교도 학자도 그런 주장에 전적으로 동의했다. 스칼리제르는 학생들에게 교황관을 가까이에서 본 사람이라면 그곳에 Mysterium이란 단어가 쓰여 있는 것을 보았을 거라며, 교황이 세상의 종말에 찾아올 괴수라는 명백한 증거라고 가르쳤다.[12] 반면에 가톨릭교도들은 중세의 새로운 관례와 교리가 인간의 탐욕과 타락을 반영하는 게 아니라, 종교적 영감이 여전히 계속된다는 증거라고 주장했다. 또 새로운 기도와 새로운 수도회, 새롭게 발견되는 유물들은 인간이 신성한 것에 가하는 부정한 행위의 결과가 아니라, 성령이 함께한다는 증거로 여겼다. 양쪽 모두 교회의 역사를 거론하며 예배 형식과 성찬식을 개혁하고, 사제와 주교의 역할을 재정비하며, 교회 음악을 적절히 사용하는 방법을 모색했다. 16세기 중반, 가톨릭교도와 신교도는 신학 전쟁을 제대로 하려면 새로운 종류의 교회사가 필요하다는 걸 똑같이 깨달았다. 따라서 양쪽 모두 고대 후기의 교회사를 되살리기 시작했다. 교회사는 4세기에 시작되어 자료도 많고 논란이 많았던 까닭에 그리스인과 로마인이 쓴 정치사와는 확연히 달랐다.[13]

1520년에 태어난 남슬라브인, 마티아스 플라키우스 일리리쿠스 Matthias Flacius Illyricus, 1520-1575는 이런 필요성에서 구체적인 프로젝트를 최초로 고안했고, 어떻게든 그 프로젝트를 구체화해 기능적인 연구소를 설립했다. 플라키우스는 베네치아와 바젤과 비텐베르크에서 수학한 후에 1544년 비텐베르크대학교의 히브리학 교수가 되었다. 1549년 마그데부르크로 이주했고, 수년 후에는 자신의 계획을 실행에 옮겼다. 플라키우스가 에우세비우스Eusevius, 260년경-340년경의 《교회사Ecclesiastical History》를 비롯해 그 후에 출간된 기존 서적들이 자신의 계획에 그다지 필요하지 않다는 걸 깨닫는 데는 오랜 시간이 걸리지 않았다. 그가 '정확한 교회사 전달을 위한 협의회'에서 오트하인리히 궁중 백작에게 설명한 바에 따르면 "현재 존재하는 교회사는 주로 개인을 서술하고 찬양하는 데 주력하고 있다. 기존의 교회사는 어떤 사람이 얼마나 신실했고, 어떤 경이로운 삶을 살았으며, 얼마나 많이 금식하고 기도하며 살았을 때나 죽은 후에 어떤 기적을 행했는지, 한마디로 그 사람의 행적을 추적하는 데 집중한다."[14] 에우세비우스와 그의 추종자들은 기적을 행하는 사람들의 믿기 어려운 일화들을 나열하며 신실한 믿음을 위한 교훈을 이따금씩 끼워 넣었다. 따라서 플라키우스의 주장에 따르면, 기존 교회사는 교회가 역사적으로 어떤 상황을 거쳤고, 장래에는 어떤 교회를 지향해야 하는지 판단하는 데 큰 도움이 되지 않았다. 그럼에도 불구하고 기존 교회사를 대체하는 게 쉽지 않았다.

플라키우스가 보기에 정치사는 상대적으로 단순한 문제들, 즉 전쟁과 그 결과를 다루었다. 하지만 교회사는 "시대에 따라 학자들이 개인적 견해와 가르침을 앞세우며 진실이나 거짓으로 교리를 어떻게 더럽히거나 변호했고, 어떻게 감추거나 밝혔는지 설명해야 했다." 달리 말하면, 교회의 역사는 논쟁을 통한 다양한 의견의 확산이었다는 점에서 신학의 역사여야 했다. 그러나 신학의 연구도 그런 방향에서 철저하지 못했다. 교회사학자들은 예배와 기도 및 과거에 사용된 교회 음악까지 다루어야 했다. 플라키우스는 다른 학자에게 보낸 편지에서 이렇게 말했다.

우리는 각 세기에 교회에 어떤 교리가 존재했는지만이 아니라 어떤 형식의 예배와 성가가 있었는지도 보여주려는 것이다. 이 모든 것이 유기적으로 서로 관련되어 있기 때문이다. 따라서 과거의 어느 시점에 교회가 어떤 상황이었는지 파악하고 다른 사람에게도 알리려면 이런 자료들도 활용해야 할 것이다.[15]

달리 말하면, 교회사학자들은 작업을 시작하기 전에도 다양한 자료들을 철저하게 수집하고 체계적으로 정리해야 했다. 그 후에는 초대 교회의 제도와 정신을 되살려내고, 시대별로 그 둘의 상황을 추적해야 했다.

플라키우스는 자신의 야심찬 계획과 주장을 행동에 옮겼다. 그는 출간 여부와 상관없이 자신의 프로젝트와 관련된 문헌 목록을 작성하려고 요하네스 트리테미우스와 콘라트 게스너의 서지학 작업을 도용했다. 플라키우스는 문서를 광범위하게 수집해 정리했다. 7,000명의 강경하고 독실한 신도가 존재했다는 걸 증언하는 발도파 자료와 그 밖의 자료도 빼놓지 않았다. 그는 중앙 유럽을 중심으로 많은 학자와 편지를 교환하는 네트워크를 갖추었다. 그도 직접 많은 도서관과 기록보관소를 뒤지고 다닌 까닭에 그의 적들은 '플라키우스의 면도칼'이란 거짓 소문을 퍼뜨렸다. 플라키우스가 필요하지만 구입할 수 없는 부분을 필사본에서 칼로 찢어낸다는 고약한 소문이었다. 1566년 그가 무수한 문헌을 조사하고 연구한 결과를 《진실 증언 목록Catalogus testium veritatis》으로 출간했다. 그 책에서는 약 430종의 문헌을 자세히 다룬 까닭에 그와 그의 협력자들은 유럽에서 누구보다 교회사와 관련된 자료에 대해 많이 알고 있었다.[16]

플라키우스는 이런 자료들을 결합해 독실한 신교도들에게 절실히 필요했던 교회사를 만들어낼 최적의 방법을 찾아 신성로마제국 전역의 학자들과 논의했다. 그는 이야기식 서술보다 체계적인 정리가 각 시기에 교회가 전반적으로 어떤 상황이었는지 효과적으로 전달할 수 있다는 걸 어렵지 않게 알아냈다. 따라서 신학자 하인츠 샤이블레 Heinz Scheible가 말했듯이, 플라키우스는 정보를 분석하고 저장하며 검색하는 기본적인 도구로 여러 문헌에서 공통된 부분을 찾아내는 멜란히톤 시스템을 이용하기로 결정했다. 그 결과 오랜 시간이 지나자 새로운 교회사에서 다루고 평가된 자료들을 통해 교인들은 교리와 관례가 순수했던 때와 타락했던 때를 알 수 있었다.[17]

1550년대 초 플라키우스는 그때까지 수집한 무수한 자료를 보고 중대한 결론을 내렸다. 세속의 정치사학자처럼 전통적인 방식으로 혼자 연구하면 어떤 학자도 교회사와 관련된 자료를 모두 읽고 이해할 수 없다는 결론이었다. 따라서 플라키우스는 후원과 조언을 구하려고 유망한 인물들에게 자신의 계획을 제시했다.

> 역사를 새로 쓰려는 프로젝트에서 급선무는 그 사업을 함께 수행하기에 적합한 사람들을 찾는 것입니다. 물론 그들에게 합당한 보상책도 마련해야 합니다. … 네 사람의 지원이 있어야 하고, 그들에게 보상하려면 6년이란 기간 동안 매년 적어도 500플로린이나 탈러가 필요합니다. 훌륭한 글솜씨를 지니고, 기록해야 할 모든 것을 기록할 사람 한 명, 자료를 찾아 읽은 후에 글을 쓰는 사람에게 자료를 제공하는 역할을 담당할 사람 두 명, 끝으로 완성된 글을 옮겨 쓰는 역할 등 상대적으로 덜 중요한 일을 수행하며

프로젝트에 도움을 주는 사람 한 명이 또 필요합니다.[18]

⁂

시간이 흐름에 따라 플라키우스의 프로젝트와 그의 야심은 더 커져갔다. 1550년 중반경, 플라키우스는 동료들, 특히 실제 작업에서 가장 큰 몫을 해낸 카스파르 폰 니트브루크Caspar von Nidbruck, 1525-1557와 함께 마그데부르크에 역사 연구소를 설립했다. 연구소 회원들은 그 이후로 알려진 시대별 교회사를 《마그데부르크 세기Magdeburg Centuries》라는 이름으로 발표하기 시작했다. 이 역사서는 가톨릭계 학자들의 거센 반발을 불러일으켰다. 결국 체사레 바로니오 추기경은 가톨릭계 학자들로 대규모 협력단을 구성해 《교회 연보》를 발간하며 신교도의 《마그데부르크 세기》에 반격을 가했다. 게다가 플라키우스는 그때까지 동료이던 비텐부르크의 신교도들에게도 타락했다는 공격을 받는 처지에 빠졌다. 특히 루터교파 목사로 신학적인 이유로 갈라선 유스투스 메니우스Justus Menius, 1499-1558의 공격이 매서웠다. 비텐부르크 신교도들은 플라키우스가 프로젝트를 구실로 순진한 신교도 지배자들을 속여 막대한 자금을 모금했다고 주장했다. 플라키우스는 곧바로 해명하고 나섰는데, 이때 그가 사용한 표현은 주목할 만한 가치가 있다.

마그데부르크 연구소의 목적과 절차가 자세히 기록된 자료가 논란을 불러일으키기도 했다. 여기에서도 플라키우스와 공동 연구자들은 독실한 신자들의 삶과 죽음을 나열하는 수준을 넘어서는 역사를 추구한다고 주장하며, "과거의 훌륭한 저자들, 예컨대 역사가와 교부 및 뛰어난 작가를 활용해 … 그리스도가 지향한 교회를 재구성할 의도"
라고 밝혔다.[19] 그렇게 하면 에우세비우스를 비롯한 과거의 역사가들
이 그랬던 것처럼 개인을 연구하는 데 그치지 않고 교리의 발전과정
과 의례의 변화과정, 특정한 주제에 대한 논쟁, 교회 정치의 역사까지
추적해야 했다.[20] 플라키우스는 이런 야심적 계획을 수행하려면 후원
자들의 지원금이 필요했고, 자신은 그 돈을 한 푼도 건드리지 않았다
고 주장했다.

조직표도 살로몬의 집만큼 정교해서 마그데부르크 연구소 회원들
의 바람대로 프로젝트는 필요 이상으로 비대하지도 않고 비용이 많
이 들지도 않았다.

> 판단력이 있는 사람이라면, 이 모든 것을 시의적절하게 모으고
> 조직하는 데 한두 명의 직원으로는 충분하지 않다는 걸 쉽게 파
> 악할 수 있다.
> 예컨대 자료를 처리하는 것도 네 단계로 구분된다. 첫 단계에는
> 일곱 학생이 있다. 그 학생들에게는 고정적인 보조금을 지급한
> 다. 그 학생들은 합리적인 판단력과 학습력을 지녀야 한다. 그들
> 은 자신에게 할당된 저자들을 면밀히 검토하며, 우리가 신중히
> 설정한 목표를 염두에 두고 관련된 구절을 발췌한다. 그들은 세
> 기별로 저자들을 철저히 해부하고, 필요한 모든 것을 옮겨 쓴다.
> 두 번째 단계에는 두 명의 인문학자가 있다. 그들은 학습력과 판
> 단력에서 이미 발군의 성숙함을 증명한 학자들이다. 학생들이 근
> 면한 꿀벌처럼 여러 곳의 꽃에서 채취한 자료가 그들에게 주어진

다. 그들의 임무는 학생들이 수집한 자료를 평가하고 요약하고 정리하는 것이며, 궁극적으로는 일관된 역사 이야기로 짜 맞추는 것이다.

세 번째 단계에서는 프로젝트를 관리하는 일부 책임자가 감독관으로 선택된다. 그들은 자료를 수집가들에게 넘기고, 자료의 재작업을 검토하며 내용과 배열에 대한 결정을 지원한다(이 단계에서 평가가 이루어지기 전까지는 어떤 것도 최종적으로 기록되지 않기 때문이다). 그 결정이 문서화되면 그들은 글을 매끄럽게 가다듬고, 필요하면 그들이 직접 글을 구성하거나 쓰기도 한다.

네 번째 단계에서는 이른바 대필자가 있어야 한다. 그들은 이런 식으로 작성된 자료를 다량으로 제작하는 사람들이다.

끝으로 프로젝트 전체를 관리하고 감독하는 다섯 명의 감독관 이외에 지극히 성실한 사람들이 있다. 그들은 공식적인 토론을 주도하며, 적합한 사람을 고용하고 부적합한 사람을 해고한다. 그들 중 한 명은 기부금을 관리하는 동시에 수입과 지출까지 관리한다. 사분기에 한 번씩 최고 행정관이 참석한 자리에서 기부금의 쓰임새에 대해 감사를 받는다. 따라서 선의로 의문을 제기하는 사람뿐만 아니라 악의적인 사람에게도 한 푼까지 쓰임새를 정확히 설명할 수 있도록 모든 지출이 정확하고 세심하게 기록되어야 한다.[21]

비텐베르크의 신교도들은 독일에서 싹트던 연구소의 관료적 구조를 멋지게 설명한 이 시론에 별다른 감동을 받지 않았다. 플라키우스와 그의 협력자들이 어느 정도 적들의 손에 휘둘린 것은 사실이었다. 그들은 '공개 해부'라는 비유적 표현을 사용함으로써 비텐베르크 신교도들에게 "역사서를 면도칼로 찢은 플라키우스의 해부는 유명하다. 그런 만행을 속절없이 당한 도서관의 사서들은 그를 무척 원망했다"라는 비난을 되살려낼 기회를 주고 말았다.

플라키우스는 이렇게 몸을 비유로 사용함으로써 설상가상으로 적들에게 지저분한 상상을 할 빌미를 주었다. 독일 교수 세계에서는 상상조차 할 수 없는 현상이었지만 비텐베르크의 신교도들은 마그데부르크 연구소를 신체기관에 교묘히 비유하며 비난을 멈추지 않았다. 예컨대 일곱 감독관은 야수의 복부에 해당한다며, 간이 암죽을 혈액에서 분리해서 창자에 보내듯이 감독관들은 배설물에 가까운 부산물을 인문학자에게 보낸다고 빈정거렸다. 플라키우스와 다른 감독관들은 프로젝트의 뇌이거나 심장이어야 했다. "플라키우스는 돈을 끌어들이는 감독일 뿐 역사에서 아무것도 아니기 때문에 그는 심장에 비유하는 게 더 타당한 듯하다. 그러나 당신의 심장이 커다란 엉덩이와 같다면 그런 심장을 갖는 게 그다지 즐겁지는 않을 것이다."[22] 따라서 연구소의 정교한 조직표는 인간 해부도와 생리도를 개작한 것에 불과했고, 연구원들도 조직도에서 자신들의 역할이 그렇게 입증되는 걸 실감했을 것이다. 또한 인간의 몸이 그렇듯이, 연구소도 결국에는 배설물 이외에 생산하는 것이 없었다.

하지만 학문적 성격을 띤 이런 무거운 비유보다 더 큰 쟁점이 있었다. 플라키우스는 유럽의 근대사에서 최초의 온전한 연구소를 설립한 인물이란 명예를 누리기에 충분하다. 안타깝게도 실제로 존재하지는 않지만 현대에 비유하면, 16세기의 '막스 플랑크 교회사 연구소'라 할 수 있다. 그러나 플라키우스를 비판한 사람들도 보조금을 지원받는 지식인 조직을 신체기관에 비유하며 최초로 날카롭게 비판했다는 평가를 받을 자격이 있다. 그런 비판은 오늘날에도 많은 타당성을 갖기 때문이다. 여하튼 그들이 지적했듯이, 자료를 수집하는 과정에서 실수를 범하면 결국 프로젝트 전체가 훼손될 수 있다. "자료를 수집하는 역할을 맡은 사람들이 더 좋은 것을 버리고 더 나쁜 것을 모으면, 더위에도 아랑곳하지 않고 땀을 뻘뻘 흘리며 최종적으로 글을 써내야 하는 학자가 탄탄한 결과물을 내놓을 수 없다." 수집된 일차적인 자료들을 바탕으로 최종적인 저작을 작성하는 유능한 학자만이 일차적인 자료를 유능하게 수집할 수 있다. 플라키우스가 언급한 '공통된 부분'을 적용한다고 해서 마그데부르크 연구소의 학자들이 '겸손한 판단력을 지닌 사람'이라 묘사한 사람처럼 공정하고 정확하게 기록한다는 보장은 없다. 근대 서구의 역사에서 마지막이 아니라 처음으로 선임 학자들이 연구 조수들의 잘못을 맞닥뜨려야 했다. 비텐베르크의 학자들은 "산더미 같은 자료에서 유용한 것을 찾아내 발췌하는 것은 대단한 일이고, 완벽한 판단이 요구되는 일이다"라고 말하며, 인문학자가 학생보다 그 일을 잘할 수 있을까 하는 의문을 품었다. 이런 점에서 우리는 그들의 심정에 충분히 공감한다.[23]

베이컨이 마그데부르크 연구소에 대해 알았다고 생각하는 데는 충분한 이유가 있다. 플라키우스의 역사관과 그 역사관을 수행한 연구소는 17세기에도 유명했고, 신교도 세계에서는 더욱더 유명했다. 큼직한 판형으로 인쇄된 총 7권의 《마그데부르크 세기》는 신교도인의 서재에서 빠지지 않았다. 제1권은 플라키우스와 그의 협력자들이 사용한 연구방법론에 대한 자세한 설명으로 시작되고, 조직표가 덧붙여졌다.[24] 달리 말하면, 플라키우스는 연구비를 지원받는 공동 작업으로 최초의 근대적인 역사서를 제작하는 과정을 감독했고, 연구방법론을 자세히 설명하는 것으로 역사서를 시작한 것도 플라키우스의 의도였다. 살로몬의 집에 대한 베이컨의 설명도 플라키우스의 연구소를 떠오르게 하는 방식으로 시작된다. 예컨대 살로몬의 집에서 '약탈자'와 '수수께끼 인간'은 플라키우스의 학생들이 떠맡은 역할처럼 문헌을 체계적으로 정리하고 기록하는 역할을 맡은 전문가들이었다.

게다가 베이컨은 교회사에도 깊은 관심을 쏟았다. 《학문의 진보The Advancement of Learning》에서 베이컨은 이 문제를 자세히 다루었다. 베이컨은 "일반적 교회사는 전투적 교회의 시대를 서술한 것이다. 따라서 노아의 방주처럼 동요하던 때가 있었고, 광야를 가로지른 언약의 궤처럼 움직이던 때도 있었으며, 예루살렘 성전의 법궤처럼 정지해 있던 때도 있었다. 다시 말하면, 교회의 상황은 박해받거나 움직이거나 평화로웠다"라고 말했다. 플라키우스가 들었다면 전적으로 동의했겠지만 베이컨은 "우월성과 성실성이 질과 양에도 합당하기를 바란다"라며 기존의 교회사를 완벽하다고 생각하지 않았다.[25] 그러나 베이컨은 교회사가 자체의 고유한 형식과 가치를 지닌 역사라고 분명히 인정했다. 따라서 베이컨이 플라키우스의 연구소와 그 결과를 알았을 가능성은 충분하다.

여러 증거에서 확인되듯이, 베이컨은 집단 연구 프로그램을 위한 본보기보다 교회사에 훨씬 많은 관심을 기울였다. 베이컨은 여러 프로젝트를 추진했지만, 그가 《학문의 진보》에서 "학문의 완전한 역사"라 칭한 것에 대한 구체적인 정의보다 그 이후로 150년 동안 큰 영향을 미친 것은 없었다. 베이컨은 "법률과 수학, 수사학과 철학 등 내가 알고 있는 여러 학문의 경우에도 학파와 저자와 저작에 대해 작은 단편적 기록들이 남아 있을 뿐이며 공예나 관습의 발명도 제대로 다루지 못했다"라고 인정했다. 그러나 단절된 사실들을 하나로 결합한다고 "시대를 아우르는 … 학문의 전반적인 상태"가 되는 것은 아니었다.[26] 베이컨은 "전반적인 상태를 파악하지 않은 세계사는 애꾸눈 거인 폴리페모스의 조각상에 불과하다. 인간의 정신과 생명을 가장 잘 나타내는 부분이 없기 때문이다"라고 주장했다. 또 베이컨은 완전한 역사서를 쓰려면 다음과 같은 조건을 갖추어야 한다고 주장했다.

> 고대 세계에서 시작된 지식들과 거기에서 파생된 지식, 지식이 형성되고 전해지는 과정, 지식을 운영하고 관리하는 방법, 번성과 대립, 쇠락과 침체, 망각과 확산 및 인과관계, 시대별로 학문과 관련된 모든 것이 포함되어야 한다.[27]

베이컨이 생각하는 이상적인 역사는 개별 학문의 발전과정을 추적할 뿐만 아니라, 학문 간의 관련성을 분석하고 학문이 번성하고 쇠락하는 조건도 찾아내는 것이었다.

《학문의 진보》에서 베이컨은 이 프로젝트에 대해 부연해서 설명하며, 미술사가들이 제기한 일련의 의문들을 언급했다. 미술사가들은 그런 의문을 해결하기 위해 환경의 장기적 영향으로 시작해 사회 상황의 단기적 영향으로 넘어간 후에야 개개인의 업적에 대해 다루었다.

역사에는 다양한 학문에 적합하든 그렇지 않든 간에 지역의 특성과 민족의 기질, 학문에 유리했거나 불리했던 그 시대의 우연한 특징, 지역 간의 경쟁과 융화, 법의 장점과 단점, 학문의 발전을 촉발한 몇몇 개인의 뛰어난 덕목과 능력이 포함되어야 한다.[28]

⁂

몇몇 학자가 최근의 연구에서 밝혔듯이, 이 모든 의문들은 17세기와 18세기의 '지식의 역사Historia Litteraria'에서 기준이 되었고, 토머스 스탠리Thomas Stanley, 1625-1678를 비롯한 철학사학자, 험프리 호디Humphrey Hody, 1659-1707처럼 학문의 역사를 연구한 학자들, 페터 람베크Peter Lambeck, 1628-1680와 다니엘 게오르크 모르호프Daniel Georg Morhof, 1639-1691처럼 학문의 모든 분야를 연구한 역사학자들에게 영감을 주었다.[29]

베이컨은 독자들에게 특정한 이념이나 기술의 기원만이 아니라 그런 이념이나 기술이 잉태될 수 있었던 전반적인 조건까지 알려주는 역사, 즉 지식이 형성되는 문화의 역사를 머릿속에 그렸다. 베이컨은 이런 문화사가 무척 까다롭고 복잡해서, 그 자신처럼 소수의 지적인 탐구자에게만 관심을 끌 것이라고 말했다. 그가 교회사의 본보기에 대해 언급할 때도 이런 신중함을 엿볼 수 있다.

내가 학문 애호가들의 호기심이나 만족감을 채워주려고 그런 일을 벌이는 것이 아니다. 훨씬 더 진지하고 중대한 목적을 지향하고 있다. 요약하면, 그 작업의 효용과 목적은 학자에게 학문을 더 현명하게 이용하고 관리하는 방법을 알려주는 데 있다. 성 아우구스티누스나 성 암브로시우스의 저작을 읽는다고 현명한 신학자가 되는 게 아니라, 교회사를 철저하게 읽고 교훈을 얻을 때 훌륭한 신학자가 되는 것이다. 학문에 대해서도 똑같이 말할 수 있다.[30]

'지식의 역사'가 취해야 하는 형태에 대한 베이컨의 자세한 설명은 마그데부르크 연구소의 '교회사', 더 구체적으로 말하면 플라키우스가 역사학 방법론에 도입한 세기별 연대 구분과 유사하다.

역사를 이렇게 구성할 때 따라야 할 방법론에 대해 말하자면, 역사를 쓰기 위한 자료를 역사학자와 평론가로부터 끌어내야 할 뿐만 아니라 해당 시기에 쓰인 주된 저작들을 최대한 가장 빠른 시기부터 시작해 세기 단위나 더 짧은 간격으로 순서대로 참조해야 할 것이다. 모든 자료를 꼼꼼히 읽는다는 것은 끝이 없는 불가능한 작업이다. 따라서 죽은 사람을 주문으로 되살려내는 것처럼, 주제와 문체와 방법론을 파악하는 것으로도 그 시대의 문학정신을 무덤에서 되살려낼 수 있다.[31]

달리 말하면, 베이컨은 '지식의 역사'를 연대기 방식, 예컨대 세기별로 정리하자고 제안했다. 베이컨은 학문의 경계를 초월한 다각적인 접근방식을 취했고, 해당 시기의 정신 문화를 재현하려고 애썼다.

플라키우스가 자신의 교회사에서 공격한 것은, 역사학에서 베이컨도 관심을 기울였던 문제였다. 베이컨과 마찬가지로 플라키우스는 창의적인 개인보다 그런 사람이 생각하고 일하던 전반적인 조건에 초점을 맞추었다. 또 플라키우스와 베이컨은 다양한 증거를 폭넓게 활용하고 광범위하게 인과관계를 설명하는 역사를 머릿속에 그렸다. 플라키우스와 베이컨은 시대마다 고유한 정신이나 특징이 있기 때문에 그것을 역사학자가 찾아내야 한다고 믿었다. 베이컨처럼 플라키우스도 문화사가 지금까지 언급된 목표들을 성취하려면, 역사를 쓰는 저자들이 체계화된 조직에 대해 단선적인 서술을 포기해야 한다고 믿었다. 베이컨은 전통적인 영웅들을 창밖으로 내던진 철학자였던 까닭에 표면적으로는 이상하게 보일 수 있지만, 깊이 조사하면 플라키우스는 베이컨이 가장 많은 것을 배운 선배 학자 중 하나로 여겨진다.

베이컨과 플라키우스가 꿈꾼 조직과 논증이 유사하다고, 베이컨이 플라키우스만을 참고 자료로 삼았던 것은 아니다. 예컨대 플라키우스가 연구소 작업을 본격적으로 시작하기 수년 전, 크리스토퍼 밀레우스Christopher Mylaeus는 공동으로 연구를 진행하는 대규모 인문학 역사 연구소를 설립하자고 주장했다. 주제별로 조직되고 공동으로 작업한 플라키우스의 연구소와 다를 바가 없었다.[32] 16세기 학계라는 이상하지만 화려한 태피스트리에는 살로몬의 집을 돋보이게 해주는 작은 그림들이 있었다. 영문학 교수 윌리엄 셔먼William Sherman이 밝혔듯이 모트레이크에 있던 존 디의 유명한 서재를 기초로 확대된 영국학 연구소, 숙련된 보조원들이 정교한 천문기계를 사용해 신중하게 분

할된 관측 프로그램을 수행한 튀코 브라헤Tycho Brahe, 1546-1601의 천문
대, 신성로마제국의 궁중과 도시 곳곳에 존재한 연금술 실험실이 대
표적인 예였다.[33] 레온하르트 푹스Leonhart Fuchs, 1501-1566의 '식물지'와
에라스무스 라인홀트Erasmus Reinhold, 1511-1553의 '프로이센 표' 같은 혁
신적이고 전문화된 프로젝트는 베이컨류의 공동 작업에 근거한 것이
었다. 최근에 미국 학자 데버라 하크니스가 입증했듯이, 런던을 중심
으로 형성된 박물학자 공동체, 연금술사 공동체, 의료인 공동체는 베
이컨이 꿈꾼 이상적인 공동체의 특징을 적잖게 띠었다. 베이컨이 이
런 사실을 알았더라면 누구보다 놀랐을 것이다.[34]

하지만 시간과 공간에서 베이컨에 가장 가까웠고, 《새로운 아틀란
티스》에 묘사된 살로몬의 집과 가장 유사했던 프로젝트는 플라키우
스의 연구소처럼 자연보다 과거에 대한 연구에 집중했다. 예컨대 로
버트 코튼Robert Cotton, 1571-1631의 박물관은 영국의 유물 및 그와 관련
된 과제들을 공동으로 연구하는 기관이 되었다.[35] 옥스퍼드의 보들리
도서관은 베이컨의 이상에 훨씬 더 가까웠다. 베이컨의 편지 상대였
던 토머스 보들리Thomas Bodley, 1545-1613 경이 16세기 말에 설립한 이
도서관은 특별한 목적을 위해 세워진 멋진 공적 공간이었다. 이곳에
서 옥스퍼드와 다른 대학의 학자들이 연구를 진행할 수 있었다. 살로
몬의 집과 마찬가지로 보들리 도서관도 격식을 갖춘 기관으로 명확
한 규정이 있었다. 따라서 그곳을 방문하는 것 자체가 엄격한 격식을
따라야 하는 의식이 되었다. 살로몬의 집을 구성하는 부문들처럼 보
들리 도서관은 새빌 교수단의 수학적 연구를 비롯해 많은 종류의 학
문을 추진하는 거대한 기관의 일부였다.[36]

살로몬의 집이 그랬듯이 보들리 도서관은 초기에 거대한 공동 프로젝트를 지원했는데, 그것은 보들리 도서관의 첫 사서 토머스 제임스가 주도하는 프로젝트였다. 제임스는 교부들의 필사본과 저작을 수집해 분석하는 계획을 세웠다. 그 계획을 통해 제임스는 로마의 가톨릭 학자들이 왜곡한 문헌이 인쇄본으로 유통된다는 걸 증명하고 싶었다. 처음에 보들리는 제임스의 계획을 지원하고 나섰지만, 몇몇 세부적인 부문에서 비판적인 생각을 품었고 곧 열정을 잃고 말았다.[37] 1610년에는 캔터베리 대주교가 20명의 학자를 선발해 보들리 도서관에서 제임스의 지휘하에 일하도록 했지만, 모두가 2년 동안 급료를 제대로 받지 못해 작업을 중단했다.[38] 하지만 제임스는 그럭저럭 서너 건의 연구 결과를 발표했다. 또한 그 프로젝트는 지역적이고 체계적이며 계층적인 연구 조직으로서 훌륭한 본보기를 보여주었다. 정신과 목표에서는 플라키우스와 유사한 연구소였고, 베이컨도 그 존재와 구조에 대해 틀림없이 적잖게 알았을 것이다.[39] 에우세비우스도 자료를 수집하고 발췌하는 데 조수들의 도움을 받았듯이, 교회사는 과거에도 공동의 연구가 필요한 학문이었다.[40] 17세기에 교회사 연구가 대규모로 진행되며 다시 공동 작업이 되었다. 이때 오라토리오회와 베네딕트회와 예수회는 교회사를 다룬 자료들을 편집하고 연구하는 거대한 연구소로 탈바꿈했고, 신교도 학자들은 학생들과 조수들을 동원해 대규모 연구를 진행했다. 요즘 역사학자들은 자료에 근거해 역사를 공동으로 연구하는 프로젝트를 17세기 지적 풍경의 새로운 특징으로 규정해왔다. 자연의 유물을 새로운 관점에서 공동으로 연구하듯이 인간의 유물이란 영역에서도 공동 연구가 진행되었던

것이다. 역사학자들은 장 마비용Jean Mabillon, 1632-1707이나 베르나르
드 몽포콩Bernard de Montfaucon, 1655-1741과 같은 시기의 실험주의자들
을 관련짓는 방법론의 새로운 특징들을 강조했다. 예컨대 겉보기에
는 대수롭지 않은 대상에 대한 정밀한 조사 결과를 강조했다. 그러나
런던의 과학협회와 생제르맹데프레의 학회에 열광한 때문에, 국경을
초월한 인문주의가 지배하던 후기 르네상스 세계에서 생겨난 관습이
양쪽 모두에서 계속 존재했다는 사실을 당시의 역사학자들이 잊지는
않았다. 베이컨의 사례에서 짐작할 수 있듯이, 대법관까지 올라간 베
이컨은 마그데부르크에서 먼저 공동 작업을 시작한 선구자로부터 많
은 것을 배웠고, 과학사와 교회사를 연구하던 학자들 간의 지적 교류
가 한 방향으로만 흐르지는 않았다.

6
❖

연대학, 지식 조직화의 원대한 꿈

⋮   요하네스 케플러는 과거의 사건을 재구성하며 역사적 시기를 규명하는 음울한 학문, 연대학年代學을 좋아했고, 평생 연대학을 철두철미하게 연구했다. 튀빙겐대학교에서 공부할 때 케플러는 미하엘 메스틀린Michael Mästlin, 1550-1631을 통해 조제프 스칼리제르의 《시간의 개량에 대하여De emendatione temporum》를 알게 되었다. 그 논문은 연대학과 관련해 16세기 말에 출간된 핵심적인 서적이었다.[1] 대학을 졸업한 후 케플러는 초기의 두 저작인 《우주 구조의 신비Mysterium cosmographicum》와 《새로운 별 De stella nova》에서 연대학 문제를 간략히 언급했다. 그는 메스틀린, 후원자이던 헤르바트르 폰 호헨부르크 Herwart von Hohenburg, 1553-1622, 예수회 신자로 수정주의자이던 요하네스 데커Johannes Decker 등 많은 학자들과 연대학적 문제를 두고 오랫

동안 편지를 주고받았다. 칼뱅주의자로 연대학 전문가이던 스칼리제르에게도 편지를 썼지만 답장을 받지 못한 듯하다. 1606년부터 1620년까지 케플러는 연대학과 관련한 일련의 저작을 발표했고, 1619년부터 꾸준히 출간되기 시작한 세계사, 자코부스 살리아누스Jacobus Salianus, 1557-1640의 《교회 연보Annales ecclesiastici veteris testamenti》 같은 새로운 출간물에도 광범위한 관심을 기울였다.

하지만 시대와 역법의 연구에 대한 케플러의 열정에 영향을 받은 후대 학자는 극소수에 불과했다. 크리스티안 프리슈Christian Frisch, 1807-1881는 자신이 편집한 《케플러 전집》의 제4권 1부를 연대학 연구에 할애했고,[2] 프란츠 하머Franz Hammer는 《케플러 주요 선집》의 제5권에 자세하고 날카로운 해설과 유용하고 유익한 주석을 덧붙였다.[3] 또 1944년에는 캐나다 노바스코샤주의 주도, 핼리팩스에 있는 세인트메리대학교의 건전한 라틴어 학자로 '모두에게 사랑받는 천문학자'이던 마이클 월터 버크 개프니Michael Walter Burke-Gaffney, 1896-1979 목사가 《케플러와 예수회Kepler and the Jesuits》라는 정확하고 통찰력 있는 연구서를 발표했다. 케플러와 요하네스 데커의 만남과, 예수의 삶에 대한 케플러의 연대기적 연구를 치밀하고 정밀하게 다룬 연구서였다.[4] 하지만 이 연구서에 덧붙여진 참고문헌에는 케플러가 천문학 다음으로 몰두한 연대학에 대한 개인적인 견해를 다룬 문헌이 총망라되어 있다.

케플러에 대한 연구는 수십 년 전에야 급증했다. 뮌헨판 《케플러 전집》의 편집자들은 새로운 자료를 꾸준히 제공해왔다. 주디스 필드 Judith Field, 브루스 스티븐슨Bruce Stephenson, 제임스 보클James Voelkel

은 케플러의 우주론 연구에 새로운 빛을 던져주었다.[5] 닉 자딘Nick Jardine, 페르난트 할린Fernand Hallyn, 1945-2009, 애덤 모슬리Adam Mosley 등은 케플러가 인문주의 전통을 벗어나지 않으면서도 무척 독창적으로 연구했다는 걸 우리에게 알려주었다.[6] 그러나 후기 르네상스 시대와 그 이후로 보댕과 게라르두스 메르카토르Gerardus Mercator, 1512-1594부터 뉴턴과 잠바티스타 비코까지, 연대학이 인문학적으로 훈련받은 많은 역사학자와 지도 제작자와 자연철학자의 마음을 사로잡았지만, 누구도 케플러의 연대학을 깊이 있게 연구하지 않았다.

그 이유는 충분히 이해된다. 요즘에도 연대학은 까다롭고 접근하기 힘든 학문으로 여겨진다. 연대학 연구자가 주된 시대를 설정하고, 고대와 중세의 역사, 동양과 서양의 역사에서 사용된 다양한 역법을 재구성하려면 일식의 계산부터 문헌 분석까지 무척 광범위한 도구를 동원해야 한다. 하지만 이렇게 학문의 경계를 넘나드는 까다로운 연구도 결국 현대인의 눈에는 무미건조한 환원주의적 형식을 띤 역사 이야기로 보이는 것을 만들어낼 뿐이다. 예컨대 연대학자는 기억할 만한 인물들로 가득한 〈열왕기〉의 흥미진진한 역사를 이름과 통치기간이 나열된 목록표로 바꾸고, 이사야와 예레미야의 장엄한 예언들을 솔로몬이 성전을 짓고, 네부카드네자르가 그 성전을 허물어뜨리고, 유대인들이 고향을 떠나 떠도는 신세가 되는 날에 대한 기술적인 문제로 환원시킨다. 1970년대의 계량경제사cliometric history가 그랬듯이, 연대학에서는 필연적으로 혼란스러울 수밖에 없는 역사를 계량화할 수 있는 자료로 정리해 유형화하려는 열정과 노력이 사라지면 그런 노력 자체를 무색하게 만드는 허전하고 서글픈 기운이 물씬 풍긴다.[7]

게다가 연대학은 길고, 인생은 짧다. 1632년 2월, 의사 이사크 하브레흐트Isaak Habrecht, 1589-1633는 튀빙겐의 동양학자 빌헬름 시카르트Wilhelm Schickard, 1592-1635에게 프랑스 신학자 드니 페토가 1627년에 발표한《학습의 시간De doctrina temporum》을 논평한 열정적인 편지를 보냈다. 하브레흐트는 그 책을 극찬하며 페토가 그 분야의 모든 주된 문제를 해결한 듯하다고 말했다. 하지만 하브레흐트는 그 책을 완전히 읽지 못한 까닭에 슈트라스부르크의 자택에 그 책을 거의 1년 동안 보유하고 있었고, 자신의 전공 분야가 아닌 분야를 연구하는 데도 지쳤고 자신의 판단을 완전히 신뢰하지 못하게 되었다는 것도 인정했다.[8] 거의 1년 후인 1633년 1월, 하브레흐트는 다시 시카르트에게 편지를 보냈다. "페토의 책을 논평한 편지를 보냈지만 아직 당신의 답장을 받지 못했습니다. 그 책이 너무 두껍기 때문이라 생각합니다. 다른 일에도 바쁘신 분이 그런 책을 읽기에 1년은 충분한 시간이 아닐 수 있겠지요."[9] 물론 1600년경을 대표하던 박식가들에도 연대학은 상당히 복잡하고 전문적인 학문으로 여겨졌을 것이다. 케플러는 젊은 가톨릭 학자, 즉 페토의 연대학적 연구 결과를 소개하며 "그 젊은 저자가 저작의 제목에 언급한 '연대학'이 상대적으로 소수만이 방법론을 연구하는 학문이기 때문에" 연대학을 연구할 필요가 있는 듯하다고 덧붙였다.[10]

하지만 케플러는 연대학의 복잡성에 겁먹지 않았고, 오히려 그 특별한 복잡성이 그의 마음을 사로잡았다. 시카르트와 달리 케플러는 페토의《학습의 시간》을 읽고 자세히 분석했으며, 페토가 혈기왕성한 예수회 연대학자답게 개인적인 의견을 제시하는 모든 논쟁에 기꺼이 참여했다.[11] 케플러가 시간과 역사에 관심이 많았다는 뚜렷한 증거 중 하나는 《루돌프 표Rudolphine Tables》의 권두화이다. 이 책은 1627년에 출간되었다. 페토의 책과 같은 해에 출간된 셈이었다. 권두화로는 복합적인 건축양식의 아름다운 정자가 그려졌고, 고대와 당대의 천문학자들이 눈에 띈다. 천문학자들이 어떤 이야기를 하고 있는지에 대해서는 정교하고 세련된 기둥들에서 짐작할 수 있다. 뒤쪽에서는 한 칼데아인이 투박한 기둥 옆에 서서 손가락 틈새로 하늘을 바라보고 있는데, 굵은 나무줄기에 불과한 그 기둥에서 나뭇가지들을 잘라낸 흔적도 보인다. 프톨레마이오스와 히파르코스는 단순한 기둥 옆의 탁자를 차지하고 있지만, 코페르니쿠스와 튀코 브라헤는 우아한 고전 양식의 두 기둥 사이에서 입씨름을 벌이고 있다. 그 모습은 그들의 근대성과 교양을 역설적으로 보여주는 상징이다. 이 권두화에서 천문학은 하느님이 족장들에게 알려준 것이 아니라 인간의 근면과 시간이 이루어낸 성과라는 것을 읽을 수 있다.[12]

지금까지의 설명은 이미 널리 알려진 것이다. 하지만 《루돌프 표》에 연대학에 대한 케플러의 꾸준한 연구 결과와 시대 목록표, 몇몇 역법에 대한 짧지만 설득력 있는 분석, 책력에 따라 날짜를 전환하는 방법이 포함되어 있다는 사실은 그다지 알려지지 않았다. 케플러는 독자들에게 "여기에서 언급한 모든 것을 역사적 문헌과 정교한 논증으로 입증하는 특별한 해설"을 썼다며 "연대학 문제는 이처럼 천문학 작업의 한계를 넘어서기 때문에 내가 오래 산다면 이 문제를 다른 책에서 다시 다룰 것"이라고 다짐했다.[13] 항상 그랬듯이 이 경우에도 케플러는 현실에 안주하지 않았다. 1628년 케플러는 《루돌프 표》에서 시작한 시대 목록표에 대한 해설을 충실하게 보완할 계획이라고 스위스 천문학자 파울 굴딘Paul Guldin, 1577-1643에게 이야기했다. 또한 "페토의 책을 끝까지 읽어보렵니다. 우리 둘의 생각은 놀라울 정도로 일치하니까요"라고도 말했다. 케플러처럼 페토도 조제프 스칼리제르의 연대기를 매섭게 비판했다. 케플러는 "우리 둘이 스칼리제르에게 얼마나 자주 똑같은 식으로 대응했는지 알면 놀라실 겁니다. 마치 한 사람이 대응한 것처럼 생각될 정도입니다"라고도 덧붙였다. 케플러가 《루돌프 표》에서 스칼리제르와 많은 점에서 의견이 달랐다고 인정했지만, "페토가 때로는 지나치게 매섭게 스칼리제르를 비판한다"라고도 지적했다.[14]

말년에도 케플러는 연대학을 다룬 논문을 열심히 읽으며 관심의 끈을 늦추지 않았고, 논쟁적 쟁점에 대해 자신의 견해를 밝혔다. 따라서 연대학은 그가 밤늦게까지 호롱불을 밝혔던 연구 과제 중 하나였다. 예컨대 1599년 1월 미하엘 메스틀린에게 연대학에 대해 보낸 세 쪽의 편지를 끝마치며 "이제 끝내야 하겠습니다"라고 말하고는 다시 독일어로 "벌써 11시를 넘겼습니다. 곧 1월 12일이 시작되겠군요"라고 덧붙였다.[15] 그 편지는 "선생님의 연대학에 대한 글을 읽을 때마다 한없이 즐겁습니다. 선생님께서 많은 중요한 문헌을 꼼꼼히 연구하셨습니다. 덕분에 제가 공부하지 못한 게 아직도 많다는 걸 깨달았습니다. 그러나 제가 모든 점에서 선생님의 생각에 동의하지는 않습니다. 그 이유를 말씀드리려 합니다"라고 시작한다.[16] 여기에서 케플러가 연대학에 관심을 둔 이유가 짐작된다. 케플러는 주변 상황으로 삶의 곤란을 겪을 때마다 연대학에 몰두하며 골칫거리를 잊으려 했다.

1611년과 1612년, 첫 부인이던 바르바라와 아들 프리드리히가 병에 걸려 차례로 세상을 떠났다. 그때 케플러는 무력감에 빠져 《루돌프 표》를 쓰는 데 몰두할 수 없었다. 그래서 연대기를 다룬 책 《전원시의 역사Eclogae chronicae》를 편찬하기 시작했고, 1615년에 발표했다. 린츠가 포위되었던 1626년에도 도시에 진동하던 소음과 악취를 피해 좋아하는 학문인 연대학에 몰두했다. 히브리 왕국에 왕이 몇 명이나 있었는지 분석하고, 동료들의 오류를 밝혀내는 작업은 어떤 것도 그에게 줄 수 없던 평온함을 가져다주었다. 굴딘에게 쓴 편지에서는 "이런 전투적인 글쓰기 덕분에 포위로 인한 고통과 내 작업을 방해하던 요인을 크게 덜어낼 수 있었다"라고 고백했다.[17]

예수회 수도자 자코부스 살리아누스의 세계사에 대한 논평에서 케플러는 연대학을 연구하며 많은 것에 폭넓은 관심과 감정을 갖게 되었다고 적어도 한 번쯤은 말했다. 살리아누스는 〈요한복음〉 1장 1절("태초에 말씀이 계셨느니라. 이 말씀이 하느님과 함께 계셨으니 이 말씀은 곧 하느님이셨느니라.")을 인용하는 것으로 방대한 작업을 시작하며, "세상이 창조되기 전에, 즉 헤아릴 수 없는 시간, 즉 영겁의 시간 전부터 하느님은 존재하며 자신의 지혜와 아름다움과 선함을 즐겼고, 앞으로 창조할 세상을 계획했다"라는 설명을 덧붙였다.[18] 이에 대해 케플러는 이렇게 말했다.

살리아누스는 시간과 우주의 창조주에 대한 이야기를 시작하며 〈요한복음〉을 해석함으로써 나에게 큰 즐거움을 주었다. 그 설명을 읽고 나자, 복음서의 저자 요한이 하느님 아들의 영원성과 신성을 입증할 목적에서 창조 이야기에 대한 해석을 우리에게 제시했고, 유대교 전통에 담긴 신비로움으로 가득하지만 이스라엘 민족의 완고함을 극복하기 위한 일종의 카발라를 꾸며낸 것이라 생각하게 되었다.[19]

한편 지구가 형태도 없이 빈 공간으로 존재했다는 살리아누스의 복잡하고도 까다로운 설명에 영감을 받아 케플러는 윌리엄 길버트 William Gilbert, 1544-16032와 그의 자기우주론magnetic cosmology을 되돌아보았다. "지구가 지금 철저히 자기 형태로 형성되어 있다는 것을 길버트가 증명했더라도 빈 공간에서 창조된 처음부터 자기 형태가 지구에 부여된 것은 아니었다. 형태가 없이 존재했다는 주장은 옳았다. 지구에 광물이 없었다면 자기 형태도 없었다. 달리 말하면, 진실한 형태가 없었다. 물속에 잠긴 진흙만이 있었다."[20] 근대 초기의 독서에서 많은 경우에 그랬듯이, 케플러가 어떤 주제와 문제를 선택했느냐는 그가 읽었다는 문헌으로부터 예측하기 쉽지 않을 것이다. 오히려 당시의 많은 다른 경우가 그랬듯이, 문헌 자체와 그 문헌에 대한 케플러의 접근법이 서로 영향을 미쳤다. 케플러가 인정했듯이, 연대학은 깊고 넓은 연구가 필요한 학문이었다. 연대학에는 지구의 역사부터 무수히 많은 기술적 문제의 결정까지 모든 것이 포함되었다. 따라서 연대학 연구는 영적이면서도 지적인 훈련이었다. 케플러가 백과사전적인 까다로운 학문에 몰두하며 마음의 위안을 얻었다는 게 조금도 놀랍지 않다.

학자들이 연대학이라는 거대한 산에 도전하는 이유는 저마다 조금씩 달랐다. 스승이던 미하엘 메스틀린을 비롯해 당시의 많은 학자처럼, 케플러도 부분적으로는 천문학을 통해 연대학에 들어서게 되었다.[21] 케플러가 《우주 구조의 신비》를 시작하며 밝힌 바에 따르면, 1595년 7월 학생들에게 목성과 토성이 대략 20년을 주기로 합해지는 장관을 이룬다고 가르치던 때였다. 오래전부터 점성가와 천문사학자는 이런 회합을 역사적 대변혁의 조짐으로 보았고, 상당한 영향력을 지녔던 점성가 시프리안 레오비츠Cyprian Leowitz, 1514-1574는 1572년의 역사적 사건들과 그 회합의 상관성을 입증해 보였다.[22]

케플러의 시대와 그 이후에도 연대학자들은 세계사적 사건들을 목성과 토성의 회합에 결부시켰고, 심지어 그 주기를 들먹이며 종말이 곧 닥칠 것이라 예언하기도 했다.[23] 케플러도 자신의 도해에서 형성된 그 회합 과정의 패턴에서 영감을 받았겠지만 뚜렷한 이유가 있었다. 케플러는 행성들의 크기와 행성 간의 거리에 대해 생각하기 시작했고, 마침내 거리와 크기가 정다면체Platonic solid의 간섭에 의해 결정된 것이라 주장하기에 이르렀다. 항상 그랬듯이 이 주장은 케플러가 자연철학의 한 분야에서 다른 분야로 자연스레 넘어갔다는 걸 보여주는 좋은 예다.[24] 《우주 구조의 신비》의 뒷부분에서 케플러는 공간을 상상할 때 그랬듯이, 시간도 경계가 분명하고 대칭적인 것으로 만들려고 애썼다.[25] 이런 이유에서 케플러는 창조의 날에 행성의 멋진 회합이 있었을 것이라 생각하며, 그날을 추적해 기원전 3977년 4월 27일에 창조가 있었을 것이라고 추정했다.[26]

10년 후에 발표한 《새로운 별》에서 케플러는 어떤 삼궁triplicity(세 개의 별자리로 이루어진 무리)에서 다른 삼궁으로 회합이 이동한 시점들을 표로 만들었고, 그 이동과 역사적 사건에 느슨하지만 부인할 수 없는 관계가 있다고 언급했다. 훗날 더 자세히 주장했지만, 여기에서도 회합 하나하나가 급격한 변화를 초래하지는 않는다고 주장했다. 영국의 천문사학자 닉 자딘은 일찌감치 주목했지만 케플러가 과학기술과 여행과 인쇄술을 언급한 글에서 말했듯이, 변화에는 시간이 걸렸고, 지역과 인간의 복잡한 상호작용과 무척 중요한 신의 섭리가 필요했다.[27]

케플러는 하늘의 사건과 지상의 사건 사이에서 한층 정확하고 표준적인 상관관계를 찾아내며 미래를 예언하기도 했다. 그가 '카르다누스(우리 스승님)'라 칭했던 사람, 즉 이탈리아의 유명한 점성가 지롤라모 카르다노의 가르침을 따라, 케플러는 기원전 38년의 일식과 1600년에 일어난 일식의 유사성에 주목했다. 기원전 38년의 일식은 젊은 아우구스투스의 궁극적인 승리만이 아니라 많은 재앙의 전조였고, 1600년의 일식은 루돌프 2세의 몰락과 페르디난트 2세의 승리를 예언했기 때문이다.[29] 케플러는 천문학과 점성학을 직접 공부하며 이런 기계적인 예언을 점차 포기했지만 역사적 사건의 해석을 위해서는 그런 예측을 계속할 수밖에 없는 운명이라 생각했다. 그의 친구이자 후원자이던 헤르바르트 폰 호헨부르크는 로마 시인 루카누스가 남긴 기록에서 현자賢者 니기디우스 피굴루스에게 영감을 주어 내란과 공화국의 몰락을 예견하게 했다는 점성학적 별자리 배열의 정확한 성격과 날짜를 알고 싶었다. 그래서 종종 그랬던 것처럼, 그는 케플러에게 별자리 배열과 역사적 사건의 상관관계를 자세히 연구해 알려달라고 부탁했다.

천문사학자 패트릭 보너Patrick Boner의 표현을 빌리면, 케플러는 그 계산을 더할 나위 없이 정확하고 완벽하게 해냈다. 덕분에 케플러는 헤르바르트의 지속적인 관심과 지원을 받았다. 그러나 메스틀린이 튀빙겐의 그리스학 교수 마르틴 크루시우스Martin Crusius, 1526-1607에게 유사한 부탁을 받아 자신에게 넘겨주었을 때의 기분을 케플러는 정확히 기록해두었다. 크루시우스는 호메로스의 작품에 언급된 신들의 전투와 연애가 행성들의 충衝과 합合을 상징하는 것이라 결론지었다. 크루시우스는 메스틀린이나 케플러가 점성학적 별자리 배열을 계산하면 트로이 전쟁의 시기도 정확히 찾아낼 수 있을 것이라 생각했다. 케플러는 학문을 진지하게 연구하는 학자라는 이유로 부탁을 완곡히 거절했다. 다만 메스틀린이 충분한 시간을 두고 계산해서 결과를 넘겨주면 그 결과를 기꺼이 점성학적으로 분석해보겠다고 제안했지만, 케플러는 메스틀린이 그런 계산을 결코 하지 않을 거라는 걸 알고 있었다. 게다가 케플러는 헤르바르트의 끝없는 부탁을 해결하는 데도 '괴로운 지경'이라며 하소연하기도 했다.[30]

그러나 케플러는 16세기 후반에 구체화된 연대학이란 학문 자체에서 가장 큰 영감을 받았다. 1530년대부터 스칼리제르가《시간의 개량에 대하여》를 발표한 1583년까지, 인문주의자들과 천문학자들이 연대학의 기본 원칙을 세웠다. 기원전의 1,000년과 그 이후에 일어난 사건들을 다룰 때 연대학은 원칙적으로 천문학과 문헌학에 의존했다. 프톨레마이오스의 행성론을 완전히 익힌 사람이라면 일식과 월식 및 행성들이 합쳐지는 날짜를 계산할 수 있었고, 초승달과 보름달이 보이는 날도 알아낼 수 있었다. 나보나사르가 기원전 747년 2월 26일 바빌론의 왕좌에 오른 사건부터 모든 것은 1년을 365일로 보았던 이집트력으로 계산되었고, 고대부터 천문학자들도 그렇게 계산했다. 어떤 학자든 이렇게 정확하게 계산한 하늘의 사건과 지상의 사건을 관련지을 수 있다면, 펠로폰네소스 전쟁(3번의 월식)과 알렉산더 대왕이 다리우스 3세를 격파한 전쟁(또 한 번의 월식)처럼 역사적으로 중요한 사건이 일어난 때를 상대적인 날짜가 아니라 절대적인 날짜로 규정할 수 있었다. 스칼리제르가 주장했듯이, 이상적으로 생각하면 그 날짜들을 헤로도토스와 그 이후의 고대 역사학자들이 언급한 날짜들이나 성경의 사건들과 결부지어, 모든 중대한 사건들을 순서대로 연결하는 하나의 연대표를 작성하는 게 가능했다.

처음부터 케플러는 이런 가능성을 굳게 믿었고, 스칼리제르가 틀을 갖추어놓은 연대학을 열정적으로 연구했다. 고대 그리스의 점성학자 클라우디오스 프톨레마이오스가 언급한 로마 황제 트라야누스와 하드리아누스의 통치기간과, 나보나사르 시대Era of Nabonassar 황제들의 통치기간 사이에는 아무런 상관관계가 없다는 것을 예수회 수도자 요하네스 데커가 보여주려고 애썼을 때, 케플러는 데커의 통찰력과 학문 능력을 높이 평가했지만 데커의 그런 시도에 애매한 답장을 보냈다. "천문학으로 하나는 확실해졌습니다. 프톨레마이오스가 로마 황제들의 통치기간에 나타났다고 언급한 특정한 하늘의 현상들은 나보나사르 시대의 황제들이 통치하던 기간에 나타난 하늘의 현상들과 일치할 수 있습니다." 케플러의 일반적인 접근법에 동의한 학자들도 이 주장에는 동의하지 않았다.

메스틀린 자신이 강조했듯이, 그의 연대학은 프톨레마이오스가 제시한 천문학적 증거, 특히 나보나사르 시대부터 시작된 일식과 월식을 기초로 삼았다.[31] 그러나 1612년 헤르바르트가 세계사에서 중대한 사건을 순서대로 정리한 연대학 논문을 발표했다. 훗날 사후에 공개된 논문에서도 드러났지만, 헤르바르트는 솔로몬 왕 이후로 모든 고대 문명이 신세계로 곧장 가기 위해 나침반을 사용했다는 걸 입증하려고 그 논문을 쓴 것이었다. 따라서 헤르바르트의 주장에 따르면, 말을 비롯해 인간의 이동에 도움을 주는 도구를 칭하는 단어는 실제로 배를 가리키는 것이었고, 화살을 비롯해 뾰족한 물체를 칭하는 단어는 나침반을 뜻하는 것이었다.[32] 헤르바르트의 논문에 메스틀린은 몸서리치지 않을 수 없었다. 케플러처럼 그도 일식이나 월식의 날짜와 가시성을 계산해 바이에른 공국의 재상이던 헤르바르트에게 도움을 주었기 때문이다. 그러나 헤르바르트의 논문이 그의 기본 원칙과 모순되었지만, 그 논문에서 깊은 인상을 받은 것은 사실이었다. 메스틀린은 케플러에게 보낸 편지에서 "그가 맞는다면, 내 연대기의 많은 부분이 무너지겠지"라고 말했다.[33] 메스틀린은 헤르바르트의 이론을 반박할 수도 없고 인정할 수도 없어 진퇴양난에 빠지고 말았다. 하지만 케플러는 오래전에 스칼리제르에게 배운 전통적인 시대 구분법을 고집하며 헤르바르트의 저작을 묵살해버렸다.

물론 케플러는 많은 기술적인 문제에서 스칼리제르를 매섭게 비판했다. 《시간의 개량에 대하여》는 날짜나 시대에 대한 논의가 아니라, 고대 아티카력Attic calendar의 복원으로 시작된다. 자료의 증거에도 불구하고 스칼리제르는 아티카력이 태음력이 아니었다고 결정하며 괴팍한 성격을 여실히 드러냈다. 그의 논증은 잘못된 것이기도 하지만, 지극히 난해해서 읽어내기가 불가능할 지경이었다. 심지어 스칼리제르는 당시 사람들의 지능을 시험할 목적에서 그 책을 쓴 것이라 말하기도 했다. 실제로 대다수가 그 책을 읽어내지 못했다. 케플러도 스칼리제르에게 보낸 장문의 편지에서 지독히 재미없는 첫 부분을 읽어내느라 진땀을 흘렸다고 푸념했다.

> 외람되지만 솔직히 말씀드리겠습니다. 지난 10년 동안 도입부를 끝부분에 맞추어보며 처음부터 끝까지 체계적으로 꼼꼼히 읽으면 핵심을 파악하지 못한 글은 하나도 없었습니다. 어쩌면 제가 입을 다물어야 했을지도 모르겠습니다. 그러나 선생님의 책이 시작되는 방법과, 그 방법이 앞으로의 책에도 적잖게 영향을 미친다고 생각하자 입을 다물고만 있을 수 없었습니다. 도입부에 갇혀 있는 한, 뒤쪽으로는 넘어가지도 못하고 허우적댈 겁니다. 하기야 지금도 도입부에서 갇혀 꼼짝하지 못하고 있습니다.[34]

케플러는 신중하게 행동하며, 스칼리제르의 분노를 유발한 가능성이 있는 구절들을 최종적으로 편지에서는 삭제했다. 그러나 케플러는 레이던대학교의 그 노교수에게 "선생님이 (1583/1593년과 1598년에) 발표한 두 권의 책에서 인용한 모든 권위자의 의견이 명백히 일치하는 부분이 있습니다. 선생님이 첫 책에서 아티카력을 재구성했지만, 아티카력은 그 역법에 대한 선생님의 의견과 무척 다르다는 것입니다"라고 말했다.[35] 스칼리제르가 수집한 문헌들을 그대로 이용해 케플러는 아티카력이 태음력이었다고 정확히 주장했다. 이 경우에도 그랬지만, 나중에도 연대학 논쟁에서 케플러는 히브리력, 그리스력, 로마력 등 역법의 재구성에 많은 관심을 기울였고, 그의 결론은 대체로 스칼리제르의 결론과 확연히 달랐다. 하지만 이번 경우에도 케플러는 다른 목적에서 동일한 문헌을 사용하며 스칼리제르와 같은 작업을 계속했다.

연대학에 대한 케플러의 관심에서 세 번째로 중요한 부문은 천문학자로서의 능력과 별다른 관계가 없었다. 스칼리제르부터 드니 페토까지 모두가 연구한 연대학은 완벽함을 추구했다. 연대학자들의 기준은 우주의 창조로 시작해서 인류의 초기 역사에 실질적인 관심을 쏟는 한 권의 방대한 논문이었다. 그러나 고대의 역사가들은 기원전 12세기 이전의 시기에 대한 정확한 정보를 거의 전해주지 않았다. 따라서 트로이가 몰락한 때를 정확히 모른다. 17세기 중반 이전에 유럽인들에게 알려진 천문학적 관찰은 프톨레마이오스가 남긴 바빌로니아 기록으로 시작되지만, 그것도 기원전 8세기까지만 거슬러 올라갈 뿐이었다. 따라서 연대학자들은 성경과 더불어 고대 근동 지역을 다룬 단편적이고 논란이 많은 자료에 의존할 수밖에 없었다. 성경에 기록된 사건들의 연대를 집요하게 연구한 케플러는 이스라엘 왕국과 유대 왕국의 왕들이 통치한 기간 같은 문제들을 해결하는 데 시간과 땀을 아끼지 않았다. (동료 연대학자이던 세트 칼비시우스가 언급했듯이, 통치기간은 올곧은 정신을 가진 학자라면 누구도 해결할 수 있을 거라고 기대하기 힘든 문제였다.) 케플러와 메스틀린이 행성론의 복잡함과 케플러의 다면체 모델에 대해 자세히 논의했다는 것은 잘 알려진 사실이다. 반면에 그들이 이집트로부터의 탈출과 솔로몬 성전의 헌정 사이의 간격에 대해서도 끈질기게 논쟁했다는 것은 그다지 알려지지 않았다. 그들은 고심하며 이 문제를 다루었지만, 천문학이 어떤 도움도 줄 수 없는 문제 중 하나였다. 그들은 성경에서 여러 형식으로 언급된 통치기간을 계산하며 모순을 발견했고, 가능한 범위 내에서 성경 속의 사건들을 헤로도토스 및 이교도 역사가들의 기록과 비교했다. 결국 성경의 연대에서 한쪽을 인정하려면 다른 한쪽을 무시해야 했다. 그러나 케플러와 메스틀린도 그랬겠지만, 이런 논쟁에서는 필연적으로 상대에게 손가락을 까닥이며 성경의 권위에 의문을 제기하지 말라고 경고하게 된다. 메스틀린이 한 논쟁에서 말했듯이 "성경에 오류가 있다고 비난하기는 힘들다."[36] 케플러도 성경의 후반부를 설명할 때 헤로도토스를 필두로 그리스 역사가들을 이용하며, 정상적인 경우에 그가 선호하던 수학적이고 계량적인 영역을 벗어나야 할 때마다 스칼리제르가 깔아놓은 길을 따랐다.

⁎

지금까지 살펴본 바에 따르면, 케플러는 스칼리제르 이후의 세대를 대표하는 전형적인 연대학자처럼 보인다. 달리 말하면, 당시에도 이미 상당한 결과를 내놓던 학제간 방법론을 물려받았다는 뜻이다. 라이프치히의 성가대 학교 교장이던 세트 칼비시우스는 1556년에 태어났고, 케플러는 1571년 생이었다.[37] 케플러처럼 칼비시우스도 스칼리제르의 저작을 통해 연대학을 배웠다. 한 친구에게 말했듯이, 칼비시우스는 슐포르타라는 다른 학교에서 음악과 역사를 가르쳤기 때문에 연대학에 관심을 갖게 되었고, 연대학과 관련된 책을 폭넓게 읽었다. 그러나 스칼리제르의 책을 구입하고 읽은 후에야 칼비시우스는 연대학을 제대로 이해할 수 있었다. 그때부터 그는 스칼리제르의 저작을 쉽게 이해하기 위한 입문서를 쓰고 수정하는 데 평생을 바쳤다. 칼비시우스의 《연대기 작업Opus chronologicum》(1605)은 깊이 있고 명증한 저작이었고, 일식과 월식을 간단명료하게 정리한 표와 그 표의 근간이 되는 일식과 월식의 정확한 날짜들이 특히 눈에 띄었다. 그러나 칼비시우스도 성경 속의 사건들을 파고들었다.[38] 케플러와 칼비시우스는 많은 전문적인 점에서 의견이 달랐지만, 둘 모두 나보나사르 시대의 기록을 신뢰하며 일식과 월식의 날짜를 정확히 추정할 수 있다고 굳게 믿었고, 따라서 이교도의 문헌을 근거로 성경을 연구할 필요가 있다고 생각했다. 또 누구나 쉽게 예상하듯이, 그들은 자신들을 비판하는 사람들의 전문성 결여에 대한 험담을 주고받기도 했다.

그래도 하나의 커다란 차이가 있었다. 칼비시우스는 한 편의 포괄적인 논문을 썼고, 그 논문은 1605년 처음 공개된 이후로 판을 거듭하며 계속 출간되었다. 반면 케플러는 《구약성서》의 연대기'를 위해 광범위하게 연구하고 기록도 남겼지만 그 책을 끝내 완성하지 못했고, 자신이 정리한 시대표에 대한 완전한 해설을 쓰겠다는 약속도 지키지 못했다.[39] 따라서 연대학 분야에 대한 케플러의 연구는 결국 많은 편지들과 간헐적으로 발표한 짧막한 출판물들에 담겼다. 특히 1615년에 발표한 《전원시의 역사》는 공식적인 논문은 아니었지만, 헤로데 대왕이 통치한 때부터 유대인이 로마를 상대로 독립전쟁을 벌인 때까지 예수의 삶과 유대인의 역사에서 핵심적인 문제들에 대해 여러 학자와 편지를 주고받으며 분석한 것이었다. 케플러는 유대 국가의 몰락과 기독교의 탄생을 다룬 복잡하고 논란이 많은 역사적 자료들과 싸웠다. 케플러는 한 단계씩 시간을 거꾸로 올라가며, 신교도인 칼비시우스와 가톨릭교도인 데커 등과 까다롭고 복잡한 문제를 두고 논쟁을 벌였다. 케플러는 그들과 주고받은 편지를 단편적으로 발췌해 새로운 순서로 짜깁기함으로써 결론이 없이 끝나는 대화글을 완성했는데, 이것은 낡은 지침을 두고 난장을 벌인 입씨름보다 일관성이 없는 토론이었다.[40]

처음에 나는 케플러가 '새로운 연대학'이나 '《구약성서》의 연대기' 같은 저작을 완성하지 못한 것에 대해 무척 아쉽게 생각했다. 그 저작이 완성되었더라면 케플러가 지독히 복잡한 주제를 어떻게 다루는지 엿볼 수 있었을 것이기 때문이다. 그러나 케플러가 연대학을 편지로 다루기에 특히 적합한 학문으로 보았던 게 분명해졌다. 실제로 케플러를 비롯한 당시의 많은 학자는 다른 학문도 그렇게 생각하는 경향이 많았다. 물론 그 편지는 "반대가 진정한 우정"이라는 윌리엄 블레이크William Blake, 1757-1827의 원칙을 실천하는 편지여야 했다. 케플러는 연대학을 "열린 마음으로 의견과 비판을 교환할 때 크게 성장할 수 있는 분야"로 규정했고, 연대학자로 일할 때는 모든 점에서 이런 생각을 실천하는 모범을 보였다. 케플러의 연대학 연구에는 과거에 대한 진실을 찾아내는 데 그치지 않고, 그렇게 하기 위한 적절한 조건을 체계적으로 확립하려는 노력이 고스란히 담겨 있다. 케플러가 정의한 바에 따르면, 학자들이 이념적으로 다른 진영에 속하더라도 지켜야 하는 토론의 규범과 관련된 조건이었다.

케플러가 연대학에 공개적으로 개입하기 시작한 때는 1605년과 1606년이었다. 그는 1604년에 발견된 새로운 별(요즘 방식으로 표현하면, 뱀주인자리의 아래쪽에 위치한 초신성)의 의미를 분석하려 했다. 1603년 목성과 토성의 대회합이 있은 후에 그 별은 양자리와 사자자리와 함께 '불의 삼각형Fiery Trigon'을 이루는 궁수자리에 나타났다. 이 회합은 불의 삼각형, 즉 삼궁三宮의 시작을 알리는 전조다. 약 200년이란 기간 동안 대회합이 세 개의 동일한 별자리에서 반복해 일어날 것이란 뜻이었다. 케플러는 하늘에 새롭게 나타난 별과, 오래전에 하늘에 나타났던 다른 별, 즉 동방박사들을 베들레헴까지 안내했고, 회합이 다른 삼궁으로 이동할 때도 동행했다는 베들레헴의 별 사이에 어떤 상관관계가 있는지 조사해보았다. 케플러의 설명에 따르면, 그 문제는 무척 간단히 풀렸다. 베들레헴 별의 출현보다 앞서 기원전 7년경에 회합이 일어났기 때문이다. 일반적으로 인정되는 성육신 날짜와 그 날짜를 수정하려는 대부분의 시도보다 훨씬 이전이었다. "예수 그리스도가 4~5년 전에 태어났다고 추정한다면, 내가 논의하는 새로운 별은 베들레헴 별과 많은 공통점을 갖게 된다. 두 별의 출현이 큰 행성의 회합과 일치하고, 새로운 800년의 시간이 시작하는 전조, '불의 삼각형'과도 일치한다."[41]

이즈음 케플러에게 필요한 정보가 출판물로 발표되었다.[42] 오스트리아 그라츠에서 케플러는 한 편의 논문과 우연히 마주쳤다. 라우렌티우스 수슬리가Laurentius Suslyga, 1570-1640라는 폴란드계 학생이 그 지역 대학교에서 예수회 수도자 요하네스 데커의 지도를 받아 발표한 논문이었다.[43] 수슬리가가 주장한 모든 것에 케플러가 동의한 것은 아니었다. 천문학이 연대학자에게는 쓸모없다고 폄하하는 대목을 보고, 케플러는 몹시 격분해서 논문과 펜을 내던지고는 책상에서 벌떡 일어나 서재를 나가버렸다. 그러나 케플러는 그 논문에 담긴 폭넓은 지식에 감탄하기도 했다. "나도 손에 넣어 내 서재의 보석으로 간직하고 싶은 고대 문헌부터의 엄청난 양의 독서를 무시할 수 있겠는가?"[44] 특히 그리스도가 기원전 4년에 태어났다는 수슬리가의 주장을 무척 매력적이라 생각했다. 수슬리가의 정확한 역사적 논증에도 케플러는 찬사를 아끼지 않았다. 예를 들어보자. 헤로데의 아들, 분봉왕 빌립보는 아우구스투스의 딸 율리아를 기리기 위해 벳새다에 새로운 도시를 지으며 벳새다-율리아로 이름을 바꾸었다. 그러나 기원전 2년 아우구스투스는 간통을 이유로 율리아를 로마에서 추방했다. 그렇다면 기원전 2년 전에 빌립보는 벳새다-율리아로 지역 이름을 고쳤어야 하고, 빌립보가 분봉왕이 되기 전에 헤로데는 사망했어야 한다. 하지만 동방박사들이 예언한 유대인 왕을 죽이겠다고 헤로데가 무죄한 아이들을 학살한 것은 분명하기 때문에 헤로데는 예수가 탄생한 후에 죽어야 한다.[45] 따라서 예수는 일반적으로 알려진 해보다 서너 해 먼저 태어났어야 한다. 이처럼 정교하고 치밀한 논증에 감동을 받아 케플러는 수슬리가의 탁월한 논문을 세상에 알리기 시작했다. 케플러의 이런 노력이 없었다면 그 논문은 잊히고 말았을 것이다. 하지만 많은 독자가 수슬리가에게 반감을 드러낸 듯하다. 여하튼 새로운 생각이 대중적 지지를 얻는 것은 어느 시대에나 어려웠다.

하지만 케플러는 수슬리가의 논증을 다듬어 개선하려는 노력도 게

울리하지 않아, 젊은 수슬리가가 간과한 천문학적 자료까지 동원해 그리스도의 탄생을 더 오랜 과거까지 밀어냈다. 예컨대 유대인 역사학자 플라비우스 요세푸스가 남긴 기록에 따르면, 헤로데의 죽음에 앞서 월식이 있었고, 예루살렘에서 달이 일부만 보였다. 케플러는 기원전 4년 3월 12~13일에 그런 월식이 있었다는 걸 계산해냈다. 이런 천문학적 자료를 바탕으로 케플러는 헤로데의 사망일을 알아낼 수 있었다. 요세푸스는 헤로데의 죽음과 유월절 축제를 결부시켰다. 기원전 4년에는 월식이 있고 대략 한 달 후에 유월절이 있었다. 항상 반짝이는 별들의 궤도를 보면, 예수는 기원전 6년이나 그 이전에 태어났어야 한다. 이런 깔끔한 해결이 케플러 연대학의 전형이었다. 요컨대 역사 문헌과 천문학 자료에 근거하여 케플러는 천문학 자료에는 의문을 제기할 수 없다고 주장했다. 비유해서 말하면, 당시에 천문학 자료는 요즘의 DNA 증거, 즉 최첨단 과학 연구의 산물로, 이론적으로는 의문의 여지가 없는 증거였다. 헤르바르트가 프톨레마이오스의 관찰에서 오류와 왜곡을 발견했다고 주장했을 때 케플러는 친구이자 후원자이던 헤르바르트에게 평소와 달리 매섭게 반발했다. "역사학자들이 보유한 집정관들의 목록보다 천문학자들이 관찰하는 별들의 균일한 운동이 더 확실한 증거입니다. … 황제는 천체운동의 기준이 아니지만 천체운동은 황제의 기준이기 때문입니다."[46] 그러나 헤르바르트와 달리 케플러는 요세푸스 같은 역사학자들의 증언 또한 무시하거나 일축해서는 안 된다고 주장하기도 했다. 게다가 케플러는 스칼리제르를 매섭게 비판하며 바로잡았지만, 스칼리제르의 친구이자 동료이던 이자크 카소봉은 케플러의 뛰어난 역사적 분석을 크

게 칭찬했다.[47]

루터교도로 황궁 수학자이던 케플러가 가톨릭교도, 하물며 예수회 소속도 아닌 젊은이가 쓴 연대학 논문을 세상에 알리고 보완까지 했을 때 당시 학자들은 놀랍다는 반응을 보였다. 더구나 신성로마제국의 대학들에서 흔한 관례였지만, 그 논문의 실제 저자가 순박한 젊은이가 아니라, 그 젊은이의 지도 교수로 논문을 심사한 예수회 소속의 교수, 즉 '프라에세스praeses'였다는 게 밝혀진 후에도 케플러가 그 논문을 계속 알리자 당시 학자들은 더더욱 놀랐다.

달리 말하면, 케플러는 칼뱅파의 영웅이던 스칼리제르만이 아니라 스칼리제르의 짝패, 칼비시우스까지 등지고 예수회 교수의 편에 섰던 것이다. 스칼리제르가 성육신을 기원전 2년에 있었다고 못 박았기 때문이다. 유럽인이면 모두가 알고 있었듯이, 예수회는 인간됨과 학문 능력에서 스칼리제르의 신용을 떨어뜨리는 걸 핵심적인 목표로 삼았다. 전자의 목표를 달성하려고 예수회는 카스파어 쇼페Caspar Schoppe, 1576-1649를 지원해, 스칼리제르의 아버지가 실제로는 베로나의 군주, 스칼라 가문과 아무런 관계가 없다는 걸 증명하는 박사학위증을 대량으로 인쇄했다. 후자의 목표를 성취하기 위해서는 마인츠와 뮌헨 등에 연대학 연구소를 설립해 스칼리제르가 사용한 그리스 문헌들을 재편집했고, 원전에 대한 그의 해석을 시시콜콜 공격했다. 스칼리제르에 예수회가 집단적으로 격렬히 대응한 까닭에, 19세기의 위대한 학자로 스칼리제르의 견해를 옹호한 마크 패티슨은 '예수회의 학문'을 "교회를 섬기려고 진짜 학문을 교묘하게 모방하며 생겨난 가짜 학문"이라 규정했다.[48]

케플러는 데커가 라틴어로 쓴 저작이야말로 그 형식에서 전형적으로 예수회적인 것, 달리 말하면 매너리즘적인 것이라 보았다. "문체가 유치하고 겉만 번지르르하다. 논점들이 증명되지 않아, 그가 제시한 우화들은 취소되어야 마땅한 듯하다."[49] 하지만 케플러는 데커의 연구 결과를 진지하게 받아들였을 뿐만 아니라 예수회의 편에 선 듯했다. 물론 예수회와 그들의 협력자들은 케플러를 적극적으로 이용해 신교도 학계의 거두였던 스칼리제르를 제거하려 했다. 예컨대 마인츠의 예수회 신학자로 히브리학을 전공한 니콜라우스 제라리우스Nicolaus Serarius, 1555-1609는 초기 유대 종파에 대해 스칼리제르와 의견이 완전히 달랐다. 따라서 그는 자신의 논쟁적인 저작에 케플러가 사용한 참고문헌을 그대로 끼워 넣었고, 스칼리제르가 시도한 아티카력의 재구성을 신랄하게 비판한 편지의 공개를 허락해달라고 케플러를 설득하기 위해 노력했다. 하지만 제라리우스의 그런 편지는 어떤 답장도 받지 못했다. 신교도에서 가톨릭교도로 개종하고 황제 루돌프 2세의 고해 신부로 봉직한 요하네스 피스토리우스Johannes Pistorius, 1546-1608는 더 나아가 케플러에게 개종하지 않겠느냐고 직설적으로 묻기도 했다.

예수회의 이런 집단적 공세에 케플러는 크게 분노했다. 케플러는 스칼리제르를 비판한 편지의 대량 인쇄를 허락해달라는 제라리우스의 부탁을 거절했다. 케플러가 말했듯이, 그 편지는 공적인 문서가 아니라 사적인 편지였다. 또 피스토리우스에게는 인간의 지성을 종속에서 해방시킨 대대적인 종교개혁 운동을 포기할 생각이 눈곱만큼도 없다고 대답했다. 케플러의 이런 반응에 피스토리우스는 "신학을 떨쳐내기를 바랍니다. 내가 보기에 당신은 신학이 무엇인지 전혀 모릅니다"라며 한숨을 내쉬었다.[50] 케플러는 성육신이 더 일찍 있었다고 주장한 자그마한 논문에 스칼리제르의 저작을 칭송하는 소소한 주석들을 덧붙였고, 스칼리제르에게 다시 편지를 보내 그를 존경하는 마음에는 변함이 없으며, 공개적으로도 밝혔듯이 연대학을 진지하게 연구하는 모든 학자가 스칼리제르에게 큰 빚을 지고 있다고도 되풀이했다.

⁑

여기에서는 두 가지가 중요한 쟁점이 된다. 첫째는 예수가 기원전 1년 12월 25일이 아닌 다른 날에 태어났다는 케플러의 주장에 그의 많은 독자가 큰 충격을 받았다는 것이다. 성육신 날짜는 연대학자들에게 항상 논란거리가 되던 대표적인 쟁점이었다. 전문적인 성격을 띠는 쟁점이었지만 거기에 함축된 의미는 그 수준을 훌쩍 넘어섰다. 당시 신교도와 예수회는 해석과 설교 모두에서 성경의 무류성을 강조하는 경향을 띠었고, 그런 경향은 중세 교회의 전통과 사뭇 달랐다. 예컨대 피스토리우스는 케플러와 데커의 주장을 믿어보려고 애썼지만 그들의 새로운 주장을 복음서에 적용할 수 없다고 판단한 끝에 그 주장을 인정하지 않기로 했다. "요세푸스는 어찌 되든 말든 성경의 역사적이고 신성한 진리를 지켜야 하지 않겠는가!"[51] 이런 이유에서 성육신 날짜도 중요했다. 연대학을 연구한 예수회 수도자들은 신부로 활동하며 어린아이들에게 가장행렬에서 무죄한 아이들처럼 꾸미는 법을 (오직 그날에만) 가르쳤다.[52] 신성한 문헌과 신성한 시간이 맞물린 뼈대가 중요했고, 신교도와 예수회는 공모해 그 뼈대를 뜯어내려 했다.

둘째는 케플러가 데커를 대화 상대로 선택한 이유는 데커가 가톨릭교도였지만 그처럼 교파에 개의치 않고 학문에 전념하는 학자였다는 것이다. 이 점도 주목할 만하다. 안트베르펜에서 수련한 예수회 수도자이던 데커는 마르틴 델리오Martin Delrio, 1551-1608와 함께 살았다. 델리오는 예수회 신학자로 마법 전문가였고, 신교도 특히 스칼리제르의 숙적이었다. 한편 뛰어난 역사학자였지만 학계 소문의 전문가로 옛 친구의 등에 서슴없이 칼을 꽂던 쥐스튀스 립시우스는 그라츠에 오기 훨씬 전에, "데커가 공개 강연에서 스칼리제르를 비방하며 그의 주장을 논박하고 있다"라는 소문을 퍼뜨렸다.[53] 하지만 데커는 케플러와 비슷한 편이었다.[54] 예수가 가톨릭계와 신교도계가 믿은 시점보다 훨씬 일찍 태어났어야 한다는 걸 깨달았을 때 데커는 그 결과를 양쪽 교단에 모두 알렸다. 또 아우크스부르크의 학자, 마르쿠스 벨저Markus Welser, 1558-1614를 통해 데커는 자신의 의견을 스칼리제르에게 전했다. 또 예수회의 명령 계통을 통해 바티칸의 사서이던 체사레 바로니오 추기경에게도 보냈다. 바로니오 추기경은 가톨릭계에서 초대교회의 역사와 연대기를 다룬 교과서로 여겨지던 《교회 연보》의 저자이기도 했다. 데커는 이념 전쟁의 시대에 올곧은 품성을 지키던 사람에게 흔히 닥치던 숙명을 견뎌야 했다. 결국 두 극단이 충돌했다.

스칼리제르는 벨저에게 보낸 두 통의 편지에서 데커와 그의 사상을 신랄하게 비난했고,[55] 바로니오도 《교회 연보》 제10권의 특별부록에서 데커를 맹렬히 비난했다. 심지어 바로니오는 예수회 총장이던 클라우디오 아콰비바Claudio Acquaviva, 1543-1615에게 곧장 달려가 데커가 연대학에 대한 저작을 출간하지 못하게 하라고 설득했다.[56] 물론 모든 예수회 수도자가 아콰비바의 비망록을 받지는 못했다. 예수회 수도자로 위대한 서지학자이던 안토니오 포세비노Antonio Possevino, 1533-1611는 데커의 유명한 저작을 기대하며 계속 언급했다. 그러나 결국 데커의 주장을 지지하던 수도자들도 데커를 도울 수 없었고, 그 책은 결국 출간되지 못한 채 지금까지도 필사본으로 남아 있다.

이렇게 열린 마음을 가진 관대한 예수회 수도자 데커와 케플러의 관계는 괴테가 '선택적 친화력Wahlverwandschaft'이라 칭했던 것에 가깝다. 서신 교환이 계속되며 의견이 다른 부분이 분명해지자, 그들은 의견 교환, 더 나아가 공정한 의견 교환의 성격에 대해 각자의 생각을 피력하기 시작했다. 데커는 불꽃을 내려면 부싯돌과 강철이 맞부딪쳐야 하듯이 새로운 지식이 만들어지려면 두 생각이 충돌해야 한다고 거듭 주장했다. "본의 아니게 내 의지와 달리 글쓰기를 중단해야 합니다. 따라서 우리의 달콤한 대화도 이제 끝내야 합니다. 하지만 서로 의지하고 질문하며 기도하는 건 중단하지 맙시다." 그러나 데커는 예수의 탄생에 대한 자신의 의견을 케플러가 받아들이게 하려고 애썼다. "이 부분에서 각자 다른 의견을 갖고도 우정을 얼마든지 그대로 유지할 수 있겠지요. 하지만 주님이 세례를 받고 수난을 겪은 날에 대해 우리 둘의 의견이 일치하더라도 주님이 탄생하신 해에 대해 의견이 다르다는 사실에 내 마음이 너무 아픕니다."[57] 케플러는 데커가 그들의 '즐거운 교환dulce colloquium'이라 칭한 것을 자신도 소중히 생각한다는 답장을 보냈다. "학자 중 학자이신 선생님은 인간됨과 관대함에서 저를 능가하십니다. 지식에서도 선생님을 넘볼 수 없지만 인간적 미덕에서도 선생님의 경쟁자가 될 수는 없습니다."

케플러와 데커는 사적으로 주고받을 수 있는 글과 공개하는 게 옳다고 생각하는 글을 신중하게 구분했다. 1607년 데커는 "누구에게도 고통이나 아픔을 주지 않고 연대학 분야를 연구하는 게 더 낫다고 생각한다"라며 케플러에게 논란이 되었던 필사본을 돌려달라고 요구했다.[58] 케플러는 데커의 요구에 응했을 뿐만 아니라 그들이 주고받은 편지들을 묶어 1614년 《전원시의 역사》로 발표할 때 데커의 편지에서 다른 사람들에게 상처를 줄 만한 구절들을 삭제했다. 하지만 케플러는 데커가 편협한 사람이 아니라는 걸 믿었던 까닭에 그에게 공정하게 처신하지 않는다고 되풀이해 말했다. 케플러가 《전원시의 역사》에서는 삭제한 구절에서 이렇게 말했다.

죄송하지만 선생님께 속내를 털어놓고 솔직히 말씀드리고 싶습니다. 스칼리제르는 선생님의 논증을 뒷받침하는 모든 근거를 명확히 제시했습니다. 그분이 다른 곳에서 사용하던 평소의 어투보다 훨씬 더 명료하고 명쾌하게 말입니다. … 그분이 이단자이고 혁신가이며, 교부들을 헐뜯는 사람일지도 모릅니다. 또 조상들에 대해 거짓말을 하는 것일지도 모릅니다. 그분이 현재의 문제와 어떤 관계가 있을까요? 그분을 비방하지 않고 이 문제를 다룰 수 없는 이유가 어디에 있습니까? … 선생님이 동의하지 않는 부분에 반박하는 건 당연합니다. 저도 똑같이 할 테니까요. 그러나 선생님의 적이 올바로 한 것을 선생님이 언급하신다면 선생님의 주장이 더 신뢰를 받을 것입니다.[59]

케플러는 데커에게 스칼리제르의 주장을 비판하려면, 그 주장을 요약하지 말고 전문을 인용하라고 촉구했다. 다른 유사한 편지에서는 특별한 이유를 언급하지 않은 채 논점을 연대학에서 윤리 문제로 바꾸며, 실질적인 문제로 돌아가야 할 필요가 있다고 말했다.

케플러는 약 30명의 학자와 연대학에 대한 편지를 주고받았다. 일부는 북부의 괴를리츠, 바우첸, 단치히에 살았고, 다수는 루터파 독일의 지적 중심지이던 라이프치히, 케플러가 재직한 튀빙겐대학교에 거주했다. 서쪽으로 마인츠와 알사스에 거주하는 학자도 적지 않았다. 그들의 대부분이 루터교도이거나 칼뱅교도였지만 서너 명은 가톨릭교도였다. 케플러는 데커와 편지를 주고받을 때도 그랬듯이, 전부는 아니었지만 다수의 편지에서 양쪽 모두가 동의하는 논쟁 조건을 명확히 정했고, 서신을 교환하는 과정에서나 훗날 출판물로 발표할 때도 상대에게 상처를 주지 않으려고 조심하려고 애썼다.

때때로 케플러와 동료 연대학자들은 헨리 제임스Henry James, 1843-1916가 《픽션의 기술The Art of Fiction》에서 표현한 이상적인 저자, 즉 "이해하지 못하는 게 없는 저자"를 빼닮은 모습이다. 그들은 탁월한 학문적 감각으로, 전문적이고 수사학적 이유로 논박될 수 있는 주장과 언급은 부적절하거나 불공정한 것이라 생각했다. 이런 세심함은 결코 비정상적인 것이 아니었다. 예컨대 튀빙겐대학교의 그리스학 교수 마르틴 크루시우스는 1598년 한 친구로부터 스칼리제르가 그를 인용하며 칭찬했다는 소식을 들었을 때 몹시 흥분했다.[60] 그는 그 소문의 진위를 파악하려고, 사방에 귀를 가진 친구, 아우크스부르크의 그리스학 연구자 다비트 회셸David Hoeschel, 1556-1617에게 곧장 편지를 썼다. 회셸은 똑같은 소식을 들었지만 문제의 저작, 즉 1598년 레이던판 스칼리제르의 《시간의 개량에 대하여》를 아직 구하지 못한 까닭에 관련된 구절을 정확히 전해줄 수 없다고 답장했다.[61]

라이프치히의 연대학자 칼비시우스도 지적 토론의 조건에 깊은 관심을 가졌다. 케플러가 그랬듯이 칼비시우스는 연대학 문제를 두고 편지를 주고받을 학자들로, 네덜란드의 레이던과 하르데르베이크부터 케플러가 있던 프라하까지 널찍한 조직망을 구성했다. 칼비시우스도 케플러 못지않게 열린 마음으로 자유롭게 의견을 교환하는 문화를 중요하게 생각했다. 따라서 예수의 성육신, 삶과 죽음에 대한 케플러의 의견을 비판할 때 칼비시우스는 "우애와 사랑을 담아, 진실을 배우겠다는 자세로" 접근한다며 "내가 잘못된 것이 있다면 나를 꾸짖고 가르쳐주십시오. 내가 너무 노골적으로 말하더라도 용서해주십시오. 당신의 인간됨을 알기에 당신이면 그렇게 하실 것이라 굳게 믿습니다"라고 덧붙였다.

칼비시우스도 사적인 편지에서 써야 할 것과 대외적인 출판물에 써야 할 것은 신중하게 구분했다. 예컨대 예나의 역사학 교수 엘리아스 로이스너Elias Reusner, 1555-1612가 1600년에 연대학 논문을 발표하며, 스칼리제르가 세상이 기원전 4712년에 시작되었다고 생각하지만 그 날짜는 《구약성서》의 히브리어판이나 그리스어판 어디에서도 뒷받침되지 않는 매우 이상한 주장이라고 지적했다. 게다가 로이스너는 고대 천문학자들이 하늘의 사건들과 결부시킨 나보나사르 바빌로니아 왕이 실제로는 살마나사르 아시리아 왕이고, 프톨레마이오스가 언급한 바빌로니아의 또 다른 왕 나보폴사르는 예루살렘을 정복한 네부카드네자르였다는 해묵은 이론을 반복했지만, 그 이론은 스칼리제르에 의해 논박된 것이었다.[62] 칼비시우스는 로이스너에게 보낸 사적인 편지에서 그런 실수를 은밀히 수정해주며, 문제의 날짜(실제는 기원전 4713년)는 창조가 시작된 때가 아니라 스칼리제르가 제안한 율리우스 주기Julian Period가 시작되는 때라는 설명도 덧붙였다.[63] 스칼리제르가 연대학자들에게 토론의 준거틀로 제시하려고 궁리했던 것은 창조의 날이 아니라 임의적으로 시작한 율리우스 주기가 시작되는 날이었다. 또한 스칼리제르는 바빌로니아와 아시리아의 왕에 대해 로이스너의 생각을 바로잡아주며, 그가 사용한 고대 역사가들 베로수스와 메카스테네스가 남긴 파편적 자료들은 로이스너가 인용한 조반니 난니가 1498년 왜곡한 자료들과 같은 것이 아니라고도 지적했다.[64]

하지만 케플러와 달리, 칼비시우스는 명망의 부족을 실감할 수밖에 없었다. 칼비시우스가 맡고 있던 라이프치히 성가대 학교 교장직은 시의회가 무척 중요하게 여기던 직책이었고 보수도 썩 괜찮았다. 게다가 한 세기 후에는 세바스티안 바흐가 그 직책을 물려받았을 정도였다. 그러나 칼비시우스가 일하는 곳은 일반 학교였지 대학교가 아니었다. 반면에 로이스너는 대학 교수였다. 그 때문이었는지 로이스너가 칼비시우스에게 보낸 답장에는 편지 봉투를 뜯기 전부터 비난과 짜증의 기운이 물씬 풍겼다. 칼비시우스를 존경하는 사람들은 편지의 수신인으로 "탁월한 혜안을 지닌 통찰자, 최고의 직관력을 지닌 연대학자, 최고의 역사학자, 세트 칼비시우스 님에게"라고 썼다.[65] 하지만 로이스너는 수신인을 "내 자랑스러운 친구인 음악가, 세트 칼비시우스에게"라고 표기했다. 게다가 그가 상류층 학생들을 겨냥해 뛰어난 전술을 모은 《전략집Stratematographia》을 편집하느라 눈코 뜰 새 없이 바쁜 데다 "당신의 편지가 우의로 쓴 것이라 생각하지 않기 때문에" 애초에는 답장할 생각조차 없었다고 말하고는 칼비시우스의 비판을 제대로 이해하지 못했다는 걸 보여주려는 듯 칼비시우스가 오류였다고 지적한 부분들에 대해 시시콜콜 변명했다.[66]

칼비시우스는 그에 대해 침묵을 지켰지만, 약 10년 후에 로이스 너는 오류를 수정하지 않은 채 스칼리제르와 칼비시우스에 대한 비판을 더해 자신의 책을 재출간했다. 그때서야 칼비시우스는 공개 편지 형식의 소책자를 발표해 로이스너의 비판에 대응했다. 그 소책자에서도 칼비시우스는 로이스너를 비롯해 개인적인 의견을 적극적으로 밝히는 독자들의 극단적인 도달에 대응하려고 글을 쓴 것이라고 밝혔다. 그 소책자를 읽고 로이스너는 칼비시우스가 다른 식으로 처신했어야 한다고 생각한 듯하다. 1606년 로이스너는 스테파노 과초 Stefano Guazzo, 1530-1593의 《시민의 대화La civil conversazione》를 라틴어로 번안해 발표한 책에서 "우리는 한 친구를 바로잡아야 한다. 그래야 그 친구가 그런 교정을 좋아하고, 우리에게 빚진 마음을 가질 것이다"라고 말했다.[67] 로이스너의 생각에 칼비시우스는 연대학에서 시민의 대화 법칙을 깨뜨렸기 때문에 공개적으로 비난받아야 마땅한 사람이었다. 한편 칼비시우스도 똑같은 이유에서 로이스너에게 출판물이란 형틀을 씌워 매질하는 게 정당하다고 생각했다. 그는 로이스너와 사적인 편지로 은밀히 대화하며 로이스너에게 어떤 상처도 주지 않았는데 로이스너가 그를 공격했기 때문이었다.[68] 더구나 예절바른 태도의 기준은 제아무리 정확히 규정하더라도 충분하지 않았다.

케플러와 그 시대의 많은 학자에게 연대학은 스칼리제르를 비롯한 여러 선구자들로부터 물려받을 수 있는 고정된 학문이 아니라, 관련된 학문들을 완전히 익히고 종파적이고 논쟁적인 틀에서 자유롭게 벗어나야 할 학문이었다. 따라서 연대학을 제대로 해내려면 천문학과 문헌학을 철저히 학습하고 복잡한 윤리 강령을 지켜야 했다. 한마디로 학자로서 의무를 다해야 했다. 이런 기준을 맞추기는 쉽지 않았다. 그 때문에 칼비시우스는 케플러도 때로는 그 기준을 지키지 못했을 것이라 생각했다. 첫째, 그 기준은 문제를 해결할 때나 질문할 때나 초인적인 인내를 요구했다. 심지어 칭찬할 때도 그 기준을 지켜야 했다. 둘째, 동료들에게 문헌학 연구에서 높은 수준의 정확성을 요구하면 자신도 똑같은 수준의 정확성을 추구해야 했기 때문이다.

그 시대의 위대한 역사가들과 로마법 학자들, 예컨대 자크 오귀스트 드 투와 휴고 그로티우스Hugo Grotius, 1583-1645가 정치라는 큰 세계에서 타협점을 모색하려고 애쓸 때 연대학자들은 인문과학과 자연과학이란 작은 세계에서 똑같은 목표를 추구했다. 증언의 신빙성을 판단하는 고대의 수사학과 사회적 규범이 근대 초기의 과학적 논증에 어떻게 영향을 미쳤는지에 대해 우리는 지난 20년 동안 많은 것을 알게 되었다.[69] 하지만 연대학의 경우에는 이야기가 약간 다른 듯하다. 연대학자들은 그 학문의 기초를 시험하고 다시 놓기 위해서도 새로운 예절 규범을 만들어야 했다. 케플러가 남긴 편지 형식의 연대학 덕분에 우리는 그 과정에 비교적 쉽게 접근하고, 필연적으로 일어났던 많은 충돌과 사고까지 알 수 있다.[70]

최근의 연구에서 밝혀진 바에 따르면, 16세기 말과 17세기에 많은 분야의 전문가들이 자체의 편지 공화국을 세웠다. 피터 밀러Peter Miller와 윌리엄 스텐하우스William Stenhouse가 입증했듯이, 고전학자古錢學者들과 금석학자들은 각자 수집한 주화와 비문을 모아 박물관에 전시하거나 책으로 편찬했다.[71] 폴라 핀들런Paula Findlen과 브라이언 오길비는 식물학자들이 고대 문헌과 당시 표본으로 똑같은 작업을 했다는 걸 보여주었다.[72] 또 닉 자딘과 애덤 모슬리는 천문학자들이 편지를 일차적 자료로 삼아 연구서를 출간했다는 걸 우리에게 가르쳐주었다.[73] 아르나우트 비서르Arnoud Visser와 낸시 시라이시Nancy Siraisi와 잔나 포마타Gianna Pomata는 의학계도 자체의 편지 공화국을 세웠다는 걸 입증해 보였고, 베라 켈러Vera Keller는 연금술계도 그랬다는 걸 자신의 박사학위 논문에서 주장했다.[74]

물론 케플러와 연대학자들도 연대학을 위한 편지 공화국을 구성하려고 시도했다. 다시 말하면, 칼뱅교도와 루터교도와 가톨릭교도가 예수의 행적과 관련된 날짜를 차분하고 건설적으로 토론하는 가상의 세계를 세우려 했고, 어느 정도 성공을 거두었다. 데커의 저작을 편지 공화국의 기초로 삼은 케플러의 역량은 세력이 분산된 집단지성의 가치를 보여준 모범적 증거다. 그런 집단지성은 우리 모두가 지향하는 네트워크의 모태라 할 수 있고, 인문주의 교육을 공유함으로써 많은 학자가 지적인 공통분모를 찾아낼 수 있는 방법의 전형적인 예이기도 하다. 구체적으로 말하면, 신성로마제국에서 인정된 세 종파에 속한 학자들이 지적인 공통분모(애비바 로스먼Aviva Rothman이 케플러의 이력에서 학문적 우정의 역할을 재구성한 박사학위 논문에서 밝혀낸 현

상)를 찾을 수 있었다.[75]

하지만 월드와이드웹에서 그렇듯이, 편지 공화국에도 수준별로 네트워크가 공존하며 다양한 유형의 계급 구조와 충돌했다.[76] 케플러는 가톨릭 세력이 가장 강한 궁전에서도 루터교도로서 크나큰 특혜를 누린 천문학자였다. 따라서 케플러는 간혹 주변의 압력을 회피할 수 있었지만 그럴 만한 힘이 없는 사람이 많았다. 그가 교파를 초월해 일할 수 있었다는 것은 지적 네트워크가 계급 구조보다 우위에 있었다는 뜻이다. 한편 케플러와 그 시대 학자들이 새로운 학문 윤리를 세우려고 시도하며 주고받은 논평과 비판의 명료함 정도는 그들이 진심으로 과거에 대한 대화를 시작하는 게 얼마나 어려웠는가를 고스란히 보여준다. 지적 네트워크와 다양한 제도적 계급 구조 간의 긴장 관계는 결국 연대학에서 폭발했고, 그 결과로 케플러가 처음에 꿈꾸었던 세계도 물거품이 되고 말았다.

☆

역사학자와 과학사학자가 강조해왔듯이, 편지 공화국의 지리적 범위는 무척 넓었지만 그곳의 시민들이 주고받은 편지는 국경을 쉽게 넘나들었다. 네덜란드계 학자들이 프라하의 황궁에서 한 다양한 역할들을 추적한 니콜레트 마우트Nicolette Mout부터 프랑스 천문학자 니콜라 클로드 파브리 드 페레스크Nicolas-Claude Fabri de Peiresc, 1580-1637가 천문학과 고고학을 연구하는 동시에 물리적 실험을 시도하고 비문을 찾아 지중해 주변을 탐사하며 어떤 사람들과 편지를 주고받았는지 추적한 피터 밀러까지, 편지 공화국을 연구한 역사학자들은 그

곳의 세계주의를 높이 평가해야 한다고 우리에게 가르쳐주었다.[77]

그 시대의 거의 다른 학문과 마찬가지로 연대학도 이론적으로는 세계주의적이었다. 후기 고대 이후로 연대학자들은 칼데아와 이집트, 유대와 페르시아, 그리스와 로마의 전통을 연구했다.[78] 근대 초기의 연대학자들은 여기에 이슬람 세계와 남북아메리카, 중국을 덧붙였다. 하지만 실제로 연대학자들은 무척 지역주의적이었다. 그들은 편지 공화국을 다양한 관점에서 보았고, 그 결과를 합하면 하나의 매끈한 프레스코 벽화가 아니라 모자이크에 가까웠다. 많은 이유가 있겠지만, 무엇보다 연대학은 제대로 많은 책을 참조해야 했기 때문이다. 게다가 적잖은 책이 구하기 힘들거나 이해하기가 쉽지 않았다. 그러나 전쟁과 여행, 검열과 비싼 책값 때문에 상대적으로 소수의 연대학자만이 필요한 문헌을 구할 수 있었다. 예수회 수도자로 위대한 주석가였던 예레미아스 드렉셀Jeremias Drexel, 1581-1638이 《금광Aurifodina》에서 말했듯이, 어떤 학자도 중요한 문헌을 계속 만날 수 있을 거라고 확신할 수 없었다.

루뱅에서 나는 정말 운이 좋았다. 그곳에서 과거의 모든 시인, 아득한 옛날에 활약한 모든 역사가, 립시우스의 모든 저작을 만났다. 저명한 신학자들과 철학자들의 저작도 보았다. 하지만 지금은 물고기를 한 마리도 잡지 못한 채 바위에 주저앉은 어부처럼 진퇴양난이다. 역사를 다룬 책도 거의 눈에 띄지 않고, 힘들게 찾아도 상태가 엉망이다. 이 부근에서 립시우스는 함부로 다루어지며 그리스 신화에서 광신도들에게 죽임을 당한 테베의 국왕 펜테우스가 된 듯하다. 여기에 립시우스의 저작은 거의 없다. 판본이 일정하지도 않다. 다른 좋은 책도 거의 보이지 않는다.[79]

드렉셀은 이 문제를 해결할 방법 하나를 학자들에게 제시했다. 기억해야 할 구절을 기록해두고 그것을 항상 갖고 다니라고 조언했다. "나는 곰을 모방해서 내 손으로 딴 열매를 먹고산다. 달리 말하면, 나는 그렇게 발췌한 기록을 이용한다."[80] 그러나 이 조언은 메스틀린에게 별다른 도움을 주지 못했다. 스칼리제르의 《시간 사전Thesaurus temporum》은 1606년 레이던에서 처음 출간되었다. 그러나 그 후에도 오랫동안 메스틀린은 그 책에 주기적으로 접근하지 못한 듯하다. 따라서 메스틀린은 스칼리제르가 그 이전에 발표한 프톨레마이오스가 작성한 명단을 참조하지 않고 바빌론 왕들의 연대표를 작성해보려 했지만 별다른 성과를 거두지 못했다.[81] 지금 생각하면, 케플러와 메스틀린조차 그런 기준서를 필요할 때마다 보지 못했다는 게 놀랍기만 하다.

게다가 동일한 책을 읽는 사람들도 완전히 다른 식으로 책을 읽는 경우가 적지 않았다. 예컨대 메스틀린과 크루시우스는 튀빙겐에서 서로 가까이 살며 똑같은 학생들을 가르쳤고, 천체의 경이부터 역법의 개혁까지 모든 것을 논의했다.[82] 1596년 5월 말의 어느 이른 아침에 메스틀린은 요세푸스의 어떤 구절에 의문이 생겼다. 메스틀린은 크루시우스를 찾아가 도움을 구했다. 그들은 연대학에 대해 많은 대화를 나누었지만 하나의 근본적인 점에서 의견이 극단적으로 갈렸다.[83] 메스틀린은 1498년 처음 나타난 베로수스와 마네토와 메타스테네스의 문헌이 "비교적 최근에 비테르보의 아니우스라는 사람이 출판한 것이고, 우리 할아버지의 시대에 어떤 나태한 사람, 아니 오히려 악의적인 의도를 품은 악의적인 사람이 그럴듯하게 짜 맞춘 것"이라며 인정하지 않았다.[84] 스칼리제르처럼 메스틀린은 요세푸스와 에우세비우스가 보존했던 베로수스 등의 단편적 자료들을 더 신뢰하는 편이었다. 그러나 크루시우스는 가짜 베로수스 자료를 진짜로 믿고 인용했다. 메스틀린이 찾아오고 이틀 후, 크루시우스는 침대에 누워 한 친구의 편지를 읽고 있었다. 요하네스 호로피위스 베카누스 Johannes Goropius Becanus, 1519-1573를 비롯해 많은 인문학자가 그런 단편적 자료가 위작이라고 지적하는 편지였다.[85] 크루시우스는 그 편지에 기운을 얻어, 이튿날 메스틀린에게 아니우스의 출판물이 라틴어 원전이라는 편지를 보냈다. 또 잔존하는 단편들은 원전에서 거리가 멀고 오류가 있는 듯하지만 그렇다고 위작은 아니라고 조심스레 덧붙였다. 여하튼 위대한 학자들은 편지를 통해 정보를 얻었다.[86] 예컨대 유명한 연대학자 중 로이스너만이 유일하게 편지로 오류를 수정받은 것은 아니었다. 메스틀린과 크루시우스는 동료이자 친구로 연대학에 깊은 관심이 있었고, 같은 도시에 살았다. 그러나 연대학이란 가상세계에서 그들은 다른 지적 생태계에 거주했고, 그 생태계는 가정과 방법론에서 크게 달랐다. 결국 연대학이란 학문과 그 발전과정을 연구할 때는 세계주의의 범위와 폭만이 아니라 지역적이고 미시적인 특유의 문화까지, 더 나아가 때로는 서로 연결되고 때로는 끊어지던 다양한 중간 네트워트도 고려해야 한다.

하지만 역사학자들은 연대학의 유난한 난해함에서 이득을 얻기도

한다. 성경과 그 권위에서 비롯되는 압박감과, 유대교와 기독교 등 극단적으로 다른 문화적 전통에서 파생하는 정보와 문헌 사이에 타협점을 찾아야 하는 필요성 때문에 연대학은 무척 까다롭다. 많은 학자가 새로운 영역에 도전할 엄두를 내기 힘들 정도로 연대학의 장벽이 높고 두터웠던 까닭에 역사학자들이 그 장벽을 넘어 지적인 정보를 교환한 방법들을 찾아내려고 애쓰고 있다. 17세기의 지적 세계를 계급이 없는 평등한 네트워크로 묘사하는 공상소설조차 엮어내지 못할 정도로 그 장벽이 높은 것은 사실이다.

편지 공화국의 출현이 무엇보다 중요했다. 우리가 흔히 과학혁명이라 칭하던 것을 연구하는 역사학자들은 수십 년 전부터 17세기에 새롭게 등장한 과학단체들에 초점을 맞추었다. 그들은 발견자를 신뢰하는 명확한 법칙들을 합의로 결정했고, 교파의 차이를 무시했으며, 전통적으로 사회적 의미에서의 계급은 중요하지 않다고 주장했다. 역사학자들이 모든 사례를 확인하지는 못했지만, 그 단체들이 지식을 조직화하려는 원대한 노력에서 무수히 많은 크고 작은 역할을 해낸 것은 사실이다.[87] 케플러가 시도하던 연대학이 지금의 눈에는 진기하고 예스러우며 복잡하게 보일 수 있다. 그러나 인문과학과 자연과학이 하나로 여겨지던 최후의 시대였고, 새로운 집단 연구가 형태를 갖추어가던 시대를 맞아 지적인 삶이 변하던 무대에 들어가는 출발점이 바로 연대학이다.

7
❖

근대 라틴어가 누린 영화와 슬픔

⋮   프랜시스 베이컨이 적절한 단어를 찾지 못해 당황한 경우는 거의 없었다. 하지만 때때로 베이컨은 마음에 들면 한두 구절을 기꺼이 차용하기도 했다. 1605년에 발간된 《학문의 진보》에서 베이컨은 당시 역사가들이 고대에 대해 시도한 새로운 연구방식을 자세히 설명해주었다. 그들의 실험적이고 혁신적인 연구방식은 베이컨의 취향에 맞아떨어졌다. 수집가들은 과거의 물질적인 유물, 예컨대 잔해와 비문, 무기와 연장, 심지어 의류까지 수집하고 연구했다. 그들은 전통적으로 역사가의 연구에서 가장 중요한 설화를 설득력 있게 꾸미는 것보다 과거의 신앙과 의례를 재구성하는 걸 좋아했다. 그러나 역사가들의 연구방식은 방법론에서 근대적이었지만, 판독이 힘든 파편적 조각들을 끝없이 추적해야 한다는 점에서 쉽지 않았다. 베이컨은 출

처를 밝히지 않은 채 라틴어 구절을 인용해 그런 연구방식을 이렇게 설명했다.

앞에서 이미 말했듯이, 고대 문서 혹은 역사의 흔적은 '난파선의 판자 조각' 같은 것이다. 달리 말하면, 근면한 사람들이 정확하고 치밀하고 끈질기게 관찰함으로써 기념비와 명칭, 노랫말과 속담과 전설, 사사로운 기록과 증거, 단편적인 이야기, 역사와 관계없는 책의 구절 등에서 찾아내고, 시간의 대홍수에서 건져내 되살린 것이다.

얼마 전 이탈리아의 위대한 역사학자 리카르도 푸비니Riccardo Fubini 가 베이컨이 위의 구절을 인용한 라틴어 문헌이 무엇인지 알아냈다.[1] 베이컨이 그 구절을 인용한 방식에서 고대 문헌이었을 것이라 예측하기 쉽지만 실제로 그 문헌을 알아내는 것이 쉽지 않았다. 15세기 이탈리아 작가 플라비오 비온도가 라틴어로 쓴 《이탈리아 역사Italy Illuminated》였다. 비온도는 고대 로마를 연구한 인문주의자로, 이탈리아의 뛰어난 건축가이자 미술이론가이던 레온 바티스타 알베르티의 절친한 친구이기도 했다.

비온도는 고대 공동체들이 위치한 곳에 대한 증거를 찾아 온갖 문헌을 뒤졌고 이탈리아 전역을 돌아다녔다. 그러고는 그가 목격한 것과 고대 문헌의 증언을 비교했다. 그렇게 함으로써 현재의 지명이 고대 이탈리아에서 어떤 장소와 어떤 주민과 관련이 있는지 짝지으며 새로운 명칭에 정통성을 부여하고, 잊힌 이름을 되살리고 기록하며 이탈리아 역사에서 어둠에 싸인 부분을 드러내려 했다. 이런 작업은 애초부터 완료한다는 게 불가능했지만, 비온도는 유용한 정보를 담고 있으면서도 재미있게 읽히는 책을 써냈다. 그 책을 시작하며 비온도는 독자들에게 "완전히 사라진 난파선을 설명해달라고 하지는 마십시오. 거대한 난파선에서 몇몇 판자 조각이 해안까지 떠내려 온 것에 감사하십시오. 수면에 떠서 혹은 거의 보이지 않을 정도로 해안까지 밀려온 고마운 판자 조각들이었습니다"라고 부탁했다. 비온도가 겸손하게 말했다고 베이컨이 놓치지 않았듯이, 우리도 그가 책에 남긴 참신함까지 놓쳐서는 안 된다.

비온도는 역사 연구를 해안까지 떠밀려온 난파선의 판자 조각을 건져 올리는 행위에 비유하며, 라치오 지역을 설명하던 중간쯤에 그곳에서 있었던 일화 하나를 독자들에게 소개했다. 라치오가 이탈리아의 중심지에 있기도 했다. 1440년대에 알베르티는 프로스페로 콜로나 추기경의 의뢰를 받아 알바니 구릉에서 수정처럼 맑은 네미 호수의 바닥에 가라앉은 두 척의 로마선 중 하나를 인양하는 작업에 착수했다. 알베르티는 빈 포도주통을 앞뒤로 엮어 호수면에 띄워놓고, 양쪽에 권양기를 설치했다. "사람보다 물고기를 더 닮은 듯한" 제노바의 잠수부들이 끝에 갈고리가 달린 굵은 밧줄을 가라앉은 배에 연결했다. 로마 교황청의 고위 관리들이 지켜보는 가운데 권양기가 돌았고, 밧줄이 팽팽해졌다. 하지만 배가 뚝 떨어지고 말았고, 파편 조각들이 떠올랐다. 해저 고고학의 선구자적인 노력은 재앙에 가까운 실패로 끝났지만, 비온도와 알베르티를 비롯한 '로마 교황청의 고위층'은 마냥 좌절하지만은 않았다. 칼리굴라 황제가 그 호수에서 즐겼던 유람선이었다는 그 난파선들에 빛을 비추어줄 만한 문헌은 사라졌지만, 그들은 호숫가로 떠내려 온 판자 조각들을 면밀히 조사했다.

합동 보고서의 결론에 따르면, 그 배는 완전히 잎갈나무로 건조되었다. 갑판은 7.5센티미터 두께였고, 외벽의 틈새는 역청으로 메워졌다. 지금도 가끔 볼 수 있지만, 역청 위에는 노랗고 붉은 물질이 다시 덮여졌다. 외벽 전체에는 납판을 씌워 파도와 빗물로부터 선체를 보호했다. 납판을 잇는 데는 지금 사용되는 철못이 아니라 청동못이 사용되었다.

당시 고고학자들이 그랬듯이 인문주의자들도 증거로 제시된 판자 조각들을 해독하기 시작했다. 먼저 전체적인 구성을 분석한 후에 각 조각이 고대 선박에서 어떤 기능을 했는지 추정했다. 비온도는 이 일화를 책 전체에 대한 비유라고 말하며, 독자들에게 고대 이탈리아를 완전히 되살려내지 못한 무력함을 사과했다. 하지만 그와 동료들이 무척 새롭고 흥미진진한 과제를 경험했다는 사실을 강조했다. 비온도 자신은 지명을 비롯한 다른 종류의 문헌적 증거에 집중했지만, 그와 알베르티는 과거에 명확히 없던 방식, 달리 말하면 수세기에 걸쳐 분화되어 근대 고고학, 문화사와 종교사로 발전한 방법을 사용해 유물을 읽어내는 법을 알고 있었다.

⟡

경이로운 출판 프로젝트 덕분에 베이컨이 출처를 밝히지 않은 자료에서 무엇을 배웠는지 알아내기가 쉬워졌다. 특히 이탈리아 르네상스 시대에 라틴어로 출간된 문헌 전체를 맛보기가 예전보다 더 쉬워졌다. 비온도의 《이탈리아 역사》 중 첫 권이 2005년에 출간되었다. 제프리 화이트Jeffrey White가 편집하고 번역한 것이었다. 레오나르도 브루니의 《피렌체인의 역사History of the Florentine People》, 마르실리오 피치노의 《플라톤 신학Platonic Theology》, 보카치오의 《유명한 여인들Famous Women》, 프란체스코 페트라르카Francesco Petrarca, 1304-1374의 《욕설Invectives》, 안젤로 폴리치아노의 《숲Silvae》 등이 하버드대학교 부설 르네상스 연구센터, 빌라 이 타티Villa I Tatti에서 기획한 새로운 시리즈, '이 타티 라이브러리I Tatti Library'의 일부로 출간되었다. 역시 하버드대학교 출판부에서 출간된 전통적인 뢰브 클래식 시리즈Loeb Classical Library를 모델로 한 '이 타티 라이브러리'는 이탈리아 르네상스 시대에 라틴어로 출간된 중요한 저작들을 요즘 독자들에게 소개하려는 목적에서 원전을 영어로 번역해 적절한 판형으로 제공한다. 특히 대부분이 영어로 처음으로 번역된 것이다.

회극부터 형이상학까지 이탈리아 르네상스 시대의 저작들은 오랫동안 학자들만이 읽을 수 있었지만, 그들 중 가장 야심차고 혁신적인 저작들이 영어로 번역되어 미국 전역에서 보더스와 반스 앤드 노블 같은 대형서점의 선반과 작은 대학 도서관의 서가에 진열되었다. 덕분에 영어만 아는 독자도 그런 책들을 만날 수 있게 되었다. 적어도 번역에서 르네상스 시대의 라틴어가 돌아왔다. 비온도의 경우가 그렇듯이, 르네상스 시대의 라틴어는 우리에게 많은 것을 알려준다. 우아하고 생생한 언어에 표현된 매력적이고 때로는 혁신적인 문헌이 많기 때문이다.

지금까지 36권이 출간되었고 앞으로도 수십 권을 출간할 예정인 '이 타티 라이브러리' 시리즈는 역사와 관련해 많은 것을 우리에게 가르쳐준다. 첫 번째 교훈은 라틴어라는 언어의 다양하고 풍부한 형태 및 매혹적인 아름다움과 관계가 있다. 고전 시대 이후의 라틴어는 여러 형태로 거의 1,000년 동안 유럽 학문의 도구로 쓰였다. 중세 초기에 수도원 문화를 세운 선각자들은 라틴어를 예배에 사용했고, 라틴어로 된 문헌으로 서고를 채웠다. 프랑스 대혁명 이후에도 위대한 수학자 요한 카를 프리드리히 가우스Johann Carl Friedrich Gauss, 1777-1855는 대다수의 저작을 라틴어로 발표한 까닭에 독일어로 발표했을 때보다 더 많은 학자가 그의 저작을 참조할 수 있었다. 하지만 다양한 맥락에서 사용된 라틴어의 형태가 크게 달랐다.

14세기부터 17세기까지는 한 종류의 라틴어, 즉 순수하고 차별적인 고전 라틴어가 유럽 문화에서 특별한 역할을 했다. 당시 이탈리아 인문주의자들, 예컨대 페트라르카와 보카치오 같은 학자들은 당시 정부 문서와 계약서에 사용되는 실용 라틴어와 교회에서 사용되는 전례 라틴어, 대학에서 교육받은 법률가, 의료인과 신학자가 사용하는 전문적이고 정확한 라틴어가 서로 다를 뿐만 아니라, 키케로와 베르길리우스 같은 고대의 위대한 학자들이 사용한 라틴어와도 많은 점에서 다르다는 걸 알게 되었다. 그들은 고대로 돌아가며, 깊이 뿌리내린 관습과 억측에 과감히 맞섰다.

순수주의자들, 특히 탁발 수도회에 소속된 순수주의자들은 회의론을 부추긴다는 이유로 고전 연구를 비난했다. 도미니크회의 조반니 도미니치Giovanni Dominici, 1355-1419는 "역사학자들이 거짓된 이야기를 얼마나 밥 먹듯 하는가! 하나의 이야기를 두고 어떤 사람은 이렇게 말하고, 어떤 사람은 저렇게 말한다. 위대한 리비우스도 그렇게 고백했다. 이번 경우에는 악마가 하나만을 목표로 하는 듯하다. 유명한 작가가 거짓말쟁이라는 걸 폭로함으로써 성자에게도 의심을 품게 하는 것이다"라고 말했다.[2] 북이탈리아의 대학교들, 특히 14세기 중반 이후로 파도바에서는 키케로의 산문이나 베르길리우스의 시보다 꼼꼼히 분석하고 따지는 논리학과 의미론을 더 좋아했고, 그 학문들은 무자비할 정도로 기계적이고 전문화된 언어를 사용했다. 페트라르카는 지적 운동을 이끈 지도자로 알려진 최초의 인문주의자였지만, 네 명의 젊은 수도자에게 '선하지만 배움이 없는 사람'이란 혹평을 들었다. 이런 비난에 대한 페트라르카의 신랄한 응답은 인문주의를 변호하는 대표적인 주장이 되었고, 그 글이 데이비드 마시David Marsh가 깔끔하게 편집하고 번역한《욕설》에 실려 있다.

　온갖 반대에도 불구하고 인문주의자들은 처음에는 이탈리아에서, 나중에는 유럽 전역에서 승리를 거두었다. 그들은 고대 문헌을 추적해 수집했고, 잊힌 고전을 '발굴'하거나 '구출'할 때마다 사방에 떠들썩하게 자랑했다. 여기에 영향을 받아, 아득한 옛날부터 수도원에 보존되어 있던 필사본을 몰래 빼낸 후에 불완전하게 옮겨 쓰다가 원전을 잃어버리는 경우도 적지 않았다. 인문주의자들은 서사시와 희곡부터 역사서와 개인적인 편지까지 고대의 장르를 되살렸고, 우아한 라틴어로 글을 쓰는 작가로서 이력을 쌓는 방법도 찾아냈다. 그들은 페데리코 다 몬테펠트로 같은 용병대장들과 로렌초 데 메디치Lorenzo de' Medici, 1449-1492 같은 외교관들을 설득해 고전 문헌을 수집하고 보관할 도서관을 짓고, 아들은 물론 심지어 딸까지도 고전을 가르치는 학교에 보내며, 고전학자를 대사나 공관 비서관으로 파견하도록 했다. 인문주의자들은 삼라만상과 역사 및 주변 세계를 광범위하게 조사했다. 그 결과는 당시 사람들에게도 엄청난 영향을 주었지만, 후세에도 토머스 브라운Thomas Browne, 1605-1682과 존 밀턴John Milton, 1608-1674과 새뮤얼 존슨Samuel Johnson, 1709-1784 같은 라틴어 전문가들에게 좋은 읽을거리가 되었다.

'이 타티 라이브러리' 시리즈 덕분에 예전부터 라틴어를 사용하던 학문 세계에서 라틴어의 다채로움이 어떤 면에서 특별했는지 파악하는 데 도움이 된다. 크레이그 칼렌도르프Craig Kallendorf가 치밀하게 편집하고 번역한《인문주의자들의 교육론Humanist Educational Treatises》을 통해서는 교육 현장에서 활동하며 많은 영향을 미친 교사 인문주의자들을 만날 수 있다. 그들이 교사로서 성공할 수 있었던 부분적인 이유는 학습법에 정통했기 때문이었다. 예컨대 바티스타 과리노Battista Guarino, 1434-1503의 교육론에 따르면, 고전 연구는 수동적이 아니라 능동적이어야 한다. 구체적으로 말하면, 손에 펜을 쥐고 지식과 지표와 문체를 개인적으로 탐구해야 한다.

전심전력으로 새로운 원칙과 방향을 찾아야 한다. 책의 여백에 자신의 생각이나 해석을 글로 써두면 무척 도움이 된다. 언젠가 그런 생각을 모아 책으로 발표할 희망을 품는다면 더욱더 도움이 된다. 칭찬을 원하면 우리는 더 신중하게 글을 쓰게 되기 때문이다. 이렇게 글쓰기를 훈련하면 위트가 유려해지고 말투가 세련되게 다듬어지며 글솜씨도 향상되기 마련이다.

온갖 종류의 고대 문헌을 옆에 두고 끊임없이 학습했다면 인문주의자들도 무감각한 의사에 대해 언급할 때 "부끄러움을 느끼지 않을 때 자신을 변명하기가 쉽고, 슬픔을 느끼지 않을 때 남을 위로하기가 쉽다"라고 말했던 페트라르카만큼이나 죽은 언어를 능수능란하고 화려하게 구사할 수 있었을 것이다. 라틴어가 한 번도 완전히 죽은 적이 없었지만, 인문주의자들의 라틴어는 새로운 문화 세력, 즉 페트라르카에게 평생 씻기지 않는 꺼림칙한 가책을 안겨주었던 예술지상주의의 본보기였다.[3]

라틴어를 완벽하게 사용하겠다는 욕심이 때때로 강박으로 발전하기도 했다. 15세기 피렌체의 애서가이자 인문주의자였던 니콜로 니콜리는 "고대 회화와 조각에서 큰 기쁨을 얻었다"라며 격조 있게 미술품을 수집했다. 그는 고대 역사와 지리에도 정통해서 "모든 도시와 지방, 요컨대 어떤 지역에 대해서나 그곳에서 오랫동안 살았던 사람보다 더 자세하고 재미있게 말할 수 있었다." 또 책을 무척 좋아해서 당시로서는 엄청난 양인 800권의 장서로 꾸며진 서재를 마련했다. 생전에도 그 서고를 학자들에게 너그럽게 공개했지만 유서에서도 "모든 학자에게 영구히 공개되도록 일종의 공공도서관"으로 전환되기를 바랐다. 어떤 의미에서 세속의 고전 연구 기관이 되기를 바랐던 것이다.[4]

니콜리의 라틴어 실력은 완벽했다. 따라서 나름대로 라틴어에 통달했다고 자부하던 사람들에게 조언하는 역할로 돈벌이를 하기도 했다. "어떤 작가나 웅변가의 라틴어가 세련되었는지 유치한지를 판단하는 데 그를 능가할 사람은 없었다." 작가들은 줄지어 찾아와 논평을 구했지만 대부분의 글이 출판하기에 적합하지 않고 뒷간에 던져버려야 할 것이란 판정을 받았다. "징징대는 당나귀의 울음소리, 톱질하는 소리, 쥐떼가 들척이는 소리가 주변에서 웅성대는 걸 견디지 못하는 탐미주의자"였던 니콜리는 고대의 모든 것을 사랑하고 찬미했다. 하지만 니콜리에 관련된 거의 모든 것을 우리에게 생생하게 전해준 피렌체의 인문주의자 잔노초 마네티의 회고에 따르면, 니콜리의 지나친 엄격성이 그 자신까지 입을 닫게 만들었다. "니콜리는 라틴어로 말하거나 글을 쓴 적이 거의 없거나 전혀 없었다. 내 생각에 그 이유는 그가 완벽하고 완전하지 않은 것이면 어떤 것도 인정하지 않았기 때문이다. 따라서 그의 글이 다른 사람들의 글처럼 그 자신을 만족시키지 못할까 두려웠던 것이다." 노트르담대학교의 잉그리드 롤런드Ingrid Rowland가 설득력 있게 보여주었듯이, 이런 딜레마를 해결하는 방법 중 하나가 르네상스 전성기에 로마에서 유행하며 로마의 일부 학자는 키케로의 글에 쓰인 단어만을 사용하려고 애썼다. 그 결과로 매혹적인 산문과 운문을 지었고, 몇몇 작품은 우아하기 그지없었다. 그러나 당시 북부에서 활동하던 냉소적인 에라스뮈스의 생각에 그런 방법은 그 시기의 기독교 세계를 논의하기에는 부적합한 것이었다.[5]

하지만 대부분의 경우, '이 타티 라이브러리' 시리즈로 빛을 본 작가들은 새로운 고전 라틴어를 구사해 놀라운 효과를 거두었고, 필요하면 언제라도 비고전적인 단어와 표현을 도입했다. 훗날 교황 피오

2세가 된 시에나의 인문주의자 에네아 실비오 피콜로미니Enea Silvio Piccolomini, 1405-1464가 교황으로 선택되는 과정에 대해 이후에 차갑고 신랄한 어조로 설명한 니콜로 마키아벨리Niccolò Machiavelli, 1469-1527와 프란체스코 귀차르디니Francesco Guicciardini, 1483-1540의 문체를 미리 보는 듯하다.

> 더 부유하고 영향력 있는 추기경들의 소환에 모든 추기경이 참석했다. 자신이나 친구가 교황이 되기를 바라는 추기경들이 읍소하거나 공약을 내걸었고, 심지어 위협하기도 했다. 체면을 버리고 염치없이 자신을 선택해달라고 부탁하거나 교황이 자신의 몫이라고 주장하는 추기경도 적지 않았다. 그중에는 루앙의 기욤 추기경, 산마르코의 피에트로 추기경, 파비아의 조반니 추기경이 있었고, 레이다의 추기경도 욕심을 감추지 않았다. 모두가 자신에 대해 많은 말을 했다. 그들의 경쟁의식은 대단했고, 그들의 의욕은 한도 끝도 없었다. 낮에도 쉬지 않았고 밤에도 잠을 자지 않았다. ⋯ 한 무리의 많은 추기경이 변소에서 모였다. 그곳에서 은밀한 비밀 모임을 하듯이 그들은 기욤 추기경을 교황으로 선출할 계획을 세웠다.

피오 2세는 항상 엄격했지만 도시와 시골을 묘사할 때는 유쾌한 면을 드러냈다. 영국 변방에서 포도주와 흰 빵을 본 적이 없는 야만인들과 함께하던 때를 묘사하면서 자신의 부족함을 재미있고 애교있게 표현하기도 했다. 그와 잠자리를 함께 하려는 적극적인 처녀들을 떼어놓느라 밤잠을 설치기도 했지만 "그의 돗짚자리에서 짚을 몰래 끌어당기며 단잠을 방해하던 암소들과 암염소들 틈새"에 숨은 강도가 두려워 뜬눈으로 밤을 지새운 적이 많다고 고백했다. 노트르담대학교의 마거릿 미저브Margaret Meserve와 파리정치대학의 마르첼로 시모네타Marcello Simonetta가 재미있게 소개한 피오 2세의 《코멘터리 Commentaries》는 시리즈 전체에서 가장 흥미진진한 책일 것이다.

피오 2세도 안코나의 치리아코 데 피치콜리Ciriaco de' Pizzicolli, 1391-1453만큼 모험적인 삶을 살지 않았고, 작가로서도 정확하고 생동감 있게 표현하지 못했다. 치리아코는 상인이자 모험가였고, 고대를 독학으로 공부해 결국에는 15세기의 패트릭 리 퍼머Patrick Leigh Fermor, 1915-2011(영국의 유명한 여행 작가—옮긴이)가 되었다. 오늘날 우리가 통근기차를 타듯이 치리아코는 베네치아와 제노바의 해군선을 타고 지중해를 번질나게 건넜고, 선장과 함께 보석들을 차분히 점검하며 "죽은 사람들과 대화"하려는 평생의 소명을 이어갔다. 그 소명을 위해 그는 에게해를 샅샅이 뒤지며 이집트까지 내려갔고 그리스 본토에도 들어갔다. 그 과정에서 겪은 모험을 대단히 자세한 편지와, 비명碑銘을 옮겨 쓴 공책에 기록했다. 특히 치리아코는 키지코스(현재 터키의 발리케시르주에 있던 고대 마을—옮긴이)에서 두 번 머물렀던 경험을 무척 세심하게 기록해두었다. 또한 터키군과 기독교군이 지중해와 그 주변에서 치열한 전투를 벌이고 있어, 고대 문명의 현장을 조사하기 힘들었던 상황도 감정을 섞지 않고 무덤덤하게 써내려갔다. 1444년의 기록을 예로 들어보자.

(그러나 아쉽게도!) 우리가 14년 전에 조사했던 모습과 비교하면, 다시 돌아와 살펴본 구조물은 흉측하기 그지없었다. 당시에는 31개의 기둥이 살아남아 우뚝 서 있었지만 이제는 29개밖에 남아 있지 않다. 게다가 처마도리가 사라진 기둥도 적지 않다. 유명한 벽들도 당시에는 거의 모두가 훼손되지 않고 온전했지만, 이제는 대부분이 야만인들에 의해 폐허가 되고 땅바닥에 내던져졌다. 하지만 신전의 경이롭고 장엄한 전면을 장식한 아름다운 대리석 신상神像들은 놀랍게도 전혀 훼손되지 않고 원래의 모습을 유지하고 있다. 이 모든 것이 전능한 주피터 신의 보호와 장엄한 지원 덕분이다.

치리아코가 자신의 삶에 대해 이야기할 때 그의 글은 훨씬 더 생동감 있게 변한다. 예컨대 "포도밭이 촘촘하게 늘어서고, 아름다운 초원이 시원하게 펼쳐진" 라코니아에서 그는 지역 젊은이들이 장거리를 뛰며 경쟁하는 걸 지켜보았고, 근대의 관행에서 고대 풍습의 흔적을 찾아내려 애썼다.

그들의 어법에 고대의 흔적이 남아 있다는 걸 알게 되었다. 그들은 망자亡者의 종교가 무엇이었든 간에 망자는 '하데스', 즉 지하세계로 갔다고 말한다. 또 그들의 식사에 올리브유를 넉넉하게 뿌린 강낭콩이 빠지지 않았고, 빵은 보리로 만든 것이다.

치리아코처럼 고대의 풍습과 어법이 당시 지중해에 남아 있다고 믿는 사람들에게는 고전 라틴어를 (치리아코가 구사할 줄 알았던 그리스어까지) 되살리는 게 당연하게 여겨졌다.

지금까지 '이 타티 라이브러리' 시리즈에 소개된 아름답고 야심찬 저작들은 대체로 산문으로 쓰인 것이다. 레오나르도 브루니의 《피렌체인의 역사》, 마르실리오 피치노의 《플라톤 신학》, 폴리도로 비르질리오Polidoro Virgilio, 1470-1555의 《발견에 대하여On Discovery》가 대표적인 예다. 이 열정적인 고전주의자들이 어떻게 고대로 되돌아갔고, 그렇게 함으로써 당시 주변 세계의 핵심적인 문제들을 해결할 새로운 방법들을 어떻게 찾아냈는지가 설명된다. 브루니는 피렌체 공화국의 적법한 전통이 고대까지 거슬러 올라갈 수 있다는 걸 증명하려 애썼고, 티투스 리비우스의 《로마사》를 본보기로 삼아 피렌체의 역사를 썼다. 피렌체의 역사를 쓰며 브루니는 리비우스의 웅변적이고 연극적인 로마사를 비판적으로, 즉 상상력을 동원해 읽었다. 로마인을 도덕적으로 이상화한 리비우스의 설명을 근거로, 브루니는 로마의 적인 에트루리아의 고결하고 강력한 세계를 재구성했다. 또 브루니는 에트루리아인이 근대 토스카나인의 조상이라고 주장했다. 브루니의 역사적 상상에서, 테베레강을 가로지르는 다리를 영웅적으로 방어한 호라티우스, 손을 불길에 밀어 넣으며 죽음을 경멸했다는 무키우스 스카이볼라에 대한 리비우스의 설명은 로마의 허약함과 부정직함 및 미신적 관습을 증명하는 사례로 바뀌었다.

진실을 말하는 게 불경한 짓이 아니라면, 로마인의 용기로도 로마를 구하지 못했을 때 테베레강의 소용돌이치는 강물이 로마를 구했기 때문에 호라티우스보다 그 강을 공경하는 것이 더 적절했을 것이다. 자니콜로 언덕을 장악하고, 테베레강 북쪽의 모든 지역을 점령한 에트루리아인은 로마의 반대편을 오래전부터 포위하고 있었다. 포위된 로마군은 왕의 옥체를 직접 공격하는 계획을 세웠다. 로마군은 야전에서 승리할 가능성이 없었기 때문에 그 계획만이 그들에게 유일한 희망이었다. 따라서 로마군은 왕을 주력군에서 은밀히 유인해 꾀어내는 교활한 계책을 세웠다. 이런 이유에서 비서관의 살해와, 무키우스 스카이볼라가 불덩이에 손을 어떻게 넣었는지에 대한 이야기가 생겨났다.

폴란드 시인 즈비그니에프 헤르베르트Zbigniew Herbert, 1924-1998는 〈리비우스의 변신〉이란 아름다운 시에서 이렇게 말했다.

내 아버지와 그분 이후에 나 자신만이
프레스코 밑에 숨어 있는 것을 면밀히 조사함으로써
리비우스를 반대하는 리비우스를 읽었다
이런 이유에서 스카이볼라의 연극적인 행동은
우리 안에서 어떤 반향도 일으키지 않았다.[6]

헤르베르트와 그의 아버지처럼, 훨씬 이전에 브루니는 "제국이 몰락할 것"을 알았고, 그래서 리비우스 시대의 라틴어로 로마 제국의 붕괴 후에도 살아남았던 국가들을 칭송한 역사에 반대하는 역사를 썼다. 브루니보다 한 세대 후, 그때와는 다른 로렌초 데 메디치의 피렌체에서 마르실리오 피치노는 고대의 신플라톤주의 철학이 '기독교 신학의 전통', 즉 유대인에게 모세의 계시를 전해주었고 독실한 신자들에게 기독교 진리를 대비시키는 전통을 구현했다는 걸 입증하려 애썼다. 피치노는 신플라톤주의의 내적인 복잡성을 분명히 알고 있었다. 따라서 창조주가 지배하는 우주는 질서 있다는 걸 증명하고, 영생하는 인간의 영혼을 그런 우주에 배치하는 방법을 찾으려 애쓰며 피치노는 논리적이고 분석적인 문체부터 시적이고 몽환적 문체까지 다양한 문체로 글을 쓰고 주장했다. 낙관주의자가 아니었던 피치노는 음침한 우울감에 지독히 시달렸다. 그의 주장에 따르면, 독창적인 기능인과 미술가만이 아니라 위대한 영혼도 그런 우울감의 공격을 받았다. 에피쿠로스 철학을 시로 담아낸 로마 시인 루크레티우스의 《사물의 본성에 관하여De rerum natura》처럼 새롭게 발굴된 고대 문헌들도 기독교 철학과 이교도 철학을 통합하려는 피치노의 욕망을 자극했다.

하지만 피치노는 자신의 핵심 주장을 강력하고 설득력 있게 뒷받침하는 새로운 방법을 찾아냈다. 그는 탁월한 능력을 과시한 미술가와 공예가의 작품을 우주적 질서의 표본으로 인정하며 칭찬을 아끼지 않았고, 작은 상자 안에서 하나의 공이 자동적으로 움직이고, 나팔소리가 울려 퍼지고, 새들이 노래하는 작품을 만든 독일인을 예로 들었다. "그러므로 하느님은 그 존재를 통하여 … 고개를 끄덕이실 뿐이고, 모든 것이 하느님께 의지하며 전율한다." 당시의 많은 학자가 그랬듯이 피치노는 미술가를 세속의 창조자로 보았다. 따라서 그는 뛰어난 미술가의 독창적인 작품을 근거로 삼아, 세계 질서의 합목적성에서 그 설계자인 하느님의 존재를 추론하려던 고대의 목적론적 증명에 새롭게 유추적인 형식을 더했고, 고대의 원자론자들과 그들의 플라톤 형이상학에 대한 위험한 비판이 잘못된 것이라는 걸 밝혔다. "세계가 우연히 생겨나고 만들어지기를 원하는 에피쿠로스 철학자, 루크레티우스에게 더는 귀를 기울이지 말자."

⋇

우르비노에서 태어난 폴리도로 비르질리오는 많은 시간을 잉글랜드에서 보냈다. 그는 제2의 조국에 대한 비판적 역사를 쓰며 중세의 많은 전설을 허물어뜨렸고, 그 과정에서 많은 친구를 잃었다. 역사를 연구한 그의 방대한 기념비적 저작은 그의 생전에 라틴어로 30판이 인쇄되었다. 브라이언 코펜해버Brian Copenhaver가 비르질리오의 저작들을 편찬한 《발견에 대하여》의 서문에 밝혔듯이, 고대의 몇몇 권위자는 인간의 발명을 타락의 원인으로 비난했다. 그러나 발명이 인간 조건을 개선한 근원이라고 보았던 권위자도 적지 않았다. 비르질리오는 존경하고 숭배하던 고대인들의 저작을 가장 믿을 만한 자료로 삼았다. 그러나 그도 "당시 사람들이 요즘에는 흔한 시계, 즉 금속으로 톱니바퀴와 추를 만들어, 어떤 것은 시간을 가리키고, 어떤 것은 종을 울려서 시간을 알리는 시계"만이 아니라 "많은 사람이 1년 동안 고생해도 써낼 수 없는 똑같은 수의 편지를 하루 만에 인쇄할 수 있는 인쇄기"도 발명했다는 걸 알고 있었다.

비르질리오가 근거로 삼은 고대 자료들이 서로 모순되거나 혹은 당시 자료가 어떤 해답도 제시하지 못한 까닭에 누가 대포, 등자, 제분소, 심지어 모자를 발명했는지 판정할 방법이 없었다. 따라서 비르질리오는 자신의 방대한 저작을 다소 무뚝뚝한 사과로 마무리 지었다. "불확실한 것을 추적하겠다고 많은 말을 주절대지 않고, 믿을 만한 정보를 짤막하게 전달하고 싶다." 하지만 코펜해버가 말했듯이, 《발견에 대하여》는 지속적으로 중대한 영향을 미쳤고, 15세기의 연구방법론이 그 이후로 2세기 동안 민족지民族誌학자와 종교사학자에게 전해진 주된 통로 중 하나였다.

영국 역사학자 존 스패로John Sparrow, 1906-1992가 오래전에 지적했듯이, 르네상스 시대에 라틴어로 쓰인 시를 완고한 역사학자들은 "근본적으로 허튼소리"라고 규정했다.[7] 영국 소설가 에벌린 워Evelyn Waugh, 1903-1966는 특별히 불운한 반反영웅을 공산주의 동유럽으로 보내고 싶어 하며, 그랜체스터에 있는 한 공립학교에 근무하는 고전학자를 주인공으로 삼았다. 스콧 킹이란 주인공은 "약간 대머리이고 약간 뚱뚱하며", 17세기에 근대 라틴어로 시를 쓴 벨로리우스라는 시인에 대한 전문가가 되었다. 게리 그룬드Gary Grund가 훌륭하게 편집하고 번역한 《인문주의자 희극Humanist Comedies》은 '이 타티 시리즈'의 다른 책에 비해 읽기 힘든 편이며, 특히 두 편의 운문극은 산문으로 된 세 편보다 읽어내기가 쉽지 않다. 하지만 그룬드는 르네상스 시대의 희극이 고대의 주제를 기독교 교훈과 어떻게 결합했는가를 멋지게 보여주고, (한 명의 화자가 모든 대사를 읽는 반면 여러 등장인물이 연기하는 무언극부터, 한 시점에 그려진 배경과 무대장치를 뒤에 두고 이루어지는 완전한 공연까지) 르네상스 시대에 있었던 희극 공연의 급속한 발전에 대한 흥미로운 정보를 제공하고 있다.

마이클 퍼트넘Michael Putnam이 편집한 마페오 베조Maffeo Vegio, 1407-

1458의 짤막한 시집, 찰스 판타치Charles Fantazzi가 편집한 안젤로 폴리치아노의 《숲》에서는 훨씬 더 흥미로운 사실들이 확인된다. 오비디우스와 세네카와 베르길리우스에 푹 빠져 있던 고전주의자 베조는 베르길리우스의 《아이네이스Aeneid》가 급작스럽고 당혹스럽게 끝난다고 지적했다. 그 서사시는 주인공 아이네이아스가 투르누스를 죽이고 그의 시신을 밟고 서서 분노하는 장면으로 끝난다. 투르누스가 그의 친구 팔라스를 죽인 것에 대해 복수한 것이다. 결국 피가 피를 불렀고, 중년의 인내심을 보여주는 본보기와 같은 경건한 주인공의 분노에 넋을 잃었다. 베조는 이 장면을 사실적인 만큼 볼썽사납다고 생각했다. 그러나 베조는 《아이네이스》가 베르길리우스에게 미완성작이라는 걸 알았다. 다시 말하면, 베르길리우스가 그 서사시를 적어도 만족스럽지 않게 생각했다는 걸 알았다. 따라서 베조는 들쭉날쭉한 구석들을 매끄럽게 가다듬어 원만하게 완성하기로 마음먹고, 일종의 부록으로 제13권을 썼다. 여기에서 시의 앞부분에서 예측된 행복한 사건들이 실현되었다. 아이네이아스는 라비니아와 결혼하고, 라티움과 트로이를 지배한다. 그리고 이 땅을 떠난 후에는 별이 된다.

퍼트넘은 베조가 쓴 제13권과 베르길리우스가 12권으로 쓴 《아이네이스》, 또 베조가 근거로 삼은 오비디우스의 저작까지 면밀하게 비교하며, 베조가 작품 전체의 분위기를 어떻게 바꿔놓았는지 찾아냈다. 그는 아이네이아스 대신 투르누스를 분노하는 사람으로 바꿔놓음으로써, 별로 다시 태어나는 부활이 구원을 받은 기독교인의 재탄생이 아니라 지상에서 고결한 삶을 살았던 이교도에 대한 적절한 보상이라고 보았다. 베조는 축제와 향연에서 아이네이아스와 라티누스가 과거의 다툼을 평안하게 떠올리는 장면을 덧붙임으로써 베르길리우스의 느낌을 물씬 풍겼고, 모두가 함께하는 의식이 새로운 공동체 의식을 강화하고 깊게 해준다는 시대의식까지 생생하게 보여주었다.

> 이런저런 행사로 향연은 깊은 밤까지 이어진다. 곧이어 환희의 함성이 곳곳에 마련된 향연장에서 울려 퍼지고, 장엄한 포효가 왕궁 전체를 가득 채운다. 횃불들이 이글이글 타오르며 주변을 환히 밝힌다. 키타라 연주가 시작되자 트로이인들이 벌떡 일어나고, 라티움인들이 뒤따라 일어난다. 박수 소리가 더욱 커지며 하나로 합쳐진다. 춤의 박자가 달라지고 모두가 즐겁고 흥겨운 놀이에 빠져든다.

퍼트넘은 베조의 예술적 기교를 감상하는 법을 우리에게 가르쳐준다. 미완의 예술작품을 다시 짜 맞춤으로써 기독교 윤리가 아니라 최상의 이교도 윤리를 명확히 구현해낸 그의 능력은 탁월하기 그지없다. 결국 베조는 《아이네이스》라는 구조물에서 주된 특징이라 여겨지는 미완의 느낌, 즉 깨진 입구탑arch을 자기만의 눈으로 찾아냈던 것이다.

판타치가 입증하듯이, 안젤로 폴리치아노는 이탈리아 인문주의가 학문과 미술에서 전성기를 누리던 때를 대표하는 학자 겸 시인이었다. 헬레니즘 시대 알렉산드리아의 평론가들처럼, 폴리치아노는 학문에 정진하는 동시에 시를 짓는 미학적 감각을 익혔고, 최고의 수준에 올라섰다. 그는 당시 학자들이 성급히 고전을 재해석하는 작업을 무모하고 부적격한 짓이라 비판하며, 최대한 오래된 필사본을 연구하는 데 몰두했다. 요컨대 로마 시인이 그리스 원전을 라틴어로 변형시킨 복잡한 방법들을 추적하며, 그 과정에서 얻은 흥미로운 결과들을 짤막한 시론으로 압축했다. 그중 일부를 1489년 《잡문Miscellanea》이란 제목으로 발표했다. 1480년 이후로 폴리치아노는 피렌체대학교에서 가르치며, 전에는 교과과정에 포함되지 않았던 퀸틸리아누스와 스타티우스 같은 저자들에 대해 강의했다. 폴리치아노는 "다른 것이 더 나쁜 것이라고 기계적으로 말해서는 안 된다"라는 타키투스의 말을 인용하며 잠재적 평론가들을 무시해버렸다.

판타치도 어떤 저자에 대해 강의를 시작할 때마다 그에 대해 찬양하는 일반적인 방식을 거부하고 더 외로운 길을 선택했다. 따라서 《숲》을 편집하고 발표할 때 스타티우스를 본떠 운문으로 서문을 썼고, 무척 암시적인 문체를 선택했다. 헤시오도스와 베르길리우스의 《농경시》에 대해 강의를 시작할 때 인용하는 《시골 사람》은 폴리치아노가 활약하던 때의 피렌체 시골 지역만이 아니라 먼 과거의 시인들이 상상하던 시골 지역까지 떠올리게 한다. 《뉴트리시아》는 히브리어와 그리스어, 라틴어로 쓰인 시를 전반적으로 살펴본 입문서로, 로마인들이 크게 의지한 헬레니즘 시대의 시인들을 날카롭게 비판하면서도 그들에 대한 정보를 넉넉히 전해주며, 루크레티우스와 루카누스의 장점을 언급하는 데 그치지 않고 오비디우스의 결함까지도 지적한다.

단테부터 시작된 피렌체의 시는 로렌초와 그 아들의 시대까지 전성기를 누린다. 당시 시인들에게도 시적 역량이 충분했다는 걸 보여주려는 의도에서 역사와 칭찬을 절묘하게 결합한 덕분이다. 달리 말하면, 근대 라틴어로 쓰인 운문은 결코 허튼소리일 수 없었다. 학문적 깊이와 함축적 의미를 담아 근대 라틴어로 매끄럽게 다듬어진 시는 고대인들에 대한 암묵적 해석으로 가득하기 때문에 학문의 미묘한 결정체와 다를 바가 없었지만 그 이상일 가능성도 있었다. 영국 시인 리처드 올딩턴Richard Aldington, 1892-1962이 오래전에 말했듯이, 라틴어로 쓴 폴리치아노의 운문에서는 "옛 작가들을 무수히 떠올리게 하는 미묘한 정취를 의도적으로 드러내고, 한 구절, 한 행에서 옛 시의 냄새를 물씬 풍기지만 새로운 것, 즉 폴리치아노만의 고유한 개성을 보여주는 독특한 표현이 눈에 띈다."[8]

⁂

'이 타티 라이브러리' 시리즈가 시작되며, 르네상스 문화에 대한 연구와 교습이 달라지기 시작했다. 예를 하나만 들어보자. 1920년대와 1930년대에 뛰어난 독일계 유대인 학자 한스 바론Hans Baron, 1900-1988은 15세기 피렌체의 젊은 라틴어 학자들, 특히 피렌체의 장관을 오랫동안 지낸 레오나르도 브루니가 새로운 지적 공동체를 결성했다는 결론을 내렸다. 그것은 도시 세계에 문을 열고, 능동적인 삶을 개척하려는 지적 공동체였고, 그가 궁극적으로 '공민적 인문주의civic humanism'라 명명한 공동체였다. 바론의 주장에 따르면, 당시 학자들은 고전 문헌만이 아니라 고전의 가치까지 되살리려 했다. 그들은 인류의 역사에서 가장 고결한 형태의 성취를 이루어낸 고대인을 모방하는 최적의 방법은 공화국 시민으로서 능동적인 삶을 영위하는 것이라 주장했다. 1930년대 말 바론은 미국으로 이주했고, 그의 저작이 영어로 출간되기 시작했는데, 특히 1955년 그의 대표작 《초기 이탈리아 르네상스의 위기Crisis of the Early Italian Renaissance》가 프린스턴대학교 출판부에서 출간된 이후에 미국에 미친 영향은 무척 컸다.

그 이후로 르네상스 문화를 연구한 최고의 전문가들, 예컨대 진 브러커Gene Brucker, 1924-2017, 존 포콕John Pocock, 퀜틴 스키너Quentin Skinner, 제임스 핸킨스James Hankins, 윌리엄 코넬William Connell 등이 바론의 논문을 두고 열띤 토론을 벌였다. 르네상스 시대의 피렌체와 르네상스 시대의 지적 역사를 다루는 고급 강의는 바론의 저작 및 그를 비판하거나 응원한 학자들의 저작을 연구하고 토론하는 데 몇 주를 할애했다. 하지만 1960년대 말까지는 실질적으로 바론이 근거로 삼은 라틴어 자료들에 대한 영어 번역판이 없었다. 브루니의 야심찬 피렌체 역사서도 여전히 많이 논의되었지만 여전히 쉽게 접근할 수 없는 상태였다. '이 타티 라이브러리' 시리즈 덕분에 이제는 학생들이 브루니가 고대의 역사서, 중세의 연대기, 공식적인 문서를 능숙하게 짜 맞춘 피렌체의 과거를 직접 만날 수 있다.

'이 타티 라이브러리' 시리즈가 이런 유형의 최초이자 유일한 시도는 아니다. 19세기 유럽의 새로운 역사학은 민족 문화와 민족 문학에 매몰되며 이탈리아와 북유럽의 라틴 문학을 폄하하는 경향을 띠었다. 그러나 20세기에는 근대 라틴어가 몇 번이고 재인식되었다. 대대적인 편집 기획으로 북유럽의 독창적인 라틴어 학자들, 예컨대 에라스뮈스와 토머스 모어의 저작들이 르네상스 문화에서 중심적 위치를 되찾았다. 수십 년 전부터는 새로운 시리즈와 번역이 다시 시작되며,

16세기 중반 경에 출간된 코페르니쿠스의 《천체의 회전에 관하여》, 베살리우스의 《인체 해부학 대계De humani corporis fabrica》, 율리우스 카이사르 스칼리제르의 《시학Poetice》 및 16세기 말에 발표된 쥐스튀스 립시우스의 《정치Politica》처럼 많은 영향력을 누린 라틴어 문헌들에도 기회가 열렸다. 근대 라틴어로 쓰인 문헌들을 발행하는 곳이 메시나와 로마와 피렌체, 루뱅과 옥스퍼드 등에도 세워졌고, 그에 버금가는 시리즈가 다른 곳에도 존재한다. 특히 프랑스 출판사 '레 벨 레트르Les Belles Lettres'의 활약이 두드러진다.[9]

시간이 지나면, 도서관과 그곳에 소장된 총서들이 초기 근대 유럽의 문화사에서 가장 중대한 문제 중 하나(페트라르카와 그의 추종자들만이 아니라 그 후로도 수세기 동안 다른 가능성을 열었을지 모르지만 표현의 가능성을 제한하는 고대 언어로 근대 문명의 발흥을 찬양하고 설명한 이유)에 새로운 방식으로 접근하는 데 큰 도움을 줄 것이다.[10] 물론 요즘에도 라틴어가 공개적으로 사용되는 경우에는 전통과 과거의 중요성을 인정한다는 뜻이 담겨 있다. 예컨대 매년 봄 프린스턴대학교의 학위 수여식에서 대표 학생이 식장에 모인 학생들과 부모 및 교수진에게 라틴어로 연설한다. 부모들에게는 연설문이 제공되지만 그 원고를 읽고 이해할 수 있는 부모는 극소수에 불과하다. 대부분의 학생도 라틴어를 읽지 못하지만 주석이 덧붙여진 다른 원고를 받는다. 주석도 라틴어로 쓰여 있지만 hic ridete(웃음), hic plaudite(박수) 등은 그들 사이에 이미 합의된 약속이다. 졸업생들은 박수를 치고, 야유를 보내고 웃으며 부모들을 속여, 자식들이 공학이나 영문학 혹은 화학만을 공부한 것이 아니라 라틴어까지 배웠다고 착각하게 만든다.

이런 형태의 공개적인 의고주의擬古主義에서, 이탈리아 인문주의자들이 놓은 초석 위에 세워진 진정한 학문적 전통이 보존된다. 고전 라틴어를 사용하는 동시에 그 가치를 널리 알리려는 끝없는 노력 덕분에 한때 죽은 언어의 습득이 16세기쯤에는 대학교에 입학하기 위해 반드시 갖추어야 할 조건이 되었다. 학구적인 유럽인은 고대 라틴어와 근대 라틴어의 차이와 독특함까지 즐겼다. 조제프 스칼리제르가 재미로 남긴 기록에 따르면, 레이던대학교의 애제자 다니엘 헤인시우스Daniel Heinsius, 1580-1655는 "어떤 날에는 립시우스에 심취했고, 어떤 날에는 마르크 앙투안 뮈레Marc Antoine Muret, 1526-1585에 심취했으며, 또 어떤 날에는 에라스뮈스에 심취했다. 그러고는 다른 모든 학자는 엉터리라고 주장했다." 16세기와 17세기 내내 학자들은 세네카의 비극들, 카툴루스의 사랑시, 타키투스의 역사, 키케로의 대화록, 소小플리니우스의 편지, 천문학부터 동물학까지 상상할 수 있는 모든 주제에 대한 대大 플리니우스의 논문을 재정리해 편찬했다. 학자들은 라틴어 농담까지도 해석해냈다. 형식에 얽매인 사람이 시인 필리프 니코데무스 프리슐린Philipp Nicodemus Frischlin, 1547-1590에게 어설픈 형식에 대해 왈가왈부하며 그를 짜증나게 했을 때 프리슐린은 라틴어 운율을 놓치지 않고 "너, 프리슐린, 시인이여. 내 엉덩이라도 핥아보겠나?"라고 대꾸했다. 어린 학생들은 이 이야기를 들을 때마다 손뼉을 치며 크게 웃었다. 모든 것을 마냥 재미있게 받아들이는 연령의 학생들에게 위대한 학자가 상대에게 자중하라는 뜻에서 그렇게 말했던 것이라고 굳이 설명을 덧붙일 필요가 없었다.

요컨대 라틴어는 초기 근대 시대에 중요한 역할을 계속했다. 프라

하부터 페루까지 라틴어는 문학적 예술성을 과시하는 무대, 과학적 지식을 주고받는 수단, 휴게실에서 떠도는 소문의 매개체 역할을 했다. 유럽과 다른 지역에서 많은 사람이 라틴어를 개인적으로 알았고, 라틴어를 열정적으로 사랑했으며, 모국어만큼이나 라틴어를 편안하게 구사했다. 그 이후에 이런저런 사건이 일어났다. 영국의 고전학자 앨프리드 에드워드 하우스먼Alfred Edward Housman, 1859-1936이 슬픔보다 분노의 목소리로 말했듯이, 20세기 초에는 학계의 라틴 학자들까지 "라틴어가 전혀 사용되지 않는 시대"에 살고 있다는 걸 어디에서나 숨김없이 드러냈다. 전성기를 누리던 르네상스 시대부터 교육과정에서 사라지고 예산이 삭감됨으로써 서서히 사망의 늪에 빠져들 때까지 라틴어는 어떤 궤적을 따랐을까?

근대 유럽을 다룬 전통적인 역사서에서 라틴어는 양면의 가치를 지녔다. 인문주의자들은 키케로와 카툴루스를 모방해 글을 쓰는 능력이 내면의 문화적 교양을 보여주는 외적인 증거라고 여겼다. 인문주의자들은 고대의 문학적 문화와 유사한 것을 재현하기를 바랐지만 그런 바람을 노골적으로 표현하지는 않았다. 구체적으로 말하면, 그들은 문법학과 수사학, 역사와 도덕철학에 기초한 문화, 세속과 교회에서 능동적인 삶을 영위하는 박학다식한 계층을 형성하려는 문화를 재현하려 했다. 페트라르카와 그의 추종자들은 스콜라 철학과 스콜라 신학의 우위에 반발했다. 그 이후 인문주의자들은 스콜라 철학의 세부적인 내용까지 공격하는 방법을 찾아낼 수 있었고, 최종적으로는 중요한 문제들이 라틴어로 활발히 토론되는 새로운 공적 공간을 구축했다. 과거를 되돌아보던 혁명가들이었던 그들은 잃어버린 능력을 결국 되살려냈을 뿐만 아니라 새로운 세계까지 만들어냈고, 그 세계에서는 교회의 교리와 교육기관이 중세 말의 대학만큼이나 도전에 취약하다는 게 드러났다. 어떤 의미에서 고전 라틴어의 부활은 근대 이야기를 시작하기 위해 논리적으로 필요한 부분이었다.

하지만 장기적으로 보면, 고전 라틴어의 보존은 새로운 지적 세계의 탄생과 양립할 수 없는 것으로 드러났다. 알베르티와 몽테뉴 같은 작가들은 고전학에 몰두했지만 당시의 쟁점을 논의하고 대중과 접촉할 때는 이탈리아어와 프랑스어를 사용했다. 16세기 신교도 개혁가들도 라틴어를 능숙하게 구사했다. 루터는 자신의 꿈과 악마의 출현에 대해 독일어만큼이나 편안하게 라틴어로 학생들에게 강의할 수 있을 정도였다. 신교도 개혁가들은 성경과 찬송을 독일어와 프랑스어와 영어로 번역하며, 중세 교회가 소중한 종교적 진리를 일반 신도들로부터 떼어놓을 목적에서 라틴어를 사용한 것이라 주장했다. 갈릴레오 갈릴레이와 로버트 보일Robert Boyle, 1627-1691 같은 자연철학자들은 천문학과 화학에서 지극히 난해한 문제들은 이탈리아어나 영어로 논의할 수 있어야 한다고 주장했다. 편지 공화국 시민들의 공용어도 라틴어에서 프랑스어로 교체되었다. 18세기쯤에는 드니 디드로 Denis Diderot, 1713-1784의 《백과전서Encyclopédie》를 비롯해 지식을 망라한 총서도 프랑스어나 다른 근대어로 썼다. 라틴어는 실리적 유용성을 상실한 지 오래였다. 진보적인 철학자들은 대학교와 지식인 집단에서 라틴어를 사용하는 관례를 구체제Old Regime의 유물이라고 공격했다. 따라서 라틴어 사용이 급격히 줄어들며 수세기 만에 거의 멸종상태에 이른 것은 당연했다. 르네상스 시대에는 근대성의 기수로 여겨지던 언어가 인습주의와 지적 경화증의 상징으로 전락하고 말았던 것이다.

《라틴어 혹은 기호의 제국Le latin, ou L'empire d'un signe》에서 프랑수아즈 바케Françoise Waquet는 이 잃어버린 언어에 대해 알려지지 않은 이야기를 우리에게 전해주었다. 바케의 진단에 따르면, 처음부터 라틴어는 의례의 문제와 본질적인 문제를 동시에 떠안고 있었다. 16세기 이후로 학교가 '라틴어를 쓰는 나라'였던 것은 사실이다. 르네상스 시대에 학생들은 교실에서 라틴어를 사용해야 했고, '여우'로 불리던 밀고자가 엉겁결에 자국어를 사용한 학생을 신고하기도 했다. 그러나 많은 소년, 어쩌면 대다수의 소년이 라틴어라는 장벽에 막혀 학교에 입학하지 못했다. 어린 학생들이 실제로는 외국어를 배운다는 사실을 인식하기도 전에 복잡하기 그지없는 문법 구조와 어형 변화를 암기해야 했다.

윈스턴 처칠은 일곱 살에 라틴어를 배우기 시작할 때 문법책을 펴고 제1어형변화표를 퉁방울눈으로 뚫어지게 쳐다보는 수밖에 없었다. 교과서에는 예시만 있을 뿐 아무런 설명이 없었기 때문이다.

Mensa a table

Mensa o table

Mensam a table

Mensae of a table

Mensae to 혹은 for a table

Mensa by, with 혹은 from a table

오랜 시간이 지난 후, 처칠은 독자들에게 "이게 도대체 무슨 뜻이었을까요? 어형변화표에 담긴 의미가 무엇이었을까요?"라고 묻고는 "적어도 나에게는 쓸데없이 복잡하고 장황한 표처럼 보였습니다"라고 덧붙였다. 처칠은 '수수께끼처럼 보이는 어형변화표'를 그럭저럭 암기했지만, mensa가 a table과 o table을 동시에 의미할 수 있다는 모순에 대해 선생님에게 물었다. 선생님은 "탁자를 떠올리며 탁자에게 말을 걸 때는 호격 mensa를 사용해야 한다"라고 설명했다. "하지만 저는 탁자에게 말을 걸지 않는데요!" 처칠은 탁자에게 말을 건다는 상황 자체를 도무지 이해할 수 없었다. 하지만 처칠은 그런 질문을 계속하면 엄한 벌을 받을 것이란 위협을 받았을 뿐이다. 이런 식의 교육으로 라틴어 학교는 도무지 중심을 찾아갈 수 없는 미로가 되었지만, 르네상스 시대에 확립된 이런 교육법은 비교적 최근까지 이어졌다.

라틴어 문법을 힘겹게 습득한 학생들은 수세기 동안 거의 바뀌지 않은 제한된 독본을 읽었다. 키케로와 테렌티우스, 몇몇 시인과 역사가의 원전에서 발췌한 것들로, 글 전체를 이해하는 데 필요한 배경 정보도 주어지지 않았다. 예컨대 스페인 소설가 미겔 데 우나무노 Miguel de Unamuno, 1864-1936는 코르넬리우스 네포스, 살리티우스, 율리우스 카이사르의 '무미건조한' 저작들을 친구와 함께 한 단어씩 번역할 때 지루해 죽을 뻔했다고 회고했다. 결국 우나무노는 라틴어 작가들이 근대 작가들처럼 자신의 생각을 단도직입적으로 써내려갔다고 확신하며, "그들은 문장을 분해하고, 문장의 위치를 바꾸고, 단어를 변덕스레 아무렇게나 쏟아내는 것을 즐겼지만 결국에는 미래 세대의

자녀들, 즉 우리를 짜증나게 했다"라고도 덧붙였다. 한편 영국 소설
가 토머스 휴스Thomas Hughes, 1822-1896는 《톰 브라운의 학교생활Tom
Browns Schooldays》에서 라틴어 시가 어떻게 지어지는가를 생생하게 보
여주었다. 학생들은 《그라두스 아드 파르나숨Gradus ad Parnassum》(파
르나소스의 사다리, 라틴어 운율 사전의 이름-옮긴이)에서 끌어낸 조각들
을 짜깁기해 그럭저럭 의미가 통하는 시를 지었다. 프랑스 역사학자
자크 오귀스트 드 투처럼 라틴어로 글을 쓴 위대한 작가들도 정작 라
틴어를 말하지는 못했다. "적잖은 독일인과 영국인이 드 투 안에서 드
투를 찾았지만 드 투의 라틴어 실력은 형편없었다."

　고전 교육의 비판자와 고전학자는 적어도 한 가지에서 의견이 일
치했다. 대부분의 고전 학교에서 학업 성취도가 무척 낮았다는 것이
다. 요한 아모스 코메니우스Jan Amos Comenius, 1592-1670 같은 교육 개
혁가들과, 클로드 아드리앵 엘베시우스Claude Adrien Helvétius, 1715-1771
같은 계몽주의 사상가들이 주장했듯이, 힘들고 단조로운 학습법과
죽은 언어에 기반을 둔 학교들에 닥친 운명은 자명했다. 어떤 세대에
나 전문가들은 과거의 상황이 더 좋았다고 입버릇처럼 말했다. 그러
나 바케가 세대 단위로 시간을 거꾸로 올라가며 그 시대를 추적하고,
학교생활을 예로 제시하며 증명했듯이, 라틴어가 유럽 전역에서 사
용되었다는 황금시대는 신화에 불과했다. 구체적인 예를 들어보자.
프랑스 시인 폴 베를렌Paul Verlaine, 1844-1896이 학교에 다닐 때 lego라
는 동사의 완료형에 대해 질문을 받고 당황하며 legavi라고 자신 없이
대답했다. 그러나 옆에 있던 친구가 lexi라고 살그머니 알려주었을 때
어린 베를렌은 풀썩 주저앉을 수밖에 없었다. 선생님은 크게 꾸짖으

며 베를렌에게 열쇠와 라틴어 사전을 던졌지만 다행히 빗나갔다. 이런 야만스러운 훈육방식이 21세기에는 없지만, 규율에 엄격하던 19세기에는 흔한 현상이었다. 지역적으로 라틴어 글쓰기가 뛰어난 시대였다고 일반 학교와 대학교에서 라틴어 교육이 효과적으로 시행된 것은 아니었다. 제임스 보스웰James Boswell, 1740-1795이 라틴어로 쓴 논문을 새뮤얼 존슨에게 보여주었을 때 존슨은 많은 문법적 오류에 고개를 저으며 "러디먼이 죽었지"라고 아쉬워했다. 그 이전에 에든버러 법률가 협회에 제출된 라틴어 박사학위 논문이 질적으로 뛰어난 이유는 스코틀랜드의 우월한 교육 방식 때문이 아니라, 위대한 고대 라틴어 학자이며 편집자이던 토머스 러디먼Thomas Ruddiman, 1674-1757(스코틀랜드의 고전학자—옮긴이)의 교정을 거친 덕분이라는 걸 존슨은 알고 있었던 것이다.

가톨릭교회가 라틴어를 능동적으로 꾸준히 사용할 수 있는 또 다른 공간을 제공한 것은 사실이며, 그 공간은 다시 라틴어가 부활할 수 있는 가능성을 보여주었다. 중세 교회는 기도문을 지역 언어로 번역하려던 슬라브인, 발도파와 롤라드파 등의 노력까지도 완강히 거부했다. 16세기에도 신교도들과 지역 언어로 예배를 집전하려는 가톨릭 개혁가들은 트렌트 공의회에서 비난의 대상이 되었다. 따라서 시간이 지남에 따라 특별한 형태의 라틴어가 가톨릭교의 전통과 장엄함을 상징하고 구현하게 되었고, 많은 고위 성직자와 지식인이 그 형태에 깊은 의미까지 부여했다. 제2차 바티칸 공의회에서는 교황 요한 23세가 라틴어의 보편성과 전통성과 장엄함에 대해 직접 자세히 설명하며, 교회가 라틴어를 사용하게 된 것은 섭리였다고 주장했다. 그 이후로 가톨릭 신도들은 일요일마다 라틴어를 들어야 했다. 라틴어가 어떤 식으로든 종교적 믿음과 하나가 되며 기도에도 라틴어를 사용하는 사람까지 있어, 그 둘의 관계는 히브리어와 유대교만큼이나 밀접한 관계가 되었다.

하지만 사제들이 예배에서 라틴어만을 사용한 시대에도 자신이 무슨 말을 하는지도 모르는 사제가 많았다. 따라서 개혁가들은 무지한 사제들이 예배에서 타락한 형태의 라틴어를 중얼거린다고 항의하고 나섰다. 에라스뮈스의 한 친구는 사제들이 '숨프시무스Sumpsimus'('우리는 받았다'라는 뜻)라 말해야 할 곳에서 '뭄프시무스Mumpsimus'('오래된 방식을 고집하는 사람'이란 뜻)라고 말할 때마다 심하게 질책했지만 뜻밖에도 완강한 저항에 부딪쳤다. 사제들이 20년 이상 그런 식으로 말해왔는데 굳이 그 습관을 바꿔야 할 이유가 없다는 것이었다. 나중에는 신학대학의 관리자들도 극소수의 사제만이 라틴어 작가를 광범위하게 연구할 뿐이고, 복잡한 생각을 라틴어로 효과적으로 표현할 수 있는 학자는 손가락으로 꼽을 정도에 불과하다고 털어놓았다. 일반 신도의 경우에도 대부분이 설교와 성가 내용을 대략적으로만 이해할 뿐이었다. 레오나르도 브루니는 라틴어를 자연언어보다 인공적인 구성물로 보았던 까닭에 보통 로마인들은 키케로의 웅변과 플라우투스나 테렌티우스의 희극을 정확히 이해하지 못했을 것이라 생각했다. 이런 생각을 증명할 목적에서 브루니는 보통 로마인들을 당시 예배에 참석하던 이탈리아인들에 비교했다. "고명한 사람들은 웅변가가 라틴어로 말해도 제대로 이해할 수 있었을 것이다. 그러나 제빵사, 검투사를 훈련시키는 사람, 여하튼 이런 하층민은 지금 이탈리아인이 예배에서 사용되는 말을 이해하는 정도로만 웅변가의 말을 이해했을 것이다." 다시 말하면 "뜻은 그런대로 이해했지만 똑같은 식으로 말하지는 못했다."

⁖

하지만 라틴어는 초기 근대 세계에, 더 나아가 근대 세계에도 다양한 방식으로 깊숙이 스며들었다. 예컨대 처음에는 이탈리아 인문주의자들이 라틴어로 저작을 발표했지만, 나중에는 라틴어가 인문주의자들의 품을 완전히 빠져나왔다. 1570년대의 파리에서는 프랑스어로 발표된 책이 라틴어 책보다 많았고, 런던 출판계에서도 영어가 지배적이었지만 이탈리아와 신성로마제국에서는 17세기 중반까지 라틴어가 지배적이었다. 게다가 모든 국가에서 자국민에 국한되지 않고 더 많은 사람에게 자신의 의견을 알리고 싶었던 학자들도 라틴어로 계속 글을 썼다. 근대에서도 가장 급진적이던 선각자들, 예컨대 르네 데카르트와 휴고 그로티우스, 토머스 홉스와 아이작 뉴턴도 자연과 자연법칙, 경전과 전통에 대한 자신들의 생각을 자국어보다 라틴어로 적잖게 발표했다. 18세기에는 외교관들이 라틴어를 계속 공부했고, 협상에서 라틴어를 사용하는 경우가 많았다(엘리자베스 1세와 펠리페 2세를 비롯해 상당수의 군주가 라틴어를 정확하고 능숙하게 구사했다). 프랑수아즈 바케는 자국어가 결국 승리하기 마련이라는 이상한 목적론적 이야기보다 훨씬 복잡한 현상으로 라틴어의 운명을 설명했다. 모든 전진에는 역행이 끼어들기 마련이므로, 언어의 춤이 '죽음의 무도舞蹈, Totentanz'로 타락하는 데는 수세기가 걸릴 수밖에 없었다.

가톨릭 예배에서 사용되는 언어의 완벽한 구사는 고위 성직자와 고등교육을 받은 평신도의 전유물이었다. 그러나 교회에서 사용되던 라틴어가 지역 문화와 지역 방언에도 스며들었다. 19세기 초의 토스카나 방언에는 라틴어 sanctificetur에서 형성된 Santo Fice 같은 이상한 단어들이 가득했다. 루카에서는 《구약성서》의 〈욥기〉 14장을 시작하는 구절 "호모 나투스 데 물리에레(여인에게서 태어난 사람)"는 "오모 나토 데베 모리레(태어난 사람은 반드시 죽는다)"라는 속담이 되었다. 19세기 브르타뉴의 기독교인들은 '디에스 이라이(진노의 날)'에 적극적으로 동의했다. '디에스'는 브르타뉴어에서 '난해하다'를 뜻한다. 결국 브르타뉴 사람들은 "이 모든 것이 결코 쉽지 않다. 이런 이유에서도 그 단어를 반복해 사용해야 한다"라는 이유에서 '디에스 이라이'에 동의했던 것이다. 이런 창조적인 오해가 라틴어를 사용하면 예배에 참여한다는 느낌을 주었고, 가톨릭 평신도들이 상투적인 예배와 기도를 자신의 것으로 만드는 데 도움을 주었다. 교회에서 사용되던 라틴어는 제대로 이해되지 않아 신비하게 여겨졌지만 무척 익숙한 까닭에 매력적이고 마법적인 면이 있었다. 그러나 바케가 명확히 지적했듯이, 제2차 바티칸 공의회 이후에 그런 장점이 번역으로 사라졌다. 달리 말하면, 라틴어는 단일한 언어가 아니라 여러 방언의 집적이었다. 따라서 각 방언이 특정한 지역에서 꽃피우며 특별한 역할을 한다는 사실은 국적이 다른 학자들이 라틴어로 대화하려고 시도할 때마다 강조되었다. 위그노이던 위대한 학자 사뮈엘 보샤르Samuel Bochart, 1599-1667가 1621년 옥스퍼드의 공개 행사에 참석하는 걸 허락해달라고 요청했을 때 옥스퍼드 학장은 보샤르가 간청하는 것이라 생각했다.

하지만 라틴어는 유럽의 거의 모든 곳에서 일정한 목적을 수행했다. 무엇보다 라틴어는 신사를 만들었다. 적어도 '밥벌이를 위해 일한다'라고 말할 때는 라틴어가 사용되지 않았다. 물론 르네상스 시대에는 라틴어가 지나치게 사용된 까닭에 라틴어 사용자는 신사가 아니라 참여자였다. 발다사레 카스틸리오네와 몽테뉴는 기회가 있을 때마다 서투르게 라틴어 속담을 뱉어내는 현학자와, 라틴어를 적절한 순간에만 신중하게 사용하는 노련하고 유연한 신사를 명확히 구분했다. 귀족들은 키케로의 연설이 아니라 무기와 예절을 연구했다. 그러나 17세기에도 젊은 귀족이면 학교에서 잠시라도 고전을 공부해야 한다는 데 모두가 동의했다.

하지만 그 이후로 200년 동안 라틴어는 실질적인 기능을 서서히 상실했다. 새롭게 발간된 교과서와 역사서 및 참고도서가 실질적인 이유에서 과거의 것들을 대체했고, 프랑스어가 숙녀와 신사를 위한 국제어가 되었다. 따라서 학교에서도 학생들의 라틴어 실력을 향상하려는 노력이 줄어들었다. 바케가 보여주었듯이, 바로 그 시기에 라틴어는 고상한 상류층을 열망하는 사람들에게는 반드시 갖추어야 할 조건이 되었다. 적어도 라틴어 학습이 필요했지만 성인이 된 후에도 라틴어 능력을 유지하려는 사람은 거의 없었다. 조지 엘리엇George Eliot, 1819-1880의 소설 《플로스강의 물레방아The Mill on the Floss》에서 주인공 톰 툴리버는 필립 웨이컴에게 "사냥개들의 주인, 존 크레이크 경이 라틴어를 알까?"라고 묻는다. 웨이컴은 "물론 어렸을 때 라틴어를 배웠겠지. 하지만 지금은 잊었을 거야"라고 대답했다. 엄격히 말하면, 실용성이 없었던 까닭에 라틴어는 차별성을 부각하는 수단으로 더욱더 매력적이었다. 벤저민 프랭클린이 예리하게 지적했듯이, 라틴어는 고급문화의 "삼각모"(가발 때문에 잉여적으로 보였지만 상류 인사가 겨드랑이에 끼고 다닌 모자)가 되었다. 구체제가 붕괴된 후에도 라틴어는 살아남아 19세기와 20세기 초에 부르주아가 갖추어야 할 조건이 되었다. 아일랜드 시인 루이스 맥니스Louis MacNeice, 1907-1963의 표현을 빌리면, 부르주아는 "이론의 여지가 없이 죽은 언어를 배우는 특권", 거꾸로 말하면 다른 사람들이 그런 학습에서 배제되는 걸 지켜보는 특권을 즐기는 계급이었다.

전문직에 종사하는 사람에게 라틴어는 다른 이유에서도 도움이 되었지만, 그 이유들이 간혹 모순되기도 했다. 몰리에르Moliere, 1622-1673의 희곡 《스가나렐Sganarelle》에서 의사들이 그랬듯이 라틴어는 권위를 주고 신비화할 수 있었다. 그 희곡에서 의사들은 로마 나보나 광장에서 엉터리 약을 팔며, 그 약이 좋다는 걸 정당화하려고 인용하는 라틴어와 그리스어로 된 큼직한 책들을 들어 보인다. 스가나렐은 그런 의사들에게 가짜 라틴어로 말을 걸며 그의 부르주아 환자들을 놀라게 한다. 한 환자가 "우와, 굉장한데. 한마디도 알아듣지 못하겠어"라고 감탄하지 않는가. 법률가의 경우도 똑같았다. 그들도 라틴어를 간간히 사용해 시시때때로 고객과 평론가의 항의를 받았다. 하지만 라틴어가 아니면 표현할 수 없는 것을 표현하게 해주는 장점도 있었다. 예컨대 학자는 라틴어를 적절히 사용해 외설적이고 성적인 문제를 원만하게 다룰 수 있었다.

달리 말하면 라틴어에는 이중의 힘이 있어 그 힘을 감출 수도 있었고 드러낼 수도 있었다. 라틴어는 유혹에 약한 젊은이가 과거의 사창가를 연구한 이사크 보시우스의 저작, 성적 피학증을 다룬 요한 하인리히 메이봄Johann Heinrich Meibom, 1590-1655의 1639년 논문, 테오도라 황후의 성적 성향을 언급한 에드워드 기번Edward Gibbon, 1737-1794의 글을 읽고 타락할 가능성을 예방할 수 있었다. 하지만 바케가 명확히 입증했듯이, 라틴어 덕분에 성애性愛를 다룬 최고의 근대 문학이 탄생할 수 있었고, 남성 엘리트 계급이 "일상언어로는 말할 수 없는 지배적인 규범"을 언급할 수 있었다. 라틴어는 때때로 선정적이고 성애적인 느낌을 풍겼다. 따라서 교과서에서 불온한 부분을 삭제하려고 노력했지만 성공하지 못해 학생들은 아버지의 서재로 몰래 들어가 카툴루스의 사랑 이야기와 호라티우스의 조루증을 다룬 부분을 찾아 읽었다.

그러나 바케가 제기하지 않은 중대한 의문이 하나 있다. 물론 그에 대한 답도 없다. 근대 문화를 연구하는 역사학자들이 라틴어에 별다른 관심을 두지 않는 이유가 무엇일까? 바케의 저작이 출간된 후, 역사학과 이탈리아어와 근대 라틴어 등 학문적 경계를 넘나든 미국 학자, 크리스토퍼 셀렌자Christopher Celenza가 설득력 있는 가정 하나를 제시했다. 스위스의 역사가 야코프 부르크하르트Jacob Burckhardt, 1818-1897는 1860년에 발표한 대표적인 저작 《이탈리아 르네상스의 문화 Die Kultur der Renaissance in Italien》에서 르네상스라는 새로운 문화는 고대 문헌과 사상의 부활에서 탄생한 것이 아니라 교황과 신성로마제국 황제가 작게 쪼개져 서로 경쟁하는 이탈리아 도시국가들에게 더는 영향력을 행사하지 못했을 때 이탈리아에서 새롭게 형성된 국민

정신으로부터 발흥한 것이라 주장했다. 또 인문주의자들은 대체로 고향에서 쫓겨난 지식인들이었고, 그들의 라틴어 숭배에서 그들이 자국민의 지적인 삶을 완전히 공유하지는 않았다는 게 드러났다. 부르크하르트의 주장에서 상당한 설득력이 있어, 같은 시대에 활동한 역사학자로 1859년에 발표한 저작에서 고전 고대의 부활을 다루었던 게오르크 포이크트Georg Voigt, 1827-1891까지 인정할 정도였다. 따라서 포이크트는 자신의 저작까지 수정하며, 부르크하르트의 반反인문주의적 해석을 해온 바티스타 알베르티 같은 작가들을 다룬 부분에 반영했다. 20세기에 들어 한스 바론을 비롯해 많은 역사학자들이 부르크하르트가 틀렸다고 주장하며, 인문주의 운동의 근대성과 참신성을 의기양양하게 증명한 것은 사실이다. 그러나 바론조차 인문주의자들의 라틴어를 장애물로 생각하며, 법률가들이 이탈리아어로 글을 썼다는 사실만이 아니라 이탈리아어가 라틴어만큼이나 세련된 교양어가 될 수 있다고 주장한 법률가도 적지 않았다고 역설했다.[11]

21세기를 맞은 지금, 유럽은 공통된 문화를 지닌 국가들의 집단이라는 생각은 무척 설득력 있게 들린다. 여기에서, 앨프리드 에드워드 하우스먼이 한탄했던 시대보다 라틴어로부터 훨씬 멀어진 시대에 우리가 다시 근대 라틴어를 장려하는 이유가 설명되는 듯하다. 우리는 과거의 인문주의자보다 더욱더 뿌리를 상실했고, 누구나 동의할 수 있는 공통된 중요한 문화적 표지도 빼앗겼다. 따라서 자신감에 넘쳐 학문을 선두에서 끌어가는 선구자라면 이해되지 않겠지만, 먼 과거에 누구보다 도전적으로 사고하던 작가들에게 고대 언어가 수세기 동안 매력적으로 여겨졌던 이유가 이해되는 듯하다.

8

❖

새로운 시장을 개척한 영혼의 기업가, 예수회

16세기 말, 페루에 심취한 예수회 선교사가 춘초족Chunchos 지역을 탐사하며 겪은 경험담을 발표했다. 그는 산꼭대기에서 아마존 정글을 바라볼 때 아득히 멀리 떨어진 카리브해 지역까지도 보이는 듯한 기분이었다. 하느님과 동반자의 도움에만 의지해서, 아마존 정글과 카리브해 사이에서 살아가는 미지의 종족들을 방문해 기독교를 전해주는 것이 그의 가장 큰 바람이었고, 믿음이 깊다면 어떤 낯선 사회에도 들어갈 수 있을 것이라 굳게 믿었다. 같은 시기에 기독교 세계의 반대편 경계에서는 마테오 리치라는 또 다른 예수회 수도자가 거대한 이방인 왕국의 중심지를 향해 서서히 다가가고 있었다. 중국 비단옷을 입고 중국의 고대 문헌을 읽은 덕분에 마테오 리치는 곧 최초의 기독교인 중국 관리가 되었다. 리치는 서구식의 지도 제작에 능했고, 중국어를 쓰고 말할 수 있었던 까닭에 황제의 총애를 받아 말년을 베이징에서 보낼 수 있었다. 베이징에서 리치는 중국 철학을 대표하는 고전들을 연구하며, 그가 가르치는 기독교가 중국의 위대한 전통을 배척하는 게 아니라 보완하는 것이라고 중국 지식인들을 설득해 이따금씩 성공을 거두었다.[1]

달리 말하면, 나날이 확장하던 기독교 세계의 변방에서 예수회 수도자들이 다른 믿음을 지닌 문화와 종족에 다가가고 있었다. 안데스 지역의 종교에 대한 예수회의 뜨거운 관심은 그 지역의 토착 종교를 흔적까지 밟아 뭉개려는 십자군적 집착에 자극받은 것이었다. 예수회는 유교를 포용한 것만큼이나 강력하게 불교를 배척했다. 그러나 예수회가 서구의 유일한 가치를 굳게 믿었다고, 그들이 포교 과정에서 보여준 지적인 용기가 희석되어서는 안 된다. 그들은 당시에는 알려지지 않은 미지의 세계에서 지금은 상상할 수도 없는 방식으로 각자의 길을 모색하며 변화를 겪었다.

그러나 가톨릭 세계의 변방보다 중심지에 거주하며, 선한 이교도들과의 공통분모를 찾으려고 하기보다 유럽의 안팎에서 최악의 이단자들을 제거하는 데 주력한 예수회 수도자들도 있었다. 막강한 영향력을 휘둘렀던 예수회 지도자 안토니오 포세비노는 마테오 리치만큼이나 세계주의자였다. 외교관이자 논객으로 활동한 까닭에 포세비노는 이탈리아를 떠나 이반 그로즈니('폭군 이반'이란 뜻)의 러시아와 스테판 바토리의 폴란드까지 달려가, 두 군주를 화해시키려고 애썼다. 대사로서의 역할은 실패했지만, 모스크바 대공국을 직접 보고 경험한 결과를 처음으로 기록한 서구인 중 한 명이 되었다. 그러나 포세비노는 1492년과 그 이후에 유럽인에게 발견된 신세계들을 마귀들이 출몰하고 악마를 숭배하는 사람들이 거주하는 곳으로 보았다.

게다가 포세비노는 신세계가 기독교 세계의 타락을 부추기는 원인이 될 것이라 생각했다. 신세계 정복자들이 원주민의 신전과 고문서를 파괴했고, 이제는 선교사들이 신세계에서 하느님의 말씀을 가르쳤다. 그러나 사탄이 유럽 본토에서 기독교 신앙을 공격하며 반격을 가했다. 사탄의 주된 도구 중 하나도 학문과 미술이 르네상스 전성기에 누린 형태를 띠었다. 이교도 조각가들이 유혹적으로 묘사한 나신상裸身像들이 15세기와 16세기에 발굴되어 수집되었고, 설상가상으로 기독교 화가들이 그 조각상들을 모방해 성당 벽을 더럽혔다. 결국 인간의 육신을 제물로 원했던 아메리카의 괴기스러운 존재에 대한 숭배가 야만적으로 근절되었듯이, 이탈리아에 새롭게 등장한 하얀 피부와 뒤틀린 팔다리를 숭배하는 관습도 완전히 뿌리 뽑아야 했다. 종교의 확장을 위한 설교와 논쟁에는 수혜자와 희생자가 따르기 마련이었다. 협력과 절멸, 존중과 혐오 등 예수회는 교세의 확장을 위해 온갖 대응책을 동원하고 보여주었다.[2]

예수회는 새로운 식민지를 개척하던 유럽 제국들만큼이나 세계주의적이었고, 그런 제국들을 섬기는 동시에 저항했기 때문에 다양한 생각과 행동을 보여준 것은 당연했다. 1600년, 즉 예수회가 공식적으로 설립되고 고작 60년밖에 지나지 않았을 때 프라하부터 필리핀까지 어디에나 예수회 기관이 세워졌다. 그들은 격식을 갖춘 신학 논문과 외설적이고 인신공격적인 비판으로 적대적인 정적들을 비난했고, 불안에 사로잡힌 영혼들에게 세심한 조언을 해주었으며, 신교도들을 학살하라고 가톨릭교도들을 부추겼고, 정통과 이단의 좁은 틈새를 절묘하게 오가며 출판업자와 철학자에 대한 검열을 거들었다. 그들은 영국 가톨릭 상류층의 시골 별장에 숨어들었고, 오스트리아와 보헤미아의 학교에서는 신교도 대지주의 자녀들을 가르치며 개종시켰다. 또 그들은 학교를 직접 운영했고 출판사를 세웠으며, 연극을 공연하거나 부흥회를 개최했고, 라틴어 수사학을 가르쳤다.

교황령으로 예수회의 활동이 금지된 18세기 말쯤 예수회는 세계 전역에서 800곳이 넘는 일반 대학과 신학 대학을 운영하는 거대한 조직을 갖추었다. 그 결과 계몽시대 말에는 철학적 논쟁에 적극적으로 참여하는 예수회 수도자가 적지 않았다. 현재 브라질과 아르헨티나, 파라과이에 속한 지역에서 시행되던 유명한 '공상적 개척지 Utopian reduction', 즉 농업 공동체를 후원하던 역할과 사제로서의 역할을 중단해야 하는 수도자들도 많았다. 요컨대 예수회원은 어디에나 있었고, 특히 열성적인 칼뱅주의자와 회의적인 철학자에게 두려움과 혐오의 대상이었다. 그 이전에는 어떤 수도회나 사상가 집단도 그런 대우를 받은 적이 없었고, 그 이후에는 1920년대에 등장한 볼셰비키 인민위원이 유사했다.

예수회를 완전하고도 철저하게 다룬 역사서가 발표되었지만, 예수회의 장려함과 악의에 대한 독자들의 오랜 호기심은 아직도 충족되지 않았다. 중세 잉글랜드의 수도원들을 철저하게 연구한 데이비드 놀스David Knowles, 1896-1974의 저작만큼 정식으로 창립된 1540년부터 지금까지 예수회의 발전과정을 추적한 연구서는 없다. 당연한 말이겠지만, 예수회를 다룬 논문들이 질적으로 동일하지도 않다. 따라

서 최근까지도 예수회는 일반 독자에게는 물론이고 역사학자들에게
도 잘못 전해지고 많은 오해를 받았다.

예수회가 이런 안타까운 상황에 처한 데는 많은 원인이 있다. 예수
회원들도 예수회의 과거에 대해 많은 연구서를 발표했다. 오래전부
터 발행된 유수한 역사학 학술잡지, 전기와 서지목록 등 125종이 넘
는 일차적인 자료는 예수회의 근면과 헌신을 증명하기에 충분하다.
그러나 후기 르네상스부터 20세기 중반까지, 그들의 많은 저작은 가
톨릭계의 전통적인 학문, 즉 교회사의 방법론과 방향에서 벗어나지
않았다. 이런 방향을 선택한 작가들은 정보 제공과 교화에 목적을 두
었던 까닭에 분석적이지 않고 감성적인 경향을 띠었다. 정적에 대한
비판이 간간이 눈에 띄고 출판허가증으로 장식된 경건한 전기와 당
시의 편지를 인용한 글을 보면, 예수회원들의 저작은 오로지 가톨릭
교도만을 위한 것이었다.

누구나 인정하겠지만 수십 년 전부터 예수회 기록 관리자, 역사학
자와 고고학자는 전통에 따라 공예적 기능과 학문의 깊이를 연구하
는 데 그치지 않고, 선임자들의 과거를 객관적으로 통찰력 있게 조사
하고 분석해왔다. 그들은 새로운 의문을 제기했고 해묵은 문제도 외
면하지 않았다. 그들 중에는 저명한 인문주의 학자들과 어깨를 나란
히 하는 학자도 많다. 초기 근대 유럽의 교육에 대한 연구방법을 혁명
적으로 바꿔놓은 프랑수아 드 댕빌François de Dainville, 1909-1971과 월터
옹Walter Ong, 1912-2003이 대표적인 예다. 1990년 바티칸 도서관에서
개최된 상상의 전시회는 예수회의 구상과 영성을 그것이 처음 결성
되었던 곳으로 되돌려놓으며 이런 노력의 결실을 일반 대중에게 압

축적으로 보여주었다.[3]

이 학자들이 따른 길이 항상 수월한 것은 아니었다. 금서 목록이란 해묵은 정치적 올바름이 로마에서 사라지기 무섭게 자유주의적 올바른 정신이란 새로운 정치적 올바름이 빈자리를 메웠다. 이냐시오 로욜라Ignacio Loyola, 1491-1556의 무덤이 안장된 17세기 예배당이 복원되어 대중에게 공개되었을 때, 그곳에서 발견된 몇몇 조각상에서 이교도와 이단을 비난할 의도로 제작되었다는 걸 보여주는 검은 비문들이 문젯거리로 대두되었다. 상부의 지시에 따라 그 비문들은 흰 밀랍으로 신중하게 채워지며, 초기의 예수회원들이 지금처럼 세계 교회주의에 항상 공감하지는 않았다는 걸 방문객들이 알아차리지 못하기를 바랐다. (그 이후로 예수회와 세속의 학자들은 손톱으로 조심스레 긁어가며 비문을 읽어낼 수 있는 수준까지 복원하려고 최선을 다했다.)

게다가 미국 대학에서도 예수회 학자들이 연구했던 결과물은 물론이고 그들이 연구했던 시대에 대해서도 오랫동안 전문 학자만이 주로 접근할 수 있었다. 미술과 음악의 역사를 가르치는 교수들은 학생들에게 르네상스만이 아니라 매너리즘과 바로크를 당연히 소개했다. 그러나 대부분의 역사학 입문 강의에서는 르네상스에서 종교개혁과 절대주의 및 과학혁명으로 곧장 건너뛰었고, 문학 강의에서도 발타사르 그라시안Baltasar Gracián, 1601-1658의 도덕적인 글이나 아빌라의 테레사 성자와 십자가의 요한 성자의 자서전 같은 가톨릭 고전을 언급하는 경우는 거의 없었다. 가톨릭의 종교개혁, 즉 반反종교개혁은 교육과정에서 신교도 종교개혁이 오래전부터 향유하던 권리를 얻지 못했다.

여하튼 중세 이후에의 가톨릭이 그랬듯이, 미국에서 예수회는 대학 교수들에게 적절한 연구 주제였던 적이 없었다. 시간적으로 멀리 떨어진 가톨릭 중세의 역사와 문학에 대한 연구는 주로 대학생들의 몫이었다. 또 대부분의 가톨릭교도가 배척되었듯이, 근대 가톨릭 문화도 중요성이 떨어지는 변방 문화로 무시되었고, 수녀들이 학생들에게 데이트할 때 무엇을 주문해야 하는 것까지 가르치는 교구 학교에서나 배우기에 적합한 것으로 여겨졌다. 유대인에게 덧씌워진 선입견만큼이나 혐오스러운 이런 종류의 고정관념과 편견은 언짢게도 최근까지 미국 대학에서 계속되었다.

⁂

1970년대와 1980년대 미국과 유럽의 학자들은 과거의 종교적 삶을 연구하는 쪽으로 관심의 방향을 돌렸다. 그러나 양쪽의 학자들은 공식화된 신앙보다 민중의 믿음을 집중적으로 연구했다. 달리 말하면 기성 교단에서 안주해 설교하던 소수의 공식화된 견해와 감정보다 학교와 교회를 세웠던 이름 없는 다수의 잃어버린 생각과 감정을 복원하는 데 집중했다. 따라서 예수회의 과거를 연구하던 학자들도 그 과거의 경험을 단순하게 다루는 경향을 띠었다. 예수회는 16세기와 17세기 유럽을 특징짓는 사회문화적인 규율을 확립하기 위한 노력을 폭넓게 기울였다. 그런 사회적 규율이 미덕이란 이름으로 걸인을 억눌렀고, 온전한 정신이란 이름으로 미치광이를 가두었으며, 균일성과 정통성이란 이름으로 전통적인 축제와 다양한 형태의 의식을 없앴다. 예수회가 도시 빈민가와 시골 마을에 전파한 음울하고 계급적인 종교가 중세시대의 창의적이고 무정부주의적인 형태의 종교를 대체하거나 제약했다. 예수회가 운영하는 학교와 교회, 부흥회와 선교단은 말보다 글, 충동보다 규율, 고대보다 근대를 우선시하려는 노력의 일환으로 중요했다.

하지만 그 이후로 최근 들어 예수회가 역사학자들의 관심을 끌기 시작했는데, 그것을 단순한 징후로만 치부할 수 없다. 예컨대 기독교 역사를 공부하는 많은 학생이 가톨릭의 헌신과 영적인 상담을 진지하게 받아들여야 한다고 주장했다. 구체적으로 말하면, 억압적인 음모일 뿐만 아니라 개인의 감정을 바꿔가려는 일관된 노력의 일환으로 받아들여야 한다고 주장하기 시작했다. 또 과학의 발달과 서구의 영토 확장 과정을 추적하던 역사학자들은 예수회 지식인들이 당시의 철학적이고 인류학적인 발견을 집요하면서도 독창적으로 해결하려고 노력했다는 걸 깨닫게 되었다. 이런 분야에서 뛰어난 논문들이 발표되며, 일반 대중도 예수회의 역사에 더욱 관심을 갖게 되었다. 갈릴레이의 재판을 외곬이지만 흥미진진하고 자극적으로 연구한 피에트로 레돈디Pietro Redondi의 논문, 마테오 리치와 예수회의 중국 전도를 연구한 자크 제르네Jacques Gernet, 1921-2018 와 조너선 스펜스Jonathan Spence의 논문이 대표적인 예다. 따라서 최근에 밝혀지는 정보들을 열린 마음으로 결합할 필요성이 분명해졌다.

1993년 예수회 수도자로 역사학자이던 존 오말리John O'Malley는 예수회의 첫 세대를 자세히 다룬 저서를 발표했다. 부스스하고 평판이 그다지 좋지 않은 아홉 명의 남자(다수가 당시 이미 중년이었고, 유명하거나 권력층에 있는 사람은 아무도 없었다)가 결성한 조직이 세계 전역으로 뻗어나갔고, 종교개혁을 앞세운 신교도의 도전으로부터 로마 교회를 구해내는 데 일조했다. 오말리는 풍부한 자료를 바탕으로 그 책을 썼다. 훗날 예수회 규율의 기초가 되었고, 예수회가 영적인 상담자로 크게 성공을 거둔 근거가 되었던 이냐시오 로욜라의 《율령Constitutions》과 《영신 수련Spiritual Exercises》을 비롯해 예수회의 기본적인 문헌들, 12권으로 편찬된 이냐시오의 편지들, 아직까지 거의 공개되지 않았지만 수천 킬로미터 떨어진 곳에서 거주하던 수도자들이 주고받은 공식적인 서신과 비망록을 샅샅이 검토했다.

16세기 스페인과 잉글랜드의 통치자들이 세운 신흥 강대국들, 이른바 '신군주국New Monarchy'처럼 예수회는 자료의 관리가 곧 조직의 통제를 뜻한다는 걸 일찌감치 깨달았다. 많은 자료가 주기적으로 요약되어 조직 전체에 회람되었고, 로마의 심장부에 집요하게 전해지고 보관되었다. 따라서 역사학자들은 해묵은 편견만이 아니라, 산더미처럼 많은 새로운 자료를 맞닥뜨려야 했다. 현재 독일 연구자들에게 개방된 동독 비밀경찰 슈타지의 기록보관소에 쌓인 엄청난 양의 자료처럼, 예수회가 보관하고 있는 자료의 양은 정상적인 역사학자가 제대로 읽어내기 위해서는 엄청난 인내심이 필요하다. 물론 자료에서도 명확히 밝혀지지 않는 것을 파악하는 통찰력과 자료를 전반적인 맥락에서 해석하는 객관성이 있어야 한다는 것은 새삼스레 언급할 필요도 없을 것이다.

오말리는 간결하면서도 통찰력 있게 이 힘든 작업을 해냈다. 당연하겠지만 그의 저서는 이냐시오로 시작된다. 이냐시오는 바스크 지역의 소귀족 가문에서 13번째 아들로 태어났다. 처음에는 성직자의 길보다 군인의 길을 선택했지만, 1522년 팜플로나 전투에서 프랑스 군이 쏜 포탄에 맞아 다리에 부상을 입은 탓에 군인의 삶을 재고할 수밖에 없었다. 이냐시오는 오랫동안 누워 지내며, 그 시대의 야만적인 수술을 몇 번이고 받아야 했다. 중세 성자들의 전기들과 그리스도의 삶에 대한 14세기의 방대한 묵상록 이외에는 읽을 것이 없어 그는 자신의 삶을 되돌아보기 시작했다. 군인으로 살았던 삶을 돌이켜볼 때마다 마음이 황량하고 삭막해지는 기분이었지만, 종교적인 생각과 열망은 그에게 '위안'을 주었다. 그 '위안'은 말로 표현하기 힘들지만 분명하게 느껴지는 복합적인 감정이었다. 오말리의 결론에 따르면, 예수회가 직접 경험하고 목표로 삼은 것이 '위안'이었다.

그 이후에 이냐시오의 삶은 종교적 성장과 낭만적 모험이 복합된 것이었다. 성지聖地를 여행하며 자신의 열망을 재확인했지만 어떤 길을 취해야 할지는 여전히 몰랐다. 오랫동안 피정과 묵상을 하며 영성을 생생히 경험한 끝에 그는 다시 학교로 돌아갔다. 처음에는 스페인의 바르셀로나와 알칼라에서 공부했고, 나중에는 파리대학교로 넘어가 몽테규대학Collège de Montaigu에서 한동안 수학했다. 몽테규대학은 엄격한 생활기준과 못된 동료들 때문에 수십 년 전에 유명한 학자 에라스뮈스를 거의 죽일 뻔했던 유명한 교육기관이었다. 오말리는 르네상스 시대의 지적 역사를 연구한 전문가답게, 파리대학교의 잃어버린 좌안左岸을 되살려냈다. 당시 센강의 좌안은 종탑과 수도원이 많은 지역으로 오늘날의 파리대학보다 옥스퍼드에 더 가까웠다. 오말리는 이냐시오가 어떻게 신학 교육을 받았는지 자세히 재구성하는 데 그치지 않고, 영성의 발달과정까지 치밀하게 추적했다. 다시 말하면, 그가 종교적 상담자로서 권위와 명성을 얻고, 금욕적이고 내핍한 삶을 살며, 파리에서 영성을 훈련하던 무리의 중심인물로 떠오른 과정을 추적했다.

1530년대 후반기부터 그의 삶이 달라졌다. 이냐시오와 가까운 친구들은 이탈리아로 이주했고, 그때부터 그곳은 그들의 영원한 고향이 되었다. 그들은 선교사로서 해외에 나가려 했지만, 그런 바람은 이루어지지 않았다. 하지만 영향력 있는 친구들의 지원을 받아 '예수의 동반자', 즉 예수회라는 수도회를 정식으로 조직할 수 있었다. 1540년의 교황 칙서로 그들의 자격은 비준되었다. 오말리는 이냐시오의 비전, 그를 지지하는 무리의 성장, 예수회에게 지원을 약속하거나 그들에게 파문으로 위협했던 교황들의 죽음과 선출 등을 객관적이고 통찰력 있게 묘사한다. 책의 대부분에서 예수회의 성공은 한 영웅의 뛰어난 성취가 아니라 집단의 공동 노력으로 설명되며, 항상 더 큰 시각이 강조된다.

오말리가 보여주었듯이, 1490년부터 1530년까지 이탈리아는 정치적 위기와 종교적인 위기를 겪었다. 두 위기가 똑같지는 않았지만 끊임없이 교차되며 계속 악화되었다. 이탈리아군보다 더 강한 신성로마제국군과 프랑스군이 주요 도시들을 차지하려고 끝없이 싸웠다. 예언자들과 개혁가들이 거리와 광장에서 목소리를 높여 세상의 종말을 예언하며 여성들에게 화장품을 불태우라고 선동했고, 더 개인적이고 덜 기계적인 기독교 신앙을 요구했다. 인쇄된 성경, 경건한 문서, 급진적인 소논문, 종말의 모습을 묘사한 그림이 인쇄소에서 봇물처럼 쏟아져 나오며 급진적이고 참신한 아이디어도 쏟아졌다. 부유한 도시의 일루미나티Illuminati(계몽된 사람들)부터 가난한 농촌의 재세례파Anabaptist까지, 새로운 유형의 급진주의자들이 사회와 교회에서 기존 수도회에 도전했다. 중세에 이단으로 박해받던 사람들이 그 급진주의자들을 응원하고 나섰고, 그 때문에 그들은 교회 당국에게 농촌에서 사라진 의식을 되살리려는 사람들이나 혁명적인 새로운 신학을 창안한 신교도들로 여겨졌다. 이탈리아의 여러 도시에서는 남녀를 불문하고 개인과 집단이 새로운 형태의 기독교적 삶을 실험적으로 수행했다. '하느님의 사랑, 오라토리오회'로 알려진, 수도원을 운영하지 않은 수도회와 안젤라 메리치Angela Merici, 1474-1540가 설립하고 훗날 우르술라회로 발전한 여성 단체가 대표적인 예다. 모두가 위험을 무릅썼고, 다수가 실패했다.

  오말리 저서의 많은 장점 중 하나는 이런 배경을 전면에 내세운 것이다. 오말리의 주장에 따르면, 예수회의 첫 세대는 전통적인 설명에 비해 훨씬 덜 전투적이었다. 요컨대 교회 내에서 변화를 강력히 모색하지도 않았고, 교회 밖에서 격렬히 싸우지도 않았다. 예컨대 예수회의 구호는 전투적이기보다 금욕적이었다. '장군'이 예수회를 이끈다는 말이 흔히 회자되었는데, 이는 루터와 싸우는 성직자 군대를 조직하려는 노력보다 '프라에포지투스 제네랄리스(최고 사령관)'라는 이냐시오의 위상이 반영된 것이었다. 예수회 장군(요즘에는 '총장'이라 부름—옮긴이)이 다른 수도회의 최고 책임자보다 소속 수도자들에 대한 지배력이 약했던 것은 사실이다. 오히려 예수회 총장은 '일반 수도자단' 전체의 지배하에 있었다. 게다가 맥락을 고려하지 않는다면, 예수회의 목적은 이냐시오가 대외적으로 언급한 주장보다 훨씬 덜 급진적이었다. 이냐시오가 예수회의 영성 지도자들에게 교회의 지배층이 혹이 백이라고 가르치면 그렇게 믿어야 한다고 조언했지만, 가톨릭 교도에게 전례가 없는 새로운 것을 무작정 믿으라고 요구하지는 않았다. 16세기의 가톨릭교도들은 성찬식의 빵과 포도주로 쓰이는 것이 어떻게 보이든 실제로는 예수의 살과 피라고 인정했다. (이냐시오가 성경의 권위에는 의문을 제기하면서도 교회의 권위는 절대적으로 신뢰하며, 교회의 교리는 성경으로 검증되어야 한다는 가톨릭 인문주의자와 신교도 개혁가의 주장에 반발한 것은 사실이다.)

예수회는 일반적인 생각보다 덜 전투적이었을 뿐만 아니라, 그들이 어떤 방향을 지향했는지도 분명하지 않았다. 오말리가 말했듯이, 초창기에 예수회는 대체로 즉흥적이었다. 1960년대와 그 이후에 다수의 예수회원들이 그랬듯이, 첫 세대도 도시 빈민들과 어울렸다. 그들이 로마에서 차지한 공간은 현재의 도심으로 빈민가 옆에 있었다. 가난한 이웃들은 예수회의 소유지에서 닭을 키우고 싶어 했고, 이 때문에 예수회는 적잖게 골머리를 앓았다. 예수회는 변두리 혹은 완전히 도시 밖에 사는 사람들을 돕는 데 많은 시간을 할애했고, 죄수들에게도 도움을 주려고 애썼다. 또 매춘부들을 설득해 하녀나 수녀로서 더 나은 삶을 선택하도록 유도했고, 그런 여성들이 새로운 삶의 방향을 결정하는 동안 머물 수 있는 혁신적인 사회 복귀 훈련시설을 설립하기도 했다. 공예가들과 접촉하며 그들에게 설교하기도 했다.

이런 사업의 중심에는 가톨릭교도는 더 자주 고해하고 성찬을 받아야 한다는 단순한 믿음이 있었다. 예수회는 재산과 권력과 직책의 유혹에 굴복해서는 안 된다며, 그런 유혹에 빠지면 소명과 사업이 타락할 수 있다고 경고했다. 이렇게 예수회의 믿음은 행동보다 부정적인 방식으로 표현되는 경우가 많았다. 하지만 예수회는 행동의 자유를 제한하지 않으려고도 노력했다. 예컨대 다른 수도회와 달리, 그들은 매일 교회에서 몇 시간씩 예배하고 노래하며 다 함께 시간을 보내는 걸 거부했다. 그러나 금세 그들만의 고유한 방식이 되었던 것을 그처럼 소중하게 생각했던 이유를 정확히 몰랐던 것은 분명하다.

요컨대 첫 세대의 예수회는 기만적인 논객이나 전설적인 스파이가 아니라, 새로운 시장을 개척하려는 영혼의 기업가였다. 비교해서 말하면, 13세기의 탁발 수도자와 유사했다. 초기의 예수회는 다른 수도회들이 과거에 그랬던 것처럼 영성을 강매하지 않았다. 주변의 호응을 얻은 뒤에도 예수회는 선택적인 자세를 유지했다. 예수회에 가입하기는 애초부터 쉽지 않았고, 정회원이 되는 것은 더더욱 어려웠다. 이냐시오가 세상을 떠난 1556년, 세계 전역에서 활동하는 예수회원은 1,000명이 넘었다. 하지만 교황의 명령을 받으면 지체 없이 기꺼이 선교사로 나가겠다고 최종적으로 서약한 회원은 43명에 불과했다.

예수회의 핵심 사업은 점진적으로 구체화되었다. 처음에 이냐시오는 성지에 살려고 했다. 따라서 그와 초기 추종자들은 무슬림 세계에서 기독교를 전파하기를 바랐지만 성공하지 못했다. 그러나 1542년, 초기 추종자 중 한 명이던 프란치스코 하비에르Francisco Javier, 1506-1552가 포르투갈령 고아에 정착했고, 그때부터 예수회의 선교 드라마가 시작되었다. 이냐시오가 세상을 떠났을 때쯤, 예수회가 설립한 학교와 교회, 고해 지도서와 신학 논문이 일본부터 아프리카까지 전해졌다. 비유럽인을 수도회에 받아들여 훈련시키는 실험도 시행되었지만 크게 성공한 경우는 드물었다. 한편 예수회 선교사는 개인적인 위협을 무릅쓰고, 지난 반세기 전부터 신교도 땅으로 변한 북유럽과 동유럽에 진출해 여러 도시에서 칼뱅파 목사보다 더 나은 설교를 하고 가톨릭계 귀족에게 도움을 주는 외롭고 오랜 투쟁을 시작했다.

게다가 유럽 안팎에서 예수회는 특별한 지식 교환의 주체, 즉 교사가 되고 있었다. 이냐시오와 그의 친구들은 파리에서 공부한 까닭에 명확히 규정하지는 않았지만 학습의 가치를 무척 중요하게 생각했다. 따라서 초창기부터 가톨릭계 대학교 근처에 자그마한 교육기관을 세웠고, 그곳에서 수련 수사들은 효과적이고 안전하게 신학을 배울 수 있었다. 그러나 예수회가 실제로 역점을 둔 것은 다른 종류의 교육이었다.

⁎⁒⁎

15세기와 16세기 초에 특히 이탈리아를 중심으로 두 종류의 학교가 크게 확산되고 있었다. 하나는 학생들이 민중어를 사용해 글읽기와 셈하기를 배우며 중상주의 사회에서 기본적으로 필요한 삶의 기술을 습득하는 '주판' 학교였다. 다른 하나는 소수의 학생이 고대 로마의 고전을 읽고 본받는 법을 배우는 라틴어 학교 혹은 문법 학교였다.[4] 주판 학교는 실용성을 띠었지만, 라틴어와 고전에 대한 관심이 확산된 까닭에 문법 학교가 유행하게 되었다. 르네상스 시대의 지배자들은 학자들을 극진히 대우했고 서재를 호화롭게 꾸몄으며, 로마 역사가의 문헌을 비평하는 토론에 참석해 끝까지 자리를 지키기도 했다.

예수회에게도 고전을 중시하는 인문주의는 많은 점에서 유용했다. 말하기와 글쓰기 훈련을 받으면 효과적이고 명확하게 표현할 수 있게 된다는 것이 고전을 배운 사람들을 통해 입증되었다. 예수회는 설교의 능력을 무척 중요하게 여겼다. 여하튼 그들에게 성경에 근거한 설교와 강의는 도시와 농촌에서 대중에 다가가는 기본적인 도구였고, 신교도들과의 토론에서 동원한 유일한 무기였다. 오말리가 몇몇 곳에서 보여주었듯이 예수회는 고대 수사법에 유난히 애착을 느낀 듯하다. 고대 수사법을 한마디로 정리하면, 유능한 연사는 상황에 따라 말을 조절하며 청자의 욕구와 바람을 고려해야 한다는 것이다. 예수회는 새로운 상황에 의복과 식사법 및 언어를 정교하게 맞추며, 주변 상황과 청중을 평가하는 훈련을 체계적으로 제공하는 기법을 자연스레 개발했다.

이냐시오는 젊은 예수회원에게 신학 교육만이 아니라 고전 문헌을 읽는 기회까지 제공하려 애썼다. 파리에서 교육받은 경험을 바탕으로 첫 세대는 작은 교실에 기초한 교과과정을 설계했고, 점점 어려워지는 학습을 통한 지적 성장을 꾀했으며, 고전 문헌에서 부적절한 부분을 빠짐없이 삭제했다. 효율적인 교육 방식 덕분에 예수회에게 도움을 청하는 곳이 폭발적으로 증가했다. 메시나에서 첫 실험이 시행된 1548년 이후, 가톨릭이 지배하는 유럽의 많은 도시가 예수회에게 가톨릭계 대학을 설립해달라고 요청했다. 그곳에서는 빈부의 차별 없이 모든 젊은이가 당시에 유행하던 라틴어를 무상으로 배울 수 있었다. 예수회의 교육 방식은 글쓰기와 무대 공연을 강조한 까닭에 흥미롭고 매력적이며 특별한 기운을 풍겼다.

무대 공연은 라틴어로 이루어지는 게 원칙이었고, 때때로 6시간 동안 계속되었으며, 우상을 무너뜨리고 성자를 매달아 올리는 장면이 자주 곁들여졌다. 예수회의 교육 방식에는 융통성도 있었다. 군인의 길을 걸으려는 젊은 귀족에게는 고전 교육만이 아니라 실질적인 교육도 필요하다는 생각에 펜싱과 포술 및 군사 훈련까지 제공했다. 이런 목적에서 설립된 가톨릭계 군사학교는 수세기가 지난 제1차 세계대전 동안에도 존재했다. 더 중요한 것은 신교도 귀족 가문도 예수회 소속 인문주의자들의 교육 방식에 호응했다는 것이다. 따라서 그들의 자녀는 키케로의 라틴어만이 아니라 가톨릭 신학까지 배웠다. 예수회가 오스트리아와 바이에른과 보헤미아에 설립한 학교들은 동유럽의 많은 귀족을 가톨릭 교회로 되돌리는 효과 이상을 거둔 것으로 판단된다.

끝으로, 예수회는 영성의 방향에서도 뚜렷한 차별성을 보여주었다. 이냐시오는 자신의 영적인 성장과정을 《영신 수련》이란 책에서 체계적으로 정리했다. 이 책은 도움이 필요한 사람이 아니라, 도움을 제공하는 영적 지도자를 위한 것이다. 이냐시오는 자신을 학대하는 삶을 살며 자신에게 달라붙어 끝없이 괴롭히는 죄를 끊어내려 애썼다. 또 묵상하는 과정에서 그리스도의 영광을 위해 살아야 한다는 환시를 경험하며, 하느님이 그에게 맡긴 일이 무엇인지 알아낼 수 있었다. 《영신 수련》은 자기 분석을 위한 계량적 도구이자 영적 성장을 위한 자세한 설명서로, 프랑스 철학자 피에르 아도Pierre Hadot, 1922-2010의 주장에 따르면 고전 철학에 뿌리를 둔 금욕적인 자아형성을 위한 전前근대적인 전통에서 부분적으로 유래한 것이었지만, 예수회원들에게는 수도자로서의 삶을 지키기 위한 지침서였다. 예수회원이 자신의 삶에 대해 제기하는 정교한 질문들은 치밀하기 그지없어 삶의 지침으로 삼기에 무척 효과적이었고, 그 대답을 정확히 기록해가면 삶에서 실패할 확률이 크게 줄어들었다.[5] 그러나 《영신 수련》에는 그 이상의 의미가 있었다. 오말리가 지적했듯이, 그 책이 발표된 직후부터 고위 성직자들과 평신도 권력자들이 이냐시오나 다른 예수회원에게 함께 수련을 하자고 요청했을 정도였다.

예수회원들은 개개인의 영적이고 감정적인 삶을 올바른 방향으로 인도하는 전문가로 알려지게 되었다. 그들은 상담법을 연구했고, 성향에 맞추어 할 일을 부여하는 방법을 조언하는 최적의 방법을 가르치기 시작했다. 그들은 육신의 죄에서 비롯된 필연적인 수치심과 일상의 따분함이 끝없이 요구되는 기독교 윤리와 구분되는 간격을 메우고 판단하는 방법에 대해서도 조언했다. 피정, 즉 체계적인 기도와 묵상을 위해 일상에서 벗어나는 시간을 창안한 것도 예수회였다. 예수회가 신학에서 죄와 고해를 연구하는 분야까지 별도로 만들어내지는 않았지만 죄와 고해를 집중적으로 다루었다. 행위의 선악 문제를 세심하게 조사해 해결하려는 윤리학 이론인 결의론決疑論이 예수회원의 글쓰기에서 주된 주제가 되었고, 예수회가 중점적으로 가르치는 것이 되었다. 한 세대가 지나지 않아, 예수회는 고해와 사면의 전문가로 자리를 잡았다. 또 예수회에서 운영한 모든 대학에서 사례를 중심으로 강의가 진행되며, 예수회원들의 상담 결과가 이용되었다. 그 이후로 수세기 동안, 예수회는 영적 지도자로서 가톨릭계 군주에게 사랑을 받은 까닭에 음모를 일삼고 세속화된 숨은 정치권력이란 평판을 얻게 되었다.

오말리가 지적했듯이, 최근에 예수회는 (파스칼이 《시골 친구에게 보내는 편지》에서 예수회에게 명쾌하지만 부당하게 가한 공격에서 비롯된) 신성한 허풍선이라는 오랜 평판의 많은 부분을 지워냈다. 예수회는 신교도 국가에서 위험천만하게 살면서도 영적 상담의 가능성을 한계까지 밀어붙였고, 명백히 거짓된 진술을 진실로 바꿔놓을 수 있는 윤리이론, 즉 심중 유보mental reservation에 때때로 피신하며 위안을 구하기도 했다. 유명한 사례에서 한 예수회원은 사제로서 심문을 받았던 사실을 부정했지만 나중에는 '아폴론의 제사장'을 뜻했던 것이라고 변명했다.[6] 그런 행동은 칼뱅파의 총에 채워주는 탄약보다 나을 것이 없었다. 그러나 그런 행동이 규범은 아니었다. 오말리가 보여주었듯이, 예수회가 가톨릭교도의 삶에서 기본적인 문제를 상식적인 관점에서 보려고 집중했다는 인상적인 증거가 적지 않다. 예컨대 이냐시오의 오랜 친구로 골칫거리였지만 지극히 솔직한 성품이었던 니콜라스 데 보바딜라Nicolás de Bobadilla, 1509-1590는 우리에게 죄를 솔직하게 고백하면 사정한 후에 성찬식에 참석하더라도 편집증적 공포심을 품을 필요가 없다고 조언했다. 이것은 인간의 감수성을 건드린 조언으로, 지금은 고인이 된 많은 가톨릭계 도덕철학의 권위자가 이 조언을 알았더라면 많은 것을 배울 수 있을 것이다. 오말리는 약간 다른 맥락에서 "마음의 이성이 가장 중요하다"라고 말했다.[7]

물론 오말리의 저서가 부족한 모든 것을 채워주지는 않는다. 역사계에서 그의 책은 많은 유익한 정보를 주지만 불완전할 수밖에 없다. 예수회는 경쟁관계에 있는 많은 혁신가를 직접 혹은 글을 통해 알았지만, 그들이 어느 정도까지 알았는지는 여전히 의문이다. 가톨릭계에서 이냐시오라는 존재는 요즘 독자들에게 네덜란드 인문주의자 에라스뮈스의 영성을 떠오르게 한다. 그러나 두 사람의 관계는 명확하지 않다. 에라스뮈스의 교과서적 저작들은 예수회 학교에서 자주 쓰였지만 이냐시오는 에라스뮈스의 종교적인 글에 대한 혐오감을 감추지 않았다. 《영신 수련》이 참조한 문헌들도 그랬듯이, 오말리는 개인적인 의견을 신중하게 제시하고 치밀하게 선택한 참고문헌을 소개하지만, 어느 것도 확정적이지는 않다.[8]

초기 예수회를 다룬 또 하나의 저작, 윌리엄 메스너William W. Meissner, 1931-2010의 《로욜라의 이그나티우스: 한 성자의 심리Ignatius of Loyola: The Psychology of a Saint》도 예수회를 이해하는 데 적잖은 도움이 된다. 예수회원이자 저명한 정신분석가인 메스너는 역사심리학자들이 때때로 간과했던 부분을 집중적으로 연구했다. 다시 말하면, 이냐시오의 영성이 추구한 가치와 심리학이란 세속 학문도 성자의 삶을 설명할 수 있어야 한다는 주장을 다루었다. 안타깝게도 메스너의 결론은 실망스럽다. 《영신 수련》은 그리스도의 삶, 지옥과 성지와 관련된 장면을 마음속에 시각화하며 거기에서 영적인 이익을 끌어내는 방법에 대한 구체적인 설명으로 가득한 매력적이고 특별한 책이다. 이 책은 중세 후기에 교육을 받지 않은 몽매한 다수 대중에게 인기를 끌며 시각화 훈련법을 가르쳐주었던 경건 문서만이 아니라, 학문적 자료를 기억하는 기술과도 밀접한 관계가 있었다. 마테오 리치가 그 기억술을 사용해 중국에서 눈부신 효과를 거두었고, 르네상스 시대에 유럽의 웅변가들도 키케로의 라틴어를 완전히 습득해 머릿속에 담아둘 수 있었다. 《영신 수련》은 영적인 상담과 영성 권위자에 대한 중세와 초기 교부들의 저작도 떠오르게 한다.[9]

《영신 수련》에 담긴 호화롭고 으스스한 그림들과 명쾌한 분석기법들에는 인간의 심리를 연구하는 학자들, 무엇보다 이냐시오의 고유한 특징을 찾아내는 것으로 연구를 시작하는 학자들의 관심이 필요하다. 심리적 효율성과 통찰력에서 이냐시오의 《영신 수련》에 필적할 만한 저작은 그 이전에는 없었다. 하지만 메스너는 그 이전이나 당시의 자료는 말할 것도 없고, 《영신 수련》의 공들여 꾸민 표지도 못 본 척한다. 대신 이냐시오가 남긴 인상과 그가 몰두했던 문제들을 인간 발전의 근대적 표본과 관련시킨다. 그러나 이냐시오가 일탈한 것으로 그려지는 규범들은 20세기의 것이지 16세기의 것이 아니었다. 메스너가 많은 자료를 인용했고, 책의 곳곳에서 주목할 만한 분석적 제안을 내놓았지만 이냐시오에서 가장 중요한 부분을 건드리지 않았다.

오말리는 초기 예수회를 집중적으로 다루었다. 초기 예수회는 신앙의 단순한 계승자가 아니라 새로운 것을 만들어낸 창조자였다. 하지만 오말리가 몇 번이고 지적했듯이, 예수회는 수세기 동안 꾸준히 진화하며 새로운 환경에 적응했다. 요즘 우리가 예수회와 결부시키는 형태의 예술, 예컨대 정교한 교회 음악과 승리를 지향하는 화려한 미술은 17세기에서야 채택되었다. 그러나 신학적 관점을 표현하는 방법만이 변한 것은 아니었고, 그 내용도 영향을 받아 달라졌다.

16세기 후반기에 많은 예수회원이 냉혹해졌다. 수련 수사들은 초기 기독교인들이 순교하는 장면들로 장식된 식당에서 식사하며 일본이나 잉글랜드에서 순교하겠다는 각오를 다졌다. 예수회 신학은 실험적인 시도에서 점점 멀어졌지만, 예수회 학문은 더욱더 편향성을 띠었다. 따라서 이냐시오의 시대와 달리, 이슬람교와 유대교에서 개종한 사람들과 비기독교인들을 수도회에 받아들이는 개방성도 떨어졌다. 예수회와 관련된 최악의 '검은 전설Black Legend'이 생겨났고, 부분적이었지만 그 실재성이 입증되었다.

❈

오말리의 책이 출간된 이후로 예수회의 문서고와 교회, 그들의 글과 행동에 관심을 갖기 시작한 역사학자 집단이 있었다. 덕분에 예수회가 활동한 상상의 세계지도에서 많은 점이 적어도 부분적으로는 채워졌다. 이탈리아 역사학자, 카를로 긴츠부르그Carlo Ginzburg가 오래전에 입증했듯이, 17세기 예수회는 이탈리아 남부 지방을 주목하며, 쉽게 이해되는 기독교 신학과 일련의 관례를 그곳에 앞장서서 전달했다. 300년 후에 카를로 레비Carlo Levi, 1902-1975가 썼듯이 그리스도가 잠깐 들렀다는 에볼리에 간 신부들이 양치기들에게 성삼위일체에 대해 물었다. 양치기들은 호감을 얻으려는 욕심에 많은 신이 있다고 대답했다. 신부들은 이런 혼란스러운 대답을 조롱하며 비웃었다. 그러나 신부들은 기도하고 설교했고, 모닥불을 피웠으며, 고행자가 되어 산길을 넘었다. 이런 과정을 거친 끝에 가톨릭 신부들은 쉽게 이해되는 기독교 교리를 이탈리아 시골 지역까지 전달했다. 그 결과 시골 지역이 기독교 이전 신앙의 소굴이 아니라, 처음으로 가톨릭 기독교의 중심지가 되었다.[10] 최근에 캘리포니아대학교의 역사학자 제니퍼 셀윈Jennifer Selwyn은 긴츠부르그의 설득력 있는 의견에 동의하며, 충분한 자료에 근거한 연구에서 예수회가 '유럽의 인도 제국', 즉 메초조르노Mezzogiorno라 일컬어지는 이탈리아 남부를 전도한 사례를 다루었다.[11]

그러나 이 시기의 예수회는 중국 선교를 빼놓을 수 없을 정도로 세계주의적이었다. 중국 선교단의 일원이었던 요한 아담 샬 폰 벨Johann Adam Schall von Bell, 1591-1666은 갈릴레이의 망원경에 대한 소식을 극동에 전해주었고, 중국 황실의 문관으로 천문부서에서 일했다. 샬 폰 벨과 마테오 리치처럼 저명한 예수회원들이 중국에서 어떤 일을 했는지에 대해 연구가 시작된 지 수십 년이 흘렀지만, 최근의 연구에서 예수회와 중국의 관계가 적나라하게 밝혀졌다. 깊이와 폭을 갖춘 연구서에서 벤저민 엘먼Benjamin Elman은 예수회가 중국의 후원자들과 밀거래한 많은 방법을 추적하며, 중국이란 정교하고 복잡한 사회로부터 많은 것을 배워야 한다고 느꼈다는 걸 보여주었다. 리엄 브로키Liam Brockey는 포르투갈 예수회가 중국을 전도한 이야기를 생생히 재구성했다. 그는 과거의 역사학자와 달리, 소수의 영웅보다 평범한 일반인들에 초점을 맞추어 예수회원이 어떻게 선교사로 선택되고 훈련받았는지를 추적했다. 특히 예수회원이 중국어를 학습하는 방법에 대한 브로키의 설명은 무척 흥미진진하다. 브로키는 현장에 파견된 예수회원이 선교사로서 어떤 삶을 살았는지 추적했고, 황제와 경쟁하며 결국 예수회의 선교가 막을 내릴 수밖에 없었던 상황까지 다루었다.[12]

예수회가 유럽 심장부에서 어떻게 살고 일했는지에 대해서도 많은 것이 밝혀졌다. 예수회원이던 로버트 비렐리Robert Bireley, 1933-2018

와 에식스대학교 교수 해로 회플Harro Höpfl은 국가 이성부터 폭군 살해까지 핵심적인 정치사상에 대한 예수회의 다양한 관점을 분석하며, 아직도 영어권 세계에서 통용되는 예수회의 정치관이 예수회와 관련된 논문과 시론만큼 혹은 그 이상으로 신교도에 대한 반감을 반영하고 있다는 걸 보여주었다.[13] 이탈리아 역사학자 루치아노 칸포라 Luciano Canfora와 토론토대학교의 역사학 교수 이본느 레비Evonne Levy 는 다양한 증거를 제시하며, 예수회가 예술과 영적 상담을 이용해 자신들의 대의에 호응하도록 개인과 집단을 압박하는 데 능숙했다는 걸 보여주었다.[14] 한편 예수회가 과학에 쏟은 정성과 독창성을 집중적으로 연구한 학자들은 신교도들에게 인류의 적으로 매도된 사람들이 지식을 교환하는 편지 공화국이란 지적 세계에서 인간적이고 세계주의적 역할을 했다는 것을 밝혀냈다.[15]

오말리의 연구를 이어받는 학자가 나타나더라도 첫 세대 예수회의 다양하고 때로는 모순되는 관점들을 통합하기는 쉽지 않을 것이다.[16] 요즘에는 주변부에 대한 연구가 유행이며, 예수회의 역사는 모험과 함께한 까닭에 학자들은 범세계적이고 비유럽적인 관점을 취할 수밖에 없다. 그러나 완전한 이야기에서는 중심에서 본 모습 다시 말해, 유럽의 중심부에서 즉 콜레조 로마노Collegio Romano(이냐시오가 로마에 세운 기숙학교-옮긴이)와 제수 성당Chiesa del Gesù(예수회의 모교회-옮긴이)에서 예수회가 살았던 지적이고 신앙적인 삶을 자세히 다루어야 한다. 예컨대 독일 예수회원으로 박학다식했던 아타나시우스 키르허는 이탈리아의 산악 지형과 화산의 역학에 깊은 관심을 보였고 중국 문화에도 심취했다. 자연과 인간에 대해 그렇게 연구한 결과를 많은 대중에게 알리겠다고 책으로 펴내기도 했다. 또 키르허는 고대 이집트의 상형문자를 고대 현인 계급의 언어라 생각하며 온갖 추측을 더해 해석했지만, 오늘날 그 해석은 학문적이라기보다 불합리하고 기묘하게 보인다. 그러나 키르허의 해석은 새로운 증거와 신플라톤주의에 근거한 것이어서 당시에는 다른 학자들에게 폭넓은 지지를 얻었고, 바로크 시대의 로마를 대표하는 조각 중 하나에 영감을 주기도 했다. 잔 로렌초 베르니니가 나보나 광장에 조각해 많은 관광객의 탄성을 자아내는 피우미 분수가 그것으로, 키르허가 발굴하고 해석한 이집트 오벨리스크와 관계가 있다.[17] 예수회와 그들의 세계를 연구하려는 장래의 역사학자는 이 아름다운 공공장소에서 시작하는 것도 좋은 생각일 것이다. 그곳에서는 노란색과 오렌지색 건물들의 전면에서 사람들이 제각각의 모습을 보여주고, 한 예수회원이 서구적 시각에서 서구 밖의 세계를 평가하려던 노력이 은은한 빛으로 형태와 색을 바꿔가고 있기 때문이다.

9

❖

자기 정의를 위한 기독교의 노력 그리고 유대교

⋮ 　15세기 이탈리아 철학자 조반니 피코 델라 미란돌라는 책을 구입하는 걸 무엇보다 좋아했다. 비싸고 희귀한 책일수록 더 좋아했다. 그는 자신의 대저택에 호화로운 도서관을 세웠고, 코시모 투라Cosimo Tura, 1430-1495에게 의뢰해 페르시아의 현인 조로아스터와 이집트의 반신半神적 존재 헤르메스 트리스메기스투스 및 그리스·로마의 철학자들로 그곳의 벽면을 장식했다. 피코는 자신의 수집이 철학적 행위라고 굳게 믿었다. 모든 주된 사상가는 저마다 거대한 우주의 작은 조각을 독자에게 알려주고 있어, 각각의 책이 장엄하고 신성한 모자이크에서 아름다운 조각 하나를 뜻한다는 게 그의 생각이었다.

　출처나 내용과 상관없이 피코를 가장 흥분시킨 책은 카발라를 비롯해 유대교 관련 자료의 주된 정보원, 플라비우스 미트리다테스

Flavius Mithridates가 발표한 라틴어 서적이었다. 플라비우스는 시칠리아 태생의 유대인이었지만 기독교로 개종한 학자였다. 플라비우스는 서구에는 그때까지 알려지지 않은 히브리 문헌들을 라틴어로 번역했고, 피코는 그 판본들을 통해 과거에 유대인이 삼위일체설을 믿었다는 걸 알게 되었다. '옛 탈무드'에도 분명히 쓰여 있듯이, 유대인은 성부와 성자와 성령이 하나라는 걸 믿었다는 것이다. 또 예수라는 이름의 히브리어 철자에 카발라 전통의 핵심적인 비밀이 담겨 있다는 것도 드러났다. 그런데도 피코 시대의 유대인들이 삼위일체나 예수의 신성을 부인한 이유는 자신들의 전통이 옳다는 걸 신실하게 믿었기 때문이 아니라 기독교인을 괴롭히고 기독교의 종교성을 인정하지 않기 위한 것이었다.

플라비우스가 번역한 고대 문헌들은 정보과 훈계를 뒤섞어 양념처럼 자극적으로 덧붙였고, 피코는 '인간의 품위에 대한 연설'에 그 결과를 우려냈다. 피코는 그 연설을 계기로 유럽의 모든 위대한 학자를 로마에 초빙해 공개적인 대토론회를 개최할 계획이었다. 안타깝게도 플라비우스의 문헌들은 가치가 의심스러웠다. 그는 기독교 세계에서 히브리어와 아람어 및 아랍어 전문가로 일하며 밥벌이를 했다. 그가 성금요일에 교황청에서 한 설교는 "2시간이나 계속되었지만 다양한 내용 덕분에, 또 원주민처럼 발음한 히브리어와 아랍어 덕분에 모두가 그 설교에 만족했다." 이때에도 플라비우스는 유대교 전통과 중세의 반反유대주의자들의 조작한 이야기를 절묘하게 얼버무려, 기독교인이 듣고 싶어 하는 말로 짜 맞추었다.[1] 피코는 선구적인 그리스어 학자였고, 고대 근동을 연구하기 시작한 똑똑한 학자였지만 플라비

우스에게 감쪽같이 속아 그가 수고비를 요구할 때마다 순순히 지갑을 열었다.[2]

이 이야기에는 많은 역설이 담겨 있다. 유대교의 주석과 전통에 감추어진 비밀을 파헤치려던 피코는 유대인 정보원들에게 의존할 수밖에 없었다. 그들 중 일부는 유대교의 진실한 전통을 감추고 피코에게 그가 듣고 싶은 말을 해주었다. 그럼에도 불구하고, 피코는 급진적인 시대에서도 가장 급진적인 지적 운동 중 하나를 촉발하는 데 큰 역할을 해냈다. 15세기 말과 16세기에 많은 기독교 학자가 피코의 뒤를 따랐다. 히브리 성서를 전달해주고 주석까지 덧붙인 유대인들의 학문을 고려하지 않고는 기독교 경전, 즉 《구약성서》와 《신약성서》를 완전히 이해할 수 없다는 게 기독교 학자들의 판단이었다. 따라서 그들은 히브리어를 공부하기 시작했고, 유대인이나 개종한 학자들과 함께 작업했다. 그들은 히브리어로 쓰인 《구약성서》와 아람어로 번역된 구약성서, 즉 《타르굼Targum》을 인쇄본으로 찍어냈다. 한편 불가타 성경Latin Vulgate Bible이 히브리어 《구약성서》와 그리스어 성경 사이에 존재하는 중심축이라면, 프란시스코 히메네스Francisco Jiménez 추기경은 불가타 성경을 두 도둑 사이에 못 박힌 그리스도를 닮았다고 묘사했다. 기독교 학자들은 고대 그리스·로마 도서관만큼 오래되고 소중한 도서관을 열어 연구하기 시작했다. 이스라엘 학자 모셰 이델Moshe Idel이 '제3의 도서관'이라 칭한 그 도서관은 기독교의 기원에 대한 새로운 통찰력을 부여하기 때문에 어떤 이교도 도서관보다 기독교 문화에 더 가까운 도서관이었다.

기독교 학자들은 유대인을 추념하는 기억의 궁전에 뛰어들었지만,

그 시대에는 그런 시도 자체가 위험했다. 이탈리아는 유대인들에게 노란 별을 달도록 강요했고, 가톨릭 국왕들은 유대인들을 이베리아와 남부 이탈리아에서 추방했다. 독일의 여러 도시에서는 신을 달래기 위한 살인재판이 열렸다. 고문을 견디다 못해 토해낸 증언을 이유로 유대인들은 유교절에 먹는 무교병을 만들 때 어린아이의 피를 이용하려고 어린 기독교인을 살해했다는 죄목으로 사형선고를 받았다. 신성로마제국 막시밀리안 황제의 누이, 쿠니군데 같은 권력자들은 히브리어 서적을 불태우라고 요구했다. 개종자들과 기독교 전문가들은 유대인의 미신적이고 마법적인 관행을 폭로하는 민족지학을 쓰려고 경쟁을 벌였다. 유대인이 흐르는 물에 자신의 피를 떨어뜨리거나 닭머리를 잡고 돌리는 정화의식을 하는 그림들이 많은 소책자에 실렸다. 유대인이 마법에 몰두하는 민족이라는 평판을 확인해주는 그림들이었다.

지극히 대담한 기독교 학자들, 예컨대 유대인 철학자 게르숌 숄렘 Gershom Scholem, 1897-1982이 가상의 조상으로 숭배한 인물, 요하네스 로이힐린만이 전통을 지키려는 유대인의 권리를 적극적으로 옹호하거나, 때때로 유대교의 전통이 풍부하고 심오하다고 주장하기도 했다. 그러나 피코처럼, 로이힐린까지도 히브리어 주석에서 읽은 유대교의 신비한 의식들을 기독교인의 입맛에 맞게 재구성하며, 모든 유대인이 결국에서는 기독교로 개종하기를 바랐다.[3] 하지만 유대교 전통이 널리 공개되자 지적 세계에 지진이 일어났고, 그 여파로 신학 교육의 구조부터 자연철학의 실행까지 모든 것이 흔들렸다. 아이작 뉴턴은 카발라에서 영감을 받아 자연과 사회에 대해 급진적인 사상을 제시한 중요한 사상가 중 가장 유명한 인물일 뿐이다.

⋰⋱

두 세대 전까지도 유럽의 지적 역사를 연구하며 유대인에 관심을
가진 학자는 거의 없었다. 당시 유럽 학자들은 기독교와 고전 시대의
작가와 사상에 관심을 기울이고 주의를 집중했다. 이미 널리 알려진
사실이지만, 성미가 급한 루터만이 아니라 에라스뮈스와 볼테르처럼
너그럽기로 유명하던 작가들도 유대인을 왜곡해 평가하는 경우가 많
았다. 토머스 홉스Thomas Hobbes, 1588-1679와 피에르 벨 같은 철학자들
은《구약성서》를 꼼꼼히 분석했지만, 대체로 동료 기독교인들과 논
쟁하는 경우에 국한되었다. 그러나 유대인이 기독교 문화에 미친 영
향과, 유대교의 사상과 풍습에 대한 기독교인의 대응은 지엽적이고
특별한 목적을 위한 연구 대상이었다. 지금은 명확히 역사적 문제로
여겨지는 것을 유대인 학자가 간혹 연구할 뿐이었다. 예컨대 프랑스
계몽주의 사상가들의 관용이 유대인 박해에 대해서는 침묵한 이유
가 무엇일까? 미국 역사학자 프랭크 매뉴얼Frank Manuel, 1910-2003처럼
유대인의 학습법을 연구한 학자들도 유대인과 기독교인 간의 지적인
충돌에 별다른 관심을 기울이지 않았다.

하지만 지난 40년 동안 유럽의 과거를 연구하는 학자들은 서구의
전통이나 그 경계가 과거의 생각만큼 확고하거나 안정된 것이 아니
라는 것을 알게 되었다. 특히 유대인의 역사에 대한 전문가들, 예컨
대 게르숌 숄렘과 모셰 이델, 요세프 단과 아모스 펑켄스타인, 요세프
하임 예루샬미와 조세프 카플란, 엘리셰바 카를바흐, 데이비드 러더

먼 등은 유럽 사상을 연구하는 학자들도 유대인의 역사에 관심이 많다는 걸 알게 되었다. 달리 말하면, 유럽 사상가들도 카발라, 유대인의 예배 의식, 히브리어 성경의 문헌적 위상에 뜨거운 관심을 가졌다는 것이 밝혀졌다. 유럽의 기독교 전문가들, 예컨대 브라이언 풀런, 나탈리 지먼 데이비스, 윌리엄 체스터 조던, 로니 포 치아 시아夏伯嘉, 조너선 이즈리얼은 유럽 세계에 거주하는 유대인 공동체와 개인에 관심을 돌렸다. 이스라엘의 역사학자 다비드 카츠David Katz를 비롯해 극소수의 학자만이 두 세계를 직접적으로 알고 있을 뿐이다.[4] 두 세계를 결합한 연구도 소수에 불과하고 불완전하다. 위대한 역사학자 프랭크 매뉴얼이 은퇴를 앞두고 젊은 시절에 연구하던 히브리학으로 돌아와 1980년대에 쓴《부러진 지팡이The Broken Staff》가 이 분야에서 지금도 가장 흥미로운 저작 중 하나다. 그러나 유럽 문화를 연구하는 어떤 역사학자도 유대인이 오래전부터 유럽인의 삶과 상상에서 두드러지는 역할을 한 것은 이제는 무시할 수 없다. 최근에 발행된 흥미로운 유럽사, 예컨대 데이비드 니런버그David Nirenberg의《폭력의 공동체Communities of Violence》와 미리 루빈Miri Rubin의《비유대인 이야기Gentile Tales》는 유대인 공동체와 기독교 공동체를 갈랐던 단층선을 추적했고, 두 공동체가 마찰할 때 생기는 충격을 섬세하게 기록했다.

학자들이 한때 어둠에 싸였던 분야에 새로운 빛을 던졌지만 핵심적인 문제들은 여전히 해결되지 않고 오리무중이다. 예컨대 기독교인으로서 유대인을 접촉하고 유대인을 생각한 피코의 적극적이고 열정적이고 중재적이었으며, 때로는 위장적이었던 시도는 일반적인 현상이었을까? 근원적 자료에 더욱 몰두한 로이힐린의 연구방식은 일반적이었을까? 기독교인들이 유럽 밖에서 튀르크족부터 식인종까지 가상의 적을 만들어냈듯이 가상의 유대인을 유럽 내의 숙적으로 만들어낸 것은 아닐까? 기독교인들은 유대인을 완전한 인간으로 보는 법을 진실로 배웠을까? 유대인이 유럽 세계에서 목소리를 가진 적이 있었는가? 있었다면 그때가 언제인가? 유대인은 기독교인들에게 어떤 메시지를 보냈는가?

최근에 발표된 두 권의 책이 격정적이고 웅변적인 목소리로 다양한 관점에서 이 문제들에 답하려고 달려들었다. 박학다문한 역사학자 조너선 이즈리얼의 제자, 애덤 섯클리프Adam Sutcliffe는 계몽주의 사상에서 유대교가 차지한 역할을 이용해, 근대 유럽 문화에서 가장 급진적인 변화가 1700년 안팎으로 수십 년 사이에 일어났다는 스승의 논지를 더욱 발전시켰다. 섯클리프의 광범위한 연구는 박학다문이 전성기를 누리던 17세기에서 시작된다. 당시는 기독교 학자들이 절대적으로 신뢰할 수 있는 성경과 세계사에 엄격하고 일관되게 접근하는 방법을 확립하려고 애쓰던 때였다. 두 가지 모두 시작하기도 지독히 어렵고, 중동과 신세계, 중국과 인도에 대한 새로운 정보들이 무분별하게 전해졌기 때문에 더더욱 어려워지는 프로젝트였다. 새로운 판본의 성경과 고대 동양 사회들에 대한 새로운 증거가 편협하지만 질서정연하던 역사를 바꿔놓았다.

전통적인 세계 연대기에서 역사는 아담으로 시작해서 현재에서 끝나는 일련의 이름과 날짜를 깔끔하게 순서대로 나열한 것이었다. 그러나 남북아메리카와 중국에 대한 새로운 해석으로 연대표가 끊어졌고, 전통이 도전받았으며, 과거가 괴기스러운 유령의 집이 되었다.

그 충격으로 이집트와 중국의 역사가 극적으로 과장되어 유대의 역사보다 더 오래되고 심원한 것이 되었다. 17세기가 깊어감에 따라 그에 대한 논쟁도 한층 뜨거워졌다. 특히 섯클리프의 지적대로 학자들이 일부 동료를 위해 라틴어로 논문을 쓰며 진지하게 논쟁하던 시대에서 당시의 신문과 사교장으로 논쟁터가 옮겨간 후로는 논쟁이 더욱 가열되었다. 그때부터 여성과 삼류작가들도 관련된 글을 읽고, 한때 학자들의 전유물이었던 논쟁에 끼어들 수 있었기 때문이다. 그 결과 연대학이란 복잡하고 세련된 학문은 고유한 빛을 잃었고 심지어 일관성까지 상실하고 말았다.

그 때문에 유대의 전통은 예민한 문제의 대상이 되었다. 학자들이 예부터 주장했듯이, 유대 전통에는 생명과 우주 및 다른 모든 것에 대한 진실한 답이 담겨 있는가? 아니면 유대인이 거부한, 문화와 종교에서 더 오래되고 더 중요한 문명을 뒤덮어버린 편협하고 독선적인 이야기들에 불과한 것인가? 성경의 창조 이야기는 유대인의 기원이 아니라, 유대의 역사가 시작되기 수천 년에 있었던 인류의 기원을 설명한 것이라는 칼뱅파 사상가 이자크 라 페이레르Isaac La Peyrère, 1596-1676의 주장이 맞지 않을까? 영국 역사학자 노엘 맬컴Noel Malcolm이 추리 형식으로 쓴 뛰어난 논문에서 주장했듯이, 인간의 사상은 요즘 역사학자들의 일반적인 생각만큼 참신하지 않았던 것은 아닐까?[5] 하지만 라 페이레르와 리샤르 시몽Richard Simon, 1638-1712이 과거의 해석을 뒤집는 실험적인 저작을 시도하는 근거를 초기의 신학자들로부터 얻었더라도 성경에 쓰인 모든 단어, 심지어 구두점도 하느님으로부터 직접 영감을 받아 쓴 것이라 주장하는 신학자도 많았다. 따라서

라 페이레르와 시몽은 신랄한 비난을 받았고, 그들의 저작에도 비난과 논박이 그치지 않았다. 하지만 자크 베니뉴 보쉬에Jacques-Bénigne Bossuet, 1627-1704 같은 반대자들도 더는 역사와 전통에 대한 과거의 진실을 무작정 주장할 수 없다는 걸 알았다. 학문에서 확실성의 추구는 끝없는 논쟁으로 이어질 뿐이며, 인문주의자들이 예부터 쌓은 거대한 성은 뉴햄프셔의 '큰바위 얼굴Old Man of the Mountain'처럼 무너질 것이다.

기독교계 히브리학은 실패했지만, 그즈음 계몽주의 유럽이 유대인에게 열린 마음으로 다가가기 시작했다. 섯클리프의 주장에 따르면, 새롭게 등장한 사상가들, 즉 자크 바스나주Jacques Basnage, 1653-1723와 피에르 벨 같은 열린 마음의 수정주의적인 학자들이 유대인을 새로운 관점에서 면밀히 조사하기 시작했다. 유대인의 역사를 광범위하게 추적해 발표한 첫 유대인 학자였던 바스나주는 유대교 사상의 중요성, 특히 거의 신교도에 가까운 유대인으로 전통을 거부하고 경전과 이성적 판단을 따랐던 카라이트 유대인의 사상을 많은 점에서 강조했다. 하지만 바스나주는 카라이트 유대인을 칼뱅주의자로 판단하며, 그들 모두가 결국에는 완전히 개종하기를 바랐다.

한편 피에르 벨은 그의 백과사전에서 다윗 같은 위대한 과거 인물들의 불멸성을 재치 있게 소개했다. 일반적인 관점에서 벨은 유대 율법이 기독교 윤리보다 열등하다고 주장했다. 기독교 윤리는 하나의 절대적인 기준을 강요하고, 그 기준에 따라 개인의 양심을 함양시키기 때문이다. 하지만 벨은 유대 풍습의 도덕성을 칭찬하기도 했다. 예컨대 유대 풍습에 따르면 부부가 성관계를 하는 동안 말하는 게 금지

되었다. 벨은 이런 풍습이 욕정을 억제하는 탁월한 예방책이고, 여성을 예의 바르게 행동하도록 유도하는 출발점이라고 보았다. 유대교는 어떤 이유로든 윤리를 초월했고, 그와 동시에 윤리의 전형이었다.

기독교 사상가들이 유대교가 무엇을 뜻하고, 무엇을 뜻해야 하는지를 규정하려고 애쓰던 순간에도 유대인들은 새로운 목소리를 내기 시작했다. 암스테르담의 스파라드 공동체에 속한 다수의 유대인은 전통적인 유대 교육을 거의 받지 않았고, 모든 구성원이 다양한 형태의 문화에서 영향을 받았다. 따라서 그 공동체에서 이사크 모르테이라Isaac Morteira와 우리엘 다 코스타Uriel da Costa, 1585-1640 같은 유대 사상가들이 유대교 정통파에 도전했다. 그들이 쓴 글은 억압받고 금지되었지만 곳곳에 많은 영향을 미쳤다. 젊은 바뤼흐 스피노자Baruch de Spinoza, 1632-1677도 그들의 저작에서 큰 영향을 받았다. 스피노자도 유대인 공동체에서 추방되자 성경의 권위와 전통을 매섭게 공격했다. 많은 네덜란드인이 가톨릭 국가 스페인에 오랫동안 저항한 끝에 탄생한 조국, 즉 칼뱅파 국가를 현대판 이스라엘로 보았다. 급진적인 설교자들과 그들의 추종자들은 네덜란드의 공화국 제도를 운영하는 관대한 귀족들을 불신하며, 네덜란드의 공화국 제도를 해체하고 네덜란드의 운명을 경건한 오라녜 가문의 손에 맡기려 했다.

⁂

《신학 정치 논고Tractatus Theologico-Politicus》에서 스피노자는 유대교의 오랜 전통과 네덜란드 공화국의 단기적 위기를 다루었다. 여기에서 스피노자는 성경이 원시 상태의 유대인에게 주어진 것이므로 그 시대의 세련된 독자들에게 적합한 도덕률이나 자연철학을 제시해주지 못한다고 강력히 주장했다. 성경에서 불가능한 사건들이 나열되고, 물리적 세계를 잘못 설명하는 이유가 여기에 있다. 섯클리프의 저작은 스피노자가 계몽주의의 영웅, 어쩌면 유일한 영웅이 된 복잡한 이유를 추적했다. 급진주의자들은 스피노자의 사상을 요약해 적용하고 발전시켰으며, 때로는 연금술적인 신비학의 이상한 개념들과 결합시켜 그의 사상을 희화화하기도 했다. 17세기와 18세기 초에 비판적인 사상가들은 유대인에 대한 유럽인의 의무들을 이해하고 분류하고 알아내려는 지적 투쟁을 계속했다.

섯클리프의 결론에 따르면, 계몽시대 내내 유대인은 논란과 모호함의 근원이었다. 암스테르담과 런던 및 여러 도시에서 유대인이 점점 두각을 나타내던 풍경, 끊이지 않는 반유대주의적 흐름, 18세기 사상의 모호성도 섯클리프는 정확히 지적했다. 사상가들은 유대인 개개인의 장점을 거듭 인정했지만, 종족으로서 유대인이 문명화된 유럽 세계의 일원이 되기를 바란다면 고유한 습관과 풍습을 버려야 한다고 주장했다. 사실과 이론이 충돌하며 빚어낸 소리가 철학자들의 귀를 때린 수십 년 동안, 역사와 종교에서 유대인의 위치를 확고히 정할 수 없었다. 계몽주의가 후세에 남긴 유산은 볼테르의 냉혹한 반유대주의적인 구호보다 일련의 모호성이었다. 따라서 유대인이 종족과 종교 등에서 어느 범주에 속하고, 공공담론이나 정치가 유대인을 어떻게 다루어야 할지는 여전히 명확하지 않았다.

애덤 섯클리프와 마찬가지로, 프랑스 역사학자 모리스 올랑데

Maurice Olender도 유대인이 근대에 맞이한 운명에서 가장 중요한 것이 학문적 전통이라 보았다.[6] 섯클리프가 유대인이 이집트로부터 많은 것을 배웠다는 걸 증명하려 했던 17세기 학자들의 노력을 강조했다면, 올랑데는 학자들이 산스크리트어를 발견한 후에 세계 언어의 역사를 추적함으로써 종족의 가계도를 다시 그리려고 노력했던 18세기 말과 19세기의 문헌학 혁명을 집중적으로 조명했다. 언어의 역사와 관계는 새로운 이유에서 이 시기에 중요했다. 프랑스와 독일의 철학자들, 특히 몽테스키외Montesquieu, 1689-1755와 요한 고트프리트 헤르더Johann Gottfried Herder, 1744-1803 는 민족어가 그 민족의 문화를 표현하고 심지어 만들어간다고도 주장했다. 그들은 세계사의 초기에 성경에 기록되었고 비교 신학에서는 유일신교를 창안한 민족으로 규정된 유대인과, 성경에는 빠졌지만 새로운 비교철학에서는 근대 유럽인의 조상이며 가장 창의적인 종족으로 규정된 아라아인을 비교했다. 올랑데의 설득력 있는 주장에 따르면, 18세기 말부터 19세기 말까지 많은 분야의 학자들이 유대인과 아리아인의 역사가 인류 역사의 근간인 이중나선을 이룬다고 보았다. 두 기둥 사이에서 이런저런 역사들이 인류 역사의 흐름을 결정하는 데 그치는 보완적 유전물질들을 형성한다고 보았다.

헤르더 이후로 많은 사상가가 주장했듯이, 역사의 두 근간은 깔끔하면서도 체계적으로 서로 보완적 관계에 있었다. 유대인은 하나의 신을 믿은 반면, 아리아인은 많은 신을 믿었다. 유대인를 비롯한 셈족이 구축한 문화는 안정되고 변하지 않는 상태로 수천 년 동안 지속되었다. 반면에 아리아인은 끊임없이 혁신을 시도했다. 또한 유대인의 언어는 어형 변화와 시제 표현이 부족한 불완전한 언어였지만, 아리아인의 언어는 과거시제와 미래시제를 갖추고 있어 아리아인의 문화적이고 종족적인 능력을 유감없이 표현했다. 올랑데가 분명하게 보여주었듯이, 헤르더부터 아돌프 픽테Adolphe Pictet, 1799-1875까지 많은 학자가 이런 사고의 틀에서 벗어나지 못했다. 간혹 예외가 있었지만, 학자와 자료 사이에 드리운 신화와 편견이란 질기지만 섬세한 장막을 찢어내지는 못했다. 헝가리와 이집트에서 연구했고, 근대적인 방식으로 교육받았지만 투옥되지 않은 19세기 유대인 이그나즈 골드지헤르Ignaz Goldziher, 1850-1921만이 이런 사고틀을 전면적으로 반박했다. 그렇더라도 문헌학이란 전쟁터에서 퇴각한 편견이 인종학과 강제수용소를 연구하는 기관만이 아니라 신학 교수진에서도 되살아났다.

올랑데의 저작에는 많은 장점이 있다. 간결하면서도 집약적이고 때로는 풍자적인 냄새를 물씬 풍기는 이 책은 확실한 학문적 자료에 기초하고 있다. 뒤죽박죽 복잡한 자료를 분류해 간결하게 압축하는 올랑더의 능력은 감탄사를 자아낼 뿐이다. 《천국의 언어The Languages of Paradise》는 분석과 설명에서 작은 걸작이다. 올랑데의 프로젝트는 인습타파적인 면을 띠며, 19세기 사상의 기반을 놓은 신화들 중 하나인 문헌학에 반론을 제기한다. 일반적인 평가에 따르면, 헤르더와 그의 동료 교수들이 달려와 역사를 해방시킬 때까지 역사는 수세기 동안 잠들어 있었다. 18세기의 위대한 혁신가들, 예컨대 요한 요아힘 빙켈만Johann Joachim Winckelmann, 1717-1768, 크리스티안 고틀로프 하이네Christian Gottlob Heyne, 1729-1812, 헤르더 이전에는 누구도 과거의 특이함, 즉 자국 문화와 다른 모든 문화 간의 첨예한 차이를 실질적으로 인식하지 않았다. 반면에 18세기 말과 19세기의 학자들은 헤르더에게 영감을 받아 문화의 발전과정을 보여주는 단서를 언어에서 찾아내는 그의 능력과 역사 의식을 공유했다.

《천국의 언어》는 이런 단순한 공식에서 벗어나 문헌 분석이란 복잡한 길을 선택했다. 올랑데는 19세기 역사의 정신구조에 신화가 깊이 잠재되어 있다는 걸 입증해 보여주었다. 19세기 중반 유대교와 기독교의 역사와 관련해 가장 큰 영향력을 발휘했던 역사학자, 에르네스트 르낭Ernest Renan, 1823-1892은 예수 시대의 셈족은 수동적이고 미신에 사로잡힌 종족으로, 그리스 문화를 수용하며 서구화된 갈릴리 거주민들과 달랐다고 말했다. 르낭의 이런 주장은 역사를 있는 그대로 기록한 것이 아니라, 오히려 근원적 자료에 개인적인 바람을 덧씌운 것이었다. 르낭의 《예수전Vie de Jésus》에 등장하는 갈릴리 사람들은 역사적으로는 존재하지 않는 상상의 존재였다. 일반화해서 말하면, 과거의 냉정한 학자들이 활달하고 재치와 재능을 갖추었다고 생각한 아리아인도 마찬가지였다(르낭은 이상하게도 예수까지 아리아인에 포함했다).

⁂

기본적인 면에서 역사주의historicism는 문화를 그 자체로 읽어야 한다고 주장하면서도 문화만이 아니라 과거까지 신화로 바꿔놓았다. 헤르더와 르낭은 어떤 민족이나 고유한 문화가 있고, 각 문화는 라이프니츠의 모나드만큼이나 다른 문화들로부터 독립된 것이라 주장했다. 하지만 그들은 신의 섭리에 따른 진보적 질서를 믿었던 까닭에 종족과 과거의 문화를 질적으로 판단하며 언어와 문학을 비교했고, 유대인을 기점으로 인류의 상향적 발전을 반영하는 계급적 사다리에 각 문화를 배치했다. 역사 분석은 감지할 수 없는 사이에 비교분류학과 뒤섞였다. 역사주의는 여러 전통을 고려하며, 18세기 철학의 전통만큼이나 엄격하고 진부한 역사 철학, 다시 말해 인종차별적인 개념들을 구체화하고, 인종차별 이론들이 남아 있는 학문이 되었다. 하지만 19세기 문헌학의 영웅들은 기독교 신앙의 문헌적 자료를 탐구하고 비판하며 각 연대의 단층선을 찾아냈지만, 자신들의 시도에 모순이 내재하고 있다는 걸 알지 못했다.

하지만 올랑데가 19세기의 실패들을 폭로하려고 한 것만은 아니다. 얄궂지만 그는 연구 대상으로 삼은 학자들의 다채로운 언어적 표현에 대한 애정을 감추지 않았다. 셈족과 아리아인이 겪은 극적인 사건에 대한 그들의 설명은 은유와 비유로 가득했다. 올랑데가 높이 평가했듯이 풍경과 지역색에 대한 그들의 즉각적인 반응은 자신들이 살았던 시대의 특징, 예컨대 비바람이 몰아칠 때 여호와에 대한 영감을 쉽게 받았고, 우물에서 얼핏 보았던 아랍 여인의 모습에서 막달라 마리아를 쉽게 떠올렸다는 것을 여실히 보여주었다.

끝으로 올랑데는 지적으로 골드지헤르의 접근법에 공감하는 게 분명하다. 골드지헤르가 종족적이고 문화적인 경계의 삼투성을 주장했고, 추상적인 계획보다 구체적인 증거가 더 중요하다고 역설하기 때문이다. 그러나 올랑데는 일가견을 이룬 학자들만을 연구 대상으로 삼은 까닭에 모두가 진지하고 정중하게 다루어졌다. 올랑데는 과거의 학자들을 단순하고 일관된 공식으로 짜인 울타리에 가둬두는 걸 거부하고, 그들의 자기 모순과 자기 배신 및 자기 초월을 조심스레 추적하며 19세기 소설가와 같은 면모를 보여준다. 올랑데의 저작은 단순하고 진부한 현대 역사기록학과 뚜렷이 대조되고, 복잡한 지적 시스템의 내용만이 아니라 형식까지 공정하게 다루는 역사 분석의 본보기라 할 수 있다. 섯클리프가 그렇듯이, 올랑데도 학문의 역사가 기술적이기도 하지만 지극히 인간적이라는 것을 보여준다.

섯클리프의 저작과 올랑데의 저작은 서구 지식인들이 주변에서 함께 살아가는 유대인을 어떻게 생각했는지 이해하는 데 도움을 준다. 또 동일한 범주와 동일한 모호성이 중동인을 비롯한 비서구인에 대한 서구인의 시각에 적용된 이유를 이해하는 데도 도움을 준다. 섯클리프와 올랑데의 주장에 따르면, 에드워드 사이드Edward Said, 1935-2003가 《오리엔탈리즘Orientalism》에서 제시한 것은 하나의 특이한 구성체가 아니라, 서구 작가들이 비서구의 문화와 민족을 관찰하고 묘사하는 데 기준으로 삼았던 많은 본보기 중 하나였다.[7]

하지만 섯클리프와 올랑데의 탁월한 저작이 암시하는 것보다 초기 근대에서 유럽인의 유대인에 대한 인식은 훨씬 더 복잡했다. 두 사람은 자신들의 저작에서 초기 근대 지식인들이 유대의 전통을 단순하고 획일적인 것으로 생각한 것처럼 말한다. 많은 유대인이 비슷한 공동체에서 살았고, 유사한 율법을 따랐고, 예배와 성경 연구에 히브리어를 사용했다는 이유였다. 하지만 16세기와 17세기의 기독교인 히브리학자들은 그 이유가 사실이 아니라는 걸 분명히 알고 있었다.

1580년대 초, 조제프 스칼리제르는《신약성서》〈사도행전〉에 언급된 '헬라파Hellenist'에는 그리스어를 구사하고 로마 땅에서 사는 유대인만이 아니라 "유대교 회당에서 그리스어 성경을 읽는 유대인"까지 포함된다고 주장했다. 바울과 복음서 저자들은 거의 언제나 그리스화된 유대인들을 상대했기 때문에 그리스어 성경을 인용했다.

이런 수정주의적 주장의 증거로, 스칼리제르는 기독교인들이 예부터 존중하던 유대인 작가, 즉 대략 기원전 20년과 기원후 50년 사이에 살았던 알렉산드리아의 철학자 필론을 끌어들였다. 필론과 그의 추종자들은 독실한 유대인이었고, 예부터 전해지는 정통 관례를 충실히 따랐다. 그들은 규모와 화려함에서 예루살렘 성전에 버금가던 알렉산드리아의 회당에서 예배했다. 필론을 필두로 '헬라파'는 언어와 다른 부분들에서 팔레스타인 유대교와 완전히 다른 형태의 유대교를 추종했다. 그들은 히브리어를 몰랐지만, 유대인이 거주하는 더 넓은 세계의 역사와 문화에 대해서는 당시 히브리어를 사용하던 사람들보다 훨씬 더 많이 알았다.[8]

16세기 말과 17세기 기독교인 학자들이 유대의 역사에서 헬레니즘 단계를 찾아내던 때 유대인들도 똑같은 연구를 시도했고, 적어도 한 명의 유대인 학자는 상당한 성과를 거두었다. 이탈리아 페라라에 거주하던 유대인 아자리아 데 로시Azariah de Rossi, 1511-1578는 〈눈의 빛 The Light of the Eyes〉이란 방대한 논문에서 유대인과 기독교인 및 고대인을 체계적으로 비교했다. 아자리아와 다비드 프로벤잘리를 비롯한 많은 유대인 학자가 필론을 읽었다. 아자리아는 필론을 '알렉산드리아의 여디디야Yedidyah'라 칭했다. 아자리아는 기독교인 학자들을 통해 적잖은 저작이 번역되고 출판된 유대인 작가가 있다는 걸 알게 되자 당혹스러우면서도 무척 기뻤다. 스칼리제르가 그랬듯이, 아자리아는 "필론이 자신의 의견을 그리스어로 유창하고 명확하게 표현했더라도 토라 원전을 본 적도 없고 그 존재를 알지도 못했을 것"이라고 인정했다. 아자리아는 고대 이집트에 존재한 유대인들의 발견에 경탄과 혐오가 복합된 감정으로 대응했다. 그들이 성경을 '아름답게' 비유하고 해석했더라도 성경을 원전으로 읽지 못했을 것이라고 생각했기 때문이다. "나는 그에 대해 즉각적이고 절대적인 판정을 내릴 수 없다."[9] 그래도 많은 기독교인이 아자리아를 읽었고, '헬라파' 문화에 대한 스칼리제르의 통찰에 추가할 많은 자료를 찾아냈다.

17세기 동안 학자들은 이런 분석을 더욱 발전시키고 세련되게 가다듬었다. 스칼리제르는 유대교 율법과 해설을 엮은 탈무드에서 예수의 계명과 유사한 계율을 찾아낼 수 있다고 말했다. 심지어 그는 유월절 전례서를 이용해 예수가 제자들과 함께한 최후의 만찬을 그대로 재현하기도 했다. 스칼리제르의 주장에 따르면, 복음서에는 유대교 관례에서 일탈한 부분만이 기록되었다. 역사를 재구성할 때, 즉 복음서의 설명을 유대교 관례에 대입해서 원래의 사건을 짜 맞출 때 메시아의 식탁에서 실제로 있었던 일이 드러날 수 있었다. 스칼리제르의 제자, 다니엘 헤인시우스는 유대인들이 그리스어 방언, 즉 '헬라어Hellenistic language'라는 자체의 언어를 창안해냈다고 주장했다. 헬라어에서 그리스어 단어는 셈어에서 유래한 새로운 의미를 가졌다. 예컨대 고전 그리스어에서 '살flesh'을 뜻하는 의학용어 sarx는 헬라어에서 히브리어 단어 basar에 해당했고, basar는 훨씬 넓은 의미를 가지며 성경에

쓰인 대로 '육신 전체all flesh'를 뜻할 수 있었다.[10]

헤인시우스는 《신약성서》를 온전히 이해하려면, 《신약성서》에 사용된 특별한 유대 그리스어를 알아야 한다고 주장했다. 다른 학자들, 특히 헤인시우스의 숙적, 클로드 소메즈Claude Saumaise, 1588-1653는 이런 주장을 비난하며, 헬라파는 그들만의 고유한 언어를 사용하지 않았다고 주장했다. 그리스어 《신약성서》는 히브리어와 아람어 원전에서 번역된 것이기 때문에 흔히 쓰이지 않던 셈어적 어법이 눈에 띄었다. 소메즈의 주장이 맞는다면, 헬라파는 알렉산드리아와 다른 곳에서 자체의 회당을 운영하지도 않았다.

헬라파의 언어에 대한 학문적 논쟁은 수세기 동안 계속되었고, 그리스도가 살았던 시대에 유대인과 비유대인이 똑같이 그리스어 방언 코이네Koine를 사용한 역사가 새롭게 정리된 뒤에야 멈추었다. 그러나 17세기와 18세기에도 한 가지는 분명했다. 고대에나 그 이후에도 모든 유대인이 동일한 언어를 사용했고 동일한 경전을 읽었으며 동일한 형식으로 예배했다고 생각한 학자는 전혀 없었다. 오히려 헬라파 유대교가 어떻게든 언어의 굴절에 영향을 주었을 것이고, 초기 기독교인들에 대해 어떤 방식으로든 생각했을 것이라 추측하는 학자도 적지 않았다. 기독교 인문주의의 위기는 섯클리프의 주장만큼 급작스럽고 전면적이지 않았고, 유대인과 그들 언어에 대해 정형화된 생각은 올랑데의 주장만큼 제한적이지 않았다.

짧지만 알차고 설득력 있게 정리된 저서에서 저자들은 한때 뜨겁게 논의되던 잃어버린 세계를 재조명하며, 유대교가 기독교인의 자기 정의를 위한 노력에서 차지한 역할을 입증했고, 계몽주의와 역사주의의 모호성을 알아내려 애썼다. 특히 두 저자는 유대인 학자와 기독교인 학자가 오래전부터 씨름해온 불모지에 우리가 아직도 모르는 게 많다는 걸 보여주었다.[11]

10

❖

낭만주의에서 포스트모더니즘까지,
사상의 역사를 추적하다

: 　20세기 중엽, 사상의 역사가 미국 문화와 교육이란 드넓은 영역 위에 새로운 별자리처럼 떠올랐다. 드와이트 로빈스Dwight Robbins는 한 진보적인 대학의 학장으로 전성기를 누리던 시절, 대기실의 탁자 위에 "잡지 〈타운 앤드 컨트리〉, 학술지 〈사상의 역사Journal of the History of Ideas〉, 그리고 이름이 없는 작은 잡지"를 항상 놓아두었다. 물론 로빈스는 실존 인물이 아니다. 미국 작가 랜들 재럴Randall Jarrell, 1914-1965이 "절반은 길쌈하는 닉 바텀(셰익스피어의 《한여름 밤의 꿈》에 등장하는 인물-옮긴이)이 설계하고, 나머지 절반은 루트비히 미스 판데어 로에(독일 건축가-옮긴이)가 설계한" 학부 중심 대학의 디스토피아로 상상한 벤턴대학의 학장이었다.[1] 그러나 〈사상의 역사〉의 위상에 대한 재럴의 언급에는 조금의 상상도 없었다.[2]

〈사상의 역사〉는 창간되고 20년 남짓이 지났을 때 많은 학자의 주목을 받았고, 예상하지 못한 분야의 학자들도 관심을 보였다. 이 학술지는 인문주의자가 역사와 문헌학을 학문적으로 연구한 결과를 발표하는 전문 학술지와, 개별 학문보다 학부 중심 대학에 기반을 두고 다양한 계층의 독자에게 시론만이 아니라 소설과 시를 제공하는 계간지 사이에서 독특한 위치를 차지했다. 전문 학술지나 일반 계간지와 달리 50년 전 〈사상의 역사〉는 그 세련된 대학 학장의 관심을 끌었을 법하거나 적어도 그의 탁자에서 좋은 인상을 풍겼을 법한 학술 논문과 광범위한 주제를 다룬 시론을 적절히 섞어 발표했다. 〈사상의 역사〉가 1980년대에는 캘리포니아대학교에서 발간한 인문학 학술지 〈표상Representations〉, 그 이후에는 시카고대학교에서 발간한 인문학 전문 학술지 〈비평적 탐구Critical Inquiry〉에 후광을 씌워주던 상들리에처럼 반짝반짝 빛나던 시대의 구독자에게 축복이 있었기를!

〈사상의 역사〉가 두각을 나타낸 주된 이유는 새로운 분야를 대변했기 때문이다. 〈사상의 역사〉는 학문적으로도 매력적이었지만, 정기 간행물로도 유혹적이었다. 제2차 세계대전이 끝나고 전성기를 누리던 때 〈사상의 역사〉는 역사의 미덥지 못한 분야, 즉 시간이 흘러 광채가 사라진 학문이 아니라, 학문의 지질 구조판이 수렴되고 충돌하며 온갖 잡음을 만들어내는 지적인 지진대였다. 최근에는 지적인 역사, 즉 사상의 역사가 이런 신망을 누리는 게 불가능한 듯하다. 사반세기 전 미국의 문화역사학자 로버트 단턴Robert Darnton은 유용한 정보가 담긴 고전적인 시론에서 미국의 지적인 문화사를 추적했다. 가공의 인물 로빈스 학장보다 역사적으로 실존한 지미 카터 대통령처

럼 울림이 깊은 언어로 단턴은 어디로 눈을 돌리든 '거북함malaise'이
눈에 띈다고 안타까워했다. 단턴이 지적했듯이 1950년대에 사상의
역사를 연구한 학자들은 "자신들의 학문을 역사과학의 여왕이라 보
았지만, 이제는 그 여왕이 초라하게 추락한 듯하다." 도움을 구하는
필사적인 절규가 없었던 것은 사실이다. 역사학자들은 사상의 역사
를 계속 썼고, 아서 온켄 러브조이Arthur Oncken Lovejoy, 1873-1962와 페
리 밀러Perry Miller, 1905-1963의 용어로 사상의 역사를 빚어내기도 했다.
"당시 유행하던 용어인 '단위 사상unit-idea'과 '사고방식mind'은 지금도
흔히 사용된다." 게다가 얼마 전에 출간된《사상의 역사 사전Dictionary
of the History of Ideas》도 체계적으로 정리된 러브조이의 형식적인 분석
에서 주로 선택한 사례를 소개하고 있을 뿐이다.[3]

단턴의 주장에 따르면, 1960년대 이후로 젊은 학자들, 특히 대학
원생들은 위대한 망자들과 추상적으로 대화하려는 노력을 포기하
고 〈사상의 역사〉라는 좋은 배의 뱃전을 차지한 후에 윌리엄 호가스
William Hogarth, 1697-1764의 정치 풍자화에 단골로 등장하던 이단자와
부적응자 및 전투적인 여성에게 주목한 '사회사Social History'라는 새
로운 배에 무리지어 올라탔다. 따라서 역사학과에서 발표된 박사학위
논문 수준에서는 사회사가 사상사를 3대 1의 비율로 앞질렀다. 학술
지 수준에서도 사회사가 앞서 나갔지만 그 차이가 크지는 않았다. 상
대적으로 모호하지만 중요성에서는 떨어지지 않는 여론의 세계에서
사상사의 몰락이 가장 뚜렷하게 나타났다. 사상의 역사는 역사라는
분야에서 젊은 학자들에게 더는 우선적인 지위를 차지하지 못했다.

여하튼 1960년대에는 사회사가 한 세대의 마음을 사로잡았다. 사

회사가 제시한 새로운 방법론과 비전 덕분이었지만, 과거에 권력과 목소리를 갖지 못하고 특권을 누리지 못한 사람들의 삶에 주목하도록 많은 역사학자에게 압력을 가한 정치적 조건 때문이기도 했다. 1960년대 이후로, 정확히 말하면 '현대성 결여irrelevance'가 사회사 연구에 대한 주된 비판이었던 시대부터 비극이 익살극으로 공연되던 문화 전쟁의 시대까지, 핵심적인 문헌과 작가에 대한 연구는 연이어 공격을 받았다. 하지만 안타깝게도 같은 시기에 사상사는 그 강점과 일관성을 완전히 상실하고 말았다.

1960년대에 어떤 형태의 자유주의가 붕괴되며 통일된 '국민정신 national mind'을 추적하던 미국 연구자들의 열의가 약화되었고, 과거의 연구에서 제외되었던 집단들의 다양한 경험에 중점을 두는 사회사학자들이 그 분야에 관심을 쏟기 시작했다. 1960년대에는 유럽 연구가들도 아서 러브조이와 칼 베커Carl Becker, 1873-1945를 사로잡았던 지적 전통과 문화적 시기를 통일된 모습으로 그리는 게 불가능하다는 걸 깨달았다. 따라서 그들은 개인이나 집단의 지적인 전기, 즉 사상사에 해당하는 것을 추적하기 시작했다. 그 연구는 때로는 학문적 깊이와 통찰이 필요했지만, 방법론에서 문화사학자나 과학사학자의 연구와 다르지 않았다.[4]

단턴은 폐허 속에서도 끈질기게 살아남은 흔적들에 주목했다. 칼 쇼스크Carl Schorske, 1915-2015와 도미닉 라카프라Dominick LaCapra 같은 역사학자들은 문헌을 직접 읽고, 미술작품이나 음악작품을 직접 감상하는 게 중요하다고 역설했다. 두 역사학자는 방법론에서는 무척 달랐지만, 사상의 역사를 연구하는 학자라면 자신이 분석하는 미술작품과 문학의 유형과 형식 및 지역색까지 자세히 다루어야 하며 큰 개념의 사례로 얼버무려서는 안 된다는 데는 의견이 일치했다. 한편 버나드 베일린Bernard Bailyn과 퀜틴 스키너처럼 주로 정치사상을 연구하는 역사학자들은 새로운 학문(글을 쓰고 읽는 지역적 기반과, 고전적 저작만이 아니라 조심스러운 소논문과 대담한 발언에서도 사용되는 언어에 주목하는 학문)을 정립하는 데 주력했다. 베일린의 주장에 따르면, 18세기 미국에서 그랬던 것처럼 정치사상은 신문에 보도되는 논쟁거리의 일부가 되었고 술집에서 사람들의 입에 오르내릴 때 중요한 것이었다.

한편 스키너는 누군가가 악의적으로 핵심 개념을 원래의 의미와 확연히 다른 의미로 사용할 때 정치사상은 변할 수밖에 없다고 주장했다. 베일린이 주목받는 정치사상을 추적하는 새로운 방법을 제시했다면, 스키너는 사상사 자체를 새롭게 해석하는 방법, 다시 말해 피터 래슬릿Peter Laslett, 1915-2001이 편찬한 《존 로크: 두 번째 통치론 Second Treatise of Government》까지 거슬러 올라가며 모든 전통적인 사상사 방법론에 반론을 제기하는 방법을 제시했다. 엄청난 파장을 일으킨 논문에서 스키너 자신은 물론이고 어떤 역사학자도 과거의 사상에 대해 유의미하게 글을 쓰거나 현대적 맥락에서 말하는 것처럼 고전을 해석할 수 없으며 사상사를 유효하게 구성할 수 없다고 주장했다.[5] 비유해서 말하면, 이런 비판적 방법은 숲으로 울창했던 곳에 몇 그루의 나무만을 남겨놓은 채 대대적인 벌목으로 죽은 나뭇가지를 솎아내는 것과 같았다. 시간이 지남에 따라 스키너의 방법은 괄목할 만한 성과를 거두었고, 동시에 상당한 수정이 뒤따랐다. 그러나 이런 성과와 수정은 1970년에 쉽게 예측할 수 없는 것이었다.

사상사라는 큰 틀에 속한 여러 분야에 대해 면밀히 조사한 결과, 뚜렷한 생명의 징후라 할 수 있는 첨예한 토론이 여전히 진행되고 있다는 게 드러났다. 예컨대 과학사는 오래전에 시작되었지만 여전히 살벌한 전쟁터였다. 마르크스주의자가 한때 사회학자와 다투었던 분야에서는 이제 내재주의자와 외재주의자가 싸우고 있었다. 단턴은 "그들 사이의 긴장은 계속 무엇인가를 만들어낼 것이고 … 가장 난해한 과학적 행위도 문화적 맥락에서 해석될 것"이라고 생각했다. 이런 긴장이 토머스 쿤Thomas Kuhn, 1922-1996같이 탁월하고 독창적인 학자들의 저작만이 아니라, 경쟁관계에 있던 학과들에게 새롭게 열린 듯한 영역에서 나타났기 때문이다.[6] 게다가 유망하게 보이던 프로젝트들이 다양한 공통된 주제로 연결되었다. 예컨대 하버드 철학부터 바이마르의 양자역학까지 겉으로는 추상적으로 보이는 프로젝트조차 제도적이고 사회적이며 추론적인 맥락에서 분류하려는 시도가 있었다.

단턴은 이런 학자들의 노력을 높이 평가했지만, 전반적인 풍경이 단편적이고 다소 음울하다고 보았다. 사상사에 대한 많은 연구서가 꾸준히 발표되었고, 그중에는 예컨대 프랭크 매뉴얼이 아내 프리치 매뉴얼과 함께 쓴 《서구의 유토피아 사상Utopian Thought in the Western World》(1979)처럼 눈에 띄는 대작도 있었다. 그러나 사상사와 관련한 신진 문화사학자들의 프로젝트에서 혁신성을 띠거나 꼭 읽어봐야겠다는 의욕을 자극하는 성과는 거의 없었다. 시작 단계였지만 "불분명한 것들에서도 상징적인 행위를 연구하려는 그들의 열정"은 대단했다.[7] 더욱이 누구보다 의욕적인 사상사학자들은 르네상스와 계몽주의의 경계로 오랫동안 연구되던 분야나 19세기의 진화론 시대를 연구하지 않고, 사상사가 역사의 다른 분야들과 접촉하거나 침투한 경계지, 즉 개척되지 않은 영역을 파고들어 뚜렷한 성과를 거두었다. 결국 단턴은 사상사가 사상과 그 사상을 주장한 학자들에 대한 사회사와 문화사가 되는 경우에만 살아남을 수 있다고 보았다.

단턴의 연구는 정곡을 찔렀고 대체로 옳았다. 단턴이 초기의 이력을 보고 특별히 유망하다고 평가했던 젊은 학자들은 그의 예측이 틀리지 않았다는 걸 입증해 보였다. 1950년대 말에서 1960년대와 1970년대에 걸쳐 발표된 독창적이고 특별한 의미가 있는 사상사 연구서들, 예컨대 헨리 스튜어트 휴스Henry Stuart Hughes, 1916-1999의 《의식과 사회Consciousness and Society》(1958), 프리츠 스턴Fritz Stern, 1926-2016의 《문화적 절망의 정치학The Politics of Cultural Despair》(1961), 프리츠 링거Fritz Ringer, 1934-2006의 《독일 관료제의 쇠락The Decline of the German Mandarins》(1969), 마틴 제이Martin Jay의 《변증법적 상상The Dialectical Imagination》(1973) 등은 사상의 탄생과 쇠락을 제도적이고 사회적이며 문화적인 맥락에서 해석하는 새로운 모델을 제시했다. 단턴이 보기에 1970년대 말에 잉태되기 시작한 새로운 문화사는 그의 예측대로 1980년대와 1990년대에 역사 연구와 교육에서 특별한 위치를 차지하게 되었다. 1980년대와 1990년대는 단턴의 《고양이 대학살Great Cat Massacre》, 카를로 긴츠부르그의 《치즈와 구더기The Cheese and the Worms》, 내털리 제먼Natalie Zemon의 《마르탱 게르의 귀환The Return of Martin Guerre》, 조너선 스펜스의 《왕 여인의 죽음Death of Woman Wang》과 《마테오 리치의 기억의 궁전Memory House of Matteo Ricci》이 많은 독자를 사로잡으며 미국 전역에서 역사 교육 방식을 바꿔놓았다. 이런 방식의 학문은 대체로 성공을 거두며 전에는 기록되지도 않고 분석되지도 않던 경험의 세계에 집중함으로써 향후 수십 년 동안 성장하게 될 사상과 문화의 역사기록학을 키워냈다. 따라서 1970년대에 거북함을 느끼며 그런 감정을 숨김없이 드러냈던 사상사학자들이 옳았을지도 모르겠다.[8]

새로운 천년시대를 맞이한 지금, 사상사가 어떻게 발전해왔는지 다른 시각에서 보는 것도 합리적인 듯하다. 여하튼 우리는 뒤돌아보며 얻은 지혜와 통찰을 근거로, 또 지난 사반세기 동안의 경험을 지침으로 삼아 새로운 앞날을 예측해볼 수 있다. 그렇게 한다면, 다시 말해서 똑같은 장면을 단턴처럼 역사학이란 단일한 관점이 아니라 〈사상의 역사〉가 줄기차게 고집한 학제적 방식으로 접근한다면, 상황이 1970년대 말에 보았던 것만큼 암울하지 않다는 걸 확인할 수 있을 것이다. 인문학적 학문들은 1970년대에 가차 없이 변하고 있었다. 1980년대에 그 학문들이 분열되는 듯한 조짐을 보였지만 실제로는 새로운 지점에서 만나며 서로에게 영향을 미쳤다. 이때 야기된 미진微震으로 사상사의 방향도 재조정되었다. 사상사 분야와 〈사상의 역사〉가 1990년대와 그 이후에 보여준 여력은 모든 면에서 그 힘의 근원과 관계가 있었다.

처음부터 〈사상의 역사〉와 그 학술지가 대변한 프로젝트들은 전체적으로는 물론이고 부분적으로도 결코 역사학의 곁가지로 여겨지지 않았다. 요즘 학자들이 아서 러브조이라는 이름을 언급하는 주된 이유는 그의 방법론을 풍자하기 위한 것이다. 특히 이탈리아 역사학자 아르날도 메밀리아노Arnaldo Momigliano, 1908-1987는 러브조이와 그의 '단위 사상'을 옥스퍼드의 학자 데이비드 마골리우스David Margoliouth, 1858-1940와 비교하며 러브조이 전후의 많은 학자를 대변해주었다. 모밀리아노는 마골리우스가 인도유럽어계에 속한 우르인의 30가지 우스갯소리에서 다른 모든 것이 파생되었다고 믿었다며, "러브조이라면 우르인에게 훨씬 더 많은 수의 사상이 있었다는 걸 믿지 않았을 것"이라고 빈정거렸다.[9] 하지만 러브조이는 미국 대학교수협의회 American Association of University Professors, AAUP를 창립한 주역 중 하나였던 만큼 추상적인 사상만이 아니라 구체적인 제도와 인간에게도 관심이 많았다.[10] 그는 〈사상의 역사〉의 창간호에서 설명했듯이, 사상의 역사가 이왕에 존재한다면 반드시 학제간 학문이 존재해야 한다고 역설했다. 사상의 역사라는 분야와 관련된 외적인 조직을 설립하려던 그의 계획도 궁극적으로는 내용과 방법론에 대한 그의 구상에서 비롯된 것이었다.

러브조이의 업적에 대한 간략한 요약에서 러브조이는 흔히 모든 문학작품과 미술작품을 특정한 철학적 이념의 실례로 환원하려는 사람으로 묘사되고 때로는 폄하된다. 러브조이가 찾아내려고 했던 '단위 사상'들은 원래 서구 전통에서 모든 위대한 문학작품과 미술작품만이 아니라 과학과 철학까지 해석하는 기준틀이었기 때문에 이제 그 '단위 사상'들을 복원해야 한다는 게 그의 생각이었다. 따라서 러브조이가 형식적인 사상체계를 연구의 핵심 대상으로 보았던 것은 조금도 놀랍지 않다. 그는 철학자였고, 45년 동안 〈사상의 역사〉의 책임 편집자를 역임한 필립 와이너Philip Weiner도 마찬가지였다. 그들의 공통된 비전은 시간이 지남에 따라 〈사상의 역사〉가 확고한 입지를 굳히고, 그 학술지가 뒷받침한 학문 분야가 형태를 갖추어가는 데 큰 역할을 해냈다. 그러나 러브조이와 와이너는 사상의 형식을 연구하는 방법에 대한 개인적인 선택을 인정했지만, 사상은 문화 분야 전체에서 표현되는 것으로 연구되어야 마땅하다고 생각했다. 러브조이는 "철학의 역사에서는 더 근본적이고 널리 적용되는 사상들의 공통된 모판이 발견되어야 한다"라고 생각했다. 그러나 그는 이런 사상이 복합적이고 다양한 방식으로 나타난다는 것도 인정했다. 예컨대 '진화'라는 사상적 개념의 탄생과 쇠락을 추적하려면, 지질학부터 미학까지 다양한 분야의 전문적인 지식만이 아니라 일정한 시기에 발표된 문헌에서 사용된 특정한 단어와 구절의 다양한 의미를 구분하는 확실한 능력이 필요하다고 주장했다. 또 러브조이는 적잖은 지면을 할애해 '낭만주의Romanticism'를 다룬 논문을 발표했다. 발표된 이후로 영향력을 미친 만큼이나 논란도 크게 불러일으킨 이 논문에서 러브조이는 낭만주의처럼 상대적으로 광범위하고 경계가 그다지 명확하지 않은 범주에 대한 연구가 필요하다고 강력히 주장했다.[11]

첫머리부터 러브조이는 이 엄청난 과제를 수행하려면 모든 인문과학 분야의 성실한 학자들이 협력해야 한다고 주장했다. 한 분야를 전공한 학자는 학식의 범위가 제한적일 수밖에 없어 혼자 힘으로는 하나의 단위 사상도 완전히 파악하는 게 불가능하기 때문이다. 하물며 추상적이지만 강력한 본질을 다룬 저작은 아무리 방대하더라도 그 분석이 완전할 가능성은 거의 없다. 따라서 인문주의자도 공동으로 이루어지는 과학적 작업을 모방해야 한다. 인문주의자들도 협력하면, 개인적으로는 한없이 박식하고 정력적이더라도 도달할 수 없는 정확하고 완전한 수준까지 밀턴의 《실낙원》을 분석할 수 있을 것이란 러브조이의 제안에는 빈정거림이 없지 않았다.[12]

러브조이가 미술과 문학을 형식화된 사상으로 표현하기를 바랐다는 이유에서 수십 년 동안 러브조이를 비판한 것은 정상이었다. 비판은 그 자체로 장점이 있지만, 지식인들이 '존재의 대사슬'이란 사상을 비판한 근거로 삼은 감정의 힘을 러브조이도 강조했다는 사실은 무시되었다.[13] 그러나 러브조이는 인문학의 다른 분야를 대표하는 학자들과 공동으로 프로젝트를 진행하면 그들이 자신들의 연구 과제와 관례를 우선시하고 그에게 부족한 것을 알아차리게 될 것이라 걱정했지만, 그들에게 더 큰 프로젝트를 계획하는 데 협력하자고 끊임없이 요청했다.

달리 말하면, 처음부터 러브조이는 사상의 역사를 '다양한 학문적 배경과 충성도를 지닌 학자들이 만나는 분야'라고 생각했다. 따라서 〈사상의 역사〉는 지적인 역할만큼 사회적 역할까지 감당해야 했다. 러브조이가 존스홉킨스대학교에서 수십 년 동안 사상사를 가르친 뒤에야 〈사상의 역사〉가 창간된 이유가 여기에 있다. 러브조이는 카리스마 있는 교수는 아니었던 까닭에 그에게 지도를 받으려는 대학원생은 손가락으로 꼽을 정도였다. 게다가 당시 존스홉킨스대학교 철학과의 정교수는 그와 조지 보애스George Boas, 1891-1980 뿐이었다. 그러나 그와 보애스가 1923년에 설립한 '사상사 클럽History of Ideas Club'

은 '동물원처럼' 학문의 경계를 성공적으로 넘어선 시도가 되었고, 존스홉킨스대학교의 인문학 교수들이 주기적으로 논문을 교환하며 고차원적으로 토론하는 만남의 공간이 되었다.[14] 러브조이를 가장 매섭게 비판한 학자 중 하나는 레오 슈피처Leo Spitzer, 1887-1960였다. 그는 1940년대에 망명하여 존스홉킨스대학교의 교수가 되었고, 러브조이에게 반론을 제기하며 언어 분석에서 문헌학적 정교함과 상황 재현을 위한 '정신사Geistesgeschichte'를 결합하는 경우에만 사상의 역사라는 새로운 학문에 필요한 방법론을 찾아낼 수 있다고 주장했다. 슈피처의 생각에 러브조이가 지향하는 사상사는 낭만주의적 방법론에서 계몽시대의 표면적인 분석으로 후퇴한 것이었다. 더구나 슈피처의 생각에 러브조이는 낭만주의적 방법론에서 나치가 잉태되었다고 생각했다. "사상사학자들은 우리 시대와의 연속선을 찾기 위해 낭만주의로부터 이런저런 특징을 원칙 없이 끌어내며, 낭만주의자들이 찾아냈고 역사적이고 문화적인 분위기의 변화를 이해하는 데 반드시 필요한 방법론을 버린 것이 내가 보기에는 비극인 듯하다."[15] 러브조이는 슈피처의 주장에 강력히 반론을 제기했다.[16] 그러나 러브조이는 사상의 역사를 고정된 개념이 아니라 생산적인 격론장으로 보았기 때문에 〈사상의 역사〉는 슈피처의 비판만이 아니라 러브조이의 반론도 게재했다. 어떤 의미에서 러브조이가 하버드에서 받은 복합적인 대우는 더 큰 사실을 확인해줄 뿐이다. 당시 철학자들은 훗날 러브조이가 《존재의 대사슬》이라는 제목의 책으로 출간한 일련의 강연에 참석하는 걸 중단했지만 문학자들은 그 강연에 꾸준히 참석했다. 제2차 세계대전 전에 미국 대학에서 교수들은 주당 많은 시간을 가르쳤고,

젊은 학자들은 오랜 시간을 투자해 학위 논문을 완성한 뒤에도 종신 교수가 되기 위해 훨씬 더 오랜 시간을 씨름해야 했다. 게다가 요즘처럼 다양한 학문을 전공한 젊은 학자들이 서로 접촉할 기회를 제공하는 강연과 워크숍 및 박사후 과정은 거의 없었다. 따라서 〈사상의 역사〉는 당시에는 사라진 살롱, 즉 올바른 대화를 촉진하는 가상의 살롱 역할을 했다. 덕분에 정상적인 경우에 평소에 교류가 거의 없던 학문들, 예컨대 영문학과 역사학이 만나 공통된 관심사를 다룬 문헌을 생산적으로 논의할 수 있었다. 따라서 망명한 학자들과 그들의 미국인 동료 교수들과 학생들이 힘을 합해 〈사상의 역사〉를 가장 세계적인 학술지 중 하나로 키워냈다.

⫰

1950년대에는 〈사상의 역사〉가 꾸준히 발행되며 사상사에 대한 관심과 적법성이 확인되었고, 대학원의 인문학 교육도 확대되었다. 따라서 다수의 제도적 기관에서 사상사는 학제간 연구의 장점을 유감없이 보여주었다. 예컨대 컬럼비아대학교에서 문학이론가 로절리 콜리Rosalie Colie와 철학자 새뮤얼 민츠Samuel Mintz는 1954년 사상의 역사를 위한 〈뉴스레터〉를 창간했다. 이 의욕적이고 거의 광적이었던 간행물은 대학원생들과 젊은 학자들에게 짤막한 논문을 발표하고 서평을 쓰며, 과거와 지성사에 대한 개인적인 의견을 제시하는 공간을 제공했다. 따라서 적극적인 참여와 폭넓은 관심을 불러일으켰다. 과학사를 사회사로 가르치는 것이 최선의 방법이라고 과감히 주장했을 때 콜리는 미국 전역에서 저명한 역사학자와 문학자로부터 매서운 비판을 받았다. 역사학자 크레인 브린턴Crane Brinton, 1898-1968과 문학자 하코트 브라운Harcourt Brown 같은 저명인사도 비판의 대열에 끼어들었다. 콜리 자신은 그들에게 "신나게 두들겨 맞았다"라고 표현했지만 그들의 비판에 씩씩하고 자신 있게 논박했다.[17] 웹사이트와 블로그의 시대라고 하지만, 미국의 우편제도와 등사기계가 양질의 전국적인 학제간 네트워크를 지탱해준다는 걸 기억할 필요가 있다. 컬럼비아대학교는 그 후로도 수십 년 동안 사상사 연구의 중심지였다. 물론 그 후에도 사상사와 〈사상의 역사〉는 상당히 번창하며 현재의 대학 연구소와 같은 역할을 해냈다. 다시 말하면, 다른 분야의 학자들이 협력하며 다른 분야의 도구를 습득해 자신의 분야에 적용하는 공간을 제공했다.

게다가 이런 초기의 전성기에 사상사는 다양한 환경에서 여러 가지 이유로 번창했다. 사상사는 러브조이나 〈사상의 역사〉와 관계없이 세워진 교육기관에 주로 의존했다. 제1차 세계대전이 끝난 후, 컬럼비아와 시카고 등 도시에 있던 대학교들은 서구 문명에 대한 입문 강의를 개설했다. 대학 관리자와 교수들은 그런 강의가 인종적으로 다양하고 문화적으로 다듬어지지 않은 학생들에게 공통된 배경을 제공할 수 있는 좋은 방법, 적어도 학생들에게 외적으로 똑같은 포장지를 덮어씌우는 방법이라고 생각했다. 제2차 세계대전 후에는 이런 종류의 대규모 강의가 새로운 기능을 떠맡으며, 제대군인 원호법으로 공부하는 참전 용사들에게 기본적인 인문학 교육을 제공했다.[18] 다양한 학과의 교수들이 이런 강의에 참여했고, 따라서 여러 교수가 한 팀이 되어 가르치는 강의가 많았다. 강의팀에 속한 교수들이 동료에게 특정한 텍스트와 문제를 소개하는 준비과정에서 강의 내용은 더욱 알차졌다. 컬럼비아대학교에서는 현대문명Contemporary Civilization이라 칭했지만 서구 문명에 대한 강의는 결국 생활방식 같은 것이 되었다. 특히 컬럼비아대학교에서는 '인문학 컬로퀴엄Humanities Colloquium'의 토대가 되었다. 이는 2년 동안 고전을 집중적으로 학습하는 과정으로, 자크 바전Jacques Barzun, 1907-2012과 라이어널 트릴링Lionel Trilling, 1905-1975 등의 교수들이 학생들 앞에서 텍스트의 역사적인 접근법과 비역사적인 접근법의 장점에 대해 토론하기도 했다. 하버드에서는 '인간과 사상'에 대한 크레인 브린턴의 전설적인 강의가 학생들을 다른 방향, 즉 사상이 어떻게 행동을 유도하는지에 대해 생각하는 방향으로 이끌고갔다. 이런 강의들 덕분에 전부는 아니었지만 상대적으로 좋은 대학을 졸업한 학생들은 지성사 혹은 사상사를 중요한 분야로 받아들였다. 정확히 말하면, 그렇게 조건화되어 사상사에 쉽게 입문할 수 있다고 생각했고, 사상사 입문에 필요한 학습을 자연스럽게 받아들였다. 1950년대와 1960년대에는 역사학자들이 각자 상당히 다른 방향에서 학문적 토대를 쌓았지만, 비교적 최근에는 학제간 강의에 크게 영향을 받아 학문의 길에 들어섰다고 회고하는 역사학자들이 많다.[19]

게다가 러브조이가 〈파퓰러 사이언스 먼슬리Popular Science Monthly〉에 진화에 대한 논문을 처음 발표하기 훨씬 전에 사상사는 이미 확고한 자리를 굳힌 학문 분야였다. 또 사상사가 학문으로 자리 잡고 시간이 한참 지난 후에야 초기 사상사학자들이 이 분야에 대한 강의를 개설하기 시작했다. 역사학자 도널드 켈리Donald Kelley는 얼마 전에 발표한 고전적인 저서에서 사상사의 원류를 찾아나섰다. 그는 일련의 학자와 철학자, 과학자와 사회개혁가를 뒤쫓아 19세기의 연구 중심 대학교부터 고대 그리스 · 로마까지 거슬러 올라갔다. 그리스 철학자들은 철학 학설의 역사를 작성했고, 선배 학자들이 벌인 논쟁을 생생하게 묘사하며 천문학이나 해부학으로 발전한 과정을 체계적으로 연구하고 추적했다. 중세 학자들은 계보학을 세웠고, 로저 베이컨Roger Bacon, 1219-1292의 경우처럼 일부 사상가가 남달리 유용하고 견실한 성과를 맺는 이유에 대한 의문을 제기했다. 또 르네상스 인문주의자들은 역사학 자체부터 천문학과 수학까지 여러 학문의 역사에 대해 부조리하고 복잡하며 때로는 상당히 논쟁적이던 연구를 '문학사literary history'라 칭하며 편찬했다. 프랜시스 베이컨은 이런 형태의 인문주의 연구를 무척 고무적이라 생각하며, 학자들에게 어떤 양식의 미술과 학문이 번창하고 쇠락하는 조건을 세기별로 정리해보라고 독려했다. 끝으로 18세기와 19세기에는 철학과 과학, 문학과 사회사상의 역사가 빅토르 쿠쟁Victor Cousin, 1792-1867과 이폴리트 텐Hippolyte Taine, 1828-1893만큼 영향력 있던 사상가들의 주된 과제가 되었고, 올바른 역사를 쓰는 것이 지적인 삶을 크게 개혁하기 위한 전제 조건으로 여겨지기도 했다.[20]

이런 프로젝트의 성격과 방법론이 크게 달라졌다. 모든 유형의 지식에 대한 역사적 접근방식에서 전통적으로 서구의 기준으로 여겨지던 19세기 독일에서도 정식 철학사는 점진적으로만 뿌리를 내렸다. 그때서야 대학 교육이 고전을 함께 읽고 토론하는 수업방식을 받아들이기 시작했고 다양한 형태로 발전했지만, 철학의 역사를 어떤 식으로든 정리했다고 생각하는 순간부터 다수의 교육 방식에서 변증법적 접근이 사라졌다. 게다가 이 분야의 많은 진전이 연구실보다 강의실에서 이루어졌다. 철학자들이 관련된 주제에 대한 연구를 갓 시작한 터여서 그 역사를 주로 강의하는 형식을 취했기 때문이다.[21] 문헌학부터 물리학까지 19세기에 부각되었고, 많은 경우에 자체의 학문적 역사가 아직 역사학자들의 관심을 끌지 못했던 다른 학문들도 마찬가지였다. 그렇지만 누구도 사상사를 역사학의 일부로 포함할 생각을 하지 않던 때, 즉 그런 생각이 잉태되기 훨씬 전에 사상사가 광범위하게 쓰였고 가르쳐졌다는 사실은 놀랍기만 하다.

⁂

19세기의 마지막 찬란한 수십 년 동안 사상사는 철학사와 함께 크게 번창했다. 특히 영어권 세계에서 광범위하게 꽃피웠다. 존 드레이퍼John Draper, 1811-1882 와 앤드루 딕슨 화이트Andrew Dickson White, 1832-1918는 역사적 관점에서 과학과 종교의 오랜 갈등을 조사했다. '진보적 합의liberal consensus'가 이상한 죽음을 눈앞에 두었을 때 사상사는 토머스 칼라일Thomas Carlyle, 1795-1881, 레슬리 스티븐Leslie Stephen, 1832-1904, 존 배그널 베리John Bagnell Bury, 1861-1927처럼 대륙에는 필적할 만한 경쟁자가 없었던 영국 지식인들의 주된 관심사가 되었다. 근대성으로 과거에는 없던 문명과 과학기술이 잉태되던 시대에 근대 세계를 떠받치는 사상사가 전쟁사와 헌법사만큼이나 화급하게 필요했고, 일반 대중을 위해서는 더더욱 필요한 것으로 여겨졌다. 아르날도 모밀리아노는 1970년대에 글을 쓰면서 대학생이던 1920년대에 플린트와 버클, 베리 등의 저작을 읽었다고 회고했다. 그 저작들은 모두 19세기에 쓰인 것이었던 까닭에 모밀리아노는 사상사를 영국의 전공 분야로 보았다. 따라서 1939년 옥스퍼드에 도착했을 때 "바르부르크 연구소의 주소로는 '사상'이란 단어를 언급하는 것"으로 충분했다는 것이 모밀리아노에게는 당혹스러웠다.[22] 제2차 세계대전이 발발했을 쯤에는 새로운 형태의 정치경제사가 잉태되며, 허버트 버터필드Herbert Butterfield, 1900-1979 같은 좌익 역사학자들은 적어도 영국 지식인 세계에서 고립무원이 되었다. 한 세대 전만 해도 지적 지도는 상당히 달랐다. 찰스 비어드Charles Beard, 1874-1948처럼 '신역사new history'를 옹호하는 개혁적인 미국 학자들이 제1차 세계대전 이후 과거의 실증주의적인 역사기록학의 정치 담론을 반대하는 운동을 시작하며 사상사라는 멋진 외국 상품을 수입했다. 비어드도 베리의 진보라는 사상의 역사를 재출간할 때 장문의 감동적인 서문을 덧붙였다.[23]

사상사가 역사와 사회에 대한 진보적인 접근의 일환이 되었다는 생각은 1920년대 초의 개혁 흐름에도 사라지지 않았다. 러브조이가 그랬듯이 형이상학과 미학을 발전시키고, 사상이 과거에 그랬듯이 앞으로도 정치사회적인 질서를 만들어갈 수 있는 방향을 찾아내기 위해 진보적인 접근방법을 사용하려는 노력도 사그라들지 않았다. 버넌 패링턴Vernon Parrington, 1871-1929 같은 작가들과 나중에는 뛰어난 국외자인 리처드 호프스태터Richard Hofstadter, 1916-1970도 미국의 에너지가 어디에서 오는지 이해하고, 미국 지성인의 세계에서 단층선을 추적하는 데 사상사를 이용했다. 1950년대와 1960년대 초, 미국의 주요 대학교에서 시행되던 사상사 강의, 예컨대 위스콘신대학교에서 개설된 조지 모스George Mosse, 1918-1999의 유명한 개론 강좌는 사회와 국가의 기존 질서를 비판하는 많은 학생을 결집시키는 역할을 했다. 1960년대 후반의 위기에도 사상사 강의는 그 역할을 계속했다. 모스의 경우에도 강의의 내용은 여전히 사상의 영역을 벗어나지 않았고, 모스는 사상사 연구 프로젝트들을 무용지물로 만들었던 결함과 모습을 학생들에게 폭로하는 데 열중했다. 사상사와 사회 저항의 관계는 사회사가 전성기를 누리던 때에도 단순하지 않았고 일방적이지도 않았다.

사상과 관행의 기존 흐름 중 세 가지가 사상사에 유입되며, 사상사 연구를 풍요롭게 하는 데 일조했다. 물론 하나는 외국에서 전해진 것이었다. 19세기 중반 이후로 독일 학자들은 문화 연구를 위한 새로운 방법론들을 꾸준히 실험했다. 야코프 부르크하르트는 과거의 문화를 전체적으로 묘사하는 새로운 방법을 고안해내며 과거의 사상과 사상가를 연구하기 위한 새로운 방향을 제시했다. 이때 그에게 배운 제자들과 그를 비판하던 학자들도 적잖은 역할을 했다. 한편 아비 바르부르크와 그의 추종자들도 서구의 역사를 먼 과거까지 거슬러 올라가 추적하는 새로운 방법을 창안해냈다. 시대적 상징이 소멸하고 다시 출현하는 과정을 관찰하고, 상징의 변화와 상징에 담긴 의미를 학제간 접근법에서 설명하는 방법이었다. 같은 시기에 독일 안팎의 많은 중세 연구자가 부르크하르트의 무기로 그를 비판했지만, 부르크하르트가 르네상스의 역사에 접근할 때 그랬던 것처럼 문화와 사상의 영역을 강조하며 중세의 역사를 다시 썼다. 그러나 중세인은 남녀를 불문하고 부르크하르트의 생각보다 훨씬 더 현실적이었고 권위에 예속되지 않았다고 주장했다.

이런 전통적 방법론 중 일부가 북아메리카로 전해졌고, 19세기가 끝나기 전에 그곳에 착실히 안착했다. 찰스 호머 해스킨스Charles Homer Haskins, 1870-1937와 린 손다이크Lynn Thorndike, 1882-1965 같은 선구적인 중세학자들은 유럽 도서관과 기록보관소에서 새롭게 찾아낸 방대한 자료를 바탕으로 동일한 문제들을 파고들었다. 미국에서 시행된 모든 사상사 프로젝트 중에서 손다이크의 《마법과 실험과학의 역사History of Magic and Experimental Science》는 규모 면에서 가장 컸다. 이 대작은 중세와 르네상스에 대한 유럽인들의 토론에서 직접 지적 영감을 끌어냈다. 한편 〈사상의 역사〉는 이미 존재하는 쟁점들을 토론하고 추적하는 기반을 제공했고, 많은 시간이 지나지 않아 그 기반은 많은 학자들이 뒤섞이고 붐비는 곳이 되었다.

게다가 러브조이가 활동한 초기에도 새로운 방법과 자료가 해외로부터 꾸준히 유입되었다. 유럽 학자들이 새로운 방향으로 이주하기 시작했고, 얼마 후에는 유럽 학자들이 어쩔 수 없이 미국으로 이주하는 속도가 빨라졌기 때문이다. 독일 역사학자 프리드리히 마이네케Friedrich Meinecke, 1862-1954는 역사주의처럼 주된 사상들이 형성된 역사를 이해하기 위한 새로운 모델을 제시했다. 베르너 예거Werner Jaeger, 1888-1961는 아리스토텔레스처럼 아무런 편지도 남기지 않은 위대한 사상가들의 전기를 쓰고, 그들의 저작을 내적으로 분석함으로써 정신의 성장과정을 짐작하는 방법을 알려주었다. 히틀러의 폭정으로 고향을 떠났던 외국계 젊은 학자들이 미국 인문학에 스며들었고, 적어도 영어로 글을 써야 했다. 그들의 영향으로 1950년대와 1960년대에 미국 인문학은 조금씩 바뀌었다. 에르빈 파노프스키의 소개로 바르부르크의 방법론이 젊은 미술사가 전부에게는 아니어도 한 세대의 젊은 학자들에게 알려졌다. 그러나 바르부르크 연구소의 옛 동료들은 전체적으로 완전히 다른 방식으로 고유한 방법론을 개발했고, 그 과정에 격론이 없지는 않았다.

한편 펠릭스 길버트Felix Gilbert, 1905-1991를 비롯한 몇몇 독일 망명 학자들은 유럽과 미국의 사상을 공부하는 학생들에게 한층 세련되게 다듬어지고 더욱더 자료에 기반한 마이네케 방법론을 소개했고, 한스 바론은 문화사에 접근하는 라이프치히 학파의 방법론을 효과적으로 활용하며 르네상스 인문주의를 연구하는 방향을 바꿔놓았다. 레오 슈피처와 에리히 아우어바흐Erich Auerbach, 1892-1957는 다양한 형식의 독일 문헌학과 해석학을 미국 대학원생들에게 전해주었다. 예거는 지식인의 전기를 엄격히 분석하고, 겉으로는 완성되고 일관성을 띤 문헌에서 모순과 균열을 찾아내는 방법론을 제시함으로써 길버트와 바론, 잭 헥스터Jack Hexter, 1910-1996 등 많은 역사학자에게 마키아벨리를 연구하는 새로운 방법을 알려주었고, 그 결과 마키아벨리의 저작은 새로운 방법론의 모판이 되었다.

이 학자들은 《군주론》과 《로마사 논고》처럼 고전적이고 겉으로는 논리정연하게 보이는 문헌들을 철저히 분석하고 거기에서 언급된 시기를 재해석하면, 균열과 모순으로 보이는 것(예컨대 극적으로 뚜렷이 대조되는 《군주론》의 실용적 절대주의와 무도덕주의와, 《로마사 논고》의 공화주의)은 특정한 전기적 상황과 정치적 상황에 대응하는 지적 발전의 증거로 삼을 수 있다고 보았다. 헥스터는 똑같은 방법론을 토머스 모어에게 적용했다. 따라서 과거 지식인들의 삶에서 중심이 되었던 문헌들에도 주목하며 성장 환경을 중심에 두는 '지적 전기intellectual biography'가 점차 표준적인 접근방식이 되었다. 지적 전기는 문헌 연구에 근거해 한 지식인의 삶을 곧이곧대로 작성하는 전기와 다르다.[24]

해외로부터 전해지는 본보기와 자극은 결코 마르지 않았다. 1950년대에 영국은 사상사에 예전만큼 우호적이지 않았지만 위대한 사상가 이사야 벌린Isaiah Berlin, 1909-1997을 품었다. 그러나 벌린을 따르는 추종자와 학생은 영국보다 미국에 더 많았다. 또 1966년 《진화와 사회Evolution and Society》를 발표한 존 버로John Burrow, 1935-2009 같은 젊은 학자들은 사회사상사를 연구하는 미국 학자들의 본보기가 되었다.

1966년 안팎으로 볼링겐 재단이 번역 프로젝트를 대대적으로 후원하고, 하퍼 출판사를 필두로 많은 출판사가 낮은 가격으로 보급판을 출간함으로써 위에서 언급한 학자들의 저작과 그들의 일부 스승이 남긴 저작이 미국의 일반 독자에게 폭넓게 전해졌다. 모밀리아노는 유니버시티칼리지 런던University College London에 발을 들여놓자마자 그 대학교에서 가장 저명하고 지적인 역사학자가 역사학자로서 정식 교육을 받지도 않았고 역사학과에서 가르치지도 않았지만 뛰어난 통찰력을 과시한 마이클 폴라니Michael Polanyi, 1891-1976 같은 과학사학자라는 걸 알게 되었다고 회고했다. 그러나 모밀리아노는 그런 과학사학자들과 관계를 맺는 게 힘들다는 걸 깨달았다. 영국보다는 미국에서 학문 간의 경계가 더 낮아서 교수만이 아니라 학생도 다른 학과의 강의를 수강할 수 있었다. 1950년대와 1960년대에 미국에서 유럽 지성사를 연구한 사람이라면, 그 분야에서 가장 두드러지게 영향을 미치는 학자들 중 일부가 미술사학자라는 걸 쉽게 깨달았을 것이다. 특히 부르크하르트의 방법론을 수정한 파노프스키의 저서는 그가 세상을 떠난 지 한참이 지난 뒤에도 르네상스 연구의 필독서였다. 그러나 미국의 사상사 시장에 소개되자마자 파노프스키는 똑같은 문제를 다른 식으로 접근한 저명한 학자들, 예컨대 에른스트 로베르트 쿠르티우스Ernst Robert Curtius, 1886-1956, 장 세즈넥Jean Seznec, 1905-1983, 에드거 윈드Edgar Wind, 1900-1971의 옆에 나란히 놓였다.[25]

또 하나의 흐름은 미국 내에서 자생한 것이었다. 요즘 미국학의 탄생 과정을 뒤돌아보면 분노가 치밀고, 때로는 측은하기도 하다. 에드워드 사이드, 미셸 푸코Michel Foucault, 1926-1984, 피에르 부르디외Pierre Bourdieu, 1930-2002 등을 읽으며 공부한 학자들은 페리 밀러와 프랜시스 오토 매시슨Francis Otto Matthiessen, 1902-1950처럼 미국 사상사의 초석을 놓은 역사학자들에게서 뛰어난 통찰과 함께 때로는 통찰을 무색하게 만드는 맹목성을 쉽게 찾아낼 수 있다. 그들은 어떤 문헌 하나를 사회 전체를 들여다보는 열쇠로 간주하는 경우가 비일비재했고, 때로는 대규모 연구에 앞서 선택한 소수의 문헌을 우주 전체의 문을 열어주는 열쇠로 보기도 했다. 미국 문화를 전반적으로 지배하고 표현하는 구조나 은유 혹은 비유를 찾아내려던 그들의 열정은 되돌아보면 순진하게 여겨질 정도였다.

하지만 미국 작가와 철학자가 학문적 관심을 받을 만하다는 걸 누구도 의심하지 않는 시대에는 되살리기 힘든 심원한 열의가 미국학의 선구자들에게는 있었다. 20세기 초만 해도 어떤 학자가 월트 휘트먼Walt Whitman, 1819-1892이나 시어도어 드라이저Theodore Dreiser, 1871-1945를 존경한다고 공개적으로 말하려면 상당한 용기가 필요했고, 미국 문학이나 지성사를 연구하려면 더 큰 용기가 있어야 했다. 하지만 미국 사상을 연구하기 시작한 학생들은 유럽주의자들이 그때까지 도외시했던 문헌과 발전의 중요성을 유럽주의자들에게 증명해 보이며 그들을 놀라게 하기 시작했다. 예컨대 페리 밀러와 새뮤얼 엘리엇 모리슨Samuel Eliot Morison, 1887-1976은 많은 청교도가 프랑스 인문주의자 페트루스 라무스Petrus Ramus, 1515-1572(프랑스 이름은 피에르 드 라뮈)가 요구한 변증과 수사의 개혁에 큰 중요성을 두었다는 걸 처음으로 밝혀냈다. 당시 라무스는 영국과 유럽의 사상사 연구에서 거의 간과되던 인물이었다.[26] 그 이후의 연구들에서는 밀러와 모리슨도 완전히 인식하지는 못했던, 청교도인 존 하버드John Harvard, 1607-1638가 철학의 학문적 전통에 깊은 관심을 가졌다는 사실이 밝혀졌고, 초기의 거장들이 제시한 구조들이 조금씩 수정되었다.[27] 그러나 미국학 연구자들에 의한 라무스의 재발견으로 초기 근대 유럽의 사상사에 중대한 변화가 일어났다. 신세계 주민의 노예화를 정당화하는 근거로 삼기 위해 루이스 행크Lewis Hanke, 1905-1993가 다시 찾아낸 아리스토텔레스의 유용성도 마찬가지였다. 어떤 의미에서 미국 사상사의 개막으로 문헌과 방법론과 사상의 '수용reception'을 연구할 수 있는 가능성이 열렸다. '수용'이란 용어가 현재의 공통된 의미를 얻기 훨씬 전부터 사상 등의 수용은 끊임없이 있었기 때문이다.

끝으로 과학사와 사상사는 두 분야 모두의 초기 단계에서 지금은 재현되기 힘들 정도로 뒤얽혔다. 사상사가 그랬듯이 과학사는 새로운 학문인 동시에 근대성의 기원과 관련된 학문이란 매력이 있었다. 게다가 영어권 세계에서 영향력을 행사한 과학사학자들은 초기 근대 과학사에 있었던 중대한 사건들과 관계가 있었다. 기계 세계의 부흥, 아리스토텔레스 철학의 몰락, 새로운 과학적 방법론의 발흥, 진화론과 그 기원 등이 대표적인 예다. 방법론과 주안점에서 서로 달랐던 베리와 러브조이가 규정했듯이 이 모든 현상들은 과학사에서 고전적인 문제들과 밀접한 관계가 있었다. 시간이 지나도 변하지 않는 견실한 '존재의 대사슬'이란 우주와 반복되는 고전과 중세의 안정된 역사가 어떤 이유에서 끊임없이 변하는 근대 과학이란 우주로 바뀌고, 자본주의자와 마르크스주의자가 공유하는 무한한 진보에 대한 믿음으로 바뀌었을까?[28]

따라서 과학사는 1930년대부터 1960년대까지 사상사의 유일한 주된 부분까지는 아니어도 주된 부분이 되었다. 역사 혹은 문학사를 학습한 많은 학자가 과학의 발전과 그 영향을 주된 관심사로 삼았다. 〈사상의 역사〉는 태양중심설이나 진화의 기원 같은 중요한 지적인 문제를 연구한 논문만이 아니라, 그런 문제에 대한 학회와 교육기관의 관심까지 더 넓은 영역을 조사한 결과 등을 끊임없이 게재했다. 예컨대 17세기에 교육기관을 세우고 학회를 설립해 처음으로 제도적 차원에서 연구를 시작한 거장들의 사례가 연구되고 발표되었다. 사상사학자들은 자신들의 연구를 통해 근대 과학이 파괴하고 없애버린 과거 세계의 모습을 이해하게 된다고 믿었다. 또한 근대 과학의 지적인 뿌리를 추적하고, 새로운 과학적 발견의 영향으로 문학적 상상이 어떻게 변했는지 알기 위해서도 사상사 연구가 필요하다고 믿었다.

특히 마저리 니컬슨Marjorie Nicholson, 1894-1981과 로잘리 콜리가 이 분야를 집중적으로 연구했고, 그들의 연구 결과는 지금까지도 기준으로 여겨진다. 따라서 사상사가 1960년대 이후로 견실한 상태를 유지했던 것은 조금도 놀랍지 않다.

그렇다면 이 모든 흐름이 1960년의 새로운 파도에 합해지고 10~15년이 지나지 않아 로버트 단턴을 비롯해 많은 문화사학자가 사상사의 갑작스런 쇠락을 감지한 이유가 무엇일까? 단턴 자신은 역사학 내에서 일어난 중대한 변화들, 특히 도전적인 새로운 사회문화사의 발흥에 주목했다. 그러나 적어도 그만큼, 어쩌면 더 중요한 발전도 있었다. 앞에서 보았듯이 〈사상의 역사〉는 학문 간의 협력을 거림낌 없이 촉구했다는 점에서 색달랐다. 많은 교수가 학부 시절에 공유한 경험 때문에 1950년대 내내 대부분의 인문학에서 역사적 접근은 정상적인 방법으로 여겨졌다. 그러나 저항의 기운이 나타나기 시작했다. 1940년대에 파노프스키와 에드먼드 윌슨Edmund Wilson, 1895-1972 등에게 역사적 관점에서 미술과 문학에 접근하라고 독려한 많은 문학 계간지가 '신비평주의자New Critics'와 하나가 되었다. 과거에 급진적 국외자였던 신비평주의자들이 적잖은 문학과를 지배하게 되었고, 문학과 미술 강의에서 과거처럼 지식을 전달하는 방식을 버리고 문학작품이나 미술작품을 직접적으로 다루어야 한다고 주장했다.[29] 따라서 전통적인 문학사학자, 즉 과거에 영문학과를 런던의 무대 연출 기법, 필사본과 인쇄본의 세세한 차이, 잉글랜드와 미국의 사상사를 역사적으로 탐구하는 벌집으로 만들었던 '학자-모험가scholar-adventurer'들은 차츰 구석으로 밀려났고, 세세한 규칙에 얽매이는 현학자로 폄하되었다. 그림을 해석하던 미술사가도 똑같은 운명을 맞았다. 사회사와 형식주의 분석이 시각 예술을 더 깊이 통찰하는 듯했던 시대에 그들의 해석은 순진하게 보였기 때문이다. 사상사 연구는 문학 연구에서도 계속되었지만, 1950년대의 마저리 니컬슨처럼 주도적인 역할을 하는 학자는 거의 없었다.

철학에서 과거의 거의 모든 것을 휩쓸면서 역사와 전통에 가해진 공격은 훨씬 더 심각했다. 제2차 세계대전 전 학식에서 존스홉킨스대학교의 디오스쿠로이, 보애스와 러브조이에 필적할 만한 학자는 거의 없었지만 미국의 많은 철학과는 절충적이었다. 하지만 1960년대와 그 이후에 새로운 철학들이 빈과 케임브리지와 옥스퍼드에서 미국 대학으로 전해졌다. 그 철학들의 공통점이라면 과거의 철학적 전통에 품은 치열한 적대감이었다. 따라서 도덕철학과 형이상학은 결코 대답을 얻을 수 없는 의문들과 쓸데없이 싸우는 학문이라 무시되기 일쑤였다. 초기에 쓰인 전문적인 소수의 논문을 제외하면, 루트비히 비트겐슈타인Ludwig Wittgenstein, 1889-1951의 《논리 철학 논고》 이전에 쓰인 대부분의 문헌에 대한 연구도 마찬가지였다. 프린스턴대학교 철학과 사무실의 출입문에 처음 내걸린 현수막에 쓰여 있던 '사상사에 아니라고 말하라Just Say No to the History of Ideas'라는 문장은 사상사의 연구방법만이 아니라 연구 대상까지 주변으로 밀어낸 사고방식을 압축한 구호였다. 특히 러브조이의 《존재의 대사슬》은 시의적절하지 않은 쟁점에 매달리고 개별적인 문헌과 사상가를 간략하게 다루었다는 점까지, 모든 면에서 당시 대부분의 현역 철학자들이 포기하고 싶었던 연구방법의 전형적인 예였다.[30]

인문학에 속한 학문들의 이런 구조적인 변화는 학제간 연구라는 개념 자체에 의문을 제기했다. 신비평이나 비트겐슈타인 이론을 누구보다 급진적으로 해석한 평론가들과 철학자들은 역사학자나 역사를 잘 이해하는 인문주의자와 머리를 맞대고 의견을 교환하려는 노력을 원칙적으로 인정하지 않았다. 더구나 지적으로 명확하지 않은 데다 새로운 인문학에서 가장 중요한 원칙과 도구를 대수롭지 않게 생각하는 강의에서는 그들과 협력하려는 시도 자체를 포기했다. 어떤 분야, 예컨대 서양 고전학은 비非역사적인 접근법을 채택하는 걸 꺼려했다. 그러나 그런 분야도 꾸준히 확대되며 독립적인 학문군이 되었다. 게다가 다른 분야의 역사학자에게는 점점 더 난해하고 불가해하게 여겨지는 학문군이었다.

한때 사상사의 가장 확실한 원군이었던 과학사도 1960년대에 사상사로부터 떨어져 나갔다. 과학사학자들은 별도의 대학원 교육을 받았고, 수적으로 점점 증가하는 전문 과학사 학술지에 글을 기고했으며, 현대 과학의 최근 상황에 대해서도 연구했다. 첨단 과학의 상황을 이해하려면 전문적인 지식이 필요했던 까닭에 일반적인 역사학자가 관련된 문헌을 치밀하게 읽어가기는 힘들었고, 실험과 관찰과 계산을 정확히 재현하는 것은 더더욱 불가능했다. 1970년대에 많은 사상사학자가 거북함을 느꼈고, 과거에 그랬다는 걸 현재 작가가 기억하고 있다. 그 거북함은 인문학에 속한 학문들이 서로 교차하는 지적 대륙이 겉으로는 견실하게 보이지만 실제로는 점점 쪼그라드는 만년설이었다는 것을 확인한 데에서 비롯되는 감정이었다. 한때 전성기를 누리던 학자가 유빙流氷에 버려진 듯한 상황이었다. 〈사상의 역사〉

에서 구체화되었고, 많은 인문주의자가 뛰어들었던 사상사도 구조적 문제에 시달렸다. 당시는 교육기관이 인력을 급격히 감축했고, 학계는 전반적으로 침울한 분위기였다. 따라서 박사학위 논문의 주제나 방법론을 잘못 선택하면 평생 헌책을 팔거나 택시를 운전하는 처지로 전락할 수 있다는 두려움이 있었다. 과학사가 발흥한 이유도 있지만 이런 조건 때문에 사상사학자들은 불안하고 불편한 느낌을 떨치지 못했고, 시장 정보를 중요하게 여기던 학생들은 사상사의 전통적인 연구방법을 외면하기 시작했다.

하지만 정확히 이 시기, 즉 1970년대 말과 1980년대 초에 일련의 변화가 있었다. 서로 관련이 있었지만 같은 수준의 변화는 아니었다. 덕분에 사상사는 살아남아 새로운 방법론을 채택하고 새로운 쟁점을 공격할 수 있었다. 먼저 역사라는 범주에서 학자들은 과거에는 의도적으로 국외자적 관점에서 일반론적으로 다루었던 분야의 내재적 역사를 자세히 추적하는 방향으로 전환했다. 철학사에서 단턴은 하버드의 철학을 집중적으로 조명한 브루스 쿠클릭Bruce Kuklick의 눈부신 저작을 예로 들었다.[31] 그러나 거의 같은 시기에 재야 역사학자들도 철학자를 다룬 책들을 연이어 발표했다. 이때 오랫동안 철학계에만 알려져 있던 모리스 래피얼 코언Morris Raphael Cohen, 1880-1947과 헤겔의 추종자들이 소개되었고, 로렌초 발라와 프랜시스 베이컨이 철학이란 포도밭에서 땀을 흘리던 일꾼으로 재발굴되었다.[32] 찰스 슈미트 Charles Schmitt, 애머스 펑켄스타인Amos Funkenstein, 마틴 제이처럼 카리스마를 지닌 교수들의 제자들은 역사를 가르치고 쉽게 글로 쓰고 싶어 했지만, 그들의 관심은 최근까지 역사와 철학의 경계로 여겨졌던 분야에 있었다.

　게다가 뒤돌아보면 사상사가 전환점을 맞았을 때 철학에도 그럭저럭 관심이 있던 학자들이 철학사로 눈을 돌렸다. 초기 근대 유럽의 인문주의를 연구하던 역사가들은 1950년대와 1960년대에 고대 수사법에 관심을 가졌지만 점점 그 분야를 외면했다. 그들은 수세기 전의 학자들이 문학작품을 분류하고 분석한 방법들을 치밀하게 재구성하기 시작했다. 예컨대 문헌학적 자료들을 번역하고 (왜곡했으며), 고대의 문법학과 수사학과 변증법을 되살리고 수정했으며, 고대 유물을 복원하고 제작 시기를 추적했다.[33] 단턴이 지적했듯이, 1970년대에는 몇몇 선구적인 역사학자들이 인문과학과 사회과학에서 다른 분야들의 역사로 관심을 돌렸다. 그러나 그런 학자들은 독자적으로 활동했다. 예컨대 인류학의 역사를 누구보다 앞서 연구하기 시작한 조지 스타킹George Stocking, 1928-2013은 결국 '학문의 전달자'가 되었고, 자신을 인류학자라 소개하기도 했다. 당시 대부분의 역사학자는 떼 지어 어떤 분야를 떠나거나, 다른 분야를 전문적으로 연구하려는 경향을 띠었다.

⋰⋱

　역사학자들이 과거의 사상을 엄격하게 다루려는 의욕을 느닷없이 다시 불태웠다면, 과거에 그들과 어떤 공통점도 없었던 인문주의자들이 그들과의 관계를 회복할 방법을 찾아내기 시작했다. 특히 철학자들은 학문의 새로운 토양을 개발하기 시작했고, 실제로 그 토양이 다양한 방향으로 발전했다. 예컨대 폴 크리스텔러Paul Kristeller, 1905-

1999에게 배운 제자들은 르네상스 철학을 체계적으로 연구했고, 리처드 팝킨Richard Popkin, 1923-2005은 철학자와 역사학자에게 회의주의의 역사를 연구할 수 있는 가능성을 열어주었다. 그들의 학문적 깊이와 개개인에게 미친 영향은 대단했지만, 그들은 1950년대와 1960년대 초까지 철학의 세계에서 외로운 존재였다. 하지만 1970년대쯤에는 철학 자체가 새로운 방향으로 움직이고 있었다. 제프리 로이드Geoffrey Lloyd를 비롯한 고대 그리스·로마 사상의 연구자들은 고대 철학에 등을 돌리고, 역사적인 분야, 즉 그리스 철학이 발흥하게 된 지적인 조건만이 아니라 사회정치적인 조건과 관련된 분야에 관심을 쏟기 시작했다.[34] 초기 근대, 더 나아가 근대 사상에 대한 연구에서도 유사한 의문이 제기되었다. 고전주의자들은 본받을 만한 고대 사상가의 범위를 확대하기 시작하며, 금욕주의자와 쾌락주의자도 체계적인 사상가로 진지하게 고려할 만한 가치가 있다고 보았다. 중세 철학 연구자들은 중세 철학자들이 언어학적이고 논리적인 분석에 탁월했다는 걸 깨닫고는 라틴어와 고문서학을 학습하기 시작했다.[35] 특히 고대와 초기 근대 철학에 관심을 두었던 연구자들은 필독서로 읽어야 할 문헌의 범위를 확대해야 한다고 주장하기 시작했다.[36]

기본적인 원칙에 대한 의견 충돌은 과거에도 있었고, 지금도 마찬가지다. 일부 철학자는 철학사 연구가 과거 학자들이 간과했던 이론과 사상가를 포함하는 방향으로 문헌을 확대하는 좋은 방법이라고 보았다. 한편 어떤 시대가 철학이라 생각한 모든 것을 고려하지 않는다면, 누구도 주요 문헌에 언급된 사상가를 이해할 수 없다고 주장하는 철학자도 적지 않았다. 또 난해하지만 불가피한 쟁점, 예컨대 서구 철학자가 남성밖에 없는 이유를 고민하고 추적한 학자도 있었다. 놀라운 성과를 거두었지만 여전한 논란거리라는 점에서 《케임브리지 초기 근대 철학사》는 역사학자와 철학자 간의 화해의 상징으로 여겨졌고, 이 책을 통해 러브조이가 추구한 학제간 연구 형태를 띤 사상사가 복원되었다. 물론 러브조이의 방법론과 내용에서 근본적인 문제에 대한 논쟁은 여전히 계속되고 있다.[37]

역사와 철학이 다시 교류하기 시작하자 또 한 번의 지적 변화가 일어났다. 이번에는 '이론' 혹은 '포스트모더니즘'이라 칭해진 변화로, 이는 1980년대와 1990년대 미국 지식인 사회를 뒤흔들었고, 결국에는 문화 전쟁까지 촉발한 원인이 되었다. 그 전쟁의 잉걸불이 아직도 종종 비뚤어진 학자와 자포자기한 정치인에 의해 큰불로 발전한다. 포스트모더니즘은 인문학적 연구의 모든 전통적인 형태에 대한 저항으로 표현되는 경우가 많다. 하지만 도널드 켈리가 〈사상의 역사〉의 편집장이 되었을 때 지적했듯이, 포스트모더니즘은 해석의 방법에 변화를 주려는 많은 노력 중 하나였다. 따라서 지적 세계에서 포스트모더니즘의 존재는 사상사학자에게 해롭기보다 유익한 것이었다. 포스트모더니즘의 영향으로 사상사학자들이 해석학hermeneutics의 문제와 전통을 진지하게 고려하게 되었기 때문이다. 해석학은 고대 이후로 유럽 사상에서 주된 위치를 차지했지만, 사상사학자들은 거의 관심을 기울이지 않던 해석 이론이었다. 요컨대 그들은 일련의 서구 사상을 제대로 다루려는 역사학자의 자세를 보여주지 않았고, 관련된 문헌을 충실히 읽지도 않았다. 포스트모더니즘의 시대에 사상사학자들은 동료들과 협력해 사회문화사를 연구하고, 각 학문의 한계와 문제를 극복하려 애써야 했다. 포스트모더니즘에 영감을 받은 사상사학자들은 새로운 지적 열망에 사로잡혀 온갖 문제에 도전했다. 미셸 푸코의 변덕스러운 역사관은 그 자체로도 모순되고 실제 현상에 적용되지도 않았지만, 급진적인 사상가에게 영감을 주며 과거에 이미 수없이 해석되었던 문헌을 다시 읽게 하는 효과를 거두었다. 이탈리아 판화가 조반니 바티스타 피라네시Giovanni Battista Piranesi, 1720-1778의 관점이 강력히 반영된 분류 시스템과, 푸코가 초기 저작에서 자세히 설명한 시스템의 위력은 부분적으로 불완전한 자료에 근거한 것이었고, 그의 일반화는 객관적인 문서보다 신탁信託에 기댄 경우가 적지 않았다.[38] 하지만 비판적인 독자들은 푸코의 저작들에서 끊임없이 자극을 받아 문헌을 새로운 맥락에 두고 새로운 관점에서 읽었다. 잰 골드스타인Jan Goldstein과 스튜어트 클라크Stuart Clark는 푸코를 비판적으로 적용하면 과거부터 반복해 연구되던 주제가 완전히 새로운 형태를 띨 수 있다는 걸 입증했다.[39] '형태 변화자shape changer', 푸코는 말년에 심혈을 기울였던 《성의 역사》에서 근대 문헌만큼 고대 문헌도 독단적으로 다루었고, 여기에 영향을 받아 피터 브라운과 캐롤라인 바이넘, 토머스 래커 등은 몸을 돌보는 관습에 대한 역사적 시각을 완전히 새로운 방향에서 해석했다.[40]

하지만 과거에 서구 문명이 그랬듯이, 어떤 점에서 포스트모더니즘이 가장 깊이 남긴 영향은 학부와 대학원 교육에 있었다. 1980년대와 그 이후로 언어와 역사 및 문화연구를 가르치는 학과들, 즉 인문학부의 모든 학생은 제도의 힘을 강조하는 강의를 들어야 했다. 물론 어떤 문제에 대해 생각하고 궁리하는 방식, 말하고 글을 쓰는 방식, 다른 개인과 문명에 대응하는 방식에 영향을 주려고 제도가 받아들이며 널리 퍼뜨린 관례를 강조하는 강의도 뒤따랐다. 빈틈이 많지만, 오리엔탈리즘에 대한 에드워드 사이드의 뛰어난 연구는 여러 세대의 학생에게 다른 사회의 과거 기록을 해체하고 관찰된 사실보다 더 큰 일관성과 설득력을 띠는 관례와 가정을 찾아야 한다는 영감을 주었다. 그 결과는 역설적이지만 서구 지식인만이 아니라 이슬람 지식인까지 공격하기 시작하는 비판적인 프로젝트로 이어졌다.[41] 고급문화와 프랑스에서 그 문화가 유산처럼 전해지는 양상에 대한 피에르 부르디외의 연구에서도 젊은 역사학자들은 영향을 받아 완전히 새로운 관점에서 과거 지식인들의 삶과 활동을 연구하기 시작했다.[42] 과거에 서구 문명이 전통적인 역사 연구에 힘을 실어주었듯이, 포스트모더니즘은 그 자체로 비역사적이었던 까닭에 역사 연구의 새로운 방향을 뒷받침해주었다. 젊은 사상사학자들은 다양한 주제를 연구했지만, 다양한 방법론을 인정한다는 점에서 의견이 같았다.[43] 윌리엄 보우스마William Bouwsma, 1923-2004가 1980년에 정확히 예측했듯이, 문화사학자들은 사상사의 요소들을 통합하는 동시에 문헌 연구에서 벗어나 인류가 주변 환경에 의미를 부여하는 방법까지 연구 범위를 크게 확대했다. 문화사학자가 그랬듯이, 포스트모더니즘의 영웅들은 궁극적으로 사상학자들의 관례를 뒤집은 것이 아니라, 오히려 거듭 강조했다.[44] 따라서 학자들이 기억의 문화적 관습을 추적하는 새로운 역사에 역사기록학을 연계시킴으로써 암묵적 목적론implicit teleology이 오랫동안 지배한 과거의 역사학, 즉 역사기록학이 다시 강조되었다.[45]

같은 시기에, 존 그레빌 애거드 포콕John Greville Agard Pocock과 퀜틴 스키너가 개척한 새로운 정치사상사는 소수 전문가의 전유물이던 고급 프로젝트에서 다양한 분야의 사상사학자들이 분주하게 활동하는 다양한 조직들의 거대한 네트워크로 변질되었다. 시간과 공간에서 시민적 인문주의의 일관된 언어를 찾으려는 포콕의 노력을 옹호하는 세력과 비판하는 세력이 동시에 있었다. 포콕이 영국과 미국의 정치사상에 대한 연구에 영향을 주었기 때문이다.[46] 스키너는 정치 언어를 약간 다른 방향에서 접근했지만, 많은 학생과 동료에게 호응을 얻는 상당한 결실을 거두었다. 그들은 쥐스티스 립시우스와 휘호 더 흐로트 같은 잊힌 거장들을 되살려냈고, 근대 초기의 북아메리카 원주민에 대한 토론과 헤겔 사상의 초기 발전과정 등 널리 알려진 쟁점과 문서를 해석하는 새로운 방법들을 제안했다.[47] 케임브리지대학교와 케임브리지대학교 출판부는 이 분야의 유능한 젊은 학자들을 효과적으로 키워내는 산실이 되었고, 젊은 학자들은 혁신적인 저서와 논문을 꾸준히 발표했다. 그 대부분이 제목에서 지향점을 짐작할 수 있는 '사상과 맥락'이란 케임브리지 시리즈에 실렸다.[48] 스키너가 일련의 강의와 기사로 〈인문과학에서 거대 이론의 귀환The Return of Grand Theory in the Human Sciences〉을 편집할 때 인정했듯이, 기원과 발상에서 포스트모더니즘의 다른 가지들과 관계가 없지만 피터 래슬릿과 스키너의 방법론도 많은 유사한 문제를 다루었다.[49] 물론 이런 시도들에 대한 비판이 뒤따랐고, 지금도 계속되고 있다.[50]

스키너의 방법론은 좋은 동료였고 때때로 평론가 역할을 하던 포콕에게도 비판을 받았다. 그러나 스키너가 받은 다양한 비판보다 더욱 중요한 것은 자신들의 방법론을 새롭게 가다듬으려는 스키너와 포콕의 끊임없는 노력이다. 예컨대 토머스 홉스가 수사학 세계에서 차지하는 위치에 대한 스키너의 방대하고 도발적인 연구는 교수법 및 지식을 전하는 관례를 대담하고 화려한 글쓰기로 전달하고 있다. 그가 초기의 저작에서는 보여주지 못하던 여유다.[51] 한편 《로마제국 쇠망사》를 쓴 에드워드 기번Edward Gibbon, 1737-1794에 대한 포콕의 방대한 연구는 역사학의 과거와 관례에 대한 기번의 관점을 방대하고 다양한 시각에서 검토하며 지금까지 시도된 인문주의적 역사기록학을 재구성해냈고, 그 작업은 앞으로도 계속될 예정이다.[52] 스키너와 포콕의 연구가 사상사에 점진적으로 미친 영향은 엄청났다. 그 결과 이제 모든 사상사학자는 본디부터 갖고 있던 연장 이외에 포콕과 스키너가 자신들의 작업에서 가장 중요하게 생각했던 개별적인 의도, 언어적 부분과 주변 환경의 상호작용 및 언어와 전통을 형식적으로 분석하는 방법까지 갖추게 되었다.

다른 많은 발전도 사상사가 다시 활기를 띠는 데 도움이 되었다. 하지만 물질적인 것, 즉 문화적 의미가 있는 물체에 눈길을 돌린 것만큼 더 큰 영향을 준 것은 없었다. 이때부터 문헌의 독해보다 사물의 독해에 중점을 두고 역사를 쓰려는 시도가 시작되었다. 이런 시도의 기원은 멀찌감치 뒤로 돌아가 윌리엄 맥닐William McNeill, 1917-2016과 칼 오트윈 사워Carl Ortwin Sauer, 1889-1975가 젊은 시절에 선구적으로 시작했고, 앨프리드 크로즈비Alfred Crosby, 1931-2018와 도널드 워스터 Donald Worster 같은 더 젊은 학자들이 정상에 올려놓은 농작물의 문화사까지 거슬러 올라간다. 그러나 이런 시도는 1970년대에 들어서 사상사에 본격적으로 영향을 미치기 시작했다. 이때 선구적인 학자들이 특정한 시기에 개인들이 완전히 다른 방식으로 살기로 결정한 이유에 대해 의문을 제기하기 시작했기 때문이었다. 요컨대 그 학자들은 도시와 그곳의 주민에 대해 생각하는 방식으로, 르네상스 시대의 개인 주택과 별장처럼 인위적으로 꾸며진 환경과 19세기의 공동주택에 접근했다.[53]

파도처럼 밀어닥친 박물관에 대한 연구에서는 화석과 스키와 일각고래의 뿔을 수집해 '쿤스트 운트 분더카머'에 보관한 세련된 수집가들과, 자연사와 관련된 미술품과 국가적 유물을 호화로운 공공박물관에 쓸어 담은 18세기와 19세기의 큐레이터들이 과거에 대한 서구의 사고방식을 바꿔놓았다는 것이 밝혀졌다.[54] 여기에서 새로운 형태의 과학사가 생겨났다. 과학 기기를 광범위한 맥락에서 분석함으로써 지극히 객관적으로 보이는 과학 기기까지 현재 역사학자들이 잊고 있던 목적을 지원한다는 걸 밝혀낸 과학사였다.[55] 한편 죽음과 애도의 문화사에서는 기념물들이 뜻밖에도 많은 걸 알려주는 자료가 되었다.[56] 500년 전 마키아벨리는 위대한 망자들의 영혼을 불러내 그들의 행동에 대해 물었다. 결국 죽은 사물만이 아니라 죽은 작가까지 말하기 시작한 셈이었다.

게다가 1990년대 내내 사상사는 물질적인 것에 눈길을 두었다. 1980년대에는 단턴과 다른 학자들, 특히 로제 샤르티에Roger Chartier와 카를로 긴츠부르그가 새로운 역사서를 쓰며 새로운 독자층을 형성했다. 그들은 방대한 증거를 근거로 특정한 기간의 위대한 저작이 실제로 어떻게 작성되고 인쇄되며 판매되었는지를 재구성했고, 질적으로 떨어지는 책들은 어떻게 판매되고 읽혔는지에 대해서도 추적했다. 책의 역사를 다룬 초기 사학자들은 전통적인 사상사를 부정하며, 문헌의 증거보다 수적인 증거가 더 중요하다고 주장했다. 달리 말하면, 출판사들의 기록에서 확인되겠지만 많은 독자의 경험이 프랑스 혁명과 영국 혁명의 기원처럼 끝없이 논의되는 문제들에 밝은 빛을 던져줄 수 있을 것이라고 주장했다. 하지만 긴츠부르그의 선구적인 연구서 《치즈와 구더기》는 이탈리아 문헌학과 지성사의 전통적인 슬로푸드 방법에서 영향을 받은 무척 다른 모델을 적용함으로써 한 독자의 경험을 이질적인 책과 이야기를 읽고 새로운 세계관으로 융합해가는 상상력으로 해석했다.[57] 1990년대에 들어서자 사상사학자들은 자신들이 연구하는 문헌이 어떻게 제작되었고 소비되었는지를 조직적으로 조사하기 시작했다. 일부 학자는 연구 대상인 사상가의 글이 휘갈겨 쓴 비밀스러운 필사본이나 멋진 인쇄본, 혹은 소책자나 정기 간행물의 기사 등 어떤 형식으로 대중에게 전달되었는지를 추적함으로써 그 사상가에 대한 연구도 덧붙였다. 따라서 이제 문서를 해석할 때는 지적 공동체 및 출판계의 재구성과도 밀접한 관계에 있음을 고려해야 한다.[58]

한편 이런 사상가들이 서재에서 어떻게 책을 읽었고, 거꾸로 그들의 인쇄된 저작이 다른 사람들에게는 어떻게 읽혔는지에 대해 의문을 갖기 시작한 학자들도 있었다. 사상가들이 남긴 책에는 독자들이 습관적으로 손에 펜을 쥐고 읽던 시대에 발롬브로사 수도원에서 가을이면 떨어지던 낙엽처럼 여백에 주석이 잔뜩 쓰여 있다. 지금 16세기나 19세기 사상가를 연구하는 사상사학자라면 연구를 시작하기 전에 개인 서재에 보관된 책들을 먼저 분류하고, 그 사상가가 자료를 어떤 식으로 분석했는지 알아내기 위해 공책들을 조사할 가능성이 크다. 소수의 전문 독자, 즉 책을 철저하게 읽지만 글을 거의 쓰지 않는 지식인까지 등장했고 상당한 위세를 떨쳤다.[59] 이런 독서가 초기 근대와 근대 문화를 재구성하는 데 상당한 역할을 해야 한다고 주장하는 역사학자들이 적지 않다.[60]

게다가 이런 새로운 방법론들에 대한 관심은 역사학계만이 아니라, 고전부터 모더니즘까지 모든 분야의 문학계, 심지어 철학계에도 확산되었다.[61] 사상사가 주변 학문에서 벗어난 이유 하나가 있다면, 옛 지식인들이 습관적으로 필사본이나 인쇄본의 여백에 남겨놓은 귀중한 보물을 두고 서로 머리를 맞대고 생산적으로 논쟁할 수 있다는 것을 많은 분야의 학자들이 깨달았기 때문이다. 2000년대의 사상사는 기술적으로도 새로운 특징을 띠지만 물리적인 면에서도 달라, 동일한 주제를 연구한 과거의 것과도 뚜렷이 구분된다. 〈사상의 연구〉에 게재된 최근의 논문들에서도 이런 차이는 확인된다. 이 장 자체도 관례와 물리적인 책을 다루고 있다는 점에서 전반적인 경향의 일례라 할 수 있다.

⁂

끝으로 한 가지 점에서 최근 들어 사상사는 1970년대에 품었던 기대치를 훨씬 넘어섰다. 사상가는 점점 범세계적인 프로젝트로 확대되었다. 한때 소수의 대학교에서만 가르치고 연구하던 분야들이 이제는 영어권 세계를 넘어서는 게 당연시되었다. 이런 분야 중 상당수가 사상사의 관례에 이미 엄청난 영향을 미쳤고, 앞으로도 그 영향이 계속되리라 예상된다. 많은 예가 있지만 두 가지 예만 들어보자. 미국과 유럽의 일류 대학에서는 어김없이 유대 역사와 중국 역사를 가르친다. 두 분야는 긴 문화적 전통을 지니고 있어 문헌의 전달과 해석이 중대한 프로젝트였다. 조지프 레벤슨Joseph Levenson, 1920-1969, 프리츠 모트Fritz Mote, 1922-2005, 벤저민 슈워츠Benjamin Schwartz, 1916-1999 같은 중국 사상사학자들이 다른 분야 학자들의 관심을 크게 끌지는 못했지만, 이미 1960년대에 조지프 니덤Joseph Needham, 1900-1995과 도널드 랙Donald Lach, 1917-2000는 지적 전통에서 중국과 서구의 관계에 대한 공동 연구를 진행했다. 그로부터 두 세대가 지난 후 중국 역사는 서구에서 가장 심도 있고 독창적으로 연구되는 역사학 분야 중 하나가 되었다. 중국 역사기록학은 정치사회적이고 종교적인 맥락에서 사상사를 연구하고 복잡하고 까다로운 문헌을 해석하기 위한 모델, 더 정확히 말하면 강력하고 엄격하고 명쾌한 모델을 제시하고 있다.

과거에도 그랬듯이 1960년에도 유대의 역사는 대체로 원시적인 축적 상태에 있었다. 달리 말하면, 선구적인 학자들이 문헌적 전통의 기본적인 윤곽을 계속 그려가고 있었다. 두 세대 후 유대의 역사는 사상사가 전성기를 누리던 19세기의 핵심적인 문제(종교와 자연철학, 즉 과학의 관계)를 해결했을 뿐만 아니라, 전통의 역사를 연구하고 근대성의 영향을 파악하는 데 필요한 강력한 도구들을 서구 학자들에게 제공했다. 다른 분야들, 예컨대 콜럼버스가 아메리카 대륙을 발견하기 이전의 문명처럼 점점 복잡해지는 미묘한 분야에서도 서구 학자들은 자신의 과거를 완전히 다른 방식으로 생각하는 방법을 학생들에게 보여주고 있다.

이제 역사학자들은 철학자를 비롯한 다른 인문주의자들과의 불완전하지만 강력한 협업을 권장하다. 사상사의 연구 대상이 실질적으로나 상징적으로나 크게 확대되었다. 또 〈사상의 역사〉를 비롯한 여러 학술지에 새로운 형식으로 구성된 연구가 게재되고 있다. 이렇게 보면 러브조이가 자신의 생각보다 더 큰 일을 해낸 것이 분명하다. 그가 개척하고 닦은 길은 지금도 많은 학문이 만나는 매력적인 중심점이다. 어떤 대상을 특정한 역사적 세계와 편견 없이 연결하고, 그 대상을 책임감 있고 정확히 다루고 분석하기 위해 문헌과 형상과 이론을 연구하는 학문을 일반화해서 사상사라 한다면, 사상사는 경계에 있는 다양한 학문들의 변화무쌍한 변신을 통해 끊임없이 되살아났고 확장되기도 했다.

러브조이가 발판으로 삼았던 몇몇 구조들도 세상의 변화에 따라 역할을 적절히 수정하며 살아남았다. 예컨대 서구 문명에 대한 입문 강의는 여전히 많은 대학에서 모든 학생에게 필수과목(컬럼비아대학교와 리드칼리지)이나 선택과목(하버드대학교와 시카고대학교)이 되었고, 학부생을 위한 사상사 프로그램은 동쪽의 펜실베이니아대학교부터 서쪽의 워싱턴대학교까지 많은 학생의 관심을 끌고 있다. 서구 문명과 사상사가 과거의 순수한 형태를 회복할 수는 없을 것이다. 그러나 문헌의 엄격한 분석과 내용의 차별적인 평가에 문화적이고 지적인 환경 및 물리적인 형태에 면밀한 관심을 더하는 새로운 해석도 동일한 정도의 흥미를 불러일으킬 수 있다는 게 입증되었다. 서구 사상이나 미국 사상에 대한 개괄적 조사가 1970년대에 프로젝트로서 일관성을 상실했더라도 새로운 조사들이 다시 시도되고 있으며, 몇몇 조사는 수정주의적 관점을 띠고 있다.[62]

그럼 사상사는 무엇을 지향해야 할까? 이상적으로 말하면, 사상사는 지금까지 언급된 모든 종류의 새로운 발전만이 아니라 우리가 미처 예측하지 못한 발전 가능성까지 대변하고 옹호해야 할 것이다. 또 이상적인 사상사라면, 문헌과 사상을 시간과 공간에서 더 큰 역사적 맥락에 놓고 부분적으로라도 설명해야 할 것이다. 그러나 서적과 다른 물리적 대상이 지성사에서 더 큰 의문이나, 시대를 막론하고 관례적인 지적인 삶과도 직접적인 관계가 있다면, 이상적인 사상사는 그런 것들도 조사해야 마땅하다. 그렇지만 포스트모더니즘에 대한 의문 혹은 포스트모더니즘과 그 이론가들이 문학 학부에서 차지하는 시끌벅적한 위상에 대한 의견은 사상사에 포함되지 않을 것이다. 그러나 해석학의 발전에 대한 폭넓은 역사적 연구, 영향력 있는 이론가들의 저작, 포스트모더니즘이란 제국에서 다루는 모든 주제들은 이상적인 사상사의 일부로 받아들여야 할 것이다.[63]

방법론에 대한 많은 문제는 여전히 해결되지 않은 상태다. 따라서 '맥락context'(설명할 때 흔히 언급되는 동일한 종류의 문헌에서 어떻게든 압축해낸 정보를 뜻하는 용어)처럼 흔히 사용되는 기본적인 개념들에 대해서는 예전보다 더 엄격한 분석이 필요하다. 스키너가 '발화에 내재한 의도intention in utterance'라는 생각을 부분적인 해답으로 제시하며 인정했듯이, 사상사학자들에게는 특별한 문제인 '동기'에 대한 설명도 여럿이며, 여전히 상당한 논쟁을 야기하고 있다. 이 상황은 이런 경우에만 합리적인 듯하다. 즉, 수십 년 동안 공들였지만 상당 기간 동안 공개되지 않았고, 결국에는 저자가 전혀 상상하지 못했을 조건, 특히 뉴턴, 새뮤얼 테일러 콜리지, 프리드리히 니체, 비트겐슈타인에게 적용되는 일련의 조건들에서 세상에 알려진 복잡한 저작들의 우여곡절을 고려하면, 이런 상황이 이해되는 듯하다. 러브조이는 이런 문제들을 정확히 인식한 까닭에, 어떤 작가의 저작에서 어떤 사상이 모순되는 다른 사상과 결합되는 경우가 적지 않기 때문에 일련의 관련된 사상들은 유사한 운명을 좇게 된다고 말했다. 따라서 출처와 단위 사상을 추적하는 노력이 겉보기에 비인격적이고 추상적으로 보이지만, 인간 개개인의 마음에 내재한 균열과 모습을 드러낼 수 있었다. 물론 이런저런 핵심적인 용어와 방법론을 타당하게 설명하기 힘들다는 이유로 학자들이 시도 자체를 단념해서는 안 될 것이다.

1920년대에 진보 정치가 미국에 사상사를 들여왔고, 요즘에는 사상사가 때때로 보수 정치와 동일시되지만, 사상사가 특정한 정치 프로그램과 다시는 연루되지 않을 것이 확실한 듯하다. 그러나 사상사가 현재의 정책, 즉 세계화globalization에 전적으로 동참할 것은 분명하다. 과거에는 유럽과 미국의 규범과 상당히 동떨어진 전통적인 교육을 받은 학자가 영어권 세계에 들어와 토론의 방향을 바꿔놓는 경우는 무척 드물었다.[64] 하지만 사상사는 앞으로 더욱더 세계화되어야 한다. 다양한 전통을 지닌 많은 국가의 학생과 학자가 사상사에 대해 영어로 글을 발표할 것이고, 그들의 저작은 다른 지역에서 발전한 방법론을 소개함으로써 영어권 세계에서 흔히 사용되는 방법론을 더욱 풍요롭게 할 것이다. 다른 많은 경우에도 그랬듯이 이 경우에도 적극적이고 확장적인 학문적 방향을 추구하고, 전문적인 연구를 위한 발판이자 다양한 전통과 형식의 학문들이 수렴하는 공간으로 사상사를 활용한다는 점에서 사상사학자들은 여전히 러브조이의 뒤를 따르고 있다.

II

❖

학문의 역사를 개척한 학자, 마크 패티슨

⋮ 마크 패티슨이란 이름은 빅토리아 시대의 교육이라는 완전히 잃어버린 세계를 다시 생각나게 한다.[1] 그 세계는 대영박물관에서도 송아지 가죽으로 장정된 책들이 가지런히 정돈된 둥근 지붕의 웅장한 열람실부터 인용글이 쓰인 수천 개의 종잇조각이 빼곡히 들어차 있던 제임스 머리James Murray, 1837-1915의 비좁은 서재까지, 등장인물과 장면이 무척 다채로웠다. 그러나 그곳의 주민들은 다소 획일적인 모습이었다. 대머리에 수염을 덥수룩하게 기른 정력적인 문인들이 문학회를 결성했고, 노동자들을 위한 학교를 세웠으며 젊은 여성에게 노를 젓는 방법을 가르쳤고, 심원한 문헌들을 편집했다. 게다가 일반 독자를 위해 현대 학술지에 게재되는 대부분의 글보다 학문적으로 깊이가 있는 에세이를 쓰기도 했다. 이런 노력이 맺은 풍요로운 결

실들, 예컨대《옥스퍼드 영어사전》,《영국 인명 사전》, 어느새 11판이 발행된《브리태니커 백과사전》 덕분에 우리가 호강하며 사는 것이다.

패티슨은 이런 현인들의 세계에서 특별한 틈새를 차지한다. 패티슨은 빅토리아 시대에도 그랬지만 지금도 독일 문화와 학문을 옹호한 학자로 유명하다. 험프리 워드 부인Mrs Humphry Ward, 1851-1920의 《회고록Recollections》에서는 패티슨이 서재에서 친구 잉그럼 바이워터Ingram Bywater, 1840-1914와 대화하는 장면이 특유의 필체로 묘사된다. "그들은 옥스퍼드 학문 혹은 학문의 결핍에 대해 경멸을 쏟아냈다. 또 관리 양성을 목표로 삼은 베일리얼의 이상에도 격한 비난을 퍼부었다. 패티슨 학장이 보기에 학문이라 불릴 만한 유일한 이상을 추구하는 듯한 독일 대학들의 학문적 이상과는 너무도 비교되는 것이었다." 패티슨이 삶의 많은 시간을 보낸 곳에서 그의 행적을 추적하면 그에 대해 훨씬 더 많은 것을 알 수 있다. 기둥이 촘촘히 길게 늘어서 있고, 그가 설립하는 데 힘을 보탠 '더 아카데미The Academy'에는 리하르트 바그너Richard Wagner, 1813-1883의 음악 세계를 정리한 연구서, 하인리히 슐리만Heinrich Schliemann, 1822-1890의 고고학적 발견에 대한 보고서, 발로 연주하는 새로운 양식의 피아노를 설명한 문서가 나란히 놓여 있다. 패티슨은 런던의 프리메이슨 홀에서는 대중을 상대로 강연했고, "두 유구한 대학교의 수준 낮은 학문과 연구"를 주제로 토머스 헨리 헉슬리, 아치볼드 헨리 세이스, 로빈슨 엘리스, 레이 랭커스터를 상대로 논쟁을 벌였다. 패티슨은 테오프라스토스의 《성격론 Characters》을 기초로 필사본의 전통에 대해 연구했고, 독일과 영국의 편집자들이 필사본에 쓰인 증거보다 자신들의 상대로 그 책을 재정리했다며 크게 혹평하기도 했다. 또 독일 고전학자 루치안 뮐러Lucian Müller, 1836-1898의 《네덜란드 고전 문헌학의 역사History of Classical Philology in the Netherlands》(1869)를 평가한 글에서는 튜턴족을 탈튜턴화했고, "이 독일 책에는 독일의 미덕인 '철저함'이 없다"라고 아쉬워했다.

패티슨은 조지 엘리엇의 소설 《미들마치Middlemarch》와 학계의 속설에서 오래전부터 귀에 익은 카소봉 씨(영어로는 '커소번')라는 사람과 유사했다. 작가 존 몰리John Morley, 1838-1923의 회고에 따르면, 패티슨은 "끝없는 학식에 불가해한 인간 혐오를 겸비한 무뚝뚝하고 신랄한 학자"였다. 그가 세상을 떠난 직후에 한 추종자가 공개한 일화에서 그와 제자들 간의 관계를 짐작할 수 있다.

> (패티슨은) 나에게 존 셀든John Selden, 1584-1654의 《식탁에서의 한담》을 편집해보라고 제안했다. 그의 조건에 맞추어 준비를 끝내려면 먼저 내용을 실질적으로 암기하고, 다음에는 셀든 시대와 그보다 몇 세대 전에 출간된 모든 문학서를 읽어야 했다. 그는 나에게 20년의 시간을 두고 그 작업을 위해 준비해야 할 거라고 말했다. 그는 냉혹할 정도로 나보다 그 일을 중요시해서 나는 그 작업이나 다른 괜찮은 일을 할 수 없을 지경이었다. 내 생각이지만 내가 헛되이 삶을 보낸 원인은 대체로 그 대화에서 비롯된 듯하다.

패티슨이 침대에 누워 죽어갈 때 그의 박식한 아내는 남편을 만지려고도 하지 않았고, 남편이 "고통과 두려움이 휩싸여 괴성을 질렀다"

라고 푸념했을 정도로 남편의 몸을 혐오했고, 남편의 성격에 넌더리를 냈지만 남편의 학식과 지적 능력을 한없이 동경한 이유가 이쯤에서 이해되기 시작한다.

여기에서 나는 패티슨의 머릿속과 가슴속까지 깊이 파고들고 싶지는 않다. 그의 삶과 평판에 대해서는 비비언 그린Vivian Hubert Howard Green, 1915-2005과 존 스패로의 매력적인 연구서가 있고, 비교적 최근에는 휴 스튜어트 존스Hugh Stuart Jones가 뛰어난 학식과 지성을 과시한 그의 삶을 추적한 연구서를 발표했다. 내 관심사는 옥스퍼드의 학장 패티슨이 아니라 지금도 두 분야의 권위자로 인정받는 학자로서의 패티슨이다. 두 분야는 서로 관련된 것으로, 하나는 르네상스 이후의 고전학 발전이고, 다른 하나는 프랑스 대혁명 이후 독일 대학교의 변화다. 패티슨이 선호한 연구 분야를 힘겹게 연구하던 과정에서 나는 그의 저작을 맛보고 원전과 대조하며 당시 학자들의 저작과 비교하는 기회를 가졌다. 그 결과는 참담했다. 그가 자료를 정확히 인용하지 않았고, 날짜를 제대로 규명하지 못했을 뿐만 아니라 평범한 독일어도 영어로 정확히 옮기지 못했다는 사실을 반복해서 확인할 때마다 나는 그가 영어권 세계에서 아직도 향유하는 권위를 누릴 자격이 있는지 궁금할 지경이었다. 이 장에서는 여러 출판사에서 발간된 패티슨의 저작들을 체계적으로 읽고, 보들리 도서관에 소장된 미공개 서신과 공책을 면밀하게 분석함으로써 패티슨이 상대에게 가했던 비판적이고 철저한 검토를 패티슨의 학문에도 적용해보려 한다.

이상하게도 패티슨이 본질적으로 정신적인 면에서 근대 독일 대학과 거의 동일시되었지만, 그의 뿌리는 잉글랜드의 시골 지방, 정확히 말하면 1813년에 태어난 웬슬리데일에 있었다. 괴짜 성직자의 아들로 태어난 그는 송어로 가득한 시내가 곳곳에 흐르고, 토머스 휴스의 소설《톰 브라운의 학창 시절》에서 읽었던 때묻지 않은 마차 여관들이 있던 세계를 직접 보며 자랐다. 그는 그리스어와 라틴어의 세련됨이나 예의범절의 기본 원리를 전혀 모른 채 옥스퍼드에 진학했다. 대학에서 그는 폭넓게 독서하며 상류 계급의 예법을 습득했지만 대학 교육을 통해 간접적으로 습득한 것에 불과했다. 졸업 후에는 연구원을 지역별로 한 명만 둔다는 전통적인 시스템 덕분에 링컨칼리지의 연구원이 되었다.

⚜

1830년대를 중심으로 그의 지적인 삶을 살펴보면, 학문적 성과가 그다지 대단하지 않았던 것만큼이나 지적인 삶도 제한적이었다. 그의 지적인 삶은 존 헨리 뉴먼John Henry Newman, 1801-1890과 트랙트 운동Tractarian movement('옥스퍼드 운동'이라고도 일컬어짐)을 중심으로 맴돌았다. 패티슨은 뉴먼이 주관한 학술지 〈영국 평론〉에 참여해 중세 잉글랜드에서 꽃피운 진정한 가톨릭 교회의 원리와 관례를 되살리려 애썼다. 패티슨은 토머스 아퀴나스가 초대 교회 교부들의 주석을 모아놓은 방대한 선집《황금 사슬Catena Aurea》의 일부를 번역했고, 성자들의 삶에 대해 썼다. 그 과정에서 그는 보들리 도서관을 번질나게 드나드는 단골이 되었고, 옥스퍼드에서 별로 주목받지 못하던 교부 시대와 중세를 연구하는 전문가가 되었다.

패티슨은 훗날 자신의 가장 뛰어난 시론들에 영감을 주었던 분야에 1830년대와 1840년대에는 그다지 관심을 두지 않았던 듯하다. 케임브리지의 트리니티칼리지와 당시 갓 설립된 런던대학교에는 학문적 독일어를 편하게 읽고 영어로 평이하게 옮길 수 있는 영향력 있는 학자들이 있었다. 당시는 바르톨드 게오르크 니부어Barthold Georg Niebuhr, 1776-1831의 《로마사History of Rome》, 카를 오트프리트 뮐러Karl Otfried Müller, 1797-1840가 아이스킬로스의 《에리니에스Eumenides》를 연구한 《논문들Dissertations》 등 역사학파의 뛰어난 저작들이 영어로 출간되었고, 케임브리지의 교육과정에도 포함된 때였다. 케임브리지의 고전적인 학술지들, 예컨대 1810년에 창간된 〈박물관 평론Museum Criticum〉과 1830년대에 창간된 〈문헌학 자료관Philological Museum〉에는 학문의 역사를 다룬 논문들과 독일인들의 행동을 알려주는 유익한 보고서들이 실렸다. 또 문헌학자이자 고대사를 연구한 아우구스트 뵈크August Böckh, 1785-1867와 선구적인 법사학자 프리드리히 카를 폰 사비니Friedrich Carl von Savigny, 1779-1861의 논문들이 영어와 라틴어로 게재되기도 했다. 하지만 영국 작가 월터 새비지 랜더Walter Savage Landor, 1775-1864가 고대인들의 대화를 상상해 쓴 산문도 이 학술지를 통해 소개되었다. 독일의 이런 성과들, 결국 영국의 눈에 들어온 새로운 독일은 케임브리지만이 아니라 옥스퍼드에도 전해졌다. 토머스 아널드Thomas Arnold, 1795-1842를 비롯한 진보적인 성공회교도들의 저작 덕분에 패티슨은 젊은 시절에 로마사를 연구하면서도 고대 로마의 역사가 티투스 리비우스를 읽는 데만 갇히지 않을 수 있었다. "당시에는 역사학을 공부하려면 니부어의 관점도 알아야 했다"라고 말했듯이, 니부어는 전통적으로 인정되던 로마의 초기 역사를 철저하게 분석함으로써 그 역사가 사회적 갈등을 은폐하기 위한 수단이었다는 걸 밝혀내 유명세를 얻은 학자였다. 그러나 패티슨이나 그의 스승들은 독일 학문이 옥스퍼드의 교과과정 전체를 위태롭게 할 수 있다는 걸 알지 못했다. 실제로 니부어의 복잡한 책은 패티슨에게 영감보다 악몽을 안겨주었다. 학생들은 대체로 요약본을 읽었지만 패티슨은 그 책 전체를 읽으려 애썼고, 그의 표현대로 "세르보니스의 늪과 같은 진창에 빠진 기분"이었기 때문이다.

대학 학감으로서도 패티슨은 좁은 연구 과제와 지엽적인 사상의 범위를 확대하는 데 관심을 기울였다. 19세기 초부터 옥스퍼드의 학감들은 대학에 진지한 교과과정과 책임감 있는 교수진을 제공하려고 애썼다. 따라서 그들은 새로운 교과과정을 고안했고, 학생들에게 수여하는 성적을 등급화하는 제도를 확립했으며, 미래의 동료를 선택할 때 개인적인 매력과 사교성보다 정신적인 능력과 윤리적인 성품을 기준으로 삼자고 동료 교수들을 설득했다. 특히 그들은 인문학을 전공하는 학생들에게 아리스토텔레스를 비롯한 고대 학자들을 체계적으로 가르치며, 학생들에게 그 철학자들의 주장을 그 자체로 완전히 이해하고, 그 주장들이 당시 윤리와 정치의 중대한 문제들과 여전히 관계가 있다는 걸 깨달아야 한다고 강조했다. 특히 뉴먼은 윤리학에 대한 강의에서 학생들에게 이렇게 물었다.

어떤 사람이 올바로 행동해야 올바른 사람이 된다면, 그 사람은 아직 올바른 사람이 아닐까? 문법적으로나 음악적으로 행동하는 사람을 문법가이거나 음악가라고 말할 수 있을까? … 도덕적 행동의 기준으로 삼을 만한 세 가지가 있다면 그것이 무엇일까? 어떤 것이 예술적 재능을 소유하기 위한 필요조건일까? 그 똑같은 것이 도덕적 미덕에도 쓸모가 있을까?

패티슨은 이렇게 비역사적이지만 철학적 이해를 돕는 방식으로 문헌에 접근하는 방법을 어렵지 않게 습득했다. 그는 옥스퍼드에서 손꼽히는 학감이 되었고, 링컨칼리지를 지적으로 부끄럽지 않은 수준으로 올려놓았다. 따라서 옥스퍼드에서도 가장 똑똑하고 진지한 학생들이 전에는 인기가 없던 링컨칼리지의 교수가 되기를 바라는 걸 지켜보는 즐거움도 맛보았다. 1840년대 내내 패티슨은 그런 꽃길을 걸으며 별다른 불만을 갖지 않았다. 심지어 1850∼1852년에는 옥스퍼드를 감사한 왕립위원회에 출석해 지도교수 제도를 변호하기도 했다.

그러나 개인적인 재앙은 패티슨에게 옥스퍼드의 굴레에서 벗어날 기회를 주었다. 1851년 링컨칼리지의 늙은 학장이 사망했다. 젊고 개혁적인 동료들의 지원을 받은 패티슨은 신임 학장이 되기를 바랐고, 과반에게 그를 지지하겠다는 약속을 받았다. 그러나 투표자들은 마지막 순간에 마음을 바꾸었고, 패티슨이 '순전한 악한'이라 생각한 중도파 후보, 제임스 톰슨이 선출되었다. 훗날 패티슨은 당시를 회상하며 "사티로스와 야수가 지배하는 시대로의 복귀"였다고 말했다. 따라서 "패티슨은 당혹스럽고 어안이 벙벙했다. 얼이 빠져 미래를 계획할 수 없을 정도였다." 교칙 덕분에 연구원 지위까지 상실하지는 않았지만 절망과 무력감에 빠졌다. 그는 학감직을 포기하고 옥스퍼드를 떠나 자유로운 시간을 보내며 스코틀랜드에서 낚시하거나 "독일의 중부와 남부를 돌아다니며 안내서에는 없는 은밀한 구석을 발견하는 즐거움을 누렸다."

이 절망의 시기에 패티슨의 관심사가 마침내 구체적으로 형성되었다. 1850년 클래런던 출판사Clarendon Press가 16세기 문헌학자 이자크 카소봉이 라틴어로 쓴 일기를 두 권으로 출간했다. 흥미로운 일화들로 가득한 까닭에 재미있었고, 학문을 위한 삶을 향한 카소봉의 금욕적인 열정을 곳곳에서 엿볼 수 있어 주목하지 않을 수 없는 책이었다. 일례로 친구들이 찾아와 독서를 방해할 때마다 카소봉은 "내 친구들이 내 적이다"라고 투덜거렸다고 전해진다. 패티슨은 "그 책은 곧바로 내 눈길을 사로잡았다. 나는 르네상스 시대부터 니부어까지 고전학문이 어떻게 변하고 발전했는지 알고 싶었다"라고 회고했다. 그는 프랑스 평론가 샤를 니자르Charles Nisard, 1808-1890가 쓴 카소봉에 대한 글과 더불어 그 일기를 평가하는 장문의 서평을 〈쿼터리〉에 기고했다.

휴 스튜어트 존스가 패티슨의 전기에서 보여주었듯이, 40페이지에 달하는 그 서평은 교육받은 대중을 위해 글을 쓰는 작가로서의 삶을 시작하겠다고 알리는 신호탄이었고, 그런 삶은 시작부터 눈부신 성공을 거두었다. 그 서평을 계기로 패티슨은 학문의 역사에 대한 영국인 권위자로 우뚝 올라섰다. 패티슨은 학문의 역사라는 분야를 불굴의 의지로 개척해 나갔다. 시대에 뒤진 수백 종의 문헌학 논문을 구입해 읽었고, 유럽 대륙 곳곳의 도서관과 기록보관소에서 연구했으며, 이 분야에서 19세기에 발간된 가장 인상적인 책, 야코프 베르나이스Jacob Bernays, 1824-1881의 《조제프 쥐스튀스 스칼리제르》(1855)의 서평을 쓰기도 했다. 패티슨은 스칼리제르의 전기를 쓰려고 계획했지만 결국 써내지 못했다. 하지만 카소봉에 대해서는 견실한 연구서를 썼고, 16세기 박학다식한 이들의 시대부터 한 세대 전의 독일까지 고전학의 역사를 다룬 탁월한 시론들을 연이어 발표하기도 했다.

패티슨은 "알아낼 수 있는 모든 것은 물론이고 그 밖의 것"도 썼다. 예컨대 알렉산더 포프Alexander Pope, 1688-1744와 존 밀턴을 편집하며 함축적이고 유익한 설명을 덧붙였다. 영국 신학의 역사에 대해서도 견실하게 연구했다. 그러나 그는 고전학의 전통에 대한 연구로 명성을 얻었다. 《조제프 쥐스튀스 스칼리제르》에 대한 패티슨의 서평에 베르나이스는 흡족했던지 그에게 호의적인 관심을 가졌다. 덕분에 패티슨은 당시 독일에서 가장 뛰어난 학자이자 독일계 유대인이던 베르나이스와 수십 년 동안 편지를 주고받았다. 프리드리히 아우구스트 볼프Friedrich August Wolf, 1759-1824를 분석한 100페이지의 시론도 조지 엘리엇과 매슈 아널드 같은 전문가와 비판적 독자의 마음을 사로잡았다.

그가 쓴 카소봉의 전기 《이자크 카소봉》(1875)은 적어도 잉글랜드에서는 완벽한 자료 수집에 대한 새로운 기준을 제시했다. 책을 읽고 독일을 여행하는 동안, 패티슨은 자신의 바람을 배신했던 옥스퍼드의 낡은 시스템에 대한 믿음을 버렸다. 따라서 옥스퍼드도 선진 연구법을 도입해야 한다고 굳게 믿게 되었고, 클래런던 출판사의 대표로 일할 때는 많은 돈이 들더라도 학문적 깊이가 있는 프로젝트를 적극적으로 지원했다. 또 보들리 도서관의 연구 조건을 개선하기 위해 싸웠고, 1870년대에는 지적 전문가와 천부적인 학자를 대표해 제2차 대학 개혁위원회에 출석해 증언했다. 스칼리제르의 레이던대학교와 볼프의 할레대학교에서는 교육과 학문적 연구가 어땠는지 알게 되자, 패티슨은 옥스퍼드의 교육과 연구 방향을 어떻게 바꾸어야 하는지 고민했다. 특히 그의 모든 역사 연구는 그 시대의 조건을 분명히 염두에 두고 쓴 것이었다. 이것만으로도 그의 객관성이 완전하지 않았다는 걸 증명하기에 충분하다.

물론 학습의 역사에 대한 패티슨의 글들은 지금도 많은 것을 우리에게 알려준다. 전문 역사학자들에 앞서 패티슨은 역사가 더는 북과 나팔의 사건일 수 없다고 보았다. "이제 우리는 어디에서나 전쟁터와 회의실에 대한 글을 읽을 수 있다. 지금이라도 집안을 둘러보라. 궁전의 화려한 접견실에도 이제는 질렸다. 부엌이나 가정부의 방을 들여다보자!" 이런 충고를 지극히 충실히 따랐던 근대 사회사학자들과 달리 패티슨은 그 시대의 일상생활에서 가장 널리 알려진 단편들을 재구성하려고 애썼다. 예컨대 교수와 학자의 일상, 일반 학교와 대학교의 제도적이고 정치경제적인 조직이 그의 주된 연구 대상이었다. 그는 상상력과 타고난 재주로 이런 연구를 해냈다. 존스가 보여주었듯이, 패티슨은 카소봉이 책을 읽고 주석을 더한 방법에 특별한 관심을 보였는데, 이런 연구방식은 당시에 드문 것이었다. 그래도 그의 이런 식의 자세한 분석은 당시 독자들의 호의적인 반응을 끌어냈고, 전기작가들의 글쓰기에도 큰 영향을 미쳤다. 사실과 다른 오류가 많은 시론들도 17세기 캉과 19세기 베를린의 문학적인 삶을 생생하게 재구성했다는 점에서는 가치가 있다. 패티슨의 글은 사상사의 발흥에도 중대한 역할을 했다. 아르날도 모밀리아노가 오래전에 지적했듯이, 사상사는 19세기 잉글랜드에서 특별한 관심하에 연구되며 많은 성과를 거둔 분야였다.

패티슨은 후세 학자들이 빠졌던 중대한 오류를 그럭저럭 피해가기도 했다. 최근에 자연과학이나 인문과학의 역사를 연구하는 학자들과 달리, 패티슨은 과거 학자들의 저작을 평가할 때 당시의 방법론과 정보량을 기준으로 삼았다. 프랑스 학자 피에르 다니엘 위에Pierre Daniel Huet, 1630-1721가 오리게네스의 글을 독해할 때 독단적인 해석을 서슴지 않았다고 지적하며 패티슨은 이렇게 덧붙였다.

> 그가 오리게네스의 글을 고쳐야 한다고 생각했기 때문이 아니라, 성자는 아니어도 교회의 교부이기 때문에 오리게네스가 당시에는 정통한 내용을 썼다고 확신했을 것이기 때문이다. 그가 이런 생각에서 벗어났을 거라고 기대하는 것은 그에게 시대를 앞서 나가기를 기대하는 것과 같다.

많은 교육사학자와 달리 패티슨은 대학 학칙과 교과과정의 개정이 곧 진정한 교육 개혁이라 생각하지도 않았다.

> 우리 목전의 교사들을 훈련시켜야 한다. 규정이 좋은 학교를 만들지는 않는다. 좋은 사람이 있어야 한다. 그렇다고 훈련으로 만사를 해결할 수는 없다. 성공한 교사를 만들려면 특별한 인간적인 매력을 심어줄 수 있어야 한다. 자신의 직업에 특별한 소명감을 느끼지 않은 사람은 자신의 일에 헌신하지 않는다. 직업에 대한 열정, 젊은이를 사랑하는 마음, 젊은이들에게 봉사하겠다는 진실하고 견실한 종교적인 헌신이 있을 때에만 교사라는 힘든 직업

을 견딜 수 있다.

또 많은 사상사학자와 달리, 패티슨은 역사를 연구하는 학문 분야의 내용을 견실히 파악했고, 명료함과 간결성을 유지하면서도 전문적인 부분을 요약하는 남다른 능력의 소유자였다. 패티슨이 '독일 신학 연구 현황'에 대한 시론의 도입부에서 보여주었던 것처럼, 독일인에게 가장 특화된 연구 분야인 해석학을 평이하게 소개할 수 있는 작가는 어디에도 없었다.

우리는 독일어에서 번역된 글을 원래 영어로 된 글처럼 읽는다. 난해한 언어가 우리를 위해 다듬어졌기 때문에 책의 내용을 평가하는 데 주제 자체가 제기하는 어려움 이외에 다른 장애에 부딪치지는 않을 것이라 기대한다. 하지만 이 책은 그렇지 않다는 걸 알게 되면, 또 우리 이해력의 범위를 넘어서는 항목에 맞닥뜨린다면, 우리는 곧바로 그 책의 내용과 형식, 짜임새와 방법론 등에 욕설을 퍼붓는다. … 베다, 아리스토텔레스의 형이상학을 영어로 번역한 책에서 힌두 철학이나 그리스 철학을 쉽게 읽어낼 수 있을 것이라 기대하는 독자는 없다. 번역이 끝난 후에는 전체적인 해석 과정이 뒤따라야 한다. 우리가 어떤 언어를 이해하더라도 외형적 표현에 내재한 생각까지 들어가려면 많은 껍질을 거쳐야 한다. 이런 과정은 요즘보다 고대 문헌의 경우에 훨씬 더 복잡하다. 복잡한 과정은 어느 것에나 존재한다. 물론 독일 신학을 해석하는 힘든 노역을 떠안아야 할 의무는 누구에게도 없다. 동시에 독일 신학을 올바로 이해할 수단을 갖출 때까지 독일 신학을 '이해하기 힘든 것'이라 단정할 권리는 누구에게도 없다.

게다가 패티슨은 당시에는 체계적으로 연구되지 않았지만 중요한 문제를 해결하는 데도 삶을 바쳤다. 바르부르크 연구소가 설립되기 훨씬 전, 또 '수용사Rezeptionsgeschichte'가 생겨나기 훨씬 전에 패티슨은 고전학의 역사가 유럽 문화사를 엮는 씨줄과 날줄이라고 생각했다. 따라서 근대 사상에서 고전의 역할이 변해간 과정을 더없는 자신감과 비길 데 없는 간결함으로 압축해 보여주었다.

고대 그리스와 로마는 근대 사상과 다양한 관계를 맺어왔다. 1) 민중종교와 절대권력에 적대적인 생각과 감정을 크게 고취하는 자극제였다. 2) 혁신적인 생각을 심어주었고, 이제는 일반적 교양을 전달하는 매개체가 된다. 더는 철학에 영향을 미치지 않고 문학에 영향을 미친다. 예컨대 프랑스에서 장 라신Jean Racine, 1639-1699은 … 3) 교양 수준을 넘어서면 문헌학이 된다. 문헌학은 순전한 고전학이고 전문 계급의 전유물이다. 예컨대 독일에서는 지금 ….
16세기는 이교도 유물의 숭배로 시작되었다.
17세기는 기독교 유물의 숭배로 시작되었다.
18세기는 모든 유물에 대한 경멸로 시작되었다.

패티슨은 '학문의 역사'를 쓴 적이 없었지만 위의 문장들은 '학문의 역사'의 연장이다. 따라서 이 문장들에 함축된 넓은 관점에서 패티슨이 어떻게든 완성해낸 논문들의 성격과 폭을 짐작할 수 있다.

패티슨은 문장가로서의 재능을 십분 발휘하며 매력적인 글을 썼다. 그의 문장은 간결하면서도 강렬했고, 인용과 일화 및 특유의 과장법으로 페이지마다 생동감이 넘쳤다. 예수회의 학문을 대담하고 화려하게 설명한 글은 정확성이 떨어지지만 머릿속에 쏙쏙 들어온다.

> 예수회의 학문은 교회를 섬기려던 목적에서 진짜를 정교하게 모방한 엉터리 학문이다. 그들의 학문은 중국인과 관련된 일화와 비교된다. 1841년의 전쟁에서 우리 증기선의 위력을 처음 목격한 중국인들은 증기선처럼 꾸민 범선의 갑판에 굴뚝을 세우고 밀짚으로 연기를 피웠고, 물속에 몸을 감춘 사람들이 물갈퀴 판을 돌렸다. 스칼리제르와 카소봉의 문헌학을 이렇게 모방한 것이 예수회의 문헌학이었다. … 진실하고 위대하고 선한 것에는 항상 이런 모방이 있기 마련이다. 허깨비가 실재에 슬금슬금 다가서고, 삼류 배우가 큰 역할을 맡은 것처럼 똑같은 말을 중얼거리며, 실재의 지혜를 불완전하게 모방하고 실재의 어리석음을 과장하며, 실재를 억압하기 위해 어떤 고생도 마다하지 않고, 역사에서는 실재를 위해 살아가는 척한다.

패티슨은 언제라도 빅토리아 오르간을 연주하며 비장한 슬픔을 연주해낼 수 있었다. 특히 스칼리제르의 죽음을 아쉬워했던 패티슨의 짤막한 글만큼 빅토리아 시대의 독자에게 깊은 감동을 준 것은 없었다. "1609년 1월 21일 새벽 4시, 그는 다니엘 하인시우스의 품에 안겨 깊은 잠에 들었다. 야심만만하던 영혼은 무한한 세계로 올라갔다. 그리고 지식을 얻는 데 모든 것을 쏟았던 최고의 지성인은 전능자 앞에 섰다."

하지만 패티슨이 기꺼이 주었던 것에 우리가 만족할 수는 없다. 그가 카소봉의 저작을 가장 면밀하게 연구했지만, 카소봉의 학문적 폭과 깊이에 대한 분석은 대단찮고 만족스럽지 않기 때문이다. 전기에서 패티슨은 카소봉의 삶에 대한 흥미로운 일화를 소개하는 경우를 제외하고는 카소봉의 저작을 거의 직접적으로 언급하지 않았다. 보들리 도서관에 소장된 카소봉의 조사보고서들이나 대영박물관의 많은 주해서를 분석하는 데는 별다른 노력을 기울이지도 않았다. 애서가이던 패티슨은 카소봉이 여백에 써놓은 기록을 책의 '훼손'에 불과하다고 말했을 정도였다. 그가 지녔던 《헤르메스 트리스메기스투스》는 현재 대영도서관에 소장되어 있고, 이 책이 고대 이집트의 원전을 번역한 것이 아니라 로마제국의 시대에 원래 그리스어로 쓰였다는 걸 카소봉이 깨닫는 단계가 여백에 쓰여 있다.

⚛

패티슨의 주장에 따르면, 카소봉의 고전 문헌에 대한 해설에는 학식의 마블링은 풍부하지만 주장과 개념이란 살코기가 부족하다. 패티슨은 카소봉의 저작들이 따분하다고 공격하지는 않았다. 오히려 패티슨은 카소봉과 그의 동료 학자들을 토머스 드 퀸시Thomas De Quincey, 1785-1859의 공격으로부터 옹호했다. 드 퀸시는 '독창적 사고

original thinking'의 중요성을 믿는 대표적인 학자였다. 그러나 이때 패티슨이 사용한 단어들이 흥미롭다. "학자들은 사상가로서 부족하지 않았다. 그래도 생각하는 것이 학자의 직업은 아니었고, 학자는 과거를 해석하기에 바빴다. 15세기에는 고대를 재발견했고, 16세기에는 고대를 느릿하게나마 해독했다. 이 일을 하는 데 필요한 능력은 발명이 아니라 기억이었다." 요컨대 카소봉은 고유한 사상이 없었지만 위대한 학자였다. 그의 위대함은 인내심과 깊은 학식에 있었지만, 최종적으로 발표한 저작물에 있는 게 아니었다. "학자는 그가 발표한 저작보다 위대하다. 학자가 쏟은 노력의 결실은 무수히 많은 종이가 아니라 그 자신이다." 이런 평가의 결함은 명백하다. 고유한 사상이 없는 학자도 고대 문헌을 성공적으로 해석할 수 있다는 뜻을 함축하고, 시대에 뒤떨어진 저작도 역사적으로는 흥미로울 수 있다는 걸 인정하는 평가이기 때문이다. 게다가 이런 평가는 사실에 부합하지 않는다.

여러 점에서 패티슨의 《이자크 카소봉》은 《미들마치》의 등장인물 카소봉만큼이나 실존 인물 카소봉과 별다른 관계가 없다. 실존 인물은 패티슨의 묘사처럼 사실을 원시적으로 축적하는 사람이 아니라 지적인 모험가였다. 학식에서 그는 그 세대의 박학다식한 사람들, 쥐스티스 립시우스와 스칼리제르에 필적했다. 게다가 역사적인 통찰과 대담한 추정에서는 그들을 능가하는 경우도 있었다. 사상가로서 그의 능력을 짐작할 수 있는 두 가지 예를 들어보자.

20대 초반에 카소봉은 디오게네스 라에르티오스의 《그리스 철학자 열전》에 대한 해설서를 발표했다. 이 일화집에서 시인이자 호메로스의 평론가 아라토스는 티몬에게 호메로스의 흠결 없는 원전을

어떻게 구할 수 있었느냐고 묻는다. 티몬은 아라토스에게 누구도 손
대지 않은 오래된 책을 찾아보라고 조언한다. 즉 아라토스 같은 평론
가가 함부로 변경하지 않은 책을 구하라는 뜻이었다. 이 평범한 일화
에서 카소봉은 큰 영감을 얻었다. 그는 호메로스 서사시의 기원과 전
달 및 보존 상태에 대해 알고 있던 모든 것을 되짚어보았다. 그의 결
론은 간결한 것만큼이나 혁명적이었다.

> 호메로스가 시를 글로 남기지 않아 그의 시가 기억을 통해 전해
> 지다 훨씬 나중에야 글로 기록되었다는 요세푸스의 말이 사실이
> 고, 그 글의 필사본이 세계에서 가장 오래된 것이라면, 호메로스
> 의 서사시가 정확한 형태로 전해지는 것일까 의문을 갖지 않을
> 수 없었다. 그 시가 처음 지어졌을 때와는 상당히 다른 형태로 쓰
> 였을 가능성이 크기 때문이다.

20년 후 카소봉은 디온 크리소스토모스에 대한 주해서를 연속으
로 펴냈다. 디온은 한 연설에서 아시아에 거주하는 그리스인들에 대
해 언급하며 "그들이 프리암부터 헥토르에 이르는 땅을 차지해 거주
하고 있다"라고 말한다. 여기에서도 카소봉은 한 가지 복잡한 문제에
대한 전통적인 설명을 슬그머니 바꿔놓았다.

> 여기에서 역사학자와 지리학자의 글로 유명해진 이오니아와 아
> 이올리스와 도리아의 식민지가 구축되기 전에 그리스인들이 아
> 시아에 정착했다는 걸 알게 된다. 어쩌면 디온의 생각처럼 트로

이 전쟁 때부터 … 그리스인들이 기원 자체를 모른 채 아시아계
이오니아인이 유럽인의 후손이라고 썼던 것이 다른 자료에서도
확인된다. 오히려 아시아계 이오니아인이 가장 오래된 그리스인
이었을지 모른다.

결론적으로 실증주의적인 의미에서 카소봉의 해석이 옳다고 말할
수는 없다. 하지만 위의 두 인용문에서는 패티슨이 카소봉에게서 인
정하지 않았던 여러 장점이 오히려 명확히 드러난다. 예컨대 모호한
문제의 핵심에 파고드는 예리함, 오랫동안 인정된 관점을 버리는 대
담함, 이후로 수백 년 동안 학자들을 괴롭혔던 많은 의문을 마법사처
럼 제기하는 역량 등이다. 요컨대 호메로스에 대한 카소봉의 해석은
독일 교수들과 영국 정치인들이 19세기 내내 호메로스에 대해 고민
한 문제들을 미리 요약해 보여주었다. 또 이오니아인에 대한 해석은
패티슨의 시대에 고대를 연구하던 학자들에게 떠넘겨진 과제, 즉 그
리스 역사학자들이 남겨놓은 것과 확연히 다른 그리스 역사를 써야
한다는 과제를 카소봉이 일찌감치 보았다는 뜻이 된다.

패티슨은 이런 분석의 결정체를 찾아내려고, 카소봉이 남긴 자료
들을 샅샅이 뒤질 필요가 없었을 것이다. 두 문제는 그가 알고 있던
근대 저작들에서 이미 다루고 있었기 때문이다. 실제로 호메로스와
구비 시가에 대한 짤막한 언급이 패티슨의 공책에 명확히 남아 있다.
게다가 《이자크 카소봉》이 출간된 후, 베르나이스는 패티슨에게 보
낸 편지에서 그 책의 문장력과 깊이 있는 연구를 칭찬했지만, 영어권
독자를 위한 책의 한계일 것이라며 핵심까지 파고들지 못한 것을 아

쉬워했다. 베르나이스는 패티슨에게 "카소봉이 학자로서 이룬 상당한 수준의 성과"를 다루기 위해서라도 개정판에서는 호메로스와 이오니아인에 대한 카소봉의 견해를 언급해야 할 것이라고 조언했다. 그러나 패티슨은 존경하던 독일 친구의 조언에도 유의하지 않았다. 안타깝게도 《이자크 카소봉》의 개정판에서는 패티슨이 마음만 먹었더라면 거론했을 법한 내용들이 언급되지도 않고 다루어지지도 않았다. 따라서 초판에서 카소봉을 기억할 만한 학자로 만들어준 장점들이 다루어지지 않았듯이 개정판에서도 마찬가지였다.

⁑

내가 아는 범위에서는 나보다 앞서 패티슨의 작업일지와 최종적인 글을 보들리 도서관에 소장된 카자봉의 자료와 비교해 분석한 학자는 둘밖에 없었다. 에두아르트 프렝켈Eduard Fraenkel, 1888-1970은 1950년에 발표한 《아이스킬로스: 아가멤논Aeschylus: Agamemnon》에서 카소봉의 기록과 저작들을 직접 연구하고 분석함으로써 르네상스 시대에 활약한 선배 학자 카소봉이 그리스 비극들을 얼마나 심도 있게 연구했는지를 입증해 보였다. 한편 프렝켈은 패티슨이 카소봉의 이런 면을 제대로 인식하지 못했고, 게다가 카소봉의 공책을 면밀하게 연구하지 않은 것이 분명하다는 실망감을 감추지 않았다. 프렝켈 이후로는 앤서니 데이비드 넛톨이 카소봉의 저작과 패티슨의 자료를 분석한 끝에 한층 더 부정적인 결론을 《하반신 마비Dead from the Waist Down》(2003)에서 내놓았다.

우리가 패티슨에게서 아쉬워한 것은 '독일의 일반적인 미덕, 철저함'이다. 독일 학자들을 존경하며 모방하려고 애썼던 패티슨의 저작에서 그런 장점이 빠졌다는 게 어리둥절하기만 하다. 패티슨의 유명한 시론들을 고결한 실패작이라 평가하는 것이 그를 너무 심하게 나무라는 것이라 생각되지는 않는다. 오히려 그의 작은 실수들이 나에게 이를 악물 기회를 재삼재사 주었다는 이유만으로 그렇게 생각하는 것은 아니다. 게다가 패티슨은 자신의 글로 자신의 잘못을 인정했다. 패티슨은 초기 작가들의 저작을 평가하는 데 그치지 않고 그들의 삶까지 되살려보겠다고 주장했다. 패티슨은 그렇게 할 만한 문헌적 자료를 갖추었고 고전 교육을 받은 터였다. 또 잉그럼 바이워터가 어떤 평론집을 멋없이 편집했을 때 그를 비웃을 정도의 편집 능력도 갖추고 있었다. 자료적 증거를 무시하고 고전 교과서를 다시 쓰려는 리처드 젭Richard Jebb, 1841-1905의 시도를 개탄할 정도로 역사 연구방법론도 충분히 알고 있었다. 대가의 저작을 평가하는 데 필요한 문헌학적 소양이 부족한 것도 아니었다. 패티슨이 베르나이스에게 보낸 편지에서 말했듯이, 그 독일 친구의 저작에서 무엇보다 감탄한 것은 "논증의 정교함, 즉 뜻밖의 곳에서 그대가 원하는 비유를 찾아내고, 그것을 끌어낸 후에는 증명의 사슬에서 적절한 곳에 점진적으로 배치해가는 방법"이었다.

하지만 "지난 두 세기 동안 문헌학과 역사학에서 학자들이 저질렀던 부주의"를 끝내겠다는 패티슨의 주장에도 불구하고 그의 저작들은 그에게 유명세를 안겨주었던 엄격한 학문적 자세보다, 그가 한 번도 뽐내지 않았던 우아한 문장력을 더 잘 보여준다. 그의 작업일지가 대륙의 도서관들에서 필사본들을 공들여 옮겨 쓴 흔적, 초기의 저작들을 자세하게 요약한 글, 그리스어로 된 《신약성서》의 성격처럼 한

때 논란이 많았던 쟁점들에 대한 지적인 인용글로 가득한 것은 사실이다. 그런 기록들을 보면 누구도 그렇게 공들여 정리한 패티슨을 향해 존경심을 품지 않을 수 없을 정도다. 그러나 패티슨은 이렇게 공들여 작성한 학습자료들을 개인적인 용도로 묻어두고, 대중을 위한 글쓰기에 전혀 반영하지 않았다. 따라서 그가 수집해두고 사용하지 않았던 자료에 비교하면, 그의 글은 너무도 미약해 보인다.

그가 교육받은 환경을 고려하면 학자로서의 실패는 당연한 결과였다. 그는 독일 학자들을 존경했다. 증오하던 경쟁자 제임스 톰슨이 세상을 떠난 후, 그는 마침내 링컨칼리지의 학장이 되었다. 패티슨의 옥스퍼드에는 연구열을 자극하는 유인책이 거의 없었다. 정교수는 극소수에 불과했고 대학에서 제대로 대우받지 못했다. 주된 직책이 연구 성과를 근거로 배분되지 않았고, 막스 뮐러Max Müller와 제임스 머리처럼 뛰어난 학자들도 승진할 기회가 거의 없었다. 옥스퍼드에서는 대부분이 교수라는 직책을 괜찮은 임시방편으로 생각했다. 달리 말하면, 많은 보수가 보장되는 대학 성직에 빈자리가 생길 때까지 편히 쉬면서 기도나 알코올에 빠져 즐겁게 시간을 보내면 그만이라고 생각했다. 독일에서는 베르나이스가 아리스토텔레스의 카타르시스라는 개념에서 의학적 요소를 찾아낸 유명한 논문으로 그랬듯이, 한 편의 뛰어난 논문으로 출세하고 명성을 얻을 수 있었다. 그러나 옥스퍼드에서 그런 논문은 분란으로 확대되기 십상이었다. 패티슨은 〈시론과 서평Essays and Reviews〉에 역사와 관련된 무해한 논문을 기고했지만, 그 때문에 국교회를 비판하는 글을 썼던 동료들만큼이나 큰 곤경에 빠진 적이 있었다.

패티슨은 옥스퍼드 시스템의 결함을 알았고, 그에 따른 결과를 혐오했다. 패티슨은 1860년 베르나이스에게 보낸 편지에서 "막스 뮐러가 산스크리트어 학과장에 선출될지는 아직도 의문입니다. 뮐러는 업적도 많고 진보적이어서 우리 평의회 같은 선거인단의 입맛에 맞을까 걱정입니다"라고 말했고, 결국 뮐러는 학과장으로 선택받지 못했다. 패티슨은 뛰어난 제자들을 베르나이스에게 보내 독일에서는 문헌학이 어떻게 연구되는지 견학할 기회를 주었고, 그들에게 옥스퍼드로 돌아와 옥스퍼드판 독일 연구회, 가령 옥스퍼드 문헌학회 같은 것을 설립하라고 독려했다. 패티슨은 "여기에서는 아무것도 안 한다!"라며 끊임없이 불평을 했다.

그러나 작가로서 패티슨은 자신을 키워낸 영국 시스템에 대해서는 전혀 불만을 토로하지 않았다. 존스가 보여주었듯이, 패티슨은 독일에서 흔히 행해지던 연구를 위한 연구를 지지하지 않았다. 방법은 다르지만 스포츠처럼 학생들의 성격 형성에 도움을 주는 금욕적인 지적 교육을 강조했다. 옥스퍼드의 다른 교수들과 마찬가지로, 패티슨도 계간지를 읽는 중산층 독자를 겨냥해 책을 쓰는 게 이상적이라 생각했다. 따라서 그는 카소봉의 전기를 옥스퍼드대학 출판부가 아니라 런던의 롱맨 출판사에서 출간했다. 《이자크 카소봉》은 여러 서평에서 극찬을 받았지만 판매는 극히 부진했다. 이런 결과에 실망했지만, 〈타임스〉의 호의적인 서평 덕분에 그 책이 많이 팔렸을 것이라 지레짐작한 세무당국이 그에게 세금을 독촉했을 때는 은근히 즐거워하기까지 했다. 패티슨은 작가의 역할에 대한 세상의 이런 추정을 비판하기도 했다. 베르나이스에게 보낸 첫 편지에서, 그는 《조제프 쥐스튜스 스칼리제르》의 서평을 썼다는 게 부끄럽다며 "하지만 너그럽게 용서해주시기 바랍니다. 영국 상황을 잘 알고 계시지 않습니까. 우리는 글을 쓰고 그에 대한 보상을 받아야 합니다. 광산에서 광석을 채굴하는 사람은 작가입니다. 우리는 그 광석으로 6펜스짜리 동전을 만들어 세상에 분배합니다"라고 말했다. 그러나 패티슨은 옥스퍼드의 한 칼리지 학장이 왜 "보상이 따르는 글을 써야 하는지 그 이유"를 충분히 설명하지는 않았다. 또 영국의 일반 독자를 위해 글을 쓸 때는 문인의 역할에 대한 영국인들의 생각을 비판하는 객관성을 보여주지 않았다. 게다가 옥스퍼드의 반反계몽적인 교수들이 흔히 사용하는 어법으로 독일 산문을 욕하는 경우도 적지 않았다. "그 음울한 문장들에서 상상력과 다채로움과 개성을 찾아보기 힘들다. 한 문장이 평균 열 줄에 달하고, 영국이나 프랑스 독자라면 열 페이지를 넘기지 못하고 구역질을 쏟아낼 것이다." 패티슨은 생각하는 것이 직업이 아닌 위대한 학자들을 변호했고 해석학을 옹호한 까닭에 이렇게 말할 수 있었다.

패티슨은 공간적으로 멀리 떨어진 독일의 학습법에 감탄했고, 시간적으로 멀리 떨어진 르네상스 시대의 학식을 동경했다. 그는 두 세계를 높이 평가했고, 그 세계들에 대해 실감나게 썼다. 그러나 영국 대중이 그런 업적을 평가해주지 않더라도 그가 칭송하고 싶었던 지적인 미덕을 스파르타식으로 실천할 용기가 없었다. 앨프리드 에드워드 하우스먼은 "그는 모든 시대와 모든 존재를 지켜본 사람이었다. 그 역겨운 장면을 보았던 것이 정확한 학습에 치명적이었다"라는 특유의 표현으로 패티슨의 실패를 일축했다. 패티슨은 자신의 뿌리를 결코 뽑아낼 수 없었다고 말하는 게 훨씬 더 공정할 것이다. 그는 독일 학문이란 신세계를 사랑했지만, 계간지와 점잖은 독자층이 지배하던 구세계 태생이었다. 따라서 그런 대중을 염두에 두지 않고 글을 쓴다는 걸 상상할 수 없었지만, 패티슨은 정확한 지식을 영국 독자에게 전달하기 위해 누구보다 전력을 다했다. 패티슨이 '학습의 역사'를 설명할 때 "포괄적인 관점에서 처음으로 고대의 삶 전체를 목표로 삼았던" 독일 학자들을 칭송하면서도, 독일 학문은 "순전한 고전학이고 전문 계급의 전유물"이라며 전문가만의 관심사가 되었다고 한탄한 이유가 여기에 있었다.

이런 견해는 패티슨이 글쓰기와 학문을 서글프고 달갑지 않은 직업으로 생각한 이유를 설명하는 데 도움이 된다. 작가이자 학자로서 패티슨은 방법론과 관심사의 충돌로 실패할 수밖에 없었다. 그런데 어떻게 스칼리제르나 볼프 같은 학자들에 대한 명쾌한 시론을 쓸 수 있었고, 윤리적이고 정신적인 열등감을 갖지 않을 수 있었을까?

패티슨의 저작에는 많은 결함이 있어 지금처럼 부풀려진 가치를 인정하지 않더라도 그 때문에 패티슨의 가치까지 폄하해서는 안 된다. 학문의 역사를 연구한 권위자로서는 아니더라도 그는 도달하지 못한 위대한 업적을 운명적으로 칭송하며 고뇌했던 복합적인 인물로서 우리의 관심을 받을 자격이 충분하다. 또한 자신보다 스칼리제르와 베르나이스가 낫다는 걸 인정한 것만으로도 존경할 만한 인물이다. 영국과 독일, 옥스퍼드의 고전학과 독일의 문헌학, 영국 작가의 지적 수준과 독일 학자의 지식수준을 구분 짓던 지리적 거리를 훌쩍 넘어 문화적 거리까지 직접 경험한 목격자였던 것도 우리의 관심을 누릴 만한 자격이 있다.

12
❖
모밀리아노와 새로운 역사기록학의 형성

⋮   1955년 7월 22일, 〈타임스 리터러리 서플리먼트Times Literary
Supplement〉는 한 학술도서의 출간을 뜨겁게 환영했다. 활자가 빼곡하
게 인쇄되고 잿빛을 띤 바탕에는 어울리지 않게 호의적인 서평이었
다. 당시 잡지에서 가장 눈에 띄는 자리는 겉표지가 아니라 길게 늘어
나는 중간 간지였다. 그곳에 실린 서평의 맞은편에는 평소처럼 독자
투고란이 있었다. 그해 여름 금요일, 피터 그린Peter Green은 "고전적
이고 인문학적 학식과 역사기록학적 판단에 대해 이탈리아어나 독일
어 혹은 영어로 쓰인 시론들을 편집한 모음집"이라며 아르날도 모밀
리아노의 《고전 연구의 역사Contributo all storia degli studi classici》에 대
한 호의적인 서평을 발표했다. 그린은 이 책이 고대사 연구의 새로운
기준을 제시했다고 극찬했다.[1]

〈타임스 리터러리 서플리먼트〉가 이탈리아에서 출간된 책, 그것도 많은 부분이 영어로 쓰이지 않은 책을 특집으로 다루었다는 것은 우리에게 중요한 사실, 즉 모밀리아노가 우리가 잃어버린 세계에서 살았다는 걸 떠올리게 한다. 폭격에 큰 피해를 입고 잿빛 하늘에 뒤덮인 영국 도시들에는 영어권 세계의 지적인 삶을 지배하던 작품을 발표한 시인과 소설가 및 학자가 살았다. 라디오, 극장과 영화관, 신문, 문학 평론과 철학, 심지어 자연과학의 수준에서도 미국은 영국에 비할 바가 아니었다. 이런 사실을 친영파 미국인만큼 진지하게 고백하는 사람은 없었다. 영국에서는 대학이 공장과 영화관만큼이나 칙칙했고 재원 부족에 시달렸지만, 수십 명의 유럽계 망명자를 중요한 직책에 임명할 정도로 세계주의적이었다. 그 망명자들은 영국 학생들을 가르치는 데 만족하지 않고 영국 대중을 상대로 연설을 하기도 했다. 그들의 존재로 인해 20세기 중반에 영국의 지적 세계는 국제어로 영어를 사용하는 현재의 지적 세계보다 활기에 넘치고 세계주의적이었다. 그런 풍요로운 환경은 모밀리아노에게 자극을 주었고, 그의 고대 세계에 대한 역사적 연구에도 적잖은 영향을 주었다.

하지만 다음의 일화가 명확히 보여주듯이, 모밀리아노가 런던에서 지낸 삶은 간단하지 않았다. 1973년 봄, 나는 풀브라이트위원회로부터 장학금을 받아 영국에서 공부할 기회를 얻었다. 풀브라이트위원회는 나에게 모밀리아노의 지도하에서 연구하도록 주선해주었고, 당시 그는 유니버시티칼리지 런던에서 교수직을 마무리할 즈음이었다. 나는 조제프 스칼리제르를 주제로 박사학위 논문을 쓸 계획이었다. 스칼리제르는 위그노 철학자로 연대학과 관련된 교과서를 편집하고 입문서를 발표함으로써 위대한 학자들의 세계에서 중요한 위치를 차지했지만, 그가 어떤 업적을 남겼고 그 업적이 어떤 이유에서 중요한지를 누구도 정확히 설명할 수 없는 듯했다. 심지어 야코프 베르나이스나 마크 패티슨에게도 정확한 설명을 기대할 수 없었다. 시카고대학교의 내 스승들, 예컨대 에릭 코크런Eric Cochrane, 1928-1985, 해나 홀번 그레이Hanna Holborn Gray, 노엘 스워들로Noel Swerdlow는 역사의 숲에서 가시가 많아 접근하기 힘든 분야를 연구하는 데 모밀리아노만큼 훌륭한 안내자가 없을 것이라는 데 동의했다.

나는 그에게 보낸 장문의 편지에서 연구 프로젝트를 설명했고, 내가 그때까지 읽은 문헌들을 빠짐없이 나열했다. 다행히 그 순수의 노래는 내 개인적인 서고에 사라졌고, 모밀리아노의 개인적인 서고에서도 사라졌다. 하지만 나는 그 모든 것을 지금도 생생히 기억하고 있다. 그 편지, 즉 순수의 노래에서 나는 모밀리아노가 1950년에 발표한 시론 〈고대 역사와 고고학자Ancient History and the Antiquarian〉를 읽었을 뿐만 아니라 그의 다른 저작들과, 그가 간단히 언급한 영역과 논점에 대해 자세히 연구한 다른 학자들의 저작까지 읽었다고 설명했다. 또 바르부르크 연구소가 내 연구와 관련된 자료들을 많이 펴냈고, 학문의 역사에 관심이 있는 학자들에게 연구 기지 역할을 했던 까닭에 내 연구에도 적합한 곳인 듯하다고도 말했다. 물론 그 밖에도 많은 조언을 부탁했다.

약 보름 후에 하이드 파크의 내 우편함에 약간 비관적인 답장이 도착했다. 그 편지는 사라졌지만, 내용만은 아직도 기억에 생생하다. 모밀리아노는 항상 그랬듯이, 내 편지를 진지하게 읽었다는 치렛말을 빠뜨리지 않았다. 그러나 치렛말은 거기에서 끝났다. 그는 르네상스 시대의 학문을 연구한 학자들, 특히 세바스티아노 팀파나로Sebastiano Timpanaro, 1923-2000와 카를로 디오니소티Carlo Dionisotti, 1908-1998가 문헌의 역사에 대해 최고 수준의 연구를 이미 끝냈다고 지적하며 "자네가 그들에게 필적할 수는 없겠지"라고 덧붙였다. 가혹하지만 정확한 지적이었다. 고대 연구와 관련해서는 내가 수준과 가치에서 들쭉날쭉한 책을 무분별하게 읽은 듯하다는 신랄한 비판도 덧붙였다. 예컨대 에르나 만도브스키Erna Mandowsky와 찰스 미첼Charles Mitchell이 함께 쓰고 바르부르크 연구소에서 1963년에 출간된 피로 리고리오Pirro Ligorio, 1513-1583에 대한 책은 15세기와 16세기의 로마 고전학자들을 학파별, 세대별로 분류하려고 시도했고, 나는 그 시도에 크게 매료되었다. 그러나 모밀리아노는 학술지 〈이탈리아 역사〉에 실린 카를로 디오니소타의 신랄한 서평을 인용하며, 그 책의 가치를 일축했다.

한편 이탈리아계 영국 역사학자 로베르토 와이스Roberto Weiss, 1906-1969의 〈르네상스에 재발견된 고전 연구Renaissance Rediscovery of Classical Antiquity〉는 초대 근대의 고전학을 다양한 방향으로 연구하는 방법을 보여준 그럴듯한 본보기, 달리 말하면 내가 글을 쓸 때 모방할 수 있을 듯한 본보기로 여겨졌다. 또한 와이스의 책은 제정신이 아니었지만 베로소스와 마네토 스칼리제르의 위작을 그럴듯하게 조작해 낸 뛰어난 위조범, 조반니 난니 다 비테르보의 창의성과 영향을 강조하며 내 상상력을 자극하기도 했다. 하지만 모밀리아노는 와이스의 책까지 가차 없이 일축해버렸다. 모밀리아노의 기준에 그 책은 욕할 가치조차 없는 책이었다. 모밀리아노는 그 책이 견실하게 보이지만

"미지의 것에 대한 외부자의 첫 관찰"에 불과하다고 혹평했다. 모밀리아노의 기준에 따르면, 내가 기준서로 삼았던 책을 쓴 저자들은 내가 탐험하려는 미지의 바다를 항해할 때 아무런 도움을 주지 못했다. 또 그들의 저작은 기원과 방법론에서 모밀리아노의 저작들과 어떤 공통점도 없었다.

그 답장에 나는 적잖게 놀랐다. 시카고대학교의 밝은 레겐스타인 도서관에서 모밀리아노가 1940년대와 1950년대에 발표한 시론을 읽었던 미국 청년에게 〈고대 역사와 고고학자〉를 비롯해 그 이후에도 블룸즈버리 이름으로 발표된 저작들과 논문들은 고전학 세계에서 공동 연구의 전형으로 보였기 때문이다. 게다가 모밀리아노의 논문이 그랬듯이 그가 매몰차게 일축한 많은 책은 바르부르크 연구소에서의 강연을 모태로 탄생한 것들이었다. 형식과 범위는 물론이고 내용에서도 그의 시론들은 바르부르크 연구소의 초대 소장 프리츠 작슬1890-1948이 영국에서 한 강연들(로마와 베네치아에서 고대 사상이 형성되던 초기를 추적하고, 그 사상이 정치, 미술과 건축 및 역사 기록에 미친 영향을 분석한 것)의 자연스러운 속편이었다. 또 미첼과 와이스 등은 모밀리아노가 깊이 다루지 않고 간단히 언급하는 것으로 끝낸 플라비오 비온도를 비롯해 다른 고대학자들의 저작을 세밀히 분석한 까닭에 나에게 모밀리아노의 저작에 담긴 의도를 명료하게 설명한 것으로 여겨졌다. 하지만 모밀리아노는 그 문제를 완전히 다르게 보았다. 그는 방법론과 핵심에서 완전히 다르다고 지적하며 나에게 그 허접스러운 책들을 무시하고 대영도서관에 달려가 파묻히라고 충고했다.[3]

그 이후로 나는 시카고와 옥스퍼드, 런던 등에서 모밀리아노의 강연과 세미나에 참석했고, 그 과정에서 다양한 분야의 연구를 맛보았다. 나는 스칼리제르의 삶과 저작을 재구성했고, 내가 재구성한 스칼리제르는 미첼과 만도브스키 혹은 와이스가 분석한 스칼리제르의 모습과 그다지 닮지 않았다. 모밀리아노가 연구한 학자들처럼, 그 자신도 고전학의 역사와 관련된 방법론, 예컨대 문헌과 비문碑文의 관계를 어떻게 해결하고, 헤로도토스처럼 매력적이지만 세밀하지 못한 역사학자들의 신뢰성을 어떻게 평가할지에 대한 문제들을 해결하려고 애썼다. 과거의 역사학자들처럼 모밀리아노도 코페르니쿠스의 신과학적 방법론과 자신의 새로운 연대학 사이에서 흥미로운 유사점을 찾아냈다. 모밀리아노는 객관적인 시각에서 고전학이라는 분야를 조명했다. 그의 논문들은 외형적인 면에서 초기 근대의 학문 세계를 자세히 분석하는 데 그치지 않고 그 내면까지 체계적으로 분석했다. 그래도 그의 논문들은 내가 나아가야 할 방향을 알려주었고, 지금도 그 역할을 하고 있다.

이 장은 초기 근대 유럽의 고전학과 역사학 방법론에 대한 모밀리아노의 연구로 돌아가 그에 대해 의문을 제기하기 위한 첫걸음이다. 모밀리아노는 자신의 논문들에서 채택한 역사학적 관점에 도달하기 위해 어떤 과정을 거쳤을까? 그가 자신의 논문들에서 예시한 특정한 형태의 이야기를 그는 어떻게 고안했을까? 그는 이탈리아에서 런던으로 망명할 때 무엇을 가져왔을까? 그는 옥스퍼드와 브리스틀과 런던에 살며, 그 새로운 환경에서 무엇을 배웠을까? 자욱한 연기와 음울한 기운으로 뒤덮인 도시들, 게다가 옥스퍼드를 제외하고는 폭탄이 남긴 구멍으로 가득한 도시들에서 모밀리아노는 어떻게 학자와 교수로 다시 자리매김할 수 있었을까? 오히려 바르부르크 연구소가 모밀리아노의 역사학적 시각과 관계가 있지 않았을까? 모밀리아노가 자신의 연구가 고립된 것이라고 그토록 강력히 주장한 이유는 무엇이었을까?

먼저 기본적인 사실부터 확인해보자. 모밀리아노가 1940년대와 1950년대에 체계적으로 제시한 고전학 연구는 연계된 논문 형태를 띠었고, 그 대부분은 강연을 모태로 한 것이었다. 전부는 아니었지만 다수의 논문이 1955년에 편집된 모밀리아노의 《고전 연구의 역사》에 수록되었고, 1966년에는 《역사기록학 연구Studies in Historiography》에 재수록되었다. 《역사기록학 연구》는 하퍼 출판사 토치북 시리즈의 하나로 출간되며 미국에서 내 세대에게 모밀리아노의 저작을 소개했다. 그 책에 대한 시장의 선택은 괜찮은 편이었다. 그 책에 실린 핵심적인 논문들을 원래의 목차대로 소개하면 다음과 같다.

프리드리히 크로이처와 그리스 역사기록학(1944)

타키투스에 대한 첫 정치적 논의(1947년경)

고대 역사와 고고학자(1949)

조지 그로트와 그리스사 연구(1952)

역사학 방법론에 대한 기번의 기여(1954)

페리조니우스와 니부어 그리고 초기 로마의 전통(1957년경)

역사기록학의 역사에서 헤로도토스의 위치(1957)

마비용의 이탈리아 제자들(1958)

기원후 3세기, 이교도와 기독교의 역사기록학(1958-1959)[4]

물론 이 목록이 완전한 것은 아니다. 학문의 역사에 대한 모밀리아노의 모든 연구가 1960년대 혹은 그보다 이전에 인쇄되지는 않았다.[5] 그는 그 후로도 오랫동안, 예컨대 1960년대에는 잠바티스타 비코에 대한 연구에서, 1970년대에는 고대 그리스 역사가 폴리비우스의 사후에 대한 논문에서, 또 1960년대부터 세상을 떠난 1987년까지는 그의 관심사였던 야코프 베르나이스와 헤르만 우제너 등 19세기 독일 학자들에 대한 논문에서 학문의 역사를 꾸준히 추적했다. 하지만 1960년대 초에 그는 유명한 새더 강연Sather Lectures에서 모든 세부사항을 촘촘히 짜 맞추어두었다. 리카르도 디 도나토Riccardo di Donato가 세심하게 편집한 최종적인 강연록이 모밀리아노의 사후에야 출간되었지만, 버클리의 인류학자 존 로John Rowe, 1918-2004를 비롯해 많은 학자가 그 강연의 영향에 대해 끊임없이 언급해왔다.[6] 또 시대를 초월해 그의 모든 저작은 글쓰기 방식에서는 물론이고 연구 범위와 연구 주제 및 방법론에서도 명백한 관계가 있었다. 모밀리아노는 오래전부터 자신의 저작들에서 내세운 주장들을 본보기라고 계속 지칭해왔다. 피터 그린이 뛰어난 서평에서 명확히 예지했듯이, 그 주장들은 역사관과 역사학의 역사에서 새로운 것이었다.

무엇보다 이 모든 논문들은 고전 연구의 현재와 과거 사이를 변증법적으로 오갔다. 모밀리아노는 고대 세계의 연구를 특정한 것의 지성사와 연결지음으로써 그 연구에 새로운 활력을 불어넣었다. 그가 프리드리히 크로이처Friedrich Creuzer, 1771-1858에 대한 연구 계획에서 말했듯이 "고대의 역사는 이제 역사의 한 분야가 되었다. 고대사가 우리의 역사관 전체에 영향을 미치는 경우에만 잃어버린 권위를 되찾을 수 있을 것이다. 간단히 말하면, 역사 전반에서 중요한 고전적 주제를 연구한 과거의 작가들을 다시 접촉하는 것도 그 방법 중 하나다."[7] 고 대사와 고전학이 1950년대와 1960년대의 우울한 세계에서는 물론이고 미래에도 어떤 형태로든 존재하려면, 관련 분야의 학자들과 학생들이 취해야 할 방향을 명확히 규정할 필요가 있었다. 그린은 이 점을 웅변적으로 지적하며, 모밀리아노가 "과거의 업적과 현재의 어려움을 구체적으로 밝혔다"라고 칭찬했다.[8]

하지만 처음부터 모밀리아노는 새로운 형태의 학문을 소개하며 엄중한 경고를 덧붙였다. 그런 경고 중 하나는 내가 이미 인용했듯이, 모밀리아노는 학문의 역사를 연구하는 학자, 다시 말해 자신의 주된 임무는 그 분야의 발전에서 전환점을 회복하는 것이라고 생각했다. 학문의 역사를 연구하는 학자라면, 고전 연구의 전문가들에게는 물론이고 더 큰 지적 세계에도 강력한 영향을 미쳤던 학자들과 저작들을 찾아내고, 그것들의 분석에 집중해야 한다. 이 단계에서 모밀리아노의 접근법은 처음에만 사회학적이었다. 모밀리아노는 17세기의 고고학자 중에 의료인이 압도적으로 많았다는 사실에 주목했다. 그렇다고 모밀리아노가 외적으로 뚜렷이 구분되는 학문들에 크게 유의한 것은 아니다. 런던대학교와 시카고대학교에서 에드워드 실스Edward Shils, 1910-1995를 비롯해 여러 사회과학자를 만나고 수년이 지난 후, 1980년대에는 연구소와 학과의 설립 및 교육과 연구 프로그램을 주로 추적했다.[9] 하지만 초기에 모밀리아노는 대부분의 연구에서 개개인의 삶을 기본틀로 삼았다. 따라서 초기 단계에서 그가 시도한 학문의 역사는 유리하거나 보기 좋은 것만을 선택한다는 비난에 취약할 수밖에 없었다. 실제로 그런 비난을 받았다면 모밀리아노는 그렇다고 인정했을 것이다. 결국 모밀리아노는 말과 행동을 통해 심오한 학자를 다루지 않으면 학문의 연구도 심오해질 수 없다는 걸 입증해 보였다.

모밀리아노가 던진 또 하나의 경고도 그 자신에게 부과한 것이며, 자신의 논문을 통해 암시적으로, 많은 서평을 통해 명시적으로 드러낸 것이 다를 뿐이다. 당시 사상사가 적어도 미국에서는 번창하고 있었다. 영국에서도 이사야 벌린과 허버트 버터필드 등이 정치사상사와 과학사에 영향력을 행사하고 있었다. 부분적으로는 그들에게 영향을 받아 상당수의 젊은 학자가 문헌학과 역사학의 저작에 관심을 돌리기 시작했다. 모밀리아노는 이런 변화를 칭찬할 만한 발전이 아니라 역겹게 생각하며, 〈타임스 리터러리 서플리먼트〉에 게재한 엘리자베스 암스트롱의 《로베르 에티엔, 국왕의 인쇄업자Robert Estienne, Royal Printer》를 다룬 서평에서 "요즘에는 역사 연구를 전혀 하지 않고 역사기록학의 역사를 쓰는 사람이 많다. 또 고대 문헌을 분석하는 것보다 고대 학문의 역사를 쓰는 게 더 쉽다고 생각하는 학생도 점점 많아지는 추세다. 이런 현상은 특히 미국에서 두드러진다. 암스트롱 부인이 이런 게임의 규칙을 깨뜨리는 데 눈부신 성공을 거두었다는 사실에 고무되어 박사학위 준비생들이 방향 전환을 시도해서는 안 된다"라고 경고했다.[10] 모밀리아노는 전통적인 역사가 많은 것에 관심을 두고 폭넓게 훈련을 받은 소수의 고전주의자, 즉 고대 문헌과 그 문헌을 연구한 현재의 자료만이 아니라 현재까지 영향을 미치는 해석과 방법론이 구체화된 시대의 자료까지 읽고 연구하는 학자들의 전유물이라 생각했다. 〈사상사의 조망〉에서 말했듯이, 당시 그는 과학사학자들과 거의 접촉하지 않았다. 모밀리아노가 대부분의 학술기관에 별다른 관심을 두지 않은 것은 사실이지만, 버터필드, 토머스 쿤Thomas Kuhn, 1922-1996, 피터 메더워Peter Medawar, 1915-1987 등이 전문화된 학문의 지적이고 논증적인 세계를 되살려낼 목적에서 1940년대와 1950년대에 개발한 모델에도 별다른 관심을 두지 않은 듯하다.[11] 하지만 자신이 종사하는 분야의 과거를 이해하는 데 역사학자들보다 유리한 입장에 있다는 많은 과학자의 생각에 모밀리아노도 동의했다. "역사학자는 역사학자에게, 고전학자는 고전학자에게 평가받아야 한다."[12]

모밀리아노의 역사는 일련의 특별한 형태로 구체화되었다. 본질에서 일화적인 것이면 형식에서도 일화적이어야 한다는 것이었다. 영국에 체류하기 시작한 초기에, 즉 우여곡절이 많았던 1940년대와 그 직후에 그는 거의 무명이었고 영어 실력도 단편적이었다. 게다가 영국 학계에서 그에게 의미 있는 존재였던 학자들, 예컨대 휴 래스트Hugh Last, 1894-1957와 에두아르트 프렝켈도 그에게 은근히 우월감을 과시했다. 결국 모밀리아노는 강연을 통해 고유한 장점을 드러내 보였다.[13] 예컨대 강연을 이야기("하이델베르크대학교의 프리드리히 크로이처 교수라는 이름은 낭만주의 시대를 대표하는 두 전형적인 시간과 관계가 있습니다" 혹은 "가위 스트리트라는 이름이 내 머릿속에 각인된 때는 약 25년 전입니다")로 시작하거나, 개괄적인 주장("우리는 자료 비평에서 기번에게 새로운 방법론을 요구하지 않을 것입니다" 혹은 "나라면 이탈리아 역사를 이해하고 싶을 때 기차를 타고 라벤나에 갈 것입니다")으로 시작했다.[14] 그런 후에는 일화들을 나열하고, 관련된 문헌들을 소개하며 강의의 사슬을 이어갔다. 그는 청중과 독자가 많은 이름과 방대한 배경을 알아들을 것이라 상상하며, 고대 이후의 서구 지성사에 대한 폭넓은 지식을 쏟아냈고, 때로는 장문의 라틴어를 인용하는 걸 망설이지 않았다. 모밀리아노는 풍자와 재치를 교재로 삼은 고대 문헌에 끊임없이 생동감을 불어넣었지만, 그렇다고 과장하는 경우는 드문 편이었다. 게다가 미사여구식 과장은 결론에 국한했고, 연민에 빠지는 경우는 더더욱 드물었다("그, 미하일 로스토브체프를 연구한 사람들은 위대함이 무엇인지 깨달았을 것입니다. 따라서 그들은 문명을 창의적인 자유라고 보았던 그 대담하고 정직하던 역사학자에 대한 기억을 소중히 간직할 것입니다.")[15]

특히 모밀리아노는 독특한 분석법을 고안해냈다. 제임스 왓슨과 프랜시스 크릭, 로절린드 프랭클린과 같은 과학자들이 케임브리지와 런던에서 훗날 이중나선으로 밝혀진 생물의 기본 물질을 연구하고 있을 때 모밀리아노는 놀랍도록 유사한 일련의 이중축을 따라 학문의 역사를 전개했다. 그 이중축은 역사의 방향을 결정할 수 있다는 점에서 유전적 가능성과 비슷했다. 모밀리아노는 어떤 시대에 역사를 기록할 수 있는 방법을 가능성과 현실로 구성되는 두 방향으로 나누었고, 개인이나 집단이 그 두 방향을 결합할 때 생기는 결과를 혁명적 변화로 보았다. 예컨대 그의 가장 유명한 시론에서는 두 방향이 다음과 같이 구분된다.

서사시 연구와 역사 연구

역사학자와 고고학자

철학적 역사학자와 박식한 역사학자

자료를 풀어내는 사람과 자료를 수집하는 사람

정치적인 역사학자와 지성적인 역사학자

슐레겔 형제, 크리스티안 고틀로프 하이네, 프리드리히 크로이처는 첫 번째 둘을 짝지웠고, 테오도어 몸젠Theodor Mommsen, 1817-1903을 비롯한 다른 19세기 고고학자들은 두 번째 결합을 시도했다. 에드워드 기번은 세 번째, 에우세비우스는 누구보다 먼저 네 번째를 짝지웠고, 조지 그로트George Grote, 1794-1871는 다섯 번째를 하나로 묶었다. 한편 다른 가능성들 간의 대립, 예컨대 구전에 기초한 역사와 문서에 기초한 역사는 무척 지속적이어서 근대 학문에서 존속되었다. 반면에 결코 하나가 되지 못한 이중나선도 있었다. 피터 그린은 모밀리아노의 논문에서 반복해서 나타나는 '이원성dualism'에 주목하며 뛰어난 통찰력을 다시 보여주었다. 이런 이원적 구조는 모밀리아노의 저작에서 어림짐작의 유용성보다 더 오랫동안 유지되었다. 예컨대 모밀리아노는 1962년에 발표한 《페트라르카부터 페리조니우스까지 역사기록학에서 로마의 기원에 대한 연구》에서 16세기에는 상당수의 역사학자가 자신들의 방법론과 고고학자의 방법론을 융합하는 게 가능하다고 생각했다는 헨드릭 이래즈머스Hendrik Jacobus Erasmus, 1935-2016의 증명을 인정하기 어렵다고 생각했다.[16]

위의 구분에서 두 번째 쌍이 특히 중요한 것으로 드러났다. 처음부터, 즉 헤이든 화이트Hayden White, 1928-2018를 비롯해 여러 학자가 1970년대와 1980년대에 수사학적 분석을 되살리기 시작하며 모밀리아노에게 즐거움과 분노를 안겨주기 훨씬 전부터 모밀리아노는 글쓰기 방식이 학문의 역사에서 핵심이라고 생각했다. 고고학자들이 자료를 수집하고 논증하던 방식, 예컨대 기번의 당당하면서 재치 넘치는 산문, 초기 교회에 대한 설명을 과감히 중단하면서까지 광범위한 자료를 인용하는 에우세비우스의 적극성, 마르크 앙투안 뮈레의 타키투스주의Tacitism 등 이런 모든 것이 모밀리아노에게는 연구 주제의 선택만큼이나 중요했다. 따라서 학문의 역사를 연구하던 초기에는 이 모든 것에 대한 관심의 끈을 놓지 않았다. 그러나 헤이든 화이트의 저작이 출간된 말년에야 그는 이런 문제를 멀리하기 시작하며, 이야기의 구성보다는 증거의 비판적 활용이 역사학의 핵심이라고 주장했다.[17]

고고학자들은 분류의 필요성을 강조하며, 체계적으로 논문을 발표하고 박물관을 세웠다. 예컨대 기번은 원인에 대한 사색과 자료에 대한 고민을 결합하려는 욕심에 《로마 제국 쇠망사》에서 독특한 이야기 구조를 고안해냈다. 비유해서 말하면, 화려하게 장식된 아치형 구조물이 던지는 그림자 속에서 마카롱과 레모네이드를 판매하는 런던 토박이들이 부지런히 돌아다니고 있는 코번트 가든의 문서화된 형태가 《로마 제국 쇠망사》였다.

모밀리아노의 시론들은 많은 문헌을 정확하고 엄격하게 연구한 결과물이었다. 그러나 그는 표면적인 면에는 거의 신경 쓰지 않았다. 고전학 학술지들에게 기고한 시론들, 특히 〈로마 연구Journal of Roman

Studies〉에 기고한 타키투스주의와 페리조니우스에 대한 연구에서 그런 특징이 주로 눈에 띄었다. 그런 경우에도 그의 세밀한 분석은 포괄적이지 않고 선택적이었다.[18] 〈바르부르크 연구소와 코톨드 연구소 저널Journal of the Warburg and Courtauld Institutes〉의 제9권에서는 모밀리아노의 크로이처 연구가 특히 눈에 띄었다. 파우스토 기살베르티 Fausto Ghisalberti, 1892-1975, 알레산드로 페로사Alessandro Perosa, 1910-1998, 아우구스토 캄파나Augusto Campana, 1906-1995 같은 동료 학자들은 문헌의 자세한 독해에 집중한 반면, 그의 시론은 그렇지 않았기 때문이다. 그의 글쓰기 방식은 그의 주장만큼이나 독특했다.

⁎

그럼 모밀리아노의 중년기 학문은 어떻게 구체화된 것일까?[19] 모밀리아노의 생전에도 그랬듯이, 지금도 그가 특정한 시대의 특정한 문헌에는 무지한 편이었다고 말하기는 쉽지 않다. 오히려 그는 학문의 역사와 관련해서 남다른 관심과 뛰어난 기억력을 타고난 듯했다. 20대 중반 무렵, 그는 근대 역사기록학의 기원과 발전을 연구하기 시작했다. 초기에는 헬레니즘이란 개념의 변천을 조사하며, 요한 구스타프 베른하르트 드로이젠Johann Gustav Bernhard Droysen, 1808-1884이 그리스 정신을 연구하던 학생에서 그리스와 마케도니아의 정치를 분석하는 학자로 변신해가는 과정에 특별한 관심을 기울였다. 또 루이 세바스티앵 르 냉 드 티유몽Louis-Sébastien Le Nain de Tillemont, 1637-1698과 자크 베니뉴 보쉬에 이후의 로마제국사, 기번과 크로이처의 저작, 아우구스트 뵈크의 편지에도 상당한 관심을 두었다.[20] 한 주석에서 명확히 드러났듯이 모밀리아노는 학생들에게 비슷한 학습 과정을 거치도록 요구하며, 특유의 빈정대는 듯한 어법으로 자신이 근대 지성사의 연구자로는 부족하다는 점을 강조했다.[21] 초기의 시론들에서 확인되듯이, 영국에 첫발을 들여놓았을 때 모밀리아노는 두 세기 전부터 이어지던 역사기록학, 더 크게는 헤겔과 낭만주의에 푹 빠져 있었을 뿐만 아니라, 고대사학자들은 과거의 역사학자들과 어떤 형태로든 교감해야 한다고 확신하고 있었다.

게다가 모밀리아노는 고대를 집중적으로 연구한 과거 학자들의 저작을 평가하려는 근대 전문가들의 성향에 대해서도 일찍부터 우려했다. 성격상 비판적인 외골수였던 모밀리아노는 1937년에 "기번이 새로운 유럽 역사기록학의 형성에 어떻게 기여했는지" 프리드리히 마이네케는 제대로 이해하지 못했다고 매섭게 지적했다. 그가 크로이처를 다룬 시론의 한 주석에서 신랄하게 쏟아낸 논평에 따르면 "프리드리히 마이네케가 1936년에 발표한 《새로운 역사관의 발흥Entstehung des Historismus》이 18세기 역사기록회에서 매우 중요한 '역사주의의 기원'을 제대로 설명하지 못한 게 분명하다. 역사주의의 기원은 마이네케가 다루지 않은 역사학자와 문헌학자들에서 발견된다." 또한 마이네케의 뛰어난 제자로, 모밀리아노와 동시대에 활동한 펠릭스 길버트를 비판한 그의 글에서도 이런 논의를 발견할 수 있다.[22]

하지만 초기의 시론들은 구조와 방법론에서 후기의 저작들과 공통점이 거의 없다(1933년 드로이젠을 다룬 저작이 가장 눈에 띄는 예외다). 후기의 저작에는 긴 인용글도 없고, 문헌의 글을 다른 식으로 바꾸어 표현하는 경우도 없지만 초기의 시론들은 인용글로 가득했고, 역사적 인물에 대한 역사적 증거를 막연하고 개략적으로 요약하는 것으로 끝내지 않았다. 따라서 초기의 시론에서는 모밀리아노가 나중에 무엇을 주장할지 예측되지 않았다. 모밀리아노는 이미 독일어를 유창하게 구사했지만 독일어에 푹 빠져 독일어의 개념 구조를 연구하는 데 열중했다. 이 시기에 젊은 모밀리아노는 19세기 초의 독일에 역사 혁명이 있었다는 걸 진심으로 믿었다. 게다가 에른스트 카시러 Ernst Cassirer, 1874-1945가 계몽주의를 다룬 저작에서 얀선주의Jansenism를 언급하지 않았다고 비판할 정도로 젊은 모밀리아노는 계몽주의에 대한 이해도 깊었다.[23] 그러나 근대 이전에 고대 세계를 연구한 학자들에 대한 집중적인 연구를 그때까지도 시작하지 않았다.

1947년 말, 모밀리아노는 프리츠 작슬에게 보낸 편지에서 "에트루리아풍의 인공물과 18세기에 남긴 비코의 영향을 연구할 만큼의 여유가 아직 없습니다"라고 고백했다.[24] 이즈음 그는 훗날 관심을 갖고 연구할 중심 과제에 대해 암시하기도 했다. '비판적 분석이 있기 전에 활동한' 학자들이 역사학의 전통을 확립했을 뿐만 아니라, 근대의 비판적인 학자들이 여전히 사용하는 많은 기본적인 도구를 만들어놓았다는 것이다. 이런 이유에서 모밀리아노는 에드워드 기번을 다룬 초기 시론을《고전 연구의 역사》에 재수록할 때 주석을 덧붙이며, 독자는《역사학 방법론에 대한 기번의 기여Gibbon's Contribution to Historical Method》에 대한 개정판에서 수정된 부분을 보게 될 것이라 말했다.[25]

1938년 이탈리아에서 추방되며 받은 충격과 영국에서 잠시 억류된 삶을 살며 겪은 상대적으로 작은 타격은 많은 것에 대한 모밀리아노의 생각을 바꿔놓았다. 그가 케임브리지에서 소수를 상대로 강연하고, 또 소수였지만 선별된 영국의 세계주의적인 학자들과 긴밀히 접촉하며 보낸 시간도 그의 사고방식에 큰 영향을 주었다. 옥스퍼드 대학교 출판부 대표이던 댄 다빈Dan Davin, 1913-1990이 회고록에서 말했듯이, 휴 래스트와 베릴 스몰리Beryl Smalley, 1905-1984, 이소벨 헨더슨 Isobel Henderson과 아이리스 머독Iris Murdoch, 1919-1999 등은 세계대전 중에도 과열된 분위기에서 자유롭게 책을 읽고 토론할 수 있었다.[26] 바르부르크 연구소의 방문도 모밀리아노에게는 큰 영향을 미쳤다. 옥스퍼드와 달리 그곳에는 이탈리아 학문과 문화를 높이 평가하고 존중하는 분위기가 있었다. 특히 프리츠 작슬은 온갖 유형의 유럽계 망명자들에게 문호를 열어두었고, 심지어 지갑까지 열었다. 그 기간 동안 모밀리아노는 독일계 망명자들을 통해 독일 문헌학과 역사학의 전통을 직접 접촉하며 많은 것을 배웠고 많은 변화를 겪었다. 게다가 유럽 대륙에서 그의 부모를 포함해 유대인들이 학살되고 있다는 끔찍한 진실까지 알게 되었다. 나중에라도 모밀리아노의 전기를 쓰려는 작가는 온갖 국적의 망명자가 모인 세계주의적인 세계에서 이탈리아를 지독히 사랑하던 모밀리아노가 어떻게 절대적 이데올로기를 혐오하는 사람, 모순되지만 열성적인 시온주의자가 되었는지를 설명할 수 있어야 할 것이다.

여기에서 내 관심사는 훨씬 제한적이다. 한때 독일의 역사학 혁명을 믿었던 모밀리아노가 지금은 잊힌 고전학자들과 문헌학자들이 비판적 역사기록학의 토대를 이미 놓아두었다는 걸 입증하는 데 몰두했다. 또 한때 그리스와 로마 역사를 전문적으로 연구하던 학자가 이제는 그의 시론집에 언급된 직함처럼 그 분야의 최고 역사학자가 되었다. 모밀리아노는 자신의 고향에서 추방되면서 나타난 깊은 균열에 대응하는 방법의 하나로 유럽 학문의 역사에 몰두하며, 어떤 식으로든 그 균열을 채우려고 애썼다. 모밀리아노는 단편적인 자료를 수집하려는 서사적인 모험에 나섰고, 지극히 일반적인 차원에서 그런 프로젝트는 그가 존경하던 사람들(게르숌 숄렘, 펠릭스 야코비, 루돌프 파이퍼)부터 그렇지 않은 사람들까지 유럽 망명자들의 프로젝트와 비교되었다. 모밀리아노가 영국에서 보낸 초기의 경험은 그의 새로운 학문에 어떤 영향을 주었을까?

여하튼 모밀리아노가 학문의 역사를 이용해 방법론을 가르치기 시작했을 때 본보기로 삼을 만한 전례가 없지는 않았다. 그러나 기존의 방법론 중에는 그의 욕구를 채워줄 만한 것이 없었다. 콘라트 부르지안Conrad Bursian, 1830-1883과 존 에드윈 샌디스John Edwin Sandys, 1844-1922의 개론서도 정보의 출처로만 사용할 수 있을 뿐이었다. 게다가 그는 고전이 과거에 무엇을 뜻했는지를 전반적으로 조사할 필요가 있다고도 생각하지 않았다. 예컨대 그가 보기에 안토니오 베르나르디니Antonio Bernardini와 가에타노 리기Gaetano Righi의 《근대 세계에서 고전 문헌학과 고전 문화Il concetto di filologia e di cultura classica nel mondo moderno》(1949)는 학자들이 문헌과 기념물에 무엇을 했는지에 대한 구체적이고 자세한 설명은 없고, 고대 연구를 위한 추상적인 프로그램만을 나열하고 있어 아무짝에도 쓸모가 없는 책이었다. 또 열렬한 서평가를 위한 그의 조언을 한 번도 듣지 않은 사람들을 위해서는 그가 '볼가의 편집본'에 불과하다고 폄하한 로버트 랠프 볼가Robert Ralph Bolgar의 방대한 저작《고전의 유산과 그 수혜자: 카롤링거 시대부터 르네상스가 끝날 때까지Classical Heritage and Its Beneficiaries from the Carolingian Age to the End of the Renaissance》를 평가하지 않았다.[27] 영국 고전학에 대한 마틴 로더 클라크Martin Lowther Clarke의 조밀한 지역적 연구는 진정한 헬레니스트의 저작이었지만 그 주역들의 학문적 접근법에 대해서는 거의 언급하지 않았다. 마크 패티슨이 고전주의를 다룬 시론들이나, 모밀리아노도 명백히 높이 평가한 이자크 카소봉의 전기에서도 학문의 역사에서 다루어야 할 전문적인 문제들이 언급되지 않았다.[28] 야코프 베르나이스가 모밀리아노에게 거의 마법적인 인물로 추앙받지만, 그의 조제프 스칼리제르 전기도 이 시기에 모밀리아노의 생각에서 핵심적인 역할을 하지 못한 듯하다.

모밀리아노의 접근법은 인문과학의 역사에서 그가 존경하던 이탈리아 학자들의 접근법과 사뭇 달랐다. 제2차 세계대전이 끝났을 때부터 1960년대 초 사이에 카를로 디오니소티, 알레산드로 페로사, 기세페 빌라노비치Giuseppe Billanovich, 1913-2000, 세바스티아노 팀파나로는 문헌학의 복잡한 역사를 연구하기 위한 새로운 모형들을 개발했다. 그들은 르네상스와 계몽시대 및 19세기의 학자들의 원고를 모아 평가하고, 비판적인 문서들을 편집하며, 까다로운 구절을 설명하기 위해 고안해낸 방법들을 분석했다. 그들의 분석법은 오토 노이게바우어Otto Neugebauer, 1899-1990 같은 과학사학자들이 초기 수학자와 천문학자의 접근법을 분석하려고 오래전부터 사용하던 방법과 거의 똑같았다. 학문의 역사에 대한 그들의 엄격하고 세밀한 연구법은 페트라르카의 학문 세계를 알차게 분석한 빌라노비치의 첫 연구를 출간해준 〈바르부르크 연구소와 코톨드 연구소 저널〉와 빌라노비치가 창간한 학술지 〈중세 이탈리아와 인문주의Italia Medioevale e Umanistica〉모두에서 중심이 되었다.[29] 모밀리아노는 그들이 쓴 모든 저작을 충실히 읽었고, 평생 꾸준히 디오니소티와 유익한 대화를 이어갔다. 그러나 역사학자로서 모밀리아노는 자신의 길을 꿋꿋이 걸어갔다.

게다가 모밀리아노는 새로운 환경에서 만날 수 있던 지적인 가능성이나 자원들과 의도적으로 거리를 두었다. 물론 그는 고대의 것을 연구하기 시작할 때 저명한 영국 학자들이 적극적으로 탐구하던 영역에 들어간다는 걸 분명히 알았을 것이다. 예컨대 그가 브리스틀에서 지낼 때 동료였던 데이비드 더글러스David Douglas, 1898-1982는 1939년 《영국 학자들, 1660-1730English Scholars, 1660-1730》이란 책을 출간하며 전기 부문의 제임스 테이트 블랙 상을 수상했다. 더글러스는 국왕과의 신종 관계를 거부한 박식한 고전학자들과 그들의 후손들, 즉 영국 중세를 연구하는 모두가 여전히 사용하는 학문의 도구를 만들어낸 사람들을 웅변적으로 자세히 다루었다.

케임브리지의 역사학자 허버트 버터필드는 《휘그주의적 역사 해석The Whig Interpretation of History》과 《영국인과 그 역사The Englishman and His History》에서 유사한 문제에 대해 언급했다. 당시 버터필드는 18세기와 19세기의 독일 학문을 연구하고 있었고, 그 결과는 그가 와일스에서 한 강연들을 《과거의 사람들Man on His Past》이란 제목으로 발간하며 1955년 최고조에 이르렀다.[30] 1950년 모밀리아노가 블룸즈버리에서 다른 기관의 회원으로 합류하기 직전이며 〈고대 역사와 고고학자〉의 최종 원고를 끝낸 직후, 대영박물관 관장이던 토머스 다우닝 켄드릭Thomas Downing Kendrick, 1895-1979이 《영국의 유물British

Antiquity》을 출간했다. 르네상스 고전학자들이 영국의 과거가 간직된 문헌과 기념물을 논의하고 재구성하며 영국의 과거 자체를 어떻게 재구성했는지를 영어로 분석한 최초의 연구서였다.[31]

모밀리아노는 이런 저작들을 언급했지만, 자신이 시도한 방법론과는 기본적으로 무관한 것으로 취급했을 뿐이다. 영국 고전학자들은 주로 영국 섬의 과거에만 관심을 두었다. 또 대부분이 고대사보다 중세사를 연구했다. 따라서 그들은 명쾌한 서술로 여겨지는 역사학history과 끝없는 편찬으로 여겨지는 고고학antiquarianism을 명확히 구분하지 않았다. 켄드릭의 저작은 인문주의자들의 라틴 학문을 다루었다는 점에서 특별히 눈에 띄었다. 여하튼 켄드릭의 주장에 따르면, 그 책은 대영박물관과 도서관의 방대한 자료를 기초로 르네상스 시대에 유럽의 고고학을 광범위하게 연구한 결과물이었다. 그러나 모밀리아노는 켄드릭의 방법론에 동조하지 않았던지 《영국의 유물》을 약간 빈정대는 투로 언급했을 뿐이었다. 국왕이 존 릴런드를 공식적인 고고학자로 임명했다는 소문을 뒷받침하는 주된 자료가 없다고 주장한 후, 모밀리아노는 켄드릭도 똑같은 결론을 내렸다고 반겼지만 "켄드릭 씨는 위에서 언급한 자료들에 대해 논하지 않았다"라고 비판했다.[32] 이런 점에서 모밀리아노는 바르부르크 연구소와 의견을 함께하며 고대사 연구를 핵심에 두고 영국과 지중해를 연계하는 역사학의 전통을 따르는 듯했다. 달리 말하면, 영국 학자라고 유럽 대륙의 학문 방향과 동떨어진 존재로 취급해야 할 이유가 없었고, 원전을 자세히 분석하고 논의해야 한다고 생각한 점에서 근대 영국 학자들과 달랐다.

이런 입장을 취한 까닭에 모밀리아노의 저작도 어떤 면에서 제한적일 수밖에 없었다. 켄드릭이 입증했듯이, 고고학 연구가 물리적 증거로 방향을 전환했다고 역사의 신뢰성에 대한 논란이 종식되거나 신뢰성이 강화되지는 않았다. 고고학자들은 어떤 교회나 성에서 보았던 것과 그것이 뜻하는 것에 대해 의견이 충돌하기 일쑤였고, 때로는 무자비하게 서로를 비난했다. 이런 의견 충돌에서 확인되듯이, 그림과 목각 및 판화는 현장의 외형과 내용을 완벽하게 재현할 수 없었다. 미술가의 관습, 미술가에게 학문적 정보를 제공하는 학자의 추정, 어떤 문헌이나 사물을 되살리려고 할 때 해석도 더해야 하는 인간의 책무 등 모든 것이 학자와 기념물 사이에 빛조차 통과할 수 없는 장막처럼 드리워져 있었다. 물질적 유물에 대한 연구가 역사에서 회의적인 부분을 해결하는 데 도움이 될 것이라고 믿었지만 모밀리아노는 그 문제를 파고들지 않았다. 따라서 초기 근대 고고학을 충실하고 세밀하게 조망하는 역할은 프랜시스 해스컬Francis Haskell, 1928-2000이 떠맡아야 했다. 역사의 모습을 담은 미술품들을 학문적으로 분석한 해스컬의 음울한 책은 모밀리아노의 저작을 부분적으로 뒤엎었지만 모밀리아노를 칭찬했다.[33]

⁙

모밀리아노의 저작들은 형태와 내용에서 동시대 학자들의 저작과 확연히 달랐다. 무엇보다 그는 강연에 중점을 두었다. 따라서 전기와 일화를 학문의 역사에서 핵심적 도구로 보았다.[34] 여기에서 바르부르크 연구소가 필적할 상대가 없는 유럽 대륙의 자료 제공원으로서 중요한 역할을 했다. 〈고대 역사와 고고학자〉에서 확인되듯이, 모밀리아노는 바르부르크 연구소의 개가식 도서관에서 일차 자료와 이차 자료를 자유롭게 구할 수 있었다. 프리츠 작슬과 아비 바르부르크가 원래의 함부르크 도서관을 새로운 지적 기관으로 탈바꿈시킨 1920년대 이후로 강연은 그 도서관의 운영에서 주된 역할을 했다. 강연은 여러 언어가 사용되는 국제적인 모임과 토론장 역할을 했고, 연구소의 출판 기획에서 빠질 수 없는 크고 작은 논문으로 출간되었다. 또 강연을 통해 연구와 출판 프로그램은 구체적인 것과 개념적인 것을 결합하는 형식을 띠게 되었다.[35]

바르부르크 연구소의 학자들은 특정한 문헌과 미술품을 분석함으로서 그것에 내재한 지적이고 정서적인 면을 밝혀내려 애썼다. 바르부르크 연구소의 방문자들은 그곳의 방법론을 신속히 흡수했다. 예컨대 에른스트 카시러도 함부르크에서 체류하는 동안 자신도 모르게 그곳의 방법론을 흉내 내는 걸 깨닫고 깜짝 놀랐을 정도였다. 모밀리아노는 바르부르크의 연례 시리즈에 적극적으로 참여하며 직접 강의하거나, 다른 학자의 강연에 참여했다. 모밀리아노는 틈날 때마다 바르부르크 연구소 같은 국제기관에서의 논의가 그의 연구에 미친 영향을 강조했다. 예컨대 그가 외국 학자들에게 빚을 졌다는 걸 주석에서 인정하는 경우가 많았다.[36] 1930년대에 사색적이고 체계적으로 논증하던 학자들이 새로운 환경을 맞아 적극적이고 철저하게 대화하는 동시에 구체적이고 힘 있게 글을 쓰는 학자들로 변신했다. 모밀리아노는 마치 왕립연구소Imperial Institute, 즉 런던의 바르부르크 연구소에서 태어난 것처럼 다른 학자의 강연으로부터 배우는 걸 좋아했

고, 심지어 강연을 듣는 중에 책을 읽으면서까지 새로운 것을 배우고 싶어 했다.[37]

게다가 이원성과 대조를 파고드는 강연에 집중할 때 모밀리아노는 바르부르크 연구소의 고유한 방식 중 하나를 차용했다. 1930년대 이후로 파노프스키와 작슬은 고전학에 대해 바르부르크 학자들이 찾아낸 결과들을 정리해 영어권 대중들에게 알리기 시작했다. 그들은 좌절하면서도 자극을 받았다. 그때까지 글을 쓸 때 사용하던 정확하지만 추상적인 독일어 어휘를 상실한 데다 독일인보다 지적 수준이 떨어지고 전문화되지 않은 대중을 상대해야 했다. 그들 중에는 파노프스키의 강연을 메트로폴리탄 오페라 극장에 앉아 바그너의 오페라만큼 차분히 듣기 힘들다고 생각하며 끊임없이 꼼지락거리는 '친칠라 다이몬'도 적지 않았다.[38] 하지만 파노프스키와 작슬은 역사학에서 복잡하고 까다로운 의문을 끊임없이 제시하고 답을 내놓았으며, 독일을 떠나 맞이한 새로운 환경에서도 학문과 미술, 정치, 문학의 밀접한 관련성을 역설했다. 또 그들은 아비 바르부르크의 뒤를 이어 이원성을 이야기 구조로 삼아 고전의 전통 내에서 다양한 표현 가능성을 제시하는 양도논법적 방법을 고안하기도 했다. 예컨대 파노프스키와 작슬이 제시한 분리 원칙에 따르면, 고전은 중세 시대에 형식과 내용이 분할되었고, 르네상스에 다시 하나로 합쳐졌다. 그들은 이런 원칙을 제시하며, 고전에 대한 바르부르크의 전통적인 연구방식을 뉴욕과 프린스턴, 필라델피아와 런던의 학자들에게 이해하기 쉽고 일관된 방향으로 전하려고 애썼다. 게다가 그들은 독일인과 유럽인에게는 익숙하지만 영어권에서는 실질적으로 알려지지 않은 이야기를 통

해 암묵적으로 교훈을 끌어내기도 했다.[39]

결국 바르부르크 연구소는 고전 연구에서 하나의 특정한 접근법 (19세기와 20세기의 독일 문헌학자들이 고안해낸 모든 도구를 사용했지만 단절보다 연속성을 강조한 접근법)을 대표했다. 모밀리아노가 바르부르크 연구소의 학술지에 시론을 발표하기 전부터 그 학술지에는 고전 연구와 관련된 논문들이 게재되고 있었다. 예컨대 르네상스 학자와 미술가가 고전 시대의 비문과 의례를 해석한 방법을 연구한 프리츠 작슬의 논문, 서구 민족지학에서 머리가 개와 닮은 시노세팔루스와 다리가 하나인 스키아포드라는 괴기스러운 종족들을 인도의 변방에 두었던 유구한 신화에 대한 루돌프 비트코버Rudolf Wittkower, 1901-1971의 연구가 있었다.[40] 이런 이유에서 작슬은 크로이처에 대한 모밀리아노의 논문에 대해 언급하며, 자신이 전통적인 연구법에 익숙했고 크로이처의 중요성을 전혀 몰랐던 까닭에 "그 논문이 뜻밖의 기여를 할 것"이고 자신의 마음에 든다고도 덧붙였다. 프랜시스 예이츠Frances Yates, 1899-1981도 〈고대 역사와 고고학자〉를 읽고 그 중요성을 즉각적으로 깨달았다. "참으로 훌륭한 논문입니다. 깊이도 있고, 명쾌하면서도 깔끔하게 다듬어진 논문이 아닐 수 없습니다."[41] 바르부르크 연구소는 학문의 역사에 대한 모밀리아노 접근론의 참신성과 수정주의적 색채를 띠는 그의 많은 결론을 높이 평가하며 환영한 극소수 단체 중 하나였다.

모밀리아노는 앞으로 추구할 새로운 길을 1940년대 말쯤 명확히 찾았다고 확신했던지 옥스퍼드대학교 출판부의 댄 다빈과의 '충격적인 만남'에서 "앞으로 집중하고 싶은 새로운 연구 주제로 역사기록학의 역사"를 찾아냈다고 말했다.[42] 하지만 역사기록학이란 새로운 분야에 헌신하겠다는 결정이나, 그가 연구에 헌신하며 취한 형태는 약간 우발적인 면을 띠었다. 바르부르크 연구소와 관계하고, 작슬과 예이츠 및 게르트루트 빙Gertrud Bing, 1892-1964 과 교제하며 모밀리아노는 연구 방향과 글쓰기 방식을 찾아내는 데 도움을 받았다. 이때를 기록한 자료를 보면, 학자로서 취할 길을 지나치게 일찍 결정한 것이 분명했다. 그 결정은 그의 학문 전체를 파악하는 데도 중요하다.

옥스퍼드의 고전학자 오스윈 머리Oswyn Murray가 추적한 바에 따르면, 작슬이 1930년대에 처음 모밀리아노를 바르부르크에 데려갔고, 모밀리아노는 1942년 〈바르크부르크 연구소와 코톨드 연구소 저널〉에 '평화의 제단Ara Pacis'에 대한 논문을 제출했다. 비트코버는 그 논문을 공들여 읽고 난 후 쌍수로 수락했다. 그 논문은 그해에 학술지에 게재되었다. 그러나 모밀리아노의 방법론에 결정적인 영향을 미친 계기는 바르부르크 연구소의 후속 조치였다. 그때 연구소는 영국과 이탈리아의 지적인 교류가 재건되기를 바라며, "학술지 한 호號를 우리 이탈리아 친구들의 논문으로만 채우겠다"라는 결정을 내렸다.

1945년 7월 초, 비트코버는 모밀리아노에게 이 프로젝트에 참여해달라고 요청했다.[43] 모밀리아노는 그 요청에 신속히 응하며 이탈리아에서 '리소르지멘토Risorgimento(통일 운동)가 진행되던 동안의 로마 역사'를 연구한 논문이나 고전적 주제를 다룬 논문을 제출하겠다고 제안했다.[44] 비트코버는 '르네상스를 집중적으로 다룬 논문집'을 기대했던 까닭에 리소르지멘토에 대한 논문을 논문집의 결론으로 적합하다고 생각하며 크게 반겼다.[45] 비트코버와 예이츠는 모밀리아노에게

1945년과 1946년 내내, 그리고 1947년 초까지 그에게 그 논문을 제출하라고 압박을 가했지만 아무런 소용이 없었다.[46] 마침내 1947년 3월 20일, 더 높은 권위자가 개입했다. 꾸물거리며 차일피일 미루던 모밀리아노에게 작슬이 직접 압박하고 나섰다. "이탈리아어로 된 원고가 꽤 많이 입고되었습니다. 논문 수는 많지만 눈에 띄는 논문이 많지 않아 아쉽습니다." 모밀리아노의 논문이 프로젝트 전체의 질을 높여줄 것이라며, 작슬은 "당신의 논문이 없다면 이번 프로젝트가 많은 사람이 소망했던 목적을 이루지 못할 것"이라고 덧붙였다.[47]

모밀리아노는 그런 간청을 외면할 수 없었지만, 그 논문집에 정확히 어떤 기여를 할 수 있을지 의문이라고 솔직히 털어놓았다. 게다가 "정식 교수처럼 강의하고 논문을 지도하고(하지만 정식 교수처럼 보수를 받지는 못했다!)," 두 권의 책을 마무리하느라 눈코 뜰 새 없이 바빴다. 이런 주된 직업 때문에 논문을 쓸 틈을 내지 못했다. 더구나 그즈음 그는 리소르지멘토에 대해 견실한 논문을 써낼 수 있을 정도로 잠바티스타 비코와 18세기에 대해 충분히 알지 못했다. 또한 타키투스주의를 다룬 그의 저작은 스페인과 프랑스, 이탈리아와 영국에서 상대적으로 발전한 것이었지만 일시적인 침체 상태를 벗어나지 못했다. 따라서 영국과 스페인의 자료를 연구해 문헌적 수수께끼를 화급히 해결해야 했다. 그러나 약간 수정하면 작슬의 요구에 부합할 만한 주제로 과거에 써놓은 논문이 있었다.

제가 과거에 써둔 논문 중에서 이번 학술지 프로젝트에 적합한 것이 있을지 찾아보았습니다. 2~3년 전에 크로이처의 전前상징적 단계, 즉 크로이처가 근대적 방식의 그리스 역사기록학을 제시했을 때 쓴 논문이 있더군요. 꽤 중요한 문제를 다룬 논문이지만, 글쓰기 방식과 배열에 잘못이 있어 전체적으로 다시 써야 합니다. 게다가 주제가 이탈리아가 아닙니다. 그래도 선생님이 이 원고를 보시겠다면 기꺼이 이 문제를 선생님과 상의하겠습니다. 하지만 이 논문을 다시 쓰고 수정할 필요성에 대해서는 제 의견을 따라주셔야 합니다.[48]

작슬은 모밀리아노에게 그 원고를 제출하라고 요청했고, 모밀리아노는 타이피스트를 구하지 못해 직접 깔끔하게 정리한 원고를 제출했다. 모밀리아노는 충분한 연구를 바탕으로 논문을 쓴 것인지, 또 그 상태로 출판해도 괜찮은 것인지 확신하지 못했다.

#2(출간된 원고에서는 #3)의 서문을 조금 더 보충하는 게 좋을 듯합니다. 명백한 이유로, 18세기 독일의 문헌학과 역사기록학이 옥스퍼드에는 실질적으로 존재하지 않습니다. 안타깝게도 제 연구를 완결할 틈이 없었습니다. 이 논문이 다시 긴 수면에 들어가도 크로이처에게 손해날 것은 없습니다. 따라서 현 상태의 논문을 사용하지 않더라도 저에게는 크게 중요하지 않습니다.

결국 5월 1일 작슬은 이 논문의 게재를 수락했다.[49]
그러나 작슬은 모밀리아노에게 도입부를 다른 식으로 써달라고 요구했다. 모밀리아노가 제출한 원고의 1장은 인쇄된 최종본에서 2장이 되었고, "지금 우리가 읽는 프리드리히 크로이처의《그리스 역사 예술의 기원과 발전Historische Kunst der Griechen in ihrer Entstehung und Fortbildung》은 1845년에 발간된 개정판이다"라고 시작된다.[50] 작슬은 논문이 이렇게 시작되면 적어도 〈바르부르크 연구소〉의 독자에게는 으스스하고 불가사의하게 느껴질 것이라 생각하며 수정을 요구했다.

> 시작하는 글에 걱정스런 부분이 있습니다. 크로이처라는 이름을 아는 영국인은 무척 적습니다. 크로이처를 아는 영국인은 신화와 관련된 이론들로 그 이름을 아는 게 일반적입니다. 당신의 논문이 "우리는 크로이처를 개정판으로 읽고 있다"라고 시작한다는 걸 기억하실 겁니다. 크로이처를 초판이나 개정판으로 읽은 영국인은 거의 없을 것이기 때문에 이 문장이 영국인의 귀에 어떻게 들릴까 우려가 됩니다. 따라서 원고를 현재 상태로 타이핑해서 인쇄하겠지만, 독일 문헌학을 잘 모르는 독자들에게 크로이처의 저작을 소개하는 머리글이 더해지면 좋겠습니다. 내 요구가 당신을 번거롭게 하지 않기를 바라지만, 머리글이 있으면 독자가 당신의 논문을 이해하는 데 크게 도움이 될 것이라 생각합니다.[51]

모밀리아노는 작슬의 의도를 충분히 이해했다. 5월 11일 모밀리아노는 머리글을 동봉한 답장을 보냈고, 그 머리글이 최종적인 논문에서 1장이 되었다. 그는 크로이처의 가장 유명한 저작, 즉 고대 신화에 대한 연구에 대해 언급하기를 거부하며 "나는 오래전부터 신화 연구의 역사를 위해 자료를 꾸준히 수집해왔기 때문에 여기에서 그의 '상징학Symbolik'에 대해 깊이 말하고 싶지 않다. 나중에 때가 되면 이 문제를 자세히 다루도록 하겠다'라고 말했다. 그러나 모밀리아노가 논문을 시작하며 소개한 이야기는 독자의 눈을 사로잡기에 충분했다. 흉한 외모에도 불구하고 크로이처를 짝사랑한 끝에 자살한 카롤리네 폰 귄데로데Karoline von Günderode의 이야기였다. 모밀리아노는 크로이처가 학자로서 거둔 업적도 간략하게 언급했다. 또 다른 간결하고 장중한 구절에서 모밀리아노는 학문의 역사에 대한 연구가 고대 연구를 다시 시작하는 방법으로 여겨진다고 밝혔다. 이렇게 간접적이고 협력적인 방식으로 모밀리아노는 중년기 학문 연구의 특징을 구축해갔다.[52]

물론 모밀리아노와 바르부르크 연구소의 관계는 여기에서 끝나지 않았다. 오히려 그 관계는 이 시기에 그를 사로잡았던 역사기록학 연구의 한계와 기원에 새로운 빛을 던져주었다. 1949년 1월 10일 월요일 오후 5시 30분, 모밀리아노는 바르부르크 연구소에서 '고대 역사와 고고학자'를 주제로 강연했다. 강연이 끝난 후 그는 연구원들과의 대화를 즐겼고, 1949년 말에는 〈바르부르크 연구소와 코톨드 연구소 저널〉에 당시의 강의를 수정하고 보완한 논문을 제출하며 프랜시스 예이츠를 즐겁게 해주었다.[53] 그 후로 1950년 내내 주고받은 편지에서 전성기를 맞은 두 위대한 학자의 면모를 엿볼 수 있다.[54] 돌덩이 같은 심장을 가진 독자가 아니면, 누구나 예이츠가 모밀리아노에게 〈바르부르크 연구소〉에 종종 기고해주기를 바라며 건넸던 원고 작성법을 재미있게 읽고,[55] 참고문헌을 확인하려는 모밀리아노의 필사적 노력에 박수를 보내며,[56] 모밀리아노가 예이츠에게 보낸 한 편지에서 '역사 연구를 위한 파리 회의'를 평가한 글을 즐겁게 읽을 수 있다. "분위기는 무척 좋았습니다. 주최자들도 친절했습니다. 그러나 현재 역사 연구가 쇠락한 것은 부인할 수 없는 사실입니다. 저는 과거 역사학자들을 위한 발라드를 쓰고 싶었습니다."[57]

예이츠와 모밀리아노가 주고받은 편지들은 사설의 상세함과 여행기의 재미를 훌쩍 넘어섰다. 예이츠는 모밀리아노의 이야기가 예술가의 기원에 대한 전통적 접근법에 대한 도전이라 생각하며, 그에게 그런 도전적인 접근법을 18세기와 19세기에도 확대해보라고 촉구했다. "언젠가 당신이 시간을 내서 그 흥미로운 접근법을 19세기에도 적용해보면 좋겠습니다. 내가 제대로 이해했다면 19세기에 헤겔주의자들이 독일에 그런 접근법을 도입하면서 시각적 자료에서 시대정신이 가장 확실히 추론될 수 있다고 주장하기 시작했으니까요. 게다가 이런 변화가 요한 요아힘 빙켈만에서 이미 시작되지 않았던가요?"[58] 모밀리아노는 자신이 기념물이나 연구하는 학생이란 아마추어적 위상을 강조한 까닭에 그런 도전을 직접 시작하지 않고, 프랜시스 해스컬과 토마스 카우프만 등에게 양보함으로써 그런 시도는 두 세대 후에야 시작되었다.[59] 그 후로 모밀리아노가 야코프 부르크하르트의 문화사와 아비 바르부르크의 예술사 사이의 지적인 관계를 집중적으로 읽고 사색했다는 사실을 고려하면, 그런 양보는 애석한 판단이었던 듯하다.[60] 또한 예이츠의 질문은 모밀리아노의 접근법에서 보완해야 할 것을 예리하게 지적하는 감각을 보여준 것이었다.

예이츠는 다른 편지에서 작지만 의미 있는 수정을 공식적으로 요청했다. 고고학과 고대 종교의 역사를 다룬 논문에서 모밀리아노는 아타나시우스 키르허가 이집트에서 '삼위일체까지' 찾아냈다고 약간 빈정대는 투로 말했다. 예이츠는 학문과 지성이 담긴 장문의 편지에서 그런 노력은 키르허 이전에도 있었다는 걸 지적하며, 15세기와 16세기의 신플라톤주의자들이 '이색적인 종교'에 깊은 관심을 가졌지만 키르허와 헤르만 위트시우스Herman Witsius, 1636-1708 시대의 박식가들보다 그 종교들에 대해 아는 것이 적었고, 비교 종교에서 이런 분야를 철저히 연구하려면 수세기 동안 변화 과정을 추적해야 할 것이라고 덧붙였다.[61] 모밀리아노는 문제의 문장을 "예수회 수도자 아타나시우스 키르허는 멘사 이시스Mensa Isiaca(이집트풍을 모방해 로마에서 제작된 것으로 추정되는 청동판—옮긴이)가 이집트도 삼위일체를 믿었다는 증거라고 확신했다"라고 다시 고쳐 쓰며,[62] 예이츠가 구체적으로 지적한 문제들을 '감탄스럽게' 해결해냈다.[63] "고고학자와 신학자 사이의 18세기 이탈리아와 프랑스에 대한 논의"에 대해서는 연구를 계속했지만,[64] 예이츠가 제시한 더 큰 과제, 정확히 말하면 고도로 전문화된 17세기 고고학이 15세기와 16세기 인문주의자들의 포괄적인 연구와 얼마나 다르고, 그때부터 얼마나 발전했는가를 추적하는 과제를 다시 시작하지는 않았다. 1990년대와 그 이후에야 인고 헤르클로츠Ingo Herklotz를 비롯해 몇몇 학자가 이 문제를 다시 체계적으로 제기하기 시작했을 뿐이다. 따라서 예이츠가 바랐던 것과 달리 모밀리아노가 이 문제를 다시 진지하게 다루지 않은 것이 아쉬울 따름이다. 물론 그가 이런 주제에 접근한 방법에 비추어보면, 고고학사와 미술가를 쓰지 않겠다는 초기의 결정처럼 이 결정도 충분히 이해된다. 모밀리아노는 바르부르크 연구소의 운영위원회에 참석해 연구원의 임명과 연구 과제의 결정에서 끊임없이 조언했고, 연구원들과 긴밀하게 협조했으며 자신의 이름으로 유명한 연구회를 주최하기도 했지만 바르부르크 연구소 소속이라 생각하지는 않았다. 오히려 고대사를 가르치는 교수라 생각하며, 고대사 분야가 영광을 향유하던 시대로 돌아가 과거의 풍요로움과 문화적 위상을 되찾을 수 있기를 바랐다. 바르부르크 연구소는 그에게 이런 연구 결과를 발표할 공간을 제공했고, 연구원들은 그가 그 결과를 효과적으로 표현하는 어법을 찾아낼 수 있도록 도왔다. 따라서 많은 분야의 학자들이 모밀리아노의 논문을 읽고 이해할 기회를 얻었고, 결국에는 고전으로 삼았다. 그러나 모밀리아노는 자신의 저작이 역사학의 전통을 개관하는 개론이 되리라고 기대하지는 않았다.

최근에 젊은 학자들은 모밀리아노가 개략적으로 제시한 역사학의 전통에서 빈칸을 채우며 그 윤곽을 수정하기 시작했다. 게다가 그들은 꼼꼼한 분석을 통해 모밀리아노의 저작만이 아니라, 더 나아가 그의 방법론까지 비판하기 시작했다.[65] 모밀리아노였더라도 논쟁하며 진지하게 받아들인 선배 학자에게 대해 물었을 법한 의문을 제기하는 것은 당연한 듯하다. 달리 말하면, 모밀리아노가 연구 과제를 어떻게 결정했고, 당시의 지적 환경에 따라 어떻게 글을 썼는지에 대해 의문을 품는 것은 당연하다. 그 의문의 답을 구할 때 우리는 안타깝게도 따분하고 편협한 학문의 시대에도 위대한 학자의 걸작을 다시 살려낼 수 있는 가능성을 보게 된다. 더 구체적으로 말하면, 모밀리아노가 특정한 시기에 특정한 환경에서 학문의 역사를 선택했다는 걸 알게 된다. 모밀리아노는 고전 연구의 역사에 대한 자신의 기여가 전통적인 역사학을 개관하려는 대단한 시도가 아니라, 자신과 같은 분야를 연구하는 동료 학자들을 겨냥한 "역사학 방법론에 대한 연구"에 불과했다는 겸양을 보였다.[66] 역사기록학에 대한 그의 지식은 깊고 넓었지만 그는 다른 분야에도 도전하라는 주변의 많은 유혹과 요구를 이겨냈다. 모밀리아노가 근거로 삼은 자료를 다시 정독하거나 폭넓은 조사에 비롯된 비판은 그가 언제라도 환영하는 것이었다. 그러나 모밀리아노 자신이 그랬지만, 그의 저작에 대한 비판은 기록에 근거하는 경우에만 목적을 달성할 수 있다.

부록 1
:

프랜시스 예이츠가 아르날도 모밀리아노에게
1950년 10월 9일

바르부르크 연구소 기록 보관실, 편지 모음, 타자기로 친 원고.
모밀리아노의 답장은 기록보관실에 있지 않다. 그러나 예이츠가 1950
년 11월 10일 모밀리아노에게 보낸 편지를 보면, 그가 키르허에 대해
수정한 문장을 허락한다는 내용이 있고, 관심사를 출간하려는 그의 치
밀한 성격이 드러난다. "당신이 언급한 레몽 슈와브[67]의 책을 읽어봐야
겠습니다. 무척 중요한 책인 듯하니까요. 당신이 제시한 방향에 따라 언
젠가 우리가 바르부르크에서 심포지엄을 개최하면 좋을 것 같습니다.
이 계획을 소장에게 전달하겠습니다." 모밀리아노가 예이츠에게 보낸
편지(부록 2)도 참조하기 바란다.

모밀리아노 교수님께

편지를 받고도 한참 동안 답장을 못했습니다. 그동안 이탈리아에서
지내다가 얼마 전에야 돌아왔거든요. 물론 이탈리아에서는 무척 즐거운
시간을 보냈습니다. 넘어지셨다는 소식을 들었는데 지금쯤에는 회복되
었기를 바랍니다. 그런 와중에도 많은 작업을 끝내신 듯하더군요. 고고
학자와 신학자 간의 18세기 논쟁에 대한 자료를 수집했는지 알고 싶습
니다. 정말 연구할 것이 많은 분야이지 않습니까.

당신이 논문에서 바로잡아야 한다고 언급한 부분들은 페이지 조판
교정쇄에서 틀림없이 반영할 것입니다. 그런데 당신의 동의가 있어야

하겠지만, 309쪽에서 한 문장을 약간 조절하는 문제를 당신과 논의하고 싶습니다.

309쪽에서 당신은 키르허가 "이집트에서도 삼위일체"의 흔적을 발견했다고 말했을 때 16세기 전통을 염두에 두었을 것입니다(조반비 바티스타 지랄디, 마르실리오 피치노, 퐁튀 드 티아르 등). 당신은 다음 문장에서 "몇몇 이교도가 진실을 알고 있었다는 걸 고려하면 특별한 것이나 비정통적인 것은 없다"라고 덧붙이며 자기 방어를 시도했습니다. 그러나 키르허가 '이집트의 삼위일체'라는 개념을 조작해냈다는 인상을 떨칠 수 없습니다.

이 문제와 씨름하며 내가 쓴 《16세기 프랑스 교육기관》을 다시 읽었습니다. 16세기에는 막연하더라도 종교를 비교하는 원칙들이 있었고, 상당수의 이상한 종교에 대한 지식이 플루타르코스나 교부들의 글에 국한되더라도 어떤 두려움도 없이 그 종교들을 비교종교학의 범주에 포함시켰던 듯합니다. 예컨대 오리게네스에서 언급된 말을 근거로, 하느님이란 존재가 브라만에게도 알려져 있었다는 16세기의 주장을 생각해보십시오(내 책, 《16세기 프랑스 교육기관》에서 인용). 17세기와 18세기의 학자들이 동양 종교에 대해 더 깊이 알았다면, 그들이 새롭게 발견한 것을 처음부터 16세기의 통합주의적인 틀에 끼워 넣으려 하지 않았을 것이란 게 내 생각입니다. 어쩌면 하나의 노선, 예컨대 조로아스터를 취해, '동방박사'를 향한 피치노와 그 제자들의 막연한 열정부터 프랑스 인도학자 앙크틸 뒤페롱까지 추적하는 과정을 취할 수도 있었을 것입니다. 학문적 토론까지 있었다면 그런 연구에 좋은 자료를 제공할 수 있었겠지요.

물론 이신론자들이 비교종교학을 무기로 이용하게 된 데에는 이유가 있습니다. 존 롤런드는 조르다노 브루노로부터 영향을 받고, 브루노는 약간 대담한 반전이 있었지만 마르실리오 피치노와 조반니 피코 델라 미란돌라에게 영향을 받았습니다. 트렌트 공의회가 있은 후에야 비교종교학이 저항의 증표가 되기 시작하지 않았습니까?

그러나 당신은 놀랍도록 다채롭고 영감을 주는 논문에서 비교종교학을 간단히 언급하고 끝냈습니다. 긴 편지를 용서해주십시오. 요점을 간단히 정리하면, 309쪽에 언급된 키르허와 삼위일체에 대한 문장을 조금만 수정해달라는 것입니다.

안녕히 계십시오.

부록 2

⋮

아르날도 모밀리아노가 프랜시스 예이츠에게

1951년 3월 20일

바르부르크 연구소 기록보관실, 프랜시스 예이츠의 편지, 손으로 쓴 필 사본. 프랜시스 예이츠의 누이 해나가 사망했을 때 쓴 이 편지는 학문 의 역사에 대한 모밀리아노의 연구가 어떻게 발전했는가를 보여준다. 예이츠의 저작과 르네상스 연구에 대한 관심이 다른 편지들에서도 확 인된다. 예컨대 1950년 4월 6일 모밀리아노가 예이츠에게 보낸 편지, 1950년대 4월 18일 예이츠가 모밀리아노에게 보낸 편지다. 두 편지 모 두 바르부르크 연구소 기록보관실, 편지 모음에 보관되어 있다.

예이츠 님에게

언니이자 동반자를 잃었다는 소식을 듣고 무척 안타까웠습니다. 루 빈스타인이 지난주에 여기에 와서, 선생님이 큰일을 겪고 있다고 저에 게 말해주었습니다. 선생님은 연구에 많은 시간을 할애할 수 있어 다행 이지만 안타깝게도 개인적인 상실을 치유할 방법은 없습니다. 선생님이 이탈리아 교육기관에 대한 연구를 계속할 수 있기를 바랍니다. 제 생각 에는 무척 유망하게 보이는 연구 과제입니다. 샤를 오귀스탱 생트 뵈브 가 가브리엘 노데에 대해 쓴 시론을 읽으면서 선생님을 머릿속에 떠올 렸습니다. 노데의 《마스퀴라》에 이탈리아 교육기관의 목록이 나열되지 않습니까.

여유로운 틈이 날 때마다 고전학을 생각하며, 최근에 '고전을 사랑하는 사람들'에게 읽어주었던 기번에 대한 글을 다듬어 논문으로 발전시키고 싶습니다. 하지만 많은 시간이 걸리겠지요.

솔즈베리의 존에 대한 한스 리베쉬츠의 연구를 논평한 글이 《리비스타 스토리카 이탈리아나》에서 받아들여질지 모르겠습니다. 그 역사 학술지의 중세 분야를 편집하는 책임자가 토리노대학교 인문학부의 제 동료, 조르조 팔코입니다. 저자에게 그 책을 직접 증정받았고, 무척 흥미롭게 읽었습니다. 내 이탈리아 친구들이 그 책의 존재를 인식하고 심도 있게 다루면 좋겠습니다. 그 친구들은 그럴 만한 능력이 충분하니까요.

안녕히 계십시오.

아르날도 모밀리아노 드림

13
❖

미국의 대학교와 공공 지식인의 삶

⋮ 　미국 지식인의 삶에 대한 두 가지 이야기가 끊임없이 내 귀에 들
린다. 두 이야기는 잡지에서, 내 컴퓨터에 북마크된 문학 관련 웹사
이트에서, 1930년대 뉴욕 지식인들에 대해 끝없이 쏟아지는 책과 수
필에서 재삼재사 마주치게 된다. 나는 두 이야기를 읽을 때마다 그럴
듯하게 들리지만 서로 완벽하게 모순된다는 느낌을 받는다. 하나는
왕의 죽음과 관련된 슬픈 이야기다. 달리 말하면, 역사학자 러셀 저
코비Russell Jacoby가 들려주었고, 그 후로 많은 사람이 끊임없이 되풀
이하는 공적 인물의 몰락에 대한 이야기다. 다른 하나는 허레이쇼 앨
저Horatio Alger, 1832-1899의 성공담이다. 그 공공 지식인public intellectual
의 등장은 많은 논쟁적인 기사에서 다루어졌고, 상당수의 대학 소설
academic novel에서 풍자되었으며, 최근에는 교수직과 연구비, 심지어
박사학위 프로그램으로도 재확인되었다. 미국 대학은 두 이야기 모

두에서 중요한 역할을 한다. 첫 번째 이야기에서는 악독한 계모의 역할이고, 두 번째 이야기에서는 자상한 생모의 역할이다.

저코비에 따르면, 미국의 공공 지식인은 멸종 위기에 직면한 종이자 미국 흰두루미처럼 개체수가 줄어들고 있는 종이다. 20세기 중반 무렵, 비판적인 지식인들은 도심에 모였다. 그들은 공식적인 문화권 밖에서 일하며 온수 설비가 없는 아파트에서 살았고, 쓰고 싶은 글을 썼다. 대부분이 인문과학이나 자연과학에서 한 분야를 전문적으로 훈련받은 적이 없었고, 정기적인 수입이 없었으며, 경력으로 인정받을 만한 뚜렷한 일을 하지도 않았다. 그러나 전문성 부족이 오히려 그들을 위대하게 만들었다. 그들은 〈파티잔 리뷰Partisan Review〉 같은 '동인잡지'를 창간했다. 그들은 소규모였지만 무척 까다로운 출판인들과 함께 일했다. 뉴디렉션 출판사의 제임스 로플린James Laughlin, 1914-1997이 대표적인 예였다. 그들은 구심점 없이 방황하며 불평불만에 싸인 대중에게 다가갔다. 그들은 다방면의 지식을 갖춘 만물박사처럼 생각하며 글을 썼기 때문에 상당한 영향력을 행사했다. 예컨대 그들은 국내의 빈곤 문제부터 외국의 독재정부까지, 또 위대한 미국 도시들의 운명을 좌우할 문제까지 당시 사람들이 잊고 싶어 하는 문제를 파고들었다. 게다가 그들은 누구나 읽을 수 있도록 명쾌하면서도 산뜻한 문체로 자신들의 생각을 표현했다.

20세기 중반 이후에 그 비공식적인 지식인 공동체가 발간한 책들은 보급판의 베스트셀러가 되었지만 그 공동체 자체는 사라졌다. 한때 그곳에 거주하던 많은 지식인이 '리바이어던Leviathan'이란 거대한 야수에게 먹혀버렸다. 놀랍게도 전에는 그들에게 거의 관심을 두지 않았던 미국 대학이 바로 리바이어던이었다. 다수의 젊은이가 대학에 진학했고, 라이어널 트릴링과 델모어 슈워츠Delmore Schwartz, 1913-1966를 비롯한 소수는 고급 학문까지 공부한 끝에 교수로서 대학에 계속 머물렀다. 그러나 대학은 친목 중심적이었고 반유대적 문화가 팽배했으며 교수진은 보수적이었다. 따라서 대학은 그들에게 좋은 책과 지적인 동료를 만나는 기회를 제공하는 공간에 불과했다. 학문은 퇴영적이고 따분한 데다 재미까지 없었다. 대부분의 교수가 젊은 학생들에게 윌리엄 콩그리브William Congreve, 1670-1729의 시에서 쉼표를 헤아리고, 윌리엄 워즈워스William Wordsworth, 1770-1850의 시에 감추어진 아름다움을 감상하는 법을 가르쳤다. 토머스 스턴스 엘리엇, 제임스 조이스, 프랜시스 스콧 피츠제럴드의 작품을 대상으로 현대 도시에서 경험이 단편화되는 현상을 파헤치지 않았다. 대부분의 대학에서 정식으로 가르치던 주요 작품들은 수십 년 전에 쓰인 것이었던 까닭에 앵글로색슨계 가문에서 태어나 자란 프로테스탄트만이 그 작품들을 제대로 이해할 수 있었다.

하지만 제2차 세계대전 이후 대학이 확대되는 과정에서 대학 당국은 일자리와 주택을 제공했고, 정기 간행물을 발간하는 데 필요한 자금을 지원했다. 한때 자부심으로 버티던 국외자들이 교수가 되었지만, 그 결과로 그들만의 독특한 목소리를 잃었고 진정한 계승자를 키워낼 수 없었다. 종신 교수직을 탐내며 전문용어를 남발하는 학자들의 큰 목소리에 반대 목소리가 덮여버렸다. 좁디좁게 제한한 문제를 답답할 정도로 세밀하게 분석하고, 도무지 이해할 수 없는 용어로 써내려간 결과가 더 높이 평가되는 새로운 시스템이 지배하는 세상이 되었다. 예컨대 〈미국현대언어학회지PMLA, Publications of the Modern Language Association of America〉가 〈파티잔 리뷰〉를 압도하는 세상이 되었다.

대학 밖에서도 지적인 생태계는 만물박사처럼 행동하는 일반론자 generalist와 사변적 사상가에게 예전만큼 호의적이지 않았다. 젊은 작가들은 선배들의 전례를 따르고 싶었지만, 그들에게는 드와이트 맥도널드Dwight Macdonald, 1906-1982와 메리 매카시Mary McCarthy, 1912-1989에게 힘을 더해주었던 자신감과 전반적인 교양이 부족했다. 따라서 공공 지식인들은 정반대의 과정을 되짚었다. 비유해서 말하면, 화려함을 사방에 뿜내던 나비에서 따분하고 전문화된 번데기로 되돌아갔다. 그들의 도시 서식지, 즉 지식인들이 한때 부르주아로부터 자유로운 근거지라고 자랑하던 온수시설이 없는 음침한 아파트가 최상층의 쾌적한 거주지로 돌변했다. 1950년대의 싸구려 아파트는 리모델링된 후에 자녀가 어렸을 때 떠났던 도심으로 되돌아오는 늙은 부르주아 부부에게 다시 팔렸다. 그곳에 살던 지식인은 적절히 탈바꿈해서 자식들에게 성공한 교수로 비추어졌다. 요컨대 1955년부터 1980년 사이에 지식인들은 미국 사회와 문화에서 과거에 차지하던 위치를 양도했다.

이런 비관적인 평가는 설득력 있게 들린다. 그러나 모든 동전에는 양면이 있다. 이 경우에는 뒷면은 밝고 매력적이다. 여하튼 외적으로 보면 정신의 삶이 지금보다 건강한 때는 과거에 없었던 듯하다. 학자와 작가 및 출판인의 동정을 집중적으로 보도하는 잡지와 신문과 웹사이트는 1990년대와 그 이후에 우후죽순처럼 생겨났다. 이제 미국 전역의 대학 도시에서는 전통 문화와 첨단 문화가 나란히 함께 꽃피고 있다. 독서회와 토론장과 시 낭송회에는 수백 명씩 모여든다. 대학을 졸업한 후에도 지적인 삶은 계속된다. 일류 대학 졸업자에게 북클럽 회원 자격은 컨설팅이나 법률과 관련된 직업만큼이나 삶의 기준이 되었다. 시인과 함께하는 저녁을 후원하고, 프라푸치노를 홀짝거리는 군중에게 아담한 동인잡지들을 안겨주는 대형서점이 허버트 조지 웰스의 《우주 전쟁》에서 지구를 침략한 화성인처럼 늘어났다. 대형서점은 교외의 쇼핑몰만이 아니라 수년 전까지만 해도 부동산 중개인이 부동산 중개인에게 연락하는 전화벨 소리만 들리던 주변 도시에도 생겨났다. 그리니치빌리지가 코네티컷의 그리니치가 되었고, 노스비치는 일리노이주 북부까지 확대되었다. 그 사이에 지식인들의 나스닥이라고 할 수 있는 아마존닷컴의 매출에서 복잡하고 까다로운 서적의 판매량이 대학 도시에서는 물론이고 전국적으로도 증가했다는 게 확인된다.

미국 대학은 이렇게 극적으로 변한 지적인 삶에서 긍정적이고 주된 역할을 해왔다. 대학의 독려에 창의적이고 생산적인 두뇌들은 동료들과 학생들만이 아니라 대학 철문 밖의 대중과도 말을 섞게 되었다. 문학 이론과 그리스 철학에 담긴 비밀을 습득한 저명한 학자들이 현실에 존재하지만, 그들은 고매한 사상들로 채워진 세계에서 어둡고 혼란스러운 플라톤의 동굴로 내려왔다. 그런 동굴에서도 그들은 별처럼 환히 빛났다. 최근에 유행하는 학제간 교육법에도 제약을 받지 않고, 오히려 힘을 얻어 당시 사회의 현실적인 문제(1980년대에 많은 학자가 예측한 후기 자본주의의 '죽음의 무도', 사적인 삶에서 가장 비밀스러운 영역까지 침범해 파헤치는 공권력의 등장, 세계 곳곳에서 대부분의 시민이 견뎌야 하는 빈곤과 억압)에 정면으로 맞섰다. 또 그들은 매섭고 새로운 지적 무기를 휘두르며 문화 연구 같은 새로운 학문을 만들어내기도 했다. 따라서 학장들이 연봉을 올려주고 강의 부담을 줄여주는 것으로 그들에게 보상한 것도 조금도 놀랍지 않았다. 높은 연봉과 적은 강의는 학원의 천국으로 올라가는 두 징표니까!

새로운 지식인들은 일반적으로 흔히 망각하게 되는 국내외 문제, 사회문화적 문제를 깊이 생각하고 고민한 결과를 〈더 네이션The Nation〉과 〈더 뉴 리퍼블릭The New Republic〉 같은 잡지나 〈슬레이트 앤드 살롱State and Salon〉 같은 웹사이트를 통해 많은 대중에게 알렸기 때문에 상당한 영향력을 행사했다. 이런 기사들은 수년 전에 거의 소멸된 듯한 토론회만큼이나 소동을 불러일으켰다. 대학에 고용된 지식인들은 고래 배 속에 갇힌 무력한 순응주의자가 아니라, 확성기를 찾아내서 효과적으로 활용하는 사상가이고 작가였다.

지식인과 대학의 이야기는 끝도 좋았다. 살기에 적합하고 정치적으로 진보적이며 문화적으로 유행에 밝았던 대학 도시들은 세계주의의 작은 중심이 되었다. 왼쪽에서는 넋을 잃은 교수들이 웹사이트로 큰돈을 번 젊은 백만장자들에게 라테를 엎지르고, 오른쪽에서는 검은 정장을 입은 학생들이 새로운 공론장에서 자신이 나아갈 길을 읽느라 바쁘다. 케임브리지, 버클리, 앤아버, 애머스트 등의 인민공화국들은 현대판 헨리 루이스 멘켄Henry Louis Mencken, 1880-1956(미국의 평론가-옮긴이)의 볼티모어, 젊은 시절 에드먼드 윌슨Edmund Wilson, 1895-1972(미국의 문예평론가-옮긴이)의 뉴욕, 벤 헥트Ben Hecht, 1893-1964(미국의 저널리스트—옮긴이)의 시카고가 되었다. 공공 지식인들은 각자가 소속된 철학과나 영문학과 혹은 생물학과, 또 문화연구와 자연과학 프로그램을 장식하는 역할을 넘어, 전반적인 분위기를 조성하며 논의할 주제를 선택한다. 학교에 둥지를 틀지 않은 일반론자들, 예컨대 폴 버먼Paul Berman과 토머스 프랭크Thomas Frank 등도 새로운 학문 공동체와 그 외곽에서 열렬한 지원을 받고, 젊은 독자들의 응원도 대단하다.

나는 한낱 역사학자일 뿐이다. 위에 언급된 이야기 중 어느 것이 현재의 상황을 더 정확히 묘사하는지 나는 전혀 모르겠다. 아마존이 보더스와 반스 앤드 노블을 꺾을 것이라고 자신 있게 말할 수도 없다. 그러나 위의 이야기 중 어느 것도 과거, 특히 미국 대학의 과거를 제대로 다루지 못한다고 말할 수 있다. 따라서 나는 나 자신의 이야기를 하고 싶다.

데이비드 홀링거David Hollinger, 브루스 쿠클릭, 도로시 로스Dorothy Ross, 제임스 터너James Turner, 대니얼 로저스Daniel Rodgers, 캐럴라인 윈터러Caroline Winterer 등과 같이 학문적 깊이와 독창성을 겸비한 역사학자들이 우리에게 가르쳐준 바에 따르면, 19세기 말과 20세기 초의 미국 대학은 일반적인 생각보다 훨씬 더 활력이 넘치던 곳이었다. 새로운 대학 문화가 이 시기에 형성되었다. 그 문화는 남성 프로테스탄트 전문직 종사자와 관리자 및 그들의 아내를 양성하는 것을 목적으로 했고, 주로 기업가와 풋볼 팬에게 금전적 지원을 받았다. 또 그 문화는 새로운 산업자본가들과 그들의 대열에 올라서기를 열망하는 사업가들의 자녀에게도 적잖은 자극을 주었다. 대학 문화의 지배적인 기조는 향수鄕愁였다. 야심적인 대학들은 전통적인 형태의 건축과 의상을 채택하고, 무수히 많은 새로운 형태의 사회적 의례와 운동 경기 의식을 도입함으로써 가공되지 않은 생경함이나, 그들이 만들어 낸 새로운 계급화를 감추려고 애썼다. 그러나 그 결과로 기만적인 보수주의가 출현했고, 그 때문에 소스타인 베블런Thorstein Veblen, 1857-1929은 미국 고등교육에 대한 연구서에 '인간의 전적 부패에 대한 연구'라는 부제를 붙였고, 업턴 싱클레어는 미국 교육을 다룬 책에《구스 스텝Goose Step》(군인들이 다리를 굽히지 않고 높이 들면서 걷는 행진-옮긴이)이란 제목을 붙일 수밖에 없었다.

　미국에서 대학은 교수들과 학생들이 과학적이고 철학적이며 문헌학적인 도구를 화석과 성경과 사회 자체에 적용하며 만들어내는 지적인 공연장이 되었다. 그들의 연구로 한때 진리와 깨달음의 완벽하고 영원한 샘으로 여겨졌던 것이 단계적으로 재구성될 수 있는 역사 발전의 우연한 결과에 불과했다는 것이 밝혀졌다. 그러나 시카고와 뉴욕 등 그들의 주변에서 형성되는 새로운 도시 세계를 관찰하고 개혁하려는 사회과학자들, 새로운 어법으로 성생활과 사회적 경험을 표현하려는 뛰어난 작가들이 대학에서 탄생했다. 세기의 전환점까지 대학 세계로 잠시라도 돌아가면, 잊힌 지적인 모험을 되찾는 작업에 참여해서 미국 정신의 창의성과 위기에 대해 요즘 언급되는 온갖 주장을 새로운 관점에서 보게 된다. 또한 과거로의 회귀는 명백한 모순에 역사학자가 자연스레 반응하는 방법이기도 하다. 다른 관점에서 보라! 운이 좋으면 해결의 실마리를 찾을 수 있으니까.

그럼 시카고대학교가 설립되었던 초기인 1890년대로 돌아가보자. 여러 점에서 시카고대학교는 그 시대를 대표했다. 누군가가 물리적으로는 예일이나 프린스턴을 중서부의 저지대에 낙하산으로 떨어뜨린 것처럼 보였다. 막대한 재산을 가진 악당들에게 금전적 지원을 받아 명료하게 조각된 잿빛 석조 건물들이 수개월 전만 해도 컬럼비아 세계 박람회의 페리스 회전 관람차, 벨리 댄서들과 온갖 구경거리가 들어찼던 질척질척한 벌판에 어울리지 않게 솟아올랐다. 사회적으로나 문화적으로 시카고대학교는 헨리 사이들 캔비Henry Seidel Canby, 1878-1961가 고딕 시대라 칭했던 때에 세워진 다른 대학들과 비슷했다. 시카고 대학생들은 풋볼에 열중하며 동호회에 열심히 참여했고, 의례와 전통을 만들었다. 캠퍼스는 만돌린을 연주하는 소리와 체벌을 받는 신입생들의 푸념으로 채워졌다.

하지만 지적인 면에서 시카고대학교는 출발부터 남달랐다. 초대 총장으로 임명된 히브리어 학자 윌리엄 레이니 하퍼William Rainey Harper, 1856-1906는 독일을 본보기로 삼아 대규모 연구소를 세웠다. 1891년 여름 하퍼는 베를린의 서적상 칼바리의 서점에 보관된 모든 책을 구입해서 시카고로 보내달라고 요구했다. 그런 후에야 하퍼는 독지가들에게 후원을 요청했고, 결국 이사회가 서적 구입 비용을 마련해주었다. 하퍼는 미국과 유럽에서 유능한 과학자와 학자를 끌어오기 위해 최고의 연봉을 제안했다. 당시로는 최고액인 7,000달러를 제시하며 클라크대학교에서 4명의 위대한 과학자를 영입했고, 독일 프라이부르크의 위대한 역사학자 헤르만 폰 홀스트Hermann von Holst, 1841-

1904까지 끌어왔다. 시카고 대학생들은 홀스트의 영입을 횃불 행렬로 환영했다. 이는 연봉을 비롯해 학교를 대표하는 교수와 그에게 주어지는 특전이 최근에야 생겨난 것은 아니라는 명백한 증거다. 하퍼는 인문과학과 자연과학을 막론하고 학문은 생산적인 학자를 고용하고 다른 학자의 강의를 계속 수강함으로써 끊임없이 정진해야 한다는 신념을 굽히지 않았다.

하버드대학교에서 시카고대학교로 자리를 옮긴 젊은 영문학자, 로버트 모스 로벳Robert Morss Lovett, 1870-1956보다 이런 변화 과정을 예리한 눈으로, 혹은 넋을 잃은 눈으로 추적한 학자는 없었다. 평범한 보스턴 가정의 아들로 태어난 로벳은 학부생 때부터 학생이자 작가, 그리고 편집자로서 두각을 나타냈다. 유명한 시 〈리처드 코리〉의 저자였지만 당시 하버드의 하찮은 신입생에 불과했던 에드윈 알링턴 로빈슨Edwin Arlington Robinson, 1869-1935은 로벳이 찾아와 그의 시를 출간해도 좋겠느냐고 물었을 때 전율을 느꼈다고 회고하며, 로벳을 "운동을 제외하면 하버드에서 가장 뛰어난 영재라고 묘사했다. 로벳은 학부생이었던 때부터 미국 모더니즘의 첫 파도에 깊이 빠져들었다. 로빈슨만이 아니라 트럼블 스티크니Trumbull Stickney, 1874-1904도 로벳의 친구였다. 특히 스티크니는 파리에 체류하는 동안 압생트를 마시고, 위대한 작가들을 방문하고, 그리스 격언시를 주제로 박사학위 논문을 쓰면서도 탁월하면서도 으스스한 시와 편지를 로벳에게 보냈다.

하버드대학교 총장 찰스 윌리엄 엘리엇Charles William Eliot, 1834-1926은 로벳의 능력을 높이 사며, 그를 비서로 고용했다. 로벳이 매사추세츠 케임브리지에서 덥수룩한 수염에 항상 거친 숨을 몰아쉬던 교수에게 옥스퍼드 운동 같은 것을 시작하고 싶다는 꿈을 털어놓았을 때 그 목석같은 교수가 "말도 안 되는 소리. 다른 곳이면 몰라도. 안 될 거네!"라고 소리치지 않았다면 로벳은 모교를 위해 평생을 헌신했을 지도 모른다. 결국 로벳은 많은 조건을 내걸고 중서부에 새로 세워진 신생 대학을 이끌던 총장의 비서직을 수락함으로써 그 꿈을 현실로 만들어갔다.

로벳은 시카고에서 능력을 마음껏 꽃피웠는데, 자신도 놀랄 정도 였다. 그는 하퍼의 절충주의와 불합리함을 꿰뚫어보았고, 시카고의 소음과 불결함과 빈곤에 암담한 마음을 떨치지 못했지만, 매사에 적 극적인 총장이 그 도시에 불어넣는 에너지와 창의력에 감복하지 않 을 수 없었다. 하퍼는 죽도록 일하면서도 열정적으로 가르쳤고, 기금 을 모금하고 교수들을 초빙했다. 쉬는 시간에는 운동을 겸해 자전거 를 탔다. 무척 느리게 탄 덕분에 로벳은 그의 옆을 따라 걸으며 그의 지시를 받아쓸 수 있었다. 하퍼에게 영감을 받아 로벳도 강의를 하는 동시에 다른 교수들의 강의를 들었다. 또 글을 쓰기 시작했고 논문 지 도와 강연에 나서기도 했다.

로벳은 유능한 영어 교수, 다정한 행정가, 지식인으로 명성을 얻었 다. 동료들 중에서 마음이 통하는 친구들, 예컨대 하버드에서 수학한 극작가이자 소설가로 낙태를 다룬 희곡으로 고루한 시카고 시민들을 충격에 빠뜨린 로버트 헤릭Robert Herrick, 1868-1938, 독일에서 박사학위 를 받은 르네상스 역사학자 퍼디낸드 셰빌Ferdinand Schevill, 1868-1954을 찾아냈다. 금주법이 시행되기 전까지 그들은 금욕적이고 엄격한 하 이드 파크의 분위기를 조금이나마 누그러뜨려주던 독일풍의 노천 탁자에 앉아 맥주를 마셨다. 그들은 함께 먹고 비용을 분담하며 쥐꼬리 같은 봉급을 아껴 썼다. 저녁식사를 끝낸 후에는 입을 모아 가곡을 불렀고, 얼큰히 취한 셰빌은 라디에이터 위에 쪼그려 앉아 "기분이 좋지 않아"라고 걱정스러운 투로 중얼거리곤 했다. 그들은 함께 여행을 하기도 했다. 이탈리아와 독일과 프랑스에서 안식년을 함께 보냈고, 프랑스에서 로벳은 만물을 꿰뚫어보는 버나드 베런슨Bernard Berenson, 1865-1959의 눈을 통해 그림을 감상하는 법을 배웠다. 로벳은 친구들과 도보로 여행하며 바이에른의 성들, 교황 비오 2세의 낭만적인 산악 도시 피엔차를 둘러보았다.

자유분방하고 즐겁고 보람 있는 삶이었다. 그 젊은 학자들은 박봉이었지만, 요즘의 정교수는 상상할 수 없는 여유로운 삶을 즐겼다. 전자메일에 시달리지 않고, 세기말의 파리와 런던과 뮌헨에서 안식년을 보냈다. 그러나 그런 낭만적인 시간을 보낸 후에는 더 오랜 시간 동안 갇혀 살며 중노동에 몰두해야 했다. 확장과 인수가 반복되는 광란의 시대에 대부분의 미국 남성 시민이 그랬듯이, 로벳과 그의 친구들도 미친 듯이 연구했다. 로벳은 독일 방법론으로 문헌학을 배우지 않았지만, 독일 방법론이 시카고대학교에서 영문학과를 비롯해 대부분의 학과를 휩쓸자, 영문학 역사와 미국 소설 연구의 선구자를 자임하고 나섰다. 로벳은 당시 학계의 대세적 이론을 거부하며, 희곡은 공연을 하기 위한 것이므로 희곡이 쓰인 때의 무대 조건을 고려해 해석되어야 한다고 주장했다.

수년 전 라이어널 트릴링이 그랬듯이, 로벳도 19세기 영국과 미국에서 쓰인 고전적 소설들이 계급과 돈의 복잡한 구조를 분석하고 탐구한 것으로 보았다. 로벳은 소설의 역사에서 전환점이 있을 때마다 사회도 새로운 국면을 맞았다는 걸 입증해 보이려고 애썼다. "상류계급에 대한 하층계급의 충성심"이 "다른 충성심, 예컨대 노동자들의 상호적 충성심"으로 대체되며, 업턴 싱클레어 등의 사회소설이 부르주아 엘리트 계급의 몰락을 심층 분석한 토마스 만의 심리소설을 대체했다. 이 전환기에 많은 학자가 그랬듯이, 로벳은 논문과 논설을 쓰는 데 집중하지 않고, 교과서로 사용할 수 있는 종합적인 글을 쓰는 데 더 많은 시간을 할애했다. 그의 지식량은 방대하기 그지없었다. 그가 쓴 교과서를 보면 서지학과 연극사 등 여러 분야를 전문가 못지않게 깊이 알았다는 것을 알 수 있다. 시카고대학교의 서고에 정성스레 보존된 그의 강의록과 편지도 마찬가지다. 위대함을 향해 가던 미국 학문의 첫 시대에서도 로벳은 남다른 학자였다.

고딕 시대의 대학은 중요한 점에서 요즘의 대학과 달랐다. 연구 중심이던 시카고대학교도 다를 바가 없었다. 많은 교수들, 특히 상대적으로 젊은 교수들은 학교를 깊이 사랑했고, 학생들을 향한 깊은 애정도 가감 없이 드러냈다. 교수라는 지위도 불안정했고, 보수도 낮았으며, 학생들과의 접촉도 대체로 두 가지 형태만을 띠었다. 하나는 사실을 나열하며 빠른 속도로 진행되는 강의였다. 이때 학생들은 강의 내용을 필사적으로 외워야만 했다. 둘째로는 규칙에 얽매여 하찮은 것까지 지적하는 암송 교실이었다. 교수들은 순전히 게으름뱅이를 찾아내겠다는 욕심에 학생들에게 사소한 것을 질문했다. 그럼에도 교수들은 가르치는 일을 소명으로 삼았다. 로벳은 성직자의 아들은 아니었지만, 그 세대의 많은 대학생이 그랬듯이 그도 어렸을 때 하루에

세 번씩 기도하는 독실한 가정에서 자랐다. 현재 시카고대학교 서고에 보관된 가장 충격적인 자료라면, 1884년 12월 7일 월넛 애비뉴 일요학교에서 그가 다른 학생들과 함께 서명한 금주 서약문일 것이다. 다른 이상적인 세계, 즉 학문과 문학의 세계를 위해 교회를 떠났지만 로벳은 삶에는 진정한 목적과 더 고결한 목표가 있어야 한다는 의식까지 버리지는 않았다.

처음에 로벳은 대부분의 학자처럼 미래의 학자를 양성하는 것을 소명으로 삼았던 듯하다. 그는 특별히 관심 있는 분야에 대한 세미나를 주최했고, 그런 토론회를 통해 뛰어난 전문가가 등장하는 걸 지켜보는 즐거움을 누렸다. 훗날 코넬대학교 교수가 되었고, 워싱턴 DC에 있는 폴거 셰익스피어 도서관 관장으로 임명되었던 조지프 퀸시 애덤스Joseph Quincy Adams, 1880-1946가 대표적인 예다. 1918년 애덤스는 로벳에게 쓴 편지에서 "제가 시카고대학원에서 받은 첫 강의가 선생님의 세미나였습니다. 선생님 밑에서 엘리자베스 시대의 문학에 대해 인상적인 교육을 받은 덕분에 평생의 연구 방향을 결정할 수 있었습니다"라고 말했다.

하지만 학부생들은 더 많은 것, 즉 창의적 글쓰기에 필요한 조언과 독려를 요구했다. 예컨대 학생들이 당대의 시를 가르쳐달라고 요구했을 때 처음에 로벳은 "시의 역사와 기법은 가르칠 수 있다. 그러나 시를 짓는 행위처럼 지극히 개인적이고 자발적인 행위에도 학문의 기준을 적용해야 한다는 게 내 생각이다"라며 학생들의 요구를 받아들이지 않았다. 그러나 로벳이 "이 역량에 대한 나 자신과 동료들의 불신"이라 칭한 것이 결국 학생들의 압력에 굴복하고 말았다. 로벳의 지도하에 학생들의 시 동호회가 구성되었고, 로벳의 주선으로 동호회원들은 해리엇 먼로Harriet Monroe, 1860-1936, 에드거 리 매스터스 Edgar Lee Masters, 1868-1950, 패드레익 콜럼Padraic Colum, 1881-1972, 칼 샌드버그Carl Sandburg, 1878-1967를 만났다.

영국과 미국의 대학 교수들은 한동안 학생들의 시를 모아 편집해 출간했다. 예컨대 〈노상강도The Highwayman〉를 쓴 앨프리드 노이스 Alfred Noyes, 1880-1958는 1916년 《프린스턴 시선집》을 편집해 발표했다. 이 시집에는 에드먼드 윌슨이 쓴 다섯 편의 짤막한 시가 포함되었다. 한편 1923년에 출간된 《시카고대학교 시 동호회 시집》은 세련미와 정교함에서 프린스턴의 그것에 턱없이 부족했다. 시집에 게재된 한 시에서 젊은 시인이 "누가 알리요?"라고 물었듯이.

복숭아나무가 흔들리는 곳에서
내 눈길이 어디로 가는지
그대의 눈길을 무엇을 보는지
누가 알리요?

로벳은 자신이 지나치게 편파적으로 행동하며 그 시들을 비판적으로 냉정하게 평가하지 못했다는 걸 인정했다. 그러나 훗날 문단에서 눈부시게 활동한 글렌웨이 웨스콧Glenway Wescott, 1901-1987과 이버 윈터스Yvor Winters, 1900-1968, 인류학에서 더 큰 명성을 쌓은 로버트 레드필드Robert Redfield, 1897-1958라는 이름도 눈에 띈다(놀랍겠지만, 위에 인용한 시의 작가가 윈터스이다). 게다가 《프린스턴 시선집》은 프린스턴

대학교 출판부에서 발간되었지만,《시카고 시선집》은 파스칼 코비치
Pascal Covici, 1885-1964가 출간했다. 코비치는 절반은 전위적인 기업가
였고 절반은 사기꾼이었으며, 나중에는 뉴욕으로 이주한 후에 끊임
없이 추문을 일으킨 인물이었다. 코비치는 래드클리프 홀Radclyffe Hall,
1880-1943의 레즈비언 소설《고독의 우물The Well of Loneliness》을 출간하
기도 했다.《프린스턴 시선집》은 지방 도시의 산물이었던 반면,《시카
고 시선집》은 대도시의 산물이었다. 곧 로벳은 학생들이 철저히 도시
적인 언론과 문학의 세계에서 각자의 길을 찾는 걸 돕는 전문가가 되
었다. 코비치는 로벳이 학생들을 위해 무자비하게 이용한 많은 문학
계 인물 중 한 명에 불과했고, 웨스콧과 윈터스는 크게 성장할 잠재적
재능을 보여주었지만, 로벳의 도움으로 크게 성장한 많은 젊은 작가
중 두 명일 뿐이었다.

※

다른 대학에도 카리스마를 지닌 작법作法 교수가 있었다. 하버드에
는 유명한 강의 '잉글리시 20'을 가르쳤고, 월요일 저녁이면 훨씬 더
유명한 사교 모임을 주최하며 '코피'라고 불리던 찰스 타운센드 코플
랜드Charles Townsend Copeland, 1860-1952가 있었고, 애머스트에는 로버
트 프로스트Robert Frost, 1874-1963가 있었다. 그러나 로벳의 습관과 편견
은 남달랐고, 취향도 무척 폭넓었다. 지독히 사실주의적인 시카고 출
신의 소설가 제임스 토머스 패럴James Thomas Farrell, 1904-1979만이 아니
라 프린스턴의 박학한 평론가 에드먼드 윌슨도 그가 발굴한 인재들
이었다. 1920년대와 1930년대의 유명한 작법 교수들은 매서운 글솜

씨와 치열한 경쟁의식을 지닌 젊은이 중에서 제자를 물색했다. 두 가지 능력을 겸비해야 경쟁자들과 싸우며 출판업자의 눈에 띌 수 있었기 때문이다. 로벳은 남학생만이 아니라 여학생에게도 작가로서 살아가는 길을 열어주려고 상당히 노력했다. 훗날 〈뉴요커〉의 유럽 특파원이 되어 즈네Genêt라는 필명으로 활약한 재닛 플래너Janet Flanner, 1892-1978가 시카고대학교에 재학할 때 글 쓰는 즐거움을 일깨워주었던 유일한 교수가 로벳이었다. 그의 문집에는 플래너처럼 유명해지지 못했지만 로벳이 그들에게 주었던 것("지금도 제가 계속 글을 쓰는 원동력이 되었던 조력과 격려, 상상력과 영감")을 결코 잊지 않았던 여제자들로부터 받은 정겨운 편지도 적지 않다.

당시 많은 학자가 그렇게 생각했고, 적잖은 역사서에 그렇게 쓰여 있듯이, 미국 문학의 모더니즘은 실증주의에 매몰된 대학 문학부의 교과과정에 대한 저항의 일환으로 구체화되었다. 예컨대 헨리 루이스 멘켄은 시카고대학교의 독불장군 소스타인 베블런의 사회 비평과 해리엇 먼로가 시카고에서 발표한 신시新詩 사이에는 어떤 관계도 없다고 보았다. 멘켄은 베블런을 '허튼소리를 쏟아내는 사람', 즉 독일어처럼 다음절이 아니면 자신의 의견을 표현하지 못하는 환관이라고 깎아내리며 "그 교수는 대단한 학식을 자랑하지만, 철조망에 갇힌 황소처럼 종잡을 수 없는 문장들에 자기도 모르게 휘말려든다"라고 평가했다. 반면에 멘켄은 먼로를 극찬하며, 먼로가 칼 샌드버그와 에드윈 알링턴 로빈슨 등에게 영감을 주어, 프록코트를 입은 장로교도와 이마가 좁은 침례교도라는 참신한 표현이 탄생할 수 있었다고 말했다. 멘켄의 주장에 따르면, 대학의 따분한 교수와 '몰개성적인 학자'들은 이런 유형의 글을 제대로 알아보지도 못하고 끌어내지도 못했다.

하지만 로벳은 학생들이 현대 도시의 무질서하고 외설적이며 격정적인 삶에 대해 직설적이고 가감 없이 쓰는 걸 돕는 게 당연하다고 생각했다. 평론가로서는 〈뉴 리퍼블릭〉에 기고한 글에서 유망한 제자를 칭찬하며, 그를 성공의 길로 유도하는 것도 자연스러운 것이라 생각했다. 실제로 〈뉴 리퍼블릭〉에 기고한 글에서 로벳은 "낭만적인 퇴폐주의자" 제임스 브랜치 캐벌James Branch Cabell, 1879-1958이 미국의 글쓰기에서 적절성을 보장하는 '집단 본능'을 거부하며 본연의 자신을 지켰다며 옹호해주었다. 그러나 패럴이란 지독히 게으른 아일랜드 학생이 쓴 단편을 읽고, 장편으로 확대할 수 있겠다고 판단한 사람은 〈뉴 리퍼블릭〉의 로벳이 아니라, 시카고대학교의 로벳 교수였다. 실제로 그 단편은 삼부작 《스터즈 로니건Studs Lonigan》이 되었고, 로벳이 찾아낸 출판사를 통해 출간되었다.

로벳은 문학적 급진주의를 경제와 정치와 사회에 대해 그에 못지않게 도전적이고 위험한 견해와 결합하기도 했다. 로벳은 교직에 몸담은 직후부터 미국 정치의 부패와 야만성에 관심을 가졌다. 로벳이 시카고에 도착한 때는 헤이마켓 사건(1886년 5월 1일 미국 시카고의 헤이마켓 광장에서 진행된 노동시위 중에 벌어진 폭력사태로, 노동절의 기원이 된 사건-옮긴이)을 일으킨 무정부주의자들을 처형한 직후여서 그야말로 공황恐慌의 시대였다. 게다가 강의를 시작한 초기에는 풀먼사파업Pullman Strike(1894년에 전미철도노조가 주요 철도사업자인 풀먼팰리스카회사에 대항해 일으킨 전국적 철도 파업-옮긴이)으로 도시와 대학이 양분되었다. 로벳과 친구들은 실업자들로 구성된 콕시스 아미Coxey's

Army(1893년 발생한 불황에 대책을 요구하며 결성된 시위대. 주동자 제이 컵 콕시에서 이름이 유래했다–옮긴이)가 워싱턴을 향해 뚜벅뚜벅 걸어 갈 때 정규군이 그들을 무자비하게 해산시키는 모습을 지켜보았다.

처음부터 로벳은 시카고의 정치와 경찰 및 법원에 대한 개인적인 생각을 거침없이 말했고, 글로 써냈다. 그의 정치적 시야는 점점 넓어 졌다. 유럽의 몇몇 국가에서 직접 생활한 후에는 영국이나 벨기에를 편드는 이유에 대해 의문을 품게 되었다. 1916년 전쟁의 열기가 고조 되었을 때 그는 미국이 제1차 세계대전에 개입하는 걸 반대하는 모임 의 의장을 맡았다. 그를 제외하고는 모두가 의장직을 한사코 고사했 기 때문이었다. 로벳은 미국 정부에게 전쟁에 참전하지 말라고 요구 하지 않았다. 그의 아들이 입대해 휴전 직전에 프랑스에서 전사했다. 그러나 정치적으로 예민한 문제를 토론하기 위한 공론장을 제공한 것만으로도 그는 상당수의 동료를 포함해 많은 시카고인에게 미움을 받았다. 그들은 로벳을 공개적으로 규탄하는 대회를 열었고, 그를 형 상화한 허수아비를 불태웠다. 이런 항의에도 그는 자신의 뜻을 꺾지 않았다.

전쟁이 끝난 해와 이듬해, 대역압작전이 시작된 것처럼 파머 습격 Palmer Raids이 로벳을 비롯한 급진론자들에게 행해졌다. 이때 그는 대 학만이 아니라 더 큰 공동체를 위해 일해야겠다는 소명을 재확인했 다. 로벳과 그의 아내는 학교를 중심으로 한 하이드 파크를 떠나 사회 운동가 제인 애덤스Jane Addams, 1860-1935가 빈민가에 세운 정착시설 인 헐 하우스로 이주했다. 로벳 부부는 쾌적한 교외보다 그곳을 더 좋 아하게 되었고, 로벳은 매주 이틀 밤을 전화 교환수로 일하며 이민자들을 가르쳤다.

그는 대학 밖에서 반년을 일하면서, 처음에는 〈다이얼Dial〉을 편집했고, 그 후에는 〈뉴 리퍼블릭〉을 편집했다. 〈다이얼〉은 셔우드 앤더슨Sherwood Anderson, 1876-1941, 어니스트 헤밍웨이Ernest Hemingway, 1899-1961, 파블로 피카소를 배출한 문학 잡지였다. 〈뉴 리퍼블릭〉을 위해서는 10시간씩 일했고, 문학적 주제만이 아니라 교육 실험, 노동 운동, 급진주의자의 박해 등을 주제로 20여 편의 글을 기고했다. 이때 그는 에드먼드 윌슨을 고용했고, 그 결과로 본래의 직업이던 교수직보다 더 주목받는 새로운 이력을 시작했다. 로벳은 미국 시민자유연맹American Civil Liberties Union의 이사로도 오랫동안 봉사했다. 1930년대에는 반전 단체와 친노동 단체에 가입해 그들을 지원하기도 했고, 그들 중 다수가 공산주의자와 관계가 있었다. 로벳은 미국 정부를 '파시스트'이고 부패했다고 몇 번이고 비난했다. 또 학생들을 위해 출판사와 제작자를 찾을 때 모욕을 묵묵히 견뎠듯이, 신체적 위험과 공개적인 망신 주기를 무릅쓰면서도 노동자들을 위해 서슴없이 목소리를 높였다.

예컨대 1933년 〈시카고 트리뷴〉은 "시카고대학교 영어영문학과 교수로 반전주의자, 공산주의자, 급진주의자로도 알려진 로버트 모스 로벳은 공장 여성 노동자들의 시민적 자유를 지켜주었지만, 두 시간 동안 자신이 시민적 자유를 상실했다"라고 보도했다. 하루 10시간 노동을 9시간으로 줄이고, 최저임금을 주당 11달러로 인상해달라고 요구하던 흑인 재봉사들의 시위에 동조했기 때문이었다. 백발의 통통한 교수는 시위자들에게 인도를 점령할 법적 권리가 있다고 주장했고, 경찰은 그것을 이유로 그를 체포했다. 그는 점잖게 예절을 지키며, 그를 체포한 경찰이 죄수 호송차에 오르도록 호송차의 문을 열어주는 수고를 아끼지 않았다. 1937년에는 미시간 플린트에서 자동차 공장 노동자의 시위에 참여해 제너럴 모터스의 주식 5주를 흔들며, 경영진의 노동 문제 해법에 불만을 가진 주주라고 소리쳤다.

로벳은 높은 지위나 많은 연봉을 바라며 사회적 문제에 참여한 것이 아니었다. 오히려 언론인과 정치인은 그를 해임하라고 끊임없이 요구했다. 풀먼사社를 비난했다는 이유로 젊은 경제학자 새뮤얼 베미스Samuel Bemis를 해고한 전력이 있던 대학에게는 사소한 위협이 아니었다. 결국 로벳은 자신에게 많은 것을 의미하던 학장직을 잃었고, 그를 보좌하던 네 명의 직원도 이튿날 항의의 뜻으로 사표를 제출했다. 엘리자베스 딜링Elizabeth Dilling, 1894-1966이 미국 전역에서 활동하는 반정부주의자들을 소개하는 〈레드 네트워크The Red Network〉의 편찬을 로벳에게 맡겼다. 대부분의 교수와 관리자가 그의 대외적 활동을 마뜩잖게 여겼다. 그러나 로버트 메이너드 허친스Robert Maynard Hutchins, 1899-1977 총장은 로벳을 적극적으로 변호해주었다.

1930년대 말, 시카고의 언론들은 흥미로운 기사를 실었다. 시카고 대학교가 결국 연금을 주는 조건으로 빨갱이 영문과 교수를 퇴직시키기로 결정했다는 보도였다. 하지만 그때 로벳은 65세로 퇴직할 수밖에 없는 나이였다. 그러나 그날 오후, 허친스 총장의 발표가 언론사에 전달되었다. 임시 이사회가 열렸고, 로벳 교수에게 원하면 언제까지나 교직을 허락하기로 결정했다는 소식이었다. 하지만 허친스는 다른 많은 점에서 그랬듯이 이 문제에서도 예외였다. 그도 대학 풋볼

팀을 없앤 10대 대학 총장 중 한 명이었고, 로벳의 사회 참여를 바람직하게 생각하지 않았다. 대부분의 경우 상관들이 로벳을 옹호한 이유는 다른 방법이 없었기 때문이다. 로벳이 해고되면, 어떤 점에서도 로벳과 의견이 같지 않았지만 대학에 필요한 부와 권위를 지닌 저명한 보수적인 후원자들과 교수들이 이사직이나 교수직을 즉각 사임하겠다고 위협했기 때문이었다.

로벳은 결국 퇴직했고, 제2차 세계대전 동안에는 미국령 버진 아일랜드의 정무장관과 주지사 대행을 지냈다. 그곳에서도 그는 71세의 나이에도 여전히 물의를 빚었다. 전쟁 기간 동안 적색분자를 색출하는 데 바빴던 다이스 위원회Dies Committee가 로벳을 국가 안보에 위협적인 존재로 지목했다. 로벳이 한때 사적인 편지에서 미국 정부를 쓸모없다고 표현한 것이 이유였다. 의회는 프랭클린 루스벨트가 마지못해 서명한 특별 지출 법안의 부칙을 이유로, 로벳과 다른 두 공무원의 보수를 압류했다. 내무장관 해럴드 이크스Harold Ickes, 1874-1952의 종용에 로벳 등은 소송을 제기했고, 결국 연방법원은 부칙이 사권私權을 박탈하는 조항이라며 위헌이라 판정했다. 로벳 자신은 그 문제를 법정까지 끌고 가기를 바라지 않았다. 항상 그랬듯이 그에게는 더 중요하고 흥미로운 일이 있었기 때문이다. 그는 오랜 친구이던 퍼디낸드 셰빌이 가르치고 있던 푸에르토리코대학교 교수가 되었다. 로벳은 그 가난한 섬에 루스벨트의 네 가지 자유를 심어주기를 바랐다.

로벳이 항상 현명하게 처신한 것은 아니었고, 사건이 일어난 후에야 사태를 올바로 이해하는 경우가 적지 않았다. 그가 니콜라 사코Nicola Sacco와 바르톨로메오 반제티Bartolomeo Vanzetti 및 스카츠보로 소년들(1931년 앨라배마주 스카츠보로에서 백인 여성을 강간했다는 거짓 혐의로 억울하게 기소된 9명의 소년들—옮긴이)을 지원할 때 공산주의자들이 돕고 나섰지만, 그들이 그와 같은 관용과 인간애를 공유하지 않는다는 걸 유념하지 않았다. 또 문학에 대해서도 항상 통찰력을 보였던 것은 아니다. 같은 시대를 살았던 다소 보수적이던 평론가 스튜어트 프랫 셔먼Stuart Pratt Sherman, 1881-1926은 정곡을 찌르며, 로벳이 캐벌을 옹호하는 걸 점잖게 조롱했다. "콤스톡사社를 모욕하는 데 성공한 작가는 그 사건을 더 깊이 조사하지 않도록 반짝이는 별이 되어야 한다는 원칙이 세워진 듯하다. 다른 식으로 표현해보자. 곤경에 빠진 정숙한 아가씨를 구하는 것이 의협적인 행동이라면, 곤경에 빠진 사악한 아가씨를 구하면 얼마나 대단한 의협적인 행동이 될까?" 멩켄이 그랬듯이 로벳도 충격적이라는 이유만으로 충격적인 것을 옹호하는 경우가 적지 않았다.

그러나 로벳에게는 그 세대의 백인 대학 교수에게서 찾아보기 힘든 많은 장점이 있었다. 여성이 남성보다 도덕적으로 우월하다고 생각하는 낡은 보헤미안적 성향을 제외하면 무엇보다 성 편견이 없었다. 그가 몇 번이고 말하고 글로도 썼듯이, 그의 개인적인 영웅이자 본보기는 제임 애덤스였다. 그의 생각에 그녀가 세운 헐 하우스는 모든 사회가 지향해야 할 본보기였다. 그는 이민자와 흑인, 남녀 노동자와 어울리는 걸 좋아했다. 심지어 학생에게도 여러 가지 권리가 있다고 생각했다. 따라서 미국 대학생들에게 자율적으로 행동하고 정치적인 의식을 가지라고 독려하는 많은 글을 썼다. 또 교수의 강의를 평가하는 방법을 고안하고, 학생 자치기구를 요구하고, 각자의 삶을 책임지는 다양한 방법을 찾아보라고도 독려했다.

⁂

로벳 자신도 인정했듯이, 로벳의 학문은 깊이보다 폭이 넓었다. 〈뉴 리퍼블릭〉과 〈네이션〉에 기고한 글을 포함해 그의 글에는 에드먼드 윌슨만큼의 학식과 다양성과 날카로움이 부족했다. 놀랍겠지만 강연자로서도 미국을 집요하게 파고들지는 않았다. 그렇지만 돌이켜보면 그는 눈을 떼기 힘든 매력적인 인물이다. 기존에 인정된 모든 것을 뒤섞고 부정했기 때문이다. 대학이란 작은 공동체는 온갖 의례적인 절차와 답답한 순응주의에도 불구하고 그에게 지적인 고향이었다. 따라서 그가 대학을 완전히 등진 적은 한 번도 없었다. 그는 대학을 키우는 게 외부의 더 큰 공동체에 기여하는 필수불가결한 길이며, 젊은 작가와 운동가가 저절로 생겨나는 것은 아니라고 굳게 믿었다.

하지만 대학에 헌신했다고 외부의 문학적이고 정치적인 삶을 포기하지는 않았다. 뉴욕과 잡지사, 시카고를 바쁘게 오가야 할 때도 마찬가지였다. 로벳 부부는 헐 하우스에 살며 일요일 밤에는 자연스레 학생들과 어울렸고, 그들에게 교직이나 봉사활동으로 사회적 삶을 시작하라고 가르쳤다. 학생들은 그를 거의 무조건적으로 존경했다. 예컨대 시카고대학교 영문과를 졸업한 제임스 웨버 린James Weber Linn, 1876-1939은 로벳을 묘사한 듯한 인물들이 등장하는 두 편의 신나는 캠퍼스 소설을 발표하기도 했다. 유행과는 담을 쌓고 낡은 옷을 걸친 로벳 교수의 모습은 시카고대학교의 캠퍼스에서나 대도시 뉴욕의 지식인 세계에서나 똑같았다.

로벳은 남달랐지만 유일무이하지는 않았다. 프린스턴의 크리스티안 가우스Christian Gauss, 1878-1951도 교양을 갖춘 지식인이고 정치적으로 진보적인 교수였다. 가우스는 많은 면에서 로벳과 유사했다. 펜실베이니아의 스콧 니어링Scott Nearing, 1883-1983과 스탠퍼드의 에드워드 로스Edward Ross, 1866-1951 등도 개인적인 차이는 있었지만 마찬가지였다. 그들은 정치적 참여와 광범위한 학문적 지식을 결합하며 지역 지식인 공동체와 끈끈한 연대를 맺었고, 학생들과도 개별적인 관계를 이어갔으며, 다소 목가적인 캠퍼스에 살면서도 냉혹한 도시의 삶을 외면하지 않았다. 요컨대 1930년대와 1940년대에 연구 중심 대학을 키우고 도시의 지적 환경을 형성하는 데 주된 역할을 했다.

　로벳의 시대에 지식인들은 대학이란 작은 공동체에서 가르치기 위해 더 큰 공동체에서 물러날 필요가 없었다. 지식인들이 전문적인 지식을 추구하는 동시에 공공선을 주장하는 것을 대학 당국이 강압적으로 억누르지 않기 때문이다. 로벳의 경우가 보여주었듯이, 교수들은 지역적 행동과 범세계적인 사상을 결합하며 대중을 겨냥한 강의와 글쓰기를 멈추지 않았다. 따라서 과거를 느릿한 타락과 최근의 급속한 성장으로 요약한다면 지나친 단순화라는 뜻이 된다. 그런 단순화는 대학과 근대 지적인 삶을 구분하는 것이다. 그러나 로벳은 학자와 교수로서 문학에 적용한 사회역사적인 분석방법론을 더 큰 세계를 이해하고 변화시키기 위한 도구로 그대로 사용했다. 그는 다양한 방식으로 대중에게 다가갔다. 때로는 잡지를 통해, 때로는 널리 읽히는 교과서를 저술함으로써, 때로는 철저한 교육을 통해 대중에게 다가갔지만, 항상 시민으로서 본보기가 되기에 충분한 삶을 실천했다.

물론 그만이 그런 삶을 살았던 것은 아니다. 과거는 일부의 주장처럼 단순하지 않았다. 어쩌면 현재도 우리 생각보다 복잡할지 모른다.

　향수는 문화사학자로서는 떼어놓을 수 없는 유혹이다. 향수는 위험하다. 애수적인 분위기는 로벳을 비롯한 사회운동가들에게 무엇보다 중요한 창의적인 에너지와 끝없이 역동성을 자극하기는커녕 마비를 초래할 수 있다. 하지만 애수는 로벳의 삶, 즉 지식인의 삶을 떠올리기에 적절한 분위기일 수 있다. 로벳이 지금의 미국 대학을 보았다면, 구체적으로 말해서 많은 교수가 여성이고, 강의실이 다양한 피부색과 문화와 계급의 학생들로 북적대는 걸 보았다면, 누구보다 행복했을 것이다. 우리는 기회의 문을 활짝 열고 재능을 개발하는 방법에 대해 로벳에게 가르쳐줄 것이 많지 않지만, 그와 그 시대 사람들은 우리에게 교실 안과 밖에서 학생들과 독자들과 함께 할 수 있는 것과 할 수 없는 것에 대해 적잖은 것을 가르쳐줄 수 있을 듯하다. 지역 지식인 공동체에 헌신하면서도 대중의 눈에 맞추어 살았던 그들의 능력은 존경심과 경외감을 불러일으킨다. 따라서 로벳과 그 시대 지식인들이 연구하며 투쟁했던 과거의 낯선 세계를 돌이켜보는 것도 그들이 꿈꾸었고 지금 우리 모두가 편하게 살아가고 있는 새로운 세계를 이해하고 개선하는 데 도움이 될 수 있으리라 생각한다.

14

❖

한나 아렌트와 아이히만을 둘러싼 논쟁

⋮　지식인의 자녀들은 가족과 저녁식사를 함께하는 식탁에서 역사
를 만났다. 포크가 접시에 부딪치는 소리 너머로 그들은 뜨거운 쟁점
과 해결되지 않은 문제, 공동체를 분열시키거나 결속시킨 도발적인
책과 기사와 서평에 대한 논쟁을 처음 들었다. 또 소설과 영화, 연극
과 공연에 대한 첫 분석도 구운 고깃살을 두고 시작되었다. 또 샐러드
를 씹으며, 사상과 이상이란 원대한 세계가 개인적 경험과 일상생활
이란 작은 세계와 어떻게 교차하는가를 알아가기 시작했다. 그들의
부모와 친구들은 자신들의 믿음을 현실과 학문의 구체적인 문제에
어떻게 적용했을까? 또 그들은 옳은 것과 그른 것, 타당한 것을 어떻
게 결정하고 설명했을까? 이 모든 것이 디저트 전에 먼저 식탁에 올
랐다.

적어도 내 경우에는 그랬다. 1960년대 초 내가 성인식을 마치고 수개월이 지났을 때였다. 나는 우리 아파트의 식탁 모서리에 앉아 긴 여름 저녁 내내 아버지와 어머니가 한나 아렌트Hannah Arendt, 1906-1975 와 악의 평범성에 대해 이야기하는 걸 들었다. 당시 저녁식사에는 오랜 시간이 걸렸고, 세상이 평정을 되찾자 일상적 대화와 소비가 평화롭게 이루어졌다. 식전 칵테일이 대화 분위기를 북돋웠고, 전화기의 벨소리도 침묵을 지켰다. 따라서 중대한 문제들이 하나씩 자세히 논의될 수 있었다. 뉴욕 이스트사이드에 신축된 우리 아파트에서는 세상이 현대적으로 보였다. 장식이 없는 깔끔한 벽, 낮은 천장, 철제 발코니 난간 등이 '바우하우스'라고 소리치는 듯했다. 그러나 가족 간의 전통적이고 진지한 대화도 있었다. 그 대화는 사교와 학습의 시간이었지만, 클래런스 데이Clarence Day, 1874-1935의 《아버지와 함께한 삶Life with Father》만큼이나 지금의 우리에게는 어색하게 여겨진다.

1963년에는 아렌트가 예루살렘에서 열렸던 아이히만 재판에 대해 〈뉴요커〉에 기고한 글들과, 그 글을 기초로 출간한 《예루살렘의 아이히만Eichmann in Jerusalem》만큼 진지한 대화로 이어진 중대한 문제는 없었다. 우리 가족을 비롯해 뉴욕의 많은 가정이 아렌트의 글에 당혹해하면서도 빠져들었다. 그때서야 홀로코스트가 거론되기 시작했고, 그 주제는 이후로 유대인의 비전과 얼마 전의 과거에 대한 토론에서 빠지지 않는 핵심적인 과제가 되었다. 그러나 모두, 심지어 내 또래의 아이들도 뉴스 영화에서 불도저가 밀어내는 시신들을 보았고, 허수아비처럼 깡마른 강제수용소 수감자들이 해방되며 군인들에게 고마워하는 사진을 보았다. 독일인들이 무고한 시민을 기이하게 공격하는 방법을 고안해서 실행에 옮겼다는 것도 모두가 알게 되었다. 또한 '유대인 문제의 최종 해법Endlösung der Judenfrage'에 참여한 많은 독일인이 서독에서 여전히 권위와 부를 누린다는 것도 알려졌다. 그때는 근대성의 공포가 전문가의 면밀한 연구 대상이 되지 않던 때였다. 라울 힐베르크Raul Hilberg, 1926-2007를 비롯한 소수의 학자만이 학계의 금기를 깨고 죽음의 수용소와 그 운영 시스템을 심도 있게 연구하기 시작했을 뿐이었다. 그러나 영민한 성인은 말할 것도 없고, 영민한 십대도 독일이 600만 명의 유대인을 학살했다는 홀로코스트를 알게 되었다. 이제 고전으로 인정받는 책에서 한나 아렌트가 입증했듯이, 유럽계 유대인의 대학살은 전체주의 국가의 특징인 '근본악Radikal Böse'이 구체화된 사례였다.

하지만 아렌트가 누구보다 먼저 자신의 옛 통찰을 부인했었다는 사실이 더욱더 놀라우면서도 당혹스럽게 여겨졌다. 여하튼 그녀는 뉴욕 유대인 지식인 중에서도 유명하고 영향력이 큰 인물 중 하나였다. 그녀는 대학에서 탁월한 이력을 쌓았다. 프린스턴대학교에서 교수로 임명된 최고의 여성이었고, 시카고대학교와 뉴스쿨에서도 사랑받는 교수였다. 작가로서는 더 탁월한 능력을 발휘했다. 동인잡지를 벗어나 〈뉴요커〉에 다양한 글을 기고했고, 시카고대학교 출판부와 하코트 브레이스 및 바이킹 출판사를 통해 중요한 저서들을 발표했다. 예상과 달리 인간의 생각과 행동에서 가장 어두운 면을 깊이 연구한 아렌트는 독창적이지만 분노를 돋우는 패러독스를 만들어냈다. 아렌트가 아돌프 아이히만Adolf Eichmann, 1906-1962을 괴물이나 공포영화에 등장하는 흉측한 외계인, 방사능에 오염된 돌연변이가 아니라

이데올로기와 성취에서 특별할 것이 없는 지극히 평범한 사람이라고 주장하고 나섰기 때문이다. 더구나 그녀는 유대인, 적어도 유대인 지도자들(나치가 유대인들을 모아 동부로 이동시키는 걸 도왔던 평의회 위원들)도 독일인들과 똑같이 도덕적으로 붕괴되었고, 전체주의에 저항하는 데 똑같이 실패한 사람들이라고 주장했다. 그녀의 책에서는 독일의 유대인 공동체를 이끌며 나치 치하에서 그들을 구해내려고 애썼지만 그 자신도 테레지엔슈타트 수용소에서 겨우 살아난 독일계 유대인 랍비 레오 백Leo Baeck, 1873-1956이 '유대인 총통'이라 묘사되기도 했다. 옥스퍼드의 역사학자 휴 트레버 로퍼가 지적했듯이, 이 과정에서 아렌트는 맥락을 무시하고 힐베르크를 인용하며, 백을 존경해 그의 이름을 딴 학술 연구소를 지원하던 독일계 유대인 및 다른 사람들을 몸서리치게 만들었다.

어쩌면 아렌트가 아이히만 사건의 재판관들을 분명히 존중했지만 검사와 다비드 벤 구리온을 경멸했고, 유대 국가의 제도적 기관에 대한 존중심을 거의, 아니 전혀 보이지 않았다는 게 가장 큰 충격이었을 것이다. 이스라엘 제도적 기관들의 거침없고 매력적인 행동은 미국 중산층의 마음을 완전히 사로잡았고, 그 때문에 유대인과 유대인 문제를 다루는 걸 항상 꺼림칙하게 생각하던 할리우드조차 그 분위기에 휩쓸려 들어갔다. 덕분에 내 또래의 아이들은 영화 〈영광의 탈출〉을 통해 홀로코스트를 알게 되었다. 전화벨이 끝없이 울렸고, 독자 투고란이 넘쳤으며, 두툼한 봉투가 언론사로 끊임없이 날아들었다. 점잖은 이스트사이드부터 한층 활기찬 웨스트사이드와 워싱턴 하이츠까지 많은 사람이 거실에 모여 열띤 토론을 벌였다. 세계에서 가장 큰 유대인 도시에서, 또 미국에서 가장 신뢰성 높고 진지하던 잡지에서 유대인이 유대인을 배신한 것이었다.

유대교 회당에 속한 모든 가정은 물론이고, 유대교와 관계가 없는 수많은 가정도 분노에 사로잡혀 똑같은 의문을 던졌다. 도대체 그녀가 말하는 악의 평범성은 무엇을 뜻하는가? 그녀가 어떻게 유대인 평의회를 평가할 수 있는가? 만약 그녀가 그들의 입장이었다면 어떻게 했을까? 그녀는 왜 유대인보다 독일인을 더 편드는가? 그러나 우리 집에서는 다른 식으로 논쟁이 치달았다. 아버지 새뮤얼 그래프턴은 잡지의 시대에 저명한 언론인이었다. 모두가 아렌트에 대해 왈가왈부하는 동안 아버지는 그녀를 직접 만나 얼굴을 맞대고 모든 문제를 재검토하고 싶어 했다. 아버지가 주로 글을 기고한 잡지 중 하나가 〈룩Look〉이었다. 지금은 상상하기 힘들지만 1963년 가을에는 740부를 발행한 전국적인 격주간지였다. 생생한 사진 보도로 유명했던 이 잡지는 정기적으로 정치사회적 문제를 장문의 기사로 다루기도 했다. 그때 편집자들은 아버지에게 아렌트가 사실에 근거해 건조하고 간결하게 쓴 책이 그처럼 분노를 불러일으키는 이유를 일반 대중을 위해 써달라고 요청했다.

가을 초 아버지는 '유대인을 뒤흔든 논란'을 쓰기 시작했다. 아버지는 인터뷰를 준비하기 위한 작업으로 날카로운 질문서를 아렌트에게 보냈다. 아렌트는 더 길고 더 날카로운 답변서를 보냈고, 최종 원고에서 인용되는 발언에 대해 자신에게 승인받아야 한다는 조건으로 인터뷰 요청을 받아들였다. 그러나 그 후에 협상이 무산되고 말았다. 아렌트가 아버지를 만나는 것을 거부했기 때문이었다. 결국 주인공을 상실한 아버지의 기사는 거래되지 못했다.

돌이켜보면 아렌트 논란은 전략적으로 중요한 시기에 불거진 것이 분명하다. 당시 지식인들과 그들의 행동이 전례가 없이 갑자기 뉴스거리가 되었다. 케네디 정부는 그들의 마법이 효과를 발휘하지 못할 때마다 교수들을 백악관에 초대해 안달복달했다. 게다가 양질의 보급판 서적들이 출간되며 타인 지향과 죽음에 대한 추상적이고 학술적인 지식을 수많은 열렬한 독자들에게 전달하던 때였다. 고품격 잡지, 예컨대 〈파티잔 리뷰〉와 〈코멘터리Commentary〉는 지식인 공동체의 분위기를 공격적이고 뛰어난 작가들이 어떤 주장을 하는지 지켜보는 걸 좋아하던 독자들에게 알려주었다. 뉴욕의 기민한 편집자들은 기사를 샅샅이 훑어보며 새로운 재능을 발굴하려 애썼고, 뉴욕의 영민한 기자들은 그런 과민하고 성마른 편집자들을 놀릴 기회를 엿보았다. "그는 데이비드 리스먼에 대한 기사를 쓴 사람에 대해 기사를 쓴 사람이다." 이 장난스러운 말은 노먼 포드호리츠Norman Podhoretz가 오래전에 인용한 것으로, 악의 평범성이 유대인 독자만이 아니라 비유대인 독자까지 비등점으로 끌고 갔던 당시의 민감하고 아슬아슬한 분위기를 전해주는 표현이었다.

⁂

지금의 눈에는 전반적인 맥락이 이상하게 보일 수 있다. 미국 지식인들이 그처럼 멋지게 보였던 때를 지금은 상상하기 힘들다. 그러나 다른 의미에서 아렌트의 이야기에 대한 토론은 무척 친숙하게 느껴진다. 여하튼 수십 년 동안 미국인은 지적인 논전을 거의 똑같은 방식으로 진행해왔다. 예를 들면 이런 식이었다. 어떤 책이 출간되며 지능과 유전자의 관계, 홀로코스트를 위한 변명, 미국 지식인의 몰락 등과 같이 까다로우면서도 민감한 주제에 대해 새롭고 급진적인 의견을 제시한다. 저자가 새롭지만 논란을 불러일으키는 주장을 내놓았다는 서평과 기사가 뒤를 잇고, 저명한 작가와 사상가가 저마다 다양한 의견을 내놓고, 공개 토론장에서 입씨름이 벌어진다.

그러고는 느닷없이 어떤 기사가 실린다. 책에 대한 기사가 아니다. 책은 기껏해야 관련 기사가 되고, 논란의 시발점에 불과하다. 오히려 갈등이 주된 기사로 올라선다. 저마다 개인적인 입장과 의견을 제시하고 서평과 토론이 잇달으며 그 기사는 더 널리 알려진다. 책에 담긴 본질적인 내용과 논지는 묻히고 잊히며, 저자에게 쏟아지는 욕설과 저자를 비방하는 사람들에 의해 읽히지도 않은 채 왜곡된다. 모두가 〈뉴욕 타임스 북 리뷰〉에 실린 그 책에 대한 서평을 읽었겠지만, 많은 경우에 누구도 책을 읽지 않은 듯하다.

기자들은 모든 기사에서 극적인 구절을 찾아내고, 복잡하고 현란한 이론을 삭막한 흑백으로 요약한다. 그 결과 그들이 다루는 사건은 더욱 격화된다. 라디오와 텔레비전과 웹사이트는 정보를 제공하기보다 더 혼란스럽게 만들고, 때로는 가짜 뉴스를 퍼뜨리기도 한다. 미묘한 차이가 줄어들고, 차이가 사라지며, 진영 구분이 강화된다. 결국 토론은 원래의 문제에서 완전히 멀어진다. 그렇게 악순환의 바퀴가 돌아가기 시작하면 '아테네 학당'은 '세속적인 쾌락의 동산'으로 변한다. 달리 말하면, 처음에는 철학이란 가면으로 위장하지만, 그 가면 뒤에 숨어 있던 얼굴을 찌푸린 악마가 결국 뛰쳐나온다. 요컨대 아렌트 사건의 논쟁은 1960년대 대학의 연좌 농성만큼 우리 시대에 흔해진 현상의 초기 사례였다. 당시에도 그랬지만 지금도 골칫거리의 첫 징조가 나타나기 시작하면 당사자는 뱃속이 느글거리기 시작한다. 논쟁이 향후에 취하게 될 추악하고 비계몽적인 과정을 너무도 잘 알기 때문이다.

아렌트와 그녀의 친구들, 예컨대 메리 매카시가 지극히 온건한 비평가에게도 가차 없이 반격한 것은 조금도 놀랍지 않다. 아렌트가 내 아버지의 인터뷰 요청을 결국 거부한 것도 놀랍지 않다. 항상 호기심에 넘치던 지식인이었고, 근본적으로 의견이 다른 사람에게도 눈과 머리와 마음을 항상 열어두었던 아렌트였지만, 자신의 책이 불러일으킨 분노의 폭풍과 오해가 수그러들지 않았기 때문에 잠시라도 몸을 웅크리고 피신할 이유는 충분했다.

하지만 아렌트 사건은 그렇게 간단하지 않았다. 그 과정을 나는 우리 집 식탁에 앉아 지켜보았고, 지금도 기억에 생생하다. 그 프로젝트의 진지하고 야심찬 시작, 서너 건의 인터뷰와 그에 대한 아버지의 묘사, 아렌트의 약속과 번복, 결코 생략되어서는 안 될 대화가 빠진 채 쓰인 기사, 그리고 최종 원고가 완성되었다. 최종 원고는 퇴고되고 교정된 후에 저장되었다. 하지만 첫 페이지에는 '출간되지 않음'이란 기록이 손으로 쓰여 있었다. 프리랜서의 삶은 워낙 그런 것이었다. 그러나 나는 최근에야 그 이야기의 이면을 알게 되었다. 아버지가 세상을 떠난 1997년 가을, 나는 아버지의 파일을 정리하기 시작했다. 한 파일은 아버지가 쓰려고 했던 이야기와 관련된 자료들로 채워져 있었다. 그 사이에 아렌트에 대한 학문적 연구가 학계에서 한 부분을 차지했고, 그녀의 편지와 논문도 적잖게 출간되었다. 그 자료들로 아렌트 이야기의 윤곽이 더 복잡해졌다. 역사는 기억을 보완하면서도 복잡하게 만든다.

아렌트 이야기는 초기에 뜻밖의 방향으로 전환되었다. 첫째는 그 이야기의 추적을 요청한 잡지사의 태도였다. 아버지가 파일에 남긴 기록에 따르면, 그 이야기에 대한 언론 보도가 최고조에 이르렀을 때 〈룩〉의 편집자들이 아렌트에 대한 기사를 의뢰하고 손 놓고 있었던 것은 아니었다. 당시 사진 담당 편집자였지만 〈룩〉이란 이름에서 짐작할 수 있듯이 사진 이상의 것에 관여했던 베티 레빗Betty Leavitt은 아렌트를 다룬 기사들과 그녀의 책을 읽었을 뿐만 아니라, 그것에서 비롯된 대중의 반응을 면밀하게 살폈다. 베티는 많은 악의적인 거짓과 반쪽 진실이 광범위하게 퍼져 있다는 걸 알게 되었다. 예컨대 아렌트가 오랫동안 '청년 알리야Youth Aliyah'를 비롯해 여러 시오니스트 운동에 참여한 것으로 판단할 때 일부 반대자가 주장하는 것처럼 결코 자기혐오적인 유대인일 수 없다는 게 베티의 의견이었다. 물론 아렌트가 시온주의자와 유대 국가를 원칙적으로 반대했고, 1940년대에는 팔레스타인의 아랍인을 처리하는 해법을 두고 시온주의자들과 결별한 것은 사실이다. 하지만 당시 아렌트가 제시한 의견은 최근 들어 이스라엘의 진보 진영으로부터 존경과 흠모를 받는, 선견지명을 보여준 의견이었다. 베티 레빗은 가장 논란이 되는 부분에서도 아렌트의 편에 섰다. 아렌트는 극히 소수의 독일인만이 나치에 반대했다고 주장했다. 돌이켜보면, 이에 대한 그녀의 확신에 찬 주장은 상당히 정확한 것이었다. 〈타임〉을 비롯한 주류 언론은 '대서양 동맹Atlantic Alliance'과 전

초기지 베를린Outpost Berlin을 중시한 까닭에 아렌트의 주장을 격렬히 비난했다. 그러나 〈룩〉은 일반적인 속설을 무조건 믿지 않았다.

레빗은 가장 비판적인 평론가들도 아렌트의 핵심적인 주장을 언급하지 않았고, 더구나 공론화하지도 않았다는 점에 주목했다. 예컨대 아렌트는 종족 학살이 새로운 종류의 범죄, 즉 인류 전체를 겨냥한 범죄라고 규정했다. 하지만 동시에 레빗은 아렌트가 책에서 유대인 평의회를 공격하며 적잖은 도발을 불러일으킨 것도 분명하다고 지적했다. 레빗은 상대를 의식하지 않는 아렌트의 거만함과 둔감함이 독자의 분노를 일으켰다고 많은 구절에서 결론지었다.

달리 말하면, 〈룩〉의 편집진은 단순히 원고를 의뢰하는 데 그치지 않았다. 그들은 특집으로 다루려는 쟁점을 철두철미하게 조사했고, 관련된 글들을 읽고 분석했다. 아렌트의 책《예루살렘의 아이히만》에 대한 반응들에서는 언급되지 않은 것까지 치밀하게 추적했다. 지금도 존경심을 불러일으키기에 충분한 그들의 뛰어난 능력과 정밀함에서 확인할 수 있듯이, 아렌트 사건은 비판과 반격이 되풀이되는 새로운 시대의 개막을 넘어 과거 시대의 종말을 뜻하는 것이었다. 달리 말하면, 전국적인 규모의 고급 언론은 새로운 사상과 논란거리에 대해 일반 대중에게 정보를 전함으로써 독자층을 견실하고 비판적인 공동체로 키워가는 것을 책무로 생각해야 한다는 시대의 종언을 뜻했다. 윌리엄 숀William Shawn, 1907-1992의 〈뉴요커〉는 당시 오류 없이 세심하게 제작되는 위대한 잡지로 기억되고 추앙받았지만, 놀랍게도 언론의 먹이사슬에서는 질적으로 떨어지는 잡지들과 경쟁해야 했다. 돌이켜보면, 1960년대 초의 공론장은 아렌트 사건에서 생각이 마비되고 언어적 표현이 과열되는 히스테리적 현상을 보였지만 전반적으로 사색하는 모습을 보였다. 여하튼 아렌트가 상상한 것처럼, 유대인이 은밀하게 전국의 정기 간행물을 장악해 그녀에게 등을 돌리게 만들었다는 음모와 패거리의 세계는 아니었던 것이 분명하다.

〈룩〉이 숨 가쁘게 돌아가는 뉴스를 쫓느라 피상적인 보도에 그치는 요즘의 시사잡지가 아니었다면, 내 아버지는 요즘의 기자가 아니어서 복잡한 쟁점을 간단한 방법으로 다루는 데 미숙했다. 필라델피아에서 가난한 유년 시절을 보낸 유대인이었던 아버지는 공립학교를 뛰어난 성적으로 졸업했고, 센트럴고등학교와 펜실베이니아대학교에서 인문학 교육을 받았다. 아버지는 영문학의 고전들을 읽으며 자신의 미래를 모색했다. 아버지가 일주일에 한 권씩 리리서점에서 구입한 옥스퍼드 세계 고전들이 아직도 내 서재의 책꽂이를 채우고 있다. 푸른색 겉표지의 안쪽에는 구입한 날짜와 아버지의 서명이 있다. 아버지는 조지프 애디슨Joseph Addison, 1672-1719과 리처드 스틸Richard Steele, 1672-1729, 찰스 램Charles Lamb, 1775-1834과 토머스 매콜리Thomas Macaulay, 1800-1859의 영어를 본보기로 삼아 자신의 유려하고 복합적이며 근육질의 문체를 만들어냈다. 그 결과로 아버지는 헨리 루이스 멘켄과 조지 진 네이선George Jean Nathan, 1882-1958이 후원한 1929년 전국 글쓰기 대회에 제출한 '대학에서 보낸 4년'으로 최고 에세이상과 상금 500달러를 받으며 멘켄의 주목을 받았다.

그 에세이는 멘켄의 〈아메리칸 머큐리American Mercury〉에 게재되었다. 이때 함께 실린 아버지의 사진은 이상하게도 월터 캠프 상을 수상한 가장 미국적인 젊은이로 보인다. 이를 계기로 아버지는 명성을 얻었고, 필라델피아 〈퍼블릭 레저Public Ledger〉에서 기자로 눈부신 경력을 쌓기 시작했다. 그곳에서 아버지는 대공황 초기에 더럽고 폭력적인 도시를 취재하며 기자의 책무를 배웠고, 나중에는 〈뉴욕포스트〉의 편집자와 특약 칼럼니스트로 활동하며 미국에서 가장 진보적인 목소리를 내는 기고자 중 한 명이 되었다. 아버지는 제2차 세계대전 전에는 뉴딜 정책을 비판하는 성향을 띠며, 노동 분규와 인종 문제와 외교 문제에 대한 칼럼을 썼다. 아렌트처럼 아버지도 때로는 날카로운 예지력을 보였다. 예컨대 루스벨트 대통령의 분노에도 아랑곳하지 않고, 비시 정권을 인정한 미국의 결정을 맹렬히 비난하며 소신을 굽히지 않는 용기를 보였다. 전쟁이 끝난 후 동유럽에서 자유주의 정권이 몰락한 사건을 취재할 때는 다시 주변에서 최고의 취재원을 찾아내는 능력을 발휘했다. 아버지는 유럽 각국에서 건너온 난민들을 인터뷰하며 동료 기자들을 놀라게 했다. 당시 대부분의 기자처럼 아버지도 외국어를 몰랐다. 따라서 그들을 루마니아어나 독일어로 인터뷰한 것이 아니었다. 아버지는 어렸을 때 사용한 이디시어를 떠올리며 인터뷰했던 것이다.

미국 외교관계를 꾸준히 학습하며 폭넓게 여행했고 한때 해외에서도 살았던 세계주의자, 많은 저명한 유대인 친구를 두었던 진보적인 유대인이었고, 온갖 주제에 대해 관심을 두고 항상 무엇인가를 읽는 사람이었던 아버지는 교수도 아니었고, 요즘 뉴욕 지식인 공동체로 언급되는 조직의 일원도 아니었지만, 아렌트 사건을 조사하기에 적격인 후보였다. 아버지는 아렌트 사건을 조사하기 시작했을 때 〈룩〉의 편집자들이 이미 취했던 길을 거의 똑같이 따랐다. 아버지는 아렌트의 책을 읽었고, 그 책을 출간한 바이킹 출판사의 편집자와도 의견을 나누었다. 물론 그 책과 그 책이 야기한 반응들에 대한 아버지의 생각을 솔직히 반영한 질문서도 아렌트에게 보냈다. 아버지는 직설적인 질문을 던지기도 했다.

선생님의 책에 대한 반응이 오늘날 유대인의 삶과 정책에 내재된 긴장을 설명하는 데 어떻게든 도움이 된다고 생각하십니까?
유대인이 히틀러의 학대로부터 무엇인가를 배웠다고 생각하십니까?
유대인 지도자가 이 책을 지지한다고 생각하십니까? 그렇다면 누구라고 생각하십니까?

아버지는 아이히만 재판의 검사, 기드온 하우스너Gideon Hausner, 1915-1990에게는 "사법적 균형을 유지하며 처신할 의무가 없다"라고 생각하는 사람도 그를 비난할 수는 없을 것이라 생각했다. 또 아버지는 아렌트에게 유대인의 부역과 저항을 되돌아보며, 유대인들이 실제보다 더 많은 것을 해낼 수 있었는지도 심사숙고해보라고 촉구했다. 아버지는 아렌트의 책에 대한 개인적인 반응을 자세히 서술하며, 그녀의 지적인 논증이 일반적인 독자에게 미칠 수 있는 영향에 대해 생각하는 기회를 갖도록 유도했다.

아렌트가 설득력 있게 설명했듯이 전체주의의 파괴적인 영향에서 많은 것이 설명된다는 걸 아버지는 인정했다. 그러나 "자신의 임무에 대한 아이히만의 헌신과 몰두"에 괴기스럽고 극악무도한 면이 있지 않

앗을까? 그 끔찍한 사건이 있은 직후였기에 아렌트의 냉정한 주장은
보통 사람이 받아들이기에 지나치게 가혹했던 것은 아니었을까?

저는 선생님의 설명을 머리로는 받아들였습니다. 그런데 아이히
만의 중요성을 최소화할 때마다 당혹스러웠습니다. 선생님의 설
명을 계속 읽다 보면 다시 마음이 가라앉았습니다. 그런데 아이
히만을 격하하는 부분에 다다르면 다시 속이 뒤집혔습니다. 선생
님의 논지를 이처럼 일찍 세상에 내놓아도 괜찮은 것일까요? 예
컨대 지금으로부터 25년 후에 이렇게 주장하면 반응이 상당히
다르지 않을까요? 다시 말하면 타이밍이 지금 논란의 주된 원인
이라 생각하지 않으십니까?

그 논란이 이야깃거리가 되었을 때 아버지는 그 논란 자체를 이해
하려 애썼다. 달리 말하면, 아렌트가 세세한 부분에서 드러낸 유대 역
사에 대한 무지함을 근거로 아렌트의 논지를 해명하거나 비판하지
않고, 갑자기 그런 논란이 벌어진 이유를 추적하려 했다. 따라서 아버
지의 질문지는 무례함이 느껴질 정도로 세세한 질문의 연속이었다.
예컨대 유대인 평의회의 행동은 역사적 맥락을 고려하지 않고는 이
해할 수 없다고 주장하며 유대인 평의회에 대해 집요하게 물고 늘어
졌다.

디아스포라 동안 내내 유대인 지도자들이 이교도 지배자들에게
협조하고 애원하며 그들을 회유하고, 그들의 마음을 얻으려고 하

지 않았을까요? 낡은 방법이 쓸모가 없어졌더라도 유대인 지도
자들은 기껏해야 역사를 잘못 해석한 죄밖에 없는 것이 아닐까
요? 나치 정권이 반유대주의의 종언이 아니라, 종족 학살과 연계
된 사악하고 철저한 전체주의의 첫 발현이었다는 걸 그들이 어떻
게 예상할 수 있었겠습니까?

더불어 아버지는 "유대인 지도자들이 언제쯤 '더는 협력하지 말고
싸우자!'라고 말했어야 합니까?"라고도 물었다.

⁂

뉴욕의 많은 지식인은 아렌트의 주장에 찬성하거나 반대했지만 유
대인의 역사에 대해서는 거의 모르거나 전혀 몰랐다. 그들 중 다수는
어렸을 때 이디시어를 사용했고, 일부는 그 후에 유대 문헌과 문제를
연구하는 학자로 돌아갔지만, 1963년 이전에 유대 문제나 유대 역사
에 대해 글을 발표한 지식인은 극소수에 불과했다. 요컨대 많은 꽃이
햇살을 쫓아가듯이 뉴욕의 지식인들은 서구 문화의 따뜻하고 밝은
면에 시선을 돌렸다. 따라서 그들의 조상이 살았던 유대인 촌과 전쟁
중에 겪은 운명보다 고골과 도스토옙스키의 상트페테르부르크, 보들
레르와 마네의 파리, 엘리엇과 울프의 런던에 대해 더 많이 알았다.
하지만 아렌트는 유럽 유대교의 역사와 비극에 오래전부터 관심을
두고 연구한 터였다. 따라서 아렌트는 〈파르티잔 리뷰〉와 〈디센트〉를
중심으로 많은 평론가가 유대인에 대해 무지하면서도 자신을 비난한
다고 투덜거릴 만했다.

그러나 아버지의 질문은 개인적으로 깊은 지식에 근거한 것이었다. 구체적으로 말하면, 어렸을 때 러시아 제국의 '정착 말뚝Pale of Settlement' 내에서의 삶에 대해 들었던 것과 성인이 된 후에는 게토의 역사에 대해 읽은 내용을 기초로 한 것이었다. 아버지는 1960년대 초에 실제로 게토의 역사를 집요하게 파고들었다. 따라서 아버지는 많은 자료를 읽고 깊이 생각한 후에 아렌트를 밀어붙였던 것이다. 아렌트도 약 13페이지에 달하는 답변으로 강하게 반격했다. 그녀는 내 아버지의 질문들이 역사의 가능성을 잘못 해석한 것이고, 그녀가 유대인과 유대 지도자들에게 제기한 소급 요구를 과장한 것이라 주장했다.

> 당신이 말했듯이 공동체 지도자들이 '더는 협력하지 말고 싸우자!'라고 말할 수 있었던 순간은 전혀 없었습니다. 저항은 존재했지만 지극히 작은 역할을 했을 뿐입니다. "우리는 그런 죽음을 원하지 않는다. 우리는 명예롭게 죽고 싶다"라는 뜻이 담겨 있었을 뿐입니다. 그러나 부역 문제는 폐스러운 면이 있는 게 사실입니다. 유대인 지도자들이 "더는 협력하지 않겠다. 그냥 사라지겠다!"라고 말할 수 있었던 순간이 있었던 것은 분명하니까요. 특히 유대인 지도자들은 어떤 유대인을 죽음의 수용소로 보내고 누구를 남길 것인지 결정하는 대신에 그렇게 말할 수 있을 것입니다.

아렌트의 책에서 이런 식의 진술이 독자의 분노를 촉발한 주된 요인이었다. 많은 독자가 이렇게 의문을 제기했다. 그녀는 대체 어떤 의도에서 유대인들이 협력을 거부했어야 했다고 말하는 것일까? 압도적인 힘을 보유한 사람에게 어떻게 협력하지 않을 수 있단 말인가? 그들이 사라지면 어디로 사라질 수 있었겠는가?

아렌트가 내 아버지에게 보낸 답장에서 그녀의 입장이 명확히 정리되지는 않는다. 그러나 그녀가 레오 벡 등이 맞닥뜨린 도덕적 갈등을 깊이 생각했고, 그녀를 비판한 많은 평론가의 주장과 달리 유대인들이 겪었던 온갖 악몽을 이해하려고 애썼으며, 유대인들이 당면한 문제를 해결할 방법에 대해 잘못된 도덕적 결정을 내린 결정적인 순간을 찾아내려고 노력했다는 것은 그녀의 답장에서 알 수 있었다. 그녀의 주장에 따르면 "유대인 지도자들은 나치에게 강제 추방자 명단을 작성해달라는 요청을 받았다. 따라서 그들은 강제 추방이 무엇을 뜻하는지 알았던 것이 분명하다." 또 유대인 공동체 지도자들은 강제 수용소로 이송되는 사람들을 기다리고 있는 것이 무엇인지 알고 있었다. 그럼에도 그들은 명단을 작성했다. 가야 할 사람과 남길 사람을 선택했다. 그들이 나치가 "기차에 태워야 할 사람의 수와 부류"에 대해 세운 기준을 따랐던 것은 사실이지만, 결국 선택은 그들의 몫이었다. "달리 말하면, 나치에 부역한 사람들이 그 특별한 순간에 삶과 죽음을 결정하는 주인이었다. 그것이 실제로 무엇을 뜻했는지 상상할 수 있겠는가?"

"어차피 일부가 죽어야 한다면 나치보다 우리가 결정하는 게 낫다!"라는 항변에 아렌트는 "내 생각은 다릅니다. 나치가 직접 그런 살인적 행위를 하도록 내버려두는 편이 훨씬 더 나았을 것"이라고 단호히 대답했다. 아렌트는 유대인 평의회가 일부 유대인을 희생시키는 용단을 내리며 다른 유대인을 구했다는 해석도 똑같은 정도로 비난했다. 그런 편법은 근본적으로 이교도적 행위로, 그녀가 아는 한 유대교의 전통에는 없는 것이었고, 그녀가 명확히 규정하지 않는 그녀 자신의 종교에도 없는 것이었다. "나에게는 최신판 인간 제물로 여겨질 뿐입니다. 일곱 명의 처녀를 골라 신들의 분노를 달래려고 그들을 제물로 바친 것입니다. 그런 것은 내 종교적 신앙이 아닙니다. 유대교 신앙이 아닌 것도 분명합니다." 끝으로 아렌트는 "우리 과거에서 아직 정복되지 않는 부분을 대중에게 알리고 싶은 의도는 없었습니다. 공교롭게도 재판에서 유대인 평의회가 언급된 까닭에 다른 모든 것과 마찬가지로 유대인 평의회도 거론하지 않을 수 없었던 것"이라 주장했다. 그녀의 주장에 따르면, 《예루살렘의 아이히만》에서 이 부분은 분량에서나 강조점에서나 중요한 것이 아니었다. "느닷없이 터진 것"이었다. 아렌트의 글을 읽은 사람이라면 동족인 유대인 및 유대인의 운명에 대한 그녀의 뜨거운 관심을 누구도 의심할 수 없을 것이다. 그녀가 매섭게 비난한 사람들의 결정에는 고뇌에 찬 사랑이 어떤 식으로든 관련되었을 수 있다.

하지만 아렌트의 답장은 내 아버지의 질문들을 완벽하게 다루지는 않았다. 많은 유대인 생존자가 유대인 평의회의 역할에 대해 아렌트의 생각에 동조했고, 아렌트는 그런 사실을 강조했다. 그러나 평론가들이 전후 맥락을 무시한 채 그녀의 논지를 부풀렸다는 주장에서 그녀의 지적이고 문학적인 글의 짜임새와 영향을 그녀 자신도 제대로 파악하지 못했다는 게 입증된다. 독일계 유대인 철학자 게르숌 숄렘을 비롯해 많은 학자가 불평했듯이, 아렌트는 반어적이고 암시적인 문체로 글을 썼고 무척 다양한 어조를 활용했다. 따라서 무심한 독자와 성마른 독자는 그 안에 담긴 차이를 쉽게 눈치챌 수 없었다. 그녀는 유대인 평의회의 역할을 서둘러 다루면서도 그 주제가《예루살렘의 아이히만》에서 주된 역할을 하지 않는다고 말하지는 않았다. 오히려 그녀는 많은 평론가에게 그녀를 공격할 만한 강력한 빌미를 제공했다. 예컨대 그녀는 완전히 다른 유형의 역사적 상황과 행위자에 대해 약식으로 간결하게 판단을 내리며 미묘하고 복잡한 차이를 무시했다는 비난을 받았다.

한편 아버지의 질문도 아렌트의 책과 그녀의 과거를 완전히 다루지는 않았다. 〈룩〉의 편집자들과 달리 아버지는 시온주의자로 살았던 그녀의 과거에 주목하지 않았다. 1940년대에 아버지는 뉴욕에서 시온주의자들과 그들의 조직과 관계를 맺었고, 같은 시기에 아렌트와 그녀의 친구들은 팔레스타인인에 대한 이스라엘의 처신을 비판하고 있었기 때문에 아버지가 그 부분을 빠뜨린 이유가 궁금할 따름이다. 더구나 그들이 같은 유대인 회당들에서 강연하고 토론했을 것이기 때문이다. 하지만 주고받은 편지로 판단하면, 아렌트와 내 아버지의 대화는 전체적으로 잘 설계되고 진행되었다. 따라서 그들의 대화는 아렌트에 대한 실제 반응 자체보다 그 반응에 대해 토론하는 토대를 마련했어야 했다.

아렌트와 아버지는 골똘히 생각했고, 많은 것을 알았다. 또 그들은 속내를 털어놓았다. 누구도 피상적인 문제를 다루지는 않았다. 그들을 가르던 두 관점에서 출발해 문제의 핵심에 다가갔다. 하지만 대화는 첫 교환으로 끝나고 말았다. 아렌트는 카를 야스퍼스Karl Jaspers, 1883-1969에게 그 이야기를 하던 중에 아버지와의 인터뷰가 실제로는 심문이 될 것이고, 따라서 자칫하면 인터뷰가 기사를 의뢰한 잡지사의 진지함보다 그녀를 비난하는 유대인 적들의 열성을 부각할 위험이 있다고 결론을 내렸다.

> 사진을 많이 사용하는 대형잡지 중 하나인 〈룩〉이 7월 말에 이 사건을 전반적으로 보도하고 싶어 했습니다. 그들은 그런대로 이름이 알려진 비유대계 기자에게 기사를 의뢰할 것이라 제안했습니다. 내 책을 출간한 출판사만이 아니라 〈뉴요커〉도 그 제안을 받아들여야 한다고 생각했습니다. 예컨대 명확한 조건하에서 서면질의에 답장하는 형식으로 말입니다. 그들은 그 사건이 철저히 공정하게 다루어질 것이라 생각했던 것입니다. 그러나 〈룩〉은 그 사건의 기사화가 결정되자 다른 기자에게 그 기사를 맡겼습니다. 지금까지 나를 비판하던 사람들하고만 인터뷰한 유대인 기자였습니다. 그는 나에게 유도 질문들로 가득한 질문서를 보냈습니다. 나는 모든 질문에 대답했지만, 내 출판사와 〈뉴요커〉는 협조하지 않는 게 더 낫다고 생각했습니다. 내 생각이지만, 유대인 조직이 〈룩〉의 계획을 알아채고 개입한 것이 분명한 듯합니다.

내 아버지가 남긴 초고와 기록, 즉 구체적인 증거와 다르기도 하지만, 위의 편지를 보면 아렌트의 성격에서 실망스러운 면이 드러난다. 요컨대 그녀 자신이 야기한 논란에 대한 대응에서 균형감이 떨어졌다. 내 아버지가 '유대인 조직'을 대변한다고 했지만, 아무런 근거도 없었다. 오히려 내 아버지는 그 문제를 깊이 알았을 뿐만 아니라,

그 문제가 미국에 거의 알려지지 않았을 때부터 유럽의 유대인을 돕지 않았다는 이유로 미국 정부를 날카롭게 비판하기도 했다. 아버지의 칼럼 덕분에 뉴욕주 오스위고에 유대인을 위한 작은 '자유항'이 개설되기도 했다. 무척 문제가 많은 시도였지만 여하튼 많은 목숨을 구한 시도였다. 아렌트는 아무런 증거도 없이 아버지가 편향적일 것이라 단정했지만, 아버지가 전문가답게 열린 마음으로 다양한 자료를 수집했다는 것은 아버지의 서류철에서도 입증된다.

아버지는 아렌트에게 처음 질문서를 보내며 〈뉴요커〉의 편집자인 윌리엄 숀과 그녀의 책에 대해 이미 이야기를 나누었다고 언급했다. 또 그녀를 비판한 사람들, 특히 뉘른베르크 재판에 참여한 마이클 무스마노Michael Musmanno, 1897-1968 판사와 상당수의 유대인 지도자들과도 인터뷰할 예정이라고도 밝혔다. 무스마노는 〈선데이 타임스〉에 기고한 서평에서 아렌트의 책을 신랄하게 비난한 장본인이었다. 아버지의 절친한 친구로 연극 감독이던 도어 새리Dore Schary, 1905-1980도 인터뷰할 유대인 지도자 범주에 포함되었다. 아렌트는 아버지에게 그녀를 두둔하는 사람, 그녀를 향한 가혹한 공격을 적어도 부당하다고 생각하는 사람도 만나보라고 요구했다. 이렇게 말하며 그녀가 아버지에게 건넨 명단에는 드와이트 맥도널드, 제이슨 엡스타인Jason Epstein, 한스 모겐소Hans Morgenthau, 1904-1980, 조지 애그리George Agree, 노먼 포드호리츠 등이 있었다. 이들은 뉴욕의 독립적인 지식인들로, 공정한 선정이었다.

아버지에게 아렌트를 비난할 의도가 다분하다고 그녀와 바이킹 출판사가 결정을 내리고 있던 중에도 아버지는 아렌트가 추천한 사람들을 인터뷰하고 있었다. 아버지는 아렌트와 그녀의 저작에 대해 그들 중 일부와 자세히 논의하며, 그들의 서평에서 인용하고 싶은 부분들을 빠짐없이 보내 허락을 구했다. 아버지의 판단에 그들은 아렌트의 분석에 명백하게 동의하지 않았다. 예컨대 제이슨 엡스타인은 아렌트의 책을 전반적으로 옹호했지만, 아렌트가 유대인 조직을 '과도하게' 공격했다는 걸 인정했다. 모겐소와 포드호리츠는 유대인 부역이란 문제의 복잡성을 강조했다. 하지만 아무런 편견 없이 아렌트의 책을 읽었던 많은 평론가처럼, 모겐소도 아렌트가 혼잣말하듯 주마간산식으로 자신의 주장을 제시함으로써 역효과를 낳았다고 지적했다. 조지 애그리는 다른 평론가들보다 아렌트를 진심으로 옹호했지만, 아버지가 다른 기자들에 비해 한층 균형 있게 접근하려고 애썼다며 고마워했다. 아버지는 아렌트가 제시한 사람들과 인터뷰를 시도하려고 어퍼 웨스트사이드와 하이드 파크에 있던 그녀 친구들의 집에 끊임없이 전화를 걸었다. 따라서 아버지가 그녀의 제안을 받아들여 행동에 옮기고 있다는 걸 아렌트가 몰랐을 리 없었다. 여하튼 아버지가 유대인 조직의 사주를 받은 심문관이 아니라, 어느 쪽으로도 치우치지 않으려고 진실되게 접근하고 있다는 것을 분명히 알았을 것이다.

그러나 그즈음 아렌트는 평론가들에게 일종의 편집증을 보였다. 예컨대 그녀는 〈뉴욕 타임스 북 리뷰〉를 통해 월터 라쾨르Walter Laqueur, 1921-2018를 매섭게 반격하며, 그가 그녀를 파멸시키려는 유대인들의 하수인에 불과하다고 꼬집었다. 라쾨르는 그런 반격에 화가 났던지, 그녀에게 '시온의 장로들Elders of Zion'을 두려워할 필요가 없겠다고 빈정거렸다. 결국 아버지의 열린 눈과 공정한 자세도 열린 영혼을 주창한 아렌트의 이해를 얻지 못했다. 그녀는 자신이 동의하지 않으면 〈룩〉이 기사를 내보내지 않기로 약속했다고 거듭 주장했다. 하지만 그들이 주고받은 편지에 따르면, 그녀의 그런 주장은 사실이 아니었다. 아버지와 〈룩〉의 편집진은 계획된 인터뷰로부터 인용하는 구절을 그녀에게 승인받겠다고 약속했을 뿐이었다. 아렌트는 자신이 인터뷰를 거절했다는 기사를 내보내는 것조차 부당한 짓이라고 주장했다. 이해가 되지만 설득력이 떨어지는 주장이었다. 아버지는 전문가답게 아렌트의 압력에 아랑곳하지 않고 여하튼 기사를 작성했다. "한 권의 책, 57세의 유대인 여성이 발표한 책에 유대인의 과거가 끓는 도가니로 바뀌자, 그 안에서 어떻게 우리에게 낯익은 역사적 사건들이 삼켜졌고, 진실처럼 보이던 것이 원형을 알아볼 수 없을 정도로 부식되고 썩었는가"를 분석한 기사였다. 아버지는 아이히만의 체포와 재판, 아렌트가 기고한 글들, 유대인들을 파도처럼 뒤덮은 '거북함'을 이렇게 묘사했다. "경제적이고 문화적인 수준에서 〈뉴요커〉를 읽는 유대인들에게 아렌트 박사의 기사는 저녁 식탁에서 최고의 화젯거리가 되었다." 아버지는 논란의 시작과 그 과정을 추적했다. 아렌트의 책이 출간되었고, 무스마노가 신랄한 비난을 쏟아냈다. 그러자 〈뉴요커〉가 반격을 가하며 무스마노를 맹렬히 비난했다. 아버지는 아렌트의 책을 예리하고 비판적으로 읽었다. "그녀는 사실로 밀집한 덤불을 가차 없이 잘라내며 나갔다. … 따라서 평균적인 유대인 독자와 많은 비유대인을 나이키 상표처럼 의자에서 벌떡 일어나게 만든 글의 운명을 맞이할 수밖에 없었다." 하지만 아버지는 무스마노와 분노한 많은 독자들이 아렌트의 반어법과 풍자를 오독한 경우가 많다고 천명하며, 아렌트의 이론을 이렇게 설명했다. "전체주의에서는 악이 일상사가 된다."

아버지는 대체로 신랄할 정도로 비판적이었다. 하지만 "그녀는 아이히만 사건에서 표면적 분석에 그치지 않고 내면까지 파고들어 소설가의 연민 같은 마음으로 그에 대해 썼다. 그러나 유대인 지도자들에 대해서는 그런 분석을 시도하지 않고, 그들의 역할을 '전체적으로 어두운 이야기에서도 가장 어두운 장'이라 칭할 뿐이다"라며 간혹 통찰력 있는 비판을 보여주기도 했다. 아렌트가 염려했듯이, 아버지는 반反명예훼손연맹Anti-Defamation League 같은 유대인 조직의 입장을 자세히 소개하며 "유대인의 반응에는 차이가 거의 없다"라고 결론지었다. 아버지가 접촉한 유대인 지도자 중에는 아렌트의 책을 지지한다고 공식적으로 표명한 사람이 단 한 명도 없었다. "아렌트가 추천한 공평한 관찰자 중에도 그녀가 자신의 이론과 모순되는 사실들에 충분히 주목하지 않았다고 지적한 사람이 적지 않았다." 하지만 아버지의 글에서 가장 흥미로운 의견은 끝부분에 있다. 아버지는 질문지에서 말했듯이, 여기에서도 아렌트가 너무 성급하게 속내를 털어놓았다고 말했다. "상처는 얼마 전의 것이고, 무덤은 여전히 푸릇푸릇하다. 대부분의 유대인과 많은 비유대인이 보기에는 도살기계를 운영한 사람들이 결코 사악하지 않았다는 냉담한 이론이 분노를 자극한 듯하다." 또 아버지는 아렌트 소동이 결국에는 매스컴이 만들어낸 사건이라고 결론짓는 통찰력을 보여주기도 했다. 요컨대 토론은 있었지만 새롭게 밝혀진 것은 없었다. 결국 아렌트 사건은 뉴스에 오르내렸지만, 정작《예루살렘의 아이히만》은 관심에서 멀어지고 있었다.

바이킹 출판사에 따르면, 놀랍게도 그 책은 1만 부밖에 팔리지 않았다. 그처럼 많은 사람의 입에 오르내린 책치고는 극히 적은 숫자였다. 결국 많은 사람이 그 책을 거론하면서도 읽지는 않았다는 뜻이다. 어떤 의미에서 논란은 그 책과 상관없이 벌어졌고, 자체로 생명을 지닌 현상이 되었다.

논란이 꼬리에 꼬리를 물며 끝없이 이어졌다. 아버지는 그 모든 것을 아렌트 논쟁에서 시작된 것으로 보았다. 그 논쟁은 새로운 세계, 즉 옛 세계의 생존자가 결코 편안한 마음으로 볼 수 없는 세계의 시작이었다.

꾸ᅟ

아버지의 글은 게재되지 않았다. 아렌트가 등장하지 않는 글은 왕자가 없는《햄릿》이 되었다. 물론 그 논란도 점차 사그라들었고, 케네디 암살과 시민권 운동의 위기, 베트남 전쟁이 대중의 마음을 사로잡았다. 우리 집에서도 식탁의 주된 화제는 그것들로 옮겨갔다. 충격적인 영상을 물끄러미 지켜보며 우리는 아무런 준비도 없이 1960년대 말의 소용돌이에 휩쓸려 들어갔고, 아버지의 말년이던 1980년대와 1990년대의 가족 모임에서는 거대한 공허함에 빠져들었다. 아버지는 화려함과 과장에 흔들리는 법이 없었지만, 한때 티 없이 깨끗하던 뉴욕의 거리에서 잠을 자는 노숙자들을 안타까운 표정으로 바라보았다. 아버지는 당시 뉴욕 상황이 20세기 초 여러 계급과 인종이 뒤섞여 살아가던 필라델피아의 가난한 동네에서 보낸 어린 시절만큼이나 참혹하다고 말했다. 그러나 이제는 사회보장번호 덕분에 길거리나 간이 숙박소에서 죽는 사람들의 신원을 알아낼 수 있다.

로런스 웨슐러Lawrence Weschler가 세 편의 중편 논픽션 소설을 모은《추방의 재앙Calamities of Exile》에서 말했듯이, "광범위한 정치 주제가 저녁 식탁에서 거론되고 반복된다. 가족이 모이는 저녁 식탁은 우리 모두가 처음으로 상처를 입고, 우리 모두가 처음으로 탈출하고 싶은 욕망을 느끼는 곳이다." 맞는 말이다. 웨슐러의 모호한 주인공들과 조금도 닮지 않은 사람들도 저항하고 달아난다. 나도 그랬다. 그러나 중년을 맞아 돌이켜보면, 늦은 오후 햇살이 비친 원탁은 유폐의 공간이 아니라 따뜻하고 재미있는 공간, 즉 모순된 말들로 눈과 귀를 멀게 하던 세상에서 우리 마음을 달래주는 구명 뗏목이었다.

언론을 취재하는 언론, 논란이 많은 한 권의 책에 대한 과잉 반응, 맥락과 관계없이 과장하고 개탄하는 인용글로 가득한 신문기사들로 세상을 시끄럽게 달구었던 많은 사건의 기원을, 나는 부모님이 말하고 또 말하던 이야기들에서 찾아낼 수 있었다. 그러나 우리가 더 이상 살지 않는 사회적이고 지적인 세계의 윤곽도 부모님의 식탁 대화를 통해 파악할 수 있었다. 어떤 의미에서 그 세계는 이미 종말을 맞고 있지만 지금보다 더 나은 세계였다. 그때 지식인은 대학 안팎에서 연구하며 살았다. 신문기자와 잡지 편집자는 직업에 필요한 훈련을 받았고, 힘들게 시간을 내어 복잡하고 까다로운 책을 면밀하게 읽었다. 비교해서 말하면, 요즘의 교수보다 더 많은 시간을 투자했다. 전문적인 지식인들은 화가 치밀 때도 깔끔하고 날카롭고 이해하기 쉬운 영어로 글을 썼다. 요컨대 지식인 계급과 유사한 집단, 즉 과민하고 어리석게 반응하는 경향을 띠지만 진지하게 토론하고, 진지한 책과 기사를 발표하고 비판하며, 크고 작은 잡지에 집중하는 지적 공동체를 장기적으로 수립하려는 계급이 있었다.

하지만 적어도 20세기 말에 글을 쓰고 읽는 방법에서 중요하지만 유해한 요소, 즉 사소한 것과 외적인 것에 대한 강박은 그 지식인 계급에게 없었다. 내 아버지는 아렌트에게 보낸 질문서에 개인적인 소문에 대해서는 한 건만을 끼워 넣었다. 돌이켜보면 황당하기 그지없지만, 당시에는 유대인 세계에서 떠돌던 소문으로, 그가 정말 가톨릭으로 개종했느냐는 것이다. 하지만 아버지는 그녀에게 기사에 그 문제를 언급하지 않을 것이란 확약을 해주었다. 아렌트는 그런 유언비어를 잔혹할 정도로 즐겼다. 아버지의 기록이나, 내가 읽고 확인한 많은 기사 중 어디에도 아렌트의 표정이나 의상, 혹은 인간관계에 대한 언급은 없었다. 그녀가 어떤 글을 썼고, 그 글이 어떻게 이해되고 판단되어야 하는가에 대한 언급밖에 없었다.

아버지와 한나 아렌트가 끝까지 연락하지 못하고, 어느 쪽도 상대가 존중할 정도로 지혜롭고 통찰력 있게 대응하지 못한 것은 부끄러운 일이다. 그러나 실망스럽게도 우리는 지금 그런 대화를 계획하는 것은 물론, 상상하는 것조차 어렵게 생각한다. 하물며 그런 대화를 과거처럼 준비하는 것은 더더욱 어렵다고 생각한다. 판단을 방해하는 잡음이 너무 커졌다. 뉴스가 너무도 신속하게 확산된다. 휴대폰과 전자메일, 문자 메시지도 집중을 방해한다. 가족이 함께하는 저녁식사는 이제 시대에 뒤진 것이 되었다. 1960년대 초 저녁 식탁의 대화에서 모든 화제가 꼼꼼히 마무리되지는 않았지만, 대화 자체는 훌륭했다. 진지한 문제에 대한 진지한 사람들의 진지한 대화였기 때문이다. 그 대화는 복잡한 세계와 역사를 처음으로 만나는 통로였다. 그 이후로도 저녁 식탁은 출판과 글쓰기, 공개 토론회와 사적인 대화에서 일어난 변화를 숙고하고, 당시의 지식인과 과거의 지식인을 비교하는 공간이었다. 따라서 언론을 통한 당시의 토론 자료를 지금의 토론 자료와 비교해 읽으면 우리가 무엇인가를 잃었다는 걸 인정하게 된다.

15
❖

구글 제국 시대, 책의 운명

⋮   앨프리드 케이진Alfred Kazin, 1915-1998은 1938년에 처녀작 《고국
에 서서On Native Grounds》를 작업하기 시작했다. 가난하고 소심한 유
대인 이민자의 아들로 브루클린에서 자란 그는 뉴욕시립대학에 진학
했다. 교수들이 아무런 의욕도 없이 대규모 강의를 진행하고, 스탈린
주의자와 트로츠키주의자가 구내식당을 전쟁터로 바꿔버리던 시대
에 케이진은 문학에 대한 열망을 품고 논평을 쓰기 시작했다. 케이진
은 돈도 없고 배경도 없었지만, 19세기 말부터 그의 시대까지 미국의
굵직한 지적인 문학운동을 추적하고 역사적 맥락에서 해석하며 포괄
적이면서도 뛰어난 한 권의 책을 써냈다. 그의 그런 작업은 5번가와
52번가가 만나는 곳에 위치한 뉴욕 공립도서관이 있었기에 가능했
다. 그곳에서 거의 5년이란 시간을 보낸 끝에 그 책을 완성했던 케이

진은 훗날 이렇게 회상했다.

내가 예전에 들었던 것, 내가 보고 싶던 것이 그 평화로운 곳에 있었다. 궁극적으로 나를 '근대'로 이끌었고 남북전쟁 이후로 수십 년의 배태기를 거친 끝에 탄생한 미국 소설들의 초판본, 1890년대에는 젊은 나이였지만 사실주의를 조금이나마 지원하려 애썼고 오래전에 세상을 떠난 시카고 출판업자들이 남긴 도서목록들, 스탈린주의를 표방한 《새로운 대중The New Masses》에게는 프란체스코 성자와 종교재판과의 관계에 해당하는, 노랗게 바래고 푸슬푸슬하지만 조금의 손상도 없던 과거의 《대중Masses》들이 있었다.

　뉴욕 공립도서관에 소장된 책들은 "미국 문학은 없어도 그들이 새롭게 창조해내려는 문학은 있다고 말하던 중서부 출신의 선구적 사실주의자들을 통해 희망과 도약과 지적인 신선함"을 그에게 가르쳐주었다. 맨해튼을 떠나지 않고 케이진은 "얌전하게 보이는 젊은 기자, 법률회사 서기, 사서, 교사가 윌라 캐더Willa Cather, 1873-1947, 로버트 프로스트Robert Frost, 1874-1963, 싱클레어 루이스Sinclair Lewis, 1885-1951, 월리스 스티븐스Wallace Stevens, 1879-1955, 메리앤 무어Marianne Moore, 1887-1972로 성장했던 쓸쓸한 작은 도시, 초원 마을, 외따로 떨어진 대학, 먼지로 뒤덮인 법률 사무소, 전국 규모의 잡지사, 지방 학교 등을 읽으며 장래에 나아갈 길을 개척했다."[1]
　케이진과 리처드 호프스태터는 함께 패스트푸드점에서 재빨리 점심을 먹고, 탁구처럼 빠른 운동을 즐기며, 때로는 오후에 뉴스 영화를 보았던 절친한 친구 사이였다. 그들은 먼 옛날부터 도서관에 틀어박혀 관심 있는 주제를 다룬 서적을 뒤적거렸던 무수히 많은 작가와 독자와 평론가 중 두 명에 불과했다. 책을 좋아하는 아이가 서늘하고 어둑한 도서관에 들어가 고독과 자유를 발견한다는 이야기는 예부터 흔히 들어 새삼스러울 게 없다. 하지만 10년 남짓 전부터 도서관은 더 이상 조용한 곳이 아니다. 인쇄기 이후로 컴퓨터와 인터넷이 독서를 무엇보다 극적으로 바꿔놓았다. 스탠퍼드부터 옥스퍼드까지 대학 도서관에서는 어김없이 종이쪽이 넘어가고 스캐너가 웅웅대며 데이터베이스가 늘어난다. 그로 말미암아 저작권이 있는 책과 정보의 세계, 개별적인 서적의 보관소가 흔들거린다.

종말 시나리오에는 책도 종종 포함되었다. 〈요한 계시록〉에는 편지가 언급되고, 일곱 개의 봉인이 있는 책이 묘사되고, 책의 종언은 물리적 세계의 종말을 상징하는 것으로 사용된다. "하늘은 두루마리가 말리는 것 같이 떠나간다."(6장 14절) 그러나 21세기 초에 그런 수사적 상황은 완전히 뒤집어졌다. 구글과 경쟁 기업들이 시작한 대대적인 정보 프로젝트로 텍스트가 종말을 맞을 것이란 예언이 쏟아졌다. 종이로 출간되는 책과 잡지와 신문이 그 종이의 원료였던 나무처럼 죽을 것이란 주장이었고, 인간의 지식을 저장하는 디지털 보관소가 종이책을 대체할 뿐만 아니라 질적인 개선까지 도모할 것이란 예언이었다. 2006년 자칭 〈와이어드〉의 '대장 이단아', 케빈 켈리Kevin Kelly가 이런 예언과 관련해 큰 영향력을 미친 기사를 〈뉴욕타임스〉에 기고했다. 저작권이 살아 있는 책을 전자화하는 행위와 관련된 복잡한 법률적 쟁점을 깊이 생각한 논평에서 켈리는 구글이 경쟁업체나 협력업체와 손잡고 만들어가는 가상 도서관을 실감나게 묘사했다. 켈리는 가까운 장래에 "세상의 모든 책이 서로 연결된 단어와 개념으로 구성되는 액상 조직이 될 것"이라 믿었다. 따라서 전자 도서관을 이용하는 사람은 "어떤 특정한 주제에 대해 언어권을 막론하고 과거와 현재의 모든 텍스트"를 모을 수 있을 것이고, 그 결과로 "우리가 문명인으로서, 또 하나의 종種으로 아는 것과 그렇지 않은 것을 명확히 구분할 수 있을 것"이다. 또한 우리의 집단 무지에 해당하는 빈 공백이 두드러질 것이고, 우리 지식의 황금 봉우리는 완벽한 수준에 도달할 것이다.[2] 켈리 이외에도 새로운 천년시대를 더 극적으로 전망한 전문가도 적지 않았다. 그들 중에는 모든 책과 논문만이 아니라 세상의 모든 자료가 보관되어, 인류의 완전한 역사를 연구하는 토대가 되는 보편 도서관을 예언하는 이들도 있었다.

사서와 출판업자, 교수와 인쇄업자 등 모두가 그런 예언자들이 제기하는 전망에 얼을 빼앗겼다. 정보를 구하는 독자가 책보다 모니터에 얼굴을 돌리고, 전자책이 개선됨에 따라 즐거움을 구하는 독자도 모니터를 들여다보는 미래가 예견되었다. 이런 전망에 적잖은 애서가가 분노했다. 예컨대 역사학자로 프랑스 국립도서관장을 지낸 장노엘 잔느네Jean-Noël Jeanneney는 2005년에 발간한 얄팍한 책에서 구글 북스Google Books를 이라크 전쟁처럼 제국주의적이고 천박한 미국의 전형적인 음모라고 비난했다. 그는 구글이 영어로 된 책들로 웹 세계를 채우고 나면, 학문과 문학의 세계를 왜곡함으로써 이득을 취할 것이라고 주장했다. 기업보다 각국의 중앙정부가 후원하는 역동적인

대책이 있어야만 유럽의 문학과 학문을 구할 수 있을 것이란 주장도 덧붙였다.[3]

본능과 경험으로 나는 새로운 형태의 텍스트에 대한 비판에서 어떤 본질을 찾으려 애쓴다. 나는 오래된 도서관, 예컨대 1960년대와 1970년대의 도서관을 좋아한다. 그곳에서 공부하며 학자가 되었기 때문이다. 당시 학생이던 나는 애서가에게 도서관은 낙원이라 느껴졌고, 돌이켜보아도 여전히 목가적인 곳에서 살았다. 저렴한 가격에 책과 논문집을 구할 수 있었고, 도서관 예산은 넉넉한 편이었다. 미국에서도 코네티컷부터 캘리포니아까지 좋은 도서관의 서고에는 16세기와 17세기의 서적이 적지 않아 아무도 그 시대의 책이 희소하다고 생각하지 않을 정도였다. 원본을 보유하지 못한 도서관은 복사본이라도 보유해두었다. 나는 학부와 대학원 시절에는 시카고대학교에서, 교수로 재직할 때는 코넬과 프린스턴대학교에서 개가식 서고를 서성대며 수십 권씩 책을 뽑아두고는 그 책들이 19세기와 20세기 학자와 학생에 대해 말해주는 것만큼이나 내가 연구하던 더 먼 과거에 대해 속삭이는 내용에 매료되었다.

케이진처럼 뉴요커이던 나도 뉴욕 공립도서관의 허름하지만 장엄한 분위기를 풍기는 열람실에 앉아 전광판을 지켜보며, 내가 신청한 책이 도착하기를 기다리는 걸 좋아했다. 당시에는 커피숍이 없는 도서관이 많았다. 커피숍이 있는 도서관에도 갓 추출한 에스프레소와 카푸치노를 제공하지는 않았고, 자동판매기를 갖추어놓은 정도였다. 그래도 나와 나 같은 사람들에게 그런 도서관은 많은 시간을 보내기에 적합한 곳이었다. 1970년대 말 프린스턴대학교 도서관은 나를 '헤비 유저heavy user'로 분류했다. 그 사실을 알고도 나는 놀라지 않았지만 그 용어가 약간 거북하게 느껴졌다. 도서관을 사랑한 까닭에 나는 이상하면서도 경이로운 곳, 예컨대 런던의 대영도서관과 역시 런던에 있는 바르부르크 도서관을 방문할 기회가 있었다. 1970년대에도 여전히 19세기의 담청색 둥근 천장 아래에 위치한 대영도서관에는 카를 마르크스와 콜린 윌슨Colin Wilson, 1931-2013 및 많은 아웃사이더의 원전이 보관되어 있었다. 또 바르부르크 연구소의 창립자들과 그 후임들은 '좋은 이웃 원칙good neighbor principle'에 따라 책을 정리했다. 따라서 서고에서 특별한 책을 찾던 독자는 그 책의 바로 옆에서 같은 저자의 다른 모든 책을 보고 놀라기 마련이었다. 물론 옥스퍼드의 보들리 도서관, 파리의 프랑스국립도서관, 레이던 국립대학교 도서관, 바티칸 도서관을 방문한 적도 있었다. 내가 오랫동안 먼지와 곰팡이 냄새를 맡으며 배운 많은 것 중 하나가 어떤 도서관에나 고유한 관점이 있다는 것이다. 소장된 서적들, 필사본과 인쇄본이 분류되고 선반에 정리되는 방법, 책들의 간격 등 모든 것이 작가와 독자와 수집가에 대해, 또 그들이 살았던 역사적 세계에 대해 무엇인가를 말한다.

특정한 목적을 위해 설립되고, 서적들이 고유한 체계와 구전에 따라 분류된 도서관에서 배워야 하는 것에 집중하는 학자는 위대한 수준에 오를 수 있다. 역사학자 피터 브라운Peter Brown은 자신이 학자로 성장한 과정을 회고할 때 보들리 도서관의 로어 열람실에서 보낸 시대까지 거슬러 올라갔다. 이런 점에서 인문학 연구의 엄격한 지역성을 브라운만큼 정확히 표현한 작가는 없었다.

그곳은 책의 세계였고, 한 공간의 도서관에 깊이 뿌리 내리지 않은 책은 한 권도 없었다. 책은 한 곳에서, 몰입한 독서가들을 위한 곳에서만 읽을 수 있었다. 그들도 자연의 특성을 조금이나마 띤 듯했다. 책들이 항상 책상 위에 놓여 있었다. 1953년부터 1978년까지, 시간이 지나면서 내 신분이 바뀌었다. 그 사이에 내 마음도 종종 바뀌었다. 그러나 보들리 도서관의 로어 열람실은 아무것도 바뀌지 않은 듯했다. 예컨대 내 맞은편에는 아우구스티누스의 성서강해와 기도서 사이의 관계에 대한 유명한 권위자가 항상 앉아 있었다. 그는 옥스퍼드의 교수가 아니었다. 그는 옥스퍼드셔의 시골 지역에 있던 목사관에서 규칙적으로 찾아오는 성직자였다. 그는 항상 침실용 실내화를 신고 있었다. 그 실내화의 영향력이 책을 압도하는 경우가 많았던지, 그는 책상에 엎드려 잠들고는 했다. 당시 나는 고지식한 청년이었던 까닭에, 항상 꾸벅꾸벅 조는 사람이 도나투스파Donatism에 대해 제시한 견해를 정말 믿어도 괜찮을지 의심스러운 지경이었다. 그러나 그 목사는 지금 내가 세미나실에서 동료들과 머리를 맞대고 찾아내려는 것보다 더 넓은 학문의 세계를 상징하고, 더 많은 형태의 학문적 시도에 자양분을 제공하는 존재였다. 내가 히포의 아우구스티누스의 전기를 쓴 후에 옥스퍼드대학교 출판부가 아니라 런던의 파버 출판사에서 출간하려고 굳이 애쓴 이유는 그 원고가 옥스퍼드의 학생들과 동료들만이 아니라, 그와 같은 사람들, 즉 학문적 지식과 교양을 갖추었지만 굳이 교수가 되려고 안달하지 않는 사람들을 위한 것이었기 때문이다. 그런 사람들과 함께 공유하는 학문의 삶에서는 묘한 평온감이 느껴졌다.

이런 예술가적 형태의 독서를 지향하면, 책을 대체 가능한 것이라 생각하며 구글처럼 보편성을 추구하는 계획을 불신하게 된다.

그렇다고 잔느네의 십자군 운동에 참여하는 것도 불합리한 짓인 듯하다. 지금이라도 구글 북스의 검색란에 유럽어로 어떤 단어나 구절을 입력해보라. 그 시스템에 영어 이외의 언어로 쓰인 수천 종의 텍스트가 이미 들어가 있는 걸 즉각 확인할 수 있다. 프랑스 정부가 책의 세계에 가장 최근에 안겨준 크나큰 선물은 잔느네가 관장을 지낸 도서관, 즉 지금은 잊혔지만 1970년대에 제작된 디스토피아적 공상과학 영화의 무대(예컨대 《로건의 탈출Logan's Run》을 생각해보라)처럼 보이고, 그곳에서 일하는 것도 재밌을 듯한 건물이었다.

현재 영미권의 뜻에서 자유주의자인 나는 유능한 정부가 시장보다 많은 일을 더 잘 해낼 수 있다고 믿는다. 그러나 프랑스처럼 국가 통제적으로 독자에게 책을 제공하는 방식은 좋은 예라고 생각하지 않는다. 프랑스 국립도서관은 자체로 상당한 수준의 전자 도서관, 갈리카Gallica를 보유하고 있다. 갈리카는 신중하게 선정되고 전자화된 텍스트들을 제공하며, 그 목록에는 최근의 외국 서적까지 포함되어 있다. 그러나 고전이든 아니든 간에 정리되지 않은 방대한 텍스트를 독자가 무료로 사용할 수 있도록 세상에 공개할 수 있다는 의지는 아직 보여주지 않았다. 미국과 영국에서는 많은 사서가 새로운 매체를 통해 새로운 대중에게 책을 제공하는 미래를 크게 환영하는 분위기다. 그 이유는 누구나 쉽게 짐작할 수 있다. 여하튼 구글 북스로 인해 하루하루 더 명확해지는 것은 파리에서나 뉴욕에서나 프랑스 문학과 사상을 똑같은 정도로 심도 있게, 또 효과적으로 연구할 수 있다는 것이다.

새로운 정보 생태계의 탄생

우리 모두가 해일처럼 밀려오는 전통적인 책과 새로운 매체에 계속 저항하려 한다면, 요즘 진행되는 현상을 어떻게 이해해야 하느냐는 문제에 부딪힌다. 우리가 쉽게 간과하는 것은 인터넷이 우리에게 보편 도서관을 가져다주지는 않을 것이란 점이다. 게다가 인간의 모든 경험을 백과사전식으로 기록하는 것은 더더욱 불가능하다. 현재 디지털화 프로젝트에 참여한 기업들도 그런 목표를 이루어내겠다고 주장하지는 않는다. 웹 세계에서 떠들썩한 광고를 보면, 구글과 그 협력 도서관들이 실제로 무엇을 하고 있는지, 또 독자가 앞으로 10년이나 20년 후에 무엇에 접속할 수 있는지도 파악하기가 쉽지 않다. 우리는 어떤 분수령에 이른 것이 분명하다. 달리 말하면, 텍스트 생산과 소비의 역사에서 새로운 시대를 맞이한 것이다. 많은 영역에서 전통적인 정기 간행물과 책은 블로그와 컴퓨터 데이터베이스 및 다양한 형태의 전자 포맷에 자리를 내주고 있다. 그러나 잡지와 책은 여전히 많은 부수가 팔리고 있다. 문자 기록을 디지털화하려는 현재의 시도는 정보를 효율적으로 축적해 저장하고 검색하기 위해 우리가 오래전부터 추진한 많은 중대한 프로젝트 중 하나다. 그 결과 우리가 얻은 것은 예언자들이 제기한 인포토피아infotopia가 아니라 일련의 새로운 정보 생태계일 것이다. 하지만 그 생태계는 험난해서 그곳에서 텍스트를 읽고 쓰며 제작하는 사람들은 생존해서 번창하는 법을 배워야 했다.

수세기 혹은 수천 년 동안 책을 생산하는 필경사와 학자는 책을 수집해 분류하고, 독자에게 필요한 책을 찾아 읽도록 도움을 주는 방법을 고민하는 사람이기도 했다. 기원전 세 번째 천년시대 초, 메소포타미아의 필경사는 수집된 서판들을 목록화하고 분류하기 시작했다. 사용의 편이를 위해 그들은 서판의 가장자리에 내용 요약을 덧붙였고, 관련된 텍스트를 신속하게 찾아내기 위해 선반에 체계적으로 정리하는 방법을 고안해냈다. 고대 세계에서 가장 많은 책을 소장했던 알렉산드리아 도서관은 야망과 방법론에서 구글의 활동과 공통된 부분이 많았다. 알렉산드로스 대왕에게 신도시 알렉산드리아를 물려받은 프톨레마이오스 1세는 기원전 300년경 알렉산드리아 도서관을 설립했다. 시적 취향을 가진 역사학자이던 프톨레마이오스는 그리스 문학과 철학과 과학에 대한 문헌을 대대적으로 수집하기로 결정했다. 구글처럼 알렉산드리아 도서관도 텍스트를 찾아내 재생산하는 효율적인 절차를 개발했다. 배가 알렉산드리아 항구에 정박하면, 배에서 찾아낸 두루마리를 무차별적으로 압수해 도서관으로 가져갔다. 도서관 직원들은 복사본을 제작해 주인에게 돌려주었고, 원본은 보관해두었다가 차근차근 목록화하고 분류했다. 이렇게 구해진 호메로스의 판본들은 '배에서 얻은 판본'이라 칭해졌다.

장서가 최고치에 이르렀을 때 알렉산드리아 도서관에는 50만 개 이상의 두루마리가 있었다. 엄청난 양의 정보였던 까닭에 사서들은 새롭게 분류하고 정리하는 방법을 개발해내야 했다. 처음으로 텍스트가 선반에 알파벳 순서로 정리되었다. 엄청난 양의 자료를 앞에 두고, 시인이자 학자이던 칼리마코스는 종합적인 서지목록을 작성했다. 모험적인 위조범들이 알렉산드리아 도서관의 욕구를 채워주려고 가짜 텍스트를 양산해낸 까닭에, 칼리마코스는 위대한 시인의 진본과 도서관도 보유한 위작을 체계적으로 분별해야 했다. 알렉산드리아 도서관은 점차 학문의 중심지가 되었고, 그곳에서 에페수스의 제노도토스, 비잔티움의 아리스토파네스, 사모트라케의 아리스타르코스 등 많은 학자가 고전 텍스트를 수정하고 해설했다. 도서관이 전소된 후에 부분적으로만 보존된 잔재들은 여전히 논란거리다. 하지만 알렉산드리아 도서관이 새로운 문헌학적 방법을 고안해냈고, 헬레니즘과 로마 시대에 이집트에서 유통되던 호메로스의 텍스트를 통일한 것은 분명한 듯하다.[5]

칼리마코스가 세상을 떠나고 600년 후, 팔레스타인의 해안도시 카이사레아의 주교이며 역사학자이던 에우세비우스가 지역 도서관에서 기독교 자료를 수집하고 교정했다. 그곳에서 에우세비우스는 '기준표canon table'로 알려진 복잡한 상호참조법을 고안해냈다. 이 표를 이용해 독자들은 4대 복음서에서 유사한 구절들을 찾아낼 수 있었다. 저명한 고전학자, 제임스 오도널은 이 기준표를 '세계 최초의 핫링크'라고 극찬했다. 능수능란한 기획자였던 에우세비우스는 필경사들을 끌어모아 그 기준표를 덧붙인 성경을 제작했다. 콘스탄티누스 황제는 에우세비우스가 무척 효율적인 시스템을 개발해냈다는 걸 인정했다. 330년대에 황제는 새롭게 건설한 도시인 콘스탄티노플의 교회들에서 사용할 성경 50권을 양피지로 제작하라는 지시를 에우세비우스 주교에게 내렸다. 황제는 그 작업에 필요한 양피지를 구해 에우세비우스에게 특급으로 보냈다(양피지의 시대였던 까닭에 아름다운 책을 제작하려면 피의 제물이 있어야 했다). 황제는 카이사레아의 필사실筆寫室만이 무질서한 자료를 바탕으로 적절한 형식을 갖춘 정확한 성경을 짧은 시간 내에 써낼 수 있다는 걸 알았다.[6] 중세 시대에도 대수도원 도서관들은 꾸준히 문헌을 수집하고 분류하는 쌍둥이 작업을 계속했고, 그곳의 필사실에서는 핵심적인 문헌을 다시 옮겨 쓰며 널리 전파하는 역할을 맡았다.

15세기 유럽에 인쇄술이 탄생하며 사서와 독자의 상황이 크게 변했다. 글을 읽고 쓸 줄 알던 세계에 인쇄술은 반세기만에 약 2만 8,000종, 수백만 부의 책을 내놓았는데, 유럽 도서관들이 과거에 보유했던 책을 모두 합한 부수보다 몇 배나 많은 숫자였다. 새로운 세계와 새로운 신학, 우주에 대한 새로운 해석은 과거 어느 때보다 빨리 확산되었고, 더 낮은 가격으로 판매되었다.

공격적인 확장의 시대에도 학식을 갖춘 사서의 전통적인 능력은 인쇄의 세계에서 수요가 많았다. 예컨대 교황 식스토 4세의 수집품을 관리하던 사서 조반니 안드레아 부시Giovanni Andrea Bussi, 1417-1475는 로마에서 독일계 인쇄업자인 콘라트 스바인하임Conrad Sweynheym과 아르놀트 판나르츠Arnold Pannartz의 조언자로 일했다. 스바인하임과 판나르츠는 그리스·로마의 고전과 교부들의 저작을 멋진 판형으로 인쇄해 필사본보다 훨씬 싼값에 판매했다. 지역 학자들은 인쇄술의 속도와 경제성에 열광했고, 바티칸의 조용한 정원은 인쇄술에 대한 칭찬으로 떠들썩했다. 부시는 스바인하임과 판나르츠가 발간하려는 책을 선택하고 교정했으며, 때로는 그들의 책에 강렬한 추천사를 덧붙였다. 하지만 많은 선구자가 그랬듯이, 부시와 그의 동반자들이 시장을 과대평가했다는 걸 깨닫는 데는 오랜 시간이 걸리지 않았다. 시장은 1,000부는커녕 수백 부도 제대로 소화하지 못했다. 부시가 교황 식스토 4세에게 불평했듯이, 그들의 로마 인쇄소는 인쇄한 후에 말리는 종이로 가득했지만 먹을 것이 없었다.[7] 그들만 아니라 새로운 정보 테크놀로지를 적용한 선구자들도 똑같이 이런 어려움을 겪어야 했다. 하지만 부시의 도움으로 확립된 본보기, 즉 박식한 학자들이 이익을 우선적으로 추구하는 인쇄업자들에게 조언을 하는 본보기는 16세기의 기준이 되었다. 물론 그 표본을 거부한 인쇄업자도 적지 않았지만, 그들 자신이 학식을 갖추어 인쇄할 서적을 직접 선택하고 교정할 수 있었기 때문에 그랬던 것이다.

그 후로 300년 동안 이익을 추구하는 출판 산업과 근면한 학자들의 도서관은 별개의 영역이 되었다. 하지만 대학 출판부의 매출에서 서적 판매량은 줄어든 반면 학술지 구독료는 천정부지로 치솟자, 지난 수년 전부터 과거의 본보기가 되살아났다. 도서관은 전자출판 프로그램을 통해 다양한 시도를 했다. 예컨대 박사학위 논문의 유통, 지역과 관련된 서적, 문서 수집 등 전통적으로 대학 출판부가 떠맡았던 영역을 도서관이 넘보기 시작했다. 또 2007년 7월에 학문 출판에 대한 보고서를 발행한 비영리 자문기관 이타카는 이런 새로운 가능성이 사서들에게 큰 자극제가 되었다고 언급했다.[8] 얄궂게도 컨설턴트들은 물론이고 그들의 조언을 평가하던 평론가들도 도서관이 텍스트를 처리하고 공개하는 방법에 대한 지배권을 부분적으로 되찾은 것은 신기원을 개척한 것이 아니라 미래로 회귀한 것이란 사실을 깨닫지 못했다. 새로운 전자 도서관은 웹페이지에 텍스트를 저장하고 출판하며, 에우세비우스라면 너무도 자연스러운 것이라 생각했을 법한 행위의 확산에 참여하고 있지 않은가.

신속하고 신뢰할 만한 검색방법은 때때로 정보화 시대의 특징으로 여겨진다. "검색이 모든 것이다"는 이제 격언이 되었다. 그러나 학자들은 수천 년 전부터 과도하게 많은 정보를 소화하려고 애써왔다. 어떤 시대에 정보 자원이 급속히 증가하면, 학자들은 봇물처럼 쏟아지는 정보를 통제하고 활용하는 기발한 방법들을 고안해냈다. 예컨대 수많은 텍스트가 전례가 없는 속도로 시장에 쏟아진 르네상스 시대는 체계적인 해석이 확립된 위대한 시대였다. 입문서는 고대와 근대의 모든 문헌에 담긴 내용을 제목과 초록으로 압축하는 방법을 학생들에게 가르쳤다. 17세기 예수회 수도자 예레미아스 드렉셀Jeremias Drexel, 1581-1638은 그런 압축법에 대해 다루며, 그 책의 제목으로 '금광'을 선택함으로써 그 기술이 무척 중요하다는 것을 간접적으로 보여주었다. 그 책의 권두화는 더욱더 웅변적이었다. 광부들은 땅을 파며 금을 캐고, 그들의 옆에서 한 명의 학자가 진정한 금에 대해 무엇인가를 기록하는 모습이 묘사된 권두화였다.[9] 이자크 카소봉처럼 이런 방식에 익숙했던 학자들은 책의 여백이나 공책에 자신의 생각을 기록해두고, 그리스 비극의 종교부터 고대 후기의 이집트 문화사까지 모든 것에 대한 정보를 검색하는 데 사용했다. 카소봉이 주석을 더한 수백 권의 책과 그가 소장했던 거의 60권이 지금까지 전해진다.[10]

지금도 그렇지만 당시에도 새로운 테크놀로지는 매력적이었고 값도 비쌌다. 16세기의 저명한 법학자였던 자크 퀴자Jacques Cujas, 1522-1590는 자신의 서재를 방문한 사람들에게 회전식 이발용 의자와 이동식 서가를 보여주며 그들을 놀라게 했다. 이동식 서가를 이용하면 필요할 때마다 그가 움직이거나 텍스트를 이동시킴으로써 여러 권의 책을 펼쳐놓고 동시에 볼 수 있었다. 17세기의 영국 발명가, 토머스 해리슨Thomas Harrison은 제임스 고든 패럴James Gordon Farrell, 1935-1979의 소설에서 잉태된 듯한 '학습의 방주Ark of Studies'라는 이름의 정보 캐비닛을 고안해냈다. 그의 설명에 따르면, 독서단이 발간되는 방대한 양의 책을 요약하고 발췌한 내용을 정보 캐비닛 안에 각 주제가 쓰여 있는 금속고리의 분류에 따라 정리했다. 20세기의 카드 색인 분류법과 유사하다고 생각하면 된다. 독일의 위대한 철학자로 역사와 철학과 자연과학의 첨단에 동시에 존재한 최후의 학자였던 고트프리트 빌헬름 라이프니츠는 해리슨의 캐비닛을 확보해 연구에 적극적으로 활용했다.[11]

평범한 사람들을 위해서는 요즘의 위키피디아와 구글처럼 정보를 찾는 과정이 대폭 축소된 결과가 제공되었다. 에라스뮈스는 진지하게 연구해야 하는 학자라면 고전 전체를 읽고 그에 대해 직접 요약해두는 게 마땅하다고 생각했고, 그렇게 주장하기도 했다. 하지만 수천 개의 간결하지만 함축적인 금언을 제시하고 설명하는 일종의 참고서인《격언집Adages》을 발간하며, 주제별 색인까지 제공해 일반적인 독자도 필요한 항목을 쉽게 찾을 수 있었다. 그 후로도 수세기 동안 수많은 학생이 처음에는 이렇게 평이하게 정리된 책을 통해 고대 학자들의 지혜를 만났다. 예컨대 그리스 시인 헤시오도스가 남긴 원전과 달리, 에라스뮈스의 판도라 이야기에서 판도라는 항아리가 아니라 상자를 열었다. 어원과 도라 파노프스키 부부가 오래전에 증명했듯이, 이탈리아어를 제외하고 모든 유럽어에서 '판도라의 상자'는 격언에 나오는 표현이 되었다. 게다가 극작가와 시인과 수필가는 에라스뮈스의 격언집을 여성에 대한 두려움은 말할 것도 없고, 생각이 모자란 행동의 위험을 설득력 있게 표현하는 근거로 삼았다.[12] 앨 고어Al Gore가 인터넷을 발명했다는 실언만큼이나 판도라의 상자는 근거 없는 낭설이며, 새로운 정보 테크놀로지의 도움을 받아 아주 흔해지고 거의 보편화된 낭설이다. 달리 말하면, 최고의 검색장치도 어떤 데이터베이스를 검색하느냐에 따라 다른 결과를 내놓고, 사실보다 사실로 여겨지는 것을 결과로 내놓은 경우가 적지 않다.

18세기부터 새로운 패턴이 점진적으로 확립되었다. 정부와 대학과 연구기관은 연구 도서관을 운영했고, 그 도서관은 대중에게도 조금씩 공개되었다. 그런 도서관들은 독자에게 백과사전처럼 다양한 책과 필사본을 제공하겠다는 야망을 품었다. 왕실 도서관은 세계적인 차원에서 정보를 수집했고, 그곳의 중앙 열람실은 어김없이 거대한 둥근 천장으로 장식되었다. 도서관 직원들은 정보 검색에도 앞장섰다. 그들은 책을 선반에 정리하는 데 그치지 않고, 독자가 필요한 정보를 찾는 데 도움을 주는 다양한 색인을 개발했다. 대영도서관과 미국 의회도서관의 인쇄된 도서목록처럼 오랫동안 기준으로 사용되던 색인도 이때 개발된 것이다.

19세기와 20세기에는 독서의 광범위한 민주화가 있었고, 이에 대해서는 조너선 로즈Jonathan Rose가 멋지게 이야기해주었다.[13] 에브리맨스 라이브러리Everyman's Library와 홀드먼 줄리어스의 리틀 블루 북스Little Blue Books 같은 시리즈는 성경과 존 폭스의 순교사 이외에 견실한 책들을 노동자 계급에게 싼값에 제공해주었다. 공공도서관은 산업화된 도시에서 무질서하게 세워진 공동 주택의 숲에서 조용히 책을 읽을 수 있는 작은 섬이었다. 무엇인가를 기록해두는 과거의 습관은 점차 중요성을 잃었지만, 18세기부터 발달하기 시작한 사전과 어휘집, 백과사전과 사화집은 부르주아 삶의 일상이 되었다. 독일과 러시아에서 그런 참고용 도서에 흔히 사용되던 '대화에 사용되는 어휘Conversation Lexicon'라는 제목을 보면 체호프 소설의 등장인물들처럼 태양 아래에 존재하는 모든 주제에 대해 하루 종일 대화하고 싶어 하는 독자에게 그런 책이 어떤 도움을 주었는지 쉽게 짐작된다.

하지만 어떤 선집이나 참고용 도서도 복잡한 주제와 관련된 모든 정보나 서적을 담아낼 수 없었다. 1940년대 웨슬리대학교 사서이던 프리몬트 라이더Fremont Rider, 1885-1962는 출판물이 폭발적으로 증가하며 조만간 가장 큰 도서관의 서가도 가득 채워질 것이라 예언했다. 그와 그에게 많은 영향을 미친 버너 클랩Verner Clapp, 1901-1972은 마이크로필름이 이 문제를 해결할 수 있을 것이라 주장했다. 책을 사진으로 찍어 카드에 저장하면 먼지가 쌓이고 썩어버리는 원본을 던져버려도 그만이었다. 서랍에 정리된 카드목록이 실질적인 도서관이 되었고, 그런 도서관이 영원히 존속하며 확대될 것이라 생각했다. 이런 도서관에서 독자는 원하는 것이면 무엇이든 깨끗한 형태로 얻을 수 있고, 사서는 값비싼 개가식 서가를 세우고 유지할 필요가 없었다. 이런 도서관을 지으려는 프로젝트가 곳곳에서 진행되었다. 2만 6,000종의 영어권 서적을 마이크로필름에 담은 유진 파워Eugene Power. 1905-1993 의 숏 타이틀 카탈로그 프로젝트Short Title Catalogue project를 비롯한 몇 몇 프로젝트는 학자와 학생의 학문적 삶을 실질적으로 바꿔놓았다. 그 사이에 텍스트를 마이크로필름으로 제공하거나 희귀본이나 손상된 서적을 중성지에 복사해 판매하는 출판사들도 생겨났다. 1950년대부터 도서관에는 썩지 않는 재료를 얼마든지 제공할 수 있다는 영업사원들의 굵직한 목소리가 들리기 시작했다.

그 결과는 실로 극적이었다. 1950년대와 1960년대에 역사적인 대학들은 크게 확대되었고, 새로운 대학들도 세워졌다. 넉넉한 지원금에 힘입어 신생 대학들은 마이크로필름이나 복사본의 형태로 구할 수 있는 서적을 구입함으로써 설립된 지 10~15년 만에 때로는 설립 당시부터 실질적 도서관을 확보할 수 있다. 많은 야심찬 도서관들은 자체의 계획도 수립하고 시행에 옮겼다. 예컨대 로마에서만이 아니라 콜럼버스 기사단Knights of Columbus이 방대한 양의 마이크로필름을 수집한 세인트루이스에서도 바티칸 도서관의 장서를 진지하게 연구할 수 있었고, 노트르담대학교에서 밀라노의 암브로시아나 도서관을 연구할 수 있었다. 또 처음으로 우리는 캘리포니아나 캔자스에 있는 집을 떠나지 않고도 전문 서지학자나 고문서학자가 될 수 있었고, 과거의 신문과 잡지를 발췌할 수 있었다. 물론 학자는 연구를 위한 출장 비용을 지원하는 학과장에게 그런 사실을 감추려고 온갖 묘책을 짜냈다.

그러나 1950년대와 1960년대에도 마이크로필름과 복사본에 기반을 둔 도서관이 일반화되지는 않았다. 당연한 말이겠지만, 책을 마이크로필름으로 제작하던 민간기업들은 시장에서 잘 팔리는 상품에 집중했고, 비영리 후원자들은 당연히 자신들에게 중요한 텍스트가 필름화되기를 바랐다. 예컨대 가톨릭계 후원기관들은 중세 라틴어 필사본의 마이크로필름화에 집중했다. 어떤 텍스트가 종이책으로 복사되고, 어떤 텍스트가 마이크로필름화되고, 어떤 텍스트를 방치해두느냐를 결정하는 데는 명확한 기준이 없었다. 이 모든 것에 처음 예상보다 훨씬 많은 비용이 들었다. 특히 마이크로필름을 사용한 프로젝트는 판매가 지지부진해 초기의 시도는 대체로 중단되거나 끊어졌다. 복사본을 제작하던 출판사들은 한때 번창했지만, 결국에는 벽에 부딪치며 팔리지 않은 재고 서적에 짓눌리고 말았다. 더구나 충분한 지원을 받아 대규모로 진행된 프로젝트들은 비극적인 결과를 초래했다.

역사학자 니컬러스 베이커Nicholas Baker가 폭로했듯이, 신문을 마이크로필름화하려던 사업도 다를 바가 없었다. 요컨대 내용물은 필름에 담겼지만 그 과정에서 수천 건의 아름다운 원본이 물리적으로 파손되었다. 따라서 도서관 이용자들이 그전에는 윈저 매케이Winsor McCay, 1866-1934가 〈뉴욕헤럴드〉에 연재한 천연색 만화, '슬럼버랜드의 꼬마 네모'에서 예술성을 음미할 수 있었지만, 그 후로는 흐릿한 모니터에서 흑백으로 보아야 했다. 결국 대부분의 도서관에서 사진 혁명은 모두가 읽고 연구하는 방법을 바꿔놓겠다는 야심찬 계획을 포기하고, 교수와 대학원생, 드물게는 부지런한 학부생이 아무런 매력도 없는 흑백으로라도 텍스트를 읽고 생각하는 단칸방으로 줄어들었다. 정보를 깔끔하게 필름에 담아 보관할 수 있을 것이란 라이더의 예측은 결국 수천 통의 마이크로필름으로 실현되었고, 그 필름이 영상기에 설치되어 독자에게 읽혀졌다. 하루가 다르게 변하고 원대한 약속이 반복되는 새로운 시대를 헤치며 나아갈 때 이런 시행착오는 우리가 반드시 기억해야 할 교훈이다.[15]

구글 라이브러리 프로젝트

야망과 성취에서 현재의 디지털 시대는 마이크로필름의 시대를 훌쩍 넘어선다. 마이크로필름이나 그런 필름 판독기를 보유한 사람은 극소수에 불과했지만 현재 선진국에서 책을 읽기를 좋아하는 사람은 거의 누구나 개인용 컴퓨터나 노트북을 보유하고 인터넷에 접속할 수 있다. 그 차이는 명확하다. 전통을 고수하는 학자도 어떤 날짜나 사건, 혹은 어떤 텍스트를 찾아야 할 때 백과사전과 참고서적으로 채워진 도서관 열람실에 가지 않고 검색엔진의 힘을 빌린다. 케임브리지대학교 출판부의 한 유쾌한 편집자는 나에게 "보수적으로 보아도, 학문적 자료조사의 95퍼센트가 구글에서 시작됩니다"라고 말했다. 충분히 고개가 끄덕여지는 말이다. 세계에서 가장 많은 정보를 보유한 기업 구글은 책의 세계에 뿌리를 두고 있기 때문이다. 구전에 따르면, 구글의 창업자들은 스탠퍼드대학교의 모든 책을 전자화하겠다는 계획으로 시작했지만, 스탠퍼드가 작은 크기의 표본을 제공했기 때문에 웹으로 눈을 돌렸다. 게다가 구글의 유명한 검색 알고리즘은 학술적 인용 원칙을 모방한 것이다. 구글은 사용자가 과거에 어떤 것에 관심을 가졌는지 계산하고 평가함으로써 다른 사람들에게 이미 도움이 되었던 것으로 판정된 자료로 사용자를 유도한다. 어떤 의미에서 최첨단 검색엔진인 구글은 전통적인 각주들로 채워진 덩어리에 불과하다. 각주를 통해 우리는 저자가 어떤 사실이나 주장을 인용하기 위해 어디를 보았는지 알 수 있다. 이와 마찬가지로 구글도 우리보다 앞서 많은 사람이 다녀간 곳을 알려주며 우리에게 알고 싶은 것을 찾아보도록 유도한다.

지난 수년 전부터 구글과 경쟁 기업들은 모든 독자가 책을 찾는 방법을 바꿔놓겠다는 야심찬 프로젝트를 추진해왔다. 이제는 그 프로젝트의 규모조차 가늠하기 힘들 지경이다. 유사 이래로 출간된 책의 수는 보수적으로 추정하면 3,200만 종이다. 하지만 현재 구글은 1억 종에 달할 것이라 생각한다. 구글은 출판사들과 손잡고, 가제본된 책을 포함해 인쇄된 모든 책에 대한 정보를 웹 사용자에게 제공하고 있다. 현재 이런 이른바 구글 협력사가 전 세계에서 약 1만 곳이 넘는다. 경쟁 기업들도 다를 바가 없다. 구글, 아마존, 반스 앤드 노블처럼 웹 자체가 거대한 온라인 서점이 되었다. 노트북을 가진 사람이라면 누구나 구입 여부를 결정하기 전에 책 표지를 훑어보고 안내문을 읽고 내용을 살짝 살펴볼 수 있다. 2004년에 구글 협력사가 된 케임브리지대학교 출판부는 구글이나 구글 북스의 사용자로부터 월평균 5만 페이지뷰를 받고 있다. 달리 말하면, 세계에서 가장 오래된 출판사의 책을 구입하려는 모든 잠재적 고객의 약 3분의 2가 출판사 자체의 웹사이트보다 구글을 통해 들어온다는 뜻이다.

구글은 훨씬 더 원대한 프로젝트, 즉 구글 라이브러리 프로젝트

Google Library Project를 위해 세계적인 대형 도서관들과 손잡았다. 스탠퍼드, 하버드, 미시간 등의 대학 도서관, 뉴욕 공립도서관 등 많은 도서관에 소장된 방대한 자료들을 바탕으로 구글은 절판된 책들을 최대한 디지털화하고 있다. 구글의 표현을 빌리면 이는 "세계에 존재하는 모든 책을 포괄적으로 색인화"하려는 원대한 프로젝트다. 이 작업이 완성되면 독자는 여기에 포함된 모든 책을 검색함과 동시에 저작권에 구애받지 않는 책의 전문全文을 볼 수 있을 것이다. 요컨대 어디에서나 전문을 얻을 수 있는 책의 보편적인 목록을 제공하겠다는 구글의 이런 프로젝트는 21세기판 프리몬트 라이더의 계획이라 할 수 있다.

먼 과거나 제3세계를 연구하는 학자만이 아니라 주로 현재에 집중하는 학자를 위해 무척 많은 자료가 디지털화되고, 향후 수년 내에는 무궁무진한 자료가 제공될 것이라 말해도 결코 과장이 아닐 것이다. 구글을 측면에서 지원하는 많은 대규모의 프로젝트도 있다. 예컨대 예부터 시작된 구텐베르크 프로젝트는 영국과 미국의 고전을 직접 타이핑한 텍스트를 제공하며, 겉모습은 평이하지만 사용하기가 쉽다. 카네기멜런대학교에서 인도계 미국인 컴퓨터공학자 라즈 레디 Raj Reddy가 시작한 밀리언 북 프로젝트도 흥미롭다. 레디는 아직 완성되지는 않았지만 문자 인식 소프트웨어를 이용해 다국어로 온라인 텍스트를 제공할 목적에서 세계 전역의 전문가들과 협력하고 있다.

특정한 분야에 집중하는 소규모 프로젝트도 무수히 많다. 예컨대 터프츠대학교에 본부를 둔 무척 유용한 사이트, 페르세우스 프로젝트는 그리스어와 라틴어로 된 원문 텍스트로 시작해 지금은 영어로 번역된 르네상스 시대의 저작까지 디지털화하고 있다. 독자는 원전과 씨름할 때 필요한 사전과 문법 및 해설까지 온라인으로 제공받을 수 있다. 알렉산더 스트리트 출판사Alexander Street Press 같은 민간기업들도 시사 주간지 〈하퍼스 위클리〉부터 미국 이민자들의 편지와 일기까지 모든 것이 전자화된 파일을 여러 도서관에 제공했다. 대형 도서관들도 각자의 웹페이지에 꾸준히 나열되는 전자 자료들 덕분에 호르헤 루이스 보르헤스Jorge Luis Borges, 1899-1986가 꿈꾸었을 법한 수준보다 훨씬 더 빠른 속도로 커졌다. 평균적인 학자는 온라인으로 제공되는 기본적 자료를 소화하는 것도 이제는 불가능한 지경이 되었다. 〈디-라이브 매거진D-Lib Magazine〉은 디지털화된 자료와 문집을 새롭게 업로드한 도서관들의 웹페이지를 소개하는 데 주력한 온라인 잡지다. 물리적인 도서관이 어떤 작가의 논문이나 멋지게 장정된 전집을 구입했다고 이 잡지에 광고하는 경우는 없었다.

많은 사서가 이런 발전을 긍정적인 변화로 받아들인다. 크리스티안 젠슨Kristian Jensen은 대영도서관에서 초기 인쇄본을 담당하는 책임자로, 지금은 폐기되었지만 도서관에 보관된 방대한 19세기 문학 관련 서적을 디지털화하는 프로젝트를 위해 마이크로소프트와 함께 일한 적이 있었다. 그는 답답할 정도로 정확하고 냉철한 사람이다. 하지만 디지털 도서관의 전망에 대해 말할 때는 어김없이 목소리가 약간 올라간다. "세계 전역의 대학교와 일반 학교에서 교사와 학생을 막론하고 누구나 그런 자료를 이용할 수 있다고 생각하면 흥분하지 않을 수 없습니다." 온라인 컴퓨터 도서관 센터의 웹사이트를 방문해서 그곳의 세계지도를 살펴보면 젠슨이 그렇게 말한 이유가 이해된다.

이 프로그램은 국가별로 공공기관이나 학교에 얼마나 많은 책이 있는지를 지도에 표시한다. 예컨대 세계 각국의 공공 도서관에 얼마나 많은 책이 있는지를 보여달라고 세계지도에 요구하면, 북반구와 남반구의 관계, 서반구 국가들과 옛 식민지였던 국가들의 관계 등이 뚜렷이 대비되는 색으로 표시된다. 인구가 6,000만인 영국의 공공도서관에는 1억 1,600만 권의 도서가 있지만, 인구가 11억인 인도의 공공도서관에 소장된 도서는 3,600만 권에 불과하다.[16]

달리 말하면, 세계의 빈곤은 식량 부족만이 아니라 인쇄물의 부족으로도 나타난다. 요컨대 많은 국가의 시민이 다른 국가에 대한 정보는 말할 것도 없고 자국의 문학과 역사에도 접근하지 못한다는 뜻이다. 인터넷은 짧은 역사 탓이겠지만 이런 불평등을 해소하는 데 아직 큰 역할을 해내지 못했다. 2005년 나는 함석으로 지붕이 씌워져 지독히 더운 서아프리카의 인터넷 카페에서 미국 학생들의 질문에 대답하려 했지만 고급 자료를 구하기가 무척 힘들었다. 베냉의 사용자들도 크게 다르지 않아 보였다. 지금이면 나티팅구(베냉의 수도-옮긴이)의 컴퓨터 속도가 느리기는 하더라도 그때보다는 훨씬 많은 양질의 디지털 정보를 구할 수 있을 것이다. 전기가 모세혈관처럼 작은 도시까지 공급되고, 그 결과로 아시아와 아프리카와 라틴아메리카의 소도시에서도 인터넷 카페가 생겨나고, 구글과 경쟁 기업들이 웹사이트를 견실한 텍스트로 채워가면 지식의 지도에 큰 변화가 일어날 것이다. 공교롭게도 자본주의가 전례 없는 속도로 책에 접근하는 방식을 민주화하고 있는 셈이다.

앨프리드 케이진이 뉴욕 공립도서관을 사랑한 이유는 누구나 그곳에 들어갈 수 있었기 때문이다. 그곳에서 그와 함께 책을 읽던 독자로는 리처드 호프스태터처럼 단정한 젊은 학자만이 아니라, 뉴욕의 밤거리를 사진에 담던 아서 '위지' 펠릭Arthur 'Weegee' Fellig, 1899-1968처럼 거친 사람들도 있었다. "맥아더 장군처럼 훤칠하게 벗겨진 이마 위로 한 줌의 머리카락이 흘러내린 채 … 히브리어와 그리스어와 라틴어, 영어와 프랑스어와 독일어로 한꺼번에 쓰인 큼직한 성경을 연구하던 아담한 체구의 사내"와 "적어도 나에게는 막심 고리키의 '볼레스'를 생각나게 하던 여자, 즉 짝사랑하는 남자에게 보내는 연정의 편지를 필경사에게 옮겨 쓰게 하는 데 그치지 않고, 그 남자가 자신에게 보내는 편지까지 꾸며서라도 써달라고 부탁하던 노처녀처럼 지독히 마른 데다 못생기고 끊임없이 쌕쌕거리는 미친 여자"도 뉴욕 공립 도서관에 드나들 수 있었다.[17] 케이진의 민주적인 상상력도 웹사이트라는 정보의 신세계를 예상하지 못했다. 물론 누구나 그 세계를 이용할 수 있을 것이란 가능성은 상상하지도 못했다. 인터넷이 수많은 사람을 배불리 먹이거나 에이즈와 홍수로부터 지켜주지는 못한다. 그러나 인터넷은 지적인 허기를 느끼는 사람들에게 토머스 페인, 간디와 볼테르, 메리 울스턴크래프트의 저작만이 아니라 다른 문화권의 고전들, 자연과학 입문서를 다양한 언어로 제공할 수 있다. 그 결과는 엄청나서 우리 예상보다 크고 깊을 수 있다.

앞에서 말했듯이, 적잖은 유력한 학자가 이런 프로젝트들이 영어의 세계적인 패권을 더욱 강화할 것이라 염려했다. 구글이 초기에 영어권 출판사들과 손잡고 영국과 미국의 서적들을 전자화함으로써 그런 염려를 불러일으킨 것은 사실이다. 그러나 초기에 구글과 협력한 영국과 미국의 도서관들은 세계 모든 언어권의 책들로 가득하다. 뉴욕 공립도서관 관장으로 구글 북스 프로젝트에 처음부터 적극적으로 협력한 폴 르클레르Paul LeClerc가 증언했듯이, 뉴욕 공립도서관에는 영어 이외의 언어로 된 책이 약 50만 권이 있으며, 다수가 아시아어, 슬라브어, 아프리카어로 된 것이다. 옥스퍼드 보들리 도서관의 사서로서 구글에 협력한 리처드 오번든Richard Ovenden도 그곳에서 디지털화하려는 수백만 권의 도서는 약 40개 언어로 되어 있다고 지적했다. 한편 유럽 대륙과 다른 곳의 사서들도 독자적으로 구글과 협력 계약을 체결하고 있다. 그렇게 되면 웹의 세계에 등재되는 새로운 텍스트는 영어만의 영역이 아닐 것이다.

더구나 인터넷과 관련된 테크놀로지가 계속 발전하고 있어 사용자가 정보의 홍수에서 확고한 태도를 취하고, 거품에서 원하는 책이나 기사를 정확히 찾아내기가 더 쉬워진다. 검색 기능을 예로 들어보자. 구글닷컴, 야후닷컴, 애스크닷컴이 우리를 대신해 정보를 사냥해 채집하고 관련짓는 기능을 한다. 초기 단계에서 검색엔진은 지금보다 약간 시대에 뒤진 수준의 정보 창고에서 관련된 정보를 찾기 위해 '크롤러crawler'(기어 다니는 것이란 뜻이지만 실제로는 움직이지 않는다. 소프트웨어에 이런 이름을 붙인 것이다)를 사용했다. 어떤 검색엔진도 동일한 결과를 내놓지 않았지만 구글이 경쟁 기업에 비해 한층 유용한 사이트를 사용자에게 제공하는 경우가 많았다. 그 결과로 구글은 많은 공식 웹페이지에서 선택되는 독보적인 위치에 올랐다. 하지만 구글의 크롤러도 패션 사진작가만큼이나 외적인 면을 보여주는 수준에서 벗어나지 못했다. 달리 말하면, 최상위 웹페이지로 분류되는 내용물의 5퍼센트 남짓만을 사용자에게 알려줄 뿐이었다. 따라서 미국 의회 도서관의 웹사이트나 제이스토어(학술 논문 저장소)같이 방대한 정보 창고에서 적절한 자료를 찾아내려면 역동적이고 집중적인 검색을 수행해야 했다. 예컨대 해당 사이트에 가서 구체적인 질문을 제시하거나, 브라이트 플래닛Bright Planet 같은 전문기업에게 당신을 대신해 구체적인 질문을 무수히 제기하도록 의뢰해야 했다.

하지만 요즘 습관적으로 구글을 사용하는 사람이면 누구나 알고 있듯이, 크롤러가 적절히 질문하는 데 한층 능숙해졌고, 검색회사들은 크롤러의 질문에 호의적으로 반응하도록 대형 사이트들을 유도한 듯하다. 논문과 학술지 등을 검색하는 구글 스콜라Google Scholar 처럼 전문화된 검색엔진은 관련된 정보와 그렇지 않은 정보, 일차적인 정보와 파생된 정보를 놀라울 정도로 정확히 구분할 수 있다. 인터넷 도구들은 하루하루 더 많은 정보를 제공할 뿐만 아니라, 질문을 정확히 표현하는 효율적인 방법까지 제공한다. 내가 좋아하는 정보 중 하나는 아마존이 제공하는 어떤 책에서 사용된 '통계적으로 있음직하지 않은 구절SIP, statistically improbable phrase'의 목록이다. 그 목록에 있는 구절 중 하나를 클릭하면, 아마존은 똑같이 조합된 구절이 사용된 다른 책들을 알려준다. 과거의 구매자들도 미처 파악하지 못한 관련성을 신속하고 간단하게 찾아내는 방법인 셈이다. 지금은 도서관 사서가 책이나 웹에서 당신보다 정보를 찾는 요령을 더 많이 알고 있겠지만, 검색엔진의 능력이 계속 향상되면 앞으로 10년이나 20년 후에는 어떤 역할까지 해낼 수 있을지 상상하기 힘들 정도다.

이런 모든 장점에도 불구하고 현 상태에서 구글 라이브러리 프로젝트에 대한 평가는 엇갈리며, 이런 상반된 평가는 충분히 이해된다. 구글은 독자에게 정밀하게 스캔된 페이지를 보여준다. 대체로 정확하고 읽는 데도 불편함이 없지만, 간혹 흐릿하거나 알아보기 힘든 페이지가 있고, 스캐너를 조작하는 기사가 페이지를 빠뜨리거나 잘못 스캔하기도 한다. 원본이 불완전한 경우도 있다. 영화 〈오피스 스페이스〉에서 한 등장인물은 신체기관을 텍스트와 함께 스캔하지 않는가. 더 심각한 문제도 적지 않다. 구글은 자체의 검색엔진을 활용할 수 있도록, 광학 문자 인식 판독기를 사용해 일종의 복사본을 제작한다. 이 과정에 운명의 장난 같은 것이 끼어든다. 햇살이 들어오는 필사실에서 일하는 필경사는 u를 n으로, 혹은 그 반대로 옮겨 쓰는 실수를 범하는 경우가 적지 않았다. 흥미롭게도 컴퓨터도 똑같은 실수를 저지른다. 가령 구글 북스 검색란에 중세 철학에서 중요한 개념인 qualitas를 입력하면 거의 2,000개의 결과가 나타난다. 그러나 존재하지 않는 단어인 qnalitas를 입력하면, qualitas와 관련된 600건 이상의 정보를 덤으로 얻을 수 있는데, 그것은 qualitas라고 정확히 입력했으면 얻지 못했을 정보다.

이런 유형의 문제를 전반적으로 파악하고 싶다면, 과거에 흔히 쓰이던 뾰족한 서체, 이른바 '독일체Fraktur'로 인쇄된 독일 서적의 구글판을 띄어놓은 후에 검색을 위해 사용되는 텍스트, 즉 기본값인 '플레인 텍스트plain text'로 보여달라고 명령해보라. 많은 경우에 이상한 단어들이 속출한다. 예컨대 독일어에서 과학과 학문을 동시에 뜻하는 '비센샤프트Wissenschaft'는 '비펜샤프트Wiffenschaft'로 흔히 나타난다. 이런 오류를 해결할 방법을 찾아내기는 쉽지 않다. 대학 도서관과 공공도서관의 도서목록이 데이터베이스로 전환되는 과정에서 일어나는 수많은 오류를 전체적으로 바로잡는 방법을 찾아내는 것도 어렵기는 마찬가지다.

구글이 사용자에게 제공하는 '메타데이터metadata', 즉 데이터에 대한 데이터에 영향을 미치는 심각한 문제들도 있다. 목록화된 정보에서 어떤 항목을 찾아내는 과정은 불완전하거나 혼란스러운 경우가 많다. 특히 여러 권으로 이루어진 저작은 사용하기가 특히 어렵다. 구글이 그런 저작을 처음에 하나의 항목으로 처리했기 때문이다. 다행히 사용자들의 불평에 부응하며 이 정책이 바뀐 것 같기는 하다. 지식이나 의견을 공유하며 집단지성을 만들어내는 '하이브 마인드hive mind'가 작동한 셈이다. 또 구글이 어떤 서적의 특징을 제시하기 위해 사용하는 핵심 단어가 의도치 않게 우스꽝스러운 경우가 있다. 가령 당신이 베데커 여행 안내서를 참조해 파리를 여행하려고 할 때 핵심 단어 중 하나로 '안락의자'가 눈에 들어온다면 유익할 것이 전혀 없다. 작은 결함을 들추어내고, 트집을 잡을 핑곗거리는 한도 끝도 없다. 언어적인 것에 관심이 많고, 사소한 것에도 정확성을 추구하며 기질적으로 단점에 눈을 돌리는 학자들은 이런 흠결에 집중하는 경우가 많다.[18]

구글과 경쟁 기업들 덕분에 18세기 중반부터 20세기 초까지의 시기를 연구하는 사회문화사학자들이 학문적으로 최고의 상황을 맞이하고 있다는 것은 사실이다. 집에서 한 발짝도 움직이지 않고도 과거의 어떤 역사학자보다 훨씬 방대한 자료 창고에서 정치 언어, 새로운 테크놀로지의 등장까지 모든 것에 대한 증거를 찾을 수 있기 때문이다. 쉽게 접근할 수 있고 전반적으로 신뢰할 수 있는 순전한 정보량이 판형에 대한 세세한 내용보다 더 중요한 상황에서, 예컨대 오로지 19세기 판만이 존재하는 상황에서는 디지털화가 이미 혁명을 불러일으켰다. 완벽하지는 않더라도 잘 알고 있는 문학 텍스트를 구글 북스에서 노트북에 전송받아 올려놓고 가르치는 것은 놀라운 경험이 아닐 수 없다. 또 물리적인 책을 구하려면 적어도 수백 킬로미터를 가야 하지만, 지역 대학이나 작은 교양 중심 대학에 재직하며 연구실에 앉아 수십 개의 언어로 된 수많은 책을 모니터에 띄울 수 있다는 것도 놀라운 변화이다.

하지만 이런 최고의 상황에도 씁쓸한 결함이 있기 마련이다. 구글은 저작권 보호를 받지 않는 모든 책의 전문을 제공할 것이라 주장하지만, 저작권이 풀린 텍스트라도 전문을 다운로드받을 수 없거나 읽을 수 없는 경우가 많다. 시스템적으로 저작권 보호를 받는 책에 덧붙여지는 세 겹의 작은 물결무늬가 그런 텍스트에도 똑같이 더해지기 때문이다. 에라스뮈스처럼 구글도 책의 세계에 대한 너그럽지만 오류를 범하는 안내자인 셈이다.

⁂

비유를 들어, 구글의 성취와 한계를 설명해보자. 1910년대와 1920년대에 미국 교육자 아치볼드 케리 쿨리지Archibald Cary Coolidge, 1866-1928는 하버드대학교의 와이드너 도서관을 세계에서 학술도서를 가장 많이 소장한 도서관으로 키우기 위한 계획을 수립하고, 그 과정을 감독했다. 구글의 설립자들처럼 쿨리지도 희귀하고 유명한 저작만이 아니라, 벽면과 빈칸을 메우기 위해서 필수적이란 이유로 "대단하지도 않고 유행을 따르지도 않는 글"로 도서관을 채웠다. 또 그들처럼 쿨리지는 누구나 책에 쉽게 접근할 수 있어야 한다는 당위성을 강조하며, 수백만 권의 도서를 보관할 수 있도록 도서관을 널찍하게 지었고, 구입하는 책들을 최대한 신속하게 분류하고 목록화했다. 그러나 하버드 관재인이던 윌리엄 벤팅크 스미스William Bentinck-Smith, 1914-1993의 기록에 따르면 "쿨리지는 책과 함께하는 삶을 살았다. 그가 있는 곳에는 언제나 책이 있었다. 젊은 시절 그는 책으로 가득한 트렁크를 질질 끌며 아시아를 여행했고," 말년에는 책을 읽으며 시골길을 거닐었다.[19] 그런 이유에서 쿨리지는 보편 도서관을 건립하기 시작했을 때 책들을 무지막지하게 구입하는 데 그치지 않았다. 그는 와이드너의 장서에 새로운 분야들을 더하는 데 반드시 필요한 서적들을 조사했고, 현재와 미래의 연구에 필요한 자료들을 체계적으로 갖추려고 애썼다. 그의 목표 지향적인 지혜와, 그에게 영향을 받은 후원자들과 기증자들의 지성이 와이드너 도서관을 학문 연구에 특화된 도서관으로 만드는 데 결정적인 역할을 했다. 예컨대 와이드너 도서관은 보유한 장서가 포괄적인 만큼이나 도서목록도 정교하다.

구글 라이브러리 프로젝트는 진정한 보편 도서관을 목표로 한다. 하지만 그 목표는 와이드너를 비롯해 어떤 물리적 도서관도 성취하지 못한 것이다. 게다가 구글 라이브러리 프로젝트에는 쿨리지의 와이드너 도서관처럼 체계적이고 지배적인 비전이 없다. 따라서 조직적인 일관성을 띤 거대한 기계 장치가 아니라, 아직 인간의 손이나 정신이 닿지 않는 텍스트를 세계의 독자들에게 쏟아내는 거대한 소방

호스처럼 기능한다. 구글이 현대의 쿨리지들(정보로 구성되는 가상 세계만이 아니라 종이책으로 이루어지는 물리적이고 육감적인 세계까지 통달한 사람들)에게 가상 도서관을 계획하고 구체화하는 기회를 준다면 세계 독자를 위해 훨씬 많은 역할을 해낼 수 있을 것이다. 하지만 현재로서는 구글이 이 프로젝트를 향후에 이런 식으로 꾸려갈 것이란 구체적인 증거는 전혀 눈에 띄지 않는다.

게다가 전반적인 조건 때문에도 구글 프로젝트와 경쟁자들이 적어도 단기적으로 성취할 수 있는 것에 한계가 있을 수밖에 없다. 마이크로필름의 시대에 보았듯이, 대대적인 복제 프로젝트는 유산을 보존하는 동시에 활용할 수 있게 하겠다는 각오로 국가 기관에서 시도하거나 그 사업으로 큰돈을 벌려는 기업이 시도할 때 현실화된다. 지금까지 웹 기업들은 훨씬 더 신속하게 움직이며, 프랑스 국립도서관처럼 미리 선별된 유명한 텍스트를 디지털화하지 않고, 사용자의 편에서 방대한 양의 도서를 분류하고 디지털화하는 방향을 선택했다. 그러나 구글의 날렵하고 강력한 검색엔진에도 연료를 공급하려면 돈이 필요하다. 따라서 어떤 검색엔진도 디지털화된 책을 돈 항아리가 허락하는 속도보다 빠르게 웹에 올릴 수 없다. 결국 구글도 수익의 흐름이 허용하는 정도까지만 디지털화할 것이다. 최근에 마이크로소프트가 이 사업을 중단하며 구글에게 맡기기로 결정한 이유도 여기에 있다. 달리 말하면, 방대한 양의 중요한 책들이 디지털화되지 않을 것이란 뜻이다.

굽이마다 기술적이고 경제적인 문제가 구글과 경쟁자들을 괴롭히며 행동의 자유를 제약한다. 가장 흔히 거론되는 난제 중 하나는 저작권 문제다. 구글의 대략적인 추정에 따르면, 세상에 알려진 책의 5~10퍼센트가 여전히 출간되고 있다. 15세기에 출간되기 시작해서 1923년까지 제작된 책으로, 약 20퍼센트는 저작권이 소멸되었다. 그 밖의 책, 즉 지금까지 출간된 책의 75퍼센트는 '고아'에 비유된다. 달리 말하면, 유럽과 북아메리카에서 여전히 저작권 보호를 받지만 절판되고 잊힌 책이란 뜻이다. 알렉산드리아 도서관이 항구에 입항한 선박에서 두루마리를 압류했듯이, 구글은 법적인 허락을 받지 않고 그런 책들을 스캔하고 있다. 따라서 구글 프로젝트에서 이 부분은 여전히 큰 논란거리다. 많은 출판사가 신간을 광고하려고 구글을 이용하면서도, 구글이 정식 허가를 받지 않은 채 책을 스캔하는 걸 방지하려고 소송을 제기했다. 소송의 결과를 예단하기가 쉽지 않다. 이런 이유에서 구글은 지금 당장은 전문을 공개하지 않고 있다. 게다가 최근의 법적 합의에 따르면, 그런 책의 상당 부분만을 구글 사용자에게 공개할 수 있을 뿐이다.

더구나 인쇄가 시작되고 처음 두 세기 동안 발간된 책을 스캔하려는 계획도 구글에는 없다. 그 이유를 물으면 컴퓨터 전문가들은 책의 상태가 좋지 않아 스캔하기가 어렵다고 설명한다. 터무니없는 변명에 불과하다. 초기의 책은 면섬유로 만든 고급 종이에 인쇄된 데다 제작자들의 뛰어난 기술력 덕분에 목재 펄프 종이에 대량으로 제작된 19세기의 소설책보다 상태가 더 나은 편이다. 그런데도 구글은 19세기 소설을 수백 종씩 스캔하고 있지 않는가. 진짜 이유는 상업적인 것이다. 희귀한 서적은 복사하려면 비용도 많이 들고 조건도 까다롭다. 게다가 사용 빈도가 높은 대부분의 희귀본은 채드윅 힐리 앤드

게일 같은 출판사들에 의해 이미 공개되었다. 고전을 마이크로필름에 담던 출판사들이 방대한 선집을 도서관과 대학교에 상당한 값에 판매하고 있다. 초기 영어도서 온라인EEBO, Early English Books Online이 1475년부터 1700년까지 출간된 10만 종의 도서를 제공하고, 그중 2만 5,000종이 현재 검색 가능하다. 또 18세기 도서 온라인Eighteen Century Collection Online은 약 15만 종의 도서를 검색 가능한 전문으로 제공하며, 그 규모는 3,300만 페이지에 달한다. 따라서 뉴욕과 런던, 시러큐스와 시드니에서 도서관을 이용하는 독자는 라틴어로 된 두꺼운 책, 청교도 혁명기에 출판사들이 쏟아낸 작은 소책자들, 교과서, 제임스 1세 시대를 배경으로 한 비극들, 분노에 찬 디거스Diggers(청교도 혁명 당시 좌익 성향을 띠었던 당파-옮긴이)의 정치적 소책자 등을 원본의 형태로 이용할 수 있다. 구글은 이 영역까지 직접 뛰어들지는 않을 것이다.

세계 도서 제작에서 방대하면서도 중요한 분야들이 여전히 웹사이트에서 목록화되지 않고, 하물며 디지털화되지도 않는다. 가난한 국가에서 생산된 자료들은 구독과 광고에 의존하는 출판사의 관심을 끌지 못한다. 대도시 상인들도 신용카드를 받지 않는 국가에서 온라인 광고업자가 주문을 받거나, 구글이 수익을 거둘 가능성은 거의 없다. 따라서 현재의 디지털화 경쟁에서도 남반구와 북반구의 불균형이 똑같이 재현될 가능성이 크다. 사하라 남부와 인도의 대다수 주민은 모니터에서 온갖 종류의 서구 작품을 읽을 수 있을지 몰라도, 물리적인 책을 구하기도 힘들겠지만 자국어로 된 텍스트를 찾아 읽을 가능성도 거의 없을 것이다.

모니터에서 어떤 혁명적 변화가 일어나더라도 북반구의 대형 도서관을 대체할 수 있는 것은 당분간 없을 것이다. 컴퓨터화가 세계인 모두를 위해 할 수 있는 최상의 것 중 하나는 각자에게 필요한 책의 위치를 정확히 찾아내 보여주는 것이다. 놀랍겠지만, 미국의 크고 작은 대학교에 소장된 수억 권의 도서 중에서 어떤 책이든 영어 이외의 언어로 된 것은 대체로 다섯 부를 넘지 않는다. 구글은 사용자에게 원하는 정보를 공급하는 데 그치지 않고 그 정보를 찾아내는 길을 보여주는 기업이라고 자처해왔다. 구글의 콘텐츠 담당 이사 짐 거버Jim Gerber는 단어를 신중하게 선택해가며 "우리는 독자가 원하는 책을 반드시 찾을 수 있기를 바란다"라고 말했다. 구글은 지금 그 일을 무척 잘 해내고 있다. 우리가 구글 관리자들에게 추가로 보상하지 않은 채 더 많은 역할을 떠맡도록 기대한다면 어리석은 짓이 아닐까 싶다.

역사와 관련된 기록은 훨씬 더 아득해 보인다. 이론적으로 정보 저장소는 두 범주로 나뉜다. 도서관library에는 서적과 원고가 보관되지만 기록보관소archive에는 서류와 문서가 보관된다. 법률가와 공증인, 정부 관리, 상인과 기업인이 일하는 과정에서 부산물로 생긴 서류와 직인 및 온갖 자료도 기록보관소에 보관된다. 하지만 현실적으로 두 범주의 경계는 분명하지 않다. 대형 도서관에는 어김없이 많은 문서가 있다. 대부분의 기록보관소에는 작업 도서관이 있는데, 이곳에서 상당히 규모가 크고 중요한 역할을 하는 경우도 많다. 따라서 디지털화를 옹호하는 대부분의 유토피아주의자가 상상하듯이, 인류의 모든 기록을 누구나 이용할 수 있게 하려면 두 종류의 자료 모두를 온라인으로 접근할 수 있게 해야 한다.

수많은 문서를 이미 모니터로 확인할 수 있는 것은 사실이다. 예컨 대 미국 특허청의 온라인 기록은 미국 괴짜들의 창의적 발상과 광기를 조사하는 사람들에게는 그야말로 보물창고다. 비영리 온라인 도서관인 알루카Aluka 덕분에 이제 아프리카의 학자들과 작가들은 원본이 다른 곳에 있고 접근할 수 없었던 아프리카 관련 자료를 웹에서 연구할 수 있게 되었다. 교황사를 연구하는 학자들은 로마에 가지 않고도 바티칸의 비밀 문서고Archivum Secretum Vaticanum가 디지털화한 자료 창고에서 원본 자료를 찾아 읽을 수 있다. 미국 의회도서관은 한나 아렌트 같은 주요 사상가의 논문을 디지털화하는 작업부터 음성과 영상 자료를 체계적으로 수집해 공개하는 작업까지 모든 것을 앞장서서 시도했다. 의회도서관의 웹사이트는 이미 세계 모든 곳에 공개된 경이로운 문서고다.

그 사이에 개인의 호기심과 열정도 온갖 상상 가능한 주제에 대한 가상 문서고를 만들어냈고, 그 문서고는 물리적인 수집으로 연결되지 않는 경우가 많다. 웹사이트에서 우리는 토머스 칼라일과 제인 웰시 칼라일Jane Welsh Carlyle, 1801-1866 부부부터 에드워드 사이드까지 현인들에 대한 문서, 방대한 양의 민중시와 정치 만평을 만날 수 있고, 심지어 내가 연구하는 난해한 분야, 즉 르네상스 시대에 라틴어로 쓰인 문헌까지 엿볼 수 있다. '화이트 트래시 기록실White Trash Scriptorium'과 '문헌학 박물관Philological Museum'이란 웹사이트를 방문해보라. 두 사이트 모두 내 연구 분야에서 필수적인 곳이다.[20]

그러나 인류가 과거에 남긴 문헌은 아직 탐험되지 않은 광대한 밤 하늘과 같아 이런 프로젝트 중 가장 큰 것도 그 밤하늘에 반짝이는 섬광에 불과하다. 기록 보관에 집착한 스페인 군주가 남긴 경이로운 유산인 시만카스의 제국 종합 문서고Archivo General de Indias에는 약 8,600만 쪽의 문서가 보관되어 있다. IBM의 도움을 받아 현재 1,000 만 쪽 이상이 디지털화되었다. 시만카스를 찾는 학자와 학생은 대부 분의 작업을 모니터에서 해내며, 원본과 자신의 시력을 동시에 보호 하는 효과를 누린다. 그러나 아직 해외에서는 그 자료를 검색하거나 접속할 수 없다. 웹을 기반으로 미국의 문서고들을 안내하는 아카이 브스 유에스에이ArchivesUSA에 5,500곳의 문서고와, 16만 개의 일차 자료가 정리되어 있다. 미국 국립문서기록관리청에만 약 90억 개의 항목이 보관된 상태다. 따라서 미국 전체 문서고를 가까운 미래에 온 라인에서 보게 될 가능성은 거의 없다. 하물며 가난한 국가의 문서고 에 대해서는 언급할 필요도 없을 것이다.

이른바 보편 도서관과 그 짝인 보편 문서고는 쉽게 연계되고 한꺼 번에 연구되는 균일한 책 창고가 아니라, 다양한 접촉방법과 데이터 베이스로 이루어진 곳이다. 따라서 컴퓨터와 와이파이를 지닌 사람 이면 누구에게나 개방되는 부분도 있지만, 접속 권한이나 돈이 없는 사람에게는 차단된 부분도 있다. 서로 충돌하는 정보 영역들을 구조 적으로 파악하고, 새롭게 생겨나는 정보 세계를 항해하는 법을 배우 는 것이 현재의 주된 과제다. 최근까지 마이크로소프트 라이브 랩스 의 소프트웨어 설계자로 일했고, 컴퓨터의 지원을 받는 서지학의 개 척자인 블레즈 아구에라 이 아카스Blaise Agüera y Arcas의 주장에 따르면, 웹에 수집되는 자료들에 대해 생각하는 최선의 방법은 둘로 분류해 접근하는 것이다.

그중 하나는 현재의 도서관과 문화 기록보관소다. 구글과 경쟁자들은 세상에 알려진 것보다 훨씬 많은 자료를 이미 수집해두었다. 구체적으로 말하면, 1990년경 이후로 출간되고 제작된 서적, 음악과 미술, 영화가 총망라되었다. 그 기업들이 세계의 저장고가 되겠다는 야망을 겉으로는 부인하지만, 실제로는 그런 역할을 맡고 있다. 그런 기업마다 자료의 바다, 디지털화되어 검색될 수 있는 책의 바다, 영상과 음성의 바다를 보유하고 있다. 게다가 넉넉한 서버를 갖추어두고 그 자료들을 끊임없이 갱신한다. 시간이 지남에 따라 더 많은 자료가 저작권 보호에서 벗어나 사용할 수 있게 된다. 따라서 과거에는 알 수 없었던 우리 문화에 대해서도 많은 것을 알게 된다. 항상 그랬던 것처럼 여전히 책을 읽고 영상을 살펴볼 수 있겠지만, 국가 안보국이 전화 통화와 전자메일을 통해 자료를 캐낼 때 사용하는 응용수학적 기법을 사용하면 이런 자료들에서 새로운 방식으로 정보를 얻을 수도 있을 것이다.

현재의 순간도 금세 이용 가능해질 것이다. 흥분되는 전망이지만 두렵기도 하다. 글을 사랑하는 사람이 아니라, 음악과 미술을 좋아하는 사람도 이제는 과거보다 현재에 더 큰 관심을 기울인다. 더구나 과거의 막대한 자료가 가까운 미래에 하나의 통일된 데이터베이스로 융합될 가능성은 거의 없다. 구글과 경쟁자들 중 누구도 저작권이 살아있는 초기의 서적들과 개별 문서고의 제한적 시스템을 하나의 접근 가능한 정보 창고로 결합하지 않을 것이기 때문이다. 먼 과거가 디지털화되고 거대한 모자이크의 한 조각으로 보존되면, 기술적인 면에서 예전보다 더 가까워지겠지만 우리의 집단 관심에서는 급속히 멀어질 것이다.

하지만 물리적인 도서관과 문서고도 여전히 필요한 것이다. 여러 면에서 지난 20년 동안 우리는 전통적인 도서관의 변별성과 필요성을 예전보다 더 깊이 이해하게 되었다. 존 실리 브라운John Seely Brown 과 폴 두기드Paul Duguid의 표현을 빌리면, "역사학자, 문학 평론가, 사서는 정보가 자체의 사회적 삶을 영위한다는 걸 알게 되었다." 우리가 마주치는 텍스트의 형태는 그 텍스트를 사용하는 방법에 큰 영향을 미칠 수 있다. 단순한 예를 들어보자. 만약 당신이 사람들에게 어떤 공문서, 예컨대 텍사스주방위공군의 지휘관이 보낸 편지가 진짜라는 걸 믿게 하려면, 문서의 내용을 사람들에게 읽어주는 데 그치지 않고, 그 문서가 적절한 종류의 종이에 표준서식에 따라 셀렉트릭 타자기로 작성되었다는 걸 보여주어야 한다. 물론 문서가 진짜라는 걸 확실하게 확인하는 유일한 방법은 원본을 찾아 비교하는 것이다. 대부분의 경우, 그 작업은 자료가 안전하게 보관된 문서고에서만 이루어질 수 있다. 스캔 기술이 개선됨에 따라 원본과 똑같다는 걸 보장하는 워터마크와 그 밖의 중요한 표식이 원격 사용자에게도 주어진다. 그러나 정확성이 생명인 학문과 재판에서는 여전히 원본 자료의 직접적인 참조가 필요하다.

원본 자료와 서적은 영인본에는 없는 것을 우리에게 말해줌으로써, 원본을 찾으려 애쓴 수고를 보상해준다. 두기드는 동료 역사학자가 문서고에서 250년 전의 편지들을 하나씩 냄새를 맡는 걸 본 적이

있다고 회고했다. 18세기에 콜레라가 창궐한 마을에서 발송된 편지
에는 균이 죽기를 바라며 식초를 뿌렸다. 따라서 두기드의 동료는 식
초 냄새를 탐지함으로써 질병이 발발한 역사를 추적해보려 했던 것
이다.[21] 책의 역사를 연구하는 학자들, 즉 도서의 역사는 새롭게 부상
하는 학문 분야다. 그 역사를 연구하는 학자들은 척후병처럼 책에서
온갖 흔적을 찾아내고 분석한다. 대부분의 경우 인쇄가 시작된 초기
에 관습적으로 행해지던 장정裝幀은 어떤 사람이 소유자였고, 그가 어
떤 사회 계층에 속했는지를 말해줄 수 있다. 여백의 주석은 독자가 습
관적으로 손에 펜을 쥐고 책을 읽던 시대에 흔했다. 따라서 여백의 주
석에는 독자가 책을 읽으며 문득 깨달은 것이 담겨 있다. 마르틴 루
터, 헤스터 스레일 피오치Hester Thrale Piozzi, 1740-1821, 존 애덤스John
Adams, 새뮤얼 테일러 콜리지Samuel Taylor Coleridge, 1772-1834 같은 독창
적인 작가들과 사상가들이 읽던 책에는 그들의 사상을 이해하는 데
반드시 필요한 주석들로 가득하다. 지금은 잊힌 수많은 남녀가 성경
과 기도서, 요리책과 정치 평론서에 남긴 표식과 밑줄 및 주석을 보
면, 그 책이 그들에게 무엇을 뜻했는지에 대해 깊은 통찰을 얻을 수
있다. 또한 그들이 어떻게 식사를 준비했고, 질병을 어떻게 치료했으
며, 기도를 어떻게 했는지도 짐작할 수 있다.

　요즘 많은 학자가 그렇듯이, 어떤 특정한 책이 어떻게 제작되었고,
그 책이 소유자에게 무엇을 뜻했는지 파악하려면, 육필 원고부터 값
싼 보급판이 제작될 때까지의 모든 판형만이 아니라, 구할 수 있는 모
든 인쇄본을 살펴봐야 한다. 데이터베이스에 종수는 많을 수 있다. 그
렇다고 지금까지 인쇄된 애덤 스미스의 《국부론》 전부와, 그 책이 야

기한 초기의 모든 반응이 데이터베이스에 있을 수는 없다. 게다가 물리적인 책을 전자책으로 전환하는 과정에서 원래의 형태에 담긴 다채로운 증거가 사라지는 경우가 적지 않다. 예컨대 초기 영어도서 온라인EEBO에서 이용할 수 있는 텍스트들은 원본이 아니라 마이크로필름에서 스캔한 것이었다. 물론 원본의 장정도 재현될 수 없고, 원본의 크기도 짐작하기 어렵다. 장정과 크기는 학자들이 어떤 책을 누가 읽었고 누가 읽으려 했는지를 분석할 때 항상 사용하는 중요한 단서다. 결국 책의 목소리를 듣기 위해서는 원본을 만나야 한다는 뜻이다.

유리한 위치를 선점하고 시장 점유율을 높이며, 닷컴 버블의 선구자들이 '선점자 우위'라고 칭했던 것을 차지하기 위해 경쟁하는 기업들은 프리몬트 라이더 못지않은 상상력을 동원해 새로운 프로젝트를 끊임없이 고안해내고 있다. 몇몇 프로젝트는 모든 것을 마이크로필름에 담으려던 1960년대와 1970년대의 노력을 떠올리게 한다. 그 시도를 고안하고 관리한 사람들이 정보의 '사회적 삶'을 무시한 까닭에 마이크로필름 작업은 학자들에게 많은 도움을 주었지만, 그에 못지않게 많은 폐해를 낳았다. 지금까지 스캐닝 작업으로 신문이 제2의 파괴를 당하지는 않았지만 많은 서적과 학술지가 파손되는 결과를 낳았다. 그러나 지금 도서관 문을 두드리는 사람들도 1950년대와 1960년대의 마이크로필름 전문가들과 똑같은 실수를 범하고 있는 듯하다. 따라서 프린스턴신학대학원을 비롯한 몇몇 기관은 저작권 양도에 동의했지만, 에모리대학교를 비롯해 적잖은 대학교의 사서들은 지적 저작권을 기업에 양도해야 하는 이유를 적절히 설명하지 못하는 사업 계획서를 제시하는 기업들을 돌려보내기 시작했다.

종이 없는 출판

연구 조건만이 변하는 것이 아니라, 글을 쓰고 출판하는 전통적인 시스템 전체가 변하고 있다. 하지만 이 경우에도 전반적인 상황을 읽기가 쉽지 않다. 책과 잡지, 일간 신문과 학술지는 여전히 계속 출간된다. 뉴저지의 뉴프로비던스에 본사를 둔 알알 바우커R.R. Bowker 출판사는 과거에는 종이책이었지만 지금은 데이터베이스인 것을 모아 《북스 인 프린트Books in Print》를 편찬하고 있다. 바우커에 따르면, "미국과 영국, 캐나다와 오스트레일리아, 뉴질랜드에서 출판사는 2004년에 37만 5,000종의 신간과 개정판을 출간했다. … 다수의 시장에서 구할 수 있는 수입 서적까지 포함하면, 영어권 세계에서 판매되는 영어로 쓰인 신간의 총수는 2004년의 경우에 45만 종에 달한다."[22] 미국의 대형 서점, 보더스나 반스 앤드 노블 혹은 영국의 대형 서점 블랙웰이나 워터스톤에 가보라. 그럼 정기 간행물은 말할 것도 없고, 온갖 주제에 대해 봇물처럼 쏟아지는 신간을 만나게 된다.

이렇게 밀려오는 신간의 물결은 사서들에게 중대한 문제를 제기한다. 프린스턴대학교의 파이어스톤 도서관의 서고에는 이제 빈 공간이 없다. 책값이 비싼 까닭에 연간 예산으로는 학자들이 요구하는 모든 신간과 학술지를 구입할 수 없다. 예전이었다면 전통적인 미디어에 지출했을 돈이 전자미디어, 인근 도서관에서 신속히 책을 빌리는 시스템, 논문의 전자 배송에도 투자된다. 이런 와중에도 매년 도서관은 많은 인쇄물을 구입하고 있다. 이런 인쇄물들이 종이와 버크럼으로 만들어진 파성퇴처럼 도서관 건물에 밀려든다. 그 때문에 희귀본과 귀중본이 창고에 들어가고, 학자들에게 수세대 동안 공간적으로 규정된 기억 극장 역할을 해왔던 도서관의 전통적인 질서가 무너지고 있다. 마법사의 제자처럼 대학 관리자들과 교수들은 역동적인 젊은 학자들에게 논문과 책을 쓰도록 자극하고, 그들이 쏟아내는 결과물에 사서들과 지식의 수호자들은 한숨이 나올 지경이다.

학술지가 제기하는 문제는 훨씬 더 심각하다. 이론적으로 말하면, 정기적으로 간행되는 학술지는 최신 자료와 가설을 제공하기 때문에 학자들에게 가장 화급히 필요한 것이다. 그러나 학술지의 구독료가 가파르게 올랐다. 세계 최대 과학 출판사로 알려진 엘스비어Elsevier는 "7,000명의 학술지 편집자, 7만 명의 편집국 직원, 30만 명의 검토위원, 60만 명의 저자로 구성된 세계적인 규모의 학문 공동체"를 운영한다고 주장한다. 그곳에서 간행되는 정기 간행물 중 하나 〈브레인 리서치〉의 연간 구독료가 2만 1,744달러이다. 가장 부유한 도서관도 감당하기 힘든 가격이다. 물론 빠르게 증가하는 신간을 분류하고 장정하고, 전시를 위한 새로운 공간을 마련하는 데도 많은 비용이 든다. 새로운 데이터베이스가 많은 자료에 쉽게 접근할 수 있게 해주는 것은 사실이다. 제이스토어 덕분에 인문과학도는 책상을 떠나지 않고도 600종 이상의 미술, 인문과학, 사회과학 학술지에서 과거의 논문을 뒤적일 수 있다. 존스홉킨스대학교 출판부에 본부를 두고 시작된 또 하나의 비영리 공동작업, 프로젝트 뮤즈는 400곳에 달하는 주요 학술지에 최근이나 현재에 게재되는 논문의 전문을 제공한다. 많은 도서관이 구독방식을 인쇄물에서 전자 텍스트로 대체함으로써 예산 문제까지는 아니어도 공간 문제를 해결했다. 게다가 전자 텍스트를 구독함으로써 교수진과 학생들이 필요한 논문을 인쇄물의 시대보다 더 빠르고 더 쉽게 찾아 읽을 수 있게 되었다. 그러나 이런 데이터베이스에는 연구기관에서 일하는 사람만이 접근할 수 있다. 많은 언론인과 작가를 포함해, 이른바 이런 특권 지역 밖에 있는 사람들은 그런 혜택을 누리지 못한다.

역사학자는 알고 있지만, 혁명은 억압과 재앙 때문에만 일어나는 것이 아니다. 기대치의 상승도 혁명의 원인이다. 웹에서 필요한 모든 것을 찾을 수 있기를 기대하는 인문학자와 자연과학자가 점점 증가하는 추세다. 또 우수한 학생들도 도서관에 들락거리지 않고, 고전적 연구서라도 종이에만 쓰인 논문을 찾아 읽는 사람은 거의 없다는 보고서도 눈에 띈다. 한편 정치권력은 영리 학술지가 공공기금으로 운영되는 과학 연구의 왕국에 들어가는 문을 지키고 앉아 막대한 이익을 거두고 있다며 항의하고, 그런 항의는 정당한 것이다. 따라서 인문과학과 자연과학을 막론하고 모든 학술지만이 아니라 모든 대학 출판사가 보유한 자료의 전문을 모두에게 무료로 공개해야 한다고 주장하는 사람도 많다. 의학 연구의 경우에는 의회의 결정에 따라 매년 국립보건원의 지원을 받아 발표되는 8만 건의 논문이 출판되고 1년이 지나면 연방 데이터베이스 펍메드PubMed를 통해 공개되어야 한다.

하버드대학교 인문과학부는 한 걸음 더 나아갔다. 교수진 전원이 자신의 연구물 모두를 하버드 웹페이지에 공개하기로 결정했다. 하버드대학교 교수의 저작을 출간하려는 편집자는 문제의 저작이 다른 형태로 전 세계에서 이미 이용된다는 걸 인정하거나, 해당 교수가 학술지용으로 편집되고 조판된 저작의 PDF 파일을 공개하는 걸 허락해야 한다. 내가 과학계의 학술지나 편집자를 대신할 위치에 있지는 않지만, 벌써 69년의 역사를 자랑하는 〈사상의 역사〉를 편집하는 네 명 중 하나다. 나는 동료 편집위원들과 함께 연평균 200편의 논문을 심사한다. 두 명이 짝을 지어 모든 논문을 읽고, 독창적이고 학문적이라 판단되는 논문만이 정밀한 검토를 위해 두 전문가에게 넘어간다. 처음 두 사람의 의견이 다르면 전문가 심사위원은 3명으로 확대된다. 심사위원들의 보고서는 거의 언제나 상당한 양이며, 무척 길고 자세한 경우도 적지 않다. 많은 경우에 우리는 그 보고서의 도움을 받아 저자에게 어디에서 어떤 이유로 주장을 수정하라고 조언하거나, 일차 자료를 더 심도 있게 조사하는 동시에 더 많은 이차 자료를 참조하라고 도움을 준다. 이런 과정을 거쳐 수정이 완료되면 원고의 흐름을 관리하는 한 명의 정직원이 원고를 교열한다. 오자와 탈자는 흔히 일어나는 실수이기 때문이다. 〈뉴요커〉의 편집자 윌리엄 숀이 말했듯이 "완벽의 추구는 결코 멈추지 않아야 하는 과정이다."[23] 그러나 우리 학술지에게 기고하는 저자, 또 우리 학술지를 구독하거나 도서관에서 이용하는 독자라면, 우리가 최종적으로 인정하고 출간한 논문의 가치에 우리 몫이 있다는 데 동의할 것이다.

네 명의 편집자는 어떤 보상도 받지 않는다. 우리의 요청에 따라 논문을 심사하는 수십 명의 위원도 아무런 보상을 받지 않는다. 그러나 필라델피아에 있는 사무실을 운영하는 모든 비용은 우리가 부담한다. 우리 학술지의 발행처인 펜실베니아대학교도 상위권의 많은 연구 대학과 마찬가지로 이 사업에 어떤 지원도 하지 않기 때문이다. 원고를 관리하고, 심사위원과 저자가 마감시간을 넘기지 않도록 독촉하고, 원고를 교열하는 관리자 겸 편집자의 보수도 우리가 책임진다. 물론 무보수로 심사위원과 조언자로 일하는 이사진의 연례회의 비용도 우리 몫이다. 더구나 〈사상의 역사〉를 종이책과 전자책으로 제작하고 분배하는 펜실베이니아대학교에도 관련 비용을 지불해야 한다. 이런 와중에 우리 학술지의 인쇄본 구독자는 서서히 줄어들지만, 제이스토어와 프로젝트 뮤즈를 통해 얻는 유료 사용료는 매년 증가하는 추세여서 구독료 손실을 만회하기에 충분하다. 요컨대 저자들이 최고의 저작을 생산할 수 있도록 도와주는 전체적인 구조는 이런 돈의 흐름에 좌우된다.

우리가 연간 구독료로 요구하는 40달러(학생은 32달러, 기관은 110달러)는 결코 과도한 것이 아니며, 그 돈은 모두 학문 발전을 위한 더 큰 목적을 위해 쓰인다. 우리가 모든 독자에게 무료로 학술지 전체를 참조할 수 있도록 허용하는 전면적인 개가식 모델을 채택하거나, 우리가 결정하기 전에 저자에게 논문을 웹사이트에 발표하는 걸 허락하는 부분적인 개가식 모델을 채택하면 우리 소득원은 줄어들 것이 분명하다. 그렇게 되면 우리는 지금처럼 논문을 받고 석 달 내에 게재 여부를 결정할 수 없을 것이고, 학술지에 게재할 논문을 교열하거나 읽기 쉽게 편집하고 조판할 수도 없을 것이다.

물론 다른 시스템을 사용해도 동일한 목적을 성취할 수 있을 것이다. 전문가로 구성된 협회의 회원에게 배포되는 학술지들은 회비제도를 활용하면, 구독료로 감당하지 못하는 비용을 해결할 수 있다. 실제로 회원에게 개가식 정책을 채택하는 학술지가 점점 늘어나는 추세다. 하지만 우리에게는 관련된 협회가 없다. 우리 학술지를 발행하는 펜실베이니아대학교가 기본적인 비용을 부담할 수 있지만, 요즘 연구 중심 대학들은 대체로 이런 책임을 떠안지 않으며, 그런 책임이 권위를 높여주거나 가치 있는 일이라 생각하지도 않는 듯하다. 판매 부수가 많은 잡지는 광고 수입이 상당하지만, 요즘에는 광고비의 많은 몫이 웹으로 옮겨가는 추세다. 그러나 다임러 벤츠와 디오르는 우리 학술지 독자를 잠재적 고객이라 생각하지 않는다. 〈사상의 역사〉를 편집하는 우리 네 명의 판단에 따르면, 우리에게 개가식 모델은 "상황은 더욱 악화될 것"이란 역사학자 로버트 콘퀘스트Robert Conquest, 1917-2015와 소설가 킹즐리 에이미스Kingsley Amis, 1922-1995의 암울한 예언을 확인해주는 데 그칠 것이다.

⁂

미디어의 변화로 초래되는 더 큰 문제들이 우리의 작은 사례에 함축되어 있다. 컴퓨터 덕분에 연구 과정에서 일찍부터 글을 쓰기 시작하는 게 가능해졌다. 편집자들은 전문가 심사 시스템을 이용해 기준 이하의 논문이 출간되는 것을 예방하고, 재능 있는 학자에게도 저작을 세상에 내놓기 전에 기준이 되는 조언을 따르도록 요구한다. 그런데 웹을 통한 직접 발표가 가능해지면서 새로운 환상적인 공적 영역, 즉 문법과 철자법에 어긋난 글도 용납되는 세계가 생겨났다. 편집자들은 작가에게 원고를 보고 또 보며, 명확히 표현하고 문장을 가다듬고 수정하라고 요구한다. 편집자가 독자와 저자를 어설픈 생각으로부터 보호하는 가느다란 완충지대 역할을 하는 셈이다. 이 역할이 어느 때보다 중요하다. 하지만 이제는 학자들이 50년 전이었다면 깔끔하게 정리해두었을 참고용 카드에 근거해 글을 쓰지 않고, 사회학자 앤드루 애벗Andrew Abbott이 '정시 연구on-time research'라 칭한 것에 기초해 글을 쓸 수 있는 환경에 살고 있다.[24] 도서관과 학생이 직면한 문제에 대한 하버드 인문학부의 포괄적인 해결책은 몇몇 분야에서 좋은 결과를 기대할 수 있을 듯하다. 그러나 인문학에서 모든 논문이 발표되는 즉시 무료로 공개되어야 한다는 요구를 만족시키려면 소중한 기준과 형식을 포기해야 할 것이다. 이 새로운 세계에서 학술지는 주석 달린 블로그 같은 것, 다시 말해 깔끔하게 편집되지 않은 텍스트, 즉 통찰력으로 반짝이지만 전문가의 눈이 걸러내지 못한 오류 때문에 지저분한 분노의 댓글들이 이어지는 텍스트가 될 것이다. 그렇다면 인문학 세계는 최신 정보를 더해주는 업데이트가 필요할 뿐, 이미 웹에 존재하며 다른 욕구를 채워주는 공적 영역의 또 다른 분야로 전환할 필요가 없다.

디지털화를 강력히 옹호하는 사람들 중에는 이런 결과, 적어도 이런 결과를 야기한 산문 형태의 변화를 환영하는 사람도 적지 않은 듯하다. 페르세우스 프로젝트의 창안자 그레고리 크레인Gregory Crane은 학자들이 자신의 지식을 전통적인 형태의 논픽션 글쓰기, 즉 책이나 논문이 아니라 작은 '과립' 단위로 풀어내고, 웹 사용자들이 그 단위를 무한한 방법으로 결합하고 조합할 수 있는 미래를 상상했다. 대영 도서관의 크리스티안 젠슨도 미래에 이런 일이 일어날 수 있다는 데 동의한다. 학자가 웹에 글을 기고할 때 자신의 생각을 과거처럼 선적인 형태가 아니라 작은 독립된 단위로 표현해야 한다고 주장한 점에서 젠슨은 크레인과 다를 바가 없었다. 하지만 크레인과 달리, 젠슨은 결과에도 관심을 갖는다. 그는 텍스트를 웹에 올릴 때 동반될지도 모를 혁명적 변화가 전통적인 형태의 논증과 글쓰기를 해치거나 제거할 것이란 염려를 떨치지 못한다. 철도가 가톨릭 교구의 경계를 위협했듯이, 지적 세계에서 패스트푸드가 슬로푸드를 위협하고 있는 셈이다.

온라인 출판이 크레인과 젠슨의 의견만큼 글쓰기를 급격하게 변하게 할 것인지는 아직 명확하지 않다. 온라인의 미래를 확신하는 사람들과 평론가들은 웹 출판의 특징 중 하나, 즉 새로운 형태를 유난히 강조한다는 점에서 일치한다. 전통적인 종이책과 정기간행물은 한 사람이 전면에 나서서 서술하는 하나의 이야기다. 지극히 공격적인 독자조차 텍스트로 주어진 형태에 순응할 수밖에 없다. 또 담쟁이덩굴이 기둥을 벗어나지 않듯이, 손으로 쓴 포괄적이고 공격적인 논평도 결국에는 인쇄된 텍스트로 나타난다.

반면에 웹사이트는 단어만큼이나 영상을 강조하고, 직선적인 전진보다 횡적인 움직임을 더 선호한다. 웹 애호가들은 독자에게 경직된 전통적인 구성과 논증을 포기하고 융통성 있는 새로운 형태의 글읽기에 익숙해지라고 촉구한다. 또 그들은 웹의 텍스트가 정치적 위기의 전개와 허리케인의 방향처럼 시시각각 변할 수 있다거나, 텍스트에 안정된 믿음과 안정된 자아가 없는 것도 현대적 삶의 조건에 맞아떨어진다고 강조한다. 게다가 어떤 글이나 영상을 얻기 위해 자유롭게 들어갈 수 있고, 독자에게 자유로운 피드백을 권장하는 웹사이트는 안정된 인쇄 매체보다 현대적 삶의 분산된 특징을 잘 보여준다고도 주장한다. 이런 새로운 형태의 글읽기는 역동적이고 상호적이라고 지적하는 전문가도 적지 않다. 작가는 자신의 글이 웹페이지에서 접속된 클릭 수를 헤아릴 수 있고, 독자는 하이퍼텍스트에 제시된 저자의 이름을 이용해 전자메일로 자신의 생각을 전달할 수 있다. 이런 연결고리를 이용하면, 모든 관련자가 어떤 도발적인 칼럼이나 평론에 대한 토론을 재밌게 이어갈 수 있다. 이런 토론이 치열하게 전개되면 새로운 유형의 글 읽기와 글쓰기 커뮤니티, 즉 회원이면 누구나 주제의 선택과 처리에 압력을 가하며 웹사이트 자체를 상호적으로 만들어가는 커뮤니티로 발전할 수 있다. 예컨대 조시 마셜Josh Marshall이 운영하는 진보 성향의 정치 사이트, '토킹 포인츠 메모TPM, Talking Points Memo'는 서너 명의 기자를 고용하고 있지만, 미국 전역의 독자가 보내는 지역 정보에 의존한다. 허리케인 카트리나가 덮쳤을 때, 연방정부에서 근무하며 기후와 기상을 추적하던 독자들이 TPM에 제공한 정보는 정확성과 전문성에서 지역 신문이나 방송은 흉내조차 낼 수 없는 것이었다.

한편 비평가들은 이런 새로운 텍스트의 많은 특징(저작권이 소멸된 자료를 그대로 베끼거나 무능한 '콘텐츠 제공자'가 편집한 수준에 불과한 반면 겉모습을 지나치게 강조한다는 사실부터 여백에 끊임없이 번뜩이는 광고까지)에 온갖 악평을 쏟아낸다. 비평가들은 그런 단편적이고 변덕스러운 텍스트가 확산되면, 자유민주주의를 보존하는 데 무척 중요하지만 복잡한 논증을 이해하고 추론하는 능력을 위협하고 심지어 약화할 것이라 주장한다. 또한 웹에 기반한 다수의 작은 커뮤니티들이 우리 모두가 살아가는 사회적 공동체를 무너뜨릴 것이라 주장하기도 한다.

웹에서 야기된 변화의 신선함을 과장한다는 점에서는 웹 애호가와 비평가가 똑같다. 1900년 안팎으로 수십 년 동안 생겨난 새로운 매체는 웹만큼이나 텍스트를 제시하는 방법을 크게 바꿔놓았다. 신문은 하루에도 몇 번씩 판을 바꿔가며 표제기사를 신속히 교체했다. 19세기말, 베를린의 주요 신문 중 하나는 새로운 뉴스가 편집국에 도착하면 18분 내에 기사를 작성해 인쇄하고 포장해서 배포할 수 있었다. 매일 서너 판을 발행했다는 것은 신문이 긴급한 속보, 예컨대 탈출한 살인자의 추적을 단계적으로 쫓아갈 수 있었다는 뜻이다. 물론 편집자들은 간혹 이런 종류의 기사를 권장했고, 심지어 만들어내기도 했다. 예컨대 〈베를리너차이퉁Berliner Zeitung〉은 기자를 베를린 곳곳에 보낸 뒤에 독자들에게 그 기자를 찾아보라고 촉구했다. 이 방법은 영국 소설가 그레이엄 그린Graham Greene, 1904-1991이 《브라이튼 록Brighton Rock》에서 보여주었듯이 독자의 관심을 자극하는 효과적인 방법이었다. 판이 거듭될 때마다 신문의 최신판이 키오스크와 카페를 통해 독자에게 전해졌다. 요컨대 역사학자 피터 프리츠셰Peter Fritzsche가 보여주었듯이, 베를린이란 도시 자체가 주민들에게 기사와 감정을 끝없이 토해냈다.[25]

당연한 말이겠지만 잡지는 신문만큼 변화무쌍하지는 않았다. 잡지의 내용은 주 단위나 월 단위로 결정되기 때문이다. 그러나 막대한 광고 수입과 오랜 준비 기간 덕분에 잡지는 텍스트와 광고를 소개하는 다양한 방법을 실험할 수 있었다. 편집자들은 잡지를 논리정연한 예술작품, 즉 유사한 덩어리의 연속체가 아니라 단어와 이미지의 예술적인 조합으로 만들려고 애써 노력했다. 윌리엄 딘 하우얼스William Dean

Howells, 1837-1920는 1890년에 발표한 소설《신흥 졸부에게 닥친 재난A Hazard of New Fortunes》에서 문학잡지 〈격주Every other Week〉를 창간하는 과정을 묘사하며, 편집자 겸 소유주가 미술 감독을 고용해야 한다는 걸 깨닫는 단계를 보여주었다. 결국 편집자는 하우얼스가 각 기사에 적합한 '삽화 설명graphical comment'이라 칭한 것을 의뢰했다.

궁극적으로 미국 잡지라는 '종합예술Gesamtkunstwerk'은 특별한 상업적인 형태를 채택했다. 출판사들은 잡지의 제작비를 충당할 정도로 광고를 팔면 구독료와 가판대 가격을 전폭적으로 낮출 수 있다는 걸 알게 되었다. 리처드 오만Richard Ohmann 등은 광고 자체가 더 전문화되면 편집자들이 광고전문가와 제작자에게 함께 일하자고 제안하며 잡지가 프랑스적 의미에서 '마가쟁magasin'으로 변할 것이라 주장했다. 다시 말하면, 그 시대의 통신 판매회사 시어스의 카탈로그가 아니라 읽을거리와 구매할 것이 매력적으로 조합된 잡지로 변할 것이라 예측한 것이다. 따라서 잡지사들은 독자에게 광고에도 관심을 가지라고 독려하려고 새로운 광고 문구를 공모했고, 잡지에서 잘라내 앨범에 보관하도록 광고를 시리즈로 제작하기도 했으며, 심지어 작가가 자신의 글에 특정한 상품을 우호적으로 언급하는 걸 허용하기도 했다. 편집자들이 '광고 스트리밍ad-streaming'이란 새로운 방식을 도입함에 따라 잡지의 형태가 갑자기 변한 것이 특히 중요했다. 웹사이트처럼 잡지도 광고를 이용해 수익원을 창출하기 위해 화려한 광고 사이에 리본처럼 길게 펼쳐지는 텍스트를 기본적인 형태로 채택했다. 따라서 독자는 글을 읽는 새로운 능력을 키워야 했다.

물론 노련한 독자는 새로운 형태의 잡지를 소비하는 방법을 금방

깨우쳤다. 과거의 학술 계간지처럼 독자에게 묵직한 텍스트를 안기며 일방적이고 획일적인 글읽기를 강요하는 잡지가 아니라, 다양한 목적으로 사용될 수 있는 자료들의 집합체였다. 1950년대 초, 〈뉴요커〉의 한 독자는 "돼지고기를 사용하는 통조림 공장처럼 매 호가 실질적으로 버릴 것이 하나도 없습니다. 표지는 스크랩북에 모으고, 만화와 유머는 잘라내 한국에 있는 동생에게 보냅니다. 소설과 서평은 상대적으로 운이 없지만 그래도 내 선의를 받을 만한 지인에게 보냅니다"라는 독자 투고를 보냈다.[26] 일부 비평가는 신문과 잡지에 사진이 많아지며 삶의 리듬이 짧아진 가혹한 세상을 반영하지만 진정한 독자가 요구하는 "차분함과 집중" 및 몰입이 부족하다고 한탄했다. 또 시각적 정보를 강조함으로써 글을 읽을 틈이 없을 정도로 바쁜 삶에 잡지가 미치는 영향력이 과도해졌다는 불만도 터뜨렸다. 실제로 1920년대 독일 평론가들은 이렇게 지적하며 독일 잡지 문화의 미국화를 한탄했다. 이런 비평이 이상하게도 익숙하게 들리는 이유는 현재의 미디어 풍경에 수세대 전에도 흔히 언급되었을 만한 요인들이 그대로 남아 있기 때문이며, 그 요인들은 앞으로도 계속될 것이다.

그렇다고 21세기 초의 신문과 잡지가 현재의 웹사이트만큼 융통성 있지는 않아, 독자가 발행을 건너뛸 수는 없었다. 그러나 상업과 문화가 결합하고, 진지한 내용과 사소한 내용이 병렬되며, 독자가 충격적인 소식도 맞닥뜨리게 해준다는 것은 당시 사람들에게 웹의 유사한 특징만큼 충분히 인지되었고, 때로는 안타까운 한탄을 자아냈다. 웹처럼 새로운 잡지와 신문도 독자들에게 하나의 동일한 커뮤니티 회원이라 생각하도록 유도했고, 그 시도가 성공했다는 증거는 적지 않다. 독자층을 상대로 조사함으로써 독자의 반응을 수집했다. 독자의 편지를 통해서는 특정한 사건과 기사에 대한 논란 여부와 호응도를 확인할 수 있었다. 예컨대 독자들이 〈뉴요커〉에 보낸 편지에서 "내가 생각하고 느끼는 것을 그대로 말해주었다", "여러분이 말하는 모든 것에 동의합니다. 좋은 잡지인 게 분명합니다"라는 말이 흔히 눈에 띄었다. 따라서 〈새터데이 이브닝 포스트〉와 〈뉴요커〉처럼 다양한 주제를 다루는 잡지를 읽는 독자는 계속 구독할 것이란 의견을 밝히는 경우가 많았다. 메리 코리Mary Corey가 〈뉴요커〉를 연구한 결과에서 보여주었듯이, 이런 메시지를 보낸 독자들 중에는 박물관 조류 전시 담당자, 유엔 관리, 편집자, 의사, 군인, 미군과 결혼한 영국인 여성, 합창대원 등이 있었다. 어떤 문제든 진지하게 관심을 공유했던 다양한 구성원이었다.[27] 어떤 의미에서는 글쓰기 세계가 변한 것이 아니라, 유령처럼 더 빠르게 움직이지만 반세기 전의 미디어 세계로 복귀한 것이었다.

⋅⋇⋅

한편 진지한 글읽기의 세계는 관련이 있는 두 방향으로 변하고 있는 듯하다. 이제 독자는 한때 대영도서관과 뉴욕 공립도서관에 숨겨져 있던 보물들에 개인적으로 직접 접근할 수도 있지만, 영국 소설가 조지 기싱George Gissing, 1857-1903의 《뉴 그럽 스트리트New Grub Street》에 나오는 곤궁한 글쟁이들처럼 책의 음침한 골짜기를 찾아가지 않고 파자마 차림으로 집에 앉아 그런 보물을 만날 수도 있다. 여하튼 19세기와 20세기에 대도시의 도서관들이 전성기를 누리던 시대에도 위대한 학자들, 예컨대 독일 역사학자 레오폴트 폰 랑케Leopold von Ranke, 1795-1886와 사회과학자 베르너 좀바르트Werner Sombart, 1863-1941 는 자체적으로 수집한 책을 보며 대부분의 연구를 해냈다. 베를린에서 뛰어난 교수는 유명인사인 데다 높은 보수를 받은 까닭에 개인적으로 3만 권의 장서를 보유할 수 있었다. 따라서 구글 덕분에 가난한 대학원생들이 과거의 고관들을 모방하며 자신이 좋아하는 곳에서 연구할 수 있을 것이란 생각을 달갑지 않게 여기는 사람은 없을 것이다.

하지만 대도시 도서관과 대학 도서관은 오래전부터 미국의 상징적인 문화 중심지였다. 요컨대 앨프리드 케이진과 리처드 호프스태터 같은 학자들의 산실이었다. 전통적으로 도서관은 가장 큰 공공건물이었다. 달리 말하면, 책의 힘을 말해주는 물리적이고 공적인 증거였다. 이런 환경에서 연구를 수행하는 것도 장인의 기법을 습득하는 한 방법이었다. 또 사서들과 노학자들과 대학원생들이 비공식적으로 전하는 조언도 무시할 수 없었다. 뉴욕 공립도서관에서 과거에 사용하던 주제별 색인 목록처럼 도서관이 정보를 수집하는 방법은 독자에게 뜻밖의 것을 볼 수 있는 기회를 주었다. 예컨대 도서관에서 프랭크 매뉴얼이나 바버라 터크먼Barbara Tuchman, 1912-1989 같은 유명 학자를 본다면, 어린 학생에게 음침한 골짜기를 벗어나 파르나소스 산꼭대기에 올라서는 벅찬 감동, 결코 잊을 수 없는 감동을 안겨줄 수 있었다.

미국에서 많은 도시가 대형 도서관을 최근에 건설했다. 보자르 건축 양식을 적용한 전통적 도서관부터 유리를 씌워 밝고 개방적인 시민회관까지 건축 양식은 다채로웠다. 건축가 비톨트 립친스키Witold Rybczynski가 최근에 온라인 잡지 〈슬레이트〉에 발표한 〈슬라이드쇼

에세이>에서 지적했듯이, 시카고와 샌프란시스코 도서관들의 묵직한 외관과 우아하지만 특별한 개성이 없는 열람실은 아무런 관심을 보이지 않는 군중에게 "책이 여전히 중요하다! 코난 사서가 여전히 책임자이다!"라고 소리치는 듯하다. 반면에 시애틀과 캔자스시티에 새로 세워진 도서관들은 의도적으로 전통에서 벗어나 시대적 흐름을 따르는 까닭에 매력적으로 보인다. 네덜란드 건축가 렘 콜하스Rem Koolhaas는 시애틀 중앙도서관에 열람실조차 두지 않았다. 이 색다른 건물들은 대학원생부터 관광객과 노숙자에 이르기까지 모두를 끌어들인다.[28]

립친스키가 끌어낸 교훈은 간단하다. 몇몇 예언자가 주장하듯이 종이책은 유통기한을 넘긴 듯하고, 도서관이란 것은 멸종할 수밖에 없는 공룡이다. 그러나 정말 매력적인 건물을 짓고, 그 건물을 중앙도서관이라 칭하면 손님들이 몰려올 것이다. 솔트레이크시티에 신축된 도서관처럼, 자연광이 들어오는 쇼핑몰과 흥미로운 공간들, 만홧가게가 있는 도서관을 상상해보라. 도서관은 이제 책만을 위한 곳이 아니다. 재미가 있고 인간관계가 맺어지는 곳이다. 달리 말하면, 도서관은 살아남을 수 있다. 그러나 도서관이 원래의 소명을 고집한다면, 조명을 환히 밝혀 그럴듯하게 보이지만 승객은 없는 거대한 유령선으로 변할 것이다. 반면에 관리자가 먼지투성이의 오래된 책을 한적한 곳에 저장하고, 천장이 높은 동굴 같은 공간을 카페와 초고속 컴퓨터로 채우면 사람들이 전자자료를 사용하려고 자주 찾는 멋진 공공장소가 되겠지만, 그 자료의 대부분은 어디에서나 구할 수 있는 것이다. 따라서 많은 군중을 끌어들일 수 있겠지만, 그 보물창고는 초대형 스타벅스나 반스 앤드 노블로 타락할 것이다. 어느 쪽도 바람직하지 않고, 어느 쪽도 학문 능력을 함양하는 훈련소라는 도서관의 전통적인 기능을 되살리지 못할 것이다.

게다가 책이 외부의 창고로 옮겨지면 독서 자체가 위협받을 수 있다. 1900년 안팎의 신문과 잡지는 안정된 형식의 글쓰기, 특히 진지한 책들과 공존했고, 텍스트에 대한 직접적인 연구의 우월성을 겉으로 내세우지 않았어도 전제로 삼았다. 반면에 프로그램의 링크와 검색엔진은 신속함과 피상성, 고유성과 개별성이란 특징을 띤다는 점에서 텍스트에 접근하는 포스트모던적 방법을 상징하는 듯하다. 독자는 도서목록을 파악하고 도서번호를 들고 서가 사이를 걸어 다닐 필요가 없다. 무수한 책을 꼼꼼하게 읽을 필요는 더더욱 없다. 독자는 구글 검색란에 한두 단어를 입력하고, 결과를 정리하면 그만이다. 하지만 텍스트를 읽는 데 그치지 않고 소화해서 뼈와 살로 만든 전통적인 학자의 기억과 꾸준히 소설과 시를 심도 있게 읽던 전통적인 글읽기 습관이, 텍스트에서 모니터에 띄어놓은 부분만을 아는 학생과 작가가 그럴듯하게 끝없이 조합하는 모자이크로 대체되어가는 걸 두려워하는 사람이 적지 않다.

예컨대 고대 철학의 연구자 조너선 반스Jonathan Barnes가 고대 그리스 문헌들을 검색할 수 있는 전자도서관, '그리스어 대사전TLG, Thesaurus Linguae Graecae의 컴퓨터 데이터베이스가 고대 철학의 연구에 안긴 폐해를 어떻게 안타까워했는지 들어보자.

그 데이터베이스를 당신의 노트북에 다운로드하면, 당신은 그리스 문헌 전체를 언제라도 접속할 수 있다. 저자들의 저작에서 부분을 떼어내 필요한 곳에 붙일 수 있다. 저자의 이름 자체는 이제 당신에게 아무런 의미도 없다. 여기에서 플라톤이 사용한 특정한 단어가 그리스 문헌의 다른 곳에서는 43번 나타난다는 것도 확인할 수 있다. 이 데이터베이스를 이용하면, 엄청난 지식으로 채워진 논문이나 글을 쓸 수도 있다. (라틴어로 쓰인 문헌도 이런 식으로 이용할 수 있다.) ⋯ TLG는 작지만 멋진 자원이다. 나는 TLG를 보통명사라고 생각하며 항상 이용한다. 그러나 TLG의 혀는 신빙성이 없다. 아첨하고 기만하기 때문이다. "젊은이, 정말 엄청난 지식을 갖고 있군요! 그런데 당신을 진짜 학자로 만들지 않을 이유가 있을까요?" 그 젊은이는 구들목 장군에 불과하다. 무엇이든 인용할 수 있지만 아무것도 이해하지 못하기 때문이다.[29]

TLG의 기만에 대한 반스의 설명은 젊은 학자의 논문을 감정하거나 젊은 작가의 저작을 평가하며 시간을 보내는 사람에게는 조금도 달갑지 않을 것이다. 기업가 필립 파커Philip Parker가 알고리즘과 프로그래머들의 도움을 받아 디지털화한 20만 종의 문헌은 추악한 미래의 서막이라 할 수 있다.

반스가 충격적으로 묘사한 손쉬운 지름길은 고전에 국한되지 않는다. 그 지름길은 텍스트에 접근하는 시대적 특징을 반영하기 마련이다. 대영도서관과 영국 합동정보시스템 위원회Joint Information Systems Committee가 최근에 공동으로 의뢰한 보고서는 검색 기능에서 얻은 자료를 활용해 대학생들의 독서 과정을 자세히 열거했다. 대부분의 학생은 훨씬 세련된 검색엔진들이 소개된 도서관 웹페이지보다 구글에서 정보를 검색하는 것으로 시작한다. 전자책 사이트를 참조하는 학생들은 그 사이트에서 평균 4분을 보낸다. 전자 학술지를 참조하는 학생들은 더 오랜 시간인 평균 8분을 해당 사이트에서 보낸다. 그러나 약 60퍼센트의 학생은 문제의 논문 중 고작 3페이지를 읽을 뿐이고, 다수는 그 사이트를 재방문하지 않는다. 전통주의자들은 불만스럽겠지만, 대부분의 학생이 웹에서 글을 읽는 방법은 '대충 읽기', '비교 검토', '훑어보기'라는 형태를 띤다.

그래도 변하지 않는 가치들

진지한 독서가라면 지금이나 가까운 장래에 완전히 다른 두 개의 길을 동시에 걷는 방법을 터득해야 할 것이다. 모니터를 통해 텍스트와 이미지로 구성된 전자 도서관에 들어가는 넓고 매끄러우며 훤히 뚫린 길을 누구도 피할 수 없을 것이다. 그러나 콜리지가 주석을 끄적인 책이나 초기 '스파이더 맨' 만화책이 실제로 어떤 모습이고, 어떤 느낌을 자아내는지 알고 싶다면, 혹은 디지털화되고 있지만 아직 공개되지 않은 수많은 책 중 하나를 읽고 싶다면, 과거의 길을 택하는 수밖에 없고, 이 길은 앞으로도 수십 년 동안 사라지지 않을 것이다. 케이진이 사랑한 뉴욕 공립도서관에서도 이제 직원들은 전자 미디어를 사랑한다. 뉴욕 공립도서관은 이미 수십만 장의 이미지를 웹으로 검색할 수 있게 해놓았고, 구글은 서가에 꽂힌 백만 권이 넘는 책을 계속 디지털화하고 있다. 하지만 뉴욕 공립도서관은 이미지화해야 할 자료가 5,300만 건에 달한다는 것을 알고 있다. 따라서 최대한 많은 자료가 사용자를 만날 수 있도록 도서관 측은 두 발로 찾아오는 독서가를 위해 좌석을 마련해두는 동시에 우리 앞에 책과 문서를 제공할 수 있어야 한다.

유럽학에서 사라진 영역을 뉴욕에 전하려고 달려온 폴 홀덴그래버Paul Holdengräber가 수천 명이 팟캐스트로 듣는 '뉴욕 공립도서관의 라이브'에서 공개행사를 진행하거나, 뉴욕 공립도서관 관장인 데이비드 페리오David Ferriero가 처음으로 어린이 전용 열람실을 개설하려는 계획에는 많은 목적이 담겨 있다. 첫째는 엄격하면서도 평온하고 따뜻한 환경에서 뉴요커에게 필요한 전자 미디어를 제공하는 것이다. 또 하나 그에 못지않게 중요한 목적은 앞으로도 그곳을 찾는 민주적인 시민을 양성함으로써 책과 필사본의 생명을 꺼지지 않게 하는 것이다.

동네 커피숍에 앉아 노트북을 켜고 검색어를 적절히 입력하면 많은 것을 얻을 수 있다. 그러나 좁더라도 깊게 알고 싶다면, 사자들 사이를 걷고 돌계단을 올라가는 좁은 길을 선택해야 한다. 세계 곳곳의 대규모 도서관에서 흔히 그렇듯이, 그 좁은 길에서는 거의 언제나 완전히 새로운 자료를 사용하게 된다. 예컨대 그로브 온라인 뮤직Grove Music Online에서는 음악인 이름과 공연 날짜를 확인하고, 구글 북스나 초기 영어도서 온라인에서는 크리스토퍼 말로Christopher Marlowe, 1564-1593의 희극《포스터스 박사Doctor Faustus》를 읽을 수 있다. 또 흔히 올드 베일리Old Bailey라 불리는 영국 중앙형사재판소의 온라인 소송 기록에서는 색다른 영국식 정의를 맛볼 수 있다. 그러나 이런 자료의 흐름은 제아무리 풍요롭더라도 도서관만이 우리 앞에 내놓을 수 있는 고문서, 종이책과 필사본을 없애기보다는 그 가치를 더욱 빛나게 해 줄 것이다. 지금이나 가까운 장래에 만약 당신이 문서와 텍스트와 이미지를 짜 맞춘 재료로 가장 아름다운 모자이크를 만들고자 한다면, 한 세기 전에 그랬던 것처럼 햇살이 반질거리는 책상에 내리쬐고 사람들로 북적대는 열람실에서 작업해야 할 것이다. 그때까지도 지식은 먼지를 뒤집어쓴 채 바스락거리고 냄새를 풍기지만 대체되지 않는 필사본과 서적에 담겨 있을 것이기 때문이다.

• 옮긴이의 글

외로움과 자유로움

지금은 세계 방방곡곡에 흩어진 학자들과 지식인들이 전자메일을 이용하면 그야말로 빛의 속도로 서로의 의견을 주고받을 수 있고, 더 나아가 컴퓨터 모니터를 통해 서로 얼굴을 마주보며 회의를 할 수도 있다. 그러나 100년 전, 아니 50년 전만 해도 이런 방식의 소통은 꿈에서나 가능한 것이었다. 하물며 16세기와 17세기에는 어땠겠는가? 지금의 관점에서 보면 답답하기 그지없지만 그들에게도 서로 의견을 나눌 수 있는 통로와 수단이 있었다. 바로 편지와 인쇄물이었다. 여기에서도 구텐베르크의 인쇄기가 큰 공을 세운 셈이다. 요즘에는 번역도 발달하고 과학계에서는 영어가 거의 공용어로 쓰인다. 근대에 학자들의 공용어는 라틴어였다.

저자는 근대 초기를 전공한 학자답게 15세기 레온 바티스타 알베르티의 《회화론》에서 시작해 20세기 한나 아렌트의 '악의 평범성'까지, 15편의 논문을 모아 이 책을 구성했다. 겉으로는 확연히 어떤 관계가 눈에 띄지 않지만, 느슨하게나마 공통된 주제를 지닌 논문들이며, 개략적으로 말하면 그 시대의 지적 공동체에서 학문의 성격과 학자의 위치에 대한 연구라 할 수 있다.

전반적으로 모든 논문이 구체적이고 특정한 분야(예컨대 근대에서 라틴어의 위상, 고대 사건의 연대를 결정하는 데 천문학적 지식을 적용한 케플러 등)를 다루고 있지만 인문학적 궁금증을 지닌 독자라면 충분히 읽어내려 갈 수 있다. 첫 장과 마지막 장은 상대적으로 일반적인 관심사를 다루었고, 특히 첫 장은 이 책에서 말하려는 '편지 공화국'의 역사를 개괄하고 있어 무척 흥미롭다.

편지 공화국은 16세기부터 18세기 사이에 유럽에서 꽃피웠던 학자들의 국제적인 지적 공동체를 가리킨다. 구체적으로 말하면, 16세기에 처음 나타나기 시작해 18세기까지 계속된 느슨한 지식인 사회였다. 이 공동체에 속한 학자들은 학문의 경계에 제약을 두지 않았다. 그들은 개인적인 차이에도 불구하고, 의견을 교환하고 공식적인 사교 단체와 비공식적인 접촉을 통해 모든 분야의 지식을 아우르는 사상과 학식을 교환하는 방법을 찾으려 애썼다. 요컨대 지역 모임에도 힘썼지만, 학문의 세계를 전체적으로 포괄하는 국제적 조직의 결성까지 목표로 삼았다. 그들이 꿈꾸던 국제 조직이 바로 '레스 푸블리카 리테라룸res publica litteraum(편지 공화국)'이었다. 결국 '편지 공화국'이란 명칭은 후세에 붙여진 것이 아니라, 그 공화국의 시민들이 스스로 결정한 명칭이었다. 이 세계는 18세기 이후로 사그라졌기 때문에 '잃어버린 대륙lost continent'이 되었다.

결국 초기 근대 학자들, 즉 유럽의 지식인들은 당시의 커뮤니케이션 수단, 손 편지와 인쇄물을 이용해서 새로운 공적 세계를 탄생시켰다. 덕분에 그들은 예상외로 풍요로운 사회적 삶과 상상력을 즐겼고, 서로 영향을 주고받으며 성장할 수 있었다. 그 공화국의 주민은 독창적인 생각을 지니고 독립된 삶을 살던 사상가와 작가였다. 빌헬름 폰 훔볼트의 표현을 빌리면, '외로움과 자유로움'을 즐기는 사람들이었다. 그러나 저자의 추적에 따르면, 그들은 어떤 형태로든 '무리'를 이루었다. 달리 말하면, 학자는 고립된 섬이 아니었다. 그의 사상과 저작은 다른 학자에게 받은 편지, 주변의 학자들과 나눈 대화에서 영향을 받았다. 그러나 대다수의 학자는 정신의 독립을 얻기 위해 고독한 삶을 살면서도 공통된 이상과 기관이 추진하는 프로젝트를 공유하는 즐거움을 누렸다. 어떻게 이런 모순된 삶이 가능했을까? 편지로 맺어진 비밀 조직으로, 지리적 한계와 교통수단의 부족으로 실질적인 만남이 없었기 때문에 가능했을 것이다.

결국 편지 공화국은 자연과 역사에 대한 호기심으로 느슨하게 연결된 지적이고 사회적인 조직망이 아니라 그 이상의 존재였다. 따라서 편지 공화국에는 하나의 이데올로기나 공식적인 믿음 체계가 있었다고 전제하는 것은 잘못이다. 실제로 여러 수도회의 가톨릭교도, 모든 교파의 신교도, 이베리아 반도의 스파라드 유대인과 극소수의 독일계 아슈케나즈 유대인처럼 종교적으로 다른 신념을 지닌 사람들이 편지 공화국 시민이었다.

한편 코덱스의 위기를 다룬 마지막 장은 구글이 지배하는 학문 세계에서 독서와 도서관이 맞이할 미래를 진지하게 고민한 글이다. 특히 구글이 시도하는 포괄적인 디지털화 프로젝트는 물리적인 도서관에 실질적인 위협이 아닐 수 없다. 저자는 누구나 수백만 종의 전자책을 즉각적으로 접속할 수 있는 이점을 인정하면서도 경계심을 늦추지 않는다. 구글의 작업이 상업성을 우선시한다는 점에 주목한다. 실제로 구글은 인쇄가 시작되고 처음 두 세기 동안 발간된 책을 스캔하려는 계획이 없다고 지적한다. 그런 책을 스캔하지 않는 구글의 핑계도 저자는 과학적 관점에서 반박하며, 진짜 이유는 상업적인 데 있다고 쏘아붙인다. 따라서 저자는 미래에도 보편적인 디지털 도서관은 없을 것이라 생각한다. 요컨대 1990년대 이후로 출간되는 책은 거의 전자책으로 디지털화되겠지만, 그 이전의 책들은 전문기관에 의해서만 디지털화될 것이다. 또한 우리는 여전히 물리적인 종이책이 필요할 것이고, 따라서 그런 책들을 보관할 도서관이 존재할 것이며, 모니터가 아닌 종이에 쓰인 글을 '진지하게' 읽는 독서도 여전히 필요할 것이라 역설한다. 종이책의 미래를 걱정하는 독자라면 반드시 읽어봐야 할 부분이다.

이 책은 인문학자들에 초점을 맞추고 있지만, 세 명의 역사학자를 다룬 논문도 흥미롭게 읽을 수 있다. 저자 앤서니 그래프턴은 역사학자의 대표적인 이론을 설명하는 데 머물지 않고, 전후의 역사까지 포괄하며 어떤 영향을 주고받았는지 추적한다는 점에 남다른 학자다. 예컨대 알베르티를 단순한 역사학자가 아니라 인문주의자로 규정하며, 15세기와 16세기의 미술사학자들과 평론가들이 인간의 잠재력에 대한 믿음을 어떻게 긍정적인 방향으로 키워갔는가를 보여준다. 또한 저자는 베이컨과 교회사, 케플러와 연대학의 관계도 각 학자의 고유한 전공과 관련지어 추적하는 탁월한 글쓰기 능력도 과시했다.

앞에서 언급했듯이 근대에 학자들의 공용어는 라틴어였다. 근대 세계에서 보편 언어이던 라틴어가 어떤 위상을 누렸는지, 또 가톨릭 교회가 라틴어의 유지에 어떤 역할을 했는지에 대해서도 추적했다. 그러나 영화를 누린 뒤에는 쇠락이 뒤따르는 법. 이탈리아에서 형성되던 국민정신이 라틴어의 쇠락을 앞당겼다는 주장도 흥미롭게 들린다.

저자의 개인적인 이야기도 간혹 끼어들며 글을 읽는 재미를 더해 준다. 특히 한나 아렌트가 아이히만을 다룬 책, 즉《예루살렘의 아이히만》으로 논란이 한창일 때 저자의 아버지는 아렌트를 인터뷰하려고 시도하지만, 아렌트가 완곡히 거절했다는 이야기, 또 아버지와 어머니가 한나 아렌트와 '악의 평범성'에 대해 나누던 대화에 대한 어린 시절의 기억 및 지금까지 전해지는 자료를 바탕으로 저자는 공적 지식인에게 필요한 자세를 다룬다. 또한 저자가 편집위원으로 활동한 학술지 〈사상의 역사〉의 역사를 추적하며, 궁극적으로 '사상의 역사'까지 간략히 요약해 설명한다.

요즘처럼 시끄러운 세계에서는 학자가 되고 지식인이 되는 것도 쉽지 않다. 편지 공화국에는 국경이 없었고 정부도 없었으며 수도도 없었다. 외로우면서도 자유로운 세계였다. 하지만 요즘에는 그렇지 않다. 너무 시끄럽고 방해꾼도 많다. 더구나 전 세계에 존재하는 서적을 디지털화하겠다는 구글의 계획에 도서관이란 존재마저 위태로운 지경에 빠졌다. 예부터 책을 수집해 도서관이란 건물에 모아 둔 이유가 무엇일까? 도서관은 단순히 책을 읽고 빌리는 곳을 넘어, 학문적 대화가 있는 곳이었다. 따라서 라틴어로 "도서관이 가르친다

Bibliotheca docet"라는 말까지 있지 않은가. 거꾸로 말하면, 도서관은 배우는 곳이다. 그런데 요즘 많은 사람이 그 이유를 잊은 듯하다. 그 이유는 프랑스 시인, 폴 클로델의 시구 "한 마리의 나비가 날기 위해서도 하늘 전체가 필요하다"에 함축적으로 담겨 있는 듯하다.

결론적으로, 앤서니 그래프턴의 이 책은 인문학의 부활을 간절히 바라는 외침이다.

충주에서

강주헌

주

서문

1. 더 깊이 알고 싶으면 Martin Lowry, *The World of Aldus Manutius: Business and Scholarship in Renaissance Venice* (Ithaca, N.Y.: Cornell University Press, 1979), 196–199; Martin Davies, *Aldus Manutius: Printer and Publisher of Renaissance Venice* (London: British Library, 1995)을 참조하기 바란다.

2. 아카데미아 네오플라토니카에 대해서는 Arthur Field, *The Origins of the Platonic Academy of Florence* (Princeton, N.J.: Princeton University Press, 1988), and James Hankins, "Cosimo de' Medici and the 'Platonic Academy,'" *Journal of the Warburg and Courtauld Institutes* 53 (1990), 144–162와 "The Myth of the Platonic Academy of Florence," *Renaissance Quarterly* 44 (1991), 429–475를 참조할 것. 두 저자의 설명이 무척 대조적이다. 상대적으로 널리 알려진 관점에서는 Shulamit Furstenberg-Levi, "The Fifteenth-Century Accademia Pontaniana: An Analysis of Its Institutional Elements," *History of Universities* 20.1 (2006), 33–70을 참조하기 바란다.

3. Michael Warner의 대표적인 저서, *Publics and Counter-Publics* (New York: Zone, 2005)와 *The Letters of the Republic: Publication and the Public Sphere in Eighteenth-Century America* (Cambridge, Mass.: Harvard University Press, 1990)을 참조할 것.

4. *Mark Pattison, Isaac Casaubon, 1559–1614*, 2nd ed. (Oxford: Clarendon Press, 1892), 438–439.

5. H. S. Jones, *Intellect and Character in Victorian England: Mark Pattison and the Invention of the Don* (Cambridge: Cambridge University Press, 2007)의 탁월한 연구를 참조할 것.

6. Pattison, *Isaac Casaubon*, 1559–1614, 364.

7. Isaac Casaubon, *Epistolae*, ed. Th. Janson van Almeloveen (Rotterdam: Fritsch and Bohm, 1709), 537–558, Isaac Casaubon, Ephemerides, ed. John Russell, 2 vols. (Oxford: Clarendon Press, 1850), II, 1228–1229에서 인용. "Sed me non adeo collegia capiebant, ut Bodlaeana Bibliotheca, opus vel Rege dignum, nedum private. Constat Bodlaeum ducenta millia librarum Gallicarum aut vivum aut morientem contulisse ad ornatum illius bibliothecae. Locus est elegantissimus, quod figuram literae T exprimit. Partem quae stipitem erectum exprimit, olim Princeps aliquis e saxo aedificaverat, opere satis magnifico; alteram partem Bodlaeus adjecit magnificentia parem priori. Inferior pars auditorium est theologicum, cui haud scio

an sit aliquod comparandum in Europa. Opus est fornicatum, sed singulari artificio confectum. Superior pars est ipsa bibliotheca valde affabre facta, et ingenti librorum copia referta. Noli cogitare similem hie reperiri librorum Ms. copiam, atque est in Regia: sunt sane et in Anglia Mss. non pauci, sed nihil ad Regias opes. At librorum editorum admirandus est numerus, et qui incrementum quotannis est accepturus: reliquit enim Bodlaeus annuos reditus sane luculentos in earn rem. Quamdiu Oxonii mi, totos dies in bibliotheca posui, nam libri efferri non possunt, patet vero bibliotheca omnibus studiosis per horas septem aut octo quotidie. Videres igitur multos semper studiosos paratis illis dapibus cupide fruentes, quod me non parum delectabat."

8. Paul Nelles, "The Uses of Orthodoxy and Jacobean Erudition: Thomas lames and the Bodleian Library," *History of Universities* 22.1 (2007), 21-70을 참조할 것.

9. Debora Shuger, *The Renaissance Bible: Scholarship, Sacrifice, and Subjectivity* (Berkeley: University of California Press, 1994).

10. A. D. Nuttall, *Dead from the Waist Down: Scholars and Scholarship in Literature and the Popular Imagination* (New Haven, Conn.: Yale University Press, 2003).

11. Casaubon, *Ephemerides*, II, 858: "Legi etiam hodie librum 1. epistolarum J. Camerarii in primo tomo a filiis edito. Qui liber cum sit ad summos Principes scriptus, magna ex parte non inutiliter legetur ab his, quibus necessitas invasit similium literarum exarandarum. Est enim proprius quidam stylus, maxime propter titulos Principibus dandos, et formam compellandi in tertia persona. Haec inter dolores summosque animi cruciatus scribebam, ut a cogitatione de uxore et meis omnibus animum revocarem." 카소봉이 Camerarius의 편지에 덧붙인 주석은 Bodleian Library MS Casaubon 25, 121 verso-123 verso에 보존되어 있다. Pliny가 Trajan와 주고받은 편지에 대해 리테르스하우젠이 1609년에 작성한 소개글도 참조하기 바란다. (Liber commentarius in epistolas Plinii et Trajani [Amberg: Schonfeld, 1609]), 4: "Taceo, quod etiam formulae hinc sumi possunt, quas imitemur in scribendo ad Principes aliosque Magistratus superiores: nec non in relationib. sive consultationibus ad ipsos faciendis, super causis et quaestionibus arduis ac dubiis, et judicia ip-sorum requirendo···"과 5: "Sicut etiam relationib. talibus plenus est totus liber decimus Epistolarum Symmachi ad Theodosium Imperatorem···".

12. Casaubon, *Ephemerides*, II, 880: "Adfui illi et coenanti, quod omne tempus positum est in vituperatione miraculorum fatuorum, stultorum, quae Rex legerat, opinor, in nono libro Plessaei. Affirmat Rex Papam vel eo nomine Anti-Christum esse, quod res tarn falsas et ridiculas populo Christiano obtrudat pro veris credendas. Impie sane. Sed an sint plane omnia falsa nescio, neque item an universae Ecclesiae ea

culpa sit imputanda. Sed de his alibi, si Deus volet···."

13. Pattison, *Isaac Casaubon*, 1559-1614, 139.

14. 카소봉은 개인적으로 소장한 Joseph Scaliger, *Thesaurus Temporum* (1606),
Cambridge University Library Adv.a.3.4, "Animadversiones," 161에 이렇게 써두었다.
"de hoc tempore vide Keplerum de nat. Christi, nam errat, opinor, Seal." 카소봉은
바로니오를 비판한 논문에서도 케플러의 견해를 공개적으로 지지했다. *De rebus sacris
et ecclesiasticis exercitationes xvi, ad Cardinalis Baronii Prolegomena in Annales et
primam eorum partem, de D.N. Iesu Christi nativitate, vita, passione, assumptione, cum
prolegomenis auctoris, in quibus de Baronianis annalibus candide disputatur* (Geneva:
Sumptibus Ioannis Antonii et Samuelis De Tournes, 1654), 124.

15. Casaubon, *Epistolae*, 547: "Ego, etsi detestor ex animo illius perfidiam, non possum
tamen non aliqua ejus tangi commiseratione, propter excellentem ipsius doctrinam."

1장 사라진 지식 유토피아, 편지 공화국

1. Noelle d'Argònne, *Mélanges d'histoire et de littérature, recuillis par M. de Vigneul-
Marville*, 2 vols. (Paris, 1699-1700), Paul Dibon, "Communication in the Respublica
Litteraria in the 17th Century," *Res publica litterarum* 1 (1978), 43-56, 특히 43에
서 인용. Didier Masseau, *L'invention de l'intellectuel dans l'Europe du xviiie siècle*
(Paris: Presses universitaires de France, 1994)는 편지 공화국과 그 제도를 간략히 소
개한 책이다. 편지 공화국의 구성에 대해 더 깊이 알고 싶으면 Herbert Jaumann, ed.,
*Die europäische Gelehrtenrepublik im Zeitalter des Konfessionalismus=The European
Republic of Letters in the Age of Confessionalism* (Wiesbaden: Harrassowitz, 2001)
과 Rudolf Keck, Erhard Wiersding, and Klaus Wittstadt, eds., *Literaten-Kleriker-
Gelehrte: Zur Geschichte der Gebildeten im vormodernen Europa* (Cologne: Böhlau,
1996)를 참조하기 바란다.

2. 유럽 사회의 다른 분야와 마찬가지로 편지 공화국도 가부장적이고 계급적이었지만, 여
성이 학문 문화에서 중요한 역할을 했다. 이와 관련된 최근의 연구로는 April Shelford,
*Transforming the Republic of Letters: Pierre-Daniel Huet and European Intellectual
Life, 1650-1720* (Rochester, N.Y.: University of Rochester Press, 2007)을 참조하
라. 일반론적 관점에서 쓰였지만 선구적인 저작으로는 Dena Good-man, *The Republic
of Letters: A Cultural History of the French Enlightenment* (Ithaca, N.Y.: Cornell
University Press, 1994)가 있다.

3. 학제간 연구에 대한 사례 연구로는 Gianna Pomata and Nancy Siraisi, eds., *Historia:
Empiricism and Erudition in Early Modern Europe* (Cambridge, Mass.: MIT Press,

2005)를 참조하기 바란다. 가장 광범위한 연구서로는 Nancy Siraisi, *History, Medicine, and the Traditions of Renaissance Learning* (Ann Arbor: University of Michigan Press, 2007)이 있다.

4. Paula Findlen, *Possessing Nature: Museums, Collecting, and Scientific Culture in Early Modern Italy* (Berkeley: University of California Press, 1994); Horst Bredekamp, *The Lure of Antiquity and the Cult of the Machine: The Kunstkammer and the Evolution of Nature, Art and Technology*, tr. Allison Brown (Princeton, NJ.: Markus Wiener, 1995); Bredekamp, *Die Fenster der Monade: Gottfried Wilhelm Leibniz' Theater der Natur und Kunst* (Berlin: Akademie, 2004). 근대 초기 학자의 거주지에 대한 최근 연구로는 *The Cambridge History of Science*, vol. III : Early Modern Science, ed. Lorraine Daston and Katharine Park (Cambridge: Cambridge University Press, 2006)가 있다.

5. Anthony Grafton, *Bring Out Your Dead: The Past as Revelation* (Cambridge, Mass.: Harvard University Press, 2001), chap. 6.

6. Daniel Stolzenberg, ed., *The Great Art of Knowing: The Baroque Encyclopedia of Athanasius Kircher* (Stanford, Calif.: Stanford University Libraries, 2001); Paula Findlen, ed., *Athanasius Kircher: The Last Man Who Knew Everything* (New York: Routledge, 2004).

7. 특히 Wilhelm Kühlmann, *Gelehrtenrepublik und Fürstenstaat: Entwicklung und Kritik des deutschen Späthumanismus in der Literatur des Barockzeitalters* (Tübingen: Niemeyer, 1982); Mark Morford, *Stoics and Neostoics: Rubens and the Circle of Lipsius* (Princeton, N.J.: Princeton University Press, 1991); Jacob Soil, "Amelot de La Houssaye (1634-1706) Annotates Tacitus," *Journal of the History of Ideas* 61 (2000), 167-187; Soil, *Publishing the Prince: History, Reading, and the Birth of Political Criticism* (Ann Arbor: University of Michigan Press, 2005); Grafton, *Bring Out Your Dead*, chap. 12를 참조할 것.

8. 최근의 저작으로는 Constance Furey, *Erasmus, Contarini, and the Religious Republic of Letters* (Cambridge: Cambridge University Press, 2006)을 참조할 것.

9. Lisa Jardine, *The Awful End of Prince William the Silent: The First Assassination of a Head of State with a Handgun* (London: HarperCollins, 2005).

10. Brad Gregory, *Salvation at Stake: Christian Martyrdom in Early Modern Europe* (Cambridge, Mass.: Harvard University Press, 1999).

11. 특히 R. J. W. Evans, *The Making of the Habsburg Monarchy, 1550-1700: An Interpretation* (Oxford: Clarendon Press, 1979)을 참조할 것.

12. 사례 연구로는 R. J. W. Evans, *Rudolf II and His World: A Study in Intellectual History, 1576-1612* (Oxford: Clarendon Press, 1972; corrected ed., London: Thames

and Hudson, 1997); Howard Louthan, Johannis Crato and the Austrian Habsburgs: Reforming a Counter-Reform Court (Princeton, N.J.: Princeton Theological Seminary, 1994); Louthan, *The Quest for Compromise: Peacemakers in Counter-Reformation Vienna* (Cambridge: Cambridge University Press, 1997)을 참조하기 바란다.

13. Annie Barnes, *Jean Le Clerc (1657-1736) et la république des lettres (Paris: Droz, 1938); Erich Haase, Einführung in die Literatur des Refuge: Der Beitrag der französischen Protestanten zur Entwicklung analytischer Denkformen am Ende des 17. Jahrhunderts* (Berlin: Duncker und Humblot, 1959); Paul Dibon, *Regards sur la Hollande du Siècle d'or* (Naples: Vivarium, 1990); Hugh Trevor-Roper, "The Religious Origins of the Enlightenment," in *Religion, the Reformation, and Social Change* (London: Macmillan, 1967).

14. 특히 Mordechai Feingold, ed., *Jesuit Science and the Republic of Letters* (Cambridge, Mass.: MIT Press, 2003)을 참조할 것.

15. Justin Stagl, *Apodemiken: Eine rasonnierte Bibliographic der reisetheoretischen Literatur des 16., 17. und 18. Jahrhunderts* (Paderborn: Schöningh, 1983); Stagl, A History of Curiosity: The Theory of Travel, 1550-1800 (Chur: Harwood, 1995); Joan-Pau Rubiés, "Instructions for Travellers: Teaching the Eye to See," *History and Anthropology* 9 (1996), 139-190; Rubiés, *Travel and Ethnology in the Renaissance: South India through European Eyes, 1250-1625* (Cambridge: Cambridge University Press, 2000); Rubiés, "Travel Writing as a Genre: Facts, Fictions and the Invention of a Scientific Discourse in Early Modern Europe," *Journeys: The International Journal of Travel and Travel Writing* 1 (2000), 5-33; Paola Molino, "Alle origini della Methodus Apodemica di Theodor Zwinger: La collaborazione di Hugo Blotius, fra empirismo ed universalismo," *Codices Manuscripti* (forthcoming).

16. 일반적인 연구로는 M. A. E. Nickson, *Early Autograph Albums in the British Museum* (London: British Museum, 1970)을 참조할 것. 탁월한 사례 연구서로는 Chris Heesakkers, ed., *Een netwerk aan de basis van de Leidse universiteit: Het Album amicorum van Janus Dousa: Facsimile-uitgave van hs. Leiden UB, BPL 1406* (Leiden: Leiden University Library, 2000)을 참조하기 바란다.

17. Mario Biagioli, *Galileo's Instruments of Credit: Telescopes, Images, Secrecy* (Chicago: University of Chicago Press, 2006).

18. Deborah Harkness, *The Jewel House: Elizabethan London and the Scientific Revolution* (New Haven, Conn.: Yale University Press, 2007).

19. Sarah Ross, "The Birth of Feminism: Woman as Intellect in Renaissance Italy and England" (PhD dissertation, Northwestern University, 2006); Shelford, *Transforming*

the Republic of Letters. David Norbrook, "Women, the Republic of Letters, and the Public Sphere in the Mid-Seventeenth Century," *Criticism* 46 (2004), 223-240, and Carol Pal, "Republic of Women: Rethinking the Republic of Letters, 1630-1680" (PhD dissertation, Stanford University, 2006)도 참조할 것.

20. 특히 Otto Brunner, *Adeliges Landleben und europäischer Geist: Leben und Werk Wolf Helmhards von Hobburg, 1612-1688* (Salzburg: Müller, 1949); Manfred Fleischer, *Späthumanismus in Schlesien: Ausgewählte Aufsätze* (Munich: Delp, 1984); Morford, Stoics and Neostoics을 참조할 것.

21. 편지 공화국의 발전 과정에 대해서는 특히 Goodman, *Republic of Letters;* Daniel Roche, *Les républicains de lettres: Gens de culture et lumières au XVIIIe siècle* (Paris: Fayard, 1988); and Lawrence Brockliss, *Calvet's Web: Enlightenment and the Republic of Letters in Eighteenth-Century France* (Oxford: Oxford University Press, 2002)을 참조하기 바란다.

22. 편지 공화국에서 두 지역의 유사점과 차이점을 흥미롭게 비교한 연구서로는 John Robertson, *The Case for the Enlightenment: Scotland and Naples, 1680-1760* (Cambridge: Cambridge University Press, 2005)을 참조하기 바란다.

23. 과학학회에 대한 방대한 연구 문헌은 Harcourt Brown, Scientific *Organizations in Seventeenth Century France* (1620-1680) (Baltimore, Md.: Williams and Wilkins, 1934) 같은 고전적인 저서까지 거슬러 올라갈 수 있다. 최근의 연구서로는 Roger Hahn, *The Anatomy of a Scientific Institution: The Paris Academy of Sciences, 1666-1803* (Berkeley: University of California Press, 1971); Stephen Shapin and Simon Schaffer, *Leviathan and the Air-Pump: Hobbes, Boyle, and the Experimental Life* (Princeton, N.J.: Princeton University Press, 1985); and David Freedberg, *The Eye of the Lynx: Galileo, His Friends, and the Beginnings of Modern Natural History* (Chicago: University of Chicago Press, 2002)가 있다. 학회와 궁중 간의 관계를 간략히 다룬 연구서로는 Bruce Moran, "Courts and Academies," in *The Cambridge History of Science*, vol. III: *Early Modern Science*, 251-271을 참조하기 바란다.

24. William Eamon, *Science and the Secrets of Nature: Books of Secrets in Early Modern Culture* (Princeton, N.J.: Princeton University Press, 1994); Donald Dickson, *The Tessera of Antilia: Utopian Brotherhoods and Secret Societies in the Early Seventeenth Century* (Leiden: Brill, 1998)을 참조할 것.

25. 차례로 Klaus Garber, "Paris, die Hauptstadt des europäischen Späthumanismus. Jacques Auguste de Thou und das Cabinet Dupuy," in *Res publica litteraria: Die Institutionen der Gelehrsamkeit in der frühen Neuzeit*, ed. Sebastian Neumeister and Conrad Wiedemann, 2 vols. (Wiesbaden: Harrassowitz, 1987), I, 71-92; Antoine Coron, "'Ut prosint aliis': Jacques Auguste de Thou et sa bibliotheque," in *Histoire des*

bibliothèque françaises, vol. II: *Les bibliothèque sous l'Ancien Régime*, ed. Claude Jolly (Paris: Promodis, 1988), 101-125; Howard Solomon, *Public Welfare, Science, and Propaganda in Seventeenth-Century France: The Innovations of Théophraste Renaudot* (Princeton, N.J.: Princeton University Press, 1972); Simone Mazauric, *Savoirs et philosophic à Paris dans la première moitié du XVIIe siècle: Les conférences du Bureau d'adresse de Théophraste Renaudot*, 1633-1642 (Paris: Publications de la Sorbonne, 1997); and Kathleen Anne Wellman, *Making Science Social: The Conferences of Théophraste Renaudot*, 1633-1642 (Norman: University of Oklahoma Press, 2003)을 참조하기 바란다.

26. 대표적인 사례 연구로는 Didier Kahn, "The Rosicrucian Hoax in France (1623-24)," in *Secrets of Nature: Astrology and Alchemy in Early Modern Europe*, ed. Anthony Grafton and William Newman (Cambridge, Mass.: MIT Press, 2001), 235-344를 참조하기 바란다.

27. 편지를 비롯해 편지 공화국에서 행해진 커뮤니케이션의 기술적인 면에 대해 더 깊이 알고 싶으면 Hans Bots and Francoise Waquet, *La République des Lettres* (Paris: Belin, 1997) 와 Bots and Waquet, eds., *Commercium litterarium, 1600-1750* (Amsterdam: APA-Holland University Press, 1994)를 참조하기 바란다.

28. Kathy Eden, *Friends Hold All Things in Common: Tradition, Intellectual Property, and the Adages of Erasmus* (New Haven, Conn.: Yale University Press, 2001).

29. 앞의 책.

30. Anne Goldgar, *Impolite Learning: Conduct and Community in the Republic of Letters, 1680-1750* (New Haven, Conn.: Yale University Press, 1995); Brian Ogilvie, *The Science of Describing: Natural History in Renaissance Europe* (Chicago: University of Chicago Press, 2006).

31. 편지 공화국에서 서신 교환자들이 지킨 관례에 대해서는 Toon Van Houdt, Jan Papy, Gilbert Tournoy, and Constant Matheeussen, eds., *Self-Presentation and Social Identification: The Rhetoric and Pragmatics of Letter-Writing in Early Modern Times* (Leuven: Leuven University Press, 2002)을 참조할 것. 2007년 6월 29-30일, Charles Burnett and Dirk van Miert의 주도하에 Warburg Institute에서 '1500-1650년, 근대 초기의 편지'를 주제로 개최된 학회의 발표록도 참조할 만하다.

32. Ann Blair, *The Theater of Nature: Jean Bodin and Renaissance Science* (Princeton, N.J.: Princeton University Press, 1997); Blair, "Reading Strategies for Coping with Information Overload, ca. 1550-1700," *Journal of the History of Ideas 64* (2003), 11-28; Richard Yeo, "Ephraim Chambers's *Cyclopaedia* (1728) and the Tradition of Commonplaces," *Journal of the History of Ideas* 57 (1996), 157-175; Yeo, "A Solution to the Multitude of Books: Ephraim Chambers's *Cyclopaedia* (1728) as 'The Best

Book in the Universe," *Journal of the History of Ideas* 64 (2003), 61-72를 참조할 것. 일반론으로는 Daniel Rosenberg, "Early Modern Information Overload," *Journal of the History of Ideas* 64 (2003), 1-9을 참조하고, 최근에 다소 수정주의적 관점에서 접근한 사례 연구로는 Noel Malcolm, "William Harrison and His 'Ark of Studies': An Episode in the History of the Organization of Knowledge," *The Seventeenth Century* 19 (2004), 196-232가 있다.

33. Goldgar, *Impolite Learning*, and Martin Gierl, *Pietismus und Aufkläarung: Theologische Polemik und die Kommunikationsreform der Wissenschaft am Ende des 17. Jahrhunderts* (Göttingen: Vandenhoeck and Rupprecht, 1997)를 참조할 것. 그 이전에 노력에 대해서는 Wilhelm Schmidt-Biggemann, *Topica universalis: Eine Modellgeschichte humanistischer und barocker Wissenschaft* (Hamburg: Meiner, 1983) and Helmut Zedelmaier, *Bibliotheca universalis und bibliotheca selecta: Das Problem der Ordnung des gelehrten Wissens in derfrühen Neuzeit* (Cologne: Böhlau, 1992)를 참조할 것. 광범위한 관점에서 어떤 유사한 시도가 있었는지 알고 싶으면 Frank Büttner, Markus Friedrich, and Helmut Zedelmaier, eds., *Sammeln, Ordnen, Veranschaulichen: Zur Wissenskompilatorik in der Frühen Neuzeit* (Miinster: LIT, 2003)을 참조하기 바란다.

34. Jonathan Israel's influential *adical Enlightenment: Philosophy and the Making of Modernity, 1650-1750* (Oxford: Oxford University Press, 2001)과 이 책을 수정하고 보완한 *Enlightenment Contested: Philosophy, Modernity, and the Emancipation of Man, 1670-1752* (Oxford: Oxford University Press, 2006)을 참조하기 바란다.

35. Howard Goodman and Anthony Grafton, "Ricci, the Chinese, and the Toolkits of Textualists," Asia Major 3.2 (1990), 95-148.

36. Anthony Grafton, *Defenders of the Text: The Traditions of Scholarship in an Age of Science, 1450-1800* (Cambridge, Mass.: Harvard University Press, 1991), chap. 5.

37. Johannes Reuchlin, *Recommendation whether to Confiscate, Destroy, and Burn All Jewish Books*, tr. and ed. Peter Wortsman과 Elisheva Carlebach의 비판적 서문 (New York: Paulist Press, 2000); Erika Rummel, *The Case against Johann Reuchlin: Religious and Social Controversy in Sixteenth-Century Germany* (Toronto: University of Toronto Press, 2002).

38. Hans Guggisberg, *Sebastian Castellio, 1515-1563: Humanist and Defender of Religious Toleration in a Confessional Age*, tr. and ed. Bruce Gordon (Aldershot, U.K.: Ashgate, 2003), 73-152, 특히 88-90.

39. 카스텔리오의 복합적인 평판에 대해서는 Hans Guggisberg, *Sebastian Castellio im Urteil seiner Nachwelt vom Späthumanismus bis zur Aufklärung* (Basel: Helbing und Lichtenhahn, 1956)을 참조하기 바란다. 후기 인문주의자들의 관용에 대한 견해에 대

해서는 Gerhard Güldner, *Das Toleranz-Problem in den Niederlanden im Ausgangdes 16. Jahrhunderts* (Lübeck: Matthiesen, 1968)을 참조하기 바란다.

40. 6장을 참조할 것.

41. 예기치 않게 연대학이 최근에 러시아에서 다시 주목을 받았다. 모스크바 사회와 문화가 고대 그리스와 로마보다 나중에 형성된 것처럼 꾸미려고 모든 세계사가 변조되었다고 주장하며 논란을 불러일으킨 저명한 수학자 Anatoly Fomenkod가 쓴 연대학 서적들이 러시아에서는 최고의 베스트셀러다.

42. 초기 근대 유럽에서 연대학의 발전에 대한 일반론으로는 Anthony Grafton, *Joseph Scaliger*, 2 vols. (Oxford: Clarendon Press, 1983-1993); Grafton, *Defenders of the Text*; Paolo Rossi, *The Dark Abyss of Time: The History of the Earth and the History of Nations from Hooke to Vico*, tr. Lydia G. Cochrane (Chicago: University of Chicago Press, 1984); Sicco Lehmann-Brauns, *Weisheit in der Weltgeschichte: Philosophiegeschichte zwischen Barock und Aufklärung* (Tübingen: Niemeyer, 2004); and Helmut Zedelmaier, *Der Anfang der Geschichte: Studien zur Ursprungsdebatte im 18. Jahrhundert* (Hamburg: Meiner, 2003)을 참조할 것. 역시 초기 근대의 학문 발달을 폭넓게 다룬 역사서로는 Francoise Waquet, *Le modèle français et l'Italie savante: Conscience de soi et perception de l'autre dans la République des lettres* (1660-1750) (Rome: Ecole Francaise de Rome; Paris: Boccard, 1989); Helmut Zedelmaier and Martin Mulsow, eds., *Die Praktiken der Gelehrsamkeit in der frühen Neuzeit* (Tübingen: Niemeyer, 2001); and C. R. Ligota and J.-L. Quantin, eds., *History of Scholarship* (Oxford: Clarendon Press, 2006)을 참조하기 바란다.

43. Grafton, *Bring Out Your Dead*, chap. 10.

44. Grafton, *Scaliger*, II, 699, 703. 후기 르네상스에 탄생한 고고학을 편지 공화국의 맥락에서 광범위하게 연구한 자료로는 Peter Miller, *Peiresc's Europe: Learning and Virtue in the Seventeenth Century* (New Haven, Conn.: Yale University Press, 2000)가 있다.

45. Grafton, Scaliger, II, 316-322; Debora Shuger, *The Renaissance Bible: Scholarship, Sacrifice, and Subjectivity* (Berkeley: University of California Press, 1994), chap. 1.

46. 카소봉의 유대교 연구에 대해서는 Anthony Grafton and Joanna Weinberg, *Isaac Casaubon as a Hebraist* (forthcoming)을 참조할 것.

47. Marina Rustow, "Karaites, Real and Imagined: Three Cases of Jewish Heresy," *Past and Present 197* (2007), 35-74.

48. Gerald Geison, *The Private Science of Louis Pasteur* (Princeton, N.J.: Princeton University Press, 1995).

49. 보시우스의 논란과 그 맥락에 대한 최근의 연구로는 Eric Jorink, *Het "boeck der natuere": Nederlandse geleerden en de wonderen van Gods Schepping, 1575-1715* (Leiden: Primavera Pers, 2006)을 참조하기 바란다.

50. Claudine Poulouin, "Les érudits de l'Académie des Inscriptions et Belles-Lettres, marginaux des Lumières?" in *Les marges des Lumières françaises (1750-1789)*, ed. Didier Masseau (Paris: Droz, 2004), 199-204를 참조할 것. Melanie Traversier, "De l'érudition à l'expertise: Saverio Mattei (1742-1795), 'Socrate imaginaire' dans la Naples de Lumières," *Revue historique* 309 (2007), 91-136도 읽을 만하다. 전반적인 현상을 완전히 다른 관점에서 소개한 연구서로는 J. G. A. Pocock, *Barbarism and Religion*, 4 vols, to date (Cambridge: Cambridge University Press, 1999)가 있다.

51. Noel Malcolm, *Aspects of Hobbes* (Oxford: Clarendon Press, 2002); Ionathan Sheehan, "Sacred and Profane: Idolatry, Antiquarianism and the Polemics of Distinction in the Seventeenth Century," *Past and Present* 192 (2006), 35-66를 참조할 것. 상대적으로 일반화된 관점에서 접근한 연구서로는 Martin Mulsow, *Die drei Ringe: Toleranz und clandestine Gelehrsamkeit bei Mathurin Veyssière La Croze* (1661-1739) (Tübingen: Niemeyer, 2001); Mulsow, "Practices of Unmasking: Polyhistors, Correspondence, and the Birth of Dictionaries of Pseudonymity in Seventeenth-Century Germany," *Journal of the History of Ideas 67* (2006), 219-250를 참조하기 바란다.

52. Jean Le Clerc, *Parrhasiana*, 2 vols. (Amsterdam: Chez les heritiers d'Antoine Schelte, 1699-1701), I, 144.

53. Kristine Haugen, "Imagined Universities: Public Insult and the *Terrae Filius* in Early Modern Oxford," *History of Universities* 16 (2000), 1-31; Martin Mulsow, "Unanständigkeit: Zur Missachtung und Verteidigung des Decorum in der Gelehrtenrepublik der Frühen Neuzeit," *Historische Anthropologic 8* (2000), 98-118; Mulsow, *Die unanständige Gelehrtenrepublik: Wissen, Libertinage und Kommunikation in der Frühen Neuzeit* (Tübingen: Niemeyer, 2007; English translation, Ann Arbor: University of Michigan Press, forthcoming).

2장 학문과 국경을 초월한 인문주의자들

1. G.. Aliotti, *Epistolae et opuscula*, ed. G. M. Scaramalli (Arezzo, 1769), I, 180-187. 네 소녀가 보았던 환상과 그들에게 나타난 성모의 모습에 대해서는 C. Frugoni, "Female Mystics, Visions, and Iconography," in *Women and Religion in Medieval and Renaissance Italy*, ed. D. Bornstein and R. Rusconi, tr. M. J. Schneider (Chicago, 1996), 130-164, and P. Dinzelbacher, *Heilige oder Hexen?* (Zurich, 1995; repr. Reinbek bei Hamburg, 1997)을 참조할 것. 프란체스카 로마나와 조반나 마티오티에 대해서는 A. Esposito, "S. Francesca and the Female Religious Communities of

Fifteenth-Century Rome," in *Women and Religion*, ed. Bornstein and Rusconi, 197–218 at 199–200을 참조하고, 투레크레마타에 대해서는 T. M. Izbicki, *Protector of the Faith: Cardinal Johannes de Turrecremata and the Defense of the Institutional Church* (Washington, D.C., 1981)을 참조하기 바란다.

2. Aliotti, *Epistolae et opuscula*, I, 274–276.

3. 앞의 책, 406.

4. 최근까지 대부분의 학자가 인정한 주장에 따르면, 알베르티는 피렌체에서 1435년에는 라틴어로, 1436년에는 이탈리아어로 《회화론》을 완성한 후에 Filippo Brunelleschi 에게 헌정했다. C. Grayson, 'Studi su Leon Battista Alberti," *Rinascimento* 4 (1953), 45–62 at 54–62, and "The Text of Alberti's *De pictura*," *Italian Studies* 23 (1968), 71–92. 두 논문은 *Studi su Leon Battista Alberti*, ed. P. Clut (Florence, 1998), 57–66, 245–269에 재출간되었다. 하지만 그 책이 이탈리아어로 먼저 쓰였다는 내부적 증거가 있다는 점을 밝혀낸 그 이후의 연구서로는 L. Bertolini의 *Leon Battista Alberti*, ed. J. Rykwert and A. Engel (Milan, 1994), 423–424를 참조할 것. 가장 최근에 발간된 R. Sinisgalli, *Il nuovo De pictura di Leon Battista Alberti/The New De Pictura of Leon Battista Alberti* (Rome, 2006)에도 이탈리아 판본이 먼저 쓰였다는 증거가 간략히 요약되어 있다(예:43-45).

5. L. B. Alberti, De pictura, 11.41, *in On Painting and On Sculpture*, ed. and tr. C. Grayson (London, 1972), in Alberti, *Opere volgari*, ed. C. Grayson (Bari, Italy, 1960-1973), and in Sinisgalli, *Il nuovo De pictura di Leon Battista Alberti*, 207–208: "Animos deinde spectantium movebit historia..." 세 판본 모두 동일하기 때문에 이후의 인용은 절 번호임.

6. 앞의 책, III.60: "Sed cum sit summum pictoris opus historia, in qua quidem omnis rerum copia et elegantia adesse debet"; cf. II.33: "Amplissimum pictoris opus historia"; II.35: "Amplissimum pictoris opus non colossus sed historia."

7. L. B. Alberti, *Kleinere Kunsttheoretische Schriften*, ed. and tr. H. Janitschek (Vienna, 1877): "Weil aber das Geshichtsbild die höchste Leistung des Malers is t..."

8. L. B. Alberti, *On Painting*, tr. J. R. Spencer (London, 1956; 개정판 New Haven, Conn., 1966), 70, 《회화론》에서 "Grandissima opera del pittore sara l'istoria."(33)을 번역.

9. 앞의 책, 23-28 at 24.

10. 르네상스 미술론에 이렇게 처음 접근한 학자는 R. W. Lee였다. 그는 고전적인 논문 "Ut pictura poesis," *Art Bulletin* 22 (1940), 197ff, 훗날 책으로 재출간(New York, 1967) 에서 시의 역할을 강조했다. 알베르티와 수사학에 대해서는 "Inventio, Dispositio, Elocutio." 특히 부록 2를 참조할 것. 알베르티의 회화론에서 고대 문학론의 역할은 C. Gilbert, "Antique Frameworks for Renaissance Art Theory: Alberti and Pino,"

Marsyas 3 (1943-1945), 87-106에서 명확히 다루어졌다. 구조와 사례에서 《회화론》와 달리, 최근의 연구는 시적 기법과 수사적 기법을 강조하는 경향을 띤다. 특히 J. R. Spencer, "*Ut rhetorica pictura*: A Study in Quattrocento Theory of Painting," *Journal of the Warburg and CourtauldInstitutes* 20 (1957), 26-44; E. H. Gombrich, "A Classical Topos in the Introduction to Alberti's *Delia pittura*," *Journal of the Warburg and Courtauld Institutes* 20 (1957), 173; A. Chastel, "Die humanistischen Formeln als Rahmenbegriffe der Kunstgeschichte und Kunsttheorie des Quattrocento," *Kunstchronik* 5 (1954), 119-122, and *Art et humanisme à Florence au temps de Laurent le Magnifique* (Paris, 1959); S. L. Aipers, "*Ekphrasis* and Aesthetic Attitudes in Vasari's Lives," *Journal of the Warburg and Courtauld Institutes* 23 (1960), 190-215; A. Ellenius, *De arte pingendi* (Uppsala, 1960); C. W. Westfall, "Painting and the Liberal Arts: Alberti's View," *Journal of the History of Ideas* 30 (1969), 487-506; L. Bek, "Voti frateschi, virtu di umanista e regole di pittore: Cennino Cennini sub specie Albertiana," *Analecta Romana Instituti Danici* 6 (1971), 63-105 at 100; M. Baxandall, *Giotto and the Orators: Humanist Observers of Painting in Italy and the Discovery of Pictorial Composition, 1350-1450* (Oxford, 1971; new ed., Oxford, 1986), and *Painting and Experience in Fifteenth-Century Italy* (Oxford, 1972); N. Maraschio, "Aspetti del bilinguismo albertiano nel 'De pictura,'"*Rinascimento*, ser. I I , 12 (1972), 183-228, esp. 187-199; D. R. Edward Wright, "Alberti's *De pictura*: Its Literary Structure and Purpose," *Journal of the Warburg and Courtauld Institutes* 47 (1984), 52-71; D. Rosand, "*Ekphrasis* and the Renaissance of Painting: Observations on Alberti's Third Book," in *Florilegium Columbianum*, ed. K.-L. Selig and R. Somerville (New York, 1987), 147-163; R. Kuhn, "Ibertis Lehre iiber die Komposition als die *Kunst* in der Malerei," Archiv für Begriffsgeschichte 28 (1984), 123-178; N. Michels, *Bewegung zwischen Ethos und Pathos* (Münster, 1988), esp. 1-65; P. Panza, *Leon Battista Alberti: Filosofia e teorie dell'arte* (Milan, 1994), 115-126; G. Wolf, "'Arte superficiem illam fontis amplecti': Alberti, Narziss, und die Erfindung der Malerei," in *Diletto e Maraviglia*, ed. C. Göttler, U. M. Hofstede, K. Patz, and K. Zollikofer (Emsdetten, Germany, 1998), 10-39; M. Gosebruch, "'Varietas' bei L. B. Alberti und der wissenschaftliche Renaissancebegriff," *Zeitschrift für Kunstgeschichte* 20 (1957), 229-238 (cf. also *Kunstchronik* 9 [1956], 301-302); H. Mühlmann, *Aesthetische Theorie der Renaissance: L . B. Alberti* (Bonn, 1981); and C. Smith, *Architecture in the Culture of Early Humanism* (New York, 1992)는 알베르티의 사상에서 수사학과 건축학 간의 관련성을 강조하지만 《회화론》을 연구하는 학자들에게 많은 것을 알려준다. K. Patz, "Zum begriff der 'Historia' in L. B. Albertis De pictura," *Zeitschrift für Kunstgeschichte* 49 (1986), 269-287과 J. Greenstein, *Mantegna and Painting as Historical Narrative* (Chicago, 1992)은 독창적이면서도 고

전 문헌을 절충적으로 활용한 알베르티의 면모를 정확히 지적해 보였다.

11. 일반론으로는 G. Nadel, "Philosophy of History before Historicism," *History and Theory* 3 (1964), 291–315; R. Landfester, *Historia magistra vitae* (Geneva, 1972); M. Miglio, *Storiografia pontificia del Quattrocento* (Bologna, 1975); R. Koselleck, "Historia magistra vitae: Über die Auflösung des Topos im Horizont neuzeitlich bewegter Geschichte," in *Vergangene zukunft* (Frankfurt, 1984), 38–66; E. Kessler, "Das rhetorische Modell der Historiographie," in *Formen der Geschichtsschreibung*, ed. R. Koselleck et al. (Munich, 1982), 37–85을 참조할 것. 더 폭넓게 알고 싶으면 E. Cochrane, *Historians and Historiography in the Italian Renaissance* (Chicago, 1981), and A. Grafton, *What Was History?* (Cambridge, 2007)을 참조할 것.

12. Alberti, *On the Art of Building in Ten Books*, tr. J. Rykwert, N. Leach, and R. Tavernor (Cambridge, Mass., 1988), 7.10, 220 (약간 수정); 원저를 보고 싶으면 *De re aedificatoria*, ed. G. Orlandi, tr. P. Portoghesi (Milan, 1966), II, 609–611을 참조할 것. "Et picturam ego bonam–nam turpare quidem parietem est, non pingere, quod male pingas–non minore voluptate animi contemplabor, quam legero bonam historian. Pictor uterque est: ille verbis pingit, hie penniculo docet rem; caetera utrisque paria et communia sunt. In utrisque et ingenio maximo et incredibili diligentia opus est." 이 구절은 M. B. Katz, *Leon Battista Alberti and the Humanist Theory of the Arts* (Washington, D.C., 1978), 20에서도 같은 맥락에서 인용되었다.

13. Alberti, *De re aedificatoria*, II, 610n2를 참조할 것.

14. Greenstein, *Mantegna and Painting as Historical Narrative*, chap. 2.

15. 두 예외를 주목해야 한다. Grayson은 *On Painting and On Sculpture*, 13의 서문에서 이 문제를 대수롭지 않은 것으로 일축했고, C. Hope와 E. McGrath는 "Artists and Humanists," in *The Cambridge Companion to the Renaissance Humanism*, ed. J. Kraye (Cambridge, 1996), 161–188, 특히 166에서 똑같은 관점을 취했다. 알베르티가 '히스토리아'라는 용어를 짓지는 않았다는 그들의 지적은 옳았다. 하지만 그 용어가 새로운 것이 아니었다고, 알베르티가 그 용어를 관습적이고 단순한 뜻으로 사용했다는 뜻은 아니다.

16. J. Schlosser Magnino, *Die Kunstliteratur* (Vienna, 1924), tr. by F. Rossi as *La letteratura artistica*, 3rd ed., ed. O. Kurz (Florence, 1977, repr. 1979), 121–129.

17. M. Tafuri, "Cives esse non licere. Niccolò V e Leon Battista Alberti," in *Ricerca del Rinascimento: Principi, Città, Architetti* (Turin, 1992), 33–88을 참조할 것.

18. 이 원칙이 초기에 형성되고 적용된 때에 대해서는 L. D. Reynolds and N. G. Wilson, *Scribes and Scholars*, 3rd ed. (Oxford, 1991), 13–14를 참조할 것.

19. 예컨대 A. Grafton, *Commerce with the Classics* (Ann Arbor, Mich., 1997), chap. 2를 참조하기 바란다.

20. C. Hope, "Aspects of Criticism in Art and Literature in Sixteenth-Century Italy,"

Word and Image 4 (1988), 1–10 특히 1–2.

21. R. Pfeiffer, "Küchenlatein," *Philologus* 86 (1931), 455–459, reprinted in *Ausgewählte Schriften*, ed. W. Bühler (Munich, 1960), 183–187을 참조할 것.

22. Alberti, *On the Art of Building in Ten Books*, 6.1, 154; 원전으로는 *De re aedificatoria*, II, 441: "Accedebat quod ista tradidisset non culta; sic enim loque-batur, ut Latini Graecum videri voluisse, Graeci locutum Latine vaticinentur; res autem ipsa in sese porrigenda neque Latinum neque Graecum fuisse testetur, ut par sit non scripsisse hunc nobis, qui ita scripserit, ut non intelligamus."

23. 특히 H. Harth, "Niccolò Niccoli als literarischer Zensor: Untersuchungen zur Textgeschichte von Poggios 'De avaritia,'" *Rinascimento*, new ser., 7 (1967), 29–53을 참조할 것.

24. G. Ponte, "Lepidus e Libripeta," *Rinascimento* 12 (1972), 237–265.

25. M. Miglio, "Il ritorno a Roma: Varianti di una costante nella tradizione dell'antico; le scelte pontificie," in *Scritture, scrittori e storia* (Rome, 1993), II, 144.

26. 이 점에 대해서는 L. Goggi Carotti가 편집하고 주석을 덧붙인 L. B. Alberti, *De commodis litterarum atque incommodis* (Florence, 1976), 42–43을 참조하기 바란다.

27. 예컨대 Leonardo Dati와 Tommasso Ceffi가 Alberti에게 보내 《가족에 대하여》를 비판한 유명한 편지를 참조하기 바란다. Dati, Epistolae xxxiii, ed. L. Mehus (Florence, 1743), 13, 18–20. C. Grayson가 Alberti, Opere volgari, I, 380에 덧붙인 주석을 참조할 것. 이런 의견 교환은 결국 상당한 수정으로 발전했기 때문에 인문주의자들이 저작을 발표하기 전에 반드시 거치는 과정의 일부가 되었다. P. O. Kristeller의 고전적인 연구서, "De traditione operum Marsilii Ficini," in *Supplementum Ficinianum*, ed. Kristeller, 2 vols. (Florence, 1937); Harth, "Niccolò Niccoli als literarischer Zensor"; and, more recently, A. Grafton, "Correctores Corruptores? Notes on the Social History of Editing," in *Editing Texts/Texte Edieren*, ed. G. W. Most, *Aporemata: Kritische Studien zur Philologiegeschichte* (Göttingen, 1998), II, 54–75를 참조하기 바란다.

28. 이 다양한 의미에 대해서는 Aulus Gellius, *Noctes Atticae* 1.8.1; Cicero, *Epistolae ad Atticum* 1.16.18; and Ovid, *Amoves* 2.4.44를 참조할 것.

29. "Leon Battista Alberti. *Philodoxeos fabula*. Edizione critica a cura di Lucia Cesarini Martinelli," *Rinascimento*, 2nd ser., 17 (1977), 111–234, 특히 144–145: "Idcirco titulus 'Philodoxeos' fabule est: namque 'philo' amo, 'doxa' vero gloria dicitur. Huius Doxe soror Phemia, quam eandem Latini proximo vocabulo famam nuncupant; has equidem, quod Romam omnes historie fuisse glorie domicilium testentur, merito ambas esse matronas Romanas fingimus."

30. Grafton, *Commerce with the Classics*, 1장을 참조할 것.

31. R. Fubini and A. Menci Gallorini, "L'autobiografia di Leon Battista Alberti: Studio e edizione," *Rinascimento*, 2nd ser., 12 (1972), 21–78, 77: "Quicquid ingenio esset hominum cum quadam effectuum elegantia, id prope divinum ducebat, et in quavis re expositam historiam 〈tanti〉 faciebat, ut etiam malos scriptores dignos laude asseveraret. Gemmis, floribus ac locis praesertim amoenis visendis non-numquam ab aegritudine in bonam valitudinem rediit."

32. 라포의 편지를 도발적이고 비판적으로 분석한 글에 대해서는 M. Regoliosi, "'Res gestae patriae' e 'res gestae ex universa Italia': La lettera di Lapo da Castiglionchio a Biondo Flavio," in *La memoria e la città*, ed. C. Bastia and M. Bolognani (Bologna, 1995), 273–305를 참조할 것.

33. Pius II, *Memoirs of a Renaissance Pope*, ed. L. C. Gabel, tr. F. A. Gragg (New York, 1959), 323.

34. Regoliosi, "'Res gestae patriae' e 'res gestae ex universa Italia,'" 294: "Non enim historiae una atque simplex subiecta materies nec uni tantum-ut aiunt-sectae addicta et consecrata est, sed varia, multiplex et late patens et pluribus ex artibus et studiisque colligitur."

35. 앞의 책, 295–296: "Hinc tanquam ex aliquo fonte uberrimo in omnes vitae partes praecepta elici possunt: quae ratio sit domesticae rei administrandae, quo pacto regenda et gubernanda respublica, quibus causis bella suscipienda, qua ra-tione gerenda, quousque prosequenda sint, quo modo tractandae amicitiae, ineunda foedera, iungendae societates, quo sedandi populorum motus, quo seditiones comprimendae. Hinc magnum aliquem et sapientem virum deligere possumus, cuius omnia dicta, facta, provisa, consulta imitemur."

36. Alberti, *De commodis litterarum atque incommodes*, 41: "Condant illi [the mature and perfectly learned] quidem historiam, tractent mores principum ac gesta rerum publicarum eventusque bellorum; nos vero iuniores, modo aliquid novi proferamus, non vereamur severissima et, ut ita loquar, nimium censoria iudicia illorum, qui cum ipsi infantes et elingues sint tantum aures ad cognoscendum nimium delitiosas porrigunt, quasi doctis sat sit non pectus sed aures eruditas gerere."Cf. Cicero, *De oratore* 2.36: "Historia testis temporum, lex veritatis, vita memoriae, magistra vitae, nuncia vetustatis..." 알베르티가 그 글을 쓴 시기와 환경에 대해서는 L. Boschetto, "Nuovi documenti su Carlo di Lorenzo degli Alberti e una proposta per la datazione del *De commodis litterarum atque incommodis*," *Albertiana* 1 (1998), 43–60을 참조할 것.

37. Regoliosi, "'Res gestae patriae' e 'res gestae ex universa Italia,'" 303: "Nam et plerisque ipse, ut opinor, interfuisti rebus gerendis et quibus minus interfuisses eas

investigando et percunctando ab iis apud quos gestae essent didicisti, e quibus quae locupletissimis testibus niterentur, pro veris probasti, quae vero sermonem vulgi auctorem rumoremque haberent, ut falsa ac ficta omisisti."

38. 많은 인문주의자가 이 점에 동의한다. 대표적인 예로 Angelo Decembrio, *De politia literaria*, ed. Norbert Witten (Munich, 2002), 1.5.5, 162를 참조하기 바란다. "Contra vero historiarium maria, ut aiunt, vastissima quidem asinorum opera, ac eiusdem molis immensae tres Vincentios, qui historias scripserunt magis quam historice sermonumque improprietate laxius abusi sunt?" 여기에서 Decembrio는 "historias"를 "stories"라는 뜻으로 사용한다. 그러나 그는 Vincent de Beauvais가 "historice"(역사적으로)라는 단어를 사용하지 않았다고 지적하며 올바른 역사는 신뢰할 수 있게 전달된 사실들에 근거를 두어야 한다고 덧붙였다. Aeneas Silvius도 *De curialium miseriis epistola*, ed. W. P. Mustard (Baltimore, Md., 1928), 40에서 유사한 불만을 토로했다. "Sunt qui veterum narrant historias, sed mendose atque perverse; claris auctoribus non creditur, sed fabellis inanibus fides adhibetur. Plus Guidoni de Columna, qui bellum Troianum magis poetice quam hystorice scripsit, vel Marsilio de Padua, qui translationes imperii quae nunquam fuerunt ponit, vel Vincentio Monacho quam Livio, Salustio, Iustino, Quinto Curtio, Plutarcho aut Suetonio, praestantissimis auctoribus, creditur." 여기에서 그는 플리니우스에 대한 전형적인 의견의 변화를 보여준다. *Ep.* 2.5.5: "descriptiones locorum non historice tantum sed prope poetice prosequi fas est." 이 점에 대해서는 C. S. Celenza, "Creating Canons in Fifteenth-Century Ferrara: Angelo Decembrio's *De politia litteraria*, 1.10," *Renaissance Quarterly* 57 (2004), 43-98 특히 60n79를 참조할 것.

39 G. Ianziti, *Humanistic Historiography under the Sforzas* (Oxford, 1988)을 참조할 것.

40. L. B. Alberti, *Opuscoli inediti di Leon Battista Alberti*: "Musca," "Vita S. Potiti," ed. C. Grayson (Florence, 1954), 86-87: "Baptistus Albertus Leonardo Dato s. Eram timida quidem in sententia, dum tecum verebar nequid eruditi viri subdubitarent hanc nostram Potiti istoriam esse fictam aliquam et puerilem fabulam. Memineram enim quam multa in istoria querient viri non indocti quamve plene rerum causam, rem gestam, loca, tempora atque personarum dignitatem describi optent. Et videbam quoque apostolorum actus, pontificum martirumque reliquorum vitam dilucide atque plenissime a maioribus descriptam. Hanc autem Potiti istoriam videbam ita negligenter traditam ut facile illam arbitrari potuerim esse ab imperitis non ab illis diligentissimis viris editam."

41. A. Frazier, *Possible Lives: Authors and Saints in Renaissance Italy* (New York, 2005), 67-69 특히 69.

42. Alberti, *Opuscoli inediti di Leon Battista Alberti*, 87: "Hec ex epitomate martirum

qui liber quoque corruptissimus est. Sed de negligentia librariorum aut de nonnullis historiarum scriptoribus quid eruditi existiment alio loco dicetur."

43. Frazier, *Possible Lives*, 69-70. 성자들의 삶을 더 사실에 가깝게 기록하려던 인문주의 자들의 노력에 대해서는 F. Bausi, "La Vita Dominici di Francesco da Castiglione: Contributo alia storia dell'agiografia umanistica," *Interpres* 25 (2006), 53-113을 참조 할 것.

44. A. Modigliani, *I Porcari* (Rome, 1994), 495를 참조할 것.

45. Aliotti, *Epistolae et opuscula*, I, 32-34, 44-46, 67-68.

46. Alberti, *Della pittura*, "Prologus": "Io solea maravigliarmi insieme e dolermi che tante ottime e divine arti e scienze, quali per loro opere e per le istorie veggiamo copiose erano in que' vertuosissimi passati antiqui, ora cosi siano mancate e quasi in tutto perdute..."

47. Regoliosi, "'Res gestae patriae' e 'res gestae ex universa Italia,'" 301: "Nec est enim ullum studium praeclarius nec ocio ingenuo dignius quam hoc quo status totius orbis singulis aetatibus qui fuerit, quibus imperiis distributus quotque in eo mutationes cognoscere possumus: qui maximarum urbium conditores, qui artium inventores exititerint, quis primus hominum genus rude et agreste instruxerit, quis in civitate coegerit, quis ei leges dederit, quis cultus deorum religionesque induxerit, quis navigationem, quis agriculturam, quis litteras primus docuerit, quis rem militarem tractare coeperit."

48. L. Barkan, *Unearthing the Past* (New Haven, Conn., 1999), chap. 2을 참조할 것.

49. Alberti, *Della pittura*, 11,26: "Ma qui non molto si richiede sapere quali prima fussero inventori dell'arte o pittori, poi che non come Plinio recitiamo storie, ma di nuovo fabrichiamo un'arte di pittura, della quale in questa eta, quale io vegga, nulla si truova scritto..."

50. Alberti, *De pictura*, 11,26: "Sed non multum interest aut primos pictores aut picturae inventores tenuisse, quando quidem non historiam picturae ut Plinius sed artem novissime recenseamus, de qua hac aetate nulla scriptorum veterum monumenta quae ipse viderim extant..."

51. *The Portrayal of Love* (Princeton, N.J., 1992, 29-30n24에서 C. Dempsey의 중요 한 주석을 참조할 것. 인문주의자들이 비잔틴 수사학에서 받은 영향에 대해서는 Baxandall, *Giotto and the Orators*, and Smith, *Architecture in the Culture of Early Humanism*을 참조할 것.

52. Cicero, *Brutus*, 42; 키케로로 항상 이런 구분을 했던 것은 아니다. (예: ad Atticum 1.16.18). 특히 시학에 '히스토리아'는 '파불라'에 가까운 뜻을 가질 수 있다 (예: Ovid, Amores 2.4.44).

53. Alberti, *De pictura*, 11.63; Grayson가 편집한 책과, Goggi Carotti가 편집한 Alberti, *De commodis litterarum atque incommodis*에서 주석을 참조할 것.

54. Alberti, *De pictura*, 11.26 (나르키소스에 대해서는): "Però usai di dire tra i miei amici, secondo la sentenza de'poeti, quel Narcisso convertito in fiore essere della pittura stato inventore; ché già ove sia la pittura fiore d'ogni arte, ivi tutta la storia di Narcisso viene a proposito"; "··turn de Narcisso omnis fabula pulchre ad rem ipsam perapta erit..."; III.53 (아펠레스의 중상모략에 대해서는): "Quae plane historia etiam si dum recitatur animos tenet, quantum censes earn gratiae et amoenitatis ex ipsa pictura eximii pictoris exhibuisse?"; "Quale istoria se mentre che si recita piace, pensa quanto esse avesse grazia e amenità a vederla dipinta di mano d'Appelle."

55. 앞의 책, 1.19: "Principio in superficie pingenda quam amplum libeat quadrangulum rectorum angulorum inscribo, quod quidem mihi pro aperta finestra est ex qua historia contueatur, illicque quam magnos velim esse in pictura homines determino." 이 구절은 이탈리아어판에서 "el quale reputo essere una finestra aperta, per donde io miri quello che quivi sarà dipinto..."로 되어 있다.

56. 앞의 책, 111.61: "Caeterum cum historiam picturi sumus, prius diutius excogitabimus quonam ordine et quibus modis earn componere pulcherrimum sit. Modulosque in chartis conicientes, turn totam historiam, turn singulas eiusdem historiae partes commentabimur, amicosque omnes in ea re consulemus. Denique omnia apud nos ita praemeditata esse elaborabimus, ut nihil in opere futurum sit, quod non optime qua id sit parte locandum intelligamus"; "E quando aremo a dipignere storia, prima fra noi molto penseremo qual modo e quale ordine in quella sia bellissima, e faremo nostri concetti e modelli di tutta la storia e di ciascuna sua parte prima, e chiameremo tutti gli amici a consigliarci sopra a cio. E cosi ci sforzeremo avere ogni parte in noi prima ben pensata, tale che nella opera abbi a essere cosa alcuna, quale non intendiamo ove e come debba essere fatta e collocata."

57. 앞의 책, 111.61: "Quove id certius teneamus, modulos in parallelos dividere iuvabit, ut in publico opere cuncta, veluti ex privatis commentariis ducta suis sed-ibus collocentur"; "E per meglio di tutto aver certezza, segneremo i modelli nostri con paralleli, onde nel publico lavoro torremo dai nostri congetti, quasi come da privati commentari, ogni stanza e sito delle cose."

58. 앞의 책, III.57: "Sed cavendum ne, quod plerique faciant, ea minimis tabellis pingamus. Grandibus enim imaginibus te velim assuefacias, quae quidem quam proxime magnitudine ad id quod ipse velis efficere, accedant"; "Ma guarda non fare come molti, quali imparano disegnare in picciole tavolelle. Voglio te esserciti disegnando cose grandi, quasi pari al ripresentare la grandezza di quello che tu

disegni." 알베르티가 대형 그림을 선호했다는 걸 보여주는 인용글이다.

59. Alberti, On Painting, 135n18. F. Ames-Lewis, *Drawings in Early Renaissance Italy* (New Haven, Conn., 1981)과 Rosand, *"Ekphrasis* and the Renais-sance of Painting." 도 참조할 것.

60. Alberti, De pictura, III.56: "... nam in historia si adsit facies cogniti alicuius hominis, tametsi aliae nonnullae praestantioris artificii emineant, cognitus tamen vultus omnium spectantium oculos ad se rapit"; "...ove poi che in una storia sara uno viso di qualche conosciuto e degno uomo, bene che ivi sieno altre figure di arte molto più che questa perfette e grate, pure quel viso conosciuto a sé imprima trarra tutti gli occhi di chi la storia raguardi..."

61. 앞의 책, III.63: "Haec habui quae de pictura his commentariis referrem. Ea si eiusmodi sunt ut pictoribus commodum atque utilitatem aliquam afferant, hoc potissimum laborum meorum premium exposco ut faciem meam in suis historiis pingant, quo illos memores beneficii et gratos esse, ac me artis studiosum fuisse posteris predicent"; "Ebbi da dire queste cose della pittura, quali se sono commode e utili a'pittori, solo questo, domando in premio delle mie fatiche, che nelle sue istorie dipingano il viso mio, acciò dimostrino sé essere grati e me essere stato stu-dioso dell'arte."

62. J. Pope-Hennessy, *The Portrait of the Renaissance* (London, 1963).

63. Alberti, De pictura, 11.42. Cf. Baxandall, *Giotto and the Orators*, 129-130, 도판3과 5(a).

64. Alberti, *De re aedificatoria*, 7.10, *L'architettura*, II, 609.

65. Alberti, De pictura, 11.40에서 자주 인용되는 글귀. "Historia vero, quam merito possis et laudare et admirari, eiusmodi erit quae illecebris quibusdam sese ita amenam et ornatam exhibeat, ut oculos docti atque indocti spectatoris diutius quadam cum voluptate et animi motu detineat. Primum enim quod in historia voluptatem afferat est ipsa copia et varietas rerum. Ut enim in cibis atque in musica semper nova et exuberantia cum caeteras fortassis ob causas, turn nimirum earn ob causam delectant, quod ab vetustis et consuetis differant, sic in omni re varietate animus et copia admodum delectatur. Idcirco *in pictura* et corporum et colorum varietas amena est. Dicam *historiam* esse copiosissimam illam, in qua suis locis permixti aderunt senes, viri, adolescentes, pueri, matronae, virgines, infantes, cicures, catelli, aviculae, equi, pecudes, aedificia, provinciaeque; omnemque copiam laudabo modo ea ad rem de qua illic agitur conveniat. Fit enim ut cum spectantes lustrandis rebus morentur, turn pictoris copia gratiam assequatur. Sed hanc copiam velim cum varietate quadam esse ornatam, turn dignitate et verecundia gravem

atque moderatam. Improbo quidem eos pictores, qui quo videri copiosi, quove nihil vacuum relictum volunt, et nullam sequuntur compositionem, sed confuse et dissolute omnia disseminant, ex quo non rem agere sed tumultuare *historia* videtur. Ac fortassis qui dignitatem in primis in *historia* cupiet, huic solitudo admodum tenenda erit. Ut enim in principe maiestatem affert verborum paucitas, modo sensa et iussa intelligantur, sic in *historia* competens corporum numerus adhibet dignitatem. Odi solitudinem in *historia*, tamen copiam minime laudo quae a dignitate abhorreat. Atque in *historia* id vehementer approbo quod a poetis tragicis atque comicis observatum video, ut quam possint paucis personatis fabulam doceant. Meo quidem iudicio nulla erit usque adeo tanta rerum varietate referta historia, quam novem aut decern homines non possint condigne agere, ut illud Varronis huc pertinere arbitror, qui in convivio tumultum evitans non plus quam novem accubantes admittebat. Sed in omni historia cum varietas iocunda est, tamen in primis omnibus grata est pictura, in qua corporum status atque motus inter se multos dissimiles sint.... Obscoenae quidem corporis et hae omnes partes quae parum gratiae habent, panno aut frondibus aut manu operiantur.... Hanc ergo modestiam et verecundiam in universa historia observari cupio ut foeda aut praetereantur aut emendentur...": "Sarà la storia, qual tu possa lodare e maravigliare, tale che con sue piacevolezze si porgerà sì ornata e grata, che ella terrà con diletto e movimento d'animo qualunque dotto o indotto la miri. Quello che primi da voluttà nella istoria viene dalla copia e variet delle cose. Como ne' cibi e nella musica sempre la novita e abondanza tanto piace quanto sia differente dalle cose antique e consuete, così l'animo si diletta d'ogni copia e varietá. Per questo in pit-tura la copia e varieta piace. Dirò io quella *istoria* essere copiosissima in quale a' suoi luoghi sieno permisti vecchi, giovani, fanciulli, donne, fanciulle, fanciullini, polli, catellini, uccellini, cavalli, pecore, edifici, province, e tutte simili cose: e loderó io qualunque copia quale s'apartenga a quella istoria. E interviene, dove chi guarda soprasta rimirando tutte le cose, ivi la copia del pittore acquisti molta grazia. Ma vorrei io questa copia essere ornata di certa varietà, ancora moderata e grave di dignità e verecundia. Biasimo io quelli pittori quali, dove vogliono parere copiosi nulla lassando vacuo, ivi non composizione, ma dissoluta confusione dis-seminano; pertanto non pare la *storia* facci qualche cosa degna, ma sia in tumulto aviluppata. E forse chi molto cercherà dignità in sua storia, a costui piacerà la solitudine. Suole ad i prencipi la carestia delle parole tenere maestà, dove fanno intendere suoi precetti. Così in *istoria* uno certo competente numero di corpi rende non poca dignità. Dispiacemi la solitudine in *istoria*, pure né però laudo copia alcuna quale sia sanza dignità. Ma in ogni storia la varietà sempre fu ioconda, e in prima sempre fu grata quella pittura in quale sieno i corpi con suoi posari molto dissimili ... Le parte brutte a vedere del corpo, e l'altre simili quali porgano poca grazia, si cuoprana col panno, con qualche fronde o con la mano ... Così adunque desidero in ogni *storia* servarsi quanto dissi modestia e verecundia, e così sforzarsi che in niuno sia un medesimo gesto o posamento che neH'altro."

66. Alberti, *De pictura*, 1.21: "Nam, ut ex operibus priscis facile intelligimus, eadem fortassis apud maiores nostros, quod esset obscura et difficillima, admodum incognita latuit. Vix enim ullam antiquorum historiam apte compositam, neque pictam, neque fictam, neque sculptam reperies"; "E quanto sia difficile veggasi nell'opere degli antiqui scultori e pittori. Forse perche era oscura, loro fu ascosa e incognita. Appena vedrai alcuna storia antiqua attamente composta."Cf. F. Baiters, *Der grammatische Bildhauer: Kunsttheorie und Bildhauerkunst der Frührenaissance: Alberti-Ghiberti-Leonardo-Gauricus* (Aachen, 1991).

67. Alberti, *De pictura*, 11.37: "Laudatur apud Romanos historia in qua Meleager defunctus asportatur, et qui oneri subsunt angi et omnibus membris laborare videantur: in eo vero qui mortuus sit, nullum adsit membrum quod non demortuum appareat, omnia pendent, manus, digiti, cervix, omnia languida decidunt, denique omnia ad exprimendam corporis mortem congruunt"; "Lodasi una storia in Roma nella quale Melagro morto, portato, aggrava quelli che portano il peso, e in sè pare in ogni suo membro ben morto: ogni cosa pende, mani, dito e capo: ogni cosa cade languido; ciò che ve si dà ad esprimere uno corpo morto."

68. Alberti, *De re aedificatoria*, 8.6: "Per frontes parietum locis idoneis tituli et sculptae historiae adcrustabuntur..."; 9.4: "sed parietem nolim affatim refertum esse aut simulachris aut signis aut penitus opertum historiaque occupatum"; 8.4: "Nostri vero Latini clarissimorum virorum gesta exprimere sculpta placuit historia"; 8.3: "Fuere qui columnae altitudinem ad pedes centenos duxerint, totamque circum asperam signis et rerum historia convestitam reddiderint."

69. A. Niehaus, *Florentiner Reliefkunst von Brunelleschi bis Michelangelo* (Munich, 1998), 22–28.

70. K. Patz, "Zum Begriff der 'Historia,'" and P. Toynbee, "A Note on *Storia, Storiato*, and the Corresponding Terms in French and English, in Illustrations of *Purgatorio X*, 52, 71, 73," in *Mélanges offertes à M. Emile Picot par ses amis et élèves*, 2 vols. (Paris, 1913), I , 195–208.

71. Dante, Purgatorio, 10.52, 71, 73.

72. 1424년 봄, Leonardo Bruni가 Niccolo da Uzzano에게 보낸 편지에서, R. Krautheimer and T. Krautheimer-Hess, *Lorenzo Ghiberti*, repr. of 2nd ed. (Princeton, N.J., 1982).

372: "Spectabiles etc. Io considero che le 20 historie della nuova porta le quali avete deliberato che siano del vecchio testamento, vogliono avere due cose principalmente: l'una che siano illustri, l'altra che siano significanti. Illustri chiamo quelle che possono ben pascere l'occhio con varietà di disegno, significanti chiamo quelle che abbino importanza degna di memoria... Bisognerà che colui, che l'ha a disegnare, sia bene instrutto di ciascuna historia, si che possa ben mettere e le persone e gl'atti occorrenti, e che habbia del gentile, si che le sappia bene ornare... Ma bene vorrei essere presso a chi l'harà a disegnare per fargli prendere ogni significato, che la storia importa."

73. 1434년 6월 19일 Matteo di Paolo가 프라토 성당의 운영단에게 보낸 편지, C. Guasti, *Il pergamo del Donatello di Duomo di Prato* (Florence, 1887), 19: "Karissimi etc. La chagione di questa si é, che Donatello a finita quella storia di marmo; et promettovi per gl'intendenti di questa terra, che dicono tutti per una bocha, che mai si vide simile storia. Et lui mi pare sia di buona voglia a servirvi bene... Lui mi priegha, che io vi scriva che per Dio non manchi che gli mandiate qualche danaio per spendere per queste feste; e io vi gravo che lo facciate; inperò che è huomo ch'ogni pichola pasto è allui assai, e sta contento a ogni cosa."

74. G. Poggi, *Il duomo di Firenze* (Florence, 1909, repr. 1988), e.g. Doc. 325: "Item locaverunt Luce Simonis delle Robbie ad faciendum storias marmoris..."

75. 최근의 저작으로는 A. Cavallaro, "I primi studi dall'antico nel cantiere del Laterano," in *Alle origini della nuova Roma: Martino V (1417-1431): Atti del Convegno, Roma, 2-5 Marzo 1992*, ed. M. Chiabò, G. D'Alessandro, P. Piacentini, and C. Ranieri (Rome, 1992), 401-412를 참조할 것.

76. Niehaus, *Florentiner Reliefkunst von Brunelleschi bis Michelangelo*를 참조할 것.

77. J. Bialostocki, "Ars auro potior," in *Mèlanges de littérature etphilologie offertes à Miecyslaw Brahmer* (Warsaw, 1966), 55-63을 참조할 것.

78. A. Warburg, "Sandro Botticelli's *Birth of Venus and Spring*," in *The Renewal of Pagan Antiquity: Contributions to the Cultural History of the European Renaissance*, ed. K. W. Forester, tr. D. Britt (Los Angeles, 1999), 95: 원전으로는 Warburg, *Gesammelte Schriften: Studienausgabe*, ed. H. Bredekamp, M. Diers, K. W. Forster, N. Mann, S. Settis, and M. Warnke (Berlin, 1998), 1.1, 10-11을 참조할 것.

79. 예컨대 Krautheimer and Krautheimer-Hess, *Lorenzo Ghiberti*를 참조할 것. 그러나 지금도 읽을 만한 오래된 논증이 있다. H. Kaufmann, *Donatello* (Berlin, 1935), 63-66을 참조하고, Niehaus, *Florentiner Reliefkunst von Brunelleschi bis Michelangelo*와 비교해 보기 바란다.

80. 앞에서 인용한 알리오티의 증언에서, 알베르티가 자신의 저작이 동료 인문주의자과 학

식 있는 군주와 성직자에게는 물론이고 필라레테와 레오나르도 등 미술가들에게도 읽혀지기를 바랐던 것이 확인된다.

81. 인문주의 역사론에서 이 아포리아가 갖는 장기적인 영향에 대해서는 U. Muhlack, *Geschichtswissenschaft im Humanismus und in der Aufklärung* (Munich, 1991)을 참조하기 바란다.

82. L. Valla, *Gesta Ferdinandi regis Aragonum*, ed. O. Besomi (Padua, 1973), 3-5; 물론 발라는 역사학자라면 당연히 진실을 추구해야 한다고도 강조했다.

83. Sallust, *Bellum contra Iugurtham*, 4.5-6: "Nam saepe ego audivi Q. Maxumum, P. Scipionem, praeterea civitatis nostrae praeclaros viros solitos ita dicere, quom majorum imagines intuerentur, vehementissime sibi animum ad virtutem adcendi. Scilicet non ceram illam, neque figuram, tantam vim in sese habere; sed memoria rerum gestarum earn flammam egregiis viris in pectore crescere, neque prius sedari, quam virtus eorum famam atque gloriam adaequaverit."

84. 라포의 알베르티 칭찬에 대해서는 C. Celenza, *Renaissance Humanism and the Papal Curia* (Ann Arbor, Mich., 1999), 156을 참조할 것.

85. Regoliosi, "'Res gestae patriae' e 'res gestae ex universa Italia,'" 298-300: "Cum autem magnum quempiam laborem aut periculum, non spe commodi, non mercedis, pro libertate patriae, pro salute civium, pro incolumitate susceptum aut audivimus aut legimus, id omnes ad caelum efferimus, id stupefacti admiramur, id factum, si facultas detur, imitari cupimus; quod in fabulis picturisque perspicue intueri licet. In quibus etiam si res fictae sint, tamen variis sensibus nos ista afficiunt ut eos quorum vel aliquod praeclarum facinus proditum accepimus vel in tabula expressum aspeximus summa benivolentia complectamur. Quod si haec tantam vim habent, quos historiam stimulos ad virtutem habituram putamus, in qua non fictae personae inducuntur sed verae, non commentitiae res sed gestae, non artificii ostendendi gratia editae orationes, sed, ut feruntur habitae exprimuntur?"

86. Regoliosi, "'Res gestae patriae' e 'res gestae ex universa Italia,'"와 Miglio, *Storiografia pontificia del Quattrocento*, 47-50에서 중요한 주석을 참조할 것.

87. M. Baxandall, "A Dialogue on Art from the Court of Leonello d'Este. Angelo Decembrio's *De Politia Litteraria* Pars LXVIII," *Journal of the Warburg and Courtauld Institutes* 26 (1963), 304-326. 데쳄브리오는 레오넬로가 플랑드르 태피스트리를 열심히 수집했다며, 이 때문에 적어도 이 부분에서는 자신과 알베르티의 취향이 레오넬로에게 영향을 받았다고 증언했다. N. Forti Grazzini, "Leonello d'Este nell'autunno del Medioeve. Gli arazzi delle 'Storia di Ercole,'" in *Le muse e il principe: Arte di corte nel Rinascimento padano: Saggi* (Modena, 1991), 53-62 특히 61-62를 참조할 것.

88. Alberti, *De pictura*, 11.40: "Fit enim ut cum spectantes lustrandis rebus morentur,

turn pictoris copia gratiam assequatur."

3장 서지학의 창시자, 문제적 인물 트리테미우스

1. 트리테미우스의 삶에 대해서는 Klaus Arnold가 쓴 뛰어난 전기 *Johannes Trithemius* (1462-1516) (Würzburg: Schöningh, 1991)을 참조하기 바란다. Richard Auernheimer and Frank Baron, eds., *Johannes Trithemius: Humanismus und Magie im vorreformatorischen Deutschland* (Munich: Profil, 1991)과 Frank Baron and Richard Auernheimer, eds., *War Dr. Faustus in Kreuznach? Realität und Fiktion im Faust-Bild des Abtes Johannes Trithemius* (Alzey: Verlag der Rheinhessischen Druckwerkstätte Alzey, 2003)도 참조할 만하다. Arnold의 전기를 요약한 것으로는 *Johannes Trithemius, In Praise of Scribes: De laude scriptorum*, ed. Klaus Arnold, tr. Roland Behrendt (Lawrence, Kans.: Coronado Press, 1974), 1-12가 적당하다.

2. Trithemius, *In Praise of Scribes*, 34-35: "Impressura enim res papirea est et brevi tempore tota consumitur. Scriptor autem membranis commendans litteras, et se et ea, que scribit, in tempus longinquum extendit."

3. 트리테미우스가 책을 쓰던 방식과 마찬가지로, 페데리코가 책을 수집하던 습관은 그가 종이책의 수집을 거부했다는 베스파시아노의 증언과 별다른 관계가 없다. Martin Davies, "The Printed Books of Federico da Montefeltro," in *Federico da Montefeltro and His Library*, ed. Marcello Simonetta (Milan: Y Press; Vatican City: Biblioteca Apostolica Vaticana, 2007)을 참조할 것.

4. Richard Southern, *Western Society and the Church in the Middle Ages* (Harmondsworth: Penguin, 1970), 237-239.

5. Trithemius, *In Praise of Scribes*, 52-53: "Ergo si manducare prohibetur, qui laborare non vult, monachi ociosi aut non manducent aut preceptorum apostoli se transgressores agnoscant."

6. 트리테미우스의 삶과 일에서 이 부분에 대해서는 Noel Brann, *The Abbot Trithemius (1462-1516): The Renaissance of Monastic Humanism* (Leiden: Brill, 1981)을 참조할 것. 그의 전반적인 삶에 대해서는 Franz Posset, *Renaissance Monks: Monastic Humanism in Six Biographical Sketches* (Leiden: Brill, 2005)를 참조할 것.

7. Arnold in Trithemius, *In Praise of Scribes*, 3을 참조할 것.

8. Trithemius의 *Epistolae familiares*(사신집)은 Biblioteca Apostolica Vaticana MS Pal. lat. 730에 보관되어 있고, 1536에 출간되었다. Klaus Arnold, "Warum schrieben und sammelten Humanisten ihre Briefe? Beobachtungen zum Briefwechsel des

Benediktinerabtes Johannes Trithemius (1462-1516)," in *Adel-Geistlichkeit-Militär: Festschrift für Eckhardt Opitz zum 60. Geburtstag*, ed. M. Busch and J. Hillmann (Bochum: Winkler, 1999)를 참조할 것.

9. 트리테미우스, 막시밀리아, 마법사에 대해서는 Paola Zambelli의 고전적인 연구, "Scholastiker und Humanisten: Agrippa und Trithemius zur Hexerei: Die natürliche Magie und die Entstehung kritischen Denkens," *Archiv für Kulturgeschichte 67* (1985), 41-79을 참조할 것. 또한 Zambelli, *White Magic, Black Magic in the European Renaissance* (Leiden: Brill, 2007), 73-112, and Noel Brann, *Trithemius and Magical Theology: A Chapter in the Controversy over Occult Studies in Early Modern Europe* (Albany: State University of New York Press, 1999)도 읽을 만하다.

10. James O'Donnell, "The Pragmatics of the New: Trithemius, McLuhan, Cassiodorus," in *The Future of the Book*, ed. G. Nunberg (Berkeley: University of California Press, 1996), 37-62: O'Donnell, *Avatars of the Word: From Papyrus to Cyberspace* (Cambridge, Mass.: Harvard University Press, 1998).

11. Trithemius, *In Praise of Scribes*, 62-63: "Quis nescit quanta sit inter scripturam et impressuram distantia? Scriptura enim, si membranis imponitur, ad mille annos poterit perdurare, impressura autem, cum res papirea sit, quamdiu subsistet?"

12. 앞의 책, 60-63: "Fuit in quodam cenobio nostri ordinis mihi non incognito frater quidam devotus, qui in scribendis ad ornatum bibliothece voluminibus magnum habebat studium, ita ut quotiescunque a divino potuisset vacare officio, ad secreta celle se conferens huic sacrato labori insisteret. Unde et multa sanctorum opuscula cum ingenti devotione excopiavit. Huius mortui ossa, cum post multos annos levarentur de terra, tres digiti dextere manus, quibus tot volumina scripserat, tarn integri et incorrupti inventi sunt, ac si eodem tempore sepulchro fuissent impositi. Reliquum autem corpus ut moris est consumptum ad ossa fuit. Quo testimonio colligitur, quam sanctum hoc officium apud omnipotentem deum iudicetur, cuius ut meritum viventibus ostenderet, etiam in mortuis cadaveribus membra scriptorum honoravit."

13. Arnold in Trithemius, *In Praise of Scribes*, 15.

14. Trithemius의 초기 저작에 대해서는 Karlheinz Froelich, "Johannes Trithemius on the Fourfold Sense of Scripture: The *Tractatus de Investigatione Scripturae* (1486)," in *Biblical Interpretation in the Era of the Reformation: Essays Presented to David C. Steinmetz in Honor of His Sixtieth Birthday*, ed. Richard Miller and John Thompson (Grand Rapids, Mich.: Eerdmans, 1996), 23-60.

15. Bernd Moeller, "Religious Life in Germany on the Eve of the Reformation," in *Pre-Reformation Germany*, ed. Gerald Strauss (London: Macmillan, 1972), 13-42.

16. Trithemius, *In Praise of Scribes*, 60-61: "Denique interim, quod bonas devotasque rescribit materias, cogitaciones inanes vel turpes non patitur molestas, verba ociosa non loquitur, sevis rumoribus non maculatur, sed quietus et solitarius sedens cum gaudio epulatur in scripturis, et bonis exerciciis ad glorificandum deum provocat intuentes. Etenim dum bonas scribit materias, scribendo in agnitionem misteriorum paulatim introducitur, et interius animo magnifice illustratur."

17. 앞의 책, "Fortius enim, que scribimus, menti imprimimus, quia scribentes et legentes ea cum morula tractamus."

18. Johannes Trithemius, *Collatio de republica ecclesiae et monachorum ordinis divipatris benedicti habita colonie in capitulo annali* (n.p., 1493), Bi verso: "Longum est si velim eorum vel sola nomina transcurrere qui in ordine nostro et doctrina et sanctitate mirabiles effulserunt. Magna fervebat in eis devotio, regularis discipline inestimabilis zelus, qui nunquam sinebat esse ociosos. Semper in eorum studiis amor vigebat divinus: qui de lectione sancta conceptus ad orationem vocabat vigilantes. Nam qui se in divinis scripturis amplius exercitaverant, vacantibus a dei servicio horis earundem expositionibus intendebant. Conficiebant libros variosque tractatus, quibus fratrum suorum studia ad amorem dei provocabant. Ceteri ffatres non vacabant ocio, sed operi manuum iuxta regulam post oraciones devote insistebant. Scribebant idonei libros pro bibliothece ornatu, et ex scedis ab aliis edita ad mundum importabant. Alii scriptos codices artificiose ligabant, corrigebant alii, alii rubro minio distinguebant. Gestiebant omnes sancti laboris esse participes."

19. 이곳과 이후의 글은 Paul Lehmann의 고전적 연구, "Nachrichten von der Sponheimer Bibliothek des Abtes Iohannes Trithemius," in *Festgabe zum 7. September 1910: Hermann Grauert zur Vollendung des 60. Lebensjahres gewidmet von seinen Schülern,* ed. Max Jansen et al. (Freiburg im Breisgau: Herder, 1910), 205-220과 E. G. Vogel, "Die Bibliothek der Benediktinerabtei Sponheim," *Serapeum* 3 (1842), 312-328에서 많은 영향을 받았다. 이 경우에 인용한 내용은 Munich, Bayerische Staatsbibliothek, elm 830, 60 verso (Lehmann, "Nachrichten," 212)에서 확인할 수 있다. "Complevi hoc opus epistolarum sanctissimi martyris Bonifacii... ego frater Franciscus Hofyrer de Kernczenheym protunc novicius iussu reverendissimi patris et scripturarum studiosissimi cultoris Joannis Tritemii abbatis secundi de reformatione Bursfeldensi anno salutis 1497, XVI. Kal. Septembris. Ora, lector devote,pro utriusque salute."

20. Stuttgart, Landesbibliothek, MS Hist. Fol. 1 (Lehmann, "Nachrichten," 214-215): "Explicit chronica fratris Roberti monachi ordinis Praemonstratensium, qui obiit anno domini MCC duodecimo, scripta per me fratrem Iohanem Binguiam sacerdotem et monachum spanhemensem anno MCCCC.XCIIII. decimo Kl. Septemb."

21. Trithemius, "Nepiachus," in *War Dr. Faustus in Kreuznach?* ed. Baron and Auernheimer, 54: "Amori tamen meo et studio in scripturas sanctas propter inopiam monasterii et librorum in omni varietate multitudinem, qui impressoria iam arte in omnem diffusa terram multipliciter dietim profunduntur in lucem, nequaquam satisfacere potui. Confiteor intemperatum ad studium et libros amorem meum, quo nunquam cessare vel altero saltern fatigari potui, quo minus animum secutus meum: quidquid in mundo scibile est, scire semper cupiebam; et libros omnes, quos vidissem vel audivissem formis excussos, quamtumlibet etiam pueriles aut inconcinnos, habere ac legere pro summis deliciis computabam. Sed non erat in mea facultate satisfacere, ut voluissem, desiderio; propterea quod vita brevis et ingenium tenue; tarn multa, tarn varia tamque profunda diversarum scientiarum mysteria comprehendere nullatenus queat; defuerint etiam semper pecuniae ad necessitatem, quanto magis ad librorum voluptatem comparandam. Feci tamen in utroque semper, quod potui: qui si nimius fui, creator omnipotens parce, qui hominem ab initio rectum fecisti; ipse autem infinitis se immiscuit quaestionibus."

22. 앞의 책, 52: "vix decern volumina, praeter Bibliam omnia parvae utilitatis. His antecessor meus 30 volumina impressa coniunxit, et ipsa communia quidem pro faciendis sermonibus ad populum et istis similia. Quod plura non comparavit, duplex causa extitit: quoniam et nimia eum paupertas in principio reformationis op-pressit, et raritas librorum propter impressoriae artis novitatem pretium auxit."

23. 앞의 책, 52-53: "Permulta enim coenobia nostri ordinis in diversis provinciis multoties visitavi per annos viginti: omnium bibliothecas perlustravi, et ubicumque aliquid quod prius non haberem repperi duplicatum, id altera mihi dato pretio vel aliquod volumen aliud impressum, quale postulassent inventi possessores, comparans in recompensam, ut contingeret, agebam. Multa pretiosa et optandae lectionis volumina in papiro simul ac in pergameno scripta per hunc modum, non solum in nostro sed in aliquibus etiam aliis ordinibus commutando accepi. Saepius etiam contigit in diversis monasteriis et ordinibus, ut multa essent rescripta volumina in astronomia, in musica, in mathematica, in philosophia, in poesi, in oratoria, in historiis, in medicinis et in artibus, quae ipsi boni patres, qui possidebant, aut non intelligebant, aut metuentes eorum praesentia sanctam violari observantiam, me rogabant quatenus omnia ilia mihi tollerem et eis alia quaedam impressa, quae magis optassent, in recompensam redderem; quod statim non invitus ut rogabar facere consuevi."

24. Johannes Trithemius, *Polygraphiae libri sex* ([Basel]: Haselberg, 1518), [q vi] recto, on a treatise describing a method of shorthand supposedly used by Cicero and Cyprian:

"Rarus est codex, et a me semel duntaxat repertus, vilique precio emptus. Nam cum anno dominicae nativitatis M. quadringentesimo nonagesimo sexto bibliothecas plures librorum amore perlustrarem, reperi memoratum codicem in quodam ordinis nostri monasterio, nimia vetustate neglectum, proiectum sub pulvere atque contemptum. Interrogavi abbatem doctorem iuris quanti ilium estimaret. Respondit: Sancti Anshelmi parva opuscula nuper impressa illi praeferrem. Ad bibliopolas abii, quoniam in civitate res contigit metropolitana, postulata Anselmi opuscula pro sexta floreni parte comparavi, abbati et monachis gaudentibus tradidi, et iam prope interitum actum codicem liberavi. Decreverunt enim pergameni amore illico radendum."

25. Trithemius, "Nepiachus," *in War Dr. Faustus in Kreuznach?* ed. Baron and Auernheimer, 53-54: "Comportavi itaque per hos viginti tres annos ad bibliothecam Spanheimensem non sine magno labore et multis impensis, maxima usus diligentia, circiter duo milia volumina tam scripta quam impressa in omni facultate et scientia, quae inter Christianos habetur in usu. Nec vidi in tota Germania, neque esse audivi, tam raram tamque mirandam bibliothecam; licet plures viderim, in qua sit librorum tanta copia non vulgarium neque communium, sed rarorum, abditorum, secretorum mirandorumque et talium, quales alibi vix reperiantur. In lingua etiam Graeca multa volumina tam scripta quam impressa feci mihi ex Italia afferri, quoniam et eorum mihi lectio a multis iam annis non minus iocunda quam necessaria fuit; sed Graecorum codicum numerus centenarium, ut puto, non excedit. Comparavi etiam in Hebraica lingua bibliam et quaedam alia volumina, quoniam et aliquando eius studiosus eram. Exposui autem pro libris ad bibliothecam, exceptis illis quos feci rescribi per ffatres et alios non paucos, pecuniam plusquam quingentorum et mille florenorum. Quae summa etsi divitibus parva non immerito videatur, mihi tamen pro mea paupertate quasi maxima et bene intolerabilis fuit."

26. Matthaeus Herbenus Traiectensis to Jodocus Beyselius, August 1495, in Paul Lehmann, *Merwürdigkeiten des Abtes Johannes Trithemius, Sitzungsberichte der Bayerischen Akademie der Wissenschaften,* phil.-hist. Klasse (1961), Heft 2, 23-24: "Ubi (scil. in monasterio) occasio deambulandi concessa est (quod plerumque post primorum amicorum congressus atque refectiones fit) circumfert (abbas) me atque illico in admirandam bibliothecam suam introducit, ubi plurima turn Hebraea, turn Graeca volumina intueor. Nam Latinorum in omni arte, scientia et facultate ingens copia erat. Demiror itaque unius hominis in tam variis monumentis consequendis constituendisque exactam diligentiam atque vehementer obstupesco, cum in tota Germania non existimaverim tantum peregrinorum voluminum extitisse. Nam

quinque linguarum, sermone et charactere a se longe distantium, libros in codicibus
perantiquis illic repperi, quos Trithemii vigilans studium non sine multo sudore
comportavit. Hoc igitur modo, lodoce doctissime, fulcitam inveni Spanemensem
bibliothecam: nam [non?] earn solum verum etiam et parietes totius domus
abbatialis, que ampla est, et testudines camerarum Graecis, Hebraicis, Latinis
versibus caracteribusque decentissime ornatas aspexi."

27. 앞의 책, "Quamobrem ego ita mecum reputo, si in Germania nostra Hebraea
aliqua Graecave academia sit, ea Spanhemense coenobium est, ubi plus eruditionis
concipere possis ex parietibus quam multorum pulverulentis atque librorum inanibus
bibliothecis. Quicquid enim antiquitatis et eruditionis Germania in libris habere
potest monasterium Spanhemense Trithemio abbate procurante possidet. Mansi
apud abbatem nostrum dies undecim …"

28. Herzog August Bibliothek, Wolfenbüttel MS 34 Aug. fol.

29. 앞의 책, blank 1: "liber sancti heriberti Tuicii"; [added in red] "nunc mutatus ad
spanheym pro alio"; fol. 120 verso: "liber sancti Heriberti in Tuicio [erased]";

Ave maria templum

Liber sancti heriberti in tuicio

Nunc sancti Martini in

Spanheym.

30. Herzog August Bibliothek, Wolfenbüttel, MS Weissenburg 87.

31. 특히 Paul Joachimsen, *Gesammelte Aufsätze: Beiträge zu Renaissance, Humanismus
und Reformation, zur Historiographie und zum deutschen Staatsgedanken*, ed. Notker
Hammerstein, 2nd ed. (Aalen: Scientia, 1983); Lewis Spitz, *Conrad Celtis, the
German Arch-Humanist* (Cambridge, Mass.: Harvard University Press, 1957); Spitz,
The Religious Renaissance of the German Humanists (Cambridge, Mass.: Harvard
University Press, 1963); Gerald Strauss, *Sixteenth-Century Germany: Its Topography
and Topographers* (Madison: University of Wisconsin Press, 1959); *The Renaissance
and Reformation in Germany: An Introduction*, ed. Gerhart Hoffmeister (New York:
Ungar, 1977); *L'humanisme allemand, 1480-1540: XVIIIe colloque international de
Tours* (Munich: Fink; Pars: Vrin, 1979); Eckhard Bernstein, *German Humanism*
(Boston: Twayne, 1983); Dieter Wuttke, *Humanismus als Integrative Kraft*: Die
*Philosophia des deutschen "Erzhumanisten" Conrad Celtis: Eine ikonologische Studie
zu programmatischer Graphik Dürers und Burgkmairs* (Nuremberg: Carl, 1984);
Christine Johnson, *The German Discovery of the World: Renaissance Encounters with
the Strange and Marvelous* (Charlottesville: University of Virginia Press, 2008)을 참
조할 것.

32. Herzog August Bibliothek, Wolfenbüttel, MS Extrav 265.4 (Statius Thebais s. xii 2 [Italy]), folio 1 recto:

Qui cupit hunc librum sibimet contendere primum

hie flegetontheas satiatur sulphure flammas ...

Stacium hunc dono Domino Ioanni De Trittenheym Abbati Spanheymensi bibliothecae non privatae applicandum

Iacobus V. Sletstat

Manu propria

Anno Christi mccccxciii

Rursus per fratrem venerabilem Jo. Tritemio mei iuris factus

Ja. Schenck.

33. William Sherman, *Used Books: Marking Readers in Renaissance England* (Philadelphia: University of Pennsylvania Press, 2008)가 정리한 내용을 참조하기 바란다.

34. Johannes Trithemius, *Liber de scriptoribus ecclesiasticis* (Basel: Amerbach, 1494).

35. Trithemius, *Liber de scriptoribus ecclesiasticis*, 139 verso: "Theodoricus Ulsenius homo phrysius singularis eruditionis et peritiae in carmine et oratione: inter quae extant eius: Elegiae cultae: Et alia epigrammata: Et alia plura quae ad posteritatem ventura sunt."

36. 앞의 책, "comportavit et scripsit inter alia ingenii sui opuscula: ex Iacobo Pergomensi et aliis historiographis addens nonnulla maxime de rebus Germanorum opus grande et insigne quod continet: Historias temporum: De caeteris nihil vidi."

37. 앞의 책, 24 recto.

38. 앞의 책, 1 verso–2 recto: "Placuit autem mihi novo scribendi modo procedere: ut lector ipse noticiam librorum ex principiis facilius possit invenire."

39. L. D. Reynolds and N. G. Wilson, *Scribes and Scholars: A Guide to the Transmission of Greek and Latin Literature*, 3rd ed. (Oxford: Clarendon Press, 1991), 117, 269.

40. Trithemius, *Liber de scriptoribus ecclesiasticis*, 42 recto: "Fertur quaedam praeclara scripsisse opuscula. De quibus ego tantum legi volumen grande et insigne: continens ab exordio mundi usque ad nativitatem domini nostri Iesu Christi: Rerum gestarum historiam. li. vii."

41. Trithemius, *Catalogus illustrium virorum Germaniae* (Mainz: Peter von Friedberg, 1495), "Ex quibus legi centum triginta quinque. In quibus omnibus doctrina catholica relucet: que vel fidem confirmet: vel instruet disciplinam. Vidimus in eodem volumine epistolarum multas litteras Conradi tercii et Frederici primi imperatorum multorumque episcoporum ..."

42. British Library, MS Add. 15, 102, 1 verso: "Vidi librum grande ut dixi volu-men in predicto monasterio sancti ruperti de quo hec omnes que sequuntur epistole licet cum festinacione scripte sunt Anno domini millesimo cccc octogesimo septimo per quendam monachum sancti benedicti de cenobio spanheim iubente me eiusdem monasterii abate licet indigno."

43. Trithemius, *Liber de scriptoribus ecclesiasticis*, 19 recto.

44. Herzog August Bibliothek, Wolfenbüttel, MS 78 Aug. fol., 196 verso, col. 2: "Notandum de suprascripto libro, qui beato sixto pape ascribitur, quod non ipsius sed alterius cuiusdam sixti philosophi est de quo in vita philosophorum capitulo cx sic legitur: Sixtus pitagoricus philosophus qui claruit temporibus octaviani imperatoris scripsit librum sentenciarum moralium notabilium quern enchiridion appellavit. Quern librum rufinus presbiter claro sermone ad agamani cuiusdam preces de Greco in latinum transtulit..."

45. British Library, MS Add. 15, 102, 1 verso: "In omnibus autem opusculis suis beata hildegardis mistice valde et obscure procedit: unde nisi a religiosis et devotis vix eius scripta intelliguntur. Nec mirum. Omnia enim que scripsit per revelacionem didicit et sensum et verba que mistica sunt et preciosa nec ante porcos i. carnales homines ponenda ne quod non intelligunt irridere incipiant et spernere."

46. Trithemius, *De scriptoribus ecclesiasticis*, 61 verso: "In omnibus opusculis suis catholica doctrina relucet: quae vel fidem confirmet: vel instruat mores: nec quicquam dixit aut scripsit unquam quod in dubium possit vocari. Et cum latini sermonis esset ignara: tamen revelante spiritu dei omnia latine et congrue dictavit: notariis excipientibus."

47. Herzog August Bibliothek, Wolfenbüttel, MS 34 Aug. fol, blank 2: "hunc librum composuit ffeculfus episcopus lexoviensis monachus fuldensis cenobii. Claruit Anno domini octingentesimo quadragesimo. Vide in secundo libro illustrium virorum ordinis sancti Benedicti domini lohannis Abbatis spanhemensis qualis fuerit iste freculphus episcopus."

48. Klaus Arnold, *"De viris illustribus*. Aus den Anfängen der humanistischen Literaturgeschichtsschreibung: Johannes Trithemius und andere Schriftstellerkataloge des 15. Jahrhunderts," Humanistica Lovaniensia 42 (1993), 52-70.

49. Trithemius, *De scriptoribus ecclesiasticis*, [141] recto: "Mirari te dicis (Alberte amantissime) quod professores saecularium litterarum: qui nihil ecclesiasticum scripserunt: inter viros illustres ecclesiasticosque scriptores posuerim."

50. 앞의 책, "Non miror quod miraris: mirantur et caeteri."

51. 앞의 책, "Neque enim satis eruditum in divinis scripturis quemquam dici posse

arbitror: ubi saecularis litteraturae disciplinam ignorarit."

52. 앞의 책, "Theologus orator animos audientium suorum in potestate sua habere dicitur."

53. 앞의 책, "O utinam omnes theologi nostri temporis oratoriam colerent..."

54. 앞의 책, [141] verso: "Scientia non habet inimicum nisi ignorantem."

55. Johannes Trithemius, *Chronicon Insigne Monasterij Hirsaugiensis, Ordinis S. Benedicti* (Basel: Oporinus, 1559); Trithemius, *TomusI [-II] Annalium Hirsaugien-sium*, 2 vols. (St. Gallen: Schlegel, 1690).

56. Trithemius, *Tomus I Annalium Hirsaugiensium*, [A4] recto: "Auctorum vero de quibus auxilium habui, ista sunt nomina ... Multa denique ex aliis diversis Chronicis et historiis Francorum, Bavarorum, Suevorum, Moguntinen-sium, Neometensium, Vangionum, comitumque Palatinorum Rheni dudum per Wernherum Monachum Lorissensis Coenobii comportatis, huic operi nostro inserui, quorum mihi narratio ad seriem historiae non inutilis videbatur. Ex Annalibus quoque, privilegiis, et litteris ipsius Monasterii Hirsaugiensis non mediocriter adjutus sum, quorum continentia Successione Abbatum deducantur. Plura etiam ex Legendis Sanctorum, Epistolis quoque et opusculis Patrum convenientia proposito meo non absque labore magno sum assecutus."

57. 앞의 책, "Auctorum vero de quibus auxilium habui, ista sunt nomina: Megenffidus Monachus Fuldensis, qui multa scribit de prima Fundatione Hirsaugiensis Monasterii et Successionis Abbatum apud Ecclesiam S. Aurelii..."

58. Trithemius, *Chronicon Insigne Monasterij Hirsaugiensis*.

59. Trithemius, *Tomus I Annalium Hirsaugiensium*, 67: "Obiit autem, ut Menffidus est testis, anno aetatis suae sexagesimo tertio, regiminis vero Abbatialis septimo, mense quoque septimo, die quarto, altera die natalis sanctissimi Patris nostri Benedicti, hoc est, XI. Calendas Aprilis."

60. Konrad Peutinger, *Briefwechsel*, ed. Erich König (Munich: Beck, 1923), 88.

61. Johannes Trithemius, *Compendium sive breviarium primi voluminis annalium sive historiarum de origine regum et gentis Francorum* (Paris, 1539) sig. [; vi verso:] "Scio multos de origine Francorum et varie et diversa scripsisse, quorum nonnulli gentem contendunt indigenam, caeteri vero nescio de qua Sicambrorum urbe adventitiam. Quorum diversas opiniones neminem posse vere discernere vel concordare credimus, quern Hunibaldi compilatio non illustrat. Is enim solidus Francorum historiographus claruit in humanis Chlodovei Regis, quern sanctus Remigius praesul Romanorum baptizavit, temporibus, anno dominicae nativitatis quingentesimo, et scripsit post

Doracum philosophum, Wasthaldum philosophum, et alios plures rerum gestarum antiquissimos scriptores insigne opus, quod in libros decern et octo distinxit."

62. 앞의 책, sig. iii recto: "Tempus autem in his tribus voluminibus complexus sum annorum mille nongentorum quinquaginginta quatuor, in quibus reges numerantur Francorum recto sibi ordine succedentes, ab ipso Marcomero iam dicto usque in vicesimum nonum annum Imperatoris Romanorum Caesaris Maximiliani Augusti, centum tres. Multi fuere collaterales … Per totum vero volumen primum successiones regum Francorum et gesta continuam, usque ad regem Pippinum …" For the origins of Bavaria, see Trithemius, DE ORIGINE GENTIS ET PRINCIPVM sive Regum Bavarorum commentarius Ioannis Tritemii Abbatis Spanheymensis, Vat. lat. 7011, 214 recto-224 verso (holograph), at 214 recto: "… ex priscis habitatoribus admodum rudibus, et qui bestiarum more glandibus vescerentur."

63. Trithemius, *Compendium*, 12-13:

Anno regni sui vicesimo sexto, Basanus rex post multa praelia fortiter gesta, cum diversis per circuitum nationibus, volens se deorum exhibere pontificem, eorum sacra superstitione multa renovavit: Sacerdotes in cultu numinum peritissimos instituit plures, in cursu siderum curiosos, in vaticiniis, in praenotionibus, in exponendis somniis, in Ethicis, et in Physicis doctrinis, more veterum, eruditos, in carminibus quoque et historiis antiquorum regum heroumque, gentis suae duntaxat, componendis canendisque in utraque lingua exercitatissimos: inter quos praecelluit ingenio et usu scribendi caeteros Heligastus Theo-cali pontificis quondam filius, qui filiis ducum et nobilium instituendis praeerat, et heroum gesta carmine descripsit.

De hoc viro plura scribit miranda Hunibaldus, Francorum historiographus, quae nisi daemoniis alicuius patrata concedantur artificio, conficta potius a scriptore aliquo sunt existimanda, quam per hominem idolis deditum factitata. Multa Sicambris praedixit futura: Iovem sacerdotibus exhibuit visibilem: secreta hominum consilia deduxit in publicum: et hostium arcana in causis et negociis arduis Basano regi denudavit. Nihil eum videbatur latere omnium, quae hostes etiam secretissimo tractavissent consilio in Sicambros. Quae res amicis, securitatem: inimicis vero, desperationem incussit.

Consilio enim Heligasti rex Basan pendebat totus cum universis principibus regni: et quod ille iussit, omnes faciebant…

앞의 책, 37: "Claruit his temporibus apud Hildericum regem, proceres quoque, et universam multitudinem Francorum gentis, magno in precio Hildegast, philosophus, consiliarius, vates, et parens regum, senior, omnium doctissimus, qui sua tempestate miranda dixit, fecit, et scripsit."

64. 앞의 책, 18: "Mos hie erat maioribus nostris Francis atque Germanis, ut heroum facta vel dicta memoratu digna, per sacerdotes templorum, patriis commendarentur carminibus, in quibus discendis, memorandis, et decantandis, iuvenum excitarentur ingenia. Quae consuetudo multis duravit annis, donee postremo defecit."

65. 앞의 책, 37: "Tantaeque apud suos aestimationis et auctoritatis fuit, ut eius imperio cuncti semper obedirent."

66. Joseph Chmel, *Die Handschriften der k.k. Hofbibliothek in Wien, im Interesse der Geschichte, besonders der osterreichischen, verzeichnet und excerpirt*, 2 vols. (Vienna: Carl Gerold, 1840-1841), I , 312-320.

67. 앞의 책, 319.

Serenissime Rex regum Cesarumque inuictissime Cesar: et Imperatorum mundi post deum unice atque gloriossime Imperator: qui has super eminen-tissime maiestati tue exhibebit literulas meas, Imperialis curie, ut asseruit, tue ministerialis, post discessum a me Heraldi celsitudinis metuendissime Maiestatis tue ad me venit, per quern glorie serenitatis tue, quam se aditurum dicebat, humili sugestione duxi notificandum, quod successor meus in Spanheim nunc abbas plura volumina vendidit abbati Hirsaugiensi suevo iuxta termas quae nuncupantur cellerbad, unde si Hunibald Francorum Historiographus in Spanheim non fuerit repertus, apud Hirsaugiam subtilis et cauta fiat inquisicio. Ego mores novi philobiblorum et maxime claustralium, qui nisi cautissime indicti, ne dicam circumventi, potentibus non facile libros suos communicant. Si conventus principum Vuormacie, ut phamatur, habuerit nervos et vires, cooperabor forsitan quam potuero diligenter quo Hunibald inveniatur captivus, quern ego prima die mensis aprilis anno Cristianorum Millesimo D. quinto in Spanheim egrediens cum aliis voluminibus non minus xxc in abbatia dimisi. Harum literarum potitor me rogat quo scriptis meis supremo tibi domino mundi fiat commendatus: Ecce facio, et culex murem elephanti, ceu Codrus Jovi Minervam commendo, qui te vicarium suum in terris esse voluit mundi creator deus: ipse te Maximiliane Cesar numine divitem sacro, et hie diu conservet incolumem, et faciat post fata in eternum felicem. Cui si liceret se muscam commendare divis, tritemius optaret placere. Ex meo Tugurio peapolitano xxvi die mensis aprilis anno Cristianorum Millesimo Quingentesimo Tercioque decimo. Manu mea raptiss.

E.S.Ju.Q. Majestatis cesaree

Obsequentissimus non minus quam devotissimus capellanus et orator Ioannes tritemius abbas divi Iacobi Wirtzburgensis Quondam vero Spanheimensis.

68. 앞의 책, 320: "Serenissime Invictissime et gloriosissime omnium terrae prin-

cipum. Rex Cesar et Imperator potentissime, quemadmodum tua michi celsitudo precepitSpanhem personaliter accessi. Hunibaldum inquisivi, sed non inveni. Suspicio mihi est, quod cum aliis plerisque pecunia sit distractus. Monasterium quod propterea venit adeundum adii. Inquisitionem subtiliter temptavi, sed bibliothecam videre non potui, quam corruisse dicebant."

69. Peutinger, *Briefwechsel*, 295 and n2.

70. 앞의 책, 313.

Suspicor ea que Abbas de Hunibaldo suo refert omnia ese ficta. coniecture que me ad hoc impellunt sunt iste. Iste scribit quod omnia que hie de nominibus regum et ducum ponit se ante sedecim annos ex Hunibaldo dum adhuc in Spanheim fuisset excerpsisse. asserit hie et eciam in Chronico suo quod impressum circumfertur Francos sive Sicambros ante Christi nativitatem annis 439. egressos cum universo populo de Sarmacia. venisse in Germaniam sedisseque in finibus Saxonie ad hostia Rheni, ubi nunc sunt Holandi, Frisii, Gelrenses et pars Westfalie inferioris. In aliis duabus scripturis suis, quas mox hinc subiiciam, dicit eos post Christi nativitatem anno 380. ex Sarmacia in Germaniam ad ripas Mogani penetrasse que est mirabilis differentia plusquam octingentorum annorum.

In Monasterio S. Jacobi prope Wirczburg in Abbatia sua in pariete solarii versus orientem circa picturas principum Francorum sic scripsit:

Anno Christianorum 380. Indictione octava Gens Francorum ex Sarmatia post necem Priami regis sui a Romanis in bello iuxta Sicambriam perempti, venit in Germaniam tempore Valentiniani Caesaris et a Turingis hospitibus sedes iuxta Mogani ripas acceperunt, Marcomede Priami filio et Sunnone Antemoris ex stirpe Troianorum procreatis ducibus, exercitum ducentorum sexaginta quinque milium pugnatorum in virtute magna precedentibus, quos Turingi in odium Romanorum libenter susceperunt, locum eius manendi assignantes inter Salam et Maganum fluvios. Franci ergo Turingorum amicicia ffeti, Thuringios accepte possessionis tempore dilatarunt magnifice.

Item scripturam subsequentem sicut ipse propria manu a tergo notavit, misit Cesaree Maiestati per Jo. de Colonia Heraldum Geldrie anno 1513 et ego habeo apud me exemplar istius Cesari missum de manu sua scriptum. ecce quam diversissima narrat in ista scriptura contra libros suos proprios et tamen eciam Hunibaldum allegat eque sicut in superioribus.

71. Joachimsen, *Geschichtsauffassung und Geschichtschreibung in Deutschland, and George Huppert*, "The Trojan Franks and Their Critics," *Studies in the Renaissance* 12 (1965), 227-241을 참조할 것.

72. Andrew Jotischky, *The Carmelites and Antiquity: Mendicants and Their Pasts in the Middle Ages* (Oxford: Oxford University Press, 2002), 330.

73. 특히 Walter Stephens, Giants in Those Days (Lincoln: University of Nebraska Press, 1991); Ingrid Rowland, *The Culture of the High Renaissance: Ancients and Moderns in Sixteenth-Century Rome* (Cambridge: Cambridge University Press, 1998); Riccardo Fubini, *Storiografia dell'umanesimo in Italia da Leonardo Bruni ad Annio da Viterbo* (Rome: Storia e Letteratura, 2003); and Brian Curran, *The Egyptian Renaissance: The Afterlife of Ancient Egypt in Early Modern Italy* (Chicago: University of Chicago Press, 2007)을 참조할 것.

74. Beatus Rhenanus, *Rerum germanicarum libri tres* (Basel: Froben, 1551), 39. 인용된 금언은 "Mulgere hircum," Erasmus, Adagia 1.3.51 (from Lucian)이었다. Karl Joachim Weintraub, "Review of *Defenders of the Text*," *Classical Philology* 88 (1993), 269-273 특히 271을 참조할 것.

75. Chmel, *Die Handschriften der k.k. Hofbibliothek in Wien*, I , 317. 트리테미우스는 자신의 지시에 Hofyrer가 옮겨쓴 보니파시오의 필사본도 교환하자고 제안했다.

76. 난니의 책에서 이런 면에 대해서는 고전적인 논문들, Werner Goez, "Die Anfänge der historischen Methoden-Reflexion in der italienischen Renaissance und ihre Aufnahme in der Geschichtsschreibung des deutschen Humanismus," *Archiv für Kulturgeschichte* 56 (1974), 25-48: "Die Anfänge der historischen Methoden-Reflexion im italienischen Humanismus," in *Geschichte in der Gegenwart: Festschrift fur K. Kluxen*, ed. E. Heinen and H. J. Schoeps (Paderborn: Schoningh, 1972), 3-21 을 참조할 것. 비교적 최근에 발표된 논문으로는 C. R. Ligota, "Annius of Viterbo and Historical Method," *Journal of the Warburg and Courtauld Institutes* 50 (1987), 44-56, and Anthony Grafton, *Defenders of the Text* (Cambridge, Mass.: Harvard University Press, 1991), chap. 3이 있다.

77. Trithemius, *Compendium*, 4: "Quantas vero difficultates in itinere habuerint, quae bella cum obsistentibus sibi populis gesserint, quantaque pericula vel inciderint, vel evaserint, si quis ad plenum scire desiderat, memoratum scriptorem legat in libro historiarum gentis Francorum. Cuius initia sicuti sunt miranda, sic mihi videntur (salva pace iudicantium melius) in pluribus esse fabulosa." 여기에서 전개된 '비판적 거부라는 진부한 표현'에 대해서는 Borchardt, *German Antiquity in Renaissance Myth* 를 참조할 것.

78. 앞의 책. "De hoc viro plura scribit miranda Hunibaldus, Francorum historiographus, quae nisi daemonis alicuius patrata concedantur artificio, conficta potius a scriptore aliquo sunt existimanda, quam per hominem idolis deditum factitata."

79. 앞의 책, 111-114, 특히 111: "Et quia nunc assertionem hanc nostram magis

cognovimus esse veram, ex confictis et ineptissimis Uteris quas in praedicto Monasterio Erphurdiano vidimus nullo munitas sigillo cuiuscunque et legimus sub nomine Dagoberti et rescripsimus, ne quis falsitatis nos argueret, operaeprecium fore duximus, si earundem litterarum exemplar cum aliis rationibus nostrae assertioni coniungamus."

80. Nikolaus Staubach, "Auf der Suche nach der verlorenen Zeit: Die historiographischen Fiktionen des Johannes Trithemius im Licht seines wissenschaftlichen Selbstverstandnisses," in *Fälschungen im Mittelalter*, 5 vols. (Hannover: Hahn, 1988), I, 263–316.

81. Trithemius가 파우스트에 대해 Johannes Virdung에게 보낸 편지, Biblioteca Apostolica Vaticana MS Pal. lat. 730, 174 verso: "Referebant mihi quidam in oppido sacerdotes quod in multorum presencia dixit tantam se omnis sapiencie consecutum scien-ciam atque memoriam ut si volumina platonis et aristotelis omnia cum tota eorum philosophia in toto periissent ab hominum memoria: ipse suo ingenio velut ezras alter hebreus restituere universa cum prestanciore valeret elegancia."

82. Johannes Trithemius, *Liber octo quaestionum, quas illi dissolvendas proposuit Maximilianus Caesar* (Cologne: Impensis Melchioris Novesiani, 1534), D2 verso–D3 recto: "Cum prosequerer adolescens studia literarum, in uno lecto quatuor eramus nocte quadam dormientes, surrexit a latere meo coaevus et dormiens, ut solebant in somnis, domum oculis clausis et luna introlucente quinta decima quasi vigil circumambulabat, ascendit muros, et aelurum agilitate sua vincebat, lectum quoque secundo et tertio sopitus transcendit, calcavit nos pedibus omnes, nec magis sensimus pondus, quam si mus nos contigisset exiguus. Quocunque dormiens corpus movebatur, subito ianuarum omnes ultra aperiebantur clausurae. Altiora domus aedificia velocissime penetravit et more passeris haerebat in tectis. Visa loquor non vaga relatione audita." John Dee, marginal note in his copy, Cambridge University Library, h 15 9: "Mirandum."

83. 앞의 책, C4 verso–C5 recto: "Secundo facit miracula homo similitudine angelicae puritatis. Quanto enim mens nostra in fide Iesu Christi confirmata per dilectionem purior evaserit, tanto Sanctis angelis effecta similior, eorum familiaritatem maiorem assequetur. Quisquis autem sanctorum angelorum omnimodam familiaritatem assecutus fuerit, cum voluerit in miraculis deo largiente coruscabit. Revelant enim sancti angeli hominibus puris et in dei amore ferventibus arcana caeteris abscondita: et multa faciunt eis mandato creatoris manifesta. Nam prope est dominus invocantibus eum in veritate." Dee의 간구는 "Hoc nobis Det Deus aliquando."

84. Trithemius, *Compendium*, [; vi] verso: "Scio multos de origine Francorum et varie

et diversa scripsisse, quorum nonnulli gentem contendunt indigenam, caeteri vero nescio de qua Sicambrorum urbe adventitiam. Quorum diversas opiniones neminem posse vel discernere vel concordare credimus, quem Hunibaldi compilatio non illustrat."

85. British Library MS Add.15, 102 (Hildegard of Bingen), 1 verso: "Hec eadem virgo beata ab infancia sua divinis semper revelacionibus visitata multa scripsit non sensu humano sed quemadmodum in vera visione ilia didicit videlicet li. scivias. li. vite meritorum. li. divinorum operum. li. exposicionis quorundam evangeliorum. li. simplicis medicine. li. composite medicine, ac cantica plurima cum li[n] gua ignota. et li. epistolarum cui istam premitto prefacionem vel pocius si placet commendacionem. Hec omnia scripta habentur in maximo quodam volumine et valde precioso de quo opinio vulgi est quod manu sancte hildegardis sit conscriptus. Vidi librum grande ut dixi volumen in predicto monasterio sancti ruperti de quo hec omnes que sequuntur epistole, licet cum festinacione scripte sunt, Anno domini millesimo cccc0. octogesimo septimo per quendam monachum sancti benedicti de cenobio spanheim iubente me eiusdem monasterii abbate licet indigno. In omnibus autem opusculis suis beata hildegardis mistice valde et obscure procedit: unde nisi a religiosis et devotis vix eius scripta intelliguntur. Nec mirum. Omnia enim que scripsit per revelacionem didicit et sensum et verba que mistica sunt et preciosa. nec ante porcos i . carnales homines ponenda ne quod non intelligunt irridere incipiant et spernere."

4장 자연과 인간의 관계에 일어난 혁명

1. Tommaso Campanella, *The City of the Sun: A Poetical Dialogue*, ed. and tr. Daniel Donnon (Berkeley: University of California Press, 1981), 34-35: "Nel di fuora tutte maniere di pesci di fiumi, lachi e mari, e le virtu loro, e'l modo di vivere, di generarsi e allevarsi, e a che servono, e le somiglianze c'hanno con le cose celesti e terrestri e dell'arte e della natura; si che me stupii, quando trovai pesce vescovo e catena e chiodo e Stella, appunto come son queste cose tra noi."

2. 앞의 책, 34-37: "Nel sesto, dentro vi sono tutte l'arte mecchaniche, e l'inventori loro, e li diversi modi, come s'usano in diverse regioni del mondo."

3. 앞의 책, 36-37: "e l i figliuoli, senza fastidio, giocando, si trovan saper tutte le scienze istoricamente prima che abbin dieci anni."

4. 앞의 책, 42-43: "Onde si ridono di noi che gli artefici appellamo ignobili, e diciamo

nobili quelli, che null'arte imparano e stanno oziosi e tengono in ozio e lascivia tanti servitori con roina della republica."

5. Gisela Bock, *Thomas Campanella* (Tübingen: Niemeyer, 1974); John Headley, *Tommaso Campanella and the Transformation of the World* (Princeton, N.J.: Princeton University Press, 1997); Germana Ernst, *Tommaso Campanella: Il libro e il corpo della natura* (Rome: Laterza, 2002), chap. III.

6. Francis Bacon, "New Atlantis," in Works, ed. J. Spedding, R. L. Ellis, and D. D. Heath, 14 vols. (London: Longman, 1857–1884; repr. Stuttgart: Frommann–Holzboog, 1963), III, 156–166.

7. Samuel Quiccheberg, *Inscriptiones vel tituli theatri amplissimi* (Munich: Berg, 1565); new ed. by Harriet Roth, *Der Anfang der Museumslehre in Deutschland: Das Traktat "Inscriptiones vel Tituli Theatri Amplissimi" von Samuel Quiccheberg* (Berlin: Akademie, 2000).

8. Rosalie Colie, "Cornelis Drebbel and Salomon de Caus: Two Jacobean Models for Salomon's House," *Huntington Library Quarterly* 18 (1954), 245–260; Colie, *"Some Thankfulnesse to Constantine": A Study of English Influence upon the Early Works of Constantijn Huygens* (The Hague: Nijhoff, 1956); William Sherman, *John Dee: The Politics of Reading and Writing in the English Renaissance* (Amherst: University of Massachusetts Press, 1995); Lorraine Daston and Katharine Park, *Wonders and the Order of Nature*, 1150–1750 (New York: Zone, 1998), chap. 5.

9. Horst Bredekamp, *Antikensehnsucht und Maschinenglauben: Die Geschichte der Kunstkammer und die Zukunft der Kunstgeschichte* (Berlin: Wagenbach, 1993), tr. by Alison Brown as *The Lure of Antiquity and the Cult of the Machine* (Princeton, N.J.: Wiener, 1995); Thomas Kaufmann, *The Mastery of Nature* (Princeton, N.J.: Princeton University Press, 1993); Daston and Park, *Wonders and the Order of Nature*, 1150–1750.

10. Jean Bodin, *Colloquium heptaplomeres de rerum sublimium arcanis abditis*, ed. Ludwig Noack (Schwerin: Bärensprung; Paris: Klincksieck; London: Nutt, 1857; repr. Hildesheim: Olms, 1970), 2. Ann Blair, *The Theater of Nature: Jean Bodin and Renaissance Science* (Princeton, N.J.: Princeton University Press, 1997)도 참조할 것.

11. Campanella, City of the Sun, 54–63: "e non accoppiano se non le femine grandi e belle alii grandi e virtuosi, e le grasse a'macri, e le macre alii grassi, per far temperie … e hanno belle statue di uomini illustri, dove le donne mirano … E dicono che questo abuso in noi viene dell'ozio delle donne, che le fa scolorite e fiacche e piccole: e però han bisogno di colori e alte pianelle, e di farsi belle per tenerezza, e così guastano la propria complessione e della prole." These proposals resembled those

traditionally recommended in treatises on the breeding of horses.

12. Bacon, *Works*, ed. Spedding and Ellis, III, 156–157.

13. 앞의 책, 159.

14. 르네상스 철학자들이 쉽게 동원해서 이 문제에 적용할 수 있었던 지적 자원에 대해서는 Anthony Close의 고전적인 연구, "Commonplace Theories of Art and Nature in Classical Antiquity and in the Renaissance," *Journal of the History of Ideas* 30 (1969), 467–486, and "Philosophical Theories of Art and Nature in Classical Antiquity," Journal of the History of Ideas 32 (1971), 163–184를 참조하기 바란다. 갈릴레오는 정작 자신은 인간이 자연을 뒤바꿀 수 없다고 주장했지만 당시와 그 이전의 공학자들은 인간이 그렇게 할 수 있다고 믿었다고 덧붙였다. 아리스토텔레스를 빙자해 Mechanica를 쓴 저자가 그랬듯이 실제로는 대부분의 공학자가 갈릴레오의 의견에 동의했다. Markus Popplow, *Neu, nützlich und erfindungsreich: Die Idealisierung von Technik in der frühen Neuzeit* (Münster: Waxmann, 1998), 143–176을 참조할 것.

15. Popplow, *Neu, nützlich und erfindungsreich*를 참조할 것. Alex Keller, "Renaissance Theaters of Machines," *Technology and Culture* 19 (1978), 495–508, and Kenneth Knoespel, "Gazing on Machinery: *Theatrum Mechanorum* and the Assimilation of Renaissance Machinery," in *Literature and Technology*, ed. Mark Greenberg and Lance Schacterle (Bethlehem, Pa.: Lehigh University Press, 1992), 99–124도 참조할 것.

16. Quiccheberg, *Inscriptiones vel tituli theatri amplissimi*, fol. B ij recto (ed. Roth, 54–57): "Animalia miraculosa & rariora: ut rarae aves, insecta, pisces, conchae ect.... Animalia fusa: ex metallo, gypso, luto, facticiaque materia: qua arte apparent omnia viva."

17. 앞의 책, fol. A iij verso (46–47): "Machinarum exempla minuta: ut ad aquas hauriendas, ligna in asseres dissecanda, grana comminuenda, palos impellendos, naves ciendas, fluctibus resistendum: ect. Pro quarum machinularum aut structurarum exemplis, alia maiora rite extrui & subinde meliora inveniri possint."

18. M. V. Adriani, ed., *Dioscorides, De materia medica libri sex* (Florence: Giunti, 1518), sig. AA iii recto.

19. 앞의 책, fol. 209 verso.

20. 앞의 책, sig. AA iii verso; Paula Findlen, "The Formation of a Scientific Community: Natural History in Sixteenth-Century Italy," in *Natural Particulars*, ed. Anthony Grafton and Nancy Siraisi (Cambridge, Mass.: MIT Press, 2000), 369–400도 참조할 것.

21. Bacon, Works, ed. Spedding and Ellis, IV, 66; cf. 25.

22. 앞의 책, 65-66.

23. 앞의 책, 65.

24. Guido Panciroli, *Rerum memorabilium pars prior... pars posterior*, ed. and tr. Heinrich Salmuth, 2 vols. (Frankfurt: Tampach, 1631), II, 125: "Hodie ad earn subtilitatem deducta est ars ista, ut Rhabarbarum, Nuces pineae, pistaceae, Cinnamonum et aliae species Saccharo condiantur, atque ita quasi recentes adserventur. Efformantur quoque ex Saccharo figurae et imagunculae pulcherrimae: necnon omnis generis fructus repraesentantur, ita ut naturales et feri videantur."

25. 앞의 책, II, 129, Joseph Quercetanus를 인용.

26. Elizabeth Gilmore Holt, ed., *A Documentary History of Art*, 3 vols. (Prince-ton, N.J.: Princeton University Press, 1981), I, 164.

27. 앞의 책, I, 161; E. H. Gombrich, *Norm and Form* (London: Phaidon, 1966)을 참조할 것.

28. H. W. Janson, "The Image Made by Chance in Renaissance Thought," in *De artibus opuscula XL: Essays in Honor of Erwin Panofsky*, ed. Millard Meiss (New York: New York University Press, 1961), 254-266.

29. Katharine Park, "Impressed Images: Reproducing Wonders," in Picturing Science, Producing Art, ed. C. A. Jones and P. Galison (New York: Routledge, 1998), 254-271.

30. Leon Battista Alberti, *On Painting and On Sculpture*, ed. Cecil Grayson (London: Phaidon, 1972), 120-121: "Artes eorum, qui ex corporibus a natura procreatis effigies et simulacra suum in opus promere aggrediuntur, ortas hinc fuisse arbitror. Nam ex trunco glaebave et huiusmodi mutis corporibus fortassis aliquando intuebantur lineamenta nonnulla, quibus paululum immutatis persimile quidpiam veris naturae vultibus redderetur. Coepere id igitur animo advertentes atque adnotantes adhibita diligentia tentare conarique possentne illic adiungere adimereve atque perfinire quod ad veram simulacri speciem comprehendendam absolvendamque deesse videretur. Ergo quantum res ipsa admonebat lineas superficiesque istic emendando expoliendoque institutum adsecuti sunt, non id quidem sine voluptate."

31. 앞의 책, 121-123: "Quemadmodum enim praestitit natura ex trunco, uti diximus, glebave, ut fieri aliquid posse a te suis operibus simile sentires, ita ab eadem ipsa natura existit promptum habileque aliquid, quo tu quidem modum mediaque habeas certa et rata, quibus ubi intenderis facile possis aptissime atque accommodatissime summum istius artificii decus attingere."

32. 앞의 책, 122-123: "Qualia autem statuariis a natura praestentur media commoda et pernecessaria ad opus bellissime perficiendum, exponendum est."

33. 앞의 책, 98-99: "Fugit enim imperitos ea pulchritudinis idea quam peritissimi vix discernunt. Zeuxis, praestantissimus et omnium doctissimus et peritissimus pictor, facturus tabulam quam in templo Lucinae apud Crotoniates publice dicaret, non suo confisus ingenio temere, ut fere omnes hac aetate pictores, ad pingendum accessit, sed quod putabat omnia quae ad venustatem quaereret, ea non modo proprio ingenio non posse, sed ne a natura quidem petita uno posse in corpore reperiri, idcirco ex omni eius urbis iuventute delegit virgines quinque forma praestantiores, ut quod in quaque esset formae muliebris laudatissimum, id in pictura referret."

34. 앞의 책, 98-101: "Prudenter is quidem, nam pictoribus nullo proposito exemplari quod imitentur, ubi ingenio tantum pulchritudinis laudes captare enituntur, facile evenit ut eo labore non quam debent aut quaerunt pulchritudinem assequantur, sed plane in malos, quos vel volentes vix possunt dimittere, pingendi usus dilabantur."

35. 앞의 책, 133-135: "Ergo non unius istius aut illius corporis tantum, sed quoad licuit, eximiam a natura pluribus corporibus, quasi ratis portionibus dono distributam, pulchritudinem adnotare et mandare litteris prosecuti sumus, illum imitati qui apud Crotoniates, facturus simulacrum Deae, pluribus a virginibus praestantioribus insignes elegantesque omnes formae pulchritudines delegit, suumque in opus transtulit."

36. Giorgio Vasari, *Lives of the Artists*, tr. J. C. Bondanella and P. Bondanella (Oxford: Oxford University Press, 1991), 277: Vasari, *Vite degli artefici, Parte terza, proemio, Opere* (Milan: Ubicini, 1840), 249: "Il disegno fu lo imitare il piu bello della natura in tutte le figure cosi scolpite come dipinte."

37. Vasari, *Lives of the Artists*, 282: Vasari, *Vite degli artefici, Parte terza, proemio, Opere*, 250-251.

38. Valla가 *Elegantiae*에서 미술 문법의 권위자 Donatus와 Priscian와 경쟁하는 동시에 능가하려한 의도적인 결정을 참조할 것. L. Cesarini Martinelli, "Note sulla polemica Poggio-Valla e sulla fortuna delle *Elegantiae*," *Interpres* 3 (1980), 29-79. 특히 71-74 를 참조할 것.

39. Julius Caesar Scaliger, *Exotericarum exercitationum liber quintus decimus* (Paris: Vascosan, 1557), fols. 395 verso-396 recto: "Falsa, inquis, delectant: quia admirabilia. Delectant igitur pueros et stolidos, non senes et sapientes. Certe verum est. Sed quaeso: cur Homerica phasmata (sic enim libet appellare) delectant sapientes?... Illud huiusce rei caput est. Mentem nostram esse natura sua infinitam. Quamobrem et quod ad potentiam attinet, aliena appetere: et quod spectat ad intellectionem, etiam e falsis ac monstrorum picturis capere voluptatem, propterea quod exuperant vulgares limites veritatis. Aspernatur enim certorum

finium praescriptionem... Ergo picturae quoque laudat sapiens perfectionem: tametsi fictam esse, haud ignorat. Mavultque pulchram imaginem, quam naturali similem designatae. Naturam enim in eo superat ars. Quia multis eventis a primo homine symmetria ilia depravata fuit. At nihil impedit plasten, quominus attollat, deprimat, addat, demat, torqueat, dirigat. Equidem ita censeo: nullum unquam corpus humanum tam affabre fuisse a Natura factum (duo scilicet excipio: unum primi hominis; alteram veri hominis, veri Dei) quam perfecte finguntur hodie doctis artificum manibus."

40. Erwin Panofsky, *Idea*, tr. J. J. S. Peake (Columbia: University of South Carolina Press, 1968), 222–223n20.

41. Carlo Ginzburg, *Jean Fouquet: Ritratto del buffone Gonella* (Modena: Panini, 1996).

42. Holt, *A Documentary History of Art*, I, 273–275.

43. Alberti, *On Painting and On Sculpture*, ed. Grayson, 32–33: "struttura si grande, erta sopra e' cieli, ampla da coprire tutti'e popoli toscani"; "Onde stimai fusse, quanto da molti questo così essere udiva, che già la natura, maestra delle cose, fatta antica e stracca, più non producea come né giuganti così né ingegni." 이 인용글의 완전한 논의에 대해서는 Christine Smith, *Architecture in the Culture of Early Humanism* (New York: Oxford University Press, 1992)를 참조할 것.

44. Smith, *Architecture in the Culture of Early Humanism*, 23.

45. Lorenzo Valla, *Gesta Ferdinandi regis Aragonum*, ed. Ottavio Besomi (Padua: Antenore, 1973), 195–196: "De quibus ego horologiis non loquor que et vetera sunt nec tantopere admiranda, et que ipsum per se experimentum docuit. Loquor de eo quod vere est horologium, in quo non tantum ratio horarum, sed etiam, ut sic dicam, sermo agnoscitur; utrunque enim logos significant, rationem et sermonem; quod quodammodo vitam habet, cum sponte sua cietur, et dies ac noctes pro homine opus facit. Nec solum horam oculis ostendit ac praescribit, sed etiam auribus procul et domi manentium nuntiat, campana, que superimposita est, numerum distinguente: quo nihil neque utilius neque iocundius."

46. 앞의 책, 194: "Et certe necesse est ut docti aliquando constituant quibus vocabulis appellande sint ee res que non ita multo superioribus temporibus sunt excogitate. Non enim exhausta sunt mortalitatis ingenia; quod haud dubie fatendum est, nisi invidemus laudes nostras proxime accedere ad solertiam antiquorum in multis, et si non omnibus, honestis atque utilibus."

47. 이 글의 기원과 전달에 대해서는 Alex Keller, "A Renaissance Humanist Looks at 'New' Inventions: The Article 'Horologium' in Giovanni Tortelli's *De Orthographia*," Technology and Culture 11 (1970), 345–365; Ottavio Besomi, "Dai 'Gesta

Ferdinandi Regis Aragonum' del Valla al 'De orthographia' del Tortelli," *Italia Medioevale e Umanistica* 9 (1966), 75–121; Brian Copenhaver, "The Historiography of Discovery in the Renaissance: The Sources and Composition of Polydore Vergil's *De Inventoribus Rerum* I–III," *Journal of the Warburg and Courtauld Institutes* 41 (1978), 192–214; Polydore Vergil, *On Discovery*, ed. and tr. Brian Copenhaver (Cambridge, Mass.: Harvard University Press, 2002)를 참조할 것.

48. Giannozzo Manetti, *De dignitate et excellentia hominis*, ed. Elizabeth Leonard (Padua: Antenore, 1975), 77: "Nostra namque, hoc est humana, sunt quoniam ab hominibus effecta cernuntur: omnes domus, omnia opida, omnes urbes, omnia denique orbis terrarum edificia, que nimirum tanta et talia sunt, ut potius angelorum quam hominum opera ob magnam quandam eorum excellentiam iure censeri debeant. Nostre sunt picture, nostre sculpture; nostre sunt artes, nostre scientie ..."

49. Marsilio Ficino, *Platonic Theology*, ed. James Hankins and William Bowen, tr. Michael Allen, 6 vols. (Cambridge, Mass.: Harvard University Press, 2001), I, 254–255: "Quid artificium? Mens artificis in materia separata. Quid naturae opus? Naturae mens in coniuncta materia. Tanto igitur huius operis ordo similior est ordini qui in arte est naturali quam ordo artificii hominis arti, quanto et materia propinquior est naturae quam homini, et naturae magis quam homo materiae dominatur."

50. 앞의 책, I, 200–201: "Vidimus Florentiae Germani opifkis tabernaculum, in quo diversorum animalium statuae ad pilam unam connexae atque libratae, pilae ipsius motu simul diversis motibus agebantur: aliae ad dextram currebant, aliae ad sinistram, sursum atque deorsum, aliae sedentes assurgebant, aliae stantes inclinabantur, hae illas coronabant, illae alias vulnerabant. Tubarum quoque et cornuum sonitus et avium cantus audiebantur, aliaque illic simul fiebant et similia succedebant quam plurima, uno tantum unius pilae momento. Sic deus per ipsum esse suum, quod idem re ipsa est ac intelligere ac velle quodve est simplicissimum quoddam omnium centrum, a quo, ut alias diximus, reliqua tamquam lineae deducantur, facillimo nutu vibrat quicquid inde dependet."

51. André Chastel, *Marsile Ficin et l'art* (Geneva: Droz, 1954), 105. Stéphane Toussaint 의 세밀한 분석, "Ficino, Archimedes and the Celestial Arts," in *Marsilio Ficino: His Theology, His Philosophy, His Legacy*, ed. Michael Allen and Valerie Rees, with Martin Davies (Leiden: Brill, 2002), 307–326을 참조할 것.

52. Joseph Rykwert, *On Adam's House in Paradise*, 2nd ed. (Cambridge, Mass.: MIT Press, 1981); Stephanie Moser, *Ancestral Images* (Ithaca, N.Y.: Cornell University Press, 1998).

53. Holt, *A Documentary History of Art*, I, 339.

54. T. D. Kendrick, *British Antiquity* (London: Methuen, 1950); Florike Egmond and Peter Mason, *The Mammoth and the Mouse* (Baltimore, Md.: Iohns Hopkins University Press, 1997); Moser, *Ancestral Images*.

55. Pamela Long, *Openness, Secrecy, Authorship* (Baltimore, Md.: Johns Hopkins University Press, 2001).

56. Pamela Long, "Power, Patronage and the Authorship of *Ars*: From Mechanical Know-How to Mechanical Knowledge in the Last Scribal Age," *Isis* 88 (1997), 1-41.

57. Paolo Rossi, *Philosophy, Technology and the Arts in the Early Modern Era*, ed. Benjamin Nelson, tr. S. Attanasio (New York: Harper, 1970); Alex Keller, "Mathematical Technologies and the Growth of the Idea of Technical Progress in the Sixteenth Century," in *Science, Medicine and Society in the Renaissance: Essays to Honor Walter Pagel*, ed. Allen Debus, 2 vols. (London: Science History, 1972), I, 11-27; Robert Goulding, "Method and Mathematics: Peter Ramus's Histories of the Sciences," *Journal of the History of Ideas* 67 (2006), 63-85; and, for a very different tradition, Nicholas Popper, "'Abraham, Planter of Mathematics': Histories of Mathematics and Astrology in Early Modern Europe," Journal of the History of Ideas 67 (2006), 87-106. Popplow는 16세기 작가들이 당시의 테클노로지를 기술 발전을 주장할 근거로 거의 보지 않았다며, 17세기에 테크놀로지를 다른 관점에서 보도록 영향을 미치는 데는 기계를 이용한 극장의 역할이 컸다고 주장한다.

58. Werner Gundersheimer, *Louis Le Roy* (Geneva: Droz, 1966).

59. Louis Le Roy, *De la vicissitude ou variété des choses en l'univers* (Paris: Fayard, 1988), 378: "n'ayant toute l'antiquité rien qu'elle puisse comparer à ces trois."

60. Jean Bodin, *Methodus ad facilem historiarum cognitionem*, in *Artis historicae penus*, ed. Hieronymus Wolf, 2 vols. (Basel: Perna, 1579), I, 309-310: "ac nemini dubium esse potest in earn rem penitus intuenti, quin inventa nostrorum cum maiorum inventis conferri pleraque debeant anteferri... omitto catapulta veterum et antiqua belli tormenta, quae si cum nostris conferantur, sane puerilia quaedam ludicra videri possint... una typographia cum omnibus omnium veterum inventis certare facile potest... habet natura scientiarum thesaurus innumerabiles, qui nullis aetatibus exhauriri possunt."

61. Henry Cornelius Agrippa, *Of the Vanitie and Uncertaintie of Artes and Sciences*, ed. Catherine Dunn (Northridge: California State University, 1974), 88; cf. Agrippa, *De occulta philosophia libri tres*, ed. V. Perrone Compagni (Leiden: Brill, 1992), II.1, 250-251: "Et Iulii Caesaris Romae iuxta Vaticanum erecta pyramis et in medio mari extructi arte montes et arces saxorumque moles, cuiusmodi ego in Britannia vidi

vix credibili arte congestas. Et legimus apud fidos historicos similibus artibus olim
abscissas rupes, completas valles et actos in planum montes, perfossa saxa, adaperta
mari promontoria, excavata terrae viscera, diducta flumina, iuncta maribus maria,
coercita aequora scrutataque maris profunda, exhaustos lacus, exsiccatas paludes,
factas novas insulas rursusque alias restitutas continenti. Quae omnia, etsi cum
natura ipsa pugnare videantur, tamen legimus facta et in hunc idem cernimus illo-
rum vestigia, cuiusmodi vulgus daemonum opera fuisse fabulatur, cum eorum artes
atque artifices a memoria perierint nec sint qui curent ea intelligere atque scrutari."

62. William Eamon, *Science and the Secrets of Nature* (Princeton, N.J.: Princeton
University Press, 1994)를 참조할 것.

63. Leon Battista Alberti, *L'architettura*, ed. Giovanni Orlandi, tr. Paolo Por-toghesi,
2 vols. (Milan: Il Polifilo, 1966), I, 9-11: "Quid demum, quod abscissis rupibus,
perfossis montibus, completis convallibus, coercitis lacu marique, expurgata palude,
coaedificatis navibus, directis fluminibus, expeditis hostiis, constitutis pontibus
portuque non solum temporariis hominum commodis providit, verum et aditus ad
omnes orbis provincias patefecit?"

64. Otto Mayr의 뛰어난 논문, "Automatenlegenden in der Spätrenaissance," *Technikgeschi-
chte* 41 (1974), 20-32를 참조할 것.

65. Gaspar Schott, *Magia universalis naturae et artis*, 2nd ed., 4 vols. (Bamberg:
Schönwetter, 1677), III, 211: "Haec [sc. Magia thaumaturga] enim Naturae non
juvat modo ac perficit, ut aliae [sc. Mathematicae disciplinae]; sed evidentissime
etiam vincit, dum per machinas, quas ingeniosissime excogitat, nullam non
debiliorem virtutem confirmat ac promovet, nullam non debiliorem sistit ac superat,
nullum non corporibus motum, progressionem, gyrationem inducit; audax nimirum
ac potentissima virium Naturae in corporibus non tam contemplatrix, quam arbitra."
Schott와 Athanasius Kircher의 마법력과 기계 장치에 대해서는 *La "Technica curiosa"
di Kaspar Schott*, ed. and tr. Maurizio Sonnino (Rome: Edizioni dell'Elefante, 2000)
을 참조할 것.

66. Campanella, *City of the Sun*, ed. and tr. Donno, 126-127: "Onde la costellazione che
da Lutero cadavero cavò vapori infetti, da Gesuini nostri che furo al suo tempo cavò
odorose esalazioni di virtù, e da Fernando Cortese che promulgo il cristianesimo in
Messico nel medesimo tempo."

67. Girolamo Cardano, *The Book of My Life*, tr. Jean Stoner (New York: Dutton,
1931; repr. New York: New York Review of Books, 2002), 189-190; *De propria
vita liber, Opera*, ed. Charles Spon, 10 vols. (Lyon: Huguetan and Ravaud, 1663;
repr. Stuttgart-Bad Cannstatt: Frommann-Holzboog, 1966), I, 35: "crevit opinio,

minuentur et contemnentur bonae artes, et certa pro incertis commutabuntur. Sed haec alibi, interim nos florente prato gaudebimus. Nam quid mirabilius Pyrotechnia et fulgure mortalium, quod pernitiosius multo est quam Caelestium."

68. Campanella, City of the Sun, ed. and tr. Donno, 122-123: "E dicono che a'Cristiani questo apporterà grand'utile; ma prima si svelle e monda, poi s'edifica e pinata."

69. 앞의 책., 122-125.

5장 지식 프로젝트 팀의 탄생과 학문의 진보

1. J. Bodin, *Methodus adfacilem historiarum cognitionem* [1566], chap. vii, in Artis historicae penus, ed. J. Wolf, 2 vols. (Basel, 1579), I, 306 (보댕은 나침반과 화약과 인쇄기처럼 잘 알려진 예도 언급했다. 앞의 책, 309-310).

2. 예컨대 유용한 *Cambridge Companion to Bacon*, ed. M. Peltonen (Cambridge, 1996) 와 P. Findlen, "Francis Bacon and the Reform of Natural History in the Seventeenth Century," in *History and the Disciplines*, ed. D. R. Kelley (Rochester, N.Y., 1997), 239-260을 참조할 것.

3. 여기에서 인용한 내용은 *English Science, Bacon to Newton*, ed. B. Vickers (Cambridge, 1987), 36을 참조한 것이다.

4. 앞의 책.

5. 앞의 책, 37.

6. 앞의 책, 42-43.

7. J. S. Freedman, *European Academic Philosophy in the Late Sixteenth and Seventeenth Centuries: The Life, Significance and Philosophy of Clemens Timpler* (1563/4-1624), 2 vols. (Hildesheim, 1988)을 참조할 것.

8. 예컨대 R.-M. Sargent, "Bacon as an Advocate for Cooperative Scientific Research," in *Cambridge Companion to Bacon*, ed. Peltonen, 146-171과 Bronwen Price, ed., *Francis Bacon's New Atlantis: New Interdisciplinary Essays* (Manchester: Manchester University Press, 2002)에 담긴 탁월한 논문들을 참조하기 바란다.

9. *English Science, Bacon to Newton*, ed. Vickers, 43.

10. H. Bredekamp, *The Lure of Antiquity and the Cult of the Machine*, tr. A. Brown (Princeton, N.J., 1995); cf. T. DaC. Kaufmann, *The Mastery of Nature* (Princeton, N.J., 1993), chap. 7.

11. 베이컨과 미술품 진열실에 대해서는 Kaufmann, *The Mastery of Nature*, 184-194 을 참조할 것. 알드로반디 박물관에 대해서는 G. Olmi, *L'inventario del mondo:*

Catalogazione della natura e luoghi del sapere nella prima età moderna (Bologna, 1992)와 P. Findlen, *Possessing Nature: Museums, Collecting and Scientific Culture in Early Modern Italy* (Berkeley, Calif., 1994)를 참조할 것.

12. A. Grafton, *Joseph Scaliger*, 2 vols. (Oxford, 1983–1993), I, 120.

13. 교회사의 전통에 대해서는 A. D. Momigliano, "Pagan and Christian Historiography in the Fourth Century AD," in *The Conflict between Paganism and Christianity in the Fourth Century*, ed. A. D. Momigliano (Oxford, 1963; repr. 1970), 79–99, and R. Wilken, *The Myth of Christian Beginnings* (Notre Dame, Ind., 1971)을 참조할 것. 16세기와 17세기 초 교회사의 발전에 대한 일반론으로는 E. Cochrane, *Historians and Historiography in the Italian Renaissance* (Chicago, 1981), 445–478을 참조하고, 최근의 저작으로는 S. Ditchfield, *Liturgy, Sanctity, and History in Tridentine Italy* (Cambridge, 1995)와 S. Zen, *Baronio storico* (Naples, 1994)에서 많은 정보를 얻을 수 있다.

14. Flacius, "Consultatio de conscribenda accurata historia ecclesiae," in K. Schottenloher, *Pfalzgraf Ottheinrich und das Buch* (Münster, 1927), 149.

15. Vienna, Österreichische Nationalbibliothek, MS 9737b, fols. 14 verso–15 recto.

16. T. Haye, "Der Catalogus testium veritatis des Matthias Flacius Illyricus eine Einfuhrung in die Literatur des Mittelalters," *Archiv für Reformationsgeschichte* 83 (1992), 31–47.

17. 플라키우스의 초기 이력과 당시 상황에 대해서는 O. Olson, *Matthias Flacius and the Survival of Luther's Reform* (Wiesbaden, 2002)를 참조할 것. 그의 방법론에 대해서는 H. Scheible, *Die Entstehung der Magdeburger Zenturien* (Gütersloh, 1966)을 참조하고, 최근의 저작으로는 M. Hartmann, *Humanismus und Kirchenkritik: Matthias Flacius Illyricus als Erforscher des Mittelalters* (Stuttgart: Thorbecke, 2001)과 G. Lyon, "Baudouin, Flacius, and the Plan for the Magdeburg Centuries," *Journal of the History of Ideas* 64 (2003), 253–272이 읽을 만하다. 멜란히톤과 다른 인문주의자들이 개발하고 사용한 공통 분모에 대해서는 A. Moss, *Printed Commonplace-Books and the Structuring of Renaissance Thought* (Oxford, 1996)을 참조하기 바란다.

18. Vienna, Österreichische Nationalbibliothek, MS 9737b, fol. 3 recto.

19. *De ecclesiastica historia quae Magdeburgi contexitur narratio* (Wittenberg, 1558), EXEMPLVUM NARRATIONIS BONA FIDE EXPRESSVM DE ARCHETYPO, sig. A iij recto: "Ideam Ecclesiae Christi... ex vetustissimis et optimis autoribus, tum Historicis tum Patribus aliisque scriptoribus..."

20. 앞의 책, sig. A iij recto-verso: "Nam in Eusebii et in aliis plerisque Historiis personae fere tantum tractantur. De doctrina, quae anima et forma Ecclesiasticae Historiae esse debebat, fere nihil inest, de ceremoniis, de controversiarum diremptione, de

gubernatione Ecdesiarum et aliis eius generis permultis, aut mutae sunt prorsus, aut valde mutilae ..."

21. 앞의 책, sig. [A iiij verso]-b recto:

Facile insuper animadvertunt prudentes viri, non sufficere unum aut alterum ad res tantas comportandas et recte connectendas. Est autem ipse processus, ut sic dicamus, tractationis, in istas quatuor quasi operas distributus. Primum alimus certis stipendiis iam septem studiosos, doctrina et iudicio mediocri praeditos, qui autores sibi propositos evolvunt summa attentione et fide, ac iuxta Methodi metas solicite [B recto] et curiose singula excerpunt, et quasi Anatomian autorum faciunt, suoque loco quaelibet adscribunt, idque faciunt semper unum seculum post aliud in manus accipientes.

Deinde alimus duos Magistros, aetate, doctrina et rectitudine iudicii praestantes, quibus quod priores sedulae ac industriae apiculae ex variis locis ac floribus convexerunt, traditur, ut rerum congestarum diiudicationem faciant, delineent ac disponant, quae in scriptionem venire debent, ac denique pertractent et connectant narratione Historica.

Tertio constituti sunt ex gubernatorum numero quidam inspectores, qui collectoribus materias distribuunt, et ea quae sunt delineata, examinant, et rerum judicium atque partium collocationem adiuvant (Nihil enim scribitur, nisi prius hac ratione diiudicatum sit). Scripta deinde rursus sub limam vocant, ac denique etiam quaedam, pro necessitate ipsi contexunt ac scribunt.

Quarto alimus Amanuensem ut vocant, qui sic composita mundius describit.

Vltra hosce, sunt communes totius operis gubernatores et inspectores optimae fidei homines quinque, qui consiliis praesunt, et idoneas personas accersunt, non idoneas dimittunt, habent sumptuum rationem. Vnus autem ex istis, si quid contribuitur, custodit, et habet libellos acceptorum et expensorum. Singulis porro anni quadrantibus, praesente Consule, rationes subducuntur et annotantur, idque ita solicite, expresse et fideliter, ut non dubitemus cuilibet postulanti, singulorum nummorum rationem sufficientem reddere, idque non tantum bonis, sed ipsis adeo malevolis.

On sig. [B ij verso], there is a list of the "GUBERNATORES ET OPERARII Historici instituti."

22. 앞의 책, sig. F recto-verso: "Cogitate ipsi, si prima collectio laborat, quae est fundamentum historiae, et annalium et commentariorum instar, tota res labat. Quid enim deinceps iste bonus vir, quem non dubitamus sub opere sudare multum magnum sudorem, praesertim in hoc aestu, quid ille elaborabit atque aedificabit,

si meliora omissa et deteriora collecta fuerint a collectoribus? Nimirum in hunc redundabunt alieni iudicii errata, et in vos etiam postea inspectores. Scitis autem, quam tetra res sit communicare secum aliena peccata. Profecto nemo potest melius res describendas colligere, quam is, qui collectas elaborare novit. Nam de istis per locos communes seu capita certa ex integris scriptis notationibus, praesertim quae a mediocris iudicii hominibus hunt, ut de vestris profitemini, quid sentiendum sit, omnes intelligunt. Fieri etiam potest, ut multae praeclarae res in scriptis veterum Collectoribus vestris in locos suos non incidant."

23. 앞의 책.: "De hoc igitur dubitamus, an hoc recte fiat, quod septem studiosos, mediocri iudicio praeditos, corporis historici collectores constituitis, et non potius duobus Magistris iudicio praestantibus ilia curatio a vobis datur. Nam vicia primae coctionis non corriguntur in secunda, ut medicus vester vos docere poterit, et helleborum dare, et adesse quando pituita molesta est. Sed profecto est res magna, et perfecti iudicii, videre et excerpere ex magna copia, quod ex usu sit, et sentietis nobiscum, ubi consideraveritis..."

24. 이 부분에 대한 자료는 H. Scheible, ed., *Die Anfänge der reformatorischen Geschichtsschreibung* (Gütersloh, 1966)에서 확인할 수 있다. Lyon, "Baudouin, Flacius, and the Plan for the Magdeburg Centuries."도 참조할 것.

25. F. Bacon, *Advancement of Learning*, ed. Michael Kiernan (Oxford, 2000), 71.

26. 앞의 책, 62.

27. 앞의 책.

28. Bacon, *De augmentis scientiarum*, 2.4, in Works, ed. James Spedding, Robert Leslie Ellis, and Douglas Denon Heath, 15 vols. (Cambridge, 1863), I, 503.

29. L. Braun, *Histoire de l'histoire de la philosophie* (Paris, 1974); G. Santinello et al, *Models of the History of Philosophy: From Its Origins in the Renaissance to the "Historia philosophica,"* ed. C. W. T. Blackwell (Dordrecht, 1993; original ed. Brescia, 1981); W. Schmidt-Biggemann, *Topica universalis: Eine Modellgeschichte humanistischer und barocker Wissenschaft* (Hamburg, 1983); Sicco Lehmann-Brauns, Weisheit in der *Weltgeschichte: Philosophiegeschichte zwischen Barock und Aufklärung* (Tübingen: Niemeyer, 2004)를 참조할 것.

30. Bacon, *Advancement of Learning*, II, sec. 4.

31. Bacon, *De augmentis scientiarum*, 2.4, in Works, II , 317.

32. C. Mylaeus, *De scribenda universitatis rerum historia libri quinque*, bk. 5, in *Artis historicae penus*, ed. Wolf, II, 314-392. Donald Kelley, "Writing Cultural History in Early Modern France: Christophe Milieu and His Project," *Renaissance Quarterly* 52 (1999), 342-365를 참조할 것.

33. W. Sherman, *John Dee* (Amherst, Mass., 1995); O. Hannaway, "Laboratory Design and the Aim of Science: Andreas Libavius versus Tycho Brahe," Isis 77 (1986), 585-610; T. Nummedal, *Alchemy and Authority in the Holy Roman Empire* (Chicago, 2007)을 참조할 것.

34. D. Harkness, *The Jewel House: Elizabethan London and the Scientific Revolution* (New Haven, Conn., 2007).

35. K. Sharpe, *Sir Robert Cotton, 1586-1631* (Oxford, 1979)와 C. G. C. Tite, The *Manuscript Library of Sir Robert Cotton* (London, 1994)를 참조할 것.

36. 일반론으로는 I. Philip, *The Bodleian Library in the Seventeenth and Eighteenth Centuries* (Oxford, 1983)을 참조할 것. 베이컨과 전통주의자 보들리의 관계에 대해서는 같은 책, 2-3을 참조할 것.

37. *Letters of Sir Thomas Bodley to Thomas James*, ed. G. K. Wheeler (Oxford, 1926), xxxiii-xxxiv, 155-157, 163, 164, 198, 201, 202-203. Paul Nelles, "The Uses of Orthodoxy and Jacobean Erudition: Thomas James and the Bodleian Library," *History of Universities* 22 (2007), 21-70도 참조하기 바란다.

38. Philip, *The Bodleian Library in the Seventeenth and Eighteenth Centuries*, 15.

39. 프로젝트의 초기에 보들리가 제임스에게 자신의 의도를 알리는 편지를 특히 주목하기 바란다. (*Letters*, ed. Wheeler, 155-156): "I am yet aduised, to admitte no other but suche, as will accept my allowance for their paines, lest they should assume a greater libertie then others, and not conforme themselves so strictly to that course of proceeding, which we shall determine." 흥미롭게도 보들리는 대주교의 지원을 얻기 위해 대주교에 대한 자신의 생각을 밝히기도 했다. "rather at a meale, then otherwise [155]." 여기에서 근대 학계와 학문의 기본적인 특징을 예측해볼 수 있다.

40. F. Winkelmann, "Probleme der Zitate in den Werken der oströmischen Kirchenhistoriker," in *Das Korpus der Griechischen Christlichen Schriftsteller: Historic, Gegenwart, Zukunft*, ed. J. Irmscher and K. Treu (Berlin, 1977), 195-207.

6장 연대학, 지식 조직화의 원대한 꿈

1. 대부분의 독일 학자가 그랬듯이 Mästlin과 Kepler도 파리에서 처음 출간된 그 논문 (Paris: Patisson, 1583)이 1593년 프랑크푸르트에서 재출간되었다는 걸 알고 있었다.

2. Kepler 1861.

3. Kepler 1937-5.

4. Burke-Gaffhey 1944. Burke-Gaffney에 대해서는 http://www.smu.ca/academic/

science/ap/bgo.html을 참조할 것. 2007년 5월 3일 접속.

5. Field 1988; Stephenson 1987, 1994; Voelkel 1999, 2001.

6. Jardine 1984; Hallyn 1990; Jardine, Mosley, and Tybjerg 2003; Mosley 2007.

7. 전반적인 내용에 대해서는 Grafton 1983-1993, II를 참조할 것.

8. Isaak Habrecht가 Wilhelm Schickard에게, 1632년 2월 29일 슈트라스부르크에서; Schickard 2002, I, 661: "Et primo quidem de duobus celebratissimis authoribus Petavio et Landspergio. Quorum ille Gallus est, ordinis Jesuitici, et professor Aurelianensis, vir undique eruditissimus; scripsit is duo volumina, Calepinum magnitudine multum superantia; primum (quod 10 Impp. vaenit) est Doctrina Temporum, in quo ex observatis Ptolemaei, Hipparchi, Copernici, aliorum, exquisitissimas coelestium motuum tabulas supputavit, omnibus seculis ante et post natum Christum, praeteritis ac futuris accommodatas; easque hac dokimasia exhibet, quod omnes omnium chronologorum Eclipses ad unguem demonstrat et confert; supputando itidem complures futuras, cuius perinde aliquoties (ut et praeterito anno) in anniversariis prognosticis mentionem feci, ejusque calculum cum reliquis contuli, ut videre est; post in altera Operis parte Chronologiam extruit, a Condito mundo ad nostra usque tempora, in qua, ut reor, omnes omnium Chronicorum scrupulos ita explanat, ut nil desiderari posse ulterius, mihi persuadeam. Scaligerum acerbius tractat, reliquos moderatius, haereticos se non inspexisse fatetur, quamvis interim Buntingi frequentissima, Kepleri haud nulla fiat mentio. A Keplero in computo annorum Mundi 10 tantum annis differt, quam differentio-lam si in vivis esset, procul dubio, ei vel condonasset, vel alio modo expiasset. Sed o dira fata! Unicum exemplar hie prostat, quod fere per annum in aedibus meis detineo, nam ejus lectione nunquam satior, lassor saepius, nec nisi furtivas horulas illi concedo, quoniam extra rhombum et falx in aliena messe videtur."

9. Habrecht가 Schickard에게 1633년 1월 23일 슈트라스부르크에서; Schickard 2002, II, 5: "De Petavio nil respondes, propter operis prolixitatem opinor: annus vix sufficeret, homini nimirum aliis muniis destinato, evolvendo tali authori."

10. Kepler 1937-, I, 360-361:

At non tam necessitate meae materiae, quam peculiari quodam studio impellor ad repetendam LAVRENTII SVSLYGAE Poloni sententiam: Cupio enim hanc, ut veram meo iudicio, innotescere quam plurimis hominibus; et vero vereor, ne negligatur, quatuor potissimum de causis; prima, quod Authoris novi liber titulum praefert Chronologicum, cuius nominis artes a paucioribus excoluntur; altera, quod gravatur author praeiudicio Magnorum virorum; tertio, quod neglexit astronomiam,

et in disputatione de passionis anno hanc scientiam traditionibus plane postposuit;
quae res astronomos a thesi per se vera abalienare possit; denique quod ipsa solet
obstare novitas et solitudo Authoris, difficulter hominum animis evelluntur usu trita
multorumque consensu stabilita.

Quibus incommodis etsi nonnihil prospectum iam est a POSSEVINO, qui
Authorem publice commendat, facit id tamen, intacta hac quaestione, nulla
significatione in ullam partem inclinans.

Itaque non abs re putavi, sententiam SVSLYGAE transscriptam in hunc libellum
(quern ob materiae curiositatem in multorum manus venturum existimo), et
communiorem facere, et argumentis perspicuis etiam astronomicis adiuvare, adeoque
unius insuper anni subtractione in Herodis filiorumque funeribus, probatiorem et
veritati propiorem reddere, ut habeant lectores pulchrum aliq¬uid, quo frustratam
inutilium divinationum expectationem solentur.

11. Kepler 1861, 153–166.

12. Jardine 1984; Grafton 1991.

13. Kepler 1937–, 10, pt. 1, 105: "De harum Aerarum intervallis deque mensium
    appellationibus, ordine, quantitate scripsi commentarium peculiarem, in quo omnia,
    quae in his foliis continentur, historiarum monumentis rationibusque idoneis
    demonstro et contra caeterorum Chronologorum, ipsiusque adeo SCALIGERI,
    authoritates, sicubi diversi a me abeunt, munio: quern alia occasione, si vita
    superfuerit, lectoribus communicabo. Nam materia potissimum Chronologica metas
    huius operis Astronomici excessura visa est."

14. Kepler 1937–, 18, 331: "Priusquam edam commentarium de aeris in Tabb: Rud:
    totus mihi Petavius legendus erit: adeo frequenter eandem pulsamus chordam.
    Mireris, idem ab utroque responderi Scaligero, nisi perpenderis, unum solum esse
    quod responderi possit. Sed tamen nimium alicubi detrahit ille Scaligero." 케플러가
    굴딘에게 보낸 초기의 편지도 참조할 것. 18, 272–273: "Inter haec tamen incommoda
    hoc egi: ut quod Praesidiarii nostri in Rusticos, Ego in Scaligerum susciperem.
    Disputationem institui luculentam de Epochis, praeclarissimas ubique notas lectio
    Scaliger suppeditabat, et excerpta ex plurimis authoribus laboriosissima: rarissime
    tamen inveni Scaligerum iis bene utentem. Perpetuus pene Elenchus est Scaligeri
    disputatio ista; excrevitque in tantum, ut verear partem operis facere; plus enim
    paginarum occuparet, quam omnia reliqua praecepta. Sed commode titulum habere
    poterit accessionis vel appendicis. Nam si nullo vinculo Tabulis eum tractatum
    annecterem plane seorsim editum; imperfectum opus videri posset. Ad tabulas
    vero appendicem facere de Epochis et Aeris et Annorum formulis usualibus apud

Nationes varias, speciem habet necessitatis; quia nisi cognitis temporibus, computari
motus coelestes non possunt. Itaque facile veniam merebor, etsi non tota Scaligeri
opera interpolem. Nam eius invectivas in Clavium plane tango nuspiam, id non
studio devitans, sed quia materia est jejuna et sterilis et aliena a scopo Tabularum.
Vno enim verbo protestor, secundum festa mobilia nullas institui computationes
siderum, quippe cum suppetat nobis fixus annus. Itaque reductio Gregorianorum
temporum ad Juliana facili praecepto absolvitur. Secus est cum Anno Arabico et
Graeco Hipparchi, qui seipsos regunt, non reguntur a fixo Ju-liano, ut nostra festa
mobilia."

15. Kepler 1937-, 13, 279: "Sed finem facere necesse habeo. Es hatt schon 11.
geschlagen, propediem illucescet dies 12. huius. Vale optime."

16. Kepler 1937- 13, 277: "Dissertatio tua Chronologica mihi lectu est iucundissima.
Intelligo enim quam diligenter pleraque loca, notatu digna, legeris, et me quoque de
multis, quae non adeo animadverteram, admones. Porro quod ei non astipulor per
omnia, rationes audi.."

17. Kepler 1937-, 18, 273: "Hoc pugnax scribendi genus multum mihi taedii detersit ab
obsidionis incommodis et impedimentis operis ..."

18. Salianus 1641, I, 2: "Ante mundum igitur conditum ipse sibi regia erat et palatium,
nullo definitus, nedum circumscriptus loco, quippe nullus erat locus; ipse in
seipso saeculis innumerabilibus et annis aeternis, sua sapientia, pulchritudine,
bonitate fruebatur: intuebatur admirabiles perfectiones suas, cum inerrabili atque
inaestimabili gaudio, in quarum contemplatione producebat Filium, et cum eo
infinitum amorem personalem, Spiritum sanctum: cogitabat de condendo mundo
in tempore suo, cum omnibus creaturis, de constituenda civitate Electorum, quos
iam turn sigillatim intuens atque benedicens, summo amore complectebatur: qui
aeterna quondam beatitudine, sub capite ac principe incarnato Verbo, perfruentur,
de reparando mundo per peccatum perituro, et in meliorem statum revocando. Haec
aliaque id genus erant opera eius, prout nos ista rudes concipere, et de iis infantes
possumus balbutire: haec ipsius cogitationes antiquae, quas per annos aeternos in
mente habuit, re nulla, quae esset extra se, neque turn, neque deinceps ad summam
beatitudinem indigens: sicut nec factus est ullarum rerum creatarum accessione
beatior ..."

19. Kepler 1861, 129:

Delinivit me gaudio praecipuo Salianus, dum de mundi temporis auctore dicturus
S. Johannis Evangelium enarrat; ex eo nempe in hanc cogitationem veni, Johannem
Evangelistam, dum aeternitatem filii Dei ortumque eius divinum adstruit, etiam

commentarium nobis edere historiae Mosaicae de creatione, et cabbalam quandam
praegnantem mysteriis venerandis ex disciplina gentis Judaicae ad convincendam
illius pertinaciam proferre. Commentatorem agnoscas ex usurpatione primi verbi
Mosaici, quod et Johannes primum ponit in suo Evangelio: "in principio." Cabbala
vero elucet ex verbo *yhvh* etc.

20. Kepler 1861, 130: "Et ostendit sequela textus, Mosen scribere de ortu creaturarum
ex ante creata massa. Sane cum W. Gilbertus demonstrat, Terram esse informatam
forma magnetica per totum, haec utique forma ei non erat indita in primo ortu ex
nihilo. Recte itaque informis fuisse statuitur; et si Terra caruit mineralibus, caruit et
forma magnetica, id est sua propria; nihil igitur fuit nisi limus aqua mersus."

21. Mästlin 1641에는 thema mundi, 즉 우주의 탄생에 대한 언급이 있다. 로마의 설립일을
점성학적으로 확정하려는 로마인들의 노력에서 시작된 것으로 점성학에서는 흔한 현상
이었다.

22. 이런 상관성을 찾으려는 초기의 시도에 대해서는 Smoller 1994를 참조하고, 신성로마제
국 시대에도 계속된 그 현상에 대해서는 Barnes 1988; Brosseder 2004를 참조할 것.

23. 특히 Alsted 1628을 참조하기 바란다.

24. Kepler 1937-, 1,11-13:

Denique levi quadam occasione propius in rem ipsam inc id i ... Igitur die 9. vel
19. Iulii anni 1595. monstraturus Auditoribus meis coniunctionum magnarum
saltus per octena signa, et quomodo illae pedetentim ex uno trigono transeant
in alium, inscripsi multa triangula, vel quasi triangula, eidem circulo, sic ut finis
unius esset initium alterius. Igitur quibus punctis latera triangulorum se mutuo
secabant, iis minor circellus adumbrabatur. Nam circuli triangulo inscripti radius
est circumscripti radii dimidium. Proportio inter utrumque circulum videbatur ad
oculum pene similis illi, quae est inter Saturnum et Iovem: et triangulum prima erat
figurarum, sicut Saturnus et Iupiter primi Planetae. Tentavi statim quadrangulo [The
text at this point contains a figure, captioned: Schema magnarum Coniunctionum
Saturni et Iovis, earumque saltus per octena signa, atque transitus per omnes quatuor
Zodiaci triplicitates] distantiam secundam Martis et Iovis, quinquangulo tertiam,
sexangulo quartam. Cumque etiam oculi reclamarent in secunda distantia, quae est
inter Iovem et Martem, quadratum triangulo et quinquangulo adiunxi. Infinitum
est singula persequi. Et finis huius irriti conatus fuit idem, qui postremi et felicis
initium. Nempe cogitavi, hac via, siquidem ordinem inter figuras velim servare,
nun-quam me perventurum usque ad Solem, neque causam habiturum, cur potius
sex, quam viginti vel centum orbes mobiles. Et tamen placebant figurae, utpote
quantitates, et res coelis prior. Quantitas enim initio cum corpore creata; coeli altero

die.

25. 다른 기발한 방법에 대해서는 Budovec z Budova 1616을 참조할 것. 그는 시계 바늘이 자정을 향해 접근하는 문자판을 사용해 세계사의 흐름과 현 상태를 표현하고, 그 모습은 *Bulletin of the Atomic Scientists*의 표지로 유명하다.

26. Kepler 1937-, 1, 78: "Post epulas, post fastidium ex saturitate, veniamus ad bellaria. Problemata duo pono nobilia. Primum est de principio motus: alterum de fine. Certe non temere Deus instituit motus, sed ab uno quodam certo principio et illustri stellarum coniunctione, et in initio Zodiaci, quod creator per inclinationem Telluris domicilii nostri effinxit, quia omnia propter hominem. Annus igitur Christi 1595. si referatur in 5572. mundi (qui communiter et a probatissimis 5557. censetur) veniet creatio in illustrem coniunctionem in principio Arietis."

27. Jardine 1984; Grafton 1991을 참조할 것.

28. Kepler 1937- 11, pt. 2, 16.

29. Kepler 1937-, 11, pt. 2, 59: "Eclipsis Solis in 18° Cancri est in VII. domo Rudolphi, in I. Ferdinandi. Nota eclipsin anno 38. ante Christum. Contemtus atque spretus, ut tunc puer Augustus, magna audebit et efficiet et contemtum diminuet..."

30. Grafton 1991; Boner, 근간.

31. Mästlin 1641,)?(ro -)?(2 vo를 참조할 것. "Propositiones chronologicae, methodum investigandi tempus, annum et diem creationis mundi, et connectendi potissimas historiarum sacrarum Epochas, exhibentes. Propositio I. Annorum Christi, *secundum usitatam numerationem, copulatio cum Annis Nabonasari, sicut ea in astronomicis tabulis Prutenicis notatur, recte habet. Illi anni, ceu a Christo nato numerati, usurpantur tanquam commune Annorum tam in politico quam Ecclesiastico usitato computo, aeque ad antecedentia ac sequentia Epochen Christi tempora, numerandorum vehiculum: Hi vero, quibus potissimum Ptolemaeus Astronomus utitur, a Nabonasaro deducti, prae omnibus maxime conducunt ad praecipuarum Epocharum et propriorum Astronomicorum Characterum Temporum veram indagationem, et certam atque exquisitam distributionem. Distantia harum Epocharum est Annorum 747. Aegyptiorum, et 130 1/2 dierum*" (emphasis in original); *Quaestiones*, 5: "Hunc Almagesti librum Ptolemaei Bessario, natione Graecus (a quo Regiomontanus eum consequutus est et in Germaniam attulit) tanti fecisse fertur, ut tota provincia aestimare non dubitaret. At nos, innumeris ejus in astronomia usibus omissis (etenim si hoc Ptolemaei Almagesto carendum esset, omnis astronomia nostri seculi, non jam adulta esset, sed in cunis recumbens, adhuc vagiret) asserere non veremur, librum ilium, si nihil aliud praestitisset, ob hunc unicum characterem chronologicum, per quern transitus est ex historiis prophanis in historiam sacram, tota provincia fuisse

non immerito redimendum."

32. Herwart von Hohenburg 1612; Herwart von Hohenburg and Herwart von Hohenburg 1626을 참조할 것.

33. Kepler 1937-, 17, 54: "Nobilis Vir Joannes Georgius Herwart, V.I.D. Cancellarius et Consiliarius Bavaricus, Vir ut nobilis, ita humanissimus et doctissimus, suis superiori anno editis novae Chronologiae Capitibus (quorum capitum aliquam partem mihi ante publicationem communicavit) me profecto dubium reddidit. Er hatt mich recht irr gemacht"; 55: "Multa tamen sic simpliciter reiicere nequeo. Expecto igitur et quaero tempus, quo sub incudem ilia et mea revocem. Quod si ipse vicerit (rationes ego audire soleo, et eas quae meliores sunt prioribus, utut mihi plausibiles fuerint visae, sequor) certe ingens meae Chronologiae pars concidet. Interea inter sacrum et saxum haereo. Persuaseram mihi ipsi, mea omnia esse longe certissima. Et quidem comparatione cum aliis, cum quibus iisdem principiis utor, facta, ab ilia mea sententia nondum deficerem. Atqui hie Cancellarius communia nostra fundamenta demolitur. Also das Ichs beym a b c wider muss anfangen. Quare, clarissime Vir, Ego in hac sum sententia, ut omnium primo huius Viri scriptum examinetur. Quod si recte sentit (equidem in non paucis ipsum non male sentire puto) frustra nos Helisaeo opponimus, utpote, qui aeque ac ille a vero tramite aberraremus, ille in sinistram, nos in dextram, vel forsan uterque vel in dextram vel sinistram declinantes, neuter vero rectam viam teneret." Samuel Hafenreffer는 《시간의 개량에 대하여》를 1641년 재출간하며, 헤르바르트가 발표한 책 때문에 메스틀린이 발표하기를 주저하며 침묵에 빠지기 직전에 썼던 필사본을 바탕으로 다시 출간한 것이라 말했다. Hafenreffer는 그 저작을 "CHRONOLOGIAM Moestlini, a me adhuc juvene ex autographo descriptam, atque ab ipsomet postea Autore, quern hoc nomine rogaveram, accurate castigatam, jam triginta annos et quod excedit"이라 표현했다 (Mästlin 1641, [)?()?(2 vo]).

34. Kepler 1937-, 15, 206: "Scito enim ex quo primum lucem vidit opus illud, me vix turn in studiorum mathematicorum limine constitutum, commendationibus Michaelis Maestlini Praeceptoris mei instigatum in tantum desiderium totius operis cognoscendi exarsisse: ut plurimum temporis necessariis studiis ereptum, furtim isthic transtulerim. Fateor, etsi quidem vix ulla est pagina in quam transsultorio discursu non inciderim; nunquam tamen intra hoc decennium impetrare me potuisse, ut continuata et accurata lectione a capite ad calcem pervenirem, primaque cum ultimis compararem. Qua ego cogitatione si moverer, equidem tacuissem etiamnum. Ne autem ea moverer, effecit primum ipsa libri tui methodus; quae bonam partem librorum sequentium superstruit primo; itaque quantisper in primo

haereo (haereo autem tenaciter) ad sequentes impeditus mihi et somnolentus erit transitus. Deinde stimulum mihi addidit ad te scribendi posthabita ilia mea in absolvendo libro tuo negligentia, Magnificus D. J. Matthaeus Wackherus ..."

35. Kepler 1937-, 15, 207: "Ex omnibus authoritatibus, quas in utraque editione allegas hoc procul dubio apparet: Annum Atticum, quern primo libro condidisti, ab ea forma quam tu es opinatus, plurimum abfuisse. Qualem autem ipse opiner fuisse primum describam, deinde argumenta vel tuam formam refellentia vel meam confirmantia, conjecturasque una nonnullas (de quibus tu rectissime judicabis) imbecilliores pro me vel contra te, itemque obiectionum solutiones promiscue subjungam."

36. Kepler 1937-, 13, 294: "Erroris S. Scripturam arguere, difficile est."

37. *The New Grove Dictionary of Music and Musicians*, s.n. Calvisius를 참조할 것.

38. Calvisius 1685, 3: "Cum ante haec tempora Portae in illustri Gymnasio viverem, ubi et ocio aliquo modo abundabam et Bibliotheca instructissima frui poteram, non parum temporis in historicis prolegendis ponebam, et praecipua tem-porum momenta turn quidem notabam: Chronologiam tamen instituere non poteram, donee libri de Emendatione temporum Iosephi Scaligeri, viri incomparabilis, Francofurti Anno 93. recuderentur, quos cum meo mihi sumtu comparassem, avide legi, et quid in quaque re sentiret, unde epochas qua(s)vis deduceret, qua ratione eas confirmaret, aut quibus fundamentis diversum sentientes refutaret, multo exantlato labore, pervigili studio, et plurima usus diligentia tandem perspexi. Est enim is Autor, ut Eruditi norunt, inprimis argutus, brevis, succinctus, subtilis et difficilis. Adhibui postea alios Chronologos omnes quotquot habere poteram, eos omnes diligentissime contuli, et quae causa dissensionum Chronologi-carum esset, anxie inquisivi, et deprehendi tandem omnem Chronologiae et temporis certitudinem ab Astronomicis legibus pendere, cum motus coelestis sit mensura temporis, et plurimum eos Chronologos inter se et cum aliis dissentire, qui neglecto astronomico calculo res ex sua opinione, conjectura et aliorum auctoritate, vel falsa, vel male intellecta adjudicarunt. Quapropter ipse aggressus rem, quae Josephus Scaliger subtilius persecutus fiierat, populari et omnibus obvio modo explicare cona-tus sum, omnes epochas diligentissime excussi, quae causa certitudinis earundem es-set investigavi, demonstrationibus easdem munivi, et quae contradici possent, solide et evidenter refutavi." 칼비시우스는 "ultra centum et quinquaginta eclipses, quotquot scilicet historici meminerunt, quibus res gestas, quasi certissimo charactere et nota insigniverunt" (역사학자들이 사건 날짜를 최대한 확실하게 찾아내고 표식하려고 언급한 150회 이상의 월식과 일식)을 모두 고려했고, "quispiam, etiamsi alias sit

astronomiae rudis" 천문학 입문자)도 월식이나 일식 및 분점을 계산할 수 있는 간략한 표를 그렸으며, "id quod Chronologorum ante me nemo" (내 이전에는 어떤 연대학자도 시도하지 않은) 기본 원칙도 정리해두었다.

39. Kepler 1937-, 17, 46: "Eclogas Chronicas ex epistolis doctorum virorum et meis mutuis habeo ad manus, cum Epitome seu indice Chronologico ex mea magna Chronologia Veteris Testamenti. Puto in forma quarta, quali est impressus libellus de Natali Christi latinus, ad 30. paginas impletum iri."

40. 《전원시의 역사》는 Kepler 1937-, 5, 221-370에서 주석이 덧붙여져 재출간되었다.

41. Kepler 1937-, 5, 10-11: "Feceram autem illi meo libello et appendicem de Christi servatoris anno Natalitio, motus hac re, quod viderem, si constaret Iesum Christum natum 4. aut 5. annis ante principium aerae nostrae quam ab Incarnatione censemus perperam, stellae novae de qua commentabar, cum ilia Stella quae Magis apparuit, commune hoc futurum, quod utraque cum coniunctione magna superiorum Planetarum, tali quidem, quae principium faceret novae periodi annorum Octingentorum a Trigono igneo, coincideret."

42. 이와 관련된 일화가 가장 자세히 소개된 곳은 Burke-Gaffney 1944이다.

43. Decker 1605.

44. Kepler 1937-, 15, 353: "Eadem occasione transmittam ego Mysterium Cosmographicum, et librum de Stella, deque anno Christi Natalitio, ubi cum Suslyga Polono, Deckerii vestri pullo, in parte libri certo, ita ut uno anno ipsum exsu-perasse videar. Dixi in parte libri: quis enim Heracles adversus ilium prodigiosum cumulum lectionum, totius antiquitatis, quam ego quidem exosculor, quemque gemmam esse et haberi volui meae bibliothêkiskês."

45. Decker 1605, 10 verso-11 recto.

46. Kepler 1937-, 14, 288-289: "Mihi astronomi certiores temporum Characteres in siderum aequabili motu (nisi hunc negaveris) quam historici in suis consulum Catalogis habere videntur. Quare malo propter astronomiae certitudinem obloqui factis: quam propter turbatissimorum factorum (quicunque quantum-cunque medicati sint) fiduciam, astronomiae filum Daedaleum e manibus abiicere. Non erat itaque inferendum, omnes observationes Ptolemaei anno uno citius contigisse, quam ab authore inscribantur, sed hoc potius, omnes imperatores uno anno tardius coepisse, quam Ptolemaeus tradiderit: siquidem historicis credis et antiquariis, contra Ptolemaeum autopten. Non enim imperatores mensura sunt motuum caelestium, sed hi imperatorum et imperiorum."

47. 이 책의 서문을 참조하기 바란다.

48. Pattison 1892, 463.

49. Kepler 1937-, 15, 353: "Stylus juveniliter luxuriat, et allegoriis ludit quae re nondum persuasa, differri debuisse videntur. Res ipsa Deckerium authorem facile prodit."

50. Kepler 1937-, 15, 493: "Theologiam vellem missam faceres: cuius certe nihil intelligis."

51. Kepler 1937-, 15, 494: "Pereat igitur Josephus: et salva sit nobis scripturae turn historica, turn divina Veritas: cui aliquid detrahere vel etiam permittere ut in dubitationem ilia vocetur, mihi quousque vivam, religio erit. Scripseram integrum tractatum: quern rursus suppressi. In scripturae igitur sententia insistam: nihil moratus si Josephus centies obiiciatur, homo vitae et mortis Herodis imperitissimus: nisi studiose omnia corrupit: quod proxime scribam et simul viginti Josephi contradictiones in Herodis regno et vita."

52. Kaspar Rhey가 Rader에게, 뮌헨에서 1601년 1월 9일; Rader 1995, 151-152: "Interea saxum hie sanctum, non sacrum dixerim, volvo, tanto libentius, quanto iucundius, per diviniorem montem, quam Sisyphus ille infelix. Neque offunditur ilia caligo, quae olim in Aristotelea nocte, sed lucis immensum iubar ubique explicate, cum sint aeterni soles. Die trium Magorum quattuor puellas in mea Catechesi produxi, quae ffaterculos suos, a Tyranno crudeliter necatos, deplanxerunt. Primae inter prima statim verba lacrymae exciderunt (nimirum omnia in lacrymas verti rogabat), truncatum caput, manus mutilatas, pedem concisum ffaterculi reperit, ut osculabatur, ut alloquebatur, ut illacrymabatur. Itaque nemo erat in templo, cui non oculi rorarent. Gratum id pientissimis animis, et Deo inprimis ad cuius gloriam haec omnia referuntur. Ex quo ego mirifica in dies profundor consolatione, cum non tantum togatos stolatasque ffequentes sed etiam sagatas soccatosque e pagis adesse et interesse conspicer."

53. Lipsius가 Gerardus Buytewechius에게, 루뱅에서 1600년 3월 26일; Burman 1727,1, 700-701 특히 700: "De Scaligero tu nihil. Ego hoc tibi, editum esse a M. Delrio tertium Tomum Disquisitionum magicarum, in quo ille ex professor tangitur: et scis occasionem datam Societati. Sed et P. Deckerius in publicis lectionibus in ilium dictat et sententias eius refutat: quod fortasse jam audistis." (Emphasis in original.)

54. 데커는 벨기에의 예수회 신자로 세계주의자이던 Andreas Schottus와도 닮은 편이었다. Schottus는 아리스토텔레스와 데모스테네스의 삶을 다룬 책을 출간할 때 스칼리제르의 추천사를 앞에 실었다(Schottus 1603).

55. Rader 1995, 329-330; Scaliger 1627, 396-399.

56. Rader 1995, 328n4.

57. Kepler 1937-, 16, 101: "Avocor a scriptione invitus: ergo abrumpo duke colloquium, et claudo. Non cessemus pulsare, quaerere, orare. Christus aderit et se tandem

manifestabit nobis. Sententiam D.V. expecto de exordio Annorum Nabonassaris; quo anno Iphiti et Vrbis coeperit; quo cyclo Solis et Lunae, quo die mensis; quantusque excessus sit Epochae Vrbis. Ego certe existimo aetate ilia Ptolemaei sub Traiano et Hadriano, annos Nabonassaris sexennio fere integro minores esse annis Vrbis Varronianis. In quo ab aliis dissentio. Sed expecto vestrum Iudicium …"

58. Kepler 1937–, 16, 62: "quia satius aestimo sine cuiusquam dolore aut amaritudine discordiae in campo hoc ludere chronologico."

59. Kepler 1937–, 16, 49–50: "Obsecro pace R.V. mihi aliqua ex candore animi liceat addere. Fundamenta disputationis quae facis, omnia pulcherrime Scaliger proponit, stylo expedite et feliciori, quam solet alias. Idem et R. Tm. et me de hoc argumenti genere admonuit: idem ex Hebraicis monumentis, quae sunt nobis utilia in hoc negotio consignavit. Esto sit haereticus, sit novator, sit SS. Patrum obtrectator, esto etiam ut stirpem sit ementitus; quid haec quaeso omnia ad praesentem quaestionem; ut tractari non possit nisi per obtrectationem eius. Haud scio an hi mores, et haec aretalogorum vindicta (ut scio vos interpretari) plus adversariis vestris prosint, an vobis obsint. Ad primum conspectum virulenti huiusmodi verbi, totus animus lectoris praeoccupatur imaginatione perpetui huius moris; quasi iam prorsus nihil utile in scripto tali insit. Video et trabem et festucam, quod multi meorum (indignantes) testari possunt, et hoc omnem imbuit pinguedinem. Oculi simulachro solet justiciae vis depingi: qui vero semel peccantem etiam cum quid recte facit, arguit et criminatur, is oculo justo carere, prosopoleptes esse censetur, qui facta ex persona aestimet. Non improbo ut refutes quae non placent, facio idem et ego: tantum ubi quid meritus est, id si etiam in hoste commemores, omnino fidem orationi et hie et alibi astruis. Quod si tibi vacat meum audire consilium, ubi excuderis de hoc aliquid, ipsius verba allega, non sunt nimis longa: in tua vero oratione circumcide timidiusculas allegorias et superfluas ambages: potes complecti una facie totum negotium, ubi Scaligeri verbis uti volueris. Tunc ipse suis verbis se satis excusabit."

60. Crusius 1927–1961, II, 55. 여기에서 크루시우스는 Oseas Hala에게 받은 편지를 요 약한 후에 그렇게 덧붙였다. "Addit verba haec infime: En candorem Scaligeri: qui in altera sui de emendatione temporis libri, honorificam tui mentionem, ut et in Uteris ad me antea, fecit."

61. Crusius 1927–1961, II , 63, 87, 95, 169.

62. Reusner 1600, 2 (스칼리제르가 가정한 창조일에 대해), 51: "Supputatio haec tota pendet ex iusta annorum Nabonassaris cum sacrarum literarum annis Notes to Page 131 381 connexione: quorum illi ex Ptolemaeo, hi ex Ieremia Propheta petuntur.

Nabonassarem autem esse Salmanassarem, qui Samariam cepit, et decern tribus in Assyriam abduxit: Nabopolassarem vero in Sacris did Nabuchodonosorem: et historiarum series atque collatio ostendit: et ex motuum coelestium calculationibus Mathematici satis ostendunt (Hac de re vide Reinhold. in tabulis Prutenicis, Funcium in Chronologiae suae commentariis, et Bucholzerum in Isagoge Chronologica) quamvis contrarium probare conatur Iosephus Scaliger lib. 5. de emendat. Tempor. Cuius tamen rationes tanti non sunt, ut nos in suam trahant sententiam."

63. Calvisius 1685, 59: "Scribis in appendice pag. 2. Josephum Scaligerum a Mundo condito usque ad Christum natum, numerare annos 4712. id quod Scaliger nunquam nec cogitavit, nec dixit, nec scripsit. Memini te idem affirmasse in prima tui libri editione, meque te monuisse, Scaligerum si dicat Christum natum in fine anni Periodi Julianae 4711. non hoc velle, quod tot anni a condito mundo usque ad natum Christum numerandi sint: sed Periodum Julianam esse arte quadam concinnatum numerum, in quo perpetuo ad quemvis annum habeatur cyclus Solis, si is numerus per 28. dividatur: Cyclus item Lunae, si idem per 19. secetur, cyclus etiam indictionum, si idem numerus per quindecim dispescatur, et Scaligerum hoc suo numero 4711. nihil aliud velle, quam Christum natum eo anno, qui decurrat ad cyclum Solis 7 et ad cyclum Lunae 18. et ad indictionem primam, qui alius annus esse non potest, nisi annus mundi 3947. si Juliano more numeretur. Agnovisti tuum errorem, eumque excusasti, quod occupatissimus fueris tempore editionis libelli tui in Magistratus scholastici laboriosissimo munere, et te propterea Scaligeri sententiam in tanta festinatione Typographi vestigare non potuisse, atque ita temere aliorum fidem secutum esse. Non dubito, quin haec in memoria adhuc haereant, ideo miror, qui factum sit, quod ex re, quam agnoscis veram non esse, tanto viro, cui omnia in recte numerandis et dirigendis temporibus debemus, invidiam creare volueris." (Emphases in original.)

64. Calvisius 1685, 58: "Tuum argumentum, quod affers, leviculum est, et ex coniectura vana deductum, quando sic arguis. Ptolomeus testatur Nabonassarem praecessisse annis centum et viginti duobus Nabopollassarem. In Sacra scriptura autem invenitur, Salmanassarem praecessisse Nebucadnezarem annis 122. Ergo Salmanassar est Nabonassar et Nabopollassar est Nebucadnezar. Eodem argumento possum Ezechiam facere Nabonassarem, cum et ipse annis 122. distet a Nebucadnezare. Maiorem syllogismum ita facere debueras: Quicunque reges aequali temporis spacio ab aliquo distant, ii non sunt diversi reges, sed sunt unus et idem, at hoc tibi nemo concedet. Vides ex his tuam sententiam pugnare cum om-

nibus autoribus, qui aliquid de hisce circa captivitatem Babylonicam temporibus aliquid memoriae mandarunt: sive ii sint scriptores sacri, sive profani, nisi fortassis Annium monachum Viterbiensem excipias, qui Berosum et Megasthenem veracis-simos historicos iam dudum amissos ex suo ingenio novos finxit et produxit men-dacissimos, et plurimos secum in errores abduxit."

65. Laurentius Fabricius가 칼비시우스에게 1606년 2월 17일, Göttingen MS 2° Philos.

103. I I , 7: "Viro undequoque perspicacissimo, Chronologico oculatissimo, Historico probatissimo, qui iudicio magnorum virorum fato excitatus est in subsidium historiae Dn. Setho Calvisio."

66. 로이스너가 칼비시우스에게 1601년 6월 9일; Göttingen MS 2° Philos. 103, II, 4-5: "Setho Calvisio, Musico Lipsiensi Amico suo honorando. S. Ad literas tuas, Vir Ornatissime, serius respondeo, ob occupationes plurimas, quae mihi artem Stratagematicam ex historiarum monumentis colligenti et pertractanti incumbunt: quamvis ferme mihi persuaseram, nihil amplius respondere, quoniam ambigo, amicone an alio animo literae istae tuae proximae sint scriptae: quippe in quibus animadverto, te verba quaedam superiorum literarum prorsus pervertere, et in alienum sensum detorquere: Ideo ut me explicam, ipsa me cogit necessitas. Ordinem autem sequar tuarum literarum ..."

67. Reusner 1650, 171-172: "Hinc fertur, quod cum quidam ebrietatem alteri his verbis exprobrasset, Non te ebriositatis tuae pudet? Responderit ille, Non te pudet ebrium reprehendere? Simili ratione intempestivum foret, et majori errori causam esset daturus; qui maledicum in ipso caloris impetu, et praesentibus aliis, vellet corrigere. Nec vero solum praeceptum illud sufficit: sed pro plena discretione necessum est, honesta aliqua fallacia uti, et reprehensionis amaritudinem cum laudis alicujus dulcedine miscere, aut etiam ostendere, nos alios culpare ob eosdem defectus, quibus is laborat, quern corrigere cupimus: aut vero nos ipsos arguamus, innuentes erroris nos quoque esse obnoxios. Et, ut finiam tandem, ita corrigendus est amicus: ut et grata sit ea correctio, et magis magisque eum nobis obligatum reddat: ut Philosophi quidam moralium suorum scriptorum monumentis prodiderunt."(Emphasis in original.)

68. Calvisius 1685, 59-60: "Potuissem quidem privatim de hisce rebus te monere, quod fortassis gratius tibi accidisset: Sed cum multi meam sententiam de tua Chronologia exquirerent, et epistolam hanc descriptam cuperent, nolui eis obluctari, cum sperem hisce demonstrationibus Iuventutem erudiri, et judicium eorundem de rebus Chronologicis rectius informari posse, praesertim cum tu etiam mea, quae tamen vera, immota et demonstrata sunt; et tantum opinione tibi falsa videntur,

publice proponere, ventilare et exagitare volueris"; 66: "Edidit Elias Reusnerus,
professor historiarum Jenensis, superiori anno Isagoges historiae libros duos,
in quibus, quo ad historias consignandas secutus est Heinricum Buntingum: in
tempore vero annotando, Abrahamum Bucholcerum, celebres quidem Chronologos,
sed plurimum inter se dissentientes, ideo quod alter characteres Chronologicos
ut plurimum sequitur, alter vero horum rudis opinionibus tantum et coniecturis
fertur. Quapropter Reusnerus etiam, quando Chronologiam suam a condito Mundo
ad nostra tempora usque deducit, dum utrosque inter se inconsulte miscet, non
solum in plurimis locis errat et labitur, sed etiam me, cum amicitia inter nos ex
communicatione literarum coaluisset, et ipse nulla a me iniuria lacessitus esset,
errorum et falsarum hypothesium coarguit. Iniuriam hanc ego tacitus mussitare
cogitaram, sed cum amici putarent, Chronologiae interesse, ut et de meis et Reusneri
fundamentis Studiosi erudirentur, Epistolam ad eundem scripsi Chronologicam,
in qua lenissimis verbis, absque ulla insectatione rem nude, ut est, proposui, et
non me, sed ilium ipsum errare et nihil ad verum suum annum in tota sua Isagoge
Chronologica usque ad ducentos annos post natum Christum retulisse, evidenter,
luculenter, et ad oculum demonstravi."

69. 특히 Shapin and Schaffer 1985; Shapin 1995; Serjeantson 1999, 2006를 참조할 것.

70. 이런 시도의 기원에 대해서는 Eden 2001을 참조할 것.

71. Miller 2002; Stenhouse 2005.

72. Findlen 1994, 1999; Ogilvie 2006.

73. Jardine, Mosley, and Tybjerg 2003; Mosley 2007.

74. Visser 2004; Siraisi 2007; Pomata forthcoming; Keller 2008.

75. 최근의 연구로 Lotz-Heumann and Pohlig 2007을 참조할 것.

76. Kühlmann 1982; Goldgar 1995; Bots and Waquet 1994, 1997; Jaumann 2001;
Mulsow 2000, 2001, 2006; Grafton 2001을 참조할 것.

77. Mout 1975; Miller 2002.

78. Grafton and Williams 2006.

79. Drexel 1641, 65-66: "Felix eram Lovanii, ubi Poetas veteres, ubi priscos Historicos
omnes et omnia Lipsii opera, ubi melioris notae Philosophos et Theologos in meo
museo inter ceteros numerabam. Nunc subinde vacuus in scopulis piscator haereo.
Vix pauculos historicos, et quidem editionis flagitiosae, cerno; Lipsium hoc loci
in Pentheum migrasse credo, adeo lacer et dissipatus est; illius pauca invenio, et
editionis dissimillimae. In melioribus libris ceteris supellex curta."

80. Drexel 1641,66: "Itaque ursum aemulor, et ffuctu unguium meorum victito.

Excerptis meis utor."

81. Mästlin 1641,3-33.

82. Crusius 1927-1961,1, 286, 354.

83. Crusius 1927-1961,1,101: "M. Mich. Maestlinus mane mecum erat, interrogans aliquid ex Iosephi arcaiol. L. 3. c. 8. vel 13. Quia cogitat adhuc, tandem scripturn edere contra Gregor. Calend."

84. Mästlin 1641, 20: "20 Sic idem Plinius libr. 6. cap. 6. Megasthenem ut Authorem fide dignum, qui cum Indicis Regibus moratus sit, allegat. Veruntamen nec Scaligero, nec nobis, de iis libris sermo est, qui sub Berosi et Megasthenis [read Metasthenis: clearly someone, perhaps Hafenreffer, corrected the name here without thinking] (ipso enim nomine ridicule corrupto cum Megasthenes sit) nomine venditantur, non ita pridem opera Annii cujusdam Viterbiensis publicati, avorum memoria ab otioso seu potius malitioso quodam malitiose conficti, quia non pauca tam sacrae Scripturae, quam aliorum fide dignorum attestationibus, item hisce, quae authentica ab aliis citantur fragmentis, contraria tradunt, rectissime pro futilibus fragmentis censentur. Hac autem praesenti quaestione nos Iosephus, licet ipse aliter sentiat, et Eusebius, bearunt, qui haec fragmenta suis scriptis inserta nobis communicaverunt. Historia igitur ita se habere indubia ratiocinatione depraehenditur."

85. Crusius 1927-1961, 1, 101—102: "Post H. 5am vesperi, cubans in lecto post lavationem accepi literas a Thoma Schallero, Hennenbergensi Superintendente et Pastore Ecclesiae Mayningensis. Commendat mihi adolesc. Studiosum, huc venientem: et de Beroso multos Scriptores citat, tanquam fabuloso, praesertim Goropium Becanum. Cuperet aliquid ex me scire: quia molitur ipse Franconicum aliquid, necsine magnis sumptibus, iam diu."

86. Crusius 1927-1961, 1, 103, summarizing his reply to Schaller (see note 85): "2. Quia Berosus vel Berossus (quem ego 1. lib. 1. Dodec. pag. 3. pro non fictitio laudo) a multis, praesertim a Goropio, dudum reiectus est: ego in hanc sententiam respondi raptim. At extat locus in hac Epitome Berosi, de Naue Noae, apud Gordiaeum montem quiescente: qui in Graeco Iosepho Iudaeo extat. Et ambo loca ad verbum ipsi Thomae descripsi in literas. Ergo. Epitome haec non est commentitia. Berosus sine dubio copiose scripserat: sed aliquis Epitomen inde confecit olim (si cut Iustinus, ex Trogo Pompeio) non tamen usque ad Nabuchodonosorem deducens: de quo Rege Berosum Iosephus citat. Fecit Epitomen quondam aliquis Latinus vel Romanus (quia stylus satis Latinus) sicut Dictys etiam Cretensis Latine versus olim fuit. Goropium nunquam mihi videre contigit. Audivi tamen, mira in eo

esse, aut etiam allokota: ut, quandam aliam linguam antiquiorem Hebraea esse. Clarissimi etiam viri hodie ex Beroso historias sumpserunt. Si qua in eo discrepant: etiam Iustinus allokota: quaedam lib. 36. de Iosepho, Mose, etc. scribit. Potuit etiam Epitome ab Amanuensibus successu temporis corrumpi. Ego dentique, quia universalem de Sueuis historiam conscribendam duxeram: Beroso etiam opus habui. Conqueritur et Diodorus Siculus, apud antiquissima tempora obscuritatem, praesertim fabulis res involutas, esse, etc. Libenter tamen Goropii contra Berosum rationes scirem, etc. Ego etiam conqueror in Annalibus de paucitate et obscuritate antiquissimarum rerum Sueuicarum etc."

87. 중요한 예외에 대해서는 Dickson 1998을 참조할 것.

참고문헌

• 1차 자료
필사본과 주석본
괴팅겐대학교 도서관
MS 2 Philos. 103

• 인쇄본

Alsted, Johann Heinrich. 1628. *Thesaurus chronologic: In quo universa temporum & historiarum series in omni vitae genere ponitur ob oculos, ut fundamenta chronologic ex S. Uteris & calculo astronomico eruantur, & deinceps tituli homo- genei in certas classes memoriae causa digerantur.* 2nd ed. Herborn: heirs of Corvinus.

Budovec z Budova, Vaclav. Baton. 1616. *Circulus horologii lumaris et solaris, hoc est, brevissima synopsis, historica, typica et mystica, variis figuris et emblematis illustrata, repraescentans ex Vetere et Novo Testamento continuam seriem praecipuarum Ecclesiae et Mundi mutationum, ceu horarum quarundam praeteritarum, praesentium, et secuturarum usque ad mundi consummationem.* Hanau: Wechel, heirs of Jean Aubry.

Burman, Pieter. 1727. *Sylloges epistolarum a viris illustribus scriptarum tomi quinque,* ed. Pieter Burman. 5 vols. Leiden: Luchtmans.

Calvisius, Seth. 1685. *Appendix operis chronologici,* Frankfurt am Main: Gensch.

Crusius, Martin. 1927–1961. Diarium. ed. Wilhelm Göz et al. 4 vols. Tübingen: Laupp.

Decker, Joannes. 1605. *Velificato seu Theoremata de anno ortus et mortis domini, deque universa Iesu Christi in carne Oeconomia, quae ad baccalaureatus in sacra theologia lauream in Alma Gracensi Academia in disputationem adducit REVERENDVS DOMINVS et eruditus artium liberalium ac philosophiae Magister LAVRENTIVS SVSLYGA POLONVS, praeside R. P. IOANNE DECEKERIO SOCIETATIS IESV SS. THEOLOGIAE DOCTORE AC DICTAE VNIVERSITATIS CANCELLARIO.* Graz: Georgius Widmanstadius.

Drexel, Jeremiah. 1641. *Aurifodina artium et scientiarum omnium, excerpendi solertia, omnibus litterarum amantibus monstrata. Antwerp:* widow of Ioannes Cnobbarus.

Gordon, James. 1611. *Chronologia annorum seriem, regnorum mutationes, et rerum memorabilium sedem annumque ab orbe condito ad nostra usque tempora complectens.* Bordeaux: Milages.

Gude, Marquard, et al. 1697. *Marquardi Gudii et doctorum virorum ad eum epistolae,* ed. Pieter Burman. Utrecht: Halmann and van de Water.

Herwart von Hohenburg, Joannes Georg. 1670. Thesaurus hieroglyphicorum. Augsburg: n.p.

_____. 1612. *Novae, verae et ad calculm*[sic] astronomicum revocatae chronologiae, seu temporum ab origine mundi supputationis, capita praecipua, quibus tota temporum ratio continetur et innumerabiles omnium chronologorum errores deteguntur.* Munich: Nicolaus Henricus.

Herwart von Hohenburg, Joannes Georg, and Joannes Fridericus Herwart von Hohenburg. 1626. *Admiranda ethnivae theologiae mysteria propalata. Vbi lapidem magnetem antiquissimis passim nationibus pro deo cultum: Et artem qua navigationes Magneticae per universum orbem instituerentur, a Veterum Sacerdotibus, sub involucris Deorum Dearumque et aliarum perinde fabularum cortice, summo studio occultatam esse notiver commonstratur. Accessit exacta temporum ratio adversus incredibiles Chronologiae vulgaris errores, opus diu desideratum.* 2 parts. Munich: Nicolaus Henricus.

Kepler, Johannes. 1627. *Tabulae Rudolphinae, quibus astronomicae scientiae temporum longinquitate collapsae restaurato continetur.* Ulm: Jonas Saur.

_____. 1861. *Opera omnia,* ed. Christian Frisch, 4.1. Frankfurt: Heyder and Zimmer.

_____. 1937-. *Gesammelte Werke,* ed. Max Caspar et al. Munich: Beck.

Mästlin, Michael. 1641. *Chronologicae theses et tabulae breves contractaeque ad investiganda tempora historiarum et epocharum potissimarum, praesertim sacrarum, a Creatione Mundi ad ultimam Hierosolymorum vastationem, accommodatae: Cum Exegesi Quaestionum Chronologicarum*, ed. Samuel Hafenreffer. Tübingen: Philibertus Brunnius.

Meel, Joannes Wilhelmus van. 1701. *Insignium virorum epistolae selectae.* Amsterdam: Halm.

Mercator, Gerardus. 1569. *Chronologia.* Cologne: heirs of Birckmann.

Possevino, Antonio. 1603. *Apparatus sacer.* 3 vols, in 2. Venice: Apud Societatem Venetam.

_____. 1607. *Bibliotheca selecta de ratione studiorum.* 2 vols, in 1. Cologne: Gymnicus.

_____. 1608. *Apparatus sacer ad scriptores Veteris et Novi Testamenti.* 2 vols. Cologne: Gymnicus.

_____. 1609. *Apparatus ad studia D. Scripturae, theologiae scholasticae, et practicae, sive moralis de casibus conscientiae.* 4th ed. Ferrara: Victorius Baldinus.

Rader, Matthäs. 1995. *P. Matthaus Rader SJ. Band I:1595–1612*, ed. Alois Schmid, with Helmut Zäh and Silvia Strodel. Munich: Beck.

Reusner, Elias. 1600. *Isagoges historicae libri duo: Quorum unus ecclesiasticam, alter politicam continet historiam: Utramque secundum cuiusque aetates exacte definitam: Quarum ilia ad traditionem Domus Eliae; haec ad quatuor mundi regna, in bestiis quatuor a Daniele Propheta adumbrata, magno et pio studio est accommodata. Cum exquisitissima veterum Historicorum, tam Graecorum quam Latinorum, CHRONOLOGIA.* Jena: Tobias Steinmann.

_____. 1609a. *Isagoges historicae libri duo: Quorum unus ecclesiasticam, alter politicam continet historiam: Utramque secundum cuiusque aetates exacte definitam: Quarum ilia ad traditionem Domus Eliae; haec ad quatuor mundi regna, in bestiis quatuor a Daniele Propheta adumbrata, magno et pio studio est accommodata. Altera editio auctior et elaboratior. Accessit praeterea I. PRINCIPVM et Comitum Germanicorum Stemmatographia: II. RECTORVM Academiae Salanae Catalogus: III. VIRORVM DOCTORVM Index Chronologicus. CUM PRIVILEGIO.* Jena: Christophorus Lippold.

_____. 1609b. *Stratagematographia sive Thesaurus bellicus, docens, quomodo bella iuste et legitime suscipi, recte et prudenter administrari, commode et sapienter confici debeant: Ex latissimo et laetissimo Historiarum campo Herculeo labore erutus ab Elia Reusnero Leorino, Histor. in Illustri Salana Profess. Pub. Cum eiusdem Synopsi, etgemino INDICE locupletissimo, altero Historiarum, altero Rerum memorabilium.*

Frankfurt am Main: E Collegio Musarum Novenarum Paltheniano.

_____. 1618. *Hortulus historicopoliticus, coronas sex ex floribus variis variegatas complectens: Id est, lectiones historicopoliticae, publice in alma SALANA propositae, reipublicae cuiusvis constitutionem, administrationem, conservationemque explicantes, usumque exemplis historicis demonstres; tam imperantibus quam obtemperantibus perutiles et necessariae,* ed. Abrahamus De La Faye. Herbornae Nassoviorum: n.p.

_____. ed. 1650. Stefano Guazzo, *De civili conversatione dissertationes pohticae.* Leiden: Petrus Leffen.

Salianus, Jacobus. 1641. *Annales ecclesiastici veteris testamenti.* 6 vols, in 2. 4th ed. Paris: de Heuqueville.

Samerius, Henricus. 1608. *Sacra chronologia a mundo condito ad Christum.* Antwerp: Hieronymus Verdussen.

Scaliger, Joseph. 1627. *Epistolae omnes quae reperiri potuerunt,* ed. Daniel Heinsius. Leiden: Elzevir.

Schickard, Wilhelm. 2002. *Briefwechsel,* ed. Friedrich Seek. 2 vols. Stuttgart–Bad Cannstatt: Frommann–Holzboog.

Schottus, Andreas. 1603. *Vitae comparatae Aristotelis ac Demostenis: Olympiadibus acpraeturis Atheniensium digestae.* Augsburg: Magnus.

• 2차 자료

Barnes, Robin. 1988. *Prophecy and Gnosis: Apocalypticism in the Wake of the Lutheran Reformation.* Stanford, Calif: Stanford University Press.

Boner, Patrick. Forthcoming. "A Statesman and a Scholar: Hans Georg Herwart von Hohenburg as a Critic and Patron of Johannes Kepler."University of Cambridge, Department of History and Philosophy of Science, History of Science Workshop paper, 2 May 2007.

Bots, Hans, and Francoise Waquet, eds. 1994. *Commercium litterarium,* 1600–1750. Amsterdam: APA–Holland University Press.

_____. 1997. *La République des Lettres.* Paris: Belin.

Brosseder, Claudia. 2004. *Im Bann der Sterne: Caspar Peucer, Philipp Melanchthon und andere Wittenberger Astrologen.* Berlin: Akademie Verlag.

Burke–Gaffney, M. W., S.J. 1944. *Kepler and the Jesuits.* Milwaukee, Wis.: Bruce.

Dickson, Donald. 1998. *The Tessera of Antilia: Utopian Brotherhoods and Secret Societies in the Early Seventeenth Century.* Leiden: Brill.

Eden, Kathy. 2001. *Friends Hold All Things in Common: Tradition, Intellectual*

Property, and the Adages of Erasmus. New Haven, Conn.: Yale University Press.

Engammare, Max. 2004. *L'ordre du temps: L'invention de laponctualite au XVIe siecle.* Geneva: Droz.

Field, Judith. 1988. *Kepler's Geometrical Cosmology.* Chicago: University of Chicago Press.

Findlen, Paula. 1994. *Possessing Nature: Museums, Collecting, and Scientific Culture in Early Modern Italy.* Berkeley: University of California Press.

_____. 1999. "The Formation of a Scientific Community: Natural History in Sixteenth-Century Italy." In *Natural Particulars: Renaissance Natural Philosophy and the Disciplines,* ed. Anthony Grafton and Nancy Siraisi. Cambridge, Mass.: MIT Press, 369-400.

_____. ed. 2004. *Athanasius Kircher: The Last Man Who Knew Everything.* New York: Routledge.

Goldgar, Anne. 1995. *Impolite Learning: Conduct and Community in the Republic of Letters, 1680-1750.* New Haven, Conn.: Yale University Press.

Grafton, Anthony. 1983-1993. *Joseph Scaliger.* 2 vols. Oxford: Clarendon Press.

_____. 1991. *Defenders of the Text: The Traditions of Humanism in an Age of Science, 1450-1800.* Cambridge, Mass.: Harvard University Press.

_____. 2001. *Bring Out Your Dead: The Past as Revelation.* Cambridge, Mass.: Harvard University Press.

Grafton, Anthony, and Megan Williams. 2006. *Christianity and the Transformation of the Book: Origen, Eusebius and the Library of Caesarea.* Cambridge, Mass.: Harvard University Press.

Hallyn, Fernand. 1990. *The Poetic Structure of the World: Copernicus and Kepler,* tr. Donald M. Leslie. New York: Zone.

Jardine, Nicholas. 1984. *The Birth of History and Philosophy of Science: Kepler's "A Defence of Tycho against Ursus," with Essays on Its Provenance and Significance.* Cambridge: Cambridge University Press.

Jardine, N., A. Mosley, and K. Tybjerg. 2003. "Epistolary Culture, Editorial Practices, and Tycho Brahe's Astronomical Letters." *Journal for the History of Astronomy* 34, 421-451.

Jaumann, Herbert, ed. 2001. *Die europäische Gelehrtenrepublik im Zeitalter des Konfessionalismus=The European Republic of Letters in the Age of Confessionalism.* Wiesbaden: Harrassowitz.

Keller, Vera. Forthcoming. 2008. *Cornelis Drebbel.* PhD dissertation, Princeton

University.

Kolb, Robert. 1987. *For All the Saints: Changing Perceptions of Sainthood and Martyrdom in the Lutheran Reformation*. Macon, Ga.: Mercer University Press.

Kiihlmann, Wilhelm. 1982. *Gelehrtenrepublik und Furstenstaat: Entwicklung und Kritik des deutschen Späthumanismus in der Literatur des Barockzeitalters*. Tübingen: Max Niemeyer.

Lehmann-Brauns, Sicco. 2004. *Weisheit in der Weltgeschichte: Philosophiegeschichte zwischen Barock und Aufklärung*. Tübingen: Niemeyer.

Lotz-Heumann, Ute, and Matthias Pohlig. 2007. "Confessionalization and Literature in the Empire, 1555-1700." *Central European History* 40, 35-61.

Malcolm, Noel. 2002. *Aspects of Hobbes*. Oxford: Clarendon Press.

_____. 2004. "William Harrison and His 'Ark of Studies': An Episode in the History of the Organization of Knowledge." *Seventeenth Century* 19, 196-232.

Mayhew, Robert. 2004. "British Geography's Republic of Letters: Mapping an Imagined Community, 600-1800." *Journal of the History of Ideas* 65, 251-276.

_____. 2005. "Mapping Science's Imagined Community: Geography as a Republic of Letters, 1600-1800." *British Journal for the History of Science* 38, 73-92.

Miller, Peter. 2002. *Peiresc's Europe: Learning and Virtue in the Seventeenth Century*. New Haven, Conn.: Yale University Press.

Mosley, Adam. 2007. *Bearing the Heavens: Tycho Brake and the Astronomical Community of the Late Sixteenth Century*. Cambridge: Cambridge University Press.

Mout, Nicolette. 1975. *Bohemen en de Nederlanden in de zestiende eeuw*. Leiden: Universitaire Pers Leiden.

Mulsow, Martin. 2000. "Unanständigkeit. Zur Missachtung und Verteidigung des Decorum in der Gelehrtenrepublik der Frtihen Neuzeit." *Historische Anthropologie* 8, 98-118.

_____. 2001. *Die drei Ringe: Toleranz und clandestine Gelehrsamkeit bei Mathurin Veyssière La Croze* (1661-1739). Tubingen: Niemeyer.

_____. 2006. "Practices of Unmasking: Polyhistors, Correspondence, and the Birth of Dictionaries of Pseudonymity in Seventeenth-Century Germany." *Journal of the History of Ideas* 67, 219-250.

Ogilvie, Brian. 2006. *The Science of Describing: Natural History in Renaissance Europe*. Chicago: University of Chicago Press.

Pattison, Mark. 1892. *Isaac Casaubon*, 1559-1614. 2nd ed. Oxford: Clarendon Press.

Pomata, Gianna. Forthcoming. "Sharing Cases: The Observationes in Early Modern Medicine." Paper, Conference on Cases in Science, Medicine and the Law, CRASSH, Cambridge, 20-21 April 2007.

Rothman, Aviva. Forthcoming. *Johannes Kepler and His Friends*. PhD dissertation, Princeton University.

Serjeantson, Richard. 1999. "Testimony and Proof in Early-Modern England." *Studies in History and Philosophy of Science* 30, 195-236.

_____. 2006. "Proof and Persuasion." In *The Cambridge History of Science, vol. Ill : Sixteenth- and Seventeenth-Century Europe*, ed. Lorraine Daston and Katharine Park. Cambridge: Cambridge University Press.

Shapin, Steven, 1995. *A Social History of Truth: Civility and Science in Seventeenth-Century England*. Chicago: University of Chicago Press.

Shapin, Steven, and Simon Schaffer. 1985. *Leviathan and the Air-Pump: Hobbes, Boyle and the Experimental Life*. Princeton, N.J.: Princeton University Press.

Siraisi, Nancy. 2007. *History, Medicine, and the Traditions of Renaissance Learning*. Ann Arbor: University of Michigan Press.

Smoller, Laura. 1994. *History, Prophecy, and the Stars: The Christian Astrology of Pierre d'Ailly, 1350-1420*. Princeton, N.J.: Princeton University Press.

Stenhouse, William. 2005. *Reading Inscriptions and Writing Ancient History: Historical Scholarship in the Late Renaissance*. London: Institute of Classical Studies.

Stephenson, Bruce. 1987. *Kepler's Physical Astronomy*. New York: Springer.

_____. 1994. *The Music of the Heavens: Kepler's Harmonic Astronomy*. Princeton, N.J.: Princeton University Press.

Van Houdt, Toon, Jan Papy, Gilbert Tournoy, and Constant Matheeussen, eds. 2002. *Self-Presentation and Social Identification: The Rhetoric and Pragmatics of Letter-Writing in Early Modern Times*. Leuven: Leuven University Press.

Visser, Arnoud. 2004. "From the Republic of Letters to the Olympus: The Rise and Fall of Medical Humanism in 67 Portraits." In *Living in Posterity: Essays in Honour of Bart Westerweel*, ed. Jan Frans van Dijkhuizen et al. Hilversum: Verloren, 299-313.

Voelkel, James. 1999. *Johannes Kepler and the New Astronomy*. New York: Oxford University Press.

_____. 2001. *The Composition of Kepler's Astronomia Nova*. Princeton, N.J.: Princeton University Press.

Waquet, Francoise. 1989. *Le modèle francais et l'Ttalie savante: Conscience de soi et perception de l'autre dans la Republique des lettres (1660-1750)*. Rome: Ecole Francaise de Rome; Paris: Boccard.

_____. ed. 2002. *Mapping the World of Learning: The Polyhistor of Daniel Georg Morhof*. Wiesbaden: Harrassowitz.

Zedelmaier, Helmut. 1992. *Bibliotheca universalis und bibliotheca selecta: Das Problem der Ordnung des gelehrten Wissens in derfrühen Neuzeit*. Cologne: Bohlau.

_____. 2003. *Der Anfang der Geschichte: Studien zur Ursprungsdebatte im 18. Jahrhundert*. Hamburg: Meiner.

Zedelmaier, Helmut, and Martin Mulsow, eds. 2001. *Die Praktiken der Gelehrsamkeit in derfruhen Neuzeit*. Tübingen: M. Niemeyer.

7장 근대 라틴어가 누린 영화와 슬픔

이 장은 애초에 하버드대학교 출판국에서 발행한 I Tatti Renaissance Library에 포함된 다음의 책들에 대한 서평으로 쓰인 것이다. Flavio Biondo, Italy Illuminated, ed. and tr. Jeffrey White; Francesco Petrarca, *Invectives*, ed. and tr. David Marsh; *Humanist Educational Treatises*, ed. and tr. Craig W. Kallendorf; Giannozzo Manetti, *Biographical Writings*, ed. and tr. Stefano U. Baldassarri and Rolf Bagemihl; Pius II, *Commentaries*, ed. Margaret Meserve and Marcello Simonetta; Cyriac of Ancona, *Later Travels*, ed. and tr. Edward W. Bodnar with Clive Foss; Leonardo Bruni, *History of the Florentine People*, ed. and tr. James Hankins; Marsilio Ficino, *Platonic Theology*, ed. James Hankins with William Bowen, tr. Michael J. B. Allen with John Warden; Polydore Vergil, *On Discovery*, ed. and tr. Brian P. Copenhaver; *Humanist Comedies*, ed. and tr. Gary R. Grund; Maffeo Vegio, *Short Epics*, ed. and tr. Michael C. J. Putnam with James Hankins; Angelo Poliziano, Silvae, ed. and tr. Charles Fantazzi; Angelo Poliziano, *Letters*, ed. and tr. Shane Butler. 여기에 Francoise Waquet, *Latin, or the Empire of a Sign* (London: Verso, 2001)에 대한 또 다른 서평을 덧붙였다.

1. Riccardo Fubini, *Storiografia dell'umanesimo in Italia da Leonardo Bruni ad Annio da Viterbo* (Rome: Storia e Letteratura, 2003).
2. Alison Frazier의 탁월한 저작, *Possible Lives* (New York: Columbia University Press, 2005), 19를 통해 Giovanni Dominici, *Lucula noctis*, ed. Edmund Hunt (Notre Dame, Ind.: University of Notre Dame, 1940), 412를 알게 되었다.

3. Silvia Rizzo, *Ricerche sul latino umanistico* (Rome: Edizioni di Storia e Letteratura, 2002), and Christopher Celenza, "Petrarch, Latin, and Italian Renaissance Latinity," *Journal of Medieval and Early Modern Studies* 35 (2005), 509-536을 참조할 것.

4. Berthold L. Ullman and Philip A. Stadter, *The Public Library of Renaissance Florence* (Padua: Antenore, 1972)를 참조할 것.

5. Ingrid Rowland, *The Culture of the High Renaissance: Ancients and Moderns in Sixteenth-Century Rome* (Cambridge: Cambridge University Press, 1998).

6. Zbigniew Herbert, "Transformations of Livy," tr. Bogdana Carpenter and John Carpenter, *New York Review of Books*, 6 November 1986.

7. John Sparrow, *Visible Words: A Study of Inscriptions in and as Books and Works of Art* (London: Cambridge University Press, 1969), 139. 익명의 역사학자가 G. M. Trevelyan 의 구절을 인용했다. 스패로가 Alessandro Perosa와 협력해 편집한 선구적이고 무척 중요 한 *Renaissance Latin Verse: An Anthology* (London: Duckworth, 1979)도 참조할 것.

8. 폴리치아노에 대한 올딩턴의 평가에 대해서는 The Portable Oscar Wilde (New York: Viking, 1946), 12의 서문을 참조할 것. 폴리치아노의 학문적 깊이는 당시에 소수만이 알고 있던 문헌들을 연구함으로써 더욱 깊어졌고, 올딩턴이 The Portable Oscar Wilde에 서 '학식이 시(詩)가 되는 이상한 기법'이라 칭한 것도 터득했다. 까다롭고 때로는 비밀스 럽게 산문으로 쓴 다양한 편지에서도 시적인 냄새를 풍긴다. 이 편지들은 Shane Butler가 '이 타티 라이브러리'의 시리즈 중 하나로 편집하고 해설을 덧붙였다. Butler의 주장에 따 르면, 폴리치아노가 자신의 편지만이 아니라 Pico della Mirandola 같은 친구들에게 받 은 편지들까지 수정했다. 폴리치아노는 문헌을 선택하고 제외하거나 그럴듯하게 다듬으 며, 그 자신이 살던 사회문화적 세계를 생생하지만 때로는 기만적으로 짜 맞추었던 것이 다. 그의 학문이 그랬듯이 그의 시와 비교되는 시도가 아닐 수 없었다.

9. 게다가 근대 라틴어로 쓰인 많은 문헌을 웹사이트에서 읽거나 다운로드받을 수 있다. 유 용한 웹사이트로는 White Trash Scriptorium: www.ipa.net/ magreyn/와 Dana Sutton 의 선별된 근대 라틴어 문헌을 온라인으로 제공하는 www.philological.bham.ac.uk/ bibliography/index.htm가 있다.

10. Michael Baxandall의 고전적인 연구서, *Giotto and the Orators: Humanist Observers of Painting in Italy and the Discovery of Pictorial Composition, 1350-1450* (Oxford: Clarendon Press, 1971; new ed., Oxford: Clarendon Press, 1986)을 참조하기 바란다.

11. Christopher Celenza, *The Lost Italian Renaissance: Humanists, Historians, and Latin's Legacy* (Baltimore, Md.: Iohns Hopkins University Press, 2004)와 William Stenhouse의 신중한 서평 *Bryn Mawr Classical Review*, 29 September 2004를 참조하 기 바란다.

8장 새로운 시장을 개척한 영혼의 기업가, 예수회

이 장은 애초에 John O'Malley, *The First Jesuits* (Cambridge, Mass.: Harvard University Press, 1993); W. W. Meissner SJ., M.D., *Ignatius of Loyola: The Psychology of a Saint* (New Haven, Conn.: Yale University Press, 1992)와 *Jean Lacouture, Jésuites: Une Multibiographie*, vol. 1: *Les conquerants*, and vol. 2: *Les revenants* (Paris: Le Seuil, 1991)의 서평으로 쓰인 것이다.

1. 페루에 관련한 자료는 Antonio de Egaña, S.J., ed., *Monumenta Peruana*, vol. II: 1576-1580 (Rome: Monumenta Historica Soc. Iesu, 1958), 250에서 얻은 것이다. 일반적인 자료는 Sabine MacCormack, *Religion in the Andes: Vision and Imagination in Early Colonial* Peru (Princeton, N.J.: Princeton University Press, 1992)를 참조하기 바란다. 마테오 리치에 대해서는 Jonathan Spence, *The Memory Palace of Matteo Ricci* (New York: Viking Penguin, 1984) and lacques Gernet, *China and the Christian Impact: A Conflict of Cultures*, tr. Janet Lloyd (Cambridge: Cambridge University Press, 1985)과 Charles E. Ronan, S.J. and Bonnie B. C. Oh, eds., *East Meets West: The Jesuits in China, 1582-1773* (Chicago: Loyola University Press, 1988)에 수록된 시론과 참고문헌을 참조하기 바란다.

2. Albano Biondi, "La Bibliotheca selecta di Antonio Possevino: Un progetto di egemonia culturale," in *La "Ratio studiorum": Modelli culturali epratiche educative dei Gesuiti in Italia tra Cinque e Seicento*, ed. Gian Paolo Brizzi (Rome: Bulzoni, 1981).

3. 전시회 카탈로그에는 무척 유용한 정보가 담겨 있다. Thomas M. Lucas, S.J., ed., *Saint, Site and Sacred Strategy: Ignatius, Rome and Jesuit Urbanism* (Rome: Biblioteca Apostolica Vaticana, 1990).

4. 배경에 대해서는 Paul Grendler의 탁월한 저서, *Schooling in Renaissance Italy: Literacy and Learning, 1300-1600* (Baltimore, Md.: Johns Hopkins University Press, 1989)를 참조할 것.

5. Pierre Hadot, *Exercices spirituels et philosophic antique*, 2nd ed. (Paris: Etudes Augustiniennes, 1987)을 참조할 것.

6. Mario Praz, *The Flaming Heart* (Garden City, N.Y.: Doubleday, 1958)을 참조할 것.

7. 결의론에 대해서는 Albert R. Jonsen and Stephen Toulmin, *The Abuse of Casuistry: A History of Moral Reasoning* (Berkeley: University of California Press, 1988)과 Edmund Leites, ed., *Conscience and Casuistry in Early Modern Europe* (Cambridge: Cambridge University Press; Paris: Maison des Sciences de l'Homme, 1988)을 참조할 것.

8. Marjorie O'Rourke Boyle, "Angels Black and White: Loyola's Spiritual Discernment in Historical Perspective," *Theological Studies* 44 (1983), 241-257을 참조할 것.

9. Carlo Ginzburg, "Folklore, magia, religione," in *Storia d'Italia*, vol. I: I caratteri originali (Turin: Einaudi, 1972), 631-633; and R. Taylor, "Ermetismo e architettura mistica nella Compagnia di Gesu," in *Architettura e arte dei gesuiti*, ed. Rudolf Wittkower and Irma B. Iaffe, tr. Massimo Parizzi (Milan: Electa, 1992)를 참조할 것.

10. Ginzburg, "Folklore, magia, religione," 656-661을 참조할 것.

11. Jennifer Selwyn, *A Paradise Inhabited by Devils: The Jesuits' Civilizing Mission in Early Modern Naples* (Aldershot, U.K.: Ashgate, 2004)를 참조할 것.

12. Benjamin Elman, *On Their Own Terms: Science in China, 1550-1900* (Cambridge, Mass.: Harvard University Press, 2005); Liam Brockey, *Journey to the East: The Jesuit Mission to China, 1579-1724* (Cambridge, Mass.: Harvard University Press, 2007).

13. Robert Bireley, *Religion and Politics in the Age of the Counterreformation: Emperor Ferdinand II, William Lamormaini, S.J., and the Formation of Imperial Policy* (Chapel Hill: University of North Carolina Press, 1981); Bireley, *The Counter-Reformation Prince: Anti-Machiavellianism or Catholic Statecraft in Early Modern Europe* (Chapel Hill: University of North Carolina Press, 1990); Harro Höpfl, *Jesuit Political Thought: The Society of Jesus and the State, c. 1540-1630* (Cambridge: Cambridge University Press, 2004).

14. Luciano Canfora, *Convertire Casaubon* (Milan: Adelphi, 2002); Evonne Levi, *Propaganda and the Jesuit Baroque* (Berkeley: University of California Press, 2004).

15. 예컨대 Maria Teresa Borgato, ed., *Giambattista Riccioli e il merito scientifico dei gesuiti nell'età barocca* (Florence: Olschki, 2002); Mordechai Feingold, ed., *Jesuit Science and the Republic of Letters* (Cambridge, Mass.: MIT Press, 2003)을 참조할 것.

16. John O'Malley과 동료들이 편집한 대표적인 저작을 소개하면 *The Jesuits: Cultures, Sciences, and the Arts, 1540-1773* (Toronto: University of Toronto Press, 1999); *The Jesuits II: Cultures, Sciences, and the Arts, 1540-1773* (Toronto: University of Toronto Press, 2006); John O'Malley and Gauvin Alexander Bailey, eds., *The Jesuits and the Arts, 1540-1773* (Philadelphia: Saint Joseph's University Press, 2005).

17. 곧 출간될 저서에서 Daniel Stolzenberg는 키르허의 작품과 세계를 분석해다. 키르허의 사상을 집중적으로 다룬 저작으로는 Erik Iversen, *Obelisks in Exile*, vol. I: The Obelisks of Rome (Copenhagen: Gad, 1968); R. I. W. Evans, *The Making of the Habsburg Monarchy, 1550 to 1700* (New York: Oxford University Press, 1979); David Mungello, *Curious Land: Jesuit Accommodation and the Origins of Sinology* (Stuttgart: Franz Steiner, 1985); Thomas Leinkauf, *Mundus combinatus: Studien zur*

Struktur der barocken Universalwissenschaft am Beispiel Athanasius Kirchers SJ (1602–1680) (Berlin: Akademie Verlag, 1993); Daniel Stolzenberg, ed., *The Great Art of Knowing: The Baroque Encyclopedia of Athanasius Kircher* (Stanford, Calif: Stanford University Libraries, 2001); Paula Findlen, ed., *Athanasius Kircher: The Last Man Who Knew Everything* (New York: Routledge, 2004)가 있다.

9장 자기 정의를 위한 기독교의 노력 그리고 유대교

이 장은 애초에 Adam Sutcliffe, *Judaism and Enlightenment* (Cambridge: Cambridge University Press, 2003)과 Maurice Olender, *The Languages of Paradise: Aryans and Semites, a Match Made in Heaven*, tr. Arthur Goldhammer (New York: The Other Press, 2003)의 서평으로 쓰인 것이다.

1. Flavius Mithridates, *Sermo de Passione Domini*, ed. Chaim Wirszubski의 서문과 평론 (n.p.: Israel Academy of Sciences and Humanities, 1963).
2. 예컨대 Joseph Dan, ed., *The Christian Kabbalah* (Cambridge, Mass.: Harvard College Library, 1997); Stephen Burnett, *From Christian Hebraism to Jewish Studies: Johannes Buxtorf (1564-1629) and Hebrew Learning in the Seventeenth Century* (Leiden: Brill, 1996)을 참조할 것.
3. Johannes Reuchlin, *Recommendation whether to Confiscate, Destroy, and Burn All Jewish Books*, ed. and tr. Peter Wortsman (Mahwah, N.J.: Paulist Press, 2000)과 특히 Elisheva Carlebach의 비판적 서문을 참조할 것.
4. David Katz, *The Jews in the History of England, 1485-1850* (Oxford: Clarendon Press, 1994), and *God's Last Words* (New Haven, Conn.: Yale University Press, 2004)를 참조할 것.
5. Noel Malcolm, "Hobbes, Ezra and the Bible: The History of a Subversive Idea," in his *Aspects of Hobbes* (Oxford: Clarendon Press, 2002), 383–431.
6. 올랑데의 저작은 1992년 하버드대학교 출판부에서 처음 출간되었지만 이 문제와 관련된 토론에서 아직도 빼놓을 수 없는 책이다.
7. 두 저작을 보완하는 충실한 저작이 최근에 발간되었다. Jonathan M. Hess, *Germans, Jews and the Claims of Modernity* (New Haven, Conn.: Yale University Press, 2002)를 참조할 것.
8. Henk Jan de Jonge, *De bestudering van het Nieuwe Testemant aan de Noordnederlandse universiteiten en het Remonstrants Seminarie van 1575 tot 1700*

(Amsterdam: North-Holland, 1980); Luciano Canfora, *Ellenismo* (Rome: Laterza, 1987)을 참조할 것.

9. Azariah de' Rossi, *The Light of the Eyes*, tr. Joanna Weinberg (New Haven, Conn.: Yale University Press, 2001), 101-111, 129. 이 저작은 탁월한 연구의 성과이다. de' Rossi의 저작과 Weinberg의 해설은 여기에서 서평으로 다룬 두 저작이 제기한 의문들을 상당히 해소해주었다.

10. Daniel Heinsius, *Aristarchus sacer* (Leiden: Elzevir, 1627), 211-212.

11. 최근의 대표적인 연구로는 Burnett, *From Christian Hebraism to Jewish Studies; Matt Goldish, Judaism in the Theology of Sir Isaac Newton* (Dordrecht: Kluwer Academic Publishers, 1998); Allison Coudert and Jeffrey *Shoulson, eds., Hebraica Veritas? Christian Hebraists and the Study of Judaism in Early Modern Europe* (Philadelphia: University of Pennsylvania Press, 2004); Giuseppe Veltri and Gerold Necker, eds., *Gottes Sprache in derphilologischen Werkstatt: Hebraistik vom 15. bis zum 19. Jahrhundert* (Leiden: Brill, 2004); Jason Rosenblatt, *Renaissance England's Chief Rabbi: John Selden* (Oxford: Oxford University Press, 2006)을 참조할 것.

10장 낭만주의에서 포스트모더니즘까지, 사상의 역사를 추적하다

이 장의 초고를 읽고 적절한 지적을 아끼지 않은 Warren Breckman과 Suzanne Marchand에게 따뜻한 감사의 말을 전하고 싶다.

1. Randall Jarrell, *Pictures from an Institution: A Comedy* (New York: Knopf, 1954), 1. 뒤의 주에서 인용되는 글은 일부에 불과하다. 전체를 인용하는 것은 불가능하다.

2. Henry May, *Coming to Terms: A Study in Memory and History* (Berkeley: University of California Press, 1987), 307의 자전적 설명을 참조하기 바란다. "내가 1950년 버클리에 간 것은 사상사 연구가 주된 이유였다. 버클리는 물론이고 다른 대학교에서도 역사학을 가르치던 노교수들은 사상사를 모호하고 주관적인 것으로 무시하는 경향이 있었다. 하지만 1950년대에 들며 유행이 바뀌었다. 단기간에 내가 연구하려는 역사가 들불처럼 유행했다. 버클리에서 보낸 첫 10년 동안 나는 승자의 편에서 글을 쓰고 가르쳤다. 놀랍기도 했지만 조금은 불편한 현상이었다."

3. Robert Darnton, "Intellectual and Cultural History," in *The Past before Us: Contemporary Historical Writing in the United States*, ed. Michael Kammen (Ithaca, N.Y.: Cornell University Press, 1980), 327-328.

4. 단턴이 Frank Manuel의 연구를 염두에 둔 것이다. 1960년대 뉴턴에 대한 연구는 문

헌 분석에 기초한 전기 형식에서, 논란이 많았던 정신분석학적 방법을 적용하는 연구로 *Isaac Newton, Historian* (Cambridge, Mass.: Harvard University Press, 1963) with *A Portrait of Isaac Newton* (Cambridge, Mass.: Harvard University Press, 1968; repr. Washington, D.C.: New Republic Books, 1979)을 참조할 것. *The Changing of the Gods* (Hanover, N.H.: University Press of New England, 1983)과 *The Broken Staff: Judaism through Christian Eyes* (Cambridge, Mass.: Harvard University Press, 1992) 같은 이후의 연구에서 Manuel은 다시 전통적인 맥락의 사상사로 돌아갔다. 전통적인 방법에 대해서는 *The Religion of Isaac Newton* (Oxford: Clarendon Press, 1974)를 참조할 것.

5. Quentin Skinner, "Meaning and Understanding in the History of Ideas," History and Theory 8 (1969), 3–53; James Tully, ed., *Meaning and Context: Quentin Skinner and His Critics* (Princeton, N.J.: Princeton University Press, 1988), 29–67에 재수록.

6. Darnton, "Intellectual and Cultural History," 338–339.

7. 앞의 책, 346.

8. 전체적인 흐름에 대해서는 Peter Burke, *What Is Cultural History?* (Oxford: Polity Press, 2004), chaps. 3–4를 참조할 것.

9. Arnaldo Momigliano, "A Piedmontese View of the History of Ideas," in his *Essays in Ancient and Modern Historiography* (Oxford: Oxford University Press, 1977), 6.

10. Daniel J. Wilson, *Arthur O. Lovejoy and the Quest for Intelligibility* (Chapel Hill: University of North Carolina Press, 1980), chap. 5.

11. Arthur Lovejoy, "On the Discrimination of Romanticisms," *Proceedings of the Modern Language Association* 39 (1924): 229–253, *Essays in the History of Ideas* (Baltimore, Md.: Johns Hopkins University Press, 1948), 228–253에 재수록. 이 논문에서 러브조이는 사상과 미술에서 낭만주의처럼 포괄적인 용어를 구성하는 "더 단순해서 다양하게 조합될 수 있는 지적이고 감성적인 요소"에 관심을 기울이면 개념을 명확히 하는 데 큰 도움이 될 수 있다.

12. Arthur Lovejoy, "The Historiography of Ideas," *Proceedings of the American Philosophical Society* 78 (1928), 529–543, *Essays in the History of Ideas,* 1–13에 재수록.

13. A. O. Lovejoy, *The Great Chain of Being; A Study of the History of an Idea* (Cambridge, Mass.: Harvard University Press, 1936).

14. Wilson, Arthur O. Lovejoy, 187–189.

15. Leo Spitzer, "*Geistesgeschichte* vs. History of Ideas as Applied to Hitlerism," *Journal of the History of Ideas* 5 (1944), 191–203 특히 203.

16. Arthur Lovejoy, "Reply to Professor Spitzer," *Journal of the History of Ideas* 5 (1944), 204–219.

17. Rosalie Colie, "'Method' and the History of Scientific Ideas," *History of Ideas News Letter* 4 (1958), 75-79; Crane Brinton et al., "'Method' and the *History of Scientific Ideas*: Comment and Discussion," *History of Ideas News Letter* 5 (1959), 27-36; "The Editor's Column: Miss Colie Replies," *History of Ideas News Letter* 5 (1959), 50, 67-68.

18. Gilbert Allardyce, "The Rise and Fall of the Western Civilization Course," *American Historical Review* 87 (1982), 695-725.

19. 다른 경우에 대해서는 Carl Schorske, *Thinking with History: Explorations in the Passage to Modernism* (Princeton, N.J.: Princeton University Press, 1998), 20; Richard McCormick in Michael Birkner, *McCormick of Rutgers: Scholar, Teacher, Public Historian* (Westport, Conn.: Greenwood Press, 2001), 47; and William McNeil in *The Pursuit of Truth: A Historian's Memoir* (Lexington: University Press of Kentucky, 2005)의 해설을 참조할 것.

20. Donald R. Kelley, *The Descent of Ideas: The History of Intellectual History* (Aldershot, U.K.: Ashgate, 2002).

21. Ulrich Schneider, "Teaching the History of Philosophy in 19th Century Germany," in *Teaching New Histories of Philosophy*, ed. J. B. Schneewind (Princeton, N.J.: Center for Human Values, Princeton University, 2004), 275-295. 이 문제를 더 깊이 파고든 Schneider, *Philosophie und Universität: Historisierung der Vernunft im 19. Jahrhundert* (Hamburg: Meiner, 1999)도 참조할 것.

22. Momigliano, "A Piedmontese View of the History of Ideas," 1.

23. J. B. Bury, *The Idea of Progress: An Inquiry into Its Origin and Growth* (New York: Macmillan, 1932).

24. 특히 Hans Baron의 연구집, *In Search of Florentine Civic Humanism: Essays on the Transition from Medieval to Modern Thought*, 2 vols. (Princeton, N.J.: Princeton University Press, 1988)을 참조할 것. James Hankins, ed., *Renaissance Civic Humanism: Reappraisals and Reflection* (Cambridge: Cambridge University Press, 2000)도 추천하고 싶다.

25. 이 이야기에 대해서는 William McGuire, *Bollingen: An Adventure in Collecting the Past* (Princeton, N.J.: Princeton University Press, 1982)를 참조할 것. 하퍼토치북스는 Lovejoy의 Great Chain of Being를 비롯해 Cassirer, Curtius, Garin, Rossi 등의 사상사 저작을 보급판으로 출간했다. 비컨 출판사는 Perry Miller의 전작을 보급판으로 출간했다.

26. 특히 Perry Miller, *The New England Mind: The Seventeenth Century* (New York: Macmillan, 1939); Samuel Eliot Morison, *The Founding of Harvard College*

(Cambridge, Mass.: Harvard University Press, 1935); Morison, *Harvard College in the Seventeenth Century*, 2 vols. (Cambridge, Mass.: Harvard University Press, 1936); Morison, *The Puritan Pronaos: Studies in the Intellectual Life of New England in the Seventeenth Century* (New York: New York University Press, 1936)을 참조할 것. 밀러와 모리슨에게 영감을 받은 중요한 저작으로는 Walter Ong, S.J., Ramus, *Method and the Decay of Dialogue* (Cambridge, Mass.: Harvard University Press, 1958)이 손 꼽힌다. 밀러에 대해서는 David Hollinger, "Perry Miller and Philosophical History," in his *In the American Province: Essays in the History and Historiography of Ideas* (Bloomington: Indiana University Press, 1985), 152–166을 참조하기 바란다.

27. Norman Fiering, *Moral Philosophy at Seventeenth-Century Harvard: A Discipline in Transition* (Chapel Hill: University of North Carolina Press, 1981)을 참조할 것.

28. Wilson, *Arthur O. Lovejoy*를 참조할 것.

29. Schorske, *Thinking with History*, 228을 참조할 것.

30. 영국 학계의 철학이 어떻게 변했고 미국에는 어떤 영향을 미쳤는지에 대한 설명은 Ved Mehta, *Fly and the Fly-Bottle* (Boston: Little, Brown, 1962)를 참조할 것. 이와 관련된 문제는 Scott Soames, *Philosophical Analysis in the Twentieth Century*, 2 vols. (Princeton, NJ.: Princeton University Press, 2003)에서 거의 완벽하게 다루어졌다.

31. Bruce Kuklick, *The Rise of American Philosophy: Cambridge, Massachusetts, 1860-1930* (New Haven, Conn.: Yale University Press, 1977).

32. 특히 선구적인 저작들, David Hollinger, *Morris R. Cohen and the Scientific Ideal* (Cambridge, Mass.: MIT Press, 1975), John Toews, *Hegelianism: The Path toward Dialectical Humanism* (Cambridge: Cambridge University Press, 1980)와 *Cambridge History of Renaissance Philosophy*, ed. Charles Schmitt, Eckhart Kessler, and Quentin Skinner, with Jill Kraye (Cambridge: Cambridge University Press, 1987)을 참조할 것.

33. 예컨대 John Monfasani, *George of Trebizond: A Biography and a Study of His Rhetoric and Logic* (Leiden: Brill, 1976); James Hankins, *Plato in the Italian Renaissance*, 2 vols. (Leiden: Brill, 1990); Christopher Celenza, *The Lost Italian Renaissance: Humanists, Historians, and Latin's Legacy* (Baltimore, Md.: Johns Hopkins University Press, 2004)를 참조할 것.

34. 예컨대 Geoffrey Lloyd, *Magic, Reason and Experience* (Cambridge: Cambridge University Press, 1979); Lloyd, *Science, Folklore, and Ideology: Studies in the Life Sciences in Ancient Greece* (Cambridge: Cambridge University Press, 1983); Lloyd, *The Revolutions of Wisdom: Studies in the Claims and Practice of Ancient Greek Science* (Berkeley: University of California Press, 1987)을 참조할 것.

35. *The Cambridge History of Later Medieval Philosophy: From the Rediscovery of Aristotle*

to the Disintegration of Scholasticism, ed. Norman Kretzmann, A. J. P. Kenny, and Jan Pinborg, with Eleonore Stump (Cambridge: Cambridge University Press, 1982) 에 수록된 연구들을 참조할 것.

36. 예컨대 Martha Nussbaum, *The Fragility of Goodness: Luck and Ethics in Greek Tragedy and Philosophy* (Cambridge: Cambridge University Press, 1986); Michael Frede, *Essays in Ancient Philosophy* (Minneapolis: University of Minnesota Press, 1987); John Cooper, *Reason and Emotion: Essays on Ancient Moral Psychology and Ethical Theory* (Princeton, N.J.: Princeton University Press, 1999); *The Cambridge History of Early Modern Philosophy*, ed. Daniel Garber and Michael Ayers, with the assistance of Roger Ariew and Alan Gabbey, 2 vols. (Cambridge: Cam-bridge University Press, 1998)을 참조할 것.

37. *Teaching New Histories of Philosophy*에 수록된 논문들을 참조할 것.

38. George Huppert, "Divinatio et Eruditio: Thoughts on Foucault," *History and Theory* 13 (1974), 191-207; Ian Maclean, "Foucault's Renaissance Épistémé Reassessed: An Aristotelian Counterblast," *Journal of the History of Ideas* 59 (1998), 149-166. 푸코의 저작과 전통적인 관점에서 쓰인 사상사 서적의 관계를 명확히 규정하려는 노력에 대해서는 David Hollinger, *In the American Province*에 실린 "Historians and the Discourse of Intellectuals," 130-151을 참조하기 바란다.

39. Jan Goldstein, *Console and Classify: The French Psychiatric Profession in the Nineteenth Century* (Cambridge: Cambridge University Press, 1987; 새로운 후기가 더해진 Chicago: University of Chicago Press, 2001); Stuart Clark, *Thinking with Demons: The Idea of Witchcraft in Early Modern Europe* (Oxford: Clarendon Press, 1997).

40. Peter Brown, *The Body and Society: Men, Women, and Sexual Renunciation in Early Christianity* (New York: Columbia University Press, 1988); Caroline Bynum, *Fragmentation and Redemption: Essays on Gender and the Human Body in Medieval Religion* (New York: Zone Books, 1991); Bynum, *The Resurrection of the Body in Western Christianity, 200-1336* (New York: Columbia University Press, 1995); Thomas Laqueur, *Making Sex: Body and Gender from the Greeks to Freud* (Cambridge, Mass.: Harvard University Press, 1990); Laqueur, *Solitary Sex: A Cultural History of Masturbation* (New York: Zone Books, 2003). Maud Gleason, *Making Men: Sophists and Self-Presentation in Ancient Rome* (Princeton, N.J.: Princeton University Press, 1995); Bernadette Brooten, *Love between Women: Early Christian Responses to Female Homoeroticism* (Chicago: University of Chicago Press, 1996); Elizabeth Clark, Reading Renunciation: Asceticism and Scripture in Early Christianity (Princeton, N.J.: Princeton University Press, 1999) 등도 추천하고 싶다.

41. Edward Said, *Orientalism* (New York: Vintage Books, 1979). Edith Hall, *Inventing*

the Barbarian: Greek Self-Definition through Tragedy (Oxford: Clarendon Press, 1989)
와 Eve Troutt Powell, *A Different Shade of Colonialism: Egypt, Great Britain and the Mastery of the Sudan* (Berkeley: University of California Press, 2003)도 참조할 것.
Francois Hartog, *Le miroir d'Hérodote* (Paris: Gallimard, 1980)도 추천하고 싶다.

42. 대표적인 사례로는 Gadi Algazi, "Food for Thought: Hieronymus Wolf grapples with the Scholarly Habitus," in *Egodocuments in History: Autobiographical Writing in Its Social Context since the Middle Ages*, ed. Rudolf Dekker (Hilversum: Verloren, 2002), 21–44; Algazi, "Scholars in Households: Refiguring the Learned Habitus, 1480-1550," *Science in Context* 16 (2003), 9–42를 참조할 것.

43. 대표적인 예로는 Ann Blair, *The Theater of Nature: Jean Bodin and Renaissance Science* (Princeton, N.J.: Princeton University Press, 1997)과 Caroline Winterer, *The Culture of Classicism: Ancient Greece and Rome in American Intellectual Life, 1780-1910* (Baltimore, Md.: Johns Hopkins University Press, 2002)가 있다.

44. William Bouwsma, "From History of Ideas to History of Meaning," *Journal of Interdisciplinary History* 12 (1981), 279–291, Bouwsma, *A Usable Past: Essays in European Cultural History* (Berkeley: University of California Press, 1990), 336–347 에 재수록.

45. 예컨대 Josef Hayim Yerushalmi, *Zakhor: Jewish History and Jewish Memory* (Seattle: University of Washington Press, 1982)와 Amos Funkenstein, *Perceptions of Jewish History* (Los Angeles: University of California Press, 1993)을 참조할 것.

46. J. G. A. Pocock, *The Machiavellian Moment: Florentine Political Thought and the Atlantic Republican Tradition* (Princeton, N.J.: Princeton University Press, 1975; 새로운 후기가 더해진 Princeton, N.J.: Princeton University Press, 2003). Gisela Bock, Quentin Skinner, and Maurizio Viroli, eds., *Machiavelli and Republicanism* (Cambridge: Cambridge University Press, 1990)도 참조할 것.

47. 예컨대 Richard Tuck, *Natural Rights Theories: Their Origin and Development* (Cambridge: Cambridge University Press, 1979); Anthony Pagden, *The Fall of Natural Man: The American Indian and the Origin of Comparative Ethnology* (Cambridge: Cambridge University Press, 1982); Anthony Pagden, ed., *The Languages of Political Theory in Early Modern Europe* (Cambridge: Cambridge University Press, 1987); Laurence *Dickey, Hegel: Religion, Economics and the Politics of Spirit*, 1770-1807 (Cambridge: Cambridge University Press, 1987)을 참조할 것.

48. 최근에 출간된 저서로는 Eric Nelson, *The Greek Tradition in Republican Thought* (Cambridge: Cambridge University Press, 2004)와 Peter Stacey, *Roman Monarchy and the Renaissance Prince* (Cambridge: Cambridge University Press, 2007)이 있다.

49. Quentin Skinner, ed., *The Return of Grand Theory in the Human Sciences* (Cambridge:

Cambridge University Press, 1985).

50. James Tully, ed., *Meaning and Context: Quentin Skinner and His Critics* (Princeton, N.J.: Princeton University Press, 1993)을 참조할 것.

51. Quentin Skinner, *Reason and Rhetoric in the Philosophy of Hobbes* (Princeton, N.J.: Princeton University Press, 1996).

52. J. G. A. Pocock, *Barbarism and Religion*, 4 vols, 현재까지 (Cambridge: Cambridge University Press, 1999–).

53. Richard Goldthwaite, "The Florentine Palace as Domestic Architecture," *American Historical Review* 77 (1972), 977–1012의 선구적인 논문과 Carl Schorske의 탁월한 저작 *Fin-de-siècle Vienna: Politics and Culture* (New York: Knopf, 1979)를 참조하기 바란다.

54. 예컨대 *The Origins of Museums: The Cabinet of Curiosities in Sixteenth and Seventeenth-Century Europe*, ed. Oliver Impey and Arthur MacGregor (Oxford: Clarendon Press, 1985; repr. Kelly Bray, U.K.: House of Stratus, 2001); Paula Findlen, *Possessing Nature: Museums, Collecting and Scientific Culture in Early Modern Italy* (Berkeley: University of California Press, 1994); Suzanne Marchand, *Down from Olympus: Archaeology and Philhellenism in Germany, 1750-1970* (Princeton, N.J.: Princeton University Press, 1996); *Steven Conn, Museums and American Intellectual Life, 1876-1926* (Chicago: University of Chicago Press, 1998).

55. 예컨대 Steven Shapin and Simon Shaffer의 선구적인 저서, *Leviathan and the Air-Pump: Hobbes, Boyle and the Experimental Life* (Princeton, N.J.: Princeton University Press, 1985); Peter Dear, *Discipline and Experience: The Mathematical Way in the Scientific Revolution* (Chicago: University of Chicago Press, 1995); and the studies collected in Lorraine Daston, ed., Biographies of Scientific Objects (Chicago: University of Chicago Press, 2000), and Daston, ed., *Things That Talk: Object Lessons from Art and Science* (Cambridge, Mass.: MIT Press, 2004).

56. James Young, *The Texture of Memory: Holocaust Memorials and Meaning* (New Haven, Conn.: Yale University Press, 1993); J. M. *Winter, Sites of Memory, Sites of Mourning: The Great War in European Cultural History* (Cambridge: Cambridge University Press, 1995); Daniel Sherman, *The Construction of Memory in Interwar France* (Chicago: University of Chicago Press, 1999)를 참조할 것.

57. Carlo Ginzburg, *The Cheese and the Worms: The Cosmos of a Sixteenth-Century Miller*, tr. John Tedeschi and Anne Tedeschi (Baltimore, Md.: Johns Hopkins University Press, 1980); Andrea Del Col, *Domenico Scandella Known as Menocchio: His Trials before the Inquisition (1583-1599)*, tr. John Tedeschi and Anne Tedeschi (Binghamton, N.Y.: Medieval and Renaissance Texts and Studies, 1996)도 참조하기 바란다.

58. 1700년 이전의 수십 년과 그 직후의 유럽 편지 공화국에 대해 최근에 발표된 세 편의 영향력 있는 연구를 꼽는다면 Anne Goldgar, *Impolite Learning: Conduct and Community in the Republic of Letters, 1680-1750* (New Haven, Conn.: Yale University Press, 1995); Jonathan Israel, *Radical Enlightenment: Philosophy and the Making of Modernity, 1650-1750* (Oxford: Oxford University Press, 2001); Noel Malcolm, *Aspects of Hobbes* (Oxford: Clarendon Press, 2002)가 있다.

59. Kevin Sharpe, *Reading Revolutions: The Politics of Reading in Early Modern England* (New Haven, Conn.: Yale University Press, 2000)의 추천 글을 참조하고, 일반론으로는 H. J. Jackson, *Marginalia: Readers Writing in Books* (New Haven, Conn.: Yale University Press, 2001)을 참조하기 바란다.

60. Daniel Woolf의 대표적인 저서, *Reading History in Early Modern England* (Cambridge: Cambridge University Press, 2000)와 Woolf, *The Social Circulation of the Past: English Historical Culture, 1500-1730* (Oxford: Oxford University Press, 2003)를 참조하고, 최근에 출간된 Nicholas Popper, *Walter Ralegh's History of the World and the Historical Culture of the Late Renaissance* (PhD dissertation, Princeton University, 2007)도 참조할 곳. 최근의 시대에 대한 연구로는 Peter Fritzsche, Reading Berlin 1900 (Cambridge, Mass.: Harvard University Press, 1996)과 Jonathan Rose, *The Intellectual Life of the British Working Classes* (New Haven, Conn.: Yale University Press, 2001)이 있다.

61. 예컨대 Shane Butler, *The Hand of Cicero* (New York: Routledge, 2002) and Lawrence Rainey, *The Institutions of Modernism: Literary Elites and Public Culture* (New Haven, Conn.: Yale University Press, 1998)을 참조할 것.

62. 예컨대 Marcia Colish, *Medieval Foundations of the Western Intellectual Tradition, 400-1400* (New Haven, Conn.: Yale University Press, 1997); William Bouwsma, *The Waning of the Renaissance, ca. 1550-1640* (New Haven, Conn.: Yale University Press, 2000); John Burrow, *The Crisis of Reason: European Thought, 1848-1914* (New Haven, Conn.: Yale University Press, 2000); 특히 Maryanne Cline Horowitz, ed., *New Dictionary of the History of Ideas*, 6 vols. (New York: Scribner's, 2005)를 참조할 것.

63. Daphne Patai and Will H. Corral, eds., *Theory's Empire: An Anthology of Dissent* (New York: Columbia University Press, 2005)도 추천하고 싶다.

64. 예컨대 Andrzej Walicki, *Philosophy and Romantic Nationalism: The Case of Poland* (Oxford: Clarendon Press, 1982) and Leszek Kolakowski, *Chrétiens sans église: La conscience religeuse et le lien confessionnel au XVIIe siècle*, tr. Anna Posner (Paris: Gallimard, 1969)를 참조할 것.

11장 학문의 역사를 개척한 학자, 마크 패티슨

1. 이 장은 여러 출판사에서 발간된 패티슨의 저작들과 옥스퍼드 보들리 도서관에 소장된 그의 논문들을 기초로 쓰인 것이다. 패티슨의 완전한 서지 목록에 대해서는 H. S. Jones, *Intellect and Character in Victorian England: Mark Pattison and the Invention of the Don* (Cambridge: Cambridge University Press, 2007)을 참조하기 바란다. Jones는 패티슨의 삶과 결혼, 작가로서의 이력, 대학 개혁에 대한 의견에 대한 일반적인 추정을 바로잡았고, 정기 간행물에 기고한 작가로서의 패티슨을 수정주의적 관점에서 설명했다. Jones는 학문의 역사에 대한 패티슨의 업적에 대해서도 언급하지만, 이 부분은 다른 부분들에 비교하면 상당히 피상적이다. 또 Jones는 A. D. Nuttall의 *Dead from the Waist Down* (New Haven, Conn.: Yale University Press, 2003)를 인용하고 있지만, 이 책의 주장을 제대로 이해하지 못한 듯하다. Jones는 Eduard Fraenkel이 편집한 *Aeschylus* (Oxford: Claréndon Press, 1950), I, 61-77을 언급하지도 않았다. 하지만 이 책에서는 카소봉의 학문적 깊이만이 아니라, 패티슨이 번역할 엄두조차 내지 못한 공개되지 않은 공책과 주해서의 중요성까지 객관적으로 입증되었다. Nuttal은 이런 점들을 길게 설명했다. 이 장은 Jones의 책을 설명하려고 쓰인 것이지만 Jones가 거의 언급하지 문제에 중점을 두었다.

12장 모밀리아노와 새로운 역사기록학의 형성

이 장은 Grafton, "Arnaldo Momigliano e la storia degli studi classici," 106-109와 "Einleitung"에서 간략하게 제시한 논증을 확대한 것이다. 여기에서 논의된 주제들에 대해 오랫동안 대화해온 Peter Miller를 비롯해 Michael Crawford, Carlotta Dionisotti, Joseph Levine, Christopher Ligota, Anne Marie Meyer, Glenn Most, Joanna Weinberg에게 감사하고 싶다. 초고를 비판적으로 읽어주고, Yates가 Momigliano에게 보낸 편지(부록 2)에 대해 J. B. Trapp에게도 감사한다. Dorothea McEwan과 바르부르크 연구소 기록 보관소의 동료들, Susanne Meurer와 Claudia Wedepohl의 도움으로 상상할 수 있는 최적의 조건에서 자료를 사용할 수 있었다.

1. Green, "Ancient History and Modern Historians." 이 장에서는 이차적 자료에 대한 언급을 최소한으로 유지했다.
2. Dionisotti, "Review of Mandowsky and Mitchell, *Pirro Ligorio's Roman Antiquities*." Dionisotti의 비판은 학문적이고 날카롭지만 과장된 면이 없지 않다. Mitchell의 서문은 지금도 상당한 가치가 있다.

3. 이런 만남과 그 결과에 대한 자세한 설명으로는 Grafton, "Arnaldo Momigliano: A Pupil's Notes."를 참조할 것.

4. 이 논문들에 대해서는 Momigliano, *Contributo alia storia degli studi classici*, 233-248, 37-54, 67-106, 213-231, 195-211; *Essays in Ancient and Modern Historiography*, 231-251; *Studies in Historiography*, 127-142; *Essays in Ancient and Modern Historiography*, 277-293, 107-126을 참조할 것.

5. 1947년 11월 3일 모밀리아노는 기차로 브리스틀에서 옥스퍼드로 가던 중에 Gaetano da Sanctis에게 쓴 편지에서 "오늘 오후 나는 이탈리아 인문주의 역사에 대해 옥스퍼드에서 강의할 예정"이라고 말했다. 내가 알기에 그 강의는 대외적으로 공개되지 않았다. 그가 브리스틀에서 체류하던 1948-1951년 동안 간직한 공책에는 이탈리아어로 '고전학 요약'이라 쓰여 있다. Di Donato, "Materiali per una biografia intellettuale di Arnaldo Momigliano, 2. Tra Napoli e Bristol," 241n40을 참조할 것.

6. Momigliano, *The Classical Foundations of Modern Historiography*. Cf. Rowe, "Ethnography and Ethnology in the Sixteenth Century."

7. Momigliano, *Contributo alia storia degli studi classici*, 234.

8. Green, "Ancient History and Modern Historians."

9. 예컨대 Momigliano, "History in an Age of Ideologies [1982]"와 "The Introduction of History as an Academic Subject and Its Implications [1985]."를 참조할 것. Momigliano, "Review of Elizabeth Armstrong, *Robert Estienne, Royal Printer: An Historical Study of the Elder Stephanus*"에서 Harnack와 Estienne을 언급한 "다른 사람들이 행한 것을 얻으려면 많은 세속적 지혜가 필요하다."라는 구절도 참조할 것. 물론 모밀리아노는 초기 저작에서 이탈리아의 교육 기관을 비롯한 제도적 기관을 가끔 언급했다. 1958년에 있었지만 1966년에야 출판된 모비용의 이탈리아 제자들에 대한 강연에서는 성(聖)모르회의 학문 세계만이 아니라 바키니와 무라토리의 이탈리아에서 꽃피웠던 상당히 다른 학문 세계에 대한 깊은 이해가 읽혀진다.

10. Momigliano, "Review of Elizabeth Armstrong, Robert Estienne, Royal Printer: An Historical Study of the Elder Stephanas." 이런 결론을 끌어낸 논증에도 주목할 필요가 있다. "암스트롱 부인은 고전학자도 아니고 성경학자도 아닌 까닭에 학문 발달에 대한 로베르 에티엔의 기여를 평가하는 데 적합하지 않다는 게 확인된다면 암스트롱 부인을 비판할 이유가 없다. 또 암스트롱 부인은 철저하게 평가할 의도가 애초부터 없었을 수 있다 ⋯ 그녀는 성경학자이나 고전학자로서 향후에 로베르 에티엔을 연구할 방향을 준비했다. 그러나 가식적으로 보이더라도 경고는 어떤 형식으로든 덧붙여져야 했다." A. Bernardini and G. Righi, *Il concetto di filologia e di cultura classica nel mondo moderno* (1949), in *Contributo alia storia degli studi classici*, 393-395; Domenico Maffei, *Alessandro d'Alessandro giureconsulto umanista* (1461-1523) and *Gli inizi delYumanesimo giuridico* (1957), in *Secondo contributo alia storia degli studi classici*,

418-421; Jiirgen von Stackelberg, *Tacitus in der Romania* (1963), in *Terzo contributo alia storia degli studi classici e del mondo antico*, II, 775-776에 대한 모밀리아노의 서평도 참조할 것. 이 서평들은 훗날 역사기록학의 역사에 대한 피사 세미나에 영감을 주었다. 이 세미나에 대해서는 Cambiano, "Momigliano e i seminari pisani di storia della storiografia."를 참조할 것.

11. Momigliano, *Essays in Ancient and Modern Historiography*, 6-7을 참조할 것. "20년 전 유니버시티 칼리지 런던의 교수가 되었을 때 영국 최고의 사상사학자가 현역에서 활동하는 J. Z. Young과 Peter Medawar라는 걸 알게 되는 데는 오랜 시간이 걸리지 않았다. 그러나 내가 모르는 과학에 대해 그들이 언급한다는 사실에 나는 무력감을 느꼈다. 하지만 그들에게는 과학적 사상을 역사적 맥락에서 전개하는 데 필요한 대중성이 부족했기 때문에 나와 같은 역사학자들에게 무력감을 느꼈다." 하지만 1960년대쯤 메더위는 이런 약점까지 극복해냈다.

12. Momigliano, "Review of Elizabeth Armstrong, *Robert Estienne, Royal Printer: An Historical Study of the Elder Stephanas*."

13. 모밀리아노가 영국에서 받은 대접과, 그 대접이 강의에 미친 영향에 대해서는 Dionisotti, *Ricordo di Arnaldo Momigliano*; Brown, "Arnaldo Dante Momigliano"; Oswyn Murray, "Momigliano e la cultura inglese"은 "Arnaldo Momigliano in England"로 수정됨, Crawford, "L'insegnamento di Arnaldo Momigliano in Gran Bretagna."을 참조할 것.

14. Momigliano, *Contributo alia storia degli studi classici*, 233, 213, 195; *Secondo contributo alia storia degli studi classici*, 191.

15. Momigliano, *Contributo alia storia degli studi classici*, 354.

16. Momigliano, *Terzo contributo alia storia degli studi classici e del mondo antico*, II, 769-774. *The Classical Foundations of Modern Historiography*의 서평자들도 이 책에 남아있는 이원적 구조에 주목했다. David Konstan와 Ernst Breisach의 서평을 참조할 것. 모밀리아노는 역사기록학에 대한 저작에서 오랫동안 근거로 삼았던 이원론을 포기한 후에는 삼각구도를 선호하는 경향을 보여주었다. 대표적인 예로 Momigliano, "History between Medicine and Rhetoric [1985]."을 참조할 것. 그러나 이원적 구조도 계속 존속했다.

17. Momigliano, "The Rhetoric of History and the History of Rhetoric: On Hayden White's Tropes [1981]."에서 이렇게 주장했다.

18. 모밀리아노가 세네카와 타키투스를 다룬 책은 결국 출간되지 않았다. Riccardo Di Donato, "Materiali per una biografia intellettuale di Arnaldo Momigliano," 242에 따르면 그 원고는 옥스퍼드 대학교 출판부에게 거절되었다.

19. 이 시기에 모밀리아노가 발표한 저작들과 그 내용에 대해서는 Christ, "Arnaldo

Momigliano and the History of Historiography."를 참조할 것. 더 자세한 연대표는 Di Donato, "Materiali per una biografia intellettuale di Arnaldo Momigliano. 2. Tra Napoli e Bristol."에서 확인할 수 있다.

20. Momigliano, *Contributo alia storia degli studi classici*, 263–274, 165–194, 107–164, 379–382.

21. 앞의 책, 165n1. 1933년 12월 24일 모밀리아노가 D. M. Pippidi에게 보낸 편지. "E stato per me un periodo molto interessante quello che ho potuto dedicare alia lettura del pensiero dei protoromantici (Humboldt, Wolf, Niebuhr, Boeckh, etc.) che mi hanno precisato la radice del pensiero del mio Altvater Droysen (non vorrei però danneggiare presso di Lei la 'purezza' di Droysen dandogli dei discendenti semitici!)."Momigliano, "L'epistolario con D. M. Pippidi," 17–18. Di Donato, "Materiali per una biografia intellettuale di Arnaldo Momigliano," 220가 인용.

22. Momigliano, *Contributo alia storia degli studi classici*, 380, 245n32; *Essays in Ancient and Modern Historiography*, 312.

23. Momigliano, *Contributo* alia storia degli studi classici, 112–113.

24. Momigliano to Saxl, 1947년 3월 24일, Warburg Institute Archive, Journal Correspondence.

25. Momigliano, *Contributo*, 379n.

26. 특히 Murray, "Arnaldo Momigliano in England,"와 Davin, Closing Times를 참조할 것. 옥스퍼드대학교 출판부가 타키투스를 다룬 모밀리아노의 원고를 거절했을 때 Davin 의 역할에 대해서는 Di Donato, "Materiali per una biografia intellettuale di Arnaldo Momigliano. 2. Tra Napoli e Bristol," 242를 참조할 것.

27. Momigliano, "Review of R. M. Ogilvie, Latin and Greek (1964)," in *Quarto contributo alia storia degli studi classici e del mondo antico*, 657 (어떤 면에서 그 자체로도 별난 문서이다). 어쩌면 모밀리아노는 친구이던 Dionisotti가 "Tradizione classica e volgarizzamenti"에서 말해야 했던 것을 말한 것이라 생각했을 수 있다. 이 논문은 주석이 더해져서 Dionisotti, *Geografia e storia della letteratura italiana*, 103–144에 재수록되었다(불가에 대해서는 103–109를 참조).

28. Grafton, "Mark Pattison."을 참조할 것.

29. Timpanaro, The Genesis of Lachmann's Method의 서문을 참조할 것.

30. 버터필드에 대해서는 가장 최근에 출간된 Nick Jardine, "Whigs and Stories: Herbert Butterfield and the Historiography of Science."를 참조할 것.

31. Kendrick, *British Antiquity*.

32. Momigliano, *Contributo alia storia degli studi classici*, 104n61. 모밀리아노의 켄드릭에 대한 해석은 1950년 9월 17일 Frances Yates에게 보낸 편지를 참조할 것. "영국의 고

고학자라는 릴런드의 직함에 관련해서, 얼마 전에 출간된 T. D. Kendrick의 《영국의 유물》에 적어도 한 가지는 덧붙여야겠습니다."

33. Haskell, *History and Its Images*.

34. 제2차 세계대전 이후, 모밀리아노는 대중 강연을 위한 논문을 포기하기로 서서히 결정을 내렸기 때문이다. 그가 처한 새로운 환경과 대중 강연의 관계에 대해서는 Dionisotti, "Commemorazione di Arnaldo Momigliano," 356-357과 *Ricordo di Arnaldo Momigliano*, 21을 참조할 것.

35. Giorgio Pasquali's essay of 1930, "Aby Warburg," 40을 참조할 것.

36. 대부분의 학자와 달리, 모밀리아노의 감사 표시는 기계적인 표현이 아니라 진심을 담은 것이었다. 예컨대 〈고대 역사와 고고학자〉에서 모밀리아노는 Felix Jacoby와 Carlo Dionisotti에게 도움을 받았다며 감사의 뜻을 표명했다. 실제로 1950년 봄에 모밀리아노는 Jacoby에게 "그리스인을 다룬 앞부분"을 읽어달라고 부탁했고(1950년 4월 6일 모밀리아노가 Yates에게 보낸 편지, Warburg Institute Archive, Journal Correspondence), 가을에는 Frances Yates에게 "교정쇄를 직접 보았습니다. 하지만 교정쇄를 디오니소티가 보았더라면 더 좋았겠지요. 그의 예리한 눈이면 틀림없이 결함을 찾아냈을 테니까요."라고 말했다(모밀리아노가 Yates에게 보낸 편지, 날짜가 분명하지 않지만 1950년 9월 21일 이후, Warburg Institute Archive, Journal Correspondence).

37. 모밀리아노의 바르부르크 연구소 세미나에 대해서는 Crawford, "L'insegnamento di Arnaldo Momigliano in Gran Bretagna," 28-29를 참조할 것.

38. 1935년 3월 3일 파노프스키가 Gertrud Bing에게 보낸 편지, Panofsky, *Korrespondenz*, ed. Wuttke, I, 812-813.

39. 특히 Saxl, *Lectures*; Panofsky and Saxl, "Classical Mythology in Mediaeval Art."를 참조할 것.

40. Saxl, "The Classical Inscription in Renaissance Art and Politics"; Wittkower, "Marvels of the East: A Study of the History of Monsters."

41. 1947년 5월 1일 작슬이 모밀리아노에게, 1950년 1월 4일 예이츠가 모밀리아노에게, Warburg Institute Archive, Journal Correspondence.

42 Murray, "Arnaldo Momigliano in England," 53-54.

43. 1945년 7월 6일, 비트코버가 모밀리아노에게, Warburg Institute Archive, Journal Correspondence (앞 문장에서 인용된 프로젝트의 내용까지).

44. 1945년 7월 22일, 모밀리아노가 비트코버에게, Warburg Institute Archive, Journal Correspondence.

45. 1945년 7월 26일, 비트코버가 모밀리아노에게, Warburg Institute Archive, Journal Correspondence.

46. 1945년 10월 1일 비트코버가 모밀리아노에게, 1946년 11월 26일 비트코버가 모밀리아

노에게, 1947년 1월 1일 예이츠가 모밀리아노에게, Warburg Institute Archive, Journal Correspondence.

47. 1947년 3월 20일 작슬이 모밀리아노에게, Warburg Institute Archive, Journal Correspondence.

48 1947년 3월 24일 모밀리아노가 작슬에게, Warburg Institute Archive, Journal Correspondence.

49. 1947년 3월 27일 작슬이 모밀리아노에게, 1947년 4월 16일 모밀리아노가 작슬에게, Warburg Institute Archive, Journal Correspondence.

50. *Journal of the Warburgand Courtauld Institutes* 9 (1946 [1947]), 153.

51. 1947년 5월 1일 작슬이 모밀리아노에게, Warburg Institute Archive, Journal Correspondence.

52. 모밀리아노가 작슬을 존경했다는 사실을 고려하면, 그가 작슬에게 기꺼이 배우려 했던 것은 조금도 놀랍지 않다. Momigliano, "Review of Elizabeth Armstrong, *Robert Estienne, Royal Printer: An Historical Study of the Elder Stephanus*"을 참조할 것. "독자는 프리츠 작슬이 독일에서 바르부르크 연구소를 운영했던 능력을 떠올리게 될 것이다."1957년 5월 8일 모밀리아노가 Gerturd Bing에게, Warburg Institute Archive, General Correspondence. "빙 씨에게, 제가 작슬의 책에 기고하지 않은 이유는 간단히 설명됩니다. 원고를 청탁받지 않았기 때문입니다. 더구나 고든은 제 친구여서, 제가 배제된 데는 어떤 악의적 의도도 없었습니다. 배제된 이유를 굳이 설명하자면, 기고자는 모두 영국과 관련된 주제를 전공한 학자들 중에서 선택되었습니다. 그렇지 않으면 제가 잊혀졌던 것이겠지요."

53. 1949년 1월 12일 모밀리아노가 Gertrud Bing에게, Warburg Institute Archive, Lecture Correspondence; 1950년 1월 4일 예이츠가 모밀리아노에게, Warburg Institute Archive, Journal Correspondence.

54. 예이츠의 지적인 삶과 학문에 대해서는 J. B. Trapp, ed., *Francis S. Yates, 1899-1981: In Memoriam*과 Patrizia Delpiano, "'Il teatro del mondo': Per un profilo intellettuale di Frances Amelia Yates."를 참조할 것.

55. 1950년 5월 18일 예이츠가 모밀리아노에게, Warburg Institute Archive, Journal Correspondence: "당신이 앞으로 우리 학술지에 더 많은 글을 기고하기를 바라기 때문에, 우리가 당신에게 (1) 복사본보다 원본을 우리에게 보내고 (2) 주석은 한 행을 띄어 작성하고, (3) 종이의 뒷면은 사용하지 말라고 부탁하더라도 당신이 불평하지 않으리라 믿습니다. 이런 사소한 것까지 부탁하는 걸 용서해주십시오."

56. 1950년 9월 17일 모밀리아노가 예이츠에게, Warburg Institute Archive, Journal Correspondence:
"방금 이탈리아에서 돌아왔습니다. 원래의 문헌에 인용된 구절과 서지목록을 다시 점검해보았습니다(로마의 빅토리오 에마누엘레 기념관과 이곳 보들리 도서관에서 내가 유명해졌다고는 말씀드리지는 못하겠습니다). 철자나 음절이 잘못된 사소한 많은 오류가 눈에 띄었습니다. 그러나 절반 정도는 단어 하나를 더하거나 삭제하면 충분할 듯합니다. 그렇게 하면 교정쇄에서 훨씬 나아질 겁니다. 제 논문이 지금 그 단계에 있으면 돌려받고 싶습니다. 그렇지 않으면 페이지 조판 교정쇄라도 확인하고 싶습니다."

57. 1950년 9월 17일 모밀리아노가 예이츠에게, Warburg Institute Archive, Journal Correspondence.

58. 1950년 5월 18일 예이츠가 모밀리아노에게, Warburg Institute Archive, Journal Correspondence.

59. 1942년 5월 16일 모밀리아노가 작슬에게, Warburg Institute Archive, Journal Correspondence. "내가 고고학에 대해 모르는 이탈리아인에게 듣기 좋은 달콤한 말을 하는 것은 아닙니다."

60. 1956년 7월 24일 모밀리아노가 Bing에게, Warburg Institute Archive, General Correspondence. "부르크하르트는 문명사학자가 된 첫 미술사학자입니다. 시각 연구와 르네상스의 관련성을 바르부르크 연구소가 이어받아 연구를 계속했습니다. 바르부르크는 르네상스의 불합리한 면들, 르네상승의 반(反)플랑드르적이며 반부르주아적 반응, 점성술과 신화를 통한 르네상스와 고대의 관련성을 강조함으로써 부르크하르트를 넘어섰습니다. 그 방법론을 확대하면, 무의식 심리학에서의 새로운 추세들이나 언어에 대한 새로운 연구 방식과도 관련지을 수 있습니다. 그러나 제가 아는 한 르네상스 연구에서만 바르부르트 연구소는 문명을 재해석하는 성과, 적어도 비판적으로 수정하는 성과를 거두었습니다. 다른 분야에도 다양한 방향에서 제안하고 기여했지만 깊은 재해석은 없었습니다. 앞으로 수정되겠지만, 지금까지 르네상스 연구는 외부인의 눈에서만 바르부르크 연구소와 관련지어졌습니다."

61. 1950년 10월 9일 예이츠가 모밀리아노에게, Warburg Institute Archive, lournal Correspondence, 전문은 부록 1.

62. 1950년 11월 10일 예이츠가 모밀리아노에게, Warburg Institute Archive, Journal Correspondence.

63. *Journal of the Warburg and Courtauld Institutes* 13 (1950), 309.

64. 1950년 9월 17일 모밀리아노가 예이츠에게, Warburg Institute Archive, Journal Correspondence. (65) Phillips, "Reconsiderations on History and Antiquarianism: Arnaldo Momigliano and the Historiography of Eighteenth-Century Britain,"과 그의 후속작 *Society and Sentiment: Genres of Historical Writing in Britain, 1740-1820*을 참조할 것. 필리스의 저작은 그 자체로도 탁월하지만, 18세기 역사기록학과, 전반적인 역사학의 발전 과정에 대해서도 많은 것을 밝혀준다. 그러나 필리스는 모밀리아노의 연구에 담긴 의도와 맥락을 다루지 않았고, 그 결과로 그의 유용하고 중요한 평론까지 언급하지 않았다. William Stenhouse, "Georg Fabricius and Inscriptions as a Source

of Law"는 한 중요한 면에서 모밀리아노의 저작을 날카롭게 수정했다.

66. 1950년 1월 25일 D. M. Pippidi에게 보낸 편지에서 모밀리아노가 이 분야에서 가장 큰 영향을 미쳤던 광범위한 영역을 다룬 연구 〈고대 연구와 고고학자(Ancient History and the Antiquarian)〉를 어떻게 묘사했는지 주목할 필요가 있다. "역사학 연구 방법론을 꾸준히 써왔습니다. 올해 말에 바르부르크 연구소의 학술지를 통해 발표될 〈고대 연구와 고고학자〉로 그중 하나입니다."Momigliano, "L'epistolario con D. M. Pippidi," 31.

67. Schwab, La Renaissance orientate.

이 장에서 인용된 자료

Breisach, Ernst. "Review of Momigliano, *The Classical Foundations of Modern Historiography*." *Clio* 23 (1993), 81-91.

Brown, Peter. "Arnaldo Dante Momigliano."*Proceedings of the British Academy* 74 (1988), 405-442.

Butterfield, Herbert. *The Englishman and His History*. Cambridge: Cambridge University Press, 1944.

_____. *Man on His Past: The Study of the History of Historical Scholarship*. Cambridge: Cambridge University Press, 1955.

_____. *The Whig Interpretation of History*. London: G. Bell, 1951.

Cambiano, Giuseppe. "Momigliano e i seminari pisani di storia della storiografia." *Storia della storiografia* 16 (1989), 75-83.

Christ, Karl. "Arnaldo Momigliano and the History of Historiography." *History and Theory, Beiheft 39: The Presence of the Historian: Essays in Memory of Arnaldo Momigliano*, ed. Michael Steinberg (1991), 5-12.

Crawford, Michael. "L'insegnamento di Arnaldo Momigliano in Gran Bretagna." In *Omaggio ad Arnaldo Momigliano: Storia e storiografia sul mondo antico*, ed. Lellia Cracco Ruggini. Como: New Press, 1989, 27-41.

Davin, Dan. *Closing Times. London*: Oxford University Press, 1975.

Delpiano, Patrizia. "'Il teatro del mondo': Per un profilo intellettuale di Frances Amelia Yates." *Rivista Storica Italiana* 105 (1993), 180-245.

Di Donato, Riccardo. "Materiali per una biografia intellettuale di Arnaldo Momigliano." Athenaeum 83 (1995), 213-244.

_____. "Materiali per una biografia intellettuale di Arnaldo Momigliano. 2. Tra Napoli e Bristol." *Athenaeum* 86 (1998), 231-244.

Dionisotti, Carlo. "Commemorazione di Arnaldo Momigliano." *Rivista storica italiana* 100 (1988), 348–360.

_____. *Geografia e storia della letteratura italiana*. Turin: Giulio Einaudi, 1967.

_____. "Review of Mandowsky and Mitchell, Pirro Ligorio's Roman Antiquities." *Rivista Storica Italiana* 75 (1963), 890–901.

_____. *Ricordo di Arnaldo Momigliano*. Bologna: II Mulino, 1989.

_____. "Tradizione classica e volgarizzamenti." *Italia Medioevale e Umanistica* 1 (1958), 427–431.

Duncan, David. *English Scholars*. London: J. Cape, 1939.

Grafton, Anthony. "Arnaldo Momigliano: A Pupil's Notes." *American Scholar* 60 (1991), 235–241.

_____. "Arnaldo Momigliano e la storia degli studi classici." *Rivista storica italiana* 107 (1995), 91–109.

_____. "Einleitung." In Arnaldo Momigliano, *Ausgewählte Schriften zur Geschichte und Geschichtsschreibung*, Bd II : *Spätantike bis Spätaufklärung*, ed. Grafton, tr. Kai Brodersen and Andreas Wittenburg. Stuttgart: Metzler, 1999, vii–xx.

_____. "Mark Pattison." *American Scholar* 52 (1983), 229–236.

Green, Peter. "Ancient History and Modern Historians." *Times Literary Supplement*, 22 July 1955, 412.

Haskell, Francis. *History and Its Images: Art and the Interpretation of the Past*. New Haven, Conn.: Yale University Press, 1993.

Herklotz, Ingo. *Cassiano dal Pozzo und die Archdologie des 17. Jahrhunderts*. Munich: Hirmer, 1999.

Jardine, Nick. "Whigs and Stories: Herbert Butterfield and the Historiography of Science." *History of Science* 41 (2003), 125–140.

Kendrick, T. D. *British Antiquity*. London: Methuen, 1950.

Konstan, David. "Review of Momigliano, The Classical Foundations of Modern Historiography." *History and Theory* 31 (1992), 224–230.

Mandowsky, Erna, and Charles Mitchell. *Pirro Ligorio's Roman Antiquities: The Drawings in MS XIII. B7 in the National Library of Naples*. London: Warburg Institute, 1963.

Miller, Peter. *Peiresc's Europe: Learning and Virtue in the Seventeenth Century*. New Haven, Conn.: Yale University Press, 2000.

Momigliano, Arnaldo. "Ancient History and the Antiquarian." *Journal of the Warburg and Courtauld Institutes* 13 (1950), 285–315.

_____. *The Classical Foundations of Modern Historiography*, ed. Riccardo Di Donato. Berkeley: University of California Press, 1990.

_____. *Contributo alia storia degli studi classici*. Rome: Edizioni di Storia e Letteratura, 1955. _____. Essays in Ancient and Modern Historiography. Oxford: Basil Blackwell, 1977.

_____. "History between Medicine and Rhetoric [1985]." In *Ottavo contributo alia storia degli studi classici e del mondo antico*. Rome: Edizioni di Storia e Letteratura, 1987, 13–25.

_____. "History in an Age of Ideologies [1982]." In *Settimo contributo alia storia degli studi classici e del mondo antico*. Rome: Edizioni di Storia e Letteratura, 1984, 253–269.

_____. "The Introduction of History as an Academic Subject and Its Implications [1985]." In *Ottavo contributo alia storia degli studi classici e del mondo antico*. Rome: Edizioni di Storia e Letteratura, 1987, 161–178.

_____. "L'epistolario con D. M. Pippidi." *Storia della storiografia* 16 (1989), 15–33.

_____. *Quarto contributo alia storia degli studi classici e del mondo antico*. Rome: Edizioni di Storia e Letteratura, 1969.

_____. "Review of Elizabeth Armstrong, Robert Estienne, Royal Printer: An Historical Study of the Elder Stephanas" *Times Literary Supplement*, 25 February 1955, 124.

_____. "The Rhetoric of History and the History of Rhetoric: On Hayden White's Tropes [1981]. *In Settimo contributo alia storia degli studi classici e del mondo antico*. Rome: Edizioni di Storia e Letteratura, 1984, 49–59.

_____. *Secondo contributo alia storia degli studi classici*. Rome: Edizioni di Storia e Letteratura, 1960.

_____. *Studies in Historiography*. New York: Harper and Row, 1966.

_____. *Terzo contributo alia storia degli studi classici e del mondo antico*. 2 vols. Rome: Edizioni di Storia e Letteratura, 1966.

Murray, Oswyn. "Arnaldo Momigliano in England." *History and Theory, Beiheft 30: The Presence of the Historian: Essays in Memory of Arnaldo Momigliano*, ed. Michael Steinberg. (1991), 49–64.

_____. "Momigliano e la cultura inglese." *Rivista Storica Italiana* (1988), 422–439.

Panofsky, Erwin. *Korrespondenz*, ed. Dieter Wuttke. Vol. 1. Wiesbaden: Harrassowitz, 2001.

Panofsky, Erwin, and Fritz Saxl. "Classical Mythology in *Mediaeval Art.*" *Metropolitan Museum Studies* 4 (1932–1933), 228–280.

Pasquali, Giorgio. "Aby Warburg." In *Pagine stravaganti di un filologo, ed. Carlo Ferdinando Russo.* 2 vols. Florence: Casa Editrice Le Lettere, 1994, I, 40–54.

Phillips, Mark. "Reconsiderations on History and Antiquarianism: Arnaldo Momigliano and the Historiography of Eighteenth–Century Britain." *Journal of the History of Ideas* 57 (1996), 297–316.

_____. *Society and Sentiment: Genres of Historical Writing in Britain, 1740-1820.* Princeton, N.J.: Princeton University Press, 2000.

Rowe, John. "Ethnography and Ethnology in the Sixteenth Century." *The Kroeber Anthropological Society Papers* 30 (1964), 1–19.

Saxl, Fritz. "The Classical Inscription in Renaissance Art and Politics." *Journal of the Warburg and Courtauld Institutes* 4 (1941), 18–46.

_____. *Lectures.* 2 vols. London: Warburg Institute, 1957.

Schwab, Raymond. *La Renaissance orientale.* Paris: Payot, 1950.

Stenhouse, William. "Georg Fabricius and Inscriptions as a Source of Law." *Renaissance Studies* 17 (2003), 96–107.

_____. *Reading Inscriptions and Writing Ancient History: Historical Scholarship in the Late Renaissance.* London: Institute of Classical Studies, 2005.

Timpanaro, Sebastiano. *The Genesis of Lachmann's Method,* ed. and tr. Glenn Most. Chicago: University of Chicago Press, 2005.

Trapp, J. B., ed. *Francis S. Yates, 1899-1981: In Memoriam.* London: Warburg Institute, 1982.

Weiss, Roberto. *The Renaissance Discovery of Classical Antiquity.* Oxford: Blackwell, 1969.

Wittkower, Rudolf. "Marvels of the East: A Study of the History of Monsters." *Journal of the Warburg and Courtauld Institutes* 5 (1942), 159–197.

13장 미국의 대학교와 공공 지식인의 삶

이 장에서 언급되는 자료의 대부분은 Robert Morss Lovett의 자서전 *All Our Years* (New York: Viking, 1948)과, 시카고 대학교의 특별 문고에 소장된 Robert Morss Lovett papers에서 얻은 것이다. 시카고 대학교의 초기 역사에 대해서는 Richard Storr,

Harper's University (Chicago: University of Chicago Press, 1966), Robin Lester, *Stagg's University* (Urbana: University of Illinois Press, 1995)와 *The Berlin Collection* (Chicago: University of Chicago Library, 1979)를 참조하기 바란다.

14장 한나 아렌트와 아이히만을 둘러싼 논쟁

이 장의 주된 자료는 내 아버지, Samuel Grafton의 글들을 기초로 한 것이다. 그 글들의 일부는 미국 의회 도서관가 시행한 아메리칸 메모리 프로젝트의 일환으로 설립된 한나 아렌트 문서고에서 확인할 수 있다((http://memory.loc.gov/ammem/arendthtml/resfold3.html, 2008년 8월 12일 접속). Hannah Arendt, *The Jewish Writings*, ed. Jerome Kohn and Ron H. Feldman (New York: Schocken, 2007)도 참조하기 바란다. 아이히만을 다룬 책과 그 책이 불러일으킨 논란에 대해서는 *Hannah Arendt Revisited: "Eichmann in Jerusalem" und die Folgen*, ed. Gary Smith (Frankfurt: Suhrkamp, 2000)을 참조할 것.

15장 구글 제국 시대, 책의 운명

1. Alfred Kazin, *New York Jew* (New York: Knopf, 1978), 5-7.
2. *New York Times*, 2006년 5월 14일.
3. Jean-Noel Jeanneney, *Quand Google defie l'Europe: Plaidoyer pour un sursaut* (Paris: Mille et une nuits, 2005).
4. Peter Brown, "A Life of Learning," Charles Homer Haskins Lecture, 2004, http://www.acls.org/op37.htm (13 August 2008년 8월 13일 접속).
5. Lionel Casson, *Libraries in the Ancient World* (New Haven, Conn.: Yale University Press, 2001).
6. Anthony Grafton and Megan Williams, *Christianity and the Transformation of the Book* (Cambridge, Mass.: Harvard University Press, 2006).
7. Giovanni Andrea Bussi, *Prefazioni alle edizioni di Sweynheym e Pannartz prototipografi romani*, ed. Massimo Miglio (Milan: il Polifilo, 1978); Edwin Hall, *Sweynheym & Pannartz and the Origins of Printing in Italy: German Technology and Italian Humanism in Renaissance Rome* (McMinnville, Ore.: Bird 8t Bull Press for Phillip J. Pirages, 1991).

8. "University Publishing in a Digital Age," http://www.ithaka.org/strategic-services/university-publishing (2008년 8월 13일 접속).

9. Jeremias Drexel, *Avrifodina artium et scientiarum omnium, excerpendi solertia, omnibus litterarum amantibus monstrata* (Antwerp: apud viduam Ioannis Cnobbari, 1641).

10. Mark Pattison, *Isaac Casaubon, 1559-1614*, 2nd ed. (Oxford: Clarendon Press, 1892) 와 A. D. Nuttall, *Dead from the Waist Down* (New Haven, Conn.: Yale University Press, 2003)을 참조할 것.

11. Ann Blair, "Reading Strategies for Coping with Information Overload, ca. 1550-1700," *Journal of the History of Ideas* 64 (2003), 11-28; Noel Malcolm, "Thomas Harrison and His 'Ark of Studies': An Episode in the History of the Organization of Knowledge," *The Seventeenth Century* 19 (2004), 196-232.

12. Dora Panofsky and Erwin Panofsky, *Pandora's Box: The Changing Aspects of a Mythical* Symbol (New York: Pantheon, 1956).

13. Jonathan Rose, *The Intellectual Life of the British Working Classes* (New Haven, Conn.: Yale University Press, 2001).

14. Fremont Rider, *And Master of None* (Middletown, Conn.: Godfrey Memorial Library, 1955); Rider, *The Scholar and the Future of the Research Library* (New York: Hadham Press, 1944); Nicholson *Baker, Double Fold: Libraries and the Assault on Paper* (New York: Random House, 2001).

15. Baker, Double Fold.

16. OCLC의 세계 지도에 대해서는 http://www.oclc.org/research/projects/worldmap/default.htm (13 August 2008년 8월 13일 접속).

17. Kazin, *New York Jew*, 7.

18. Robert Townsend, "Google Books: What's Not to Like?" *AHA Today*, 29 April 2007, http://blog.historians.org/articles/204/google-books-whats-not-to-like을 참조할 것.

19. William Bentinck-Smith, *Building a Great Library: The Coolidge Years at Harvard* (Cambridge, Mass.: Harvard University Library, 1976).

20. White Trash Scriptorium, http://www.ipa.net/~magreyn/(2008년 8월 13일 접속); Philological Museum, http://www.philological.bham.ac.uk/(2008년 8월 13일 접속).

21. John Seely Brown and Paul Duguid, *The Social Life of Information* (Boston: Harvard Business School Press, 2000), 173-174.

22. http://findarticles.eom/p/articles/mi_mOEIN/is_2005_Oct_1 2/ai_n 15686131을 참조할 것(13 August 2008년 8월 13일 접속).

23. Ved Mehta, *Remembering Mr. Shawn's New Yorker: The Invisible Art of Editing* (Woodstock, N.Y.: Overlook Press, 1998), 338.

24. 도서관과 연구에 대한 Andrew Abbott의 논문에 대해서는 http://home.uchicago.edu/~aabbott/booksandpapers.html (2008년 8월 13일 접속).

25. Peter Fritzsche, *Reading Berlin 1900* (Cambridge, Mass.: Harvard University Press, 1996).

26. Mary Corey, The World Through a Monocle: The New Yorker at Midcentury (Cambridge, Mass.: Harvard University Press, 1999), 15-16.

27. 앞의 책, 15.

28. Witold Rybczynski, "How Do You Build a Public Library in the Age of Google?" Slate, 27 February 2008.

29. Jonathan Barnes, "Bagpipe Music," Topoi 25 (2006), 17-20, 특히 18.

출처

이 책의 각 장은 원래 다양한 시기에 다양한 곳을 통해 발표된 논문이었다. 항상 그렇듯이, 그 논문들을 애초에 의뢰했던 동료들과 편집자들에게 고맙다는 말을 전하고 싶다. 원래의 원고를 질적으로 구체적으로 개선하는 평가와 조언을 아끼지 않는 동료들과, 각 논문을 처음 게재한 정기 간행물과 출판사에게도 감사할 따름이다.

1장 "편지 공화국: 르네상스부터 계몽시대까지", 스탠퍼드대학교의 국제 콘퍼런스에서 행한 강연. 2007년 11월 30일-12월 1일.

2장 "Historia and Istoria: Alberti's Terminology in Context," *I Tatti Studies* 8 (1999 [2000]), 37-68.

3장 2003년 4월 펜실베이니아대학교에서 행해진 두 번의 로젠바흐 강연 중 하나.

4장 "Renaissance Histories of Art and Nature," in *The Artificial and the Natural: An Evolving Polarity, ed. Bernadette Bensaude-Vincent and William R. Newman* (Cambridge, Mass.: MIT Press, 2007), 185-210.

5장 "Where Was Salomon's House? Ecclesiastical History and the Intellectual Origins of Bacon's New Atlantis," in *Die europäische Gelehrtenrepublik im Zeitalter des Konfessionalismus, ed. Herbert Jaumann* (Wiesbaden: Harrassowitz, 2001), 21-38.

6장 케임브리지대학교, 과학사와 과학철학부의 세미나. 2007년 5월 2일.

7장 New York Review of Books, 5 October 2006과 *London Review of Books*, 1 November 2001, 16-18.

8장 *New York Review of Books*, 3 March 1994.

9장 *New York Review of Books*, 26 February 2004.

10장 *Journal of the History of Ideas* 67 (2006), 1-32. 펜실베이니아 대학교 출판부의 허락을 받아 재게재.

11장 *American Scholar* 52 (Spring 1983), 229-236.

12장 *Momigliano and Antiquarianism: Foundations of the Modern Cultural Sciences*, ed. Peter N. Miller (Toronto: University of Toronto Press, 2007), 97-126. 토론토 대학교 출판부의 허락을 받아 재게재.

13장 *American Scholar* 70 (Autumn 2001), 41-54.

14장 *American Scholar* 68 (Winter 1999), 105-119.

15장 이 장의 핵심적인 내용은 *The New Yorker* (5 November 2007), 50-54에 실린 것이다. 이 글을 확대한 평론은 *Codex in Crisis by* the Crumpled Press in 2008으로 발표되었다. 크럼플드 출판사의 허락을 받아 재게재.

KI신서 9961

편지 공화국

1판 1쇄 인쇄 2021년 11월 1일
1판 1쇄 발행 2021년 11월 17일

지은이 앤서니 그래프턴
옮긴이 강주헌
펴낸이 김영곤
펴낸곳 (주)북이십일 21세기북스

출판사업부문 이사 정지은
뉴미디어사업2팀 이태화
해외기획실 최연순
마케팅1팀 배상현 한경화 김신우 이보라
출판영업팀 김수현 이광호 최명열
제작팀 이영민 권경민

출판등록 2000년 5월 6일 제406-2003-061호
주소 (우 10881) 경기도 파주시 회동길 201 (문발동)
대표전화 031-955-2100 **팩스** 031-955-2151 **이메일** book21@book21.co.kr

(주) 북이십일 경계를 허무는 콘텐츠 리더
21세기북스 채널에서 도서 정보와 다양한 영상자료, 이벤트를 만나세요!

페이스북 facebook.com/jiinpill21   포스트 post.naver.com/21c_editors
인스타그램 instagram.com/jiinpill21   홈페이지 www.book21.com
유튜브 www.youtube.com/book21pub

서울대 가지 않아도 들을 수 있는 명강의! 〈서가명강〉
유튜브, 네이버, 팟캐스트에서 '서가명강'을 검색해보세요!

ISBN 978-89-509-9793-9 03920